AF346747

PREMIERE PARTIE
DV
PROMPTVAIRE
ARMORIAL,

TRAITANT PARTICVLIEREMENT du Blaſon & des Obſeruations pour bien Blaſonner, des Mots & Termes vſitez en ce noble Art; les Emaux, leurs Nombres, Noms, & Significations: Les Figures & Targes, Boucliers ou Eſcus, tant anciens que modernes; Leurs Vſages, Diuiſions, & Partitions: Les Blaſons & Figures des Colliers des Ordres Militaires, & des Marques & Enſeignes des principaux Officiers de la Couronne de France, deſquels leurs Armes ſont décorées.

Auec vne Table ſeruant d'explication des Matieres contenuës en cette Partie.

Par IEAN BOISSEAV Enlumineur du Roy pour les Cartes Geographiques.

A PARIS,

Chez { GERVAIS CLAVSIER, ſur les degrez de la Sainte Chapelle, ET OLIVIER DE VARENNES, en la Gallerie des Priſonniers, } au Palais.

Les Figures ſe vendent chez LOVIS BOISSEVIN, ruë S. Iacques, prés la Fontaine S. Seuerin, à l'image Sainte Geneuiéve.

M. DC. LVII..

AVEC PRIVILEGE DE SA MAIESTE'.

PRIVILEGE DV ROY.

OVIS par la grace de Dieu Roy de France & de Nauarre ; A nos amez & feaux Conseillers les gens tenants nos Cours de Parleméts, Me des Requestes ordinaire de nôtre Hostel, Baillifs, Senéchaux, Preuosts, leurs Lieutenants, & à tous autres nos Iusticiers qu'il appartiendra , Salut. Nostre cher & bien amé IEAN BOISSEAV, l'vn de nos Enlumineurs, nous a fait remonstrer qu'il a composé diuerses Oeuures contenant *Le Promptuaire Armorial & General , diuisé en quatre Parties ; La premiere , Desquelles est particulierement du Blazon, & des Obseruations necessaires pour bien blazonner, des Mots & Termes vsitez en ce noble Art , les Emaux, leurs Noms, Nombre, & Significations ; Les figures des Targes, Boucliers ou Escus, tant anciens que modernes ; leurs Vsages, Diuisions, & Partitions, auec les Blazons des Colliers, des Ordres Militaires, des Marques & Enseignes des principaux Officiers de la Couronne de France, desquelles leurs armes sont decorées. La Seconde, Sont figurées & blazonnées les Armes des Princes du sang Royal, des Princes Estrangers qui sont habituez en cét Estat, des Ducs & Pairs de France, des Mareschaux, Marquis, Comtes, & autres Seigneurs : Auec vne Table Alphabetique & Methodique, par le moyen de laquelle la plus grande partie de la Noblesse qui compose cette Monarchie pourra (sçachant son extraction) trouuer les Armes de sa maison, & les Alliances d'icelle : Comme aussy ceux d'autres illustres familles. La Troisiéme, Represente les Heros & Hommes illustres qui se sont signalez par leurs genereux exploits & emplois sous chaque regne, leurs noms, & quelque partie de leurs belles actions, auec leurs Armes & Blazons, depuis le Roy Pharamond, iusques à present. La quatriéme, Sont les Noms, Qualitez, & Representations des Armes & Blasons des tres-illustres Cheualiers des Ordres ; Sçauoir du S. Esprit, de la Thoison d'Or, de la Iarretiere, de l'Annonciade, & de Mantoüe : Auec les Tables ou Indices Alphabetique des Armes des plus grandes Maisons de l'Europe, partie de l'Allemagne, des Pays-Bas, d'Angleterre, & d'Italie ; & les Alliances des plus illustres Familles de l'Europe : Ensemble les Noms, Qualitez, Armes & Blasons de Messieurs les Preuosts des Marchands & Escheuins de la Ville de Paris, depuis leur premiere institution iusques à present :* Comme aussi vn Liure intitulé, *La France diuisée par Generalitez, auec les Noms des Elections, & le nombre des Paroisses dependantes d'icelle.* Desquels Ouurages il est sollicité de mettre au public, ce qu'il ne peut sans nos Lettres sur ce necessaires, qu'il nous a tres-humblement supplié de luy accorder. A CES CAVSES, desirant fauorablement traiter ledit Exposant, tant en consideration de l'excellente beauté desdits Ouurages, que du seruice qu'il nous rend, & aü public, & luy donner moyen de le recompenser de son trauail, & ses grandes despenses, Nous luy auons permis & permettons par ces presentes de faire imprimer & grauer, coniointement & separément, en telle marge, caractere, & nombre de Volume que bon luy semblera, les susdites Oeuures & liures, & icelles mettre & exposer en vente & distribuer durant le temps de vingt années, à commencer du iour qu'il sera acheué d'imprimer & grauer. Et defendons à tous autres Imprimeurs & Graueurs, Libraires Estrangers, & autres personnes de quelque qualité & condition qu'ils soient, d'imprimer ou faire imprimer, grauer, ny mettre en vente durant ledit temps lesdites Oeuures & Liures, soubs couleur de fausses marques supposées, noms & lieux des Villes, diminution, augmentation, correction, ou autrement déguisez, sans le consentement & permission dudit Exposant, ou de ceux qui auront droit de luy, à peine de confiscation des Liures, & de trois mil liures d'amende, payable sans deport, nonobstant oppositions ou appellations quelconque par chacun contreuenant, applicable vn tiers au Denonciateur, vn tiers à l'Hostel-Dieu de nostre bonne Ville de Paris, & l'autre tiers à l'Exposant, & à tous ceux qui auront droit de luy, & de tous despens dommages & interests: à la charge de mettre deux Exemplaires desdites Oeuures & Liures en nostre Bibliotheque publique, & vn autre en celle de nostre tres-cher & feal Cheualier le sieur SEGVIER Chancelier de France, auant que de les exposer en vente, à peine de nullité des presentes. SI VOVS MANDONS que du contenu en ces presentes vous fassiez souffrir & laissiez ioüyr ledit Exposant, & tous ceux qui auront droict de luy, plainement & paisiblement. Voulons aussi qu'en mettant au commencement ou à la fin dudit Oeuure & Liure vn extrait des presentes y contenuës pour deuëment signifiées, & que foy y soit adioustée, & aux copies collationnées par l'vn de nos amez & feaux Conseillers & Secretaires, comme à l'original : & au premier nostre Huissier ou Sergent sur ce requis faire pour l'execution des presentes tous exploicts necessaires, sans demander aucune permission. Car tel est nostre plaisir. DONNE' à Paris le 27. iour d'Avril l'an de grace 1657. & de nostre regne le quatorziéme. Signé, Par le Roy en son Conseil, BOVCHARD.

Acheué d'imprimer pour la premiere fois le 1. d'Octobre 1657.

Les Exemplaires ont esté fournis.

Sommaire des Chapitres contenus en ce Volume.

Finalement la Table Alphabetique contenant l'explication des mots vsitez en l'Art du Blason.

OBSERVATIONS
PLVS NECESSAIRES,
POVR SCAVOIR ET PRATIQVER
LE NOBLE ART
DV BLASON;
ET AVOIR VNE PARFAITE CONNOISSANCE
des Figures, Noms, Termes vſitez, és choſes qu'il repreſente.

CHAPITRE PREMIER.

PREMIEREMENT, des diuerſes ſortes de *Targes*, *Boucliers* & *Eſcus*, tant anciens que modernes, leurs formes & Figures, & à quoy ils eſtoient employez; ſources & origines des Armes qui diſtinguent auiourd'huy les Familles plus Illuſtres de l'Europe.

1. Cette Figure repreſente la *Targe*, ou la *Parme* des anciens Romains, laquelle eſtoit de forme quarrée, plus longue que large, & vn peu plus eſtroitte par le haut que par le bas, ayant le mitan plus aduancé que les deux extremitez, cambrée & voutée doucement comme les faiſtieres des maiſons. Elle eſtoit ordinairement haute de quatre pieds & demy, large par les extremitez du haut & du bas de deux pieds & demy: de façon que le Fantaſſin qui la portoit, ſe mettant vn genoüil en terre, en eſtoit tout couuert.

2. Eſt la Figure du *Bouclier* appellé des Romains *Clipeum*, de forme ronde, vn peu en oualle, que nous nommons ordinairement *Rondaches* ou *Rondelles*: lequel n'auoit guieres que trois pieds de circonference. C'eſtoit auſſi l'arme des Fantaſſins qui alloient à la Guerre, qui eſtans ainſi armez à la legere, commençoient le premier choc contre les ennemis, que nous appellons à preſent *Enfans perdus*.

Il eſtoit auſſi commun aux gens de cheual, qui s'en ſeruoient à parer les coups de traits, de fondes, de dards & janelots qui eſtoient tirez par leurs ennemis.

Sur leſquels *Targes*, *Boucliers*, (comme auſſi ſur les anciens *Eſcus*) eſtoient peintes diuerſes deuiſes, ſelon la fantaiſie de ceux qui les portoient.

3. La forme de l'*Eſcu* des Anciens eſtant de diuerſe maniere, i'ay creu eſtre à propos de vous en tracer les differences. Les Allemands ont à peu prés retenu la Figure de ceſtuy-cy en leurs Armes.

Les 4. 5. 7. & 8. icy deſpeints, eſtoient auſſi portez par les anciens Gaulois; les vns en *triangles*, les autres en *quarré*, & les autres *eſchancrez*.

6. Les Italiens le portent en *oualle*, conforme en quelque façon au *Bouclier* des Romains.

9. L'*Eſcu* en *Banniere* a eſté retenu par les Bretons, pour montrer qu'ils ſont deſcendus des *Cheualiers Bannerets*.

10. Les Francs ou François, auoient leur *Eſcu* appointy, en forme de ſabots, comme on le void en diuers lieux, és ſepultures tant d'hommes que de femmes. Ils eſtoient faits de planches tenues & deliées, de bois de Tillet, Sureau, Bouleau, Figuer, Peuplier & Saulx, que l'on colloit & joignoit enſemble l'vn ſur l'autre, auec du glut & du drappeau: ce qu'eſtant bien ſeiché, on couuroit ces Eſcus d'vn

fort cuir de bœuf en deux ou trois doubles, pour les rendre plus fors, & pour mieux les retenir tous enfemble. Ils entouroient ces *Targes* & *Boucliers* d'vn bon cercle de fer, d'airein, d'argent, ou d'or, felon la richeffe du Soldat, & l'ornoient de diuerfe frange, meflée de diuerfes couleurs. Au mitan d'iceux Boucliers, y auoit ordinairement vn fer pointu, long de demy pied.

11. Les François, & Efpagnols, & autres Peuples voifins, ont en Armes pareil Efcu que ceftuy-cy, lequel eft blafonné icy d'Argent plain, & peut feruir pour vn chef de Famille.

12. L'Efcu d'vne femme vefue eft icy reprefenté, qui porte party au premier des Armes du deffunct, qui eft d'argent plain; & au fecond party, des Armes de fon extraction, qui eft d'or plain.

13. L'Arme de leur fille eft en lofange (que quelques-vns veulent eftre fufeau, d'autant que cét outil leur eft affecté) & porte comme fon pere d'argent plain.

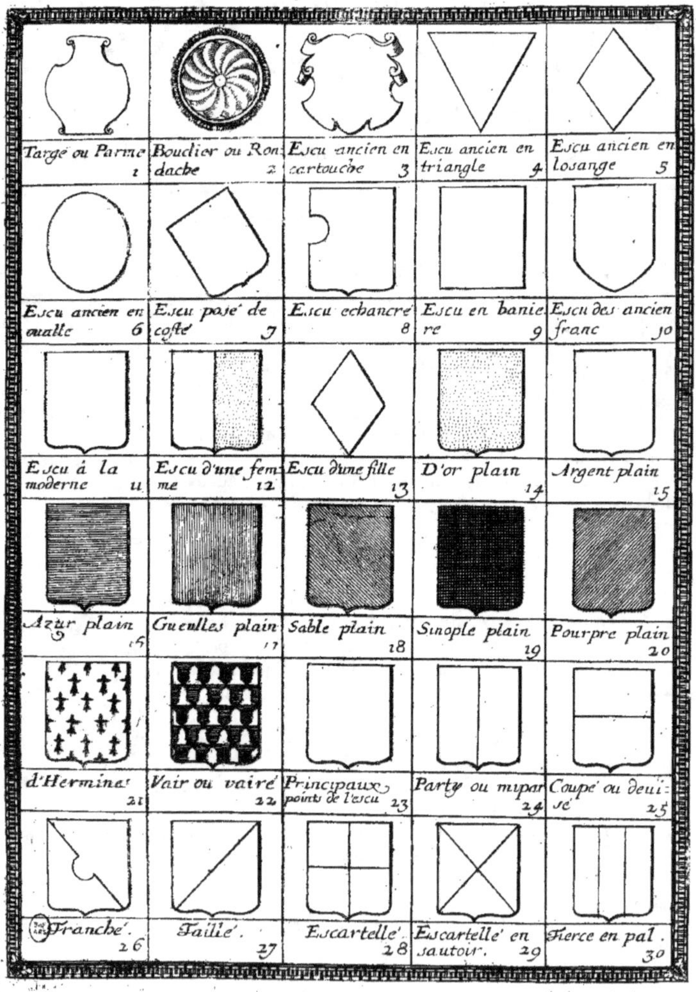

CEtte Planche reprefente les diuerfes fortes de *Boucliers*, *Targes* & *Efcus* declarez dans le premier Chapitre.

Elle represente aussi les Noms des places où s'appliquent les Emaux expliquez &
definis dans le second.

Et les diuerses Diuisions de l'Escu dans le troisiesme Chapitre, qui seront conti-
nuées dans les Planches suiuantes.

L'Escu de quelque figure qu'il soit, se multiplie neantmoins en diuerses façons,
c'est à dire qu'il en enferme plusieurs plus petits en diuerses manieres. Sa plus grande
diuision est d'estre escartellé de 32. quartiers, pour lequel on dit party de 7. couppé de 3.

LES NOMS DES EMAVX, QVI SONT LES METAVX,
& couleurs qui entrent dans le Blason des Armes: Leurs significations, & quelques
Obseruations necessaires.

CHAPITRE II.

14. L'ESCV plain, est quand il n'y a aucunes diuisions. Cestuy-cy est Blasonné d'or plain, lequel est ordinairement representé par le iaune, &
par cet Escusson pointillé.

L'or (à ce qu'on dit) signifie la Foy, la Iustice, la Temperance, la
Charité, la Clemence, la Douceur & l'Humilité, qui sont Vertus Chrestiennes: La
Noblesse, richesses, generosité, splendeur, amour, cheuallerie, pureté, constan-
ce, ioye &c. Des Planettes, le Soleil: des iours de la sepmaine, le Dimanche: des
Pierres precieuses, la Topase: des fleurs, le Soucy ou Torne-sol.

15. Cet Escusson qui est tout blanc, represente l'Argent, & en le blasonnant, il
suffit de dire d'Argent plain.

En blason, il signifie Esperance, verité, innocence, continence, pureté de vie,
temperance, benignité, felicité, qui sont Vertus Chrestiennes. Des qualitez mondaines, la beauté, gentillesse, splendeur, franchise: des Panettes, la Lune: des iours,
le Lundy: des Elemens, l'eau: des Pierres precieuses, la Perle. &c.

16. L'Azur plain est representé par le bleu celeste, & par le haché en face.
L'Azur represente le Tribunal de Dieu, le seiour des Bien-heureux: Il signifie Iustice, Temperance, Loyauté, Chasteté, fidelité eternelle; Et des qualitez mondaines, loüange, douceur, beauté, Noblesse, victoire, richesses, perseuerance, vigilance, fidelité de cœur, & dilection: Des Planettes, Mercure: des iours, Mercredy: des Elemens, l'air: des pierres precieuses, le Saphir.

17. Le Gueules plain, representé par le rouge de cynabre ou vermillon, & par
le haché en pal, conuient à la Noblesse, signifie charité ardente, benignité & Iustice. qui sont Vertus Chrestiennes: Et des qualitez mondaines, vigilance, hardiesse:
des planettes, Mars: des iours, le Mardy: des Elemens, le feu; & des pierres precieuses, le Rubis.

18. Le Sable plain, representé par le noir, & par le haché en face & en pal, est
la couleur la plus abjecte Il signifie prudence, deüil, tristesse, renoncement de soy-
mesme, simplicité, douleur, mespris du monde, &c. Des Planettes, Saturne: des
Elemens, la terre: des iours, le Samedy: des pierres precieuses, le Diamant.

19. Le Sinople plain, representé par le vert, & par la hacheure en bande, est vne
couleur qui plaist merueilleusement à la veuë, & la resioüit. Il signifie Charité &
Esperance, dont elle est le simbole; diligence & allegresse d'esprit: Des qualitez
mondaines, honneur, amour, ioye, force & abondance: des Planettes, Venus: des
iours, le Vendredy: des pierres precieuses, l'Emeraude.

20. Le Pourpre plain est la derniere couleur, laquelle est Amphibie, estant composée de deux autres, sçauoir d'Asur & de Gueules. Il signifie generosité, temperance, foy, chasteté, deuotion: Des qualitez mondains, Noblesse, grandeur, tran-
quilité, grauité, & abondance de richesses: des Planettes, Iupiter: des iours, le
Ieudy: des pierres precieuses, l'Ametiste, & autres.

Il n'entre point d'autres couleurs dans les Armes que celles-cy, bien que l'on peut
mettre vne couleur d'incarnation, ou au naturel de quelque beste: pour laquelle
faut sçauoir qu'elle ne peut seruir de champ, ains est posée sur l'vn des Emaux cy-
dessus.

Par ainsi faut conclure qu'il n'y a que deux Metaux, qui sont Or & Argent.

Et cinq couleurs, qui sont Asur, Gueules, Sable, Sinople, Vert-pourpre, qui entrent en la composition des Armes.

Qu'il ne faut iamais mettre metail sur metail, ny couleur sur couleur, si on n'en exprime la raison; autrement c'est fausseté; & il faut dire en les blasonnant, que c'est pour enquerir.

Que celuy qui blasonne, commence tousiours par le champ de l'Escu, soit metail, ou couleur. *Exemple.* Si le champ est de Gueules, & que le chargé soit d'Argent, on dira de Gueules *à telle* ou *telle chose* d'argent. Ainsi des autres.

Et si la premiere partie de l'Escu est de metail, sçauoir le costé droict, on dira party de tel metail à telle couleur.

Outre ces deux metaux, & ces cinq couleurs, il y a les Pennes ou Fourures, nommées en Armes, Hermines, & Vair.

L'Hermine est la peau d'vn petit Animal grand enuiron comme vn Rat, qui est parfaictement blanc par le corps, & n'a de noir que le bout de la queuë.

Les Emaux de laquelle sont Argent & Sable; pour le champ, l'Argent; & pour les mouschetures, le Sable: qu'on represente par trois branches faites de plusieurs lignes, eslargies aux extremitez, & posées en croix autour d'vn Poinct, soutenuës d'vne autre branche qui descend perpendiculairement en bas, d'vne longueur notable, s'eslargissant par le bas, terminée de cinq lignes.

Les contre-hermines sont les mesmes Figures, mais sont d'Argent, & ont le champ de Sable, que quelques vus disent poudré d'Argent.

22. Le Vair ou varié, est tousiours d'Argent & d'Asur. S'il est d'autre couleur ou metail, le faut exprimer.

Quant à sa Figure, il a la forme de cloches, pots, ou chappeaux rangez en droitte ligne, dont les vns semblent renuersez, & les autres debout: parfois ils sont rangez de sorte, que les bords d'vne de celle d'Argent touchent à celle d'Argent qui luy est opposée, & de mesme l'Asur, l'ors on dit contre-vairé. Elles sont quelquefois rangées cul sur pointe, principalement en pal.

Le Vairé ordinaire est de quatre tires ou rangées; s'il excede, faut le specifier. Le plus gros est nommé Beffroy, & est de trois tires ou rangées.

Le plus petit est appelé menu-vair, & est de six.

PLACES PRINCIPALES DE L'ESCV, ET LES NOMS
des Diuisions particulieres d'iceluy; sçauoir, party, couppé, tranché, taillé, escartelé, tierté, &c.

CHAPITRE III.

23. **C**ET Escu vous montre les poincts, ou principalles places d'iceluy.
Comme ils doiuent estre nommez & disposez, pour bien placer les pieces qu'on y veut mettre.

A, B, C. Marquent le premier, second, & troisiesme poinct du chef.
D. Le lieu plus honorable, appellé le Poinct d'honneur.
E. Le Centre, le cœur, ou abisme de l'Escu.
F. Le nombril de l'Escu.
G. Flanc dextre. H. Flanc senextre.
I. La pointe de l'Escu.

PREMIERE DIVISION.

24. Party. C'est separer l'Escu en deux parties esgalles, par vne ligne perpendiculaire, tirée du milieu du chef à la pointe; & on dit, Party d'Or & d'Azur.

25. Couppé. Est quand on diuise l'Escu par le millieu, tirant vne ligne du flanc droict au senextre; & on dit, Couppé d'Or sur Azur, ou de Gueules sur Or, ou autrement.

26. Le Tranché est quand l'Escu est partagé en deux parties esgalles, tirant vne ligne du premier angle, du chef à l'extremité d'en bas du flanc senextre, on dit Couppé de sur de, &c.

27. Le Taillé est quand l'Escu est partagé en deux parties esgales, au contraire du Tranché, commençant à l'angle senextre du chef, tirant au flanc droict; & dit-on Taillé de sur de.   28. Escartelé

28. Escartelé ou Party couppé, est quand on tire vne ligne du chef perpendiculaire à la pointe, & vne autre tirée du flanc dextre au senextre, partissant l'Escu
en 4. quartiers. Et on dit en blasonnant, Escartelé au premier d'Or à &c. Au second d'Azur &c. Au tiers ou troisiesme d'Argent &c. Et au dernier de Sinople &c.
ou autrement, selon la position des Emaux.

29. Escartelé en sautoir, qui est le Tranché-taillé; & se blasonne ordinairement
ainsi, d'Or flanqué d'Azur, ou autrement.

30. Est la derniere Figure de nostre Planche, qui represente le Tiercé en pal,
lequel est tousiours de deux couleurs, & d'vn metail; ou de deux metaux, & d'vne
couleur. On dit Tiercé en pal d'Azur, d'Or & de Gueulle, ou autrement.

*Dans la Planche suiuante, qui est la seconde, on trouuerra la suitte des Diuisions &
Partitions de l'Escu.*

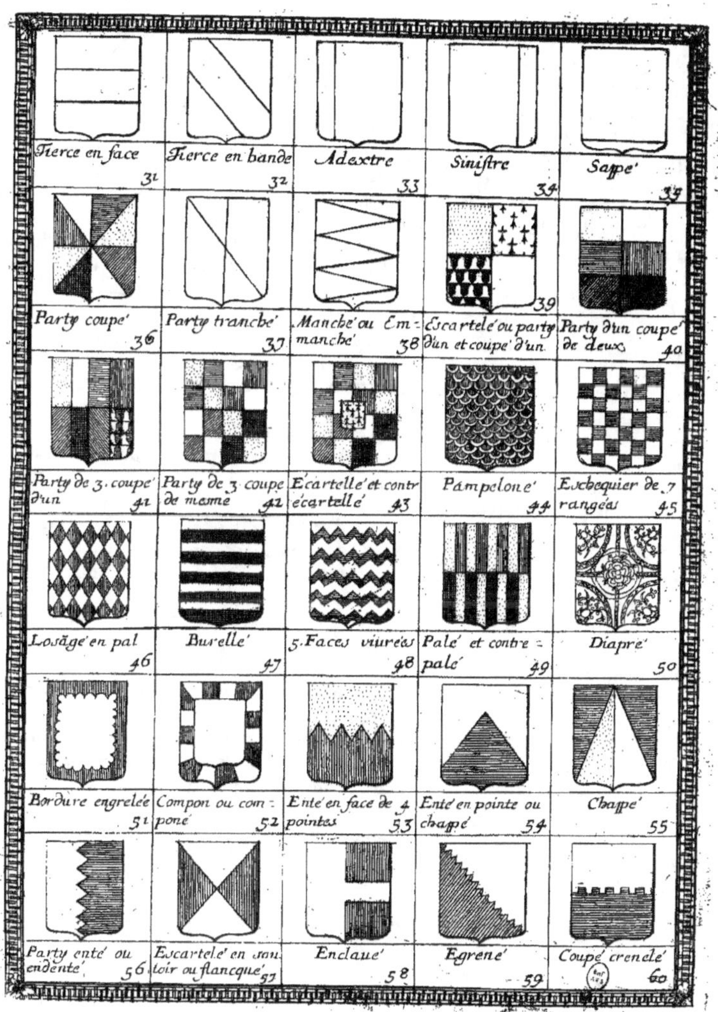

31. **R** Epresente le Tiercé en face. Lequel doit tousiours estre de deux metaux &
d'vne couleur; ou de deux couleurs & d'vn metail.
Tierces ou Tierches, se sont Faces en deuise, qui se mettent trois à trois, comme les iumelles.

32. Tiercé en bande doit estre estendu de mesme que le Tiercé en face. Il y a aussi le Tiercé en barre, qu'il faut blasonner de mesme.

33. & 34. D'Argent à dextré de Sable & d'Or ; à dextré, est quand l'Escu est party d'vn quart du costé droict, ou mesme quand on adjouste vne piece à costé droict de la piece principale du mitan de l'Escu. Le senextré est de mesme.

Sapé, est quand vne piece est mise à l'Escu à la pointe, occupant enuiron la 10. partie.

36. Party, couppé, taillé, tranché ou gironné de 8. pieces.

37. D'Or party & tranché de Gueules.

38. Manché ou emmamché, est quand l'Escu est party, & que la partie dextre entre en plusieurs pointes dans la partie senestre, ou du party : lors on dit Emmanché de & de telle couleur ou metail.

Par cet Escu on commence à blasonner les quartiers auec charges, les distinguans les vns des autres.

39. Escartelé au premier d'Or : au 2. de Bretagne, ou d'Hermines : au 3. de Vair ou Vairé : au 4. d'Argent plain, qui est le premier escart, auec Figure.

40. Party d'vn couppé, de deux, ou party tiercé. Le premier soustenu d'Or, en face d'Azur, & en pointe de Sinople. Le 2. party d'Argent en chef, soustenu de Gueules en face & en pointe d'Argent.

41. Party de 3. & couppé d'vn, ou party escartelé au premier d'Or, au second d'Argent, au 3. de Pourpre, au 4. de Sable. Le second party ou contr' escartelé d'Argent. Le premier d'Azur : le second de Gueules : le 3. de Sinople : le 4. de Vair.

42. Party de 3. & couppé de mesme, qu'on peut dire aussi eschequé de 4. traits ou rangées, & est aussi escartelé & contr'escartelé. Au premier escart du chef d'Or & d'Azur : le second escart du chef d'Argent & de Gueules : Le 3. escart, qui est le premier de la pointe d'Argent & de pourpre : Finallement le dernier escart, ou 4. qui est le second de la pointe, d'Or & de Sable.

43. Escartelé & contr'escartelé. Le premier d'Argent & d'Azur, le 2. d'Or & de Gueules, le 3. d'Or & de Pourpre, le 4. d'Argent & de Sable. Sur cet escart & contr'escart est mis vn escusson ; & on dit sur le tout (simplement) de Bretagne, qui est d'Hermines.

44. Pampelonné, sont escailles couuertes à demy les vnes sur les autres, dont les vnes sont de metail, & les autres de couleur ; et on dit pampelonné d'Azur & d'Or, ou autrement, à discretion, selon les esmaux.

45. Eschequé de 7. traits ou rangées. Les eschés ou points d'eschequier, sont pieces quarrées, qui representent vn leu d'eschets ou de dames. En blasonnant il suffit de dire eschequé d'Argent & d'Azur, ou autre couleur & metail. Cela s'entend tousiours de six traits ou rangées ; mais s'il y en a plus ou moins, il le faut exprimer.

46. Lozangé en pal d'Or & de Gueules : (car on pose aussi des lozanges en bandes & en barres.) La Lozange est vne Figure assez connuë, laquelle on pose diuérsement, soit seule ou accompagnée, ou chargée, le tout à discretion.

47. Burelé d'Argent & de Sable de 10. pieces. Le burelé n'est ordinairement que de 6. pieces ; & lors suffit de dire burelé, sans specifier le nombre.

48. D'Argent à 5. faces viurees de Sable. Viure est vn Serpent tortueux, autremét Giure, ou Couleuvre. On pourroit aussi bien dire faces ondées, ou bande ondée.

49. Pallé & contre-pallé d'Or & de Gueules, & en pointe de Sable & d'Or. Nous parlerons du pal & du pallé en autre lieu.

50. Diapré se figure & trace à fantaisie, soit en compartiment de Iardin, soit qu'on y represente des oyseaux, ou autres animaux, ou fleurs. Faut obseruer qu'il ne doit estre que d'vn esmail ; & on dit diapré d'Argent ou d'Azur, comme cestuy-cy est representé.

51. D'Argent à la bordure engreslée de Gueules. Engreslé est quand le vuide qui est entre les points est en rond.

52. Compon ou componé, c'est vne bordure qui enuironne l'Escu, & est de 2. esmaux separez, diuisez par filets forts és recoins que les jointures sont faites en pieds de chevre. Cet Escu represente le componé d'Argent & de Gueules. Compon est chaque piece de la componure, dont l'vne doit estre de metail, l'autre de couleur.

53. Enté est quand 2. ou 3. parties de l'Escu entrent dans l'autre. Cestuy-cy est enté d'Or & de Gueules. Il y a aussi des entures rondes & quarrées, qu'on pourroit di-

re emboiſtures. Il y a auſſi des Eſcus entez en pointe, comme l'Eſcu de Saxe. Cet-tuy-cy eſt blaſonné enté d'Or & de Gueules.

  54. Enté en pointe d'Argent & d'Azur.

  55. Chappé ſe dit lors que l'Eſcu eſt diuiſé en chévron en trois parties eſgales, par 2. lignes : lors on dit chappé d'Azur & d'Argent. Et dautant que le chappé eſt party en cet Eſcuſſon, il faut dire d'Azur au chappé party d'Or & d'Argent.

  56. Party endenté ou denché d'Or & d'Azur. Endenté eſt quand il y a des pie-ces garnies de deux longues & pointuës.

  57. Eſcartelé en ſautoir, qu'on dit auſſi flanqué d'Argent & de Gueules.

  58. Enclaué, eſt quand l'Eſcu eſt tranché, couppé ou taillé, ou autrement diui-ſé; qu'vne partie entre en l'autre en forme quarrée, ou à angles droicts. A cettuy-cy faut dire party enclaué de Gueules & d'Argent, ou d'Argent aux deux cantons ſeneſtres de Gueules.

  59. Egrené, tranché, eſgrené d'Argent & de Sinople.

  60. Couppé crenelé de 5. creneaux d'Argent & d'Azur.

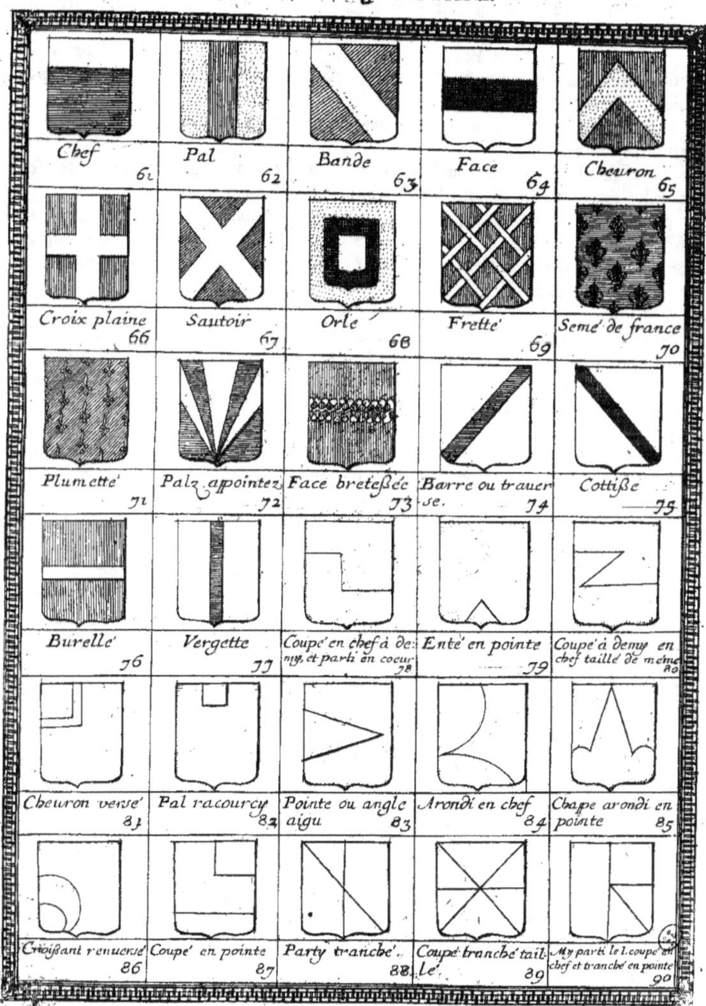

    CEtte troiſieſme Planche repreſente les Noms & Figures des pieces honorables de l'Eſcu qui ſont le chef, le pal, la bande, la face, auec leurs diminutifs.

61. Le chef se prend ordinairement de 2 sortes. La premiere c'est la partie supe-rieure de l'Escu. Cette partie se diuise en 3. à le prendre en la largeur de l'Escu; la dextre, le milieu., & la senestre partie du chef, comme il est monstré en la demon-stration des Poincts de l'Escu.

Le chef (dont nous parlons presentement) se prend pour vne piece qui est po-sée au haut de l'Escu, ioignant le haut bord d'iceluy, que nous auons marqué com-me dit est, par les lettres A, B, C. qui sont les 3. premiers Poincts de l'Escu: le-quel chef doit tousiours occuper la tierce partie d'iceluy, & est la premiere piece honorable.

Le chef doit estre de metail quand l'Escu est de couleur : mais si le chef est de couleur aussi bien que l'Escu, on l'appelle chef cousu, autrement les Armes seroient fausses: car comme le chef est vne piece qui se pose sur l'escu, & que couleur sur couleur ne se mettroit point sans fausseté, l'on dir piece cousuë ou collée, laquel-le piece retient tousiours le nom de chef: mais auec cette difference, qu'il est ap-pellé chef cousu; au lieu que les autres sont appellez simplement chefs. Les vns & les autres doiuent occuper le tiers de l'Escu. Le chef cousu aussi-bien que l'autre peut receuoir des charges, soit fleuues, animaux ou meubles.

Il y a encor le chef Pal; c'est lors qu'au bas du chef, il y a vn pal attenant & contigu sans aucune ligne, ny separation, & que les 2. sont d'vn mesme esmail, on dit d'Argent au chef pal de Gueules.

Chef surmonté, quand la tierce partie d'iceluy, tout au plus haut, est d'vn autre esmail que le reste.

Chef soustenu, c'est tout le contraire du chef surmonté; & se dit soustenu lors que les deux tierces parties sont au haut de l'Escu.

62. Le pal est vne piece droite, posée perpendiculairement, & qui partit l'Escu en 2. tiers par le milieu, tire son nom de ce qu'il est en ouurage comme paulx ou pieux, qui se mettent ordinairement és pallissades. C'est vne des pieces honora-bles, laquelle estant seule, doit occuper le tiers de l'Escu.

S'il y en a nombre pair, on dit bandé de & de

S'il est impair, ou le blasonné d'Argent ou d'Or à tant de partie, il est demesme le tiercé: mais il differe en ce que le tiercé est tousiours de 2. metaux & d'vne couleur, ou de deux couleurs & d'vn metail, mais le pal est tousiours d'vn metail & d'vne couleur. Cestuy cy est blasonné d'Or au pal de Gueules.

63. La bande est de Figure diagonalle, qui prend du haut angle droict du chef, & tire vers le bas du costé senestre de l'Escu, & est vne des pieces honorables. Ce-ste cy est blasonnée de pourpre à la bande d'Argent.

Quand elle est moindre que le tiers de l'Escu, on dit Bandes en deuise: Cela s'entend quand il ny en a qu'vne en tout l'Escu: Il y a des bandes bretessées, crene-lées, gringolées, &c.

Quand la bande est seule fort estroitte & ronde, c'est vn baston.

64. La face est vne piece qui trauerse l'Escu d'vn flanc à l'autre, couurant tout le milieu d'iceluy, entre la place d'honneur & le nombril, & partit l'Escu en tiers, & est aussi vne des pieces honorables, & doit contenir la tierce partie de l'Escu; que si elle est plus estroitte elle sera prise pour deuise: il en entre dans l'escu tel nom-bre qu'on veut, comme nous verrons cy-apres. La presente est blasonnée d'Ar-gent à la face de Sable.

Neantmoins quand on dit facé, s'entend seulement de 6. pieces.

65. Le chevron est composé de 2. bandes plates, iointes & appointees en haut vers le chef, s'eslargissant en bas vers les flancs de l'Escu, en forme d'vn compas ouuert, (& est aussi piece honorable) occupant la tierce partie d'iceluy. Le pre-sent est blasonné de Gueules au chevron d'Or : les deux pieces d'iceluy s'ap-pellent Estayes. Il y en a aussi ainsi que des bandes, de plusieurs sortes, renuersées, couchées, escartelées, &c. dont nous parlerons cy apres.

66. Croix doit, estant seule, occuper la troisiesme partie de l'Escu, & n'est be-soin de l'exprimer: il suffit de dire comme à celle cy de Gueules à la Croix d'Ar-gent. Les differentes Croix se verront cy-apres, & auront leurs Blasons & Figu-res à part.

67. Sautoir ou sauteur, est vne sorte de Croix appellée vulgairement Croix de S. André, qui est posée sur l'Escu en trauers, comme seroit vne bande & vne

barre

barre est aussi vne piece honorable, ainsi que la Croix. Le present est blasonné de pourpre au sautoir d'Argent. Nous parlerons des autres sautoirs cy-apres.

LES NOMS ET BLASONS DES PIECES SIMPLES, DONT les Armes sont ordinairement chargées, & dont les principales sont l'Orle, la Frette, le Semé, plumetté, &c.

CHAPITRE IV.

68. L'Orle est faite en façon d'vne ceinture tout d'vne piece, qui enuironne tout l'Escu sans le couvrir, & parfois aussi composée de diuerses pieces separées, & disjointes les vnes des autres, mises en suitte à l'entour du dedans de l'Escu, distant quelque peu des bords d'iceluy, comme camponés engreslées &c.

La Filiere est vn diminutif de la bordure, estant vn filet de metail ou couleur qui enuironne l'Escu. Cestuy-cy est blasonné de Sable chargé d'vn Escu d'argent, à l'orle ou bordure d'or.

69. Le Fretté est composé de cotisse & de barres ou trauerses entrelassees. La cotisse est vn diminutif de la bande, & la trauerse le diminutif de la barre. On blasonne cestuy-cy de Gueules, fretté d'Argent.

70. Semé de France; c'est d'Azur semé de fleurs de Lys d'or sans nombre : pour le blason, il suffit de dire semé de France.

71. Plumeté, doit estre exprimé de quoy, comme cestuy-cy est plumeté de Pourpre & d'Argent, qu'on dit aussi de Pourpre paillé d'Argent.

72. d'Azur à 3. pieces d'Argent, ou trois pals appointis en pointe de l'Escu, posez en bande, pal & barre.

73. De Gueules à la face bretessée & contre-bretessée d'Argent.

Bretessé est ordinairement vne rangée de creneaux carrez ou arondis sur les costez de la piece blasonnée, comme sur vne face, & est simplement bretessee quand le sur le dessus de la face seulement.

Bretessé à double, c'est quand il y en a des deux costez, mais qui sont vis à vis les vns des autres.

Bretessé & contre bretessé, est comme il est peint au present Escusson, que la bretesse du haut se rencontre ou soit vis à vis de l'entre-deux de celle du bas, & ainsi du bas.

74. D'Argent à la barre ou trauerse d'Azur, est vne piece semblable à la bande, qui contient sur l'Escu autant de place : mais elle est posée au contraire, & prend du costé senestre, & a aussi son diminutif, qui est la presente Figure, nommée trauerse, qui n'occupe que le tiers de la barre, que quelques-vns appellent contre-bande. On dit aussi barré de & de; que s'il y a plus de 6. pieces, le faut exprimer.

75. D'Argent à la cotisse de Sable. La cotisse (comme nous auons dit) est vn diminutif de la bande, & en occupe les deux tiers.

76. La Burelle est le diminutif de la face, & la trangle aussi : C'est pourquoy ils sont tousiours posez en face. Leur difference est quand le nombre est impair, de plus de 6. pieces du champ, & le moins en assise. Si c'est en pal, & qu'il passe 9. se sont vergettes; si c'est en bande, se sont bastons; & en barre, trauerses. Celle-cy est blasonnée de Gueules à la burelle d'Argent. Nous parlerons cy-apres plus amplement du burelé.

77. D'Argent à la vergette d'Azur : la vergette est le diminutif du pal; c'est pourquoy elle est tousiours posée de mesme.

78. Couppé en chef à demy, party en cœur, & recoupé en poinct d'or sur Azur.

79. Enté en pointe d'Or & de Sinople.

80. Couppé à demy en chef, taillé de mesme, & recoupé en pointe d'Argent & de Gueules.

81. D'Or au cheuron versé, mouuant du chef & du flanc dextre, mis en canton d'Azur.

82. D'Azur au pal racourcy d'Argent, mouuant du chef.

83. De Gueules à la pointe ou angle aigu, mouuant du flanc dextre, posé en face d'Or.

84. Arondy en chef, & en pointes d'Argent & de Sable.

85. Chappé, aroudy en pointe d'Or & de Gueules.

86. D'Azur au demy croissant d'Argent renuersé, mouuant du flanc droict & de la pointe.

87. Couppé en pointe d'Or & d'Azur au canton senestre de Gueules.

88. Party, tranché d'Argent & de Gueules, ou d'Argent à 2. girons de Gueules.

89. Couppé, tranché, taillé d'Or & d'Azur de l'vn en l'autre, ou gironné de six pieces.

90. My-party, le premier de Gueules, le 2. couppé en chef d'Argent, & tranché en poinct d'Or & D'Azur.

Dans la Planche suiuante, qui est la 4. sont contenuës les differentes sortes de Sautoirs, de Chevrons, Faces & Pals. CHAP. V.

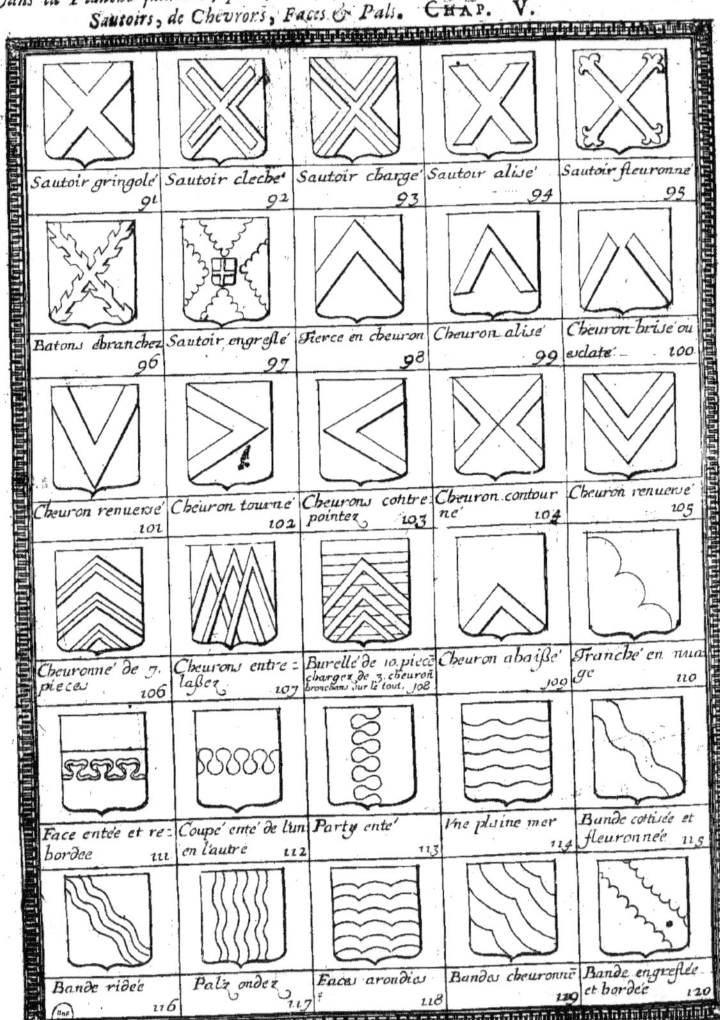

91. D'Argent au Sautoir de Gueules, gringolé d'Or.

    Gringolé, est quand vn Sautoir, bandes, ou autres pieces, sont ornées de testes de Dragons, de Lions, Serpents, ou muscles d'autres animaux, par les bouts, qui semblent les vouloir engloutir.

92. D'Azur au Sautoir d'Or cleché ou percé, remply de Sinople.

Cleché, c'eſt comme vne longue mortoiſe carrée faite ſur la piece, laiſſant quelque diſtance aux extremitez.

93. D'Or au ſautoir de Gueules, chargé d'vn autre ſautoir d'Argent.

94. De Sinople au ſautoir, couppé ou aliſé d'Argent.

95. De Sable au ſautoir fleuré ou fleuronné d'Or.

96. D'Argent à deux baſtons eſbranchez, paſſez en ſautoir de Gueules.

97. D'Azur au ſautoir engreſlé d'Argent, chargé d'vn Eſcu en abiſme de Gueules.

Differentes ſortes de Chevrons.

98. Chevron ſimple, ou tiercé en chevron, ou d'Or au chevron d'Azur.

99. De pourpre au chevron aliſé d'Argent

100. D'Azur au chevron briſé ou eſclaté d'Or.

101. De Sable au chevron renuerſé d'Or.

102. D'Azur au chevron torné d'Argent.

103. D'Or à deux chevrons d'Azur, mouuant des deux flancs de l'Eſcu, contrepointez en abiſme.

104. D'Or au chevron contourné, mouuant du flanc ſeneſtre de Sable.

105. D'Argent au chevron renuerſé de Gueules, ſouſtenu d'vn autre d'Azur.

106. D'Argent à 3 chevrons partis d'Azur & de Gueules.

107. De Gueules à 3. chevrons entrelaſſez d'Or.

108. Burelé de dix pieces d'Argent & d'Azur à 3. chevrons de Gueules, bronchant ſur le tout.

109. De Gueules au chevron abbaiſſé d'Argent.

110. Tranché en nuage d'Or & d'Azur.

111. D'Argent à la face entée par embas d'Azur, rebordée d'Or.

112. Couppé enté de l'vn en l'autre, d'Or & d'Azur.

113. Party enté de l'vn en l'autre, de Gueules & d'Or.

114. D'Argent à vne mer plaine, ondée d'Azur.

115. D'Argent à la bande de Gueules cotiſſée & fleuronnée d'Or, chargée de trois Fleurs de Lys d'Argent.

116. D'Argent à la bande vidée d'Azur, remplie d'Or.

117. De Gueules à 3. pals ondez d'Or.

118. D'Or à 3. faces arondies d'Azur.

119. D'Azur à 3. bandes chevronnées d'Argent.

120. D'Argent à la bande engreſlée de Gueules, bordée d'vne filiere d'Azur.

DES BRISVRES.

CHAPITRE VI.

LES Briſures ſont pieces poſées ſur les Armes, par leſquelles on diſtingue les Armes plaines d'vne Maiſon ou Famille. Entre les freres & leurs deſcendans, les pieces ſont orſinairement le Lambel, de 3. ou pluſieurs pendans: La Bordure ſimple, camponée, engreſlée, ou autrement: Le Baſton, la Bande, la Barre, qui dénotent baſtardſe.

L'aiſné de la Maiſon porte les Armes paternelles ſans aucune briſure ny diminution.

Le 2. fils prend le Lambel de 3. pieces en chef pour briſure: Il y en a qui eſcartellent leurs Armes paternelles de la maternelle.

Le 3. la ſimple bordure.

Le 4. la bordure engreſlée ou autrement.

Le 5. le baſton bronchant ſur le tout, poſé en bande.

Le 6. la bande bronchante, de meſme ſur le tout.

Le 7. le chef.

S'il y en a dauantage, ils peuuent prendre le canton, lenté, &c.

Le fils aiſné du ſecond porte de meſme que ſon pere

Le 2. le Lambel de quatre pieces.

Le 3. le pareil Lambeau, mais mouuant du chef; c'eſt à dire qui touche les deux coſtez de l'Eſcu.

Le 4. & les ſuiuans, le Lambeau de meſme, mais chargé d'vne molete d'eſperon d'Eſtoilles, Fleur, Oyſeau, ou autrement, à diſcretion.

Le deuxieſme fils iſſu du 3. portera la bordure chargée de beſans, & ſes autres freres auſſi de meſme, mais briſée à diſcretion.

Le 2. fils du 4. frere aura de meſme ſon pere la bordure camponée, mais les campons briſez d'Eſtoilles, ou autrement, à diſcretion.

Les ſuiuans la bordure endentée, chargée d'anelets, ou d'autres choſes à diſcretiõ.

Pardeſſus ces degrez chacun en peut faire à ſa fantaiſie: mais il faut touſiours remarquer que celuy qui porte le moins eſt le plus. Voila pour les Briſures, & pour l'ordre d'icelles: quant à leurs Emaux, ils ſeront deſcripts dans les Armes eſquelles ils ſe trouueront employez.

Dans cette 5. Planche ou Table ſont remarquées & deſcriptes les differentes ſortes de Croix, dont les Armes ſont ordinairement chargées, auec leurs Emaux.

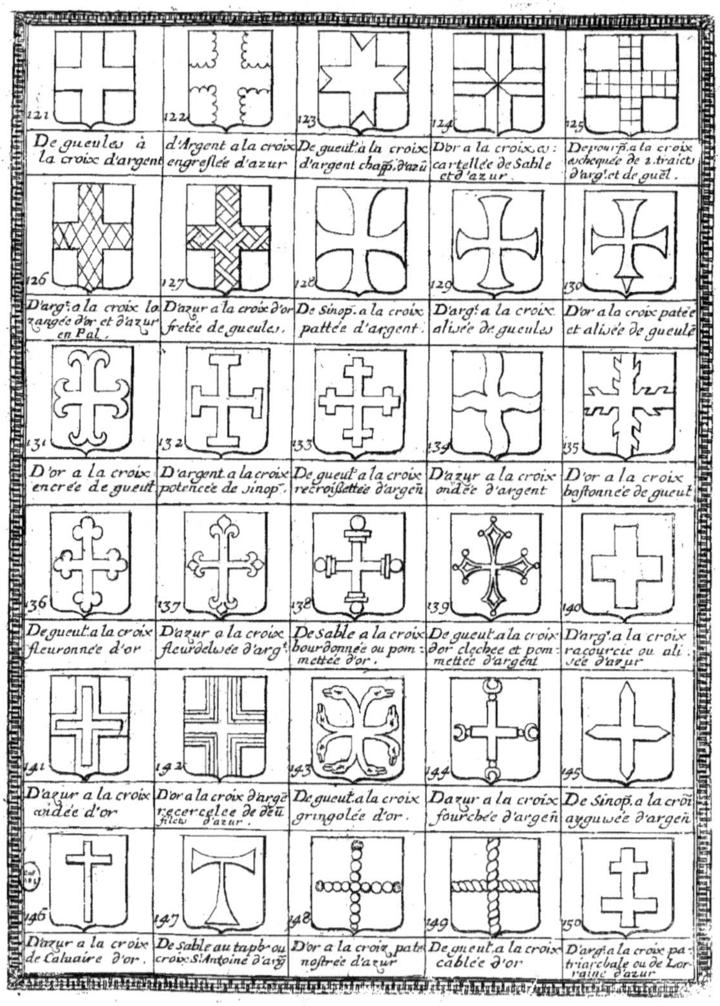

121. **D**E Gueules à la Croix plaine d'Argent: il ſuffit de dire de Gueules à la Croix d'Argent.

122. D'Argent à la Croix engreſlée d'Azur.   123. De

123. De Gueules à la Croix d'Argent chappée d'Azur.
124. D'Or à la Croix efcartellée de Sable & d'Azur.
125. De Pourpre à la Croix efchequée de 2 traicts d'Argent & de Gueules.
126. D'Argent à la Croix lozangée d'Or & d'Azur en Pal.
127. D'Azur à la Croix d'Or fretée de Gueules.
128. De Sinople à la croix pattée d'Argent.
129. D'Argent à la croix alifée de Gueules.
130. D'Or à la Croix patée & alifée de Gueules.
131. D'Or à la croix encrée de Gueules.
132. D'Argent à la croix potencée de Sinople.
133. De Gueules à la croix recroiffetée d'Argent.
134. D'Azur à la croix ondée d'Argent.
135. D'Or à la croix baftonnée de Gueules.
136. De Gueules à la croix fleurée ou fleuronnée d'Or.
137. D'Azur à la croix fleurdeliee d'Argent.
138. De Sable à la croix bourdonnée ou pommecée d'Or.
139. De Gueules à la croix d'Or, clechée & pommettée d'Argent.
140. D'Argent à la croix racourcie ou alifée d'Azur.
141. D'Azur à la croix vidée d'Or.
142. D'Or à la Croix d'Argent recercelée de deux filets d'Azur.
143. De Gueules à la croix gringolée d'Or.
144. D'Azur à la croix fourchée d'Argent.
145. De Sinople à la croix ayguifée d'Argent.
146. D'Azur à la croix de Caluaire d'Or.
147. De Sable au taph ou croix S. Anthoine d'Argent.
148. D'Or à la croix patenoftrée d'Azur.
149. De Gueules à la croix cablée d'Or.
150. D'Argent à la croix patriarchale, ou de Lorraine d'Azur.

DES FIGVRES QVI SONT PEINTES DANS LA PLANCHE fuiuante, qui eft la 6. Et premierement du Quarré.

CHAPITRE VI.

LA Figure quarrée eft le fymbole de la Sapience, & reprefente la fermeté, verité, probité, conftance & equité ; ces quarrez font nommez & figurez diuerfement ; & font pieces qui entrent dans les Armes, & fe blafonnent à difcretion.

Tablettes font efgalement quarrées, & n'ont, eftans feules, autre nom : Eftans placées 9. enfemble, on dit 5. points d'efchiquier, efquipolez à 4. de &c.

Eftans rangées en 3. 4. ou plufieurs rangées, on dit efchiqueté : lequel efchiquier eft touîiours compofé de metal & couleur. Cette Figure eft eftimée la plus noble des pieces qui entrent dans les Armes, reprefentent vn champ de bataille.

Efchequé ne doit eftre que de fix tires ou rangées : quand il eft autrement le faut exprimer.

Dez à ioüer : c'eft vn quarré cube qui eft affez connu.

L'ozange eft vne Figure quarrée, compofée de 2. yfopleures, ou triangles parfaits. Elle eft auffi appellée rhombe ou quadrangle irregulier. Triangle eft la moitié d'vne l'ozange : Elle fe pofe en bande, en face, en pal, & reçoit des charges à difcretion, & des noms felon fa pofition.

Macles ne font autre chofe que l'ozanges percées, & fe pofent ainfi que les lozanges : mais elles ne reçoiuent aucune charge.

Ruftres font de mefme les Macles, finon que les Macles font percées en lozanges, & les Ruftres en rond.

Mortaife. Cette Figure eft quarrée & creufe : eft auffi nommée emboiture.

Billettes font Figures en quarré, berlong, & ne monftrent aucune efpaiffeur.

Briques font ainfi que les billettes, mais ils monftrent vne efpaiffeur.

Des Figures rondes.

La Figure ronde eft le fimbole de l'eternité : reprefente le Ciel, le Monde, la Fortune, & les richeffes. Il y a les Befans, qui font touîiours de metal : les Tourteaux, qui sont toufiours de couleur.

Les Befans-tourteaux : c'est quand ils sont partis de metail ou couleur, pate-no-
stre ou chapelet, qu'on range ordinairement en chevron, en face, ou autrement,
comme à l'entour de l'Efcu des Cheualiers de Malthe.

Annelets ou anneaux, reprefentent la franchife, la foy, la fidelité : Les Annelets
fe nomment auffi Virent.

Les Cercles, appeliez anciennement Syamors.

Fuzée, c'est vn outil dont les femmes fe feruent pour filer.

Nauette est l'outil dont le Tifferant fait la toille.

*Les Lozanges, Macles, Ruftres, Billettes, Fuzées, Torteaux ou Bezans, Soleils,
Croiffans, Comettes & Estoilles, y font pareillement figurées.*

151. TRianglé & contre-trianglé de 7. traits d'Argent & d'Azur.
152. T Cinq poincts d'Argent equipollent à 4. d'Afur. Equipoler, c'est mettre
en mefme rang, tous les poincts font efgaux.
153. D'Or à 3. lofanges de Gueules, appointées l'vne contre l'autre.

154. De Gueules à 3. lofanges d'Argent.
155. D'Azur à 3. lofanges mifes en bande d'Argent.
156. Lofangé en bande d'Or & de Gueules.
157. D'Or à 3. macles de Gueules.
158. De Gueules à 6. ruftres d'Or.
159. Billeté & contre-billeté d'Argent & d'Azur de 3. traits.
160. D'Azur à 3. billettes d'Argent.
161. De Gueules à 2. billettes à pointes en cœur d'Argent.
162. De Gueules au pal d'Or à cofté de 10. billettes, pofées de mefme d'Argent.
163. D'Argent à la face d'Azur, accompagnée de 10. billettes couchées en face de Gueules.
164. De Sable à 3. fufées mifes en pal d'Or.
165. D'Azur à la bande fufelée d'Argent.
166. D'Or à 3. torteaux de Gueules.
167. De Sinople à 2. demies roües mouuantes l'vne du flanc dextre, l'autre du flanc feneftre d'Or, cloüées de Gueules.
168. D'Argent à 5. Efcuffons d'Azur pofez en Sautoir, chacun chargé de 5. points d'Or, mis auffi en fautoir.
169. De Gueules aux raiz d'Efcarboucle fleuronnée d'Or, pofée fur vn Efcu d'Argent en abyfme.

L'Efcarboucle, ainfi que les autres Pierres precieufes, iette des rayons. Les Herauts en la blafonnant luy en font ietter 84. en forme de croix tracée à angles, ordinairement les autres en croix S. André, & les ornent de Boutons & Fleurs de Lys.
170. D'Azur au Soleil rayonnant d'Or.
171. D'Azur a la croix d'Argent, accompagnée de 4. ombres, ou Soleils de Gueules.
172. Efcartelé, le 1. eft d'Or de Gueules à 2. pals d'Argent: le 2. & 3. d'Azur au demy Soleil rayonnant, mouuant du cofté feneftre du chef.
173. D'Azur au Croiffant montant d'Argent.
174. De Sable au croiffant renuerfé d'Or.
175. De Gueules à deux croiffans adoffez d'Argent.
176. D'Azur à 3. croiffans à frontés d'Argent, celuy de la pointe montant.
177. De Sable a la Comette d'Argent cheuelée d'Or.
178. De Gueules a la mollette d'efperon d'Or.
179. D'Azur a l'Eftoille a 6. rays d'Argent.
180. De Gueules a l'Eftoile de 16. rayx d'Or rayonnants.

DES FLEVRS, ARBRES, PLANTES ET FRVICTS, ET CE qu'ils reprefentent au Blafon.

CHAPITRE VII.

LES Plantes & les Arbres en general font comparez aux hommes bons & mauvais, denotent fertilité & multiplication, & chacun des particuliers a vn fens myftique & fymbolique caché fous fon efcorce.

Ainfi le Sapin, a caufe qu'il furpaffe en hauteur tous les Arbres, reprefente la Souueraineté.

Le Palmier d'autant que plus il eft chargé de fruicts, fe redreffe plus haut, fignifie la Victoire, & la Iuftice.

Le Laurier eft le fymbole de Triomphe & de la Victoire.

L'Oliuier, la Paix, l'Obeyffance, la Douceur & la Concorde.

Le Chefne englanté reprefente la Vertu, la Force, fermeté & longue vie.

Le Grenadier ainfi que le Mirtre, reprefente l'Amitié.

Le Frefne eft ennemy des Serpents, & autres animaux venenenx: car ils ne peuvent demeurer long temps fous fon ombre qu'ils ne meurent, & reprefente vne amitié parfaite.

Le Cyprez eft le fymbole du deüil & de la mort: Eft côparé a la beauté fans bonté.

Le Pin eft auffi le fymbole de la mort: car eftant vne fois couppé il ne rejette plus, & fait mourir par fa puanteur les Plantes voifines de luy, ainfi qu'vne contagion.

Le Noyer reprefente l'innocence perfecutée, & qui fouffre tout auec patience, fans fe plaindre ny murmurer.

La Vigne est le symbole d'intemperance. Elle l'est aussi de resiouyssance & de liesse.
Boutōs de Rozes rouges au naturel, hyrog. de la beauté, de l'amour & de la jeunesse.
Rozier, dont la Roze est le symbole de beauté & bonne grace.
Orangers, dont l'Orange est le symbole de dissimulation & d'hypocrisie.
Pomier symbole de fœcondité.
Les fleurs de Pensée, d'Ancolies, & de la Violette, sont le symbole d'amour en-
uers Dieu, & de charité enuers le prochain.
La fleur du Torne-soleil est le symbole de l'homme de bien, lequel a tousiours
son cœur & ses actions tournées vers Dieu.
Deux Amalthées ou cornes d'abondance passées en sautoir, pleines de fleurs &
de fruicts, appellées pour ce *Cornes d'abondance*, signifient liberalité, opulence, felicité, paix, concorde, prouision, liesse, amour, fertilité & prosperité.

En cette Planche sont dépeintes diuerses sortes de Fleurs, feüilles & fruicts.

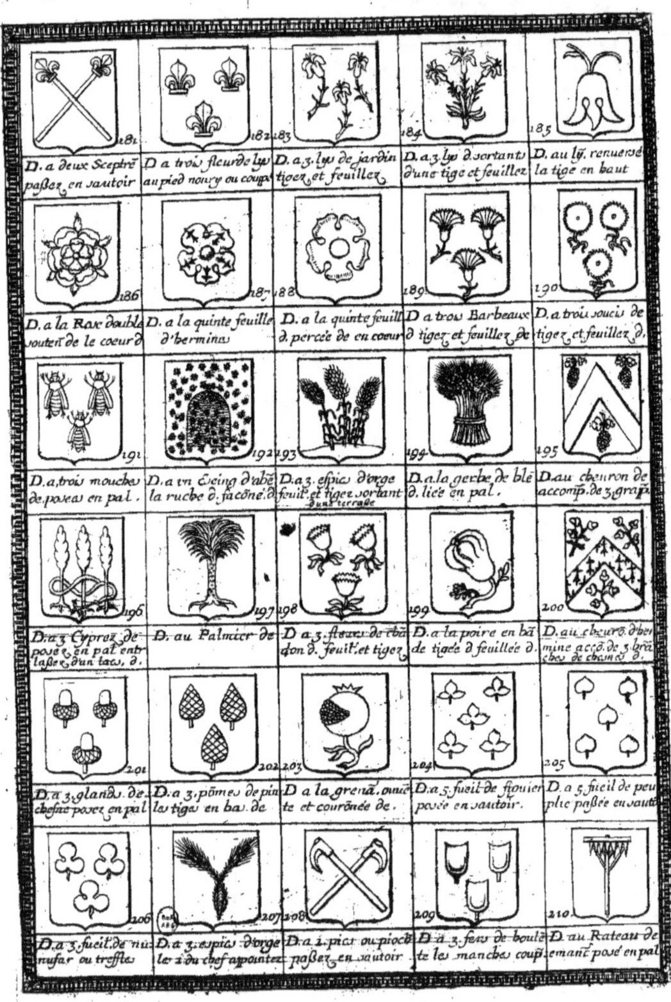

181. D'Azur à deux Sceptres ou Bastons Royaux fleurdelisez d'Or, passez en
sautoir. On peut mettre des bastons, espées, hallebardes, lances & autres
pieces en sautoir.
                                                                    182. De

182. De Gueules a trois Fleurs de Lys, au pied couppé, où nourry d'Argent. *Toutes les Armes comme nous auons dict, ou il y a trois pieces, il n'est point necessaire de dire comme elles sont posées, cela s'entend tousiours deux & vn, qui est deux en chef, & vn en pointe.*

183. D'Argent a trois Lys de Iardin, espanoüis de Gueule, grenée d'Or, tigées & feüillée de Sinople.

184. D'Or a trois Lys de Iardin, d'Azur, feüillées & tigées de Sinople, grenez de Gueules, sortant d'vne mesme tige.

185. D'Azur au Lys renuersé d'Or, ayant double queuë de Sinople, & grené d'Argent.

186. D'Argent à la double Rose, de Gueules, soûtenuë de Sinople, le cœur d'Or.

187 De Gueules à la quinte feüille d'Hermine.

188. D'Azur à la quinte fueille d'Argent percée de Gueules en cœur.

189. D'Or à trois Barbeaux ou bleuéts d'Azur soustenus, füeillez & tigez de Sinople.

190. D'Azur à trois soucix d'Or fueillez & tigez de Sinople.

191. D'Argent à trois mouches de Sable, posée en pal.

192. D'Argent à vn Esseing dabeille d'Azur, la Ruche d'Or façonné de Sable.

193. D'Azur à trois espics d'orge, tigez & fueillez d'Argent sortant d'vne teraffe de Sinople.

194. De Sinople à la Gerbe d'Or, liez de mesme en pal.

195. D'Argent au chevron de Gueules accompagné de trois grapes de Raisin d'Azur, la queuë en haut de Sinople.

196. D'Or à trois Cyprez de Sinople posez en pal, les tiges & les racines de Gueules entre laffez d'vn lacs d'Argent.

197. D'Argent au Palmier de Sinople.

198. D'Asur à trois Fleurs de Chardons d'or, feuillez & tigez d'argent.

199. De Gueules à la Poire d'Or posée en bande, tigée de Gueules, feuillée de Sinople.

200. De Pourpre au chevron d'Hermine accompagné de trois branche de Chesnes d'Argent, suportant chacune trois glands d'Or.

201. D'Asur à trois Glands de Chesne posez en pal, la tige & le chaperon d'or retranchez ou façonnés de Sable, les pointes en haut de Sinople.

202. D'Or à trois pomme de Pin, de Gueules, les tiges en bas de Sinople.

203. D'Asur à la Grenade ouuerte d'Or couronnée de mesme la tige & fueille d'argent. Les grains & semance de Gueules.

204. D'Argent à cinq fueilles de Figuier posée en Sautoir de Sinople, les tiges en bas.

205. De Gueules à cinq fueilles de Peuplier d'Argent passée en Sautoir, les tiges en bas.

206. D'Argent à trois fueilles de Nenufar ou treffles de Sinople.

207. D'Asur à trois espics d'orge, posez en bande bare & pal, les deux du chef apointez sur celuy de la pointe.

208. De Sable à deux pics ou pioches de pionnier passez en Sautoir, les fers d'argent en chef, & emmanchez d'or.

209. D'Argent à trois fers de Houllette de Berger d'Asur, les manches coupez de Gueules.

210. De Gueules au Rateau emmanché d'Or, les dents d'Asur, posez en pal.

CHAPITRE VIII.

E

LE Lion ne se blasonne pas rampant, par ce que c'est son ordinaire, s'il estoit posé, autrement le faudroit exprimer, & doit estre tousiours veu & posé de profil, ne montrant qu'vn œil & la moitié de la teste ses diuerses postures sont assez exprimées en la planche ou table suiuante, & est a noter que le Lion à tousiours la queuë tornée vers le dos, quand il est passant, on l'appelle Leopardé.

Le Lion que les anciens ont estimé estre le Roy de tous les Animaux Quadrupede est le Hyroplifique des Heroes & Illustres personnages, le Simbole de la Vigilance, de commandement, de domination, magnanimité & terreur, & denotre aussi vn Prince Clement, lequel pardonne à ceux qui s'humilient, qui d'estruict & renuerse ceux qui luy font resistance.

Cette Table est la neufiesme.

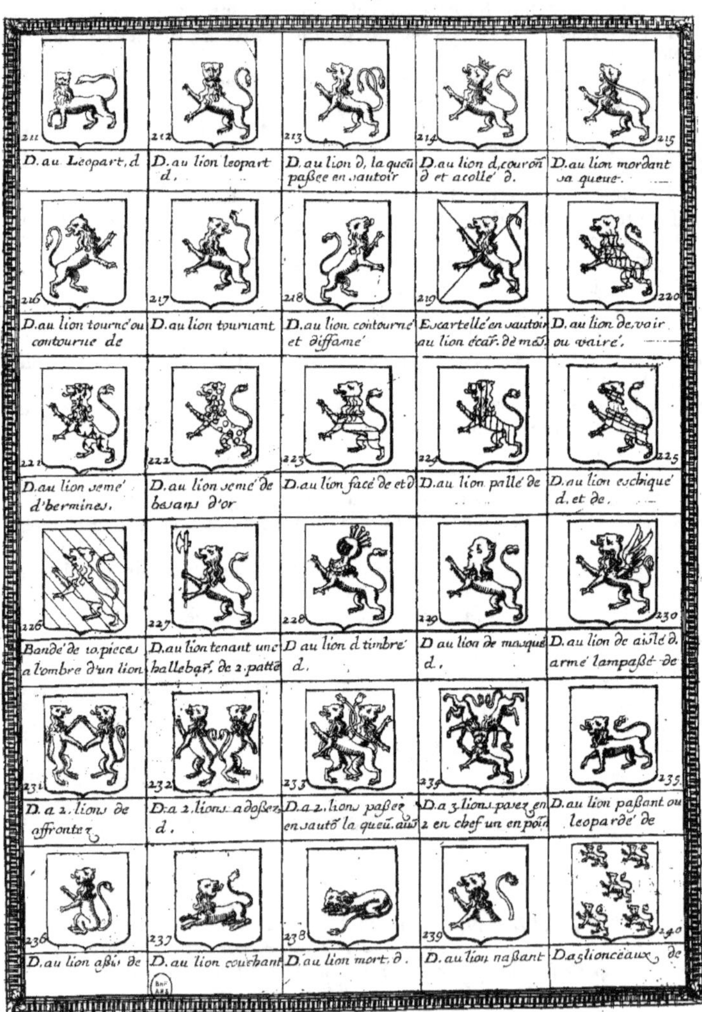

211 D. au Leopart, d	212 D. au lion leopart d.	213 D. au lion d, la queü paßee en sautoir	214 D. au lion d, couroñ d et acolle' d.	215 D. au lion mordant sa queue.
216 D. au lion tourné ou contourne de	217 D. au lion tournant	218 D. au lion contourné et diffamé	219 Escartellé en sautoir au lion écar. dè meñ.	220 D. au lion de voir ou vairé.
221 D. au lion semé d'hermines.	222 D. au lion semé de basans d'or	223 D. au lion facé de et d	224 D. au lion pallé de d. et de.	225 D. au lion eschiqué d. et de.
226 Bandé de 10. pieces a l'ombre d'un lion	227 D. au lion tenant une hallebar. de 2. patté	228 D au lion d timbré d.	229 D au lion de masqué d.	230 D. au lion de aißlé d. armé lampaßé de
231 D. a 2. lions de affronté	232 D. a 2 lions adoßé d.	233 D. a 2. lions paßé en sautó la queü aiß	234 D. a 3 lions pavez en 2 en chef un en poin	235 D. au lion paßant ou leopardé de
236 D. au lion aßi de	237 D. au lion couchant	238 D. au lion mort. d.	239 D. au lion naßant	240 D. a slioncèaux de

Le Leopart est engendré d'vn Lion & d'vne Panthere, nous represente les vaillans & genereux Guerriers qui ont executé quelques hardie entreprise auec force & courage, promptitude & legereté.

211. De Gueules au Leopart d'Or le Leopart est tousiours passant, & n'est besoin de l'exprimer.

212. D'Argent au Leopart, Lionné d'Asur : Langué de Gueules, le Lion, Leopardé est de mesme, sinon que le flocquet de sa queuë se renuerse vers sa teste, & passant.

213. D'Or au Lion, rampant de Sable, la queuë passée en Sautoir, il n'est besoin de repetter ce terme de rampant, comme nous auons dict.

214. De Sable au Lion d'Argent, Couronné d'Or, acollé de Gueules, la queuë passée en Sautoir.

215. De Sinople au Lion d'Or, mordant sa queuë, armé de Gueules.

216. De Poupre au Lion, tourné ou contourné d'Argent : tourné, c'est qu'il est tourné vers la partie Senextre de l'Escu, & retourne la teste vers sa queuë.

217. D'Asur au Lion d'Or (la teste tournée, regardant à Senextre vers sa queuë, quoy que le reste de son corps soit dans sa veritable assiette & posture) Armé & lampassé de Gueules.

218. D'or au Lion, diffamé de Gueules, c'est à dire sans queuë.

219. Escartellé en Sautoir, au Lion escartellé, de mesme de l'vn en l'autre d'Argent & de Gueules.

220. De Gueules au Lion de vair, qu'on dict aussi, au Lion vairré.

221. De Sinople au Lion d'Hermines, qu'on dict aussi au Lion semé d'Hermines

222. D'Argent au Lion de Gueules chargé ou semé de Besans d'Or, qu'on dict aussi besanté D'or

223. D'Azur au Lion facé d'Argent & de Gueules, qu'on peut dire aussi Burelle.

224. D'Or au Lion de Sable, Pallé d'Argent.

225. De Sable au Lion Eschiqué d'Or & d'Asur.

226. Bandé de dix pieces d'Or & de Gueules à l'ombre d'vn Lion de Sable.

227. De Sinople au Lion d'Or tenant de ses deux pattes vne Hallebarde, le fer, d'Argent, le Manche d'Or.

228. De Gueules au Lion, timbré d'Argent, timbré, c'est auoir vn Casque en teste.

229. De Pourpre au Lion d'Argent, masqué d'Or, masqué; c'est auoir la teste affublée d'vn masque.

230. D'Argent au Lion de Gueules, Aislé de Sinople, Armé lampassé d'Asur.

231. D'Asur à deux Lions d'Argent affrontez.

Affrontez, c'est quand ils sont tournez l'vn deuant l'autre, & adossez, c'est quand ils tourne le dos l'vn à l'autre.

232. D'Argent à deux Lions adossez d'Asur.

233. De Gueules à deux Lions passez en Sautoir d'Or, leur queuë passé de de mesme.

234. D'Asur à 3. Lions, les deux du chef mouuant d'iceluy le haut en bas; celuy de la pointe couvrant de sa teste les testes des deux autres veuë de frond.

235. De Sable au Lion passant d'Or, ou Leopardé.

236. De Gueules au Lion assis d'argent.

237. D'Asur au Lion couchant d'Or sur vne terrasse de Sinople.

238. De Sable au Lion mort, d'Argent sur vne terrasse de Sinople, c'est qu'il na ny dents, ny ongles.

239. De Sinople au Lion naissant d'Or.

240. De Sinople à 5. Lionceaux d'Argent

EN CESTE TABLE SONT REPRESENTEZ LA SVITE DES Animaux Quadrupedes, & des Poissons qui entre en la composition des Armes, leurs Blasons, & significations.

CHAPITRE IX.

LA Penthere est simbole de Felonie, Legereté, Varieté, & changement. L'Once est Semblable au Penthere, excepté qu'il n'est pas si grand, il n'y à Animal qui ayt la veuë si bonne & si ayguë que luy, est Simbole de Vitesse, Legereté & Finesse.

Le Griffon est imaginaire, lequel ne s'est iamais veu qu'en peinture, non plus que plusieurs autres, denotte Vitesse & Vigilance.

Le Cerf est le Simbole de Vitesse, legereté de crainte & notte aussi ceux qui se laissent abuser par les flatteurs, & l'homme sans cœur.

La Licorne est Animal tres-beau & rare, ennemy de Venin, & des choses impures, & pourtant il sert de Simbole à ceux qui fuyent les vices, le venin de l'ame, il denotte aussi vne pureté de vie, & les genereux Guerriers qui ayment mieux mourir que de tomber és mains des ennemis.

Le Sanglier represente la fureur guerriere & de brutalité impitoyable.

Le Loup est comparé à vn vaillant Capitaine, lequel apres auoir esté long-temps, serré dans vn fort, ce jette en fin dans le Camp des Ennemis, il denotte aussi vn homme Paillart & manteur.

Les Louues sont accomparée aux Putains & Macquerelles.

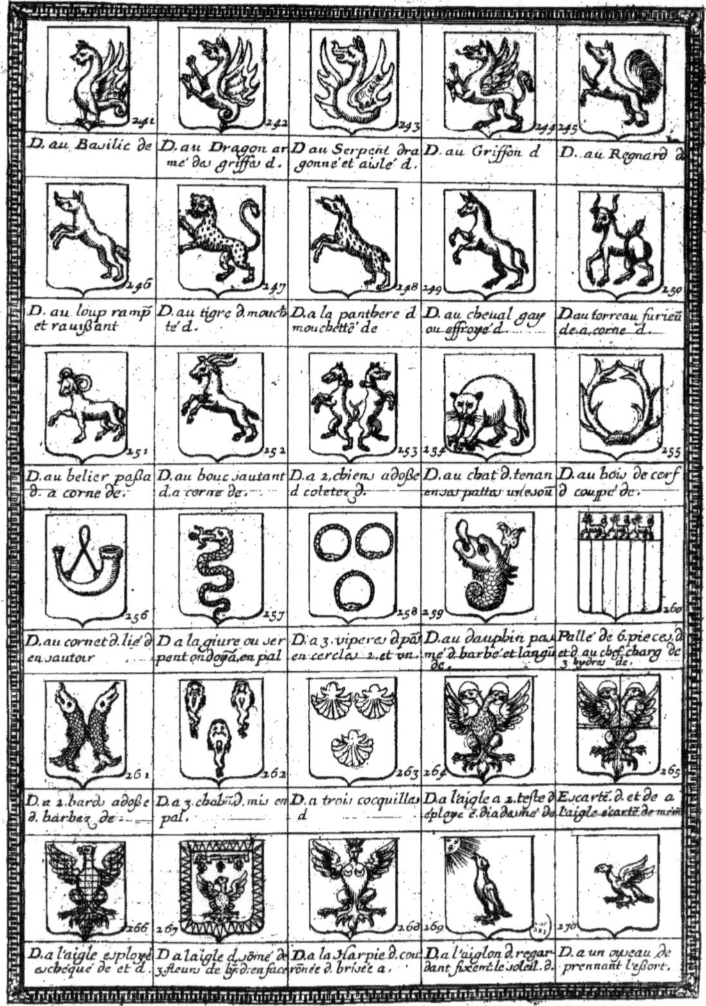

Les Poissons indifferemment s'ils montrent les deux yeux & le dos à plain sont dicts vifs s'ils ont la gueules fermée: S'ils l'ont ouuertes ou beantes, sont dict pas-
mez,

241. *D'Argent au Bafilic de Sinople.*
242. *De Gueules au Dragon armé de Griffe d'Or.*
243. *De Pourpre au Serpent Dragonné, & Aiflé d'Argent.*
244. *D'Afur au Griffon d'Or.*
245. *D'Argent au Renard de Gueules reprefente l'homme cofteleux & rufé.*
246. *De Sable au Loup rampant & rauiffant d'Argent.*
247. *D'Afur au Tigre d'Or, Mouchetté de Sable.*
248. *De Pourpre à la Panthere d'Argent, Mouchettée de Gueules.*
249. *De Sinople au cheual gay ou effroyé d'argent.*
250. *D'or au Torreau furieux de Gueules à corné d'Afur.*
151. *D'afur au Belier paffant d'argent à corné de Sable.*
252. *D'argent au bouc fautant de Sable à corné d'Afur, reprefente l'homme* Luxurieux.
253. *De Gueules à 2. chiens adoffez d'argent, coletez d'Afur, ayant leurs queuë* paffée en Sautoir, le chien reprefente la fidelité & amitié.
254. *D'Afur au chat d'argent, tenant en fes pates vne Souris d'or fur vne ter-* raffe de Sinople, il doit toufiours eftre reprefenté Heriffonné comme preft à fauter ou effarouché.
255. *D'or au bois de Cerf de Sable couppé de Gueules, cheuillé de dix cornichons.*
256. *D'or au huchet ou corner d'Afur, lié de Gueules en Sautoir, Virolléd'or*
257. *D'argent à la Givre ou Serpent Ondoyant en Pal à l'enfant naiffant ou for-* tant de fa Gueules, de Gueules.
258. *D'or à trois Viperes de Sable, fe mordant le bout de la queuë pofez* en cercles, deux & vn.
259. *De Gueules au Dauphin pafmé d'argent, barbé & langué d'Afur.*
260. *Pallé de fix pieces d'argent & de Gueules au chef d'or, chargé de trois* Hydres d'Afur.
161. *D'argent a 2. bards adoffez d'Afur, barbez de Gueules.*
222. *D'or à 3. chabots de Gueules mis en Pal, 2, 1.*
263. *D'or à 3. cocquiles d'argent, 2. 1.*
264. *D'or à l'Aigle à 2. teftes de Sable eiployé, & Diadefmé de Gueules.*
265. *Efcartelé d'or & de Gueules à l'Aigle efcartelé de mefme de l'vn en l'autre.*
266. *D'afur à l'Aigle efployè, Echequé d'argent & de Gueules.*
267. *D'or à l'Aigle de Sable, fommé de 3. fleurs de Lys d'Afur en face, fur-* montez d'vn Lambel de 3. pieces de Gueules à la bordure, endenchée d'argent & d'Afur.
268. *D'afur à l'Aiglon ou d'argent, regardant fixement le Soleil d'or.*
269. *De Sinople à la Harpie d'argent couronnée d'or, brifez à l'endroiĉt des* mamelles de 2. Croiffans d'or.
270. *D'Afur à vn oyfeau de Sable prenant l'effort.*

Des Oyfeaux & Poiffons, auec leurs noms, Figures, & Blafons.

CHAPITRE X.

E N blafonnant des oyfeaux, on dict becquez & menbrez, becquez, à caufe de leur becs & manbrez pour leurs pieds.

L'aigle eft eftimé le Roy des oyfeaux defquels il y en a de fix fortes d'efpeces, le plus eftimé eft le noir & de plus petite corpulence que les autres : Mais doüé de toutes autre vaillance & pieté enuers fes petits qu'il nourit foigneufe-ment au lieu que les autres, chaffent leurs petits : & ce trouues ès lieux bas & aquatique, prés des charongnes, au lieu que l'Aigle noir fait fa demeure ès Montagnes plus efleuée, pour s'approcher de plus prés des Rayons du Soleil.

On le blafonne ordinairement, efployé c'eft à dire a deux teftes, becquè, langué, lampaffé, c'eft a dire tirant fa langue, onglé, ou Armé, Diadefmé, c'eft vn cercle qu'il a fur la tefte en Couronne.

Son diminutif eft l'Alerion qu'on blafonne ordinairement fans jambes, ny bec, mais les Aifles eftenduë

Les Merlettes font diminutifs de Merle qu'on reprefente toufiours fans jambes, ny bec, les Aifles ferrée reprefentent l'ennemy vaincu.

E

Les Eſpreuiers ſont le plus ſouuent blaſonnez, chapperonnez, grilletez, liez
& perchez, leurs Aiſles ouuertes ou pliez à diſcretion.

Chaſteau, maiſon ou quelque autre baſtiment de Maſſonnerie ſont touſiours
d'vn eſmail, & les Liaiſons de Sable, c'eſt à dire que les pieres du baſtiment ſont
touſiours d'argent, où d'or, où autre eſmail, & les liaiſons de Sable.

Les Tours & Tournelles ont leurs Figures de diuerſes ſortes, les vnes ronde, les autres quarrées, autres à Pans où de Figures, Ortogonnes ſans Creneaux, Crenelées ou Carnelées, quelque fois leur nombre eſt exprimé, les vnes ſont ſans aucune ouuertures, autres ſont ouuertes de portes & de feneſtres, ſommée d'vne
ou pluſieurs Tours, ſommée de banieres & giroüettes.

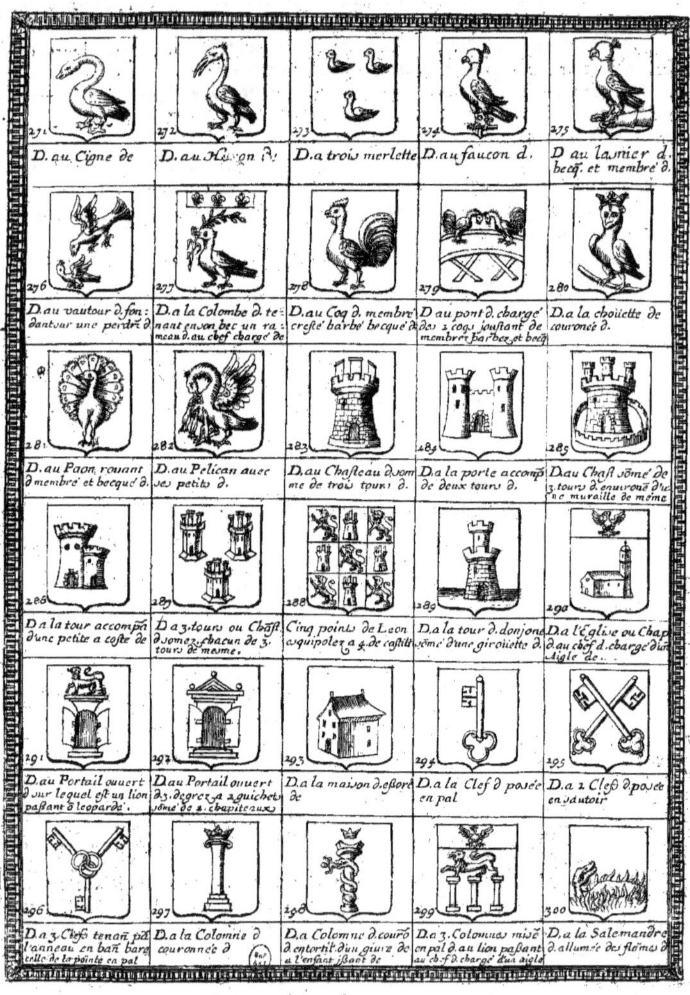

271. D'aſur au Cygne d'argent, becqué & patté de Gueules
272. D'or au Heron de Sable.
273. D'argent à 3. Merlette de Sable.

274. D'afur au faucon au naturel perché & chapperonné, huppé & grilleté d'or.

275. De Gueules au taſnier d'argent, bequé & manbré d'Afur chapperonné & huppé d'or, ſupporté d'vn bras mouuant du coſté ſenextre enganté d'or.

276. D'afur au vautour d'argent fondant ſur vne perdrix d'or.

277. D'argent à la Coulombe d'Afur menbrée & becquée d'or, tenant en ſon bec vn Rameau d'Oliuier de Sinople au chef racourcy d'Afur chargé de 3. Fleurs de Lys d'or.

278. D'afur au Cocq d'or, manbré, creſté, barbé, bequé de Gueules.

279. De Gueules au Pont d'or chargé de deux Cocq iouſtant de Sable manbrez & bequez d'Afur, barbez de meſme.

280. De Sable à la Choüette d'argent couronnée d'or, perchée ſur vn baſton de meſme.

281. D'afur au Paon roüant d'or, manbré & becqué de Gueules miroüetté d'Afur.

282. De Sinople au Pelican auec ſes petits ſe becquant l'eſtomach enſanglanté de Gueules.

Suiuent les Chaſteaux, Tours, Portails, &c.

283. de Gueules au Chaſteau d'or, ſommé de 3. Tours de meſme la porte des feneſtres ouuertes d'Afur maſſonées de Sable.

284. D'afur a la porte accompagnée de deux Tours d'argent crenellée de meſme ouuertes de Gueules.

285. D'argent au Chaſteau ſommé de 3. Tours d'Afur enuironnée d'vne muraille de meſme maſſonnée de Sable.

286. De Gueules à la Tour crenelée d'argent, accompagnée ou acoſtée d'vne petite de meſme.

287. De Sable à trois Chaſteaux d'or, ſommez chacun de 3. Tours de meſme maſſonnée de Sable.

288. Cinq points de Leon eſquipolez à 4. de caſtille.

289. D'or à la Tour Crenelée de Gueules ponjonnée de meſme, le Donjon ſomé d'vne giroüette ou Bannieres d'Afur.

290. D'argent à l'Egliſe ou Chappelle d'Afur eſſorée ou couuerte de Gueules, accompagnée d'vne Tour quarrée eſſorée de meſme au chef d'or chargé d'vne Aigle de Sable.

291. De Sable au Portail ouuert de 2. guichets ou portes d'or, ſuportant vn Lion Leopardé ou paſſant d'argent, l'ouuerture d'Afur.

292. D'afur au portail ouuert de 2. guichets d'argent ſommée de deux Chapiteaux de meſme percée de Gueules.

293. D'afur à la maiſon d'argent couuerte ou eſſorée de Gueules, les portes & ouuertures de meſme.

294. De Gueules à la Clef d'or poſée en pal, L'agneau a l'antique.

295. D'Afur à 2. clefs d'argent en Sautoir.

296. De Sable à 3. clefs, s'entretenant par leur anneau ou abiſme les deux enchef ou bande & bare, celle de la pointe ou Pal.

297. D'afur à la coulonne d'argent, ſon couronnement ou chapiteau & pied d'eſtal ou baſſe d'or couronné d'argent.

298. D'argent à la coulonne d'or, le chapiteau & la baſe de Gueules couronnée de meſme, entortillée d'vne Givre ou Serpent, d'Afur à l'enfant yſſát de Gueules.

299. De Sinople à 3. coulonnes miſes en Pal d'argent, leur baſe & chapiteaux de Gueules ſuportant vn Lion paſſant d'or ayant vne patte poſée ſur chaſque coulonnes, & l'autre en l'air au chef d'or, chargé d'vne Aigle de Sable.

300. D'argent à la Salemandre d'or, Bruſlantes dans des flames de Gueules.

DES DIADESMES OU COURONNES ROYALLES,
& Imperialles des Princes, & des Souuerains, tant anciennes & autres.

CHAPITRE XI.

PREMIEREMENT des anciennes.

Entre les Romains, il y en auoit de plusieurs sortes, les vnes plus esti-
mées que les autres. Comme elles sont cy peintes cy-dessous.

1 La Couronne Triomphale estoit t'issuë de branche de Laurier, & apres de
fin or, elle estoit donnée au General qui auoit emporté la victoire sur quelque
ennemy redoutable.   2. La

2. La Graminée estoit la plus exquise, d'autant qu'elle estoit donnée par tout le Peuple, elle estoit composée de Veruaine & de l'herbe dite dent de chien, estoit la moins de valeur, mais la plus excelente en honneur, & estoit donnée au General de l'Armée Romaine qui deliuroit les siens sans perte contraignant l'ennemy de se retirer.

3. La Ciuique estoit plus estimée que les precedentes, faites de branches de chesne vert estoit dónée au Citoyen Romain, qui auoit sauué la vie à son Concitoyen en vn Siege ou bataille rangées, elle se donnoit aussi a celuy qui auoit bien merité du publc.

4. La Muralle estoit releuée de Bretesse, Parapets & Creneaux d'or, elle estoit la recompense & prix d'honneur à celuy qui montoit le premier sur la muraille de la Ville assiegée, & y plantoit l'estandart.

5. Couronne Pallicée ou vallaire estoit d'or, mais releuée de pals ou de pieux, le General de l'armée la donnoit au Capitaine ou Soldat, qui premier franchissoit le Camp de l'ennemy, & forçoit la Palissade.

6. La Couronne Naualle estoit aussi faite d'vn Cercle d'or releuée de prouës & de Poupes de Galeres & Nauires de mesme metail, elle estoit donnée au Capitaine ou Soldat, qui premier acrochoit & sautoit dans le Nauire ou gallaire ennemy.

7. La Couronne Oualle estoit fait de Mirtre (Arbriceau dedié à la Déesse Venus) estoit doneé au General, qui auoit le dessus d'vn Ennemy sans coup ferir.

8. La derniere estoit composée de branches d'Oliuier, elle estoit donnée à celuy qui mesnageoit la Paix & la Concorde entre deux Ennemis.

9. Couronne à l'antique, dont le Cercle est rehaussé de 12. Rayons en pointes telle l'ont portée les Roys de France auparauant le Roy Clouis, & telle la porte encor à present, les Seigneurs qui iouyssent des Principautez, & ne sont pas Princes.

10. La Couronne Imperialle est faite à peu pres comme vnë mitre d'Euesque, joincte au sommet par vn globe, representant le monde sommée d'vne croix de Perles.

11. La couronne Royalle de France (comme nos Rois la portent) depuis, François Premier est fermée à l'Imperialle de 8. Rayons ou bandes, ou demis Diadesme terminée ou sommee d'vne double Fleur de Lys d'or, la Couronne releuée ou rehaussée de Fleur de Lys tout au tour, & esmaillee & enrichie de Pierreries.

12. Celle des Dauphins de France la portent de mesme, sinon qu'elle n'est que de quatre bandes.

13. Celles des Freres des Rois de France sont sans bande; mais rehaussée de 8. Fleurs de Lys d'or.

14. Celles des Princes du sang François sont rehaussée de 4. Fleurs de Lys, & de 4. Trefles ou Fleurons.

15. Les Rois d'Angletere & d'Escosse la portent rehaussée de quatre Fleurs de Lys (a cause de la pretention qu'ils ont eu autre fois sur la France) & de quatre croix pattée, sommée d'vn Globe surmonté d'vne croix de mesme.

16. Les Couronnes des autres Rois comme, d'Espagne, Polongne Suede, Portugal & Dannemarc la portent aussi fermée de 8. pieces rehaussée de hauts Fleurons de Trefles ou de füeilles de Chesnes, esmaillées de diuerses Pierreries.

17. Celles des Ducs & Princes Souuerains, comme de Sauoye, Mantouë, Parmé & autres, sont releuée de 8. grands Fleurons d'or.

18. Celle des Marquis est rehaussée de 4. bas Fleurons, meslee de 12. pointes, soustenant autant de perles.

19. Celle des Comtes, est vn cercle d'or garny aussi de Pierreries, rehaussée de 18. Perles.

20. Celle des Vicomtes est vn cercle esmaillé, surmonté de quatre grosses Perles.

21. Celle des Barons, vn cercle enuironné de Perles enfillées, en guise d'vn Chappelet tortillé.

22. Les Vidames ont aussi vn cercle enrichy de Pierreries, greslé de Perles, surmonté de 4. croix pattees.

G

Des Timbres, Casques ou ornemens de testes, dont les Armes sont ordinairement Timbrées.

23. LE Casque ou Timbre Royal, est d'or ou dorré, tarré entierement de front & ouuert, ou ceux des autres sont seulement d'argent damasquinez d'or, ou d'acier, poly.

24. Les Casques des Ducs doiuent auoir neuf grilles ou barreaux, & sont tarez de front.

25. Les Casques des Marquis ou enfans des Souuerains ont onze grilles tarez de mesme.

26. Ceux des Marquis & des Comtes qui ne sont souuerains n'ont que 7. grilles.

27. Ceux des Barons 5.

28. Ceux des Cheualiers & Gentils-hommes de 3. races, sont parez de Chapeaux, de Triomphe & Bourelets,

29. Ceux des Escniers tornez de porfils & fermez.

30. Ceux des Bastards, sont contournez & fermez.

LES MARQVES ET ENSEIGNES DES DIGNITEZ
Ecclesiastiques. Dont leurs Armes sont ordinairement timbrées.

LA Thiare ou Mitre Papalle, est vn espece d'Armet ou Bonnet de toille d'or, reuestuë & parrée de 3. couronnes, surmontée d'vne boulle croisetée de fines perles, le tout enrichy de pierrerie.

Les Cardinaux timbrent leurs Armes d'vn chappeau rouge à deux cordons en-tre-lassez & terminez de cinq houppes de mesme couleur.

Les Archeuesques timbrent les leurs d'vn Chapeau de vert ou Sinople à deux cordons de mesmes : mais terminez de quatre houppes, & sous le chapeau vne croix d'or treflée, (& s'ils sont François fleurdelisée) dont lé baston est caché sous l'escu.

Les Euesques le portent de mesme : mais au lieu de la Croix, ils mettent vne Crosse, & leurs Cordons sont terminez de 3. houppes.

Les Abbez & Protonotaires portes sur leurs Armes le chapeau noir de Sable dont les cordons entre-lassés, & pendans se termines en deux houppes.

Les Prieurs ont leurs Armes enuironnée d'vn chappelet de Sable, & derriere le Baston Pastoral faict en forme de bourdon d'or.

Anciennement, les Euesques & les Abbez portoient la Mitre & la Crosse au lieu du Chappeau, auec ceste difference que l'Euesque portoit la Mitre & la Crosse tornée a droict & l'Abbé tournée à gauche.

Les Abbesse portent leur Escu en Losange, enironné d'vn chappelet de Sable, & la Crosse tournée à gauche.

Les Cheualiers de Malthe porte l'Escu de leur Armes posez sur la croix de leur Ordre dont les extremitez paroissent, entre-lassées d'vn chappelet.

Pour les casques, les Esttangers en mettent iusques a trois, principalement les Allemands.

Quant à l'ornement du Heaume il est ordinairement à compagné de plumages Feüillars Acantes panaches ou lambrequins qui doiuent estre blasonnez de tous les Emaux differends dont l'escu est composé.

Pour les tenans ou supors que l'on met à costé des Armes sont sauuages, Anges Lions Licornes, Cerfs, Leopards Aigles, Harpies, & autres especes d'Animaux.

Les Armes des Rois sont couuertes d'vn Pauillon qui represente le manteau Royal marque de Souueraine Majesté, les Princes Souuerains Ducs ou Archiducs, leur Armes ne sont couuerte que du chappeau retroussé sans courtine, ou quand il y à des Courtines, ils sont sans chappeau qui tiennent lieu de Manteau Ducal.

Les Dames d'illustres maisons leurs Armes ne sont ornées & enuironnée que de cordeliers noüées en quatre endroits & enlassez de quatre lacs d'amour, & principalement les Dames veufues, aucunes portent deux branches de Laurier ou de Palmier

Les Anciens Gaulois auoiët pour habillemens de testes des Heaumes & morions dairain au métail esleué sur le visage, & pour Cimier des Cornes d'Animaux terestres de diuerses façons, & des oyseaux aux aisles esployées ; & en auoient de 2. façons pour la la Caualerie & pour l'infanterie, car les gens de pied portoient des coiffes de cuir boully, & telle coiffure s'appeloit *Galea*, du nom de *Galerus* chappeau ou pot de testes, & quand au casque ou morion, il estoit fait de l'ame de fer ou dairain.

Ces morions de fer ou daitain appeléz cy-deüant Bourguignottes, acause (peut-estre) des Bourguignons, leur Ennemis mortels qui se seruoient ordinairement de telles armes : representoient le plus souuent ou figuroient le musse d'vn Lion, d'vn Dragon d'vn Loup ou de quelque Animal furieux, ainsi on tient qu'anx iours de bataille, *Agamennon* s'affubloit de la peau d'vn Lion de la teste duquel il couuroit la sienne, ceste peau luy trainoit iusques au dessous des cuisses.

Et tels habits de testes estoient ornés par les anciens, comme nous auons dict de cornes de diuers Animaux, de Trompes d'Elephant, comme font encore les Princes & grand Seigneur d'Alemagne.

Les Gaulois ayant apris des Grecs la façon d'entourer leurs armes de ses plumes que nous appelons Lambrequins, & le Cimier de Cornes.

C'est habit de teste est aussi appelé Armet.

Armet est vn dimiminutif d'Armes, & selon la science Heraldique, il est où doit estre orné d'ordinaire des pieces principalles d'icelle pour exēple si l'escu est chargé d'vn Lion, d'vn Ours, d'vn Aigle, ou de quelque autre Animal, le Heaume doit auoir pour Cimier vn Lion, vn Aigle, &c. les Timbes & supost sont pris selon la naissance, où selon l'office.

Pour la naissance : Nous voyons beaucoup de Noblesse qui prennēt les leurs de ceux d'où ils tirent leur origines, comme ceux de Lusignan, qui ont pour Cimier vne Cuue d'or à la femme naissante, qui se mire & peigne ceux de Cleues preuent vn cigne, &c.

Pour les Offices & la dignité d'iceux, le Chancelier, & les Presidens au Mortier és Cour de Parlement, portent pour Cimer le Mortier, le Connestable portoit l'espée nuë en Pal, & ainsi des autres qui seront aussi remarquez dans la Tables des Officiers de la Couronne.

DES ORDRES DE CHEVALERIE, LES BLASONS DE leurs Collsers & Armes, le temps de l'institution d'iceux, auec vn sommaire des occasions qui ont meu les grands Roys, & Princes à les instituer.

LE premier fut celuy de la *Geneste*, institué par CHARLES MARTEL, Duc des François, & Maire du Palais, l'an 726. (selon aucuns) selon autres l'an 838. Apres la defaite qu'il fit la mesme année de 400000. Arabes. En ayāt tué leur chef Abdidrame auec 380000. des siens pres la Ville de Tours le 22. Iuillet, n'ayant auec soy que 30000. il prit occasion de la grande quantité de peaux de *Geneste* trouuées au camp des vaincus (ou selon autres) il institua ledit Ordre en l'honneur de sa femme, nommée *Iannete*, l'Ordre estoit tel, le Collier d'or à trois chaisnes enttelassées de roses, esmaillées de rouge, portoit de Sinople semé d'Alerions, d'or.

Charlemagne institua l'Ordre de la Couronne Royale, les Cheualiers de ceste Ordre la portoient sur l'estomach.

2. l'Ordre de l'*Estoille* fut institué par *Robert* le deuotieux Roy de France, l'an 1022. attribué communement au Roy Iean, pour ce qu'il le restablit l'an 1351.) laquelle *Estoille* estoit portée sur la poitrine du costé gauche, elle estoit recamée d'or à cinq traits, le grand Collier fait en chaisne tortillée d'or à trois chaisnons, entre noües de roses d'or, esmailé de blanc & de rouge, lequel a e esté porté par les Rois de France, iusques au regne de Louys vnziesme qui le suprima l'an mil quatre cens cinquante-cinq, en presence des Cheualiers dudit Ordre & la mit au col du Capitaine du Guet auec vn Ruban de soye noire, ce qui dure iusques à present, portoit d'Asur semé de France.

3. L'Ordre de la cosse de *Geneste*, institué par S. LOVIS IX. l'an mil deux cens trente quatre, le Collier de cette Ordre estoit composé de *Cosse* de *Geneste*, esmaillée selon le naturel, entrelassée de Fleurs de Lys d'or dedans des losanges

clechées , eſmaillée de blanc enchaiſnées enſemble , & au bas vne Croix Florencée d'or.

4. L'Ordre du *Nauire* & du double *Criſſant* ,, inſtitué par le meſme Roy , l'an mil deux cens ſoixante neuf , le Colier eſtoit entrelaſſé de double coquille d'or & double croiſſant d'argent au bas de double chaiſnes d'or attachées enſemble , les colliers finiſſant en oualle , dans laquelle eſtoit repreſenté vn Nauire armé & fretté d'argent en champ de gueule , la pointe ondoyée d'argent & de ſinople.

5. De S. *Michel* , fut inſtitué l'Ordre en la Ville d'Amboiſe , par le Roy L O V I S vnzieſme l'an mil quatre cens ſoixante neuf , le grand Collier de l'Ordre eſt compoſé de double coquilles (ainſi que du Nauire) attachées d'vne eſguillette ronde de ſoye noire à longs ferrets d'or , liées & noüées en lacs d'amour , au bout de ce collier pend ſur l'eſtomac vne oualle d'or eſmaillé d'vne terrace ſur laquelle eſt l'Image de Sainct Michel , foulant aux pieds le Dragon , portoit d'Aſur à 3. fleurs de Lys d'Or.

Le Roy François Premier changea les lacs d'amour en Cordeliere.

6. L'Ordre du S. *Eſprit* inſtitué à Paris l'an mil cinq cens ſeptante neuf , par Henry III I. Roy de France & de Pologne , pour marque d'vne eternelle pieté & de la reconnoiſſance qu'il deſiroit rendre à Dieu des biens faits qu'il auoit receus au iour de l'enuoy du Sainct Eſprit , ayant ce iour pris naiſſance , eſté eſleu Roy de Pologne , & ſuccedé à la Couronne de France (à pareil iour) par le deceds du Roy Charles I X. Le grand Collier de ceſte Ordre eſt compoſé de fleurs de Lys d'or couronnées & de flammes d'or , eſmaillées de rouge entrelaſſées de trois chiffres , & monograme diuers pareillement d'or , eſmaillées de blanc , le premier chiffre eſt vn H. & d'vn double V. le tout double , qui ce peut lire haut & bas , la croix de l'Ordre eſt d'or , au milieu de laquelle eſt vne colombe eſmaillée de blanc , comme l'orle de la croix , & de l'autre coſté eſt l'Image de Sainct Michel , les Cheualiers doiuent porter ladite Croix penduë d'vn ruban bleu celeſte , le dernier iour de l'année 1594. le Roy Henry le Grand oſta des grands Colliers de l'Ordre , les chiffres du feu Roy Henry I I I. en la place deſquels il fit entrelaſſer des trophées d'armes , entre-meſlées de H. couronnées , portoit de France party de Pologne.

7. D'*Orleans* , dict *Porc-eſpy* , inſtitué ſous *Charles* V I. Roy de France par le Duc d'Orleans , les Cheualiers de ceſte Ordre portoient en leurs baudriers la figure de cét Animal auec ceſte deuiſe , *Cominus & Eminus* , l'an mil trois cens nonante trois , portoit , Eſcartellé le premier , & le dernier ſemé de France au Lambel , de 3. piece d'argent le 2. & le 3. d'argent à Givre où ſerpent d'Aſur engloutiſſant vn enfant liſſant de Gueules.

8. Du Chardon de la Vierge Marie , inſtitué par L O V I S II. Duc de Bourbon , ſuſnommé le Bon , l'an 1370. lors que les maiſons d'Orleans & de Bourgongne par leurs factions ſembloit auoir amené le Royaume à ſa ruïne (le Duc de Bourgongne ayant inſtitué l'Ordre de la Toiſon , & celuy d'Orleans du Porc eſpy) il inſtitua ceſt Ordre du Chardon qu'il employa entierement pour le Duc d'Orleans & pour ſes nepueux , le Collier eſtoit d'or t'iſſu de fleurs de Lys , auec vn Entrelas de fuëille de chardon , en eſgale diſtance où pendoit vne Croix , & autour ceſte deuiſe , *Eſperance* , portoit ſemé de France au baſton de Gueulles pery en bande bronchant ſur le tout.

9. Du *Croiſſant* , inſtitué en la Ville d'Angers , par René Duc d'Anjou , l'an 1464. le Collier eſtoit d'or , auquel eſtoit attaché vn Croiſſant auec c'eſte deuiſe , *Los en croiſſant* , portoit Tiercé en chef , le premier facé d'argent , & de Gueules de 8. pieces qui eſt de Hongrie , le 2. Semé de France au Lambel de 3. pieces d'argent qui eſt Sicille , le trois d'argent à la Croix potencée , d'or cantonnée de quatre Croix de meſne qui eſt Ieruſalem , ſouſtenus en pointe d'Anjou qui eſt ſemé de France à la bordure de Gueules party de Bar qui eſt d'Aſur à 2. bards adoſſez d'argent ſemé de Croiſettes au pieds fichez d'or , ſur le tout d'Aragon qui eſt d'or à 4. pals de Gueules.

10. De *Bretagne* , dict *l'Epic* inſtitué par François , dernier Duc de Bretagne l'an 1450. pour honorer la memoire de ſon ayeul , le collier dudit Ordre eſtoit d'or , treſſé d'eſpics de bled , & noüez en l'acs d'amour , leurs queuës ſe jettans derriere , le tout reuenant preſque à la couronne de Cerez , & à ce collier pendoit à deux chaiſnettes , vne Hermine ſur vne petite colline eſmaillée de verd ,

auec

auec ceste deuise (de I EAN LE CONQVERANT) *a ma vie*, portoit semé d'Hermines

De la *Thoison d'Or*, institué par *Philippe* Duc de Bourgongne l'an mil quatre cens vingt neuf, faisant allusion de son Ordre à la Thoison de Gedeon, le Collier dudit Ordre estoit d'Or, où estoit enlassé vn Fuzil qui sembloit faire sortir du feu d'vn Caillou & au bout de ce Collier la Thoison d'or : portoit Escartellé au premier & dernier semé de France à la Bordure camponée d'argent &' de Gueules qui est Bourgongne moderne aux deux & troisiesme Bandé d'or & d'Asur à la Bordure de Gueules, qui est Bourgongne Ancienne, party de Brabant, qui est de sable au Lion d'or, sur le tout d'Or au Lion de Sable, qui est de Flandres.

12. De la *Iartine*, le Roy Edoüard I I I. institua cest Ordre pour se purger du soupçon qu'aucuns auoient pris de la Comtesse de Salisbery qu'il aymoit sagement, de laquelle il auoit leué la Iartiere bleuë qui luy estoit tombée en dançant, & y adjousta par deuise, *Hony soit-il qui mal y pense*, à cause que les Gentils-hommes qui estoient là present s'estoient mis à rire, disant qu'il feroit en sorte que cette Iartiere luy rendroit tout honneur & reuerence (ce qui aduint par l'institution dudit Ordre, d'autres disent que ceste Ordre prist son nom d'vne Bande que ledit Edoüard bailla aux siens pour memoire perpetuelle de la victoire obtenuë à Poictiers contre le Roy Iean, ils mettent ceste Bande au dessous du genoüil gauche, laquelle ils attachent auec vne boucle, & sur leurs manteaux portent la croix rouges de Sainct Georges dans vn Escu, pour le grand collier de l'Ordre n'est autre que leurs Iartieres, reprises à plusieurs doubles, où sont entre meslées des Roses blanches & noires, où est pendant l'Image Sainct Georges, portoit escartellé de France & d'Angleterre.

13. De *Sainct André* dict du chardon & de la Ruë au Royaume d'Escosse institué par Acayus Roy d'Escosse apres son alliance auec nostre Roy Charlemagne, & nos tres chrestiens Roys de France ses Successeurs, lequel se sentant si bien appuyé prit pour deuise le Chardon & la Ruë, & pour l'ame d'icelle (*Pour ma deffence*) & depuis en composa vn collier lequel a duré iusques à ce temps.

La Figure de ce Collier est telle, c'est vn Cordon d'or repris à plusieurs nœuds, dans lequel sont entez des fleurs de Chardon, portant (attachez en bas) l'Image de Sainct André, tenant deuant soy la croix de son Martyre, portoit d'or au Lyon enfermé dans vn double Tres-cheur fleurdelisé & contre-fleurdelisé de Gueule.

Il y a eu aussi des Cheualiers de la Ruë en Escosse, leurs Enseignes estoient vn collier fait de deux branches de Ruës ou de chardon, auec la susdite Image de S. André,

14. De Nauarre dict du Lys, institué en la Ville de Nagera l'an 1548. par Garcia sixiesme du nom, 14. Roy de Nauarre surnommé Nagera, quelques Historiens disent qu'vne Image de Nostre-Dame fut Miraculeusement trouuée sortant d'vn Lys, qui guerit ledit Roy de quelque maladie dont il estoit detenu, auec plusieurs autres malades, & qu'à l'honneur d'icelle le Roy & Thiennette sa femme, issuë des Maisons de Foix & de candales, fonderent ensemble vn Monastere de l'Ordre de clugny. Et que ledit Roy institua seul l'Ordre des cheualiers de Nostre-Dame du Lys, sur lequel estoit peint l'Image de Nostre-Dame: portoit de Gueule à vn Treillis composé de Croix, Sautoirs, Paux, Faces, &'Orles, de Chaisnes & Boucles d'or.

Le collier estoit vne double chaisne d'or entre-lassées de M. Gottiques, au bout de la Chaisne pendoit vn ouale clechée, chargée d'vn Lys d'or esmaillée de blanc, portant vne M. couronnée.

15. De S. Iacques dit l'Espée au Royaume Leon, institué l'an 1175. la Sepulture de ce grand Apostre estant visitée de quantité de Pelerins à cause de la saincteté du lieu, & des Miracles qui s'y faisoient auoit tellement augmenté la deuotion qu'on y accouroit de toutes parts : Mais d'autant que les chemins [à cause des Roches & sterilité de la terre) estoient fort difficiles, & que les Maures volloient & pilloient les Pelerins, la crainte du danger empeschoit plusieurs d'entreprendre ce voyage, cela fut cause que les Chanoines Reguliers de Sainct Eloy [qui auoient leur demeure proche de Compostelle] pour y donner quelque remede bastirent plusieurs logis sur le chemin qui vient de France pour y loger les Pelerins afin de les garantir du danger : portoit d'argent au Lyon de gueules.

H

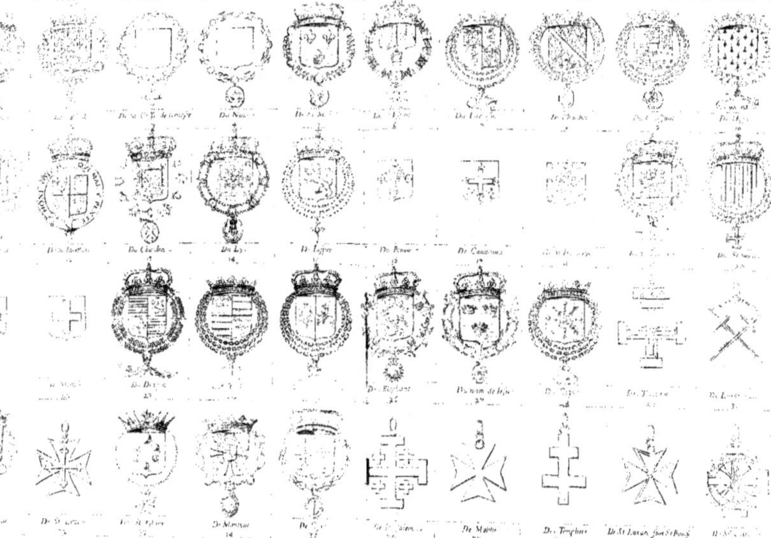
DE TOVS LES ORDRES MILITAIRES QVI ONT ESTE APROVVEZ

Depuis 13. Gentils-hommes, meus de la Charité des Chanoines de S. Eloy de Galice ; enuers les Pelerins se resolurent de leurs nettoyer les chemins & les garentir des Maures, Dom Pedro premier grand Maistre fit confirmer ces Regles par le Pape Alexandre 3. l'an 1175.

Le Collier de l'Ordre estoit d'or à l'Espee de Gueule, pendantes de 3. chaisnons d'or, chargée d'vne Coquille d'argent, auec ce mot *Rubrensis sanguine Auum*) le dernier grand Maistre estant mort enuiron l'an 1393. Adrian VI. incorpora au Royaume de Castille la grand Maison de cest Ordre.

Ceux de Palmera au Royaume de Portugal ont le mesme habit & Ordre que ceux-cy.

16. De S. *Iulien* du Poirié au Royaume de Leon l'an 1177. & confirmé par le Pape Alexandre III. du nom, Ferdinand II. en fut protecteur : les premieres Armes de cette Ordre, furent d'or à la Croix fleurdelisé de Sinople chargé en cœur. d'vn Escu d'or au Poirier de sinople.

17. De Calatraua & d'Alcantara, scituée au Royaume de Castille & celuy de S. Iulien cy dessus, furent incorporez audit Royaume par ledit Adrian VI. l'an 1495. Les Cheualiers portoient sur la poictrine, vers le costé gauche, la Croix verte en forme de Lys, & ceux de Alcantara portoient en leurs Armes, en signe de subjection à l'Ordre de Calatraua deux Cepz au pied de leur Escu.

18. De S. Dominique, ou Gens d'armes de *Iesus-Christ*, instituez par S. Dominique, pource ont esté appellez en ce temps là les Freres de la Milice de S. Dominique, Innocent VI. approuua ledit Ordre, portoit Gironné de 8. pieces d'argent, & de Sable & sur iceluy vne Croix, fleurdelisée partie de Lune en l'autre de mesme, à la bordure Camponée de 8. pieces de mesme, de sable & d'argent à 8. Estoilles de l'vne & l'autre de mesme a 8. Bezans où tourteaux, pareillement partis, d'argent, & de sable.

19. Celuy de la *Colombe* ou du S. *Esprit* institué à Segouie, en Castille l'an 1379. par Iean I. du nom 16. Roy de Castille, ou selon d'autres Autheurs Espagnols par Henry son fils l'an 1399. Le collier estoit de pointes & Ondes de Soleil enchaisnez, d'où pendoit vne Colombe d'argent au bec de Gueule, c'est Ordre finit l'année de son institution, portoit de Gueule au Chasteau somé de 3. Tours d'or.

L'Ordre de la Iara, où du Vaze de la Vierge Marie fut institué l'an 1403. par Ferdinand Infant de castille, leur Collier estoit composé de Pots à boucquets plains de Lys entrelassez de Griffons, & dura fort peu.

20. L'Ordre de S. *Sauueur* de Monstreal institué par Alphonce Roy d'Espagne, de Nauarre, d'Arragon, de Castille, & de Tollede, du costé d'*Vraca* sa femme l'an 1118. selon aucuns, & selon d'autres l'an 1110. apres que le Templiers furent exterminez au Concille de Vienne, les Roys estoient Souuerains dudit Ordre, le Collier estoit de trois chaisnes d'or, d'où pendoit vne Croix entée de rouge, portoient d'or à 4. Pals de Gueule.

Les Cheualiers de la Merced pour la Redemption des Captifs, est de l'Institution de Iacques I. du nom Roy d'Arragon, il prirent les Armes d'Arragon chargez d'vne Croix blanche en champ de Gueules.

21. D'Auis institué au Royaume de Portugal l'an 1147. leur demeure estoit au commencement en la ville d'Ebora, dont ils furent appelez Eboreaces: mais depuis leur troisiéme grand Maistre, appellé Alphonse Auensis, ayant conquis le Chasteau d'Auisin, il le donna à la Compagnie, & depuis le nom d'Auis, leur est demeuré, & portent d'or à la Croix verte fleurdelisée, & en pointe deux oyseaux de sable.

22. De *Montesse* au Royaume de Valence, de Nostre-Dame, l'an 1317. enuiron le temps que les Templiers furent abolis ; de sorte que tous les biens qu'ils possedoient audit Royaume, furent consignez à ceux de Montese, ledit Ordre fut approuué par Benoist XIII. & Martin V. Les Cheualiers dudit Ordre portoient deuant l'estomach, la Croix plaine de rouge sur l'habit blanc portoient d'argent à la Croix alisée de Gueulles.

23. Dragon renuersé entre les Allemans, Hongrois & Bohemiens, institué l'an 1418. par l'Empereur Sigismond, & tient-on qu'il a esté institué *pour* s'opposer au Turc: Leur Collier estoit vne double chaisne d'or, au bout de laquel. le pendoit vn Dragon renuersé aux aisles abbatuës, esmaillez de diuerses couleurs

portoient efcartelé le pr. & dernier Burellé d'argent & de Gueule de 8. pieces qui
eft de Hongrie, le 2. & 3. de Boëfme qui eft de Gueule au Lion d'argent,
la queuë paffée en fautoir.

24. D'*Auftriche* & de *Carinthie*, dict de S George, inftitué par l'Empereur Frideric III Archiduc d'Auftriche l'an 1472. pour la garde des frontieres d'Allemagne
contre le Turc. Le Collier eftoit de 3. chaifnons d'or à la Croix de Gueule, couronnée d'vne Couronne Ducalle, portoit efcartelé le 1. & le 4. d'Auftriche ancienne qui eft de gueule a 3. Alloüettes d'or, le 2. & 3. de Gueule a la face d'argent qui eft Auftriche moderne.

25. De Polongne, dit l'Aigle blanc, fon Collier eftoit d'or, d'où pendoit vn Aigle d'Argent couronnée, en memoire du prodige qui arriua à Leko, premier du
nom, Roy de Pologne, voulant fonder la ville de Gnefne, de Gueule à l'Aigle
efployée d'argent manbré, & becqué d'or qui eft de Pologne, party de Lithuanie, qui eft de Gueule au Caualier d'argent, tenant vn Bouclier d'Afur chargé
d'vne Croix Patriarcalle d'or.

26. De Dannemarck dict de l'Elephant ou Saincte *Marie*, inftitué par Chriftierne premier, dit le Riche, les Cheualiers de ceft Ordre doiuent eftre Senateurs du Royaume, portent la chaifne d'or au col, où pend vn Elephant d'or,
efmaillé de blanc, chargé fur le dos vn Chafteau d'argent, maffonné de fable, ledit Elephant porté fur vne terraffe efmaillée de fleurs. Le Collier dudit Ordre
eftoit compofé de Croix anchrée d'Elephans, d'où pendoit vne Noftre-Dame
rayonnante, portoit d'or femé de cœurs de Gueules d'or à trois Leopards de
Sinople.

27. De Suede, dit du Nom de *Iefus* des Seraphins, inftitué par Magnus quatriefme Roy de Suede l'an 1334. Le Collier de l'Ordre eftoit compofé de Seraphins & de Croix Patriarchales (en memoire du Siege Metropolitain d'Vpfale)
au bout duquel pendoit vne oualle à vn Nom de *Iefus*, & en pointe, quatre
cloux efmaillez de blanc & noir, porte d'Afur à 3. Couronnes d'or.

28. De Cleues, dict du Cigne, inftitué en memoire du Cheualier du Cigne. Le
Collier eftoit de 3. chaifnons d'or au Cigne d'argent, fupporté d'vne terraffe efmaillée de fleurs, portoit de Gueule chargé d'vn autre Efcu d'argent, ayant vn
Tourteau de Sinople duquel departent 8. Ceptres en forme de Rais pomettez
& fleuronnez d'or.

29. Des Theutons, dit de Pruffe, inftitué l'an 1191. autrement porte croix ou Maria   quelque riches Citoyens de Lubec & Brefme edifierent vn Hofpital en
la ville d'Acre pour le foulagement des Pelerins, & prirent le nom de Cheualiers
Theutoniques ou de l'Hofpital de la *Vierge*, fous la reigle de S. Auguftin, ils portoiét fur
l'eftomac vne Croix potecée de blanc, chargée d'vn efcu de l'Empire, S Louis eftant
outre mer y adjoufta le chef de France, ces Cheualiers fubjuguerent toute la Pruffe.

30. De Liuonie, dit des Freres, Porte-glaiues, inftitué par Engilbert & Thierry de Tiffenk natif de Brefme, pouffez du defir de combatre les infidelles de la
Liuonie, ils portoient fur l'eftomach deux Efpées Rouges croifées de noir, les
pointes en bas. L'an 1203. cefte Ordre fut approuué par Innocent III. depuis
lequel pour fa foibleffe s'eft vny auec les Theutons l'an 1561.

31. De l'*Annonciade* en Sauoye, inftitué par Amedée V. dit le Compte Vert,
inftitué l'Ordre Militaite du Lacs d'Amour, l'an 1355. en memoire d'vn braffelet de
cheueux que luy enuoya fa Dame. Le Collier eftoit compofé de roze efmaillées
de blanc & de rouge, joinctes enfemble par vn Lacs d'Amour de foye de la couleur dudit poil, dedans eftoient ces quatres lettres F. E. R. T. au bout dudit
Collier pendoit vne oualle d'or efmaillée de blanc & de rouge, & dedans S. Maurice à cheual; Mais Amedée 7. au lieu de fes Lacs d'Amour y mit des Cordeliers,
& au lieu de S. Maurice, l'Annonciation de Noftre-Dame, faifant comme vn
nouuel Ordre. Quand à ces quatre lettres elles fignifioient (*Fortitudo eius Rhodum tenuit*) en memoire de la defliurance de Rhodes par ledit Amedée, porr,
efcartelle le 1. & le 4. de cueules au cheual gay, tourné d'argent qui eft de
Saxe ancienne. party de face d'or & de fable de 8. pieces à vne Couronne
de Ruë perie en bande de Sinople qui eft de Saxe moderne enté en
pointe à trois bouts de Fourreaux d'Efpée de gueules 2. 1. le 2. de Chablais
qui eft d'Argent au Lion de Sable femé de billette de mefme, le 3. de Sa-

I

ble au Lion d'Argent qui est d'Aost, sur le tout de Malthe qui est de Gueules à la Croix d'argent.

32. De Sainct Lazare & Sainct Maurice unis ensemble par le Pape Gregoire treize, si bien que les Cheualiers dudit Ordre portoient vne double Croix, la premiere pommetée, de 8. pointes de Sinople par dessus vne autre pommetée de blanc.

Quelques Escriuains disent que l'Ordre de Sainct Lazare a commancé du temps de S. Basile le Grand, quand à celuy de S. Maurice, fut institué par Amedée Duc De Sauoye, qui depuis fut Pape sous le nom de Felix V.

33. De S. Estienne Pape, dit de Florence, institué par Cosme 1. l'an 1561. à l'honneur de S. Estienne Pape 9. du nom. Patron de Florence. Le Collier estoit vne chaîne d'or, d'où pendoit vne Croix semblable à celle de Malthe, de satin rouge à l'orle d'vn gallon d'or, port. d'or à 5. Tourteaux de gueules, 2. 2. 1. Charles 8. Roy de France, adjousta au chef vn Tourteau d'Asur chargé de 3. Fleurs de Lys d'or.

34. L'Ordre du sacré sang de Nostre Seigneur *Iesus-Christ*, dit de Mantoüe institué par Vincent de Gonzague, 4. Duc de Mantoüe, & 2. de Montferrat, l'an 1608. confirmé par le Pape *Paul* V. en l'honneur du sang miraculeux que l'on tient estre à Mantoüe en l'Eglise de S. André.

Le Collier est composé d'oualles les vnes de long, la où il y a ces mots, *Probasti me*, les autres de haut ou en pointe, où il y a vn trippier & creuset, tenant plusieurs verges d'or, le feu dessous : ces oualles sont entre-lassées d'annelets clechez, au bout dudit Collier pend vne oualle où sont deux Anges tenant le S. Ciboire couronné, & sont marquées trois gouttes de sang, en memoire de celles qui sont à Sainct André de Mantoüe, la deuise est, *Nihil hoc triste recepto*, p. d'argent à la Croix patée de Gueulles cantonnée de 4. Aigles esployés de Sable sur le tout escartellé, le 1. & le 4. d'or a trois faces de Sable, le 2. & 3. de Gueules au Lion d'or.

35. De Cypre ou de Lusignan, dit de l'espée, institué par Guy de Lusignan Roy de Ierusalem & de Cypre, l'an 1195. Le Collier estoit composé de lacs d'amour, entre-lassée de S. d'où pendoit dans vne oualle vne espée d'argent croisée d'or, auec cest legende ,, *Securitas Regni.*

36. De Ierusalem & du S. Sepulchre, que l'on estime estre le plus ancien de la Palestine & Terre Saincte, les Chanoines qui auoient la garde du S. Sepulchre sous le Gouuernement du Patriarche Baudoüyn Successeur de Godefroy furent faits hommes d'Armes l'an 1183. Leur Croix estoit celle de Ierusalem, cantonnée de 4. croissette d'or, l'an 1494. furent incorporez à celuy de Rhodes, par Innocent 8. porte escartelle le 1. Ierusalem, qui est d'argent à la croix d'or potencée & cantonnee de 4. croix de mesme, le 2. de Lusignan, qui est burelle d'asgent & d'azur, au Lion de gueules, Bronchant sur le tout, armé & couronne d'or, le 3. d'or au Lion de gueules brisé d'vne croissette sur l'Espaulle gauche qui est d'Armenie, le 4. est de Cypre qui est d'argent au Lion de Gueules.

37. L'Ordre de Malthe, dit de S. Iean de Ierusalem, autrement des freres Hospitaliers, instituée par quelques Marchands Italiens de la Cité de Melphe, qui moyennant vn tribut annuel, obtindrent des Turcs quelque petit Heberge en Ierusalem pour ceux de leur nation qui feroient le S. Voyage, Baudoüin ayant reconquis Ierusalem confirma cest Ordre, & leur permit le maniment des armes, à quoy ils s'obligerent l'an 1104. Leur Croix estoit de toille blanche ancrée à 8. pointes representant les 8. beatitudes.

38. Des Templiers où Cheualiers du Temple, instituez sous Baudoüin II. enuiron l'an 1119. Leur Croix Estoit de rouge comme celle des Patriarches, ils furent abolis par Clement V. Philippes le Bel les fit brusler à Paris l'an 1313.

39. L'Ordre des Cheualiers de S. Lazare en Portugal enuiron l'an 1321 institué par Denis Perioca VI. du nom Roy de Portugal, ordonna que leurs blasons seroient vne robe noire, & vne Croix rouge pattée, couppée d'vne autre blanche sur l'estomac, aucuns sont d'auis que ledit Ordre est semblable à la Figure 41.

40. De Saincte Catherine du Mont de Sinay, les Calloyers & Moynes de la Grece,

faifoient Cheualiers de l'Ordre de fainŝte Catherine les Pelerins qui venoient au Mont Sinay. La Croix de l'Ordre eftoit vne rouë percée de fix rais de Gueule, cloüées d'argent.

41. L'Ordre de *Iefus-Chft* inftitué au Royaume de Portugal, & confirmé par le Pape Iean 22. l'an 1318. ces Cheualiers ont l'habit noir, & porte la Croix partie rouge, partie blanche fe peuuent marier, porte d'or à la Croix Fleurdelifée de Sinople chargée en abifme d'vn Efcuffon d'argent, ledit Efcuffon chargé de cinq bezans d'argent rangez en fautoir à la bordure de gueule chargée de Tours d'or.

42. Des Cheualiers de Noftre Damé, inftitué par les Petrignans l'an 3618.

De Sainŝt Lazare en France reftablis par Philbert de Nereftan, & ce nomment ces Cheualiers, les Cheualiers du Mont Carmel & de Sainŝt Lazare, & portoient au col vne Croix violette où eftoit l'Image de Noftre-Dame, & vne autre fur l'vn des coftez de leurs manteaux de mefme couleur, & Figure.

La Republique de Venife a auffi des Cheualiers qu'ils appellent de Sainŝt Marc l'Euangelifte, qu'ils reprefentent en leurs Armes, Banniers & Drappeaux blancs par vn Lion aiflé de Gueules, qui a pour Legende & deuife, *Pax tibi Marce Euangelifta Meus*, Lequel Ordre le Duc ny la Seigneurie ne le conferent iamais qu'à des perfonnes qui n'ayent rendus des fignalez feruices à la Republique & attire auec foy le titre de Bourgeois de Venife, & priuilege de porter pour Cimier fur leurs Armes vn Mufle de Lion qui eft vn tres grand honneur entr'eux; ils ont auffi eu vn autre Ordre nommé de la Galfa qui eftoit pour duyre & façonner la Nobleffe à la Guerre, tant par Mer, que par Terre.

La Republique de Gennes a eu auffi les Cheualiers de S. George lefquels portoient vne Croix plaine d'or efmaillée de rouge attachée à vne chaifne de mefme & fur leurs manteaux vne croix en broderie de pareille couleur.

Outre les Ordres Militaires dont nous auons parlé, il y a encor les Cheualiers de bataille, de mines & d'Acolée à qui ce nom eftoit oŝtroyé où donné; principalement à ceux qui s'eftoient portez vaillamment en quelques batailles ou rencontres Mines, affauts & Sieges de Villes, ou prifes de places fortes.

Et D'autres; encor que les Rois & Princes faifoient en temps de paix & de refioüiffance, qui eftoient appelez Cheualiers de Graces ou d'Acollée qui eftoient les moindres; Et neantmoins cefte grace ne pouuoit eftre conferée que par le Roy ou Prince Souuerain qui peuuent faire vn Cheualier de grace de puiffance abfoluë & de mefme vn Cheualier Roturier: Les Lettres de Cheualerie l'annobliffant, bien qu'il fut nay de pere & de mere, vilains & Roturiers.

Mais les tiltres de Cheualiers de batailles & de Mines pouuoient eftre conferez par les Lieutenans Generaux du Roy en fon abfence, en vertu de leurs charges. Deuant ou apres vne bataille, leuée de Siege, ou prife de Ville·

De la maniere qu'on receuoit iadis les Cheualiers, & des circonftances obferuées en leurs receptions.

Celuy qui vouloit eftre Cheualier de Grace ou d'Acolée eftoit obligé de faire preuue de fa Nobleffe, ou de la difpence de fa Roture obtenuë par grace. Ce qu'ayant prouué & veriffié, l'Efcuyer fe preparoit à receuoir l'Ordre de Cheualerie, veilloit la nuiŝt d'auparauant en vne Eglife en Prieres & Oraifons. Le matin venu; il entroit dans vn baing pour fe lauer le corps, au fortir duquel le futur Cheualier eftoit reueftu fur fa chair nuë du *Gaubiffon*; C'eftoit vn corps fait comme celuy des femmes, contre-pointé (autrement appelé Hocquetton) & fur iceluy vne chemife de Gafe ou de fine toille, ordinairement brodée d'or & de Soye par les bouts & paremens : fur cefte chemife, on mettoit le Hauber. C'eftoit vne cotte de Maille allant iufques au genoux. vn colet de Bufle par deffus, fur lequel on meftoit la cofte d'Arme (ainfi nommee de ce qu'elle eftoit faite par Lambeaux des couleurs & Liurées du Cheualier prefenté) faite à peu pres comme celle des Archers de la garde du Roy.

Le futur Cheualier eftant en c'eft efquipage, eftoit conduit vers le Prince, qui luy faifoit chauffer des Efperons dorrez, commençant au pied droiŝt, acheuant par le gauche ; ce qu'estant fait, se mettoit à genoux pour faire le serment entre les mains du *Prince* lequel receu le Prince ceignoit l'espée le faisant Chevalier. *Au Nom du Pere, du Fils, & du Sainct Esprit*, c'estoit ainsi que les Chevaliers le faisoient en temps de Paix.

Les Rois & premiers Chrestiens donnoient la Ceinture dorée, & baisoient en la donnant le nouueau Chevalier en la jouë gauche, & proferoient ses paroles en l'honneur du Pere, du Fils & du S. Esprit, ie te fais Chevalier.

Baiser c'est à dire l'acoler.

La forme & la reception des Chevaliers a esté diuerses, & les Ceremonies n'ont pas esté par tout semblables aux vns, les Princes donnoient le baiser de Confraternité & de bien-vieillance aux nouueaux Chevaliers, d'autres leurs donnoient vn soufflet, autres trois coups de plat d'espées sur le col, ce qui s'obseruoit ordinairement aux Tournois & batailles auparauant que de venir aux mains. Les Escuyers demandoient estre faicts Chevaliers, ce qui leur donnoit courage de bien faire, d'autant que s'ils mouroient en combatant auoient l'honneur d'estre enterrez en Chevaliers, le Prince ou General leur donnoit (comme nous auons dit) trois coups de plat d'espée nuë, luy disant au nom du Pere & du Fils, &c.

Le mesme se faisoit apres la bataille à ceux que le General auoit connu auoir bien fait pour recompense de leur vaillance.

Les jennes garçons estoient appellez Bacheliers, c'est à dire prest d'estre ou soldats ou Chevalliers.

Ceux qui auoient le premier rang d'honneur en la milice Françoise estoient les Chevaliers Banerets. Le Chevalier Baneret estoit celuy qui auoit tant de Gentils-hommes ses vasseaux qu'il pouuoit leuer Baniere, & faire vne Compagnie de Gens-d'Armes, les soudoyant à ses despens.

Le Bachelier ou bas Chevalier estoit celuy qui n'auoit vassaux à suffisance pour mener à la guerre à ses despends, ains marchoit sous la banniere d'autruy, & l'Escuyer estoit le moindre & marchoit apres les autres.

Les Romains auoient accoustumé de reconnoistre pour Noble ou *Patrice*, ceux qui auoient eu leurs ayeuls & bisayeuls, Senateurs ou Chevaliers, d'où on receüille qu'il y a deux moyens pour acquerir & conseruer le tiltre de Noblesse : A sçauoir, les Armes & les Lettres de ces deux Professions sont prouenus les titres d'Excellence, de Chevaliers d'Armes, & Chevaliers de Lettres, tellement que ceux qui par la connoissance des lettres estoient appellez au seruice du Prince & de l'Estat, par l'espace de vingt ou vingt-cinq années estoient appellez Comtes Palatins, ou Comtes de Lettres, & en portoient les marques qui estoit le Cercle perlé, l'espée & les esperons dorez.

Suiuent les pieces d'honneur (adjoustées pour ornemens) & qui ce portent ordinairement en guerre , & és Conuois des grands Seigneurs. Ces pieces sont de raffetas , & dessus est peint au Guidon ou Enseigne les deuises des Seigneurs telles qu'ils veulent , les banderolles des Trompettes doiuent estre chargées des armes du Seigneurs. Notez si ce sont François , on met tousiours la croix blanche sur l'Enseigne ou cornette , quand aux couleurs elles sont d'ordinaire des liurées des Seigneurs entre-meslées à plaisir.

Les marques & enseignes des principalles dignitez, & des principaux Officiers de la Couronne de France, auec les noms, Armes & Blasons des personnes qui les possedent, & en quoy consistent leurs charges.

PREMIEREMENT.

LE Roy Louis quatorziesme du nom Roy de France & de Nauarre, à present Regnant, nay le cinquiesme Septembre 1638. lequel porte pour Arme d'azur à trois Fleurs de Lys d'or qui est de France seulement, timbré d'vn Casque d'or tarré de front, ayant pour Cymier la Couronne Royalle sommée d'vne double fleurs de Lys d'or, l'Escu enuironné des Colliers des deux Ordres, sçauoir de Saint Michel & du Saint Esprit, blasonnée cy-deuant, soustenue de deux Anges vestus de tunique, & Cottes de l'esmail de France ; & comme Roy de Nauarre porte l'Escu acollé, ou ioint à celuy de France de gueules aux chaisnes d'or pofées en

fées en Sautoir face & orles.

Les ornemens duquel font le manteau Royal de velours violet femé de Fleurs de Lys d'or plus plain que vide, la Couronne fermée à l'Imperialle, le Sceptre d'or & l'anneau ou Cachet Royal, qui font les marques de fon abfoluë Majefté. La Dalmatique fous le manteau Royal en qualité de Diacre la main de Iuftice en fa main gauche, qui eft vne verge d'enuiron vne coudée de haut toute d'yuoire fommée d'vne main gauche de mefme.

2. Le mefme eftant cy-deuant Daufin, & durant le Regne du Roy Louis le Iufte fon Pere, portoit Efcartelé au premier & quatriefme de France le deux & troifiefme de Daufiné, qui eft d'or au Daufin pafmé d'afur pofé en Croiffant tourné, il ny à que le Roy & le Daufin qui puiffe porter le manteau Royal, la Dalmatique, les Sandalles ou Bottines, le tout femez de Fleurs de Lys d'or.

3. Le *Conneftable* eftoit cy-deuant la fuppreffion chef fonuerain des Armées de France, & tenoit rang immediatement apres les Princes du Sang, & deuant tous les Ducs & Pairs, la marque de fon office eftoit de porter l'efpée nuë marchant deuant le Roy à main droite, & decoroit, fes Armes de deux Efpées tenuës en Pal de chaque cofté de l'Efcu, par vne main armée d'vn gantelet fortant d'vne nuë. Le dernier qui a efté honoré de cette haute dignité eftoit. Meffire François de Bonne Duc de Lefdiguieres: lequel portoit de Gueules au Lyon d'or au chef d'azur, chargé de trois Rofes d'argent.

4. L'*Admiral.* Celuy qui poffede cette charge commande aux guerres de la Mer, & à pour marque exterieure de fa dignité, lors qu'il a luy feul le commandement general fur les deux Mers, deux Anchres d'or paffée en Sautoir, derriere l'Efcu de fes Armes; auec les Coliers des Ordres, s'il eft Cheualier, & en eft à prefent en poffeffion M. Cefar Duc de Vandofme, lequel porte de France au bafton Pery en bande de Gueules chargé de trois Lyons d'or.

5. Le *Chancelier* eft le fecond Officier de France, & le fouuerain chef de la Iuftice, & quand le Roy tient fon lit de Iuftice au Parlement, il eft affis deuant luy à fes pieds, & a pour marque de fa dignité le Mortier de toile d'or rebraffé d'Hermine, pofé fur l'Efcu de fes Armes, duquel fort pour Cymier vne Reine reprefentant la France tenant en fa main droite le Sceptre, & en la gauche les Grands Sceaux du Royaume, celuy qui poffede cette charge eft Meffire Pierre Seguier, qui eftoit auparauant Prefident au Mortier au Parlement, lequel porte d'azur au Chevron d'or accompagné en chef de deux Eftoilles de mefme & en pointe d'vn Mouton paffant d'argent.

Meffire Matthieu Molé cy-deuant premier Prefident au Parlement de *Paris*, eft à prefent *Garde* des *Seaux* de France, lequel porte pour Armes, efcartelé au premier & quatriefme d'azur au chevron d'or accompagné en chef de deux Eftoilles de mefme, & d'vn Croiffant d'argent en pointe, le deux & trois d'argent au Lyon d'azur.

6. Les Marefchaux de France font maintenant vn grand nombre dont vous aurez cy-apres leurs noms, qualitez & Armes, lefquels ont pour marques de leurs dignirez deux Baftons d'azur femez de Fleurs de Lys d'or paffez en Sautoir derriere l'Efcu de leurs Armes, auec les Coliers des Ordres, s'ils font Cheualiers: ils font la fonction dans les Armées que faifoit iadis le Conneftable, auffi eftoient-ils fes Lieutenans. Le premier defquels qui eft de plus ancienne creation eft Meffire Annibal d'Eftrée Marquis de Cœuvres, lequel porte efcartelé au premie & quatriefme d'argent, fretté de Sable de fix pieces au chef d'or chargé de troi Merlettes, de mefme au deux & trois d'or au Lyon d'azur.

7. Le Colonel General de l'Infanterie à authorité fur tous les gens de pied François, & à fous foy les Meftres de Camps & Colonels qui ne font que fes Lieutenans, & ne peuuent difpofer d'aucune charge fans luy ; cette charge eft poffedée par Meffire Bernard de Nogaret & de la Vallette Duc d'Efpernon, ces Armes font timbrée à caufe de fa charge, de quatre ou fix Drappeaux des couleurs du Roy, qui font incarnat, blanc, & bleu, & porte Couppe de huict pieces, quatre en chef, & quatre en pointe. Le premier du Chef efcartelé de Caftille, & de Leon, le deux d'Arragon, le troifiefme de Nauarre, le quatriefme de Catalogne. Le premier de la pointe de Saxe, le fecond d'Albret, le troifiefme efcartelé de Foix & de Bearn, le quatriefme efcartelé, le premier party & couppé en chef, le premier d'argent à l'arbre de Sinople, qui eft de Nogaret, le fecond

LES MARQVES ET ENSEIGNES DES PRINCIPALES DIGNITEZ ET DES PRINCIPAVX OFFICIERS DE LA COVRONNE DE FRANCE
Auec les noms, Armes & Blasons des personnes qui les possedent & a quoy consistent leurs charges.

1. Armes du Roy
2. Armes du Daufin
3. Armes du Duc de Lesdiguieres dernier Connestable de France
4. Armes du Duc de Vandosme chef et surintendance et navigõ de France
5. Armes de Mr. Seguier Chancelier de France
6. Armes du Duc d'Estrée le plus ancien Marechal de France
7. Armes du Duc d'Espernon Colonel gñal de l'Infanterie de France
8. Armes du Marechal de Turenne Colonel gñal de la Canalerie de France
9. Armes du Duc de la Meilleraye Grand Maistre de l'artillerie de France
10. Armes de Mr. Seruient surintendã des finances
11. Armes du Prince de Conty Grand Maistre de la maison du Roy
12. Armes du Comte d'Harcourt grand Escuyer de France
13. Armes du Cardinal Antoine Barberin, Grand Aumonier de France
14. Armes du Duc de Guise grand Chambellan de France
15. Armes du Duc de Brissac grand Pannetier de France
16. Armes du Prince Guimené grand Veneur de France
17. Armes du Comte des Marets grand Fauconier de France
18. Armes de Mr. du Perray grand Louuetier de France
19. Armes des quatre Capitaines des gardes du corps du Roy
20. Armes du Marquis de Vardes Capne. des cent Suisses de la garde du corps du Roy
21. Armes de Mr. le Comte de Marein Grand Eschanson du Roy
22. Armes du Marquis de Sourches prenost de l'hostel du Roy
23. Armes de Mr. le Marquis de Fourille grand Mareschal des Logis
24. Armes de Mr. de Rode grand Escuyer prem. Escuyer tranchant et grand Maistre des Ceremonies

de Gueule à la Croix vidée & pommetée d'or, qui est de Touloufe au chef de Gueule à la Croix potencée d'argent.

8.   Le Colonel General de la Caualerie Françoife, pour marque de fa dignité fes Armes font Timbrée de quatre Cornettes de France, deux de chafque cofté, cette charge eft poffedée par Meffire Henry de la Tour Marefchal de Turennes, lequel porte efcartelé au premier & quatre d'azur femé de France à la Tour d'Argent, qui eft de la Tour, le deux & trois de Boulongne, qui eft d'or à trois tourteaux de Gueule, fur le tout party au premier d'or au gonfanon de Gueules frangé & Sinople, le fecond d'argent à la bande de Sable.

9.   Le Grand Maiftre de l'Artillerie à fur-intendance fur tous les Officiers d'icelle, dont il fait l'eftat en toutes les Armées du Roy, efquelles il a fes Lieutenans, fait faire les trauaux pour l'Armée tant au Sieges de villes que dans la marche, fait faire les poudres, foudre l'Artillerie, il a auffi pouuoir fur tous les Arcenaux de France, & a pour marque de fon Office deux canons ou couleurines fur leurs affurs au deffous de fes Armes, c'eft Office eft poffedée par Meffire Charles de la Porte Marefchal de la Meilleraye, lequel porte de Gueules au Croiffant, montant d'argent chargé de cinq Hermines de Sable.

10.   La Sur-Intendant des Finances de France eft vne commiffion reuocable auffi bien que l'Office des Intendans, il y auoit autrefois vn grand Threforier General qui auoit la mefme authorité qui eft telle que toutes les Chambres des Comptes, Cours des Aydes, Threforiers de France, de l'Efpargne, & autres Officiers des Finances y ayant rapport, defpendoient de fes ordres. La marque de cét Office peut eftre deux Clefs pofez en Pal aux deux coftez de fes Armes, l'vn d'or & l'autre d'argent; celuy qui la poffe eft M. Seruien, lequel porte bandé de fix pieces d'argent, & de Gueules au chef d'azur chargé d'vn Lyon d'or party & Gironné de huict pieces d. & d.

11.   Le Grand Maiftre de la Maifon du Roy eft le premier Officier entre les trois Domeftiques, & à la Sur-intendance de tous les Officiers & Commenceaux de la Maifon de fa Majefté, à la referue de ceux de fa Chambre & de l'Efcurie, regle tous les ans la Maifon du Roy, ayant pouuoir d'appointer ou defappointer iufques au moindre Officier, il a tel pouuoir fur tous que nul ne peut fe difpencer de fes commandemens, la marque de fon Office ou charge eft deux grands Baftons, dont les bouts d'enhaut fe ferment en Couronnes, celuy qui la poffede eft Monfieur le Prince de Conty, qui porte de France au bafton de Gueule Pery en bande à la bordure de mefme.

12.   Le Grand Efcuyer à la Sur-Intendance fur le premier Efcuyer & autres Officiers de l'Efcurie, particulierement de la grande : Aux entrées que le Roy fait dans les Villes, marche deuant fa Majefté à cheual, portant l'Efpée Royalle au foureau de velours bleu parfemée de Fleurs de Lys d'or, penduë au baudrier de mefme eftoffe: mais aux entrées des villes où il y a Parlement (& non ailleurs) il porte vne Cafaque de velours bleu parfemée de Fleurs de Lys, fon cheual caparaffonné de mefme ; le dais qui eft porté fur le Roy par les Efcheuins luy appartient, cette charge n'eft pas bien ancienne, il n'en eft point mention auparauant le Roy Charles VII. fous le Regne duquel il fe trouue qu'elle eftoit poffedée par Poton de Xaintraille braue & genereux guerier, la marque de cette charge eft deux Efpées Royalles dans leur foureau & baudrier pofé en Pal aux deux coftez de l'Efcu, le tout de velours bleu femé de Fleurs de Lys d'or les boucles de mefme: c'eft vne des charges domeftiques de la Couronne qui eft poffedée par Meffire Henry de Lorraine Comte de Harcourt, Cheualier des deux Ordres du Roy, lequel porte

party de trois couppé d'vn, ou efcartelé de huict quartiers au premier facé d'argent & de Gueules de huict pieces, qui eft Hongrie, au fecond d'azur femé de Fleurs de Lys d'or au Lambel de trois pendans de Gueule mis en chef, qui eft Naples-Sicile, au troifiefme d'argent à la Croix potencée d'or, accompagnée ou cantonnée de quatre Croifettes auffi d'or, qui eft Ierufalem, au quatre d'or à quatre Pals de Gueules, qui eft d'Arragon au cinq & premier de la pointe femé de France à la bordure de Gueules' qui eft d'Anjou au fixiefme d'azur au Lyon d'or, couronné & armé de Gueules au fept, d'or au Lyon de Sable Lampaffé de Gueules, qui eft Flandres au huict & dernier d'azur a deux bars adoffez d'or, femé de Croix recroifettée au pied fiché auffi d'or, qui eft de bar fur le tour d'or à la bande de Gueules chargée de trois Alerions d'argent qui eft Lorraine, le

grand

grand Escu brisé en chef d'vn Lambel à trois pendans de Gueules sous-brisé d'vne
bordure de Gueules chargée de huiſt Besans d'or.

13. *Le Grand Aumoſnier* de France, appellé aussi le Grand Aumoſnier du Roy est
le chef de sa Chappelle, cette charge fut establie au commencement du Regne du
Roy Charles 8. ou le Cardinal de Meudon fut le premier Aumoſnier de France depuis
le Roy François Premier, ce grand Aumoſnier reçoit les Sermens de fidelité des
Maiſtres de L'oratoire & de la Muſique & Plain chap, & de tous autres Offices qui en
deſpendent, il ne preſte Serment pour sa Charge qu'au Roy, de luy seul deſpendent
tous les autres Ecclesiaſtiques de la Cour, il à la diſpoſition de tous les Hoſpitaux & Maladeries de ce Royaume, neantmoins les Hoſpitaux intitulez Benefi-
ces ne reſpondent que deuant leurs Eueſques, il à la charge de la deliurance des
priſonniers, qui se fait és Feſtes solemnelles de la part du Roy, ou à son adue-
nement à la Couronne, & à son Sacre, ou quand il fait sa premiere entrée és
Villes de son obeïſſance. Et porte pour marque de sa dignité vn Liure couuert de
satin bleu sur lequel sont les Armes du Roy ; Celuy qui poſſede cette charge à
present eſt Monſieur le Cardinal Antoine Barberin, qui en a eſté pourueu par le
Roy, apres le decez de Monſieur le Cardinal de Lyon, il porte d'azur à trois
Mouches d'or, l'Escu de ses Armes poſé sur vne Croix de Malthe.

14. *Le Grand Chambelan* de France, eſt celuy qui à la Sur-Intendance sur tous
les Officiers de la Chambre du Roy, & qui en reçoit le serment, & luy appartient toutes les deſpoüilles & habillemens de sa Majeſté, qui en doit auoir neuf
par iour, & bien que sa Majeſté ne soit pas si curieuse de ce changement, neant.
moins sa taxe en eſt faite, & cela se conuertit au profit du Grand Chambelan,
c'eſt à luy de chauſſer & tirer la botte du Roy, le iour de son Sacre, & dans les
Seances publiques, comme aux Eſtats, aux Parlemens, ou le Roy tient son Lit
de Iuſtice, il eſt touſiours aſſis aux pieds d'iceluy, il eſt le second Officier de sa
Couronne. La marque de cette dignité eſt deux clefs d'or, dont les manches ou
l'anneau se terminent en Couronnes Royalles poſées en Sautoir derriere l'Escu
de ses Armes, cette charge eſt poſſedée par Meſſire Henry de Lorraine Duc de Guiſe,
porte comme le Comte de Harcourt, mais sans briſures.

15. Le *Grand Panetier*, cette charge ne giſt à present qu'au seul titre, Ancienne.
ment il auoit iuriſdiction sur tous les Boulangers de Paris, & sur tous Officiers
de la Paneterie, à present il ne luy reſte qu'vne ceremonie, qu'il y a vn Huiſſier
de table qui crie à haute voix par vne feneſtre au Grand *Panetier* qu'il vienne
mettre le couuert pour le Roy, & lors il eſt aſſiſté des Gentils-hommes seruans,
des Escuyers tranchās, & quand le Roy diſne il fait eſſay des viandes qu'on sert sur
la table, comme le Maiſtre du Goblet fait eſſay du vin qu'on presente à sa Majeſté, il a pour marque de son Office la nef d'or, & le cadenas qu'on met à coſté du
couuert du Roy, cette charge eſt poſſedée par Meſſire François de Coſſé Duc
de Briſ-sac, lequel porte de Sable à trois faces crenelées de par en bas.

16. *Grand Veneur*, à Sur-Intendāce sur tous les Officiers de la Vennerie du Roy, &
à pour marque de son Office deux grands Cors de chaſſe auec leurs attaches à
coſté de l'Escu de ses armes, & en eſt en poſſeſſion Monſieur le Prince de Guimenay
Fils de Monſieur le Duc de Montbazon, qui porte de Rohan, &c.

17. Le *Grand Fauconnier*, à la Sur-Intendance de la Fauconnerie du Roy, & tous
les Officiers qui sont sous luy iouïſſent des meſmes priuileges que les Cōmençeaux
de la Maiſon du Roy, & a pour marque de son office deux Leures   au deſſous ou à
coſté de ses Armes elle eſt occupée par Monſieur le Comte des Marets, lequel
porte tiercé en chef, le premier eschequé d'argent, & d'azur au chef de meſme
chargé de 3. Fleurs de Lys d'or, au deux de Laual, le 3. de la Trimoüille, le Chevron
briſé d'vne Fleur de Lys d'or party en pointe, le premier de Mōtmorency, le 2. d'azur au
Lyon d'or, semé de Croiſſetes au pied fiché de méme, sur le tout d'or à 3. bādes d'azur.

18. *Le Grand Louuetier*, prend pour marque de son Office deux teſtes de Loup
de front au deſſous ou à coſté de ses Armes ; c'eſt Monſieur du Perray frere de
Monſieur le Preſident Bailleul qui l'occupe, lequel porte de Gueules au Lyon
d'argent semé d'Eſtoilles de meſme : ces trois dernieres charges ne sont point Officiers de la Couronne, les autres Officiers qui le sont font homage au Roy de
leurs Offices, mais ils ne sont point hereditaires.

19. *Les Capitaines* des Gardes du Corps du Roy portent pour marques de leurs
charges deux Baſtons d'Ebenes paſſez en Sautoir derriere l'Escu de leurs Armes.

L

ayant les pommeaux & bouts d'yuoires, defquelles il y en a quatre Compagnies,
& fes quatre Compagnies ont leurs Capitaines La premiere defquelles s'appelle
Garde de la Manche ou Efcoffoife, laquelle eft compofée de cent. Archers, vn
Lieutenant, quatre Exempts qui portent le Bafton dans la Maifon du Roy, de
ces cent il n'y en a que feize qui portent le Hocqueton à la Manche, & la halebarde frangée d'or, & la lame dorrée, il y en a toufiours derriere la chaire du
Roy, quand il difne ou qu'il fe trouue en quelque Ceremonie. Leur Capitaine eft Monfieur le Comte de Noüailles, qui porte de Gueules à la Barre d'argent.

Les Capitaines des Gardes Françoifes font le Duc de Trefmes, qui porte efcartelé, le premier d'azur à la Cottice de pourpre, accompagnée de deux Amphi-
ftres, ou Serpens Aiflez d'or, au deux Couppé de Gueules en chef, à l'Efcuffon
de Montmorency, & en pointe d'argent au trois de Montmorency, le quatre d'argent
au chef de Gueules au Lyon d'argent Bronchant fur le tout de l'efcart d'azur à
deux mains à dextrée d'or au Franc-quartier, efchequé d'argent & d'azur.

Le fecond eft Monfieur le Comte de Charaut, qui porte d'argent à la face de gueules en deuife vers la pointe de Gueule du Lambel de trois pieces de mefme en chef.

Monfieur Vilquier, lequel porte efcartelé au premier de Gueules à la Croix
Fleurdelifée d'or cantonnée de douze Billettes de mefme, au fecond d'or, à trois
Chabots de Gueules mis en Pal, au trois de Luxembourg , au quatre bre-
teffé, & contre-breetffé d'argent & de gueules, fur le tout d'argent au Chevron
de Gueules accompagné de fept Merlettes de mefme, quatre en chef & trois en
pointe.

20. Les cent Suiffes de la Garde du Roy qui marchent deuant fa Majefté quand il
va à la ville, tous habillez de fes couleurs ont la tocque de velours noir , &
la halebarde en main , & pour Capitaine Monfieur de Vardes, lequel porte auffi
deux baftons noirs, & les bouts d'yuoire paffez en Sautoir derriere fes Armes
font fuzellé d'argent & de Gueules.

21. Le Grand Efchanfon ou Bouteillier n'eft aujonr-d'huy qu'vn titre tout nud
fans aucune fonction, fa marque eft deux Bouteilles d'argent dorée, fur lefquelles font grauées les Armes du Roy, cette charge eft poffedée par Monfieur le
Comte de Marens, qui porte d'azur au Croiffant montant d'argent en abifme,
accompagné de fix Croix recroifettée au pied fiché de mefme, trois en chef, &
trois en pointe.

22. Le *Grand Preuoſt* de l'Hoftel du Roy a pour marque de fon Office deux faif-
feaux de Verges d'or paffez en Sautoir lié de cordons bleus auec la hache, c'eft vne
belle charge, car fon authorité s'eftend non feulement fur les Officiers de la Maifon du Roy, mais encore à fix lieuës de la Cour, empefche les defordres, con-
noift des caufes des Officiers de la Maifon du Roy, taxe le pain, vin, viande
fraifche, & ce qui eft neceffaire pour la fubftance de la Cour, il eft Iuge des caufes, tant Ciuiles que Criminelles de ceux qui fuiuent la Cour, & enterine les graces octroyez à ceux auffi de lad. Cour. Celuy qui poffede cette charge eft Meffire
Iean du Bouchet Marquis de Sourches, lequel porte de Gueules à deux faces
d'argent.

23. Le Grand Marefchal des Logis a pour marque vne Maffe & vn Marteau
paffées en Sautoir deffous fes Armes ; c'eft Monfieur le Marquis de Fourille
qui occupe cette charge, fa fonction eft de faire marquer tous les Departemens
& Logemens par les Marefchaux, des Logis & Fouriers du Roy, tant pour fa
Majefté que pour toute fa Cour, il porte d'argent au Sautoir de Sable au Lambel de mefme au chef d'argent.

24. Le premier Efcuyer, ou grand Tranchant, a pour marque de fon Office
vn coufteau & vne fourchete paffée en Sautoir aux manches d'vne Couronne de
Fleurs de Lys, cette charge eft occupée par Monfieur de Rhodes Grand Maiftre
des Ceremonies, lequel porte d'or à la face d'azur.

Le Capitaine des-cardes , ou Archers de la porte qui ont leurs Hocquetons des
couleurs du Roy, auec des Papillottes d'or & vne clef d'Orféverie en broderie,
& portent la Hallebarde , eft Monfieur de Bautru Comte de Nogent, lequel a
pour marque deux clefs à l'anneau orné de Couronne mife en Pal à cofté de
fes Armes qui font d'Azur au chevron d'argent, accompagné en chef de deux
Roze de mefme , & en pointe d'vne tefte de Renard arrachée auffi d'Argent.

TABLE OV INDICE
ALPHABETIQVE,
SERVANTE D'EXPLICATION
DES MOTS VISITEZ DANS LE
BLASON,
OV PROMPTVAIRE ARMORIAL.

AVEC LE RENVOY
aux Figures.

BISME est le cœur de l'Escu.

Acolé ce prend de deux sortes, c'est vne chose qui lie ou acolé deux ou trois choses ensemble.

Acolé ou coleté veut dire le Colier de quelque Animal.

Accompagné ou enuironné, c'est lors qu'au tour de quelque piece principale, il y en a plusieurs autres.

Acorné, c'est pour les bœufs, moutons ou autres Animaux qui ont des cornes.

Acosté, c'est quand il y à quelque piece aux costez de la principale qu'on dict aussi.

Adextré ou sinistré. Page, 6. numero 33. & 34.

Adorssé ou adossé Page. 16. 232.

Les Animaux se peuuent adosser, les Croissans & toutes sortes de Figures qui se peuuent tourner & demeurer courbes. Pag. 19. [232.]

Affronté est le contraire d'adossé, c'est mettre les Animaux vis à vis se regardant l'vn l'autre. Pag. 19. 231.

Quant l'Aigle est representé à deux testes, il le faut specifier.

Aigle esployé. Page. 21. 266.

Aigle à deux testes. Pag. 21. 264.

Aiglons. Pag. 21. 268.

Aigle escartelé. Pag. 21. 265.

Aigle échequé Pag. 21. 265.

Aigle & son Blason. Chap. 10.

Aislé ce dict de quelque Oyseau que se soit quand elle est seulle, on dict demy vol, quãd y en à deux, l'on dict au vol ouuert ou esten-

du. Il y a aussi des cheuaux, Bœufs, Lions, Serpens, & Dragons, Aislez.

Alaisé ou Alisé, Aresté, Racourcy se dict du Sautoir de la Croix du Pal. &c.

Alclions, ou Allerions. Chap. 10. [Page 21.]

Alumé se dict des yeux des Animaux Amalthée. Page 16.

Amphistre est vn Serpent qui a 2. testes, vne à la queuë.

Ancre est vne piece qui ce jette en Mer pour arrester vn Nauire, ou Basteau. Laquelle a aussi ses parties.

La Stagne dont elle est emmanchée.

La Trabe est le bois dont elle est trauersée au milieu de laquelle est vn Anneau ou est passée ou attachée la Gumene, ou corde.

Ancolie Fleur 16.

Angeme, ou Angenie est vne fleur imaginaire, à laquelle on donne six feüilles qui sont quelquefois percée.

angle. Page 9. numero 83.

Anneaux, ou Anelets. Chap. 6. lequel d'autant qu'il est rond, ce prend quelquefois pour vne boucle, ou cercle.

Anille est vne figure comme deux doubles crochets adossez liez ensemble par le milieu, se mettent au bout des poutes dans les Bastimens pour les resserr.

Anille ou fer de moulin different de la premiere, en ce que les deux crochets qu'y sont ne se touchent pas & qu'en lieu d'vn Lien, il y en a deux.

Les Animaux doiuent estre representez en leurs assietes & posture plus naturelle, comme pour exemple.

Le Lion rampant.

Le Leopart passant.

Le Cheual se cabrant gay ou effrayé.

Le Loup rauissant & Rampant.

Le Torreau furieux.

Le Belier sautant.

La Brebis paissante.

Et notez qu'en toutes ses postures, quãd l'vn des pieds se doit aduancer, c'est tousiours le droict.

Les Animaux ont leur Blasons dans les Chap. 8. & 9.

Arbre se Blasonne tousiours vert, s'il est sec, le faut specifier.

Les Arbre ont leur Blasons dans le Chapitre 7. Pag. 15.

Arc est vn instrument à tirer les fleches.

Arc en Ciel est de plusieurs couleurs.

Argent est le second métail qui entre dans les Armes.   Page 3. numero 15.

Armes ou Armoirie ne seruent en ce Liure que pour vn seul mot, ne signifiant autre chose, mais hors ce lieu, il signifie tous Instrumens de Guerre, tant deffencifs, qu'offencifs.

Arraché ou teste arrachée est quand la plume ou le poil couure la chair ou ils sont arrachez.

Aresté, racourcy ou alaisé, est lors qu'vne piece principale, comme vne face, vn Pal, vne Croix ou Sautoir ne touche pas les bords de l'Escu.

Arondy ce dict du tronc, d'vn arbre ou autre piece, page 10. N. 84.

Asur.   Page 3. n. 16.

Badelaire est vne espece de Coutelas courbé.

Barde doit occupper la tierce partie de l'Escu estant seule. Pag. 8. N. 63.

Bandé, c'est quand il y en à plusieurs.

Bandes en deuise.   Page. 8. numero 63.

Banderolle est vne petite Banniere telle qu'on la porte au bout d'vne Lance, ou qui est mise sur les maisons Nobles, appellez Girouettes.

Il y a des Bandes Bretessée, camponnée, Crenelée Iumellée, ondée &c.

Quand la Bande est estroite de la douziesme partie, c'est vn Baston. Bande ou cottisse lors qu'elle ne contient que les deux tiers.

Bande en deuise ne contient que le tiers de la Bande, & est seule.

Banieres est l'enseigne des gens de Guerres appellée aujourd'huy Drappeau.

Banieres ou Gonfanons sont portées en processions par les Eglise Paroissiales, lequelles sont ordinairement presques carrées & decoupées par en bas comme les Gonfanons.

Banerets.   Pag. n. 9.

Barbeaux.   Pag. 17.   189.

Bars adossez.   Page.

Barils a mettre vin comme ceux ou l'on met la Poudre à Canon.

Barbé ce dict en arme d'vn Cocq, cresté & barbé.

Barre est vne contre-bande côme ceant au costé senextre.   Page 9.   74.

Bastillé, c'est à dire garnie de Tours Basse, bare, figure à fantaisie

Baston est tousiours posé comme la bande.   page 8. 73. & 16. 181.

Bataillée ou batelé ce dict d'vne cloche qui vn batail.

Bazilic.   Page.   2. N. 241.

Becqué pour vn Oyseau qui a le beg d'autre esmail.

Beffroy c'est comme des pots ou cloches.   Page 4.

Belier.   Pag. 21.   251.

Belic ou Belif, c'est Gueules rouge de Vermillon.

Belier est vne machine de guerre visitée entre les Romains.

Besans sont figures rondes comme les Tourteaux & different des Boucles & Anneaux en ce qu'ils sont plains & ceux-cy sont vides & different aussi des Tourteaux, en ce que ceux-cy sont tousiours de couleur, les besans de métail. Chap. 6. Page.   13.

Ce mettent en Armoirie iusques au nombre de huict, & non plus.

Besanté ou semé de Besans.

Besan Tourteau qui est party de métail & de couleur. Chap. 6.   Pag. 14.

Billete est vne figure massiue à 4. Angles droicts, vn peu plus longue que large. Chap. 6, Pag. 13.

Billettes couchée, c'est quand elle sont posée de trauers, autrement elle sont en Pal.

Billeté, & contre-Billetté. Pag. 159.

Billete en pointe. P. 15. 161.

Bise, ou Giure est vn Serpent ou Coulevre,

Blanc represente L'argent. P. 2. N. 15.

Bois de Cerf. P. 21. 255.

Bordures, c'est vne espece de brisures ou Ruban dequoy l'Escu est bordé, couché de plat sur icelay d'vne certaine largeur à sçauoir de la 6. partie.

Il y en a aussi de plusieurs sortes, comme escartelé, camponné, D'antellé & autres.

Bordure camponnée. P. 6. N. 52.

Bordure engrelée P. 6. N. 51.

Boucles, les vnes font rondes, autres carree, celles qui ont leur Ardillons s'appellent fermail ou fermeaux.

Quand vn Ours ou autre Animal à vne boucle à le Levre on dict bouclé.

Boucle est aussi vn certain Anneau qu'on met au collier des Animaux qui font acollez.

Bouc sautant. P. 21. 152.

Bonnets pointus comme porte les Meiconites.

Boucliers P. 1. N. 2.

Bourdon est vn baston de Pelerin.

Bourdonné ce dict d'vne Croix ou baston garni de ces pommes qui font au baston des Pelerins qu'on dict aussi pommeté.

Bouterolle. c'est le fer que l'on met en bas du fourreau d'Espée.

Boutonné, c'est d'vne Rose ou Fleur preste à fleurir. Chap. 7. P. 16.

Bretessé. P. 9. 73.

Bretessé à double. 9. 73.

Contre-bretessé. 9. 73.

Bricques. Chap. 6. P. 13.

Sont piece d'vn carré barlong qui montre toufiours trois faces comme vn Dez à jouer.

Brisures **Chap. 6. P. 11.**

Ou font expliquée toutes fortes de Brisures qu'on doit observer entre les Colateraux & leurs Defandans pour les distinguer les vns, des autres.

Brodequins, c'est vne espece de chaussure en façon de Botines.

Bronchant, c'est vne piece qui est posée sur l'Escu passant ou trauerfant par dessus les Emaux d'iceluy, qui est vn Lambel, vn Lion, on autre piece.

Broyes, c'est vn outil dequoy on brise ou braye le chanvre, lequel est ordinairement fleuronné & orné.

Brosse, ou espoussettes pour nettoyer des habits ou la teste.

Busles aussi bien que le Bœufs, doiuent estre representez le musle gros & court, & entre les cornes, vn gros floquet de poil.

Burellé est composé de diuerses face auec ceste particularité que le nombre soit esgal, & qui n'y en ait que dix, ou douze, 9. 76. & 11. N. 108 & p. 6 N. 47.

Campon. ou Camponé

Canette se represente comme les Merlettes les aisles ferrée, mais ils ont bec & jambes qui les distinguent des Merlettes.

Canelé

Canton est vne partie de l'escu fans proportion arrestée. Ne differe du quattier, finon que le quartier est toufiours le quart.

Cantonné ce dict lors qu'és quatre cantons vides qui font autour d'vne Croix, il y a quelques piece qui orne se lieu la Casque, ou Timbre Royal, Ducat, dés Marquis, Barons, Cheualiers, Gentils-hommes, Escuyers, & Bastards, font representez en la Page 26.

Centre de l'Escu. P. 4. 23.

Cercle simplement se prend pour vn anneau fans charton ou vn cercle de tonneau qui est lié.

Cercle perlé est la Couronne que les Vicomtes portent sur leur Armes.

Cerfs Chap. 9. P. 10.

Chaisnes aux Armes de Nauare.

Champ est le fonds de l'Escu.

Champagne est taillé, potencé & contre-potence de 13. piece en bandes.

Champé d'or, c'est à dire d'or plain, &c.

Chanter ce dict des Armes parlantes, qui se raportent au nom de ceux qui les portent.

Chappé se dit lors que l'Escu est diuifé en Chevron d'vn seul traict, laissant le chef & la pointe plains. Page. 7. 59.

Chauffé est le Rebours estant diuifé en Chevron, renuersé d'vn seul traict.

Chappé Arondy P. 10. 85.

Il y a aussi Chappé enté, Chappé, Escartelé, Chappé, Crenelé, &c.

Chappé, chauffé se dict lors que la Losange qui tient le milieu du champ touche de ses 4. pointes, les extremitez de l'Escu.

Chappé, escartelé quand fur l'Escu

M

Croissant est dit montant quand il a les cornes en haut, & quand les pointes regardent en bas, il est dit renuersé.

Quand il est de costé il est dit en pal.

Et quand deux Croissant ont les dos tornez on dit adossez.

Debout ou en pieds se dit des Animaux, principalement de Lours.

Denché comme qui diroit denté.

Dentelé qui a les dents plus courtes & plus minces.

Dextrochere, c'est vn bras droit mouuant du costé senestre de l'Escu.

Deuise, c'est vne face ou autre piece mise en face posée plus haut ou plus bas que sa place ordinaire.

Donjonné est la partie la plus haute d'vn Chasteau qui peut auoir plusieurs Tours.

Doublures sont fourures ou peaux.

Embouté ou mone, c'est à dire auoir vn cerele ou virole d'Argent au bout de la piece, soit cornet ou manche de quelque outil.

Enchassé se dit lors que l'Escu est taillé depuis le milieu du flanc iusques à la pointe, soit d'vn ou d'autre costé.

Enguiché de mesme qu'embouté.

Enquerir, c'est quand on met aux armes metil sur metail contre l'Ordinaire.

Englanté, c'est vn Chesne chargé de gland,

Enté se dict lors que les deux parties de l'Escu entre l'vne dans l'autre, comme enboistures, P. 6 53 & 54

N

DVCHEZ ET PAIRIES

Anciennes, auec leurs Blasons, & Emaux.

Duchez anciennes.

1. ACQVITAINE ou Guienne, dont Bordeaux est la Ville Capitale, porte de Gueule, au Leopard d'Or.

Guienne, son Heraut porte vne cotte de Velours rouge Cramoisi aux Armes de Guienne.

La Cornette aussi de Satin Cramoisi.

2. *Normandie*, porte de Gueules à deux Leopars d'or, son Roy d'Armes porte sa cotte de Velours Cramoisi rouge aux Armes de Normandie,

La Cornette de Velours Cramoisi rouge.

3. *Bourgongne*, Bandé d'Or & d'Asur de six pieces à la bordure de Gueule, Escartellé de France à la bordure camponnée d'argent & de Gueule.

Bourgongne, Roy d'Armée a sa cotte de Velours violet aux Armes de Bourgongne.

La Cornette de Satin bleu Celeste.

Comtez Anciennes.

Toulouse, de Gueules à la Croix clechée, & terminé de 12. pommes d'or.

Tolose, Roy d'Armé porte sa cotte de Velours Cramoisi rouge, semée des Armes du Comté en broderie d'Or.

La Cornette de Satin Cramoisi rouge.

Champagne, porte d'Asur à la bãde d'arg. à 2. Cotisses potencée & contre-potencée de treize pieces d'Or.

Champagne, Roy d'Arme porte sa cotte de Velours bleu celeste aux Armes de Champagne.

La Cornette de Satin bleu.

Flandres, porte d'or au Lion de Sable.

Flandre, Roy d'Arme porte sa cotte de Velours jaune chargée des Armes du Pays.

La Cornette de Satin jaune.

AVTRES DVCHEZ
Modernes.

Albret, porte de France, escartelé de Gueules.

Albret, Roy d'armes, porte sa cotte de Velours rouge Cramoisi.

La Cornette de satin Cramoisi.

Bretagne, d'argent semé d'Hermines.

Bretagne, Roy d'Armes a sa cotte de Velours blanc semée d'Hermines.

La Cornette de Satin blanc.

Evreux de France a la bande camponée d'argent & de Gueules.

Evreux, Roy d'armes, porte sa cotte de France

Cornette de mesme.

Vandosme, de France au baston de Gueules chargé de trois Lions d'argent.

Vandosme, Roy d'armes a sa cotte de velours violet, auec les armes.

La Cornette de mesme.

Alençon, de France à la bordure de Gueule chargée de 8. Besans d'argent.

Alençon, Roy d'arme a sa cotte de velours violet auec ses Armes.
Cornette de mesme.

Anjou, de France à la bordure de Gueules.

Anjou, Roy d'armes a sa cotte de velours violet auec les armes.

La Cornette de pareille couleur.

Touraine, de France à la bordure engreslée & camponée d'or & de gueules.

Touraine, Roy d'Armes a sa cotte de velours violet.

La Cornette de pareille couleur.

Orleans, de France au Lambeau d'argent.

Orleans, Roy d'Armes a sa cotte de velours violet, semé de France.

Cornette de satin bleu.

Milan, d'argent à la Givre d'asur a l'enfant lisant de Gueules.

Milan, Roy d'armes a sa cotte de velours blanc semé de Givre.

Cornette de double satin blanc.

Dauphiné, de France escartelé de Dauphiné, qui est d'or, au Dauphin pasmé d'azur.

Dauphiné, Roy d'armes a sa cote de velours violet.

Cornette de mesme.

Hierusalem & Sicile de France au lambel de Gueules à la Couronne de fleurs de Lys d'or.

Le Roy d'armes dudit nom, a sa cotte de velours violet, Cornette de mesme.

Hierusalem, porte d'argent à la Croix potencée d'or, accompagné de quatre Croisette potencée de mesme.

Le Roy d'armes porte sa cotte de velours blanc à la grand Croix de Ierusalem, brodée d'or de Cypre.

Cornette de mesme.

Nauarre, Roy d'armes dudit Nom porte sa cotte de velours Cramoisi rouge.

La Cornette de mesme.

L'escu de Nauarre entouré de l'Ordre du lis.

Bearn Vicomté, porte d'or à deux vaches de Gueules, accollée, acornée, & clarinée d'asur, couronnée d'vn cercle.

Bearn, Roy d'armes a sa cotte de velours jaune.

La Cornette de satin jaune.

Limoges, porte de Bretagne à la bordure de Gueules.

Limoges, Heraut d'armes a sa cotte de velours blanc, auec les armes du pays.

La cornette de satin blanc.

Comtez

Cominges, de Gueules a 4. ortelles ou amandes d'argent posée en sautoir, & pour deuises, *En croyant*, *Nous Amandons*.

Cominge, Heraut a sa cotte de velours rouge.

La cornette de satin rouge.

Sainct Gilles, de Gueules a six Chasteaux d'or.

Sainct Gilles, Heraut a sa cotte de velours cramoisi rouge.

La Cornette de satin cramoisi rouge.

Prouence, d'or a 4. Pals de Gueule au chef, semé de France.

Prouence, Roy d'armes a sa cotte de velours iaune.

La Cornette de satin Iaune.

Bresse d'argent a la bande d'asur a 2. Lions de mesme, l'vne en chef, & l'autre en pointe.

La cornette de satin rouge.

Artois de France au lambeau de Gueules de 4. pieces chargé de 12. Chasteaux d'or.

La cornette de satin bleu celeste.

Boulongne sur mer d'or a trois torteaux de Gueules, 2. 1. escartelé d'or au gonfanon de gueule frangé de sinople.

La Cornette de satin iaune.

Guines, vaire & contrevaire d'or & d'azur.

La cornette de satin iaune.

Vermandois, Eschiquetté d'or & d'azur de cinq traits.

Vermandois, Roy d'armes a sa cotte de velours jaune.

O

La cornette de satin jaune, auec les armes.

Poictou, de gueules a cinq tours d'or, maſſonnée de ſable, poſée en ſautoir.

Poictou, Roy d'armes a ſa cotte de velours cramoiſi aux armes du Pays.

La cornette de ſatin de pareille couleur.

La cornette Royalle des Liurées de ſa Majeſté eſt Orangé, blanc & bleu, ſemée de Maſſes d'Hercules en broderie d'argent.

Le Penon & Guidon ſont de pareilles couleurs.

Le grand Eſtandart de ſatin bleu, a la deuiſe & couleurs en broderie d'or de Cypre.

Le grand Eſtandart de ſatin bleu en broderie, ſemé de fleur de Lys d'or de Cypre plus plain que vuide à vne grande Croix plaine de ſatin blanc, qui eſt la Croix de France.

Le grand Eſtendart de S. Michel eſt de Satin bleu celeſte double, ſemé d'eſtoilles d'or.

L'eſtendart de S Denis, de ſatin Cramoiſi rouge, ſemé de flames d'or en broderie, où Sainct Denys eſt reueſtu à l'antique tout de blanc, portant ſon crane entre les mains.

L'eſtendart de l'Ordre du S. Eſprit, eſt de double ſatin vert a vne Coulombe d'argent rayonné d'or de broderie, le reſte ſemé de flames d'or plus plain que vuide à la bordure des Chiffres du Collier dudit Ordre frangé d'or.

Le Penon de France de velours violet ſemé de Fleurs de Lys d'or de Cypre.

Fin de la premiere Partie du Promptvaire Armorial, où il a eſté traité du Blazon, & de la maniere de Blazonner.

Suiura cy-apres la ſeconde Partie, qui contiendra les Armes & Blazons des Familles plus Illuſtres de ce Royaume.

LA SECONDE PARTIE

DV

PROMPTVAIRE ARMORIAL

Où sont representées les Armes, Noms, Qualitez
& Blazons des Princes & principaux Seigneurs
du Royaume de France.

*AVEC VN AMPLE INDICE PAR ORDRE
ALPHABETIQVE,*

CONTENANT LES BLAZONS DES ARMES DE LA
plus grande partie de la Nobleffe, des Prouinces & Villes qui compofent cét
Eftat, & autres Familles Illuftres.

Dreffées & Recueillies par I. BOISSEAV, *Enlumineur du Roy.*

A PARIS.

Et fe vendent au Palais,

Chez { GERVAIS CLAVSIER, fur les degrez de la Saincte Chappelle.

ET

OLIVIER DE VARENNES, en la Galerie des Prifonniers.

Les Figures fe Vendent Chez LOVIS BOISSEVIN, Ruë Sainct Iacques, prés la Fou-
taine Sainct Seuerin, à l'Image Saincte Geneuiefue.

M. DC. LVII.

Auec Priuilege de fa Majefté.

LES ARMES ET BLASONS DES TRES-HAVTS,

tres-excellents & tres-Illustres Princes du tres-noble & Royal sang de France, des Princes & Estrangers qui sont habituez en cét Estat, & autres Seigneurs, & Princes & autres Officiers de la Couronne, Ducs, Mareschaux, Marquis, Comtes, Barons, qu'autres personnes Illustres, iusques au Regne du ROY LOVIS XIV. Dieu-Donné.

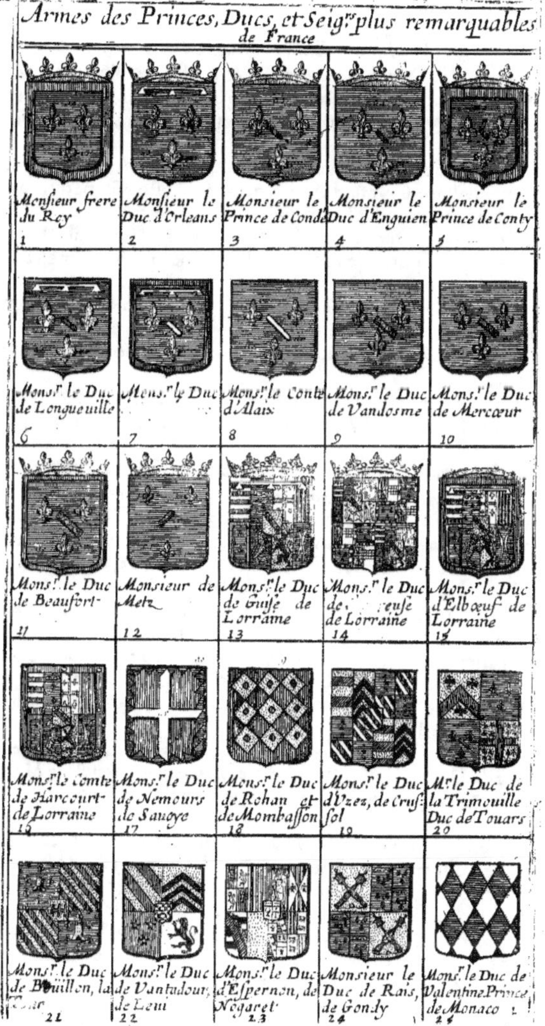

LE ROY, qui est le Chef & Souuerain de toute la Noblesse, aussi bien que de son Estat, porte de France qui est d'azur à trois fleurs de lys d'or, à deux escus ioints & accollez de Nauarre qui est de gueules aux doubles chaisnes d'or passée en sautoir, faces pal & or, bande & barre.

A

1. **M**ONSIEVR PHILLIPPES, fils de France, Frere vnique de sa Majesté, Duc d'Anjou, nay le 22. Septembre 1640. porte de France à la bordure de gueules.

2. *Monsieur Gaston Iean Baptiste de France*, Oncle du Roy, Duc d'Orleans, porte de France au Lambel d'argent de trois pendans.

3. *Monsieur Louys de Bourbon Prince de Condé*, cy-deuant Duc d'Anguien, porte de France au baston de gueules pery en bandes.

4. *Henry de Bourbon*, Duc d'Anguien son fils, & de Claire Clemence de Maillé, fille de feu Mr le Mareschal de Brezé, porte comme son pere à la bordure de gueules.

5. *Armand de Bourbon Prince de Conty*, Viceroy en Catalongne, frere du Prince de Condé, porte de France comme son frere.

Les Princes Enfans Naturels de France.

6. *Henry d'Orleans*, Duc de Lougueville & d'Estouteville, sopuerain de Neufchastel, porte de France, au baston pery en bande d'argent au Lambel de mesme.

7. *Charles Paris d'Orleans*, Comte de Dunois son fils, porte de mesme à la bordure de gueules

8. Sont les armes de deffunct Louys de Vallois, Duc d'Angoulesme, fils de Charles, Duc d'Angoulesme, Comte d'Auuergne, lequel estoit fils naturel du Roy Charles IX. portoit de France au Baston racourcy d'or posé en bande.

9. *Cesar de Vendosme*, Duc de Beaufort & d'Estampes, Admiral de France, fils naturel du Roy Henry IV. porte de France au baston de gueules pery en bande, chargé trois Lioneaux d'argent.

10. *Loüis de Vendosme*, Duc de Mercœur son fils, à la suruiuance de son pere en l'office d'Admiral de France, & porte de mesme.

11. *François de Vendosme*, Duc de Beaufort son frere, porte de mesme à la bordure de gueules.

12. *Henry de Bourbon*, Euesque de Mets & Abbé de S. Germain des prez lez Paris, est aussi fils naturel du Roy Henry IV. porte de France au baston de gueules posé en barre.

Suiuent les Princes qui ne sont pas du sang de France.

13. *Henry de Lorraine*, Duc de Guise, est chef des armes de la maison de Lorraine, habituée en France, grand Chambellan, porte couppé de huict pieces, quatre en chef & quatre en pointe, La premiere du chef facé de huict pieces qui est de Hongrie, la seconde de Naples ou Sicille, qui est d'azur semé de Fleurs de lys d'or, au lambel de trois pendans de gueules mis en chef, la 3. de Ierusalem, la 4. d'Arragon, la premier de la pointe d'Anjou, qui est de France à la bordure de gueules, la 2. de Gueldres, la 3. de Flandres, la 4. de Bar, sur le tout d'or à la bande de gueules, chargée de trois alerions d'argent, qui est de Lorraine, brisé en chef d'vn lambel de gueules.

Loüis de Lorraine, Duc de Ioyeuse estoit son second frere, & auoit espousé la fille du Duc d'Angoulesme, portoit mesmes armes à la bordure de gueules, & estoit Grand Chambellan de France.

René de Lorraine, dit Cheualier de Guise, pource qu'il est Cheualier de Malthe, est troisiesme frere du Duc de Guise, & porte mesmes armes au chef de Malthe.

14. *Claude de Lorraine*, Duc de Chevreuse leur oncle, porte escartelé au premier & dernier de Lorraine, qui est blazonné cy-dessus, qui sont les armes entieres du Duc de Guise, le second & troisiesme de Neuers qui est escartelé au 1. & 4. de gueules à l'escarboucle fleuronnée & pometée qui est de Cleues, party de la Marck qui est d'or à la face escchequée d'argent & de gueules de 3. traicts au 2. & 3. de Bourgongne moderne qui est de France à la bordure companée d'argent & de gueules.

15. *Charles de Lorraine*, Duc d'Elbœuf septiesme fils de Claude de Lorraine, il porte comme le Duc de Guise à la bordure de Gueules, il a espousé Henriette fille naturelle du Roy Henry IV. de laquelle il a plusieurs enfans, l'aisné desquels porte la qualité de Comte de Harcourt, le second est Comte de Rieux, & le dernier est le Comte de l'Isle-bonne, & portent les mesmes armes auec les briseures ordinaires.

15. *Henry de Lorraine*, Comte de Harcourt, est frere du Duc d'Elbœuf, Grand Escuyer de France, porte de mesme luy à la bordure de gueules, chargée de huict bisans d'argent, son fils aisné porte la qualité de Comte d'Armagnac.

Le Marquis de Mony est aussi de la maison de Lorraine, fils de Henry de Lorraine, quatriesme fils de Nicolas de Vaudemont. Il y a aussi Françoisde Lorraine Euesque de Verdun. Il y a pareillement en la Cour de France Nicolle de Lorraine, fille vnique du deffunct Duc, femme de Charles Duc de Lorraine son cousin germain, laquelle a cedé au Roy tous ses droits sur la Lorraine, moyennant la pension que le Roy luy a accordée.

17. *Emanuel de Sauoye*, Duc de Nemours fils de N. de Sauoye Duc de Nemours, & d'Isabelle fille du Duc de Vendosme.

Henry de Sauoye, Duc d'Aumale & de Nemours, par le deceds du Duc de Nemours son frere, a esté pourueu de l'Archeuesché de Reims, & porte de Sauoye, il est troisiesme fils de Henry de Sauoye Duc de Nemours & de Claire de Lorraine Duchesse d'Aumale.

Il y auoit cy deuant la maison de Neuers qui tenoit pareil rang, de laquelle il n'est resté qu'vne fille en France, laquelle a espousé le Prince Edoüard, Comte de Palatin du Rhein, frere de l'Electeur, qui a plusieurs fils, & porte les armes du Palatinat du Rhein.

Les Seigneurs des maisons plus Remarquables.

18. La premiere estoit la maison de Rohan, qui à cause de ses alliances par le moyen desquels au deffaut de la lignée Royale, pretendent à la Couronne de Nauarre; Le dernier Duc n'a laissé qu'vne fille, qui a espousé Monsieur Chabot, qui a aussi porté en son viuant la qualité de Duc & Pair de France, à cause de son alliance. La maison de Rohan porte de gueules à 9. macles d'or, & ses mesmes armes sont portées par

Hercules de Rohan, Duc de Montbason, & Louys Prince de Guimenay son fils, lequel a aussi plusieurs enfans.

19. *Emanuel de Cruffol*, Duc d'Vzais, Prince de Soyon, Baron de Leuis & de Florensac, lequel a deux fils, & porte escartelé au premier & dernier de Cruffol, qui est facé d'or & de sinople, party de Leuis qui est d'or à trois chevrons de sable, au 2. & 3. de Galiat Genoüillac qui est d'azur à trois estoilles d'or, escartelé d'or à la bande de trois pieces de gueules sur le tout des grands quartiers de gueules.

20. *Henry Seigneur de la Trimoüille*, Duc de Touars, Pair de France, porte escartelé au premier d'or au chevron de Gueules, accompagné de trois aigles d'azur, qui est de la Trimoüille au deux semé de fleurs de lys d'or, qui est de Touars, au trois d'azur, à trois fleurs de lys d'or au baston pery en barre, qui est de Bourbon au 4. d'or à la croix de Gueules, chargée de cinq coquilles d'argent, accompagné de seize alerions d'azur, qui est Laual.

Il a deux fils, l'vn est d'Eglise Prestre de l'Oratoire, & l'autre est le Prince de Tarente, pour auoir esté reconnu heritier de la maison d'Aragon, & porte comme son pere, party de Tarente.

21. *N. de la Tour*, Duc de Bouillon, fils de Federic Maurice de la Tour, & de la Comtesse de Bety, porte escartelé au 1. & 4. d'azur semé de France à la tour d'argent au 2. & 3. d'or à cinq cottiles de Gueules sur leur tour d'or au Gonfanon de Gueules, franche de sinople.

Le Comte de la Marck, prend aussi la qualité de Duc de Boüillon, & porte les mesmes armes & liurées, à cause de ses pretentions.

22. Le Duc de Vantadour ou Danuille de la maison de Leuy, premier Escuyer de Monsieur le Duc d'Orleans, porte escartelé, au premier bande d'or & de gueules de 6. pieces, au 2. d'or à 3. chevrons & sablé, au 3. de Gueules, à 3. estoiles d'or, au 4. d'argent, au lyon de gueules, sur le tout eschiqueté d'or & d'argent qui est de Vantadour.

23. *Bernard de Nogaret*, & la Vallette, Duc d'Espernon, Gouuerneur de Bourgongne, porte escartelé, le premier quartier escartelé de Castille & Leon, party d'Aragon, le second grand quartier party de Nauarre & d'Aragon, Sicille, le troisiesme grand quartier face d'or & sablé de 8. pieces à la demy couronne de sinople posée en bandes, qui est de Saxe party d'or plain, qui est de Bordeaux Puypolin, le quatriesme grand quartier escartelé d'azur à la face d'or, accompagné de trois testes de lyon en chef, vn en pointe, qui est de Poll en Angleterre & d'azur a la bande d'argent, chargée de trois vols de sable qui est de Suffolk, Candale au mesme pays contr escartelé de Foix & de Bearn, sur le tout des grands quartiers les armes de Nogaret, qui est de Gueules à la croix potencée d'argent, soustenu de Nogaret, qui est d'or, au noyer, ou arbre de sinople party de gueules a vne demy croix, clechée & pommettes d'or.

24. *Henry de Gondy*, Duc de Rets & de Beaupreau, porte escartelé au 1. & dernier d'or à 2. maffes d'armes de sable passées en sautoir & de Gueules, qui est de Gondy, au 2. & 3. escartelé, le 1. d'Orleans, Longueville, le 2. & 3. Bourbon, Condé.

25. *Grimaldus* Prince de Monaco, Duc de Valentinois, qui porte Lozangé en pal d'argent & de Gueules.

SVITE DES DVCS ET PAIRS DE FRANCE.

Mons.r le Duc de Sully, de Bethune 26	Mr le Duc de Lesdiguieres, de Bonnes 27	Mons.r le Duc de Buillon, la Mark 28	Mons.r le Duc d'Alluyn, de Schomberg 29	Mr le Duc de Bellegarde, de St Lary 30
Mons.r le Duc de Luines, d.t Albert 31	Mons.r le Duc de Chaune 32	Mr le Duc de Luxembourg, ou Pinay 33	Mons.r le Duc de Brissac, de Cossé 34	Mr le Duc de St Simon, de Rouurcy 35
Mr le Duc de la Roche fou=caut 36	Mr le Duc de Richelieu, du Plessis 37	Mr le de Bournonuille 38	Mons.r le Duc de la Force, de Caumont 39	Mr George de Brancas Duc de Vilars en Lion ou
Le Duc de Chastillon	Rene Duc de la Roche Guio	Rene potier Duc de Tresme		

26. LE Duc de Sully connu cy-deuant sous la qualité de Prince de Heurechanot. Il est petit fils du Duc de Sully, Maximilien de Betune & fils du Marquis de Rosny, porte d'argent à la face de Gueules.

27. N. Duc de Lesdiguieres, fils de Charles Seigneur de Crequy Duc, Pair & Mareschal de France, & de Magdeleine de Bonnes, fille du deffunct Connestable de Lesdiguieres, porte de Gueules au lyon d'or au chef cousu d'azur, chargé de trois roses d'argent.

28. Le Duc de Boüillon la Mark, porte comme Boüillon cy.deuant.

29. Charles de Chombert, Duc d'Aluyn, decedé depuis peu, n'ayant laissé qu'vne fille, portoit d'or au lyon couppé de Gueules, & de sinople.

30 Le Duc de Bellegarde porte efcartelé le 1. d'azur au lyon d'or, le 2. pallé d'or
& de Gueules au vafe d'or, le 3. à 4. flmames mouuantes du chef en pals alirez fur le
tout d'azur à la cloche d'argent.

31. Le Duc de Luynes eft fils de Charles Albert Duc de Luynes, Pair & grand
Fauconnier de France, & de Marie de Rohan, fille du Duc de Montbafon, porte efcartelé le 1. & 4. d'or au lyon de Gueules courants d'or, le 2. & 3. d'azur à 2. louues affrontées d'argent fur le tout de Gueules à la maffe d'armes d'or cloüée d'argent au
chef d'argent chargé d'vn Gonfanon de Gueules.

32. Le Duc de Chaunes Marefchal de France, portoit comme fon frere cy-deffus à
la bordure engreflée d'azur: mais ayant efpoufé l'heritiere d'Ailly, il a pris pour armes d'or au lyon de Gueules, couronné de mefme qui eft d'Albert, efcartelé d'Ailly
qui eft de Gueules au chef efchequé de trois traits d'argent & d'azur.

33. *N. d'Albert*, Duc de Luxembourg & de Pinay, porte d'argent au lyon de
gueules, la queue paffée en fautoir, couronné & armé d'or.

34. *François de Coffé*, Duc de Briffac, porte d'or à trois fueilles & fcie en face les
dents en bas.

35. *Charles de Rouuroy*, Duc de S. Simon, porte efcartelé au 1. & 4. party, efchequé
d'or & d'azur au chef de mefme, chargé de 3. fleurs de lys d'or, qui eft de Vermandois, & de fable à la croix d'argent, chargée de cinq coquilles de gueules qui eft de
Rouuroy au 2. & 3. d'or à la face de gueules, qui eft de Hauefque, fur le tout lozangé
d'argent & de gueules au chef d'or qui eft de Precy.

36. *François Duc de la Rochefoucault*, Prince de Marfillac, Burellé d'argent &
d'azur de dix pieces a trois chevrons de gueules, brochant fur le tout. Son fils aifné
prend la qualité de Prince de Marfillac.

37. Le Duc de Richelieu a fuccedé à fon grand oncle Armand du Pleffis, Cardinal & Duc de Richelieu, eft fils du Marquis de Pont de Courlay, & porte d'argent à 3.
chevrons de gueules.

38. Le Duc de Bournonville & de Henin, porte de fable au lyon d'argent langué &
armé d'or, la queuë fourchée paffée en fautoir.

39. Le Duc de la Force, porte d'azur à trois leopards d'or, il eft fils de ce grand
& genereux Marefchal Duc de mefme nom, qui s'eft fignalé par les feruices qu'il
a rendus à la Couronne fous les Roys Henry IV. Louys XIII. & Louys XIV.
à prefent regnant.

40. Le Duc de Chaftillon, fils de deffunct Gafpard de Colligny, & petit fils du
Duc de Colligny, qui fut tué à l'attaque de Charenton, pendans les mouuemens de
l'année 1649.

42. *Boifi Duc de Roanois*, de la maifon de Gouffier, porte d'or à trois iumelles de
fable.

43. *René Potier Duc de Trefme*, porte d'azur a 2. mains addextrée d'or au franc
quartier efchequé d'argent & d'azur a la bordure engreflée de gueules.

44. *René Duc de la Roche guyon*, porte efcartelé & contr'efcartelé au 1. & grand
quartier, efcartelé au 1. & 4. d'hermines a trois tourteaux mis en chef, & vne viure
de gueules mife en face, qui eft de Silly, au 1. & 3. d'or a la bande d'azur de trois
pieces a la bordure de gueules qui eft la Roche-guyon, fur le tout de farbruche qui
eft d'azur au lyon d'or femé de recroifette de mefme au 2. & 3. grand quartier efcartelé, au 1. & 2. de Laual, au 2. & 3. d'Evreux, fur le tout de Vitré, qui eft de gueules
au lyon d'argent, fur le tout des grands quartiers d'argent a la face bandée d'or &
de gueules de fix pieces qui eft de Pons.

SVIVENT LES ARMES ET BLAZONS DE
Messieurs les Mareschaux de France.

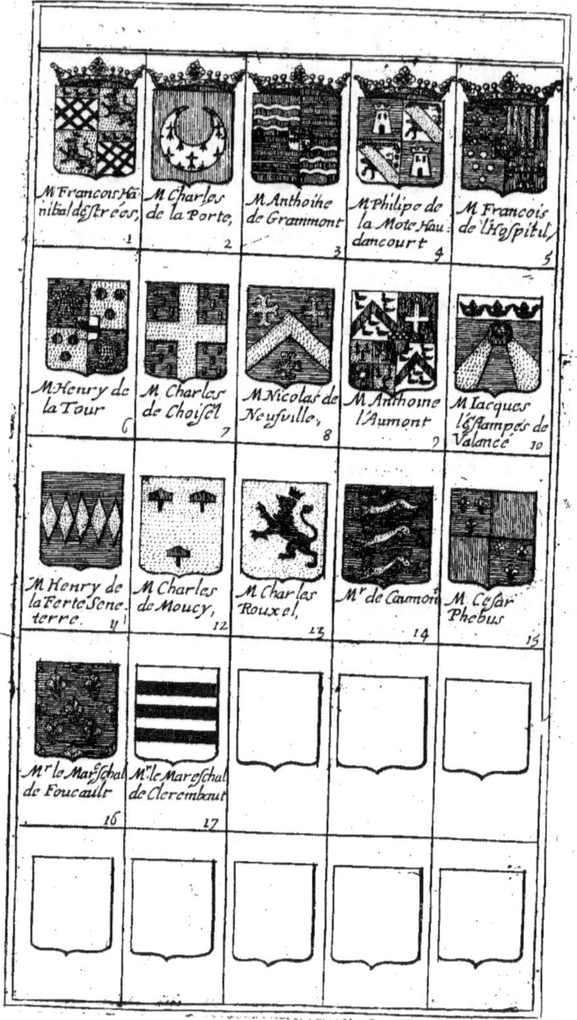

1. **M**Essire *François Hannibal d'Estrées*, Marquis de Cœuures, premier Baron & Seneschal de Boulonnois , fut pourueu en l'anneé 1626. par le Roy Louys XIII. lequel porte escartelé le 1. & 4. d'argent fretté de sable de six pieces au chef d'or, chargé de 3. Merlettes de sable, qui est d'Estrée au 2. &3 d'or au lyon d'azur couronné, lampassé de gueules, qui est de la Cauchiée ou Chaussée du Boulonnois.

2. *Messire Charles de la Porte*, Seigneur de la Melleraye, de Partenay & de sainct Maixent en Poictou; Grand Maistre de l'Artillerie, fut pourueu du baston de Ma-reschal par le Roy Louys XIII. sur la breche de la ville de Hedin l'an 1656. porte de gueules, au croissant montant d'argent chargé de 5. hermines & sable.

3. *Meßire Antoine de Grammont*, Comte de Guiche & de Louuigne, Souuerain de Bidache, fut pourueu de cette dignité l'an 1641. porte escartelé au 1. & 4. de gueules, à trois faces ondées d'argent, qui est de Toulongeon au 2. & 3. de gueules, à 3. iumelles d'argent, qui est de S. Cheron, sur le tout escartelé, le 1. d'or au lyon de gueules, qui est de Grammont, au 2. de gueules à 3. dards peris en pal d'argent, qui est d'Ast au 3. d'argent au chef emmanché de 5. pieces d'azur, qui est de Mucidan, le dernier d'argent au lyon passant de sable.

4. *Messire Phillippes de la Mote - Houdancourt*, Duc de Cardonne en Espagne, obtint cette dignité, l'an 1642. porte esc. au 1. & 4. d'azur à la tour crenelée d'argent, le 2. & 3. d'argent au levrier courant de Gueules accollé d'azur à la bande d'or, accompagné de 3. torteaux de Gueules au costé de l'escu, & d'vn lambel de mesme de trois pendans.

5. *Messire François de l'Hospital*, Gouuerneur de Paris & Isle de France, fut honoré de cette charge l'an 1643. porte escartelé au 1. de Naples, qui est d'azur semé de France au lambel de Gueules, au 2. d'Arragon, au 3. de Brichanteau, qui est d'azur à six besans d'argent, au 4. de la Chastre, qui est de Gueules a la croix encrée de vair, sur le tout de l'Hospital qui est de Gueules au cocq d'argent, cresté, mambré & becqué d'or, soustenant vn escusson chargé d'azur d'vne fleur de lys d'or.

6. *Messire Henry de la Tour*, Vicomte de Turenne & de Castillon, Comte de Negrepelisse, fut pourueu de cette dignité le 16. Mars 1643. porte escartelé, le 1. & 4. d'azur semés de fleurs de lys d'or a la tour d'argent, le 2. d'or a trois torteaux de Gueule, le 3. bandé d'or & de Gueules de 10. pieces, sur le tout d'or au Gonfanon de Gueules frangé de sinople party d'argent a la face de gueules.

7. *Messire Charles de Choiseul Mareschal du Plessis Praslin*, fut admis à cette charge l'an 1645. porte d'azur à la croix d'or, accompagnée de 20. billette de mesme, cinq en chaque canton posée en sautoir.

8. *M. Nicolas de Neufville*, Marquis de Villeroy, Gouuerneur pour le Roy des Prouinces de Lyonnois, Forests & Beaujelois, lequel a esté honoré du Gouuernement de la personne du Roy, pendant sa minorité, porte d'azur au chevron d'or, accompagné de 3. croix encrée de mesme, fut admis à cette dignité apres la mort de Monsieur de Bassompierre l'an 1646.

9. *M. Antoine d'Aumont*, Mareschal de Vilquier, porte d'argent au chevron de Gueules, accompagné de 7. merlettes, 4. en chef 3. en pointe, qui est d'Aumont, au 2. de Gueules à la croix fleurdelisée d'or, cantonnée de 12. billettes de mesme, qui est de Vilquier, au 3. escartelé, le 1. & 4. d'or à 3. chabots de gueule, posez en pal, qui est des chabots, le 2. de Luxembourg, le 3. de Gueules à l'estoille de 16. rais d'argent, qui est des Baux, sur le tout des grands quartiers de Gueules, au chef eschequé d'argent & d'azur de 2. traits, qui est de Roche-Baron en Bourgongne.

10. *M. Iacques d'Estampes de Valancé*, cy-deuant la Ferté-Imbault, fut admis l'an porte d'azur à deux girons d'or mis en chevron, chargé sur la pointe d'vn croissant montant de gueules au chef d'argent, chargé de trois couronnes de gueules.

11. *M. Henry Mareschal la Ferté Seneterre*, Gouuerneur de Lorraine, porte d'azur à cinq fusées en pal.

12. *M. Charles de Moucy*, Mareschal d'Ocquincourt, receut le Baston l'an 1651. porte d'or à trois maillets de gueules.

13. *M. Charles Rouxel*, Mareschal de Grandcey, porte d'or au lyon d'azur armé, lampassé & couronné de gueules.

14. *Monsieur de Caumont*, Mareschal de la Force, porte comme cy-deuant.

15. *M. Cesar Phebus Mareschal d'Albret*, porte escartelé de France, qui est d'azur à trois fleurs de lys d'or, le 2. & 3. de Gueules plain, qui est d'Albret.

16. *Monsieur le Mareschal de Foucault.*

17. *Monsieur le Mareschal de Clerembault.*

SVIVENT LES ARMES ET BLAZONS DE
Messieurs les Marquis.

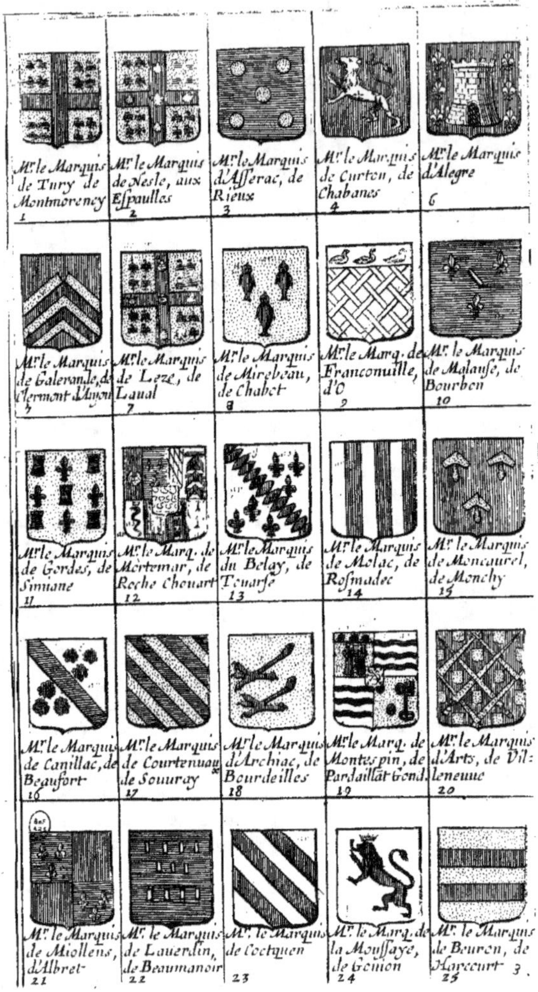

Mr. le Marquis de Tury de Montmorency **1**	Mr. le Marquis de Nesle, aux Espaulles **2**	Mr. le Marquis d'Asserac, de Rieux **3**	Mr. le Marquis de Curton, de Chabanes **4**	Mr. le Marquis d'Alegre **6**
Mr. le Marquis de Galerande, de Clermont d'Anjou **5**	Mr. le Marquis de Leze, de Laual **7**	Mr. le Marquis de Mirebeau, de Chabot **8**	Mr. le Marq. de Franconuille, d'O **9**	Mr. le Marquis de Malause, de Bourbon **10**
Mr. le Marquis de Gordes, de Simiane **11**	Mr. le Marq. de Mortemar, de Roche Chouart **12**	Mr. le Marquis du Belay, de Touarse **13**	Mr. le Marquis de Molac, de Rosmadec **14**	Mr. le Marquis de Moncaurel, de Monchy **15**
Mr. le Marquis de Canillac, de Beaufort **16**	Mr. le Marquis de Courtenuau, de Souuray **17**	Mr. le Marquis d'Archiac, de Bourdeilles **18**	Mr. le Marq. de Montespin, de Pardaillat Gond. **19**	Mr. le Marquis d'Arts, de Villeneuue **20**
Mr. le Marquis de Miollens, d'Albret **21**	Mr. le Marquis de Lauerdin, de Beaumanoir **22**	Mr. le Marquis de Coctquen **23**	Mr. le Marq. de la Moussaye, de Gemion **24**	Mr. le Marquis de Beuron, de Harcourt **25** **3**

I. **M**Onsieur le *Marquis de Tury*, chef du nom & armes de Montmorency, est de Normandie, porte d'or à la Croix de gueules, cantonnée de 16. alerions d'azur.

2. M. Le *Marquis de Nesle*, de Picardie, est du nom de Laual, porte comme Montmorency, la croix chargée de 4. cocquilles d'argent & d'vne fleur de Lys d'or en cœur, qui est de saincte Marie aux Espaules.

3. Le *Marquis d'Asserac* en Bretagne, chef du nom & armes de Rieux, qui sont d'azur à cinq besans d'or mis en sautoir.

4. Le *Marquis de Curton* en Guyenne, est chef des armes de Chabanes, qui sont de Gueules au lyon d'hermines.

5. Le

5. *Le Marquis de Galerande*, chef des armes de Clermont d'Anjou, qui font d'azur à trois chevrons d'or le premier brifé.

6. *Le Marquis d'Alegre* en Auuergne, chef du nom & armes, de gueules à la tour d'argent, maçonnée de fable, accottée de fix fleurs de lys de mefme en pal.

7. *Le Marquis de Lezé*, du nom de Laual, dit Anjou, porte de Montmorency, la croix chargée de cinq coquilles d'argent. Le Marquis de Sablé eft de cette maifon.

8. *Le Marquis de Mirebeau* en Bourgongne, du nom de Chabot, porte d'or à trois Chabots de gueules mis en pal.

9. *Le Marquis de Franconuille Dò*, porte d'Hermines au chef endenché de gueules.

10. *Le Marquis de Malaufe* en Guyenne, du nom de Bourbon, porte de France à la barre d'argent.

11. *Le Marquis de Gordes* en Dauphiné du nom de Simiane, porte femé de tours & de fleurs de lys d'azur.

12. *Le Marquis de Mortemar* en Limofin, du nom de la Roche-Choüart, porte efcartelée, le premier efcartelé de Gueules au croiffant du vair, le 2. de Bourbon à la barre de Gueule, le 3. de Milan, le 4. de Nauarre, le 1. du 2. efcartelé de Gueules à neuf macles d'or, le 2. de la Rochefoucault, le 3. Defcars, le 4. de Bretagne, fur le tout facé en ondes de fix pieces de Gueules & d'argent.

13. *Le Marquis du Belsy Toüarcé* en Anjou, chef du nom & armes du Belay, Prince d'Yuetot en Normandie, porte d'argent à la bande fuzelée de Gueules, accompagnée de fix fleurs de lys d'azur, trois en chef & trois en pointe.

14. *Le Marquis de Molac* en Bretagne, du nom de Rofmadec, porte palé d'or & d'argent de fix pieces.

15. *Le Marquis de Montcaurel* en Picardie, du nom de Mouchy, porte de Gueules à trois maillets d'or.

16. *Le Marquis de Canillac* en Auuergne, du nom de Beaufort, porte d'argent à la bande d'azur accompagnée de fix rozes de Gueules, trois en chef & trois en pointes.

17. *Le Marquis de Courtenuaut* au Maine, du nom de Souueray, porte d'azur à cinq bandes ou cottice d'or.

18. *Le Marquis d'Achiac* en Perigord, du nom de Bourdeille, porte d'or à deux pates de Griffon de Gueules, onglée d'azur pofée en contre bande.

19. *Le Marquis de Montefpan* en Guyenne, du nom de Pardaillant Gondrin, porte efcartelé d'or au Chafteau de gueules, fommé de trois teftes de More de fable tortillées d'argent, qui eft Gondrin, le 2. & 3. d'azur à trois ondes d'argent, le 4. d'or à 3. tourteaux de Gueules, fenextrée d'vne clef de mefme, mife en pal, fur le tout d'argent au lyon de Gueules à la bordure de finople, chargée de fept efcuffons d'argent.

20. *Le Marquis des Aris* en Prouence, du nom de Villeneufue, porte de Gueules fretté de fers de lances d'or femé, efcuffons de mefme.

21. *Le Marquis de Mioffens* en Bearn, du nom d'Albret, porte efcartelé de France & de Gueules.

22. *Le Marquis de Lauerdin* au Maine, du nom de Beau Manoir, porte d'azur à vnze billettes d'argent, 4 en chef, 3. en face & 4. en pointe.

23. *Le Marquis de Coequeu* en Bretagne, porte d'argent à trois bandes de Gueules.

24. *Le Marquis de la Mouffaie* en Bretagne, du nom de Gouion, porte d'argent au lyon de Gueules.

25. *Le Marquis de Beuuron*, du nom de Harcourt en Normandie, porte de Gueules à deux faces d'or.

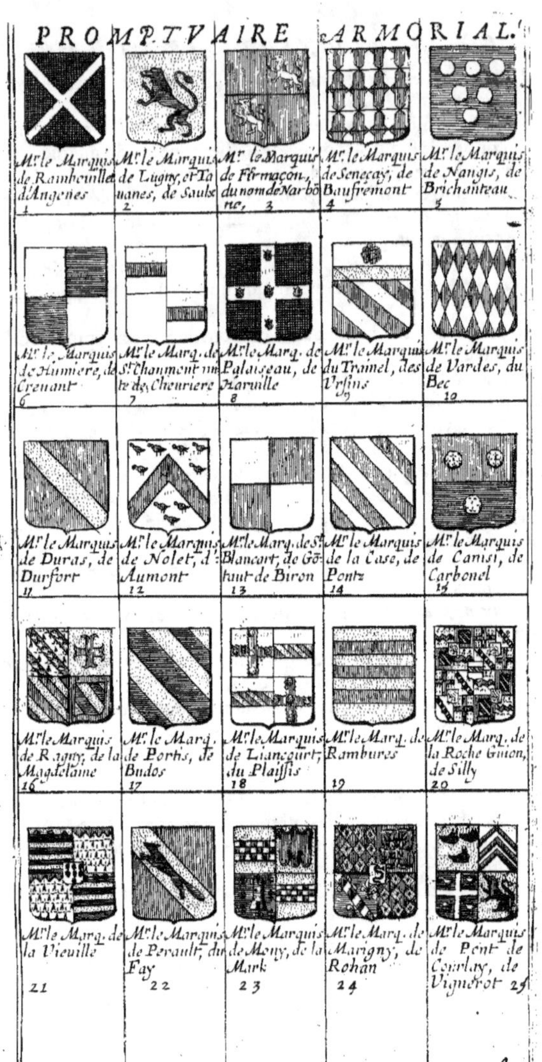

1. **L**E *Marquis de Rambouillet & de Pisany*, porte de sable au sautoir d'argent, & est chef du nom & armes d'Angennes.

2. *Le Marquis de Lugny & de Tauannes*, du nom de Saulx, d'azur au lyon d'or couronné de mesme.

3. *Le Marquis de Fiermaçon*, du nom de Narbonne, escartelé de Gueules, au premier & 4. le 2. & 3 de Gueules au lyon d'argent.

4. *Le Marquis de Seneçry*, du nom de Bauffremont, porte vairré d'or & de Gueules.

5. *Le Marquis de Nangis*, du nom de Brichanteau, porte d'azur a six besans d'argent.

6. *Le Marquis de Humieres*, du nom de Creuant, porte escartelé d'argent & d'azur.

7. *Le Marquis de S. Chaumont*, du nom de Mitte & de Chevrieres, d'argent à la face de Gueules, party d'azur, escartelé de Mitte, Miolans & Roussillon.

8. *Le Marquis de Palaiseau*, du nom de Harville, de Gueules a la Croix d'argent chargée de cinq cocquilles de fable.

9. *Le Marquis de Trainel*, des Vrfins, bande d'argent & de Gueules de fix pieces au chef d'argent, chargé d'vne roze de Gueules fouftenuë d'or.

10. *Le Marquis de Vardes*, du nom du Bec, fufelé d'argent & de Gueules.

11. *Le Marquis de Duras*, du nom de Durfort, d'azur a la bande d'or.

12. *Le Marquis de Naulet*, du nom d'Aumont, d'argent au chevron de Gueules a fept merlettes de mefme, quatre en chef, deux aux deux coftez du chevron & trois en pointe 2.1.

13. *Le Marquis de S. Blancart*, du nom de Biron, efcartelé d'or & de Gueules en Bannieres.

14. *Le Marquis de la Cafe*, du nom de Ponts, d'argent, à la bande de huict pieces de Gueules.

15. *Le Marquis de Canifi*, du nom de Carbonel, couppé de Gueules & d'azur, chargé de trois befans de Bretagne 2.1.

16. *Le Marquis de Ragny*, du nom de la Magdelaine, efcartelé, le premier d'hermines à trois bandes de gueules, chargée de coquilles d'or au 2. d'or à la croix ancrée de Gueules, au 3. de Gueules à trois bandes d'or, au 4. bande d'or & d'azur de 4. pieces, a la bordure de Gueules.

17. *Le Marquis de Portes*, du nom de Budos, d'or à trois bandes d'azur.

18. *Le Marquis du Plaiffis Lincourt*, efcartelé 1. & 4. d'argent à la croix engreflée de Gueules, chargée de cinq coquilles d'or, au 2. & 3. d'argent, à la face bandée de 6. pieces.

19. *Le Marquis de Rambure*, d'or a trois faces de Gueules.

20. *Le Marquis de la Roche-Guyon*, du nom de Silly, porte efcartelé & contr'efc. aux premier & fecond grands quartiers, efcartelé 1. & 2. d'hermines a trois tourteaux mis en chef, & vne viure de gueules mis en face au 2. & trois d'or a la bande de trois pieces d'azur a la bordure de gueules, fur le tout de farbruche au 2. & 3. grands quartiers, efcartelé au premier & quatre de Laual, au deux & trois d'Evreux, fur le tout de Vitré qui eft de gueules au lyon d'argent, fur le tout du tout d'argent a la face bandée d'or de fix pieces.

21. *Le Marquis de la Vieville*, efcartelé 1. & 4. face de huict pieces d'or & d'azur, le 2. premiere face du chef, chargée de 3. tourteaux de Gueules paffée, fur le tout, le 2. & 3. d'hermines au chef de Gueules, fur le tout d'argent a fept fueilles de houx de finople.

22. *Le Marquis de Perrault*, du nom de Fay, de Gueules à la bande d'or chargée d'vn renard d'azur.

23. *Le Marquis de Mony*, efcartelé de la Marck, dont il porte le nom, qui eft d'or à la face efchequée de trois traits d'argent & de Gueules, le 2. d'or au Gonfanon de Gueules, frangé de finople, le 3. de la Tour, qui eft d'azur, femé de France a la tour d'argent.

24. *Le Marquis de Marigny*, du nom de Rohan, efcartelé au 1. & 4. de Rohan, au 2. de Nauarre, au 3. de France a la bande camponée d'argent & de Gueules, fur le tout de Milan.

25. *Le Marquis du pont de Courlay*, du nom de Vignerot, efcartelé le 1. d'or a trois hures de fanglier de fable, le 2. d'argent a 3. chevrons de Gueules, le 3. d'azur a la croix d'argent, accompagnée de quatre oyfeaux d'argent, le 4. d'or au lyon de Gueules courant.

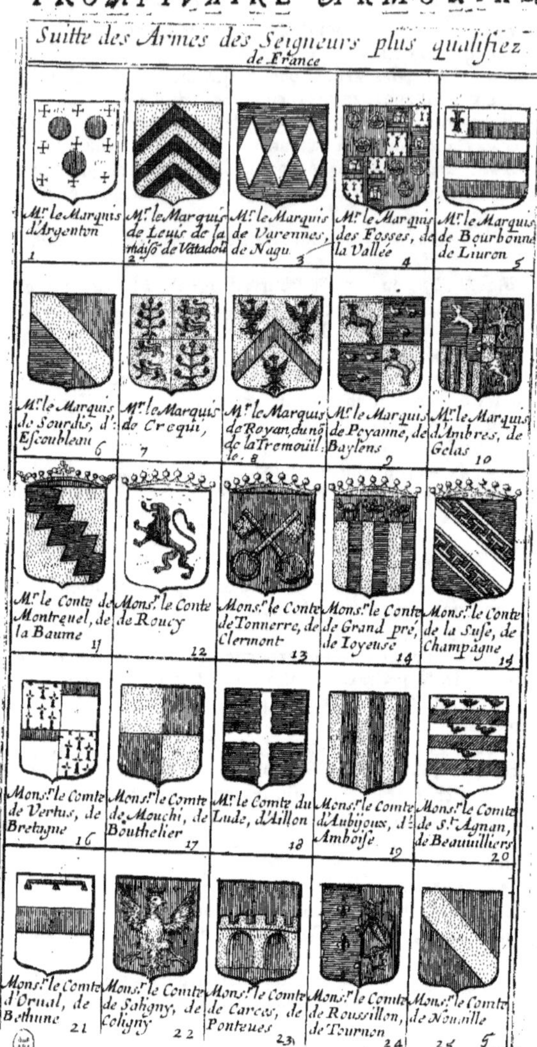

1. **L**E Marquis d'Argenton, du nom de Chaſtillon ſur Marné, porte d'argent à trois tourteaux de Gueules, accompagné de neuf croix de meſme.

2. Le Marquis de Leuis, de la maiſon de Vantadour, porte d'or a trois chevrons de ſable.

3. Le Marquis de Varennes, de Nagu, porte d'azur a trois fuſée d'argent.

4. Le Marquis des Foſſez de la Vallée, porte eſcartelé au premier & quatre de Gueules a trois fermails d'or, le 2. & 3. eſcartelé d'azur & d'hermines a la croix de Gueules ſur le tout le 1. & 4. chargé d'vne maiſon d'argent, maſſonnée & ſable.

5. Le Marquis de Bourbonne de Livorn, d'argent a trois faces de Gueules, briſé au franc canton d'vn carreau d'argent chargé d'vn roch d'eſchequier de Gueules.

6. Le Marquis de Sourdy d'Eſcoubleau, party d'azur & de Gueules a la bande d'or bronchante ſur le tout.

7. Le Marquis de Crequi, eſcartelé 1. & 4. d'or au Crequier de Gueules, le deux & trois d'or a deux leopards de Gueules.

8 Le

8. *Le Marquis de Royan*, du nom de la Tremoüille, d'or au chevron de Gueules, accompagné de trois aigles d'azur 2. 1.

9. *Le Marquis de Poyane de Bailans*, escartelé, le premier & 4. d'or au chien, ou levrier rampant de Gueules, accollé d'argent, le deux & trois d'azur à trois molettes d'argent.

10. *Le Marquis d'Ambres de Gelas de Voisins*, escartelé au premier d'azur au lyon rampant d'argent, au deux d'or à la croix clechée de Gueules, au trois d'or à trois pals de Gueules, au quatriesme de Gueules au lyon d'or.

Suiuent Messieurs les Comtes.

11. *Le Comte de Morreuel la Baume*, d'or à la bande engreslée d'azur.

12. *Le Comte de Roussy*, du nom de la Rochefoucault, d'argent au lyon de Gueules.

13. *Le Comte de Grand Pré de Ioyeuse*, palé d'or & d'azur de six pieces, au chef de Gueules chargé de trois hydres d'or.

14. *Le Comte de Tonnerre de Clermont Talart*, porte de Gueules à deux clefs d'or passée en sautoir.

15. *Le Comte de la Suse Champagne*, d'azur à la bande d'argent, accompagnée de deux cottices d'or potencée & contrepotencées de treize pieces.

16. *Le Comte de Vertus d'Auaugour*, porte de Bretagne, escartelé d'Auaugour, qui est d'argent au chef de gueules.

17. *Le Comte de Mouchy Boutelier*, de Senlis, escartelé d'or & de Gueules.

18. *Le Comte du Lude de Daillon*, d'azur à la croix engreslées d'argent.

19. *Le Comte d'Aubigeoux d'Amboise*, pallé d'or & de Gueules de six pieces.

20. *Le Comte de sainct Agnan Beauuiliers*, d'argent à trois faces de sinople, accompagnée de six merlettes de Gueules 3. 2. 1.

21. *Le Comte d'Orual de Bethune*, d'argent à la face de Gueules au lambel de trois pieces de mesme en chef.

22. *Le Comte de Saligny*, du nom de Colligny, de Gueules à l'aigle d'argent couronnée & mambrée d'azur.

23. *Le Comte de Carces de Pontruls* en Prouence, porte de Gueules au Pont de deux Arches crenelée d'or.

24. *Le Comte de Roussillon*, party le premier semé de France, le 2. de Gueules au lyon d'or.

25. *Le Comte de Nouaille*, porte de Gueules à la bande d'argent.

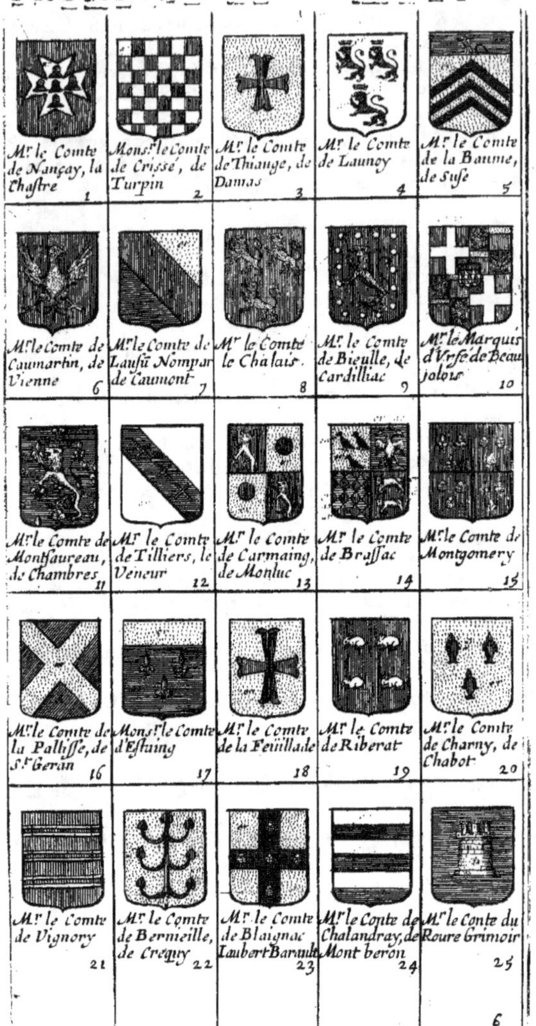

1. **M**Onſieur le **Comte de Nançay la Chaſtre**, porte de Gueules à la croix encrée de vair.

2. Le *Comte de Criſſé Turpin*, efchequé d'argent & de gueules.

3. Le Comte de Tiange de Damas, d'or à la croix encrée de Gueules.

4. Le Comte de Lannoy, d'Argent à trois Lyonceaux de finople; couronnez d'or.

5. Le Comte de Sufe la Baume, d'or à trois chevrons de fable au chef d'azur, chargé d'vn lyon naiffant d'or.

6. Le Comte de Caumartin, du nom de Vienne, porte de Gueules à l'aigle efployé d'or.

7. Le Comte de Lauzon, tiercé en bande d'or de Gueules & d'azur.

8. Le Comte de Chalais, de Gueules à trois lyonceaux d'or, qui eft de Perigord.

9. Le Comte de Bieule de Cardillac, de Gueules au lyon d'or à l'orle de befans d'argent.

10. Le Marquis d'Vrfé de Beaujolois, efcartelé au premier & quatre de Sauoye, au fecond & trois efcartelé, au premier & 3. de Gueules à l'aigle d'or à deux teftes, le deux de Gueules au chef d'or, fur le tout du tout de vair au chef de Gueules.

11. Le Comte de Montfaureau de la Chambre, d'azur femé de fleurs de lys d'argent au lyon de mefme.

12. Le Comte de Tilliers, d'argent à la bande d'azur, chargée de trois fautoirs d'or.

13. Le Comte de Carmain de Montluc, efcartelé le premier & quatre de Gueules à la louue d'argent, 2. & 3. d'or au tourteau de Gueules.

14. Le Comte de Braffac, du nom de Galard de Bearn, porte efcartelé le premier d'or à trois corneilles de fable, le fecond d'azur à l'aigle a deux teftes d'argent, le 3. fretté d'azur & d'or, le quatre de Bearn.

15. Le Comte de Montgomery, de Gueules a trois fleurs de lys d'or, efcartelé de Gueules a trois cocquilles d'or.

16. Le Comte de la Palliffe S. Geran, du nom de la Guiche, de finople au fautoir d'or.

17. Le Comte d'Eftaing, de France au chef d'or.

18. Le Comte de la Fueillade du nom d'Aubuffon, d'or a la croix encrée de gueule.

19. Le Comte de Riberat d'Adie, de Gueules a quatre lapins d'argent.

20. Le Comte de Charny du nom de Chabot, d'or a trois Chabots de Gueules pofez en pal.

21. Le Comte de Vignory, du nom de Quinquempoix, de Gueules a trois iumelles d'argent.

22. Le Comte de Bernieule, du nom de Crequy, porte d'or au Crequier de Gueules.

23. Le Comte de Blagnac, du nom de Iaubert Barault, d'or a la croix de fable, chargée de cinq cocquilles d'argent.

24. Le Comte de Chalandray de Mauberon, facé d'argent & d'azur de fix pieces.

25. Le Comte de Grimoir du Roure, d'azur a la tour d'argent.

Suitte de Messieurs les Comtes.

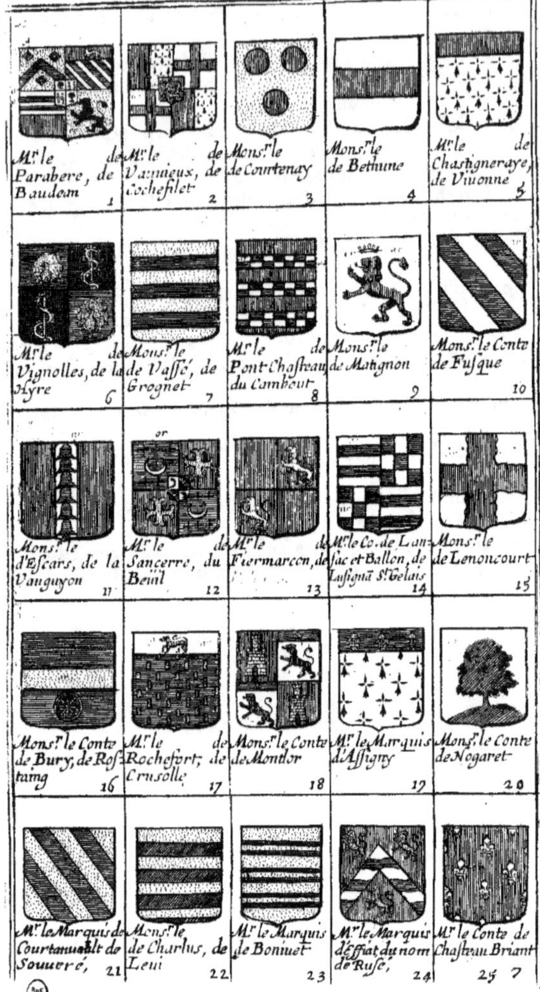

1. **M**Onsieur le Comte de Parabere, Marquis de la Motthe Sainct Heraye, porte escartelé au 1. d'or au chevron d'azur, accompagné de trois macles de Gueules, deux en chef & vne en pointe, au deux d'argent a cinq bandes cottifée d'azur au chef de Gueules chargé d'vn lyon passant d'or, au 3. d'argent a deux faces d'azur couppée de Gueules plain, au quatre d'or, au lyon de sable, sur le tout escartelé d'or a l'arbre de sinople & d'argent a deux Ours en pied de sable.

2. Le Comte de Vauuieux du nom de Cochefillet, Baron de Vaucelas, porte escartelé le premier & quatre party de Gueules & d'hermines, le second & trois d'argent a la croix de Gueules, sur le tout d'argent a deux leopards de Gueules.

3. Le Comte de Courtenay, d'or a trois tourteaux de Gueules.

4. Le Comte de Betune, d'argent a la face de Gueules.

5. Le Comte de la Chastaigneraye en Poictou, du nom de Viuonne, porte de Bretagne au chef de Gueules.

6. Le

6. Le Marquis de Vignolles, dit la Hire. porte efcartelé au 1. & 4 .d'azur au Paon Roüant d'or, au 2.& 3. de fable , au fep de vigne d'argent, fouftenu d'vn efchalat d'or.

7. Le Comte de Vaffé de Grongnet, Baron de Roche-mabille, d'or à la face de trois pieces d'azur.

8. Le Marquis de Pont-Chafteau, du Camboult, porte de Gueules à trois faces efchequetée d'argent & d'azur de deux traits.

9. Le Comte de Matignon en Normandie , Comte de Torigny , du nom de Gouion, chef du nom & armes de cette maifon, porte d'argent au lyon de Gueules couronné d'or.

10. Le Comte de Lauagne de Breffuire, du nom de Fiefque en Poiƈtou, porte bandé d'argent & d'azur de fix pieces.

11. Le　　　　d'Efcars de la Vauguion, de Gueules au pal de vair.

12. Le Comte de Sencerre, du nom de Beuil, efcartelé d'azur au croiffant montant d'argent, à fix croix recroifettée au pied fiché de mefme , au fecond & trois de Gueules à la croix ancrée d'or , fur le tout efcartelé du Dauphiné d'Auuergne & de Champagne.

13. Le Marquis de Fiermaçon , efcartelé le 1.& 4. de Gueules plain, le 2. & 3. auffi de Gueules, au lyon d'argent de mefme.

14. Le Comte de Lanfac & de Balon, du Maine, de Lufignan S. Gelais, burellé d'argent & d'azur, efcartelé de cinq points d'azur equipolez a quatre d'argent.

15. Le Marquis de Lenoncourt, porte d'argent à la croix engreflée de Guenles.

16. Le Comte de Bury, du nom de Roftaing, Baron de Brou, Seigneur de Noify le Sec, d'azur à vne face en deuife d'or, à vne roüe de huiƈt rais en pointe de mefme.

17. Le Comte de Rochefort, Baron d'Yroles, porte d'azur femé de billettes d'or au chef d'argent, chargée d'vn lyon paffant de Gueules.

18. Le Comte de Mont.lor d'Ornano , porte efcartelé au 1. & 4. de Gueules, à la tour donjonnée d'or, au 2. & 3. d'or au lyon de Gueules, au chef d'azur , chargé d'vne fleur de lys d'or.

19. Le Marquis d'Affigny en Bretagne, porte de Bretagne au chef d'azur, chargé de trois fleurs de lys d'or.

20. Le Comte de Nogaret en cuyenne, d'argent à l'arbre de finople fur vne terrace de mefme.

21. Le Marquis de Courtanuault de Souueré, porte d'or à trois bandes d'azur.

22. Le Comte de Charlus, du nom de Leuy, porte d'or à trois bandes d'azur.

23. Le Marquis de Bonniuet, du nom de Boify , porte d'azur à trois iumelles de fable.

24. Le Marquis d'Effiat, du nom de Rufé, porte de Gueules au chevron ondé d'argent & d'azur, accompagné de trois lyonceaux d'or.

23. Le Comte de Chafteau-briand, potte de Gueules femé de fleurs de lys d'or.

E

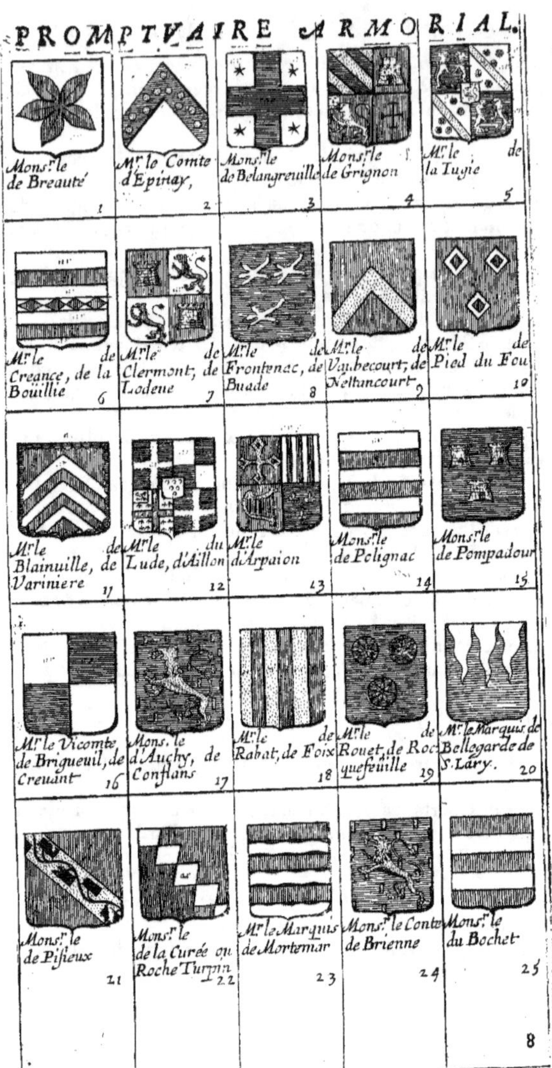

1. LE de Breauté, porte d'argent à la quinte fueille de Gueules.

2. Le Comte d'Epinay, porte d'argent au chevron d'azur, chargé d'vnze besans d'or. Il est de la maison de S. Luc.

3. Le Comte de Belangreville, porte d'azur à la croix d'or, cantonnée de quatre molettes de mesmes.

4. Le Marquis de Grignon ou Grignan, du nom d'Ademar de Monteil, porte escartelé au premier d'or à trois bandes d'azur, au second de Gueules au Chasteau d'onjonné de trois tours d'or, au 3. de Gueules, au lyon d'argent, au canton d'hermines, au 4. de Gueules à la croix alisée d'or.

5. Le Marquis de la Ingie, dit du Puy, porte escartelé au premier & quatre d'azur à deux lyons affrontez d'or, au 2. & 3. d'argent à la bande d'azur, accostée de 6. roses de Gueules, sur le tout d'or au lyon de Gueules.

6. Le Comte de Creance Boüillé, porte d'argent à la face de Gueules fretté d'argent, accompagnée de deux burelles de Gueules.

7. Le Comte de Clermont Lodeue, du nom de Castelnau, porte escartelé au premier & 4. de Gueules au chasteau d'or, au 2. & 3. d'argent au lyon de sinople.

8. Le Comte de Frontenac de Buades, porte d'azur à trois pattes de Griffon d'or posée en bande.

9. Le Marquis de Vaubecourt de Netancourt, porte de Gueules au chevron d'or.

10. Le　　　　　de Pied du Fou, porte de gueules à trois macles d'argent.

11. Le Marquis de Blainville, porte de gueules à trois chevrons d'argent à la bordure engreslée d'azur.

12. Le Comte du Lude de Daillon, porte escartelé 1. & 4. d'azur à la croix engreslée d'argent, au 2. escartelé d'argent & d'azur, au 3. de Laual au canton de Bretagne, sur le tout de Rieux.

13. Le Vicomte d'Arpajou, porte escartelé au premier de Gueules à la croix de Thoulouze, au 2. d'or a trois pals de Gueules au 3. de gueules à vne harpe d'or, le 4. d'azur a trois fleurs de lys d'or.

14. Le Vicomte de Polignac, porte facé d'argent & de Gueules de six pieces.

15. Le Vicomte de Pompadour, porte d'azur a trois tours d'argent.

16. Le Vicomte de Briqueuil de Creuant, porte escartelé d'argent & d'asur.

17. Le Vicomte d'Auchy Conflans, porte d'asur semé de billettes d'or au lyon de mesme.

18. Le Vicomte de Rabat de Foix, porte d'or a trois pals de Gueules.

19. Le Vicomte de Roüet de Roquefueille, porte d'asur a trois roües d'or.

20. Le Marquis de Bellegarde de S. Lary, porte d'azur a trois pals appointez en rais ou rayons de Soleil d'argent mouuant du chef.

21. Le Comte de Pisieux de Sillery, porte de Gueules a la bande d'or chargée d'vne trainée de cinq barils de sable.

22. Le Marquis de la Curée Roche-Turpin, porte de Gueules a la bande fuselée d'argent.

23. Le Marquis de Mortemar, porte facé de Gueules & d'argent en ondes de six pieces.

24. Le Comte de Brienne, porte d'azur au lyon d'or, semé de billettes de mesme.

25. Le　　　　　du Bochet, porte de Gueules a deux faces d'argent.

TABLE ALPHABETIQVE POVR LA
CONTINVATION DV
Promptuaire Armorial,

*En la Marge duquel sont cottées les noms des Prouinces où sont scituées les Seigneuries ou Maisons representées par leurs Blazons pour la pluspart
dans ce Promptuaire.*

Normandie.	ABDIS, porte d'or à la croix encrée de gueules cantonnée de quatre croix d'azur.
Picardie.	Abbeuille, porte d'azur à trois bandes d'or, & trois fleurs de lys de mesme en chef.
Beauuoisis.	Abbeuille, porte de gueules à trois escussons d'argent.
Bourgongne.	Ableges, porte d'or à deux faces d'azur, chargée de trois estoilles d'or.
Bourgongne.	Abos d'Heruille, porte de sable au chevron d'or, accompagné de trois rozes de Gueules.
	Abouat, porte facé d'argent & de Gueules de six pieces.
Orleans.	Acarie, porte d'azur au chevron d'or, accompagné de trois estoilles de mesme.
Bretagne.	Acerac de Rieux, porte d'azur à dix besans d'or 4. 3. 2. 1.
Prouence.	Achars, porte de gueules à trois heaumes d'argent.
Auuergne.	Acher, porte de gueules à deux haches addossée d'or.
Normandie.	Acher, porte d'azur à la face d'argent accompagnée de trois escussons d'or, deux en chef, vn pointe.
Bourgongne.	Acheu Calonne, porte d'argent à l'aigle de sable.
Dauphiné.	Achier, porte d'or à la tour ouuerte, donjonnée de Gueules, massonnée & hercée de sable, sommée de deux hallebardes ou haches d'azur.
Dauphiné.	Achy, porte de Gueules à trois chevrons d'argent.
	Achilly, porte de Gueules au sanglier de sable.
	Achouais, porte d'azur a trois testes de chevres, arrachée d'argent 2. 1.
Bretagne.	A Cigné, porte d'hermines à la face de gueules, chargée de trois fleurs de lys d'or.
Auuergne.	Acier, porte d'or a la tour crenelée de Gueules.
Prouence.	Ademar, porte d'or a trois bandes de Gueules.
	Adie, de Geueules a quatre lappins au naturel passez l'vn sur l'autre.
	Adriennaie, porte d'azur semé de France au lyon d'argent ou a l'orle de neuf fleurs de lys d'or.
	Affier, porte burrelé d'or & de Gueules de douze pieces.
	Agar, porte de Gueules a vne molette d'esperon de huict rais d'or au chef d'azur, chargé d'vne croix pometée d'or.
	Agenonville, porte d'or à la bande cotticée de sable, chargée de trois merlettes d'argent.
Agenois.	Agen, porte de Gueules au Griffon d'or, tenant en ses pates vn escriteau, ou est escrit, *Nisi Dominus custodierit*, addextrée d'vn chasteau d'argent.
Bourgongne.	Agleuim le Duc, porte escartelé au premier & 4. de Gueules, a trois chevrons abbaissez d'or, accompagnez de trois besans de mesme au chef d'or, le 2. & 3. d'or a la bande de Gueules, accostée de deux cottices d'or, chargée de trois Ducs d'argent.
Prouence.	Agoust, porte d'or au loup rauissant d'azur, armé & camponné de Gueules.
	Agusseau, porte d'azur a deux faces d'or, accompagnée de six cocquilles d'argent, escarte é

A

efcartelé de Gueules a vne face d'argent, chargée de trois aigles de fable, accompagnée de deux cottes d'armes.

A*gueuin*, porte de Gueules a trois chevrons d'or, accompagnez de trois befans *Touraine.* de mefme au chef d'or.

A*hiblecourt*, porte d'azur a trois iumelles d'argent. *Artois.*

A*iguieres*, porte efcartelé au premier & quatre d'azur a l'arbre d'or, au 2. d'argent au fanglier de fable, au 3. de finople à la patte de Griffon d'argent mife en pointe, au 4. de Gueules à trois tours d'or.

A*igremont*, porte d'azur à la croix d'or, accompagnée de vingt billettes de mefme mife en fautoir.

A*igremont*, porte de Gueules au lyon d'argent, armé & couronné d'or.

A*igremont*, porte d'or au lyon de Gueules. *Bourgongne.*

A*illy*, Vidame d'Amiens, porte de Gueules au chef efchequé d'argent & d'azur *Picardie.* de trois traits.

A*illy*, porte de Gueules à la face ondée d'argent, accompagnée de fix merlettes de mefme.

A*illy Piquigny*, porte de Gueules à deux branches d'ofier, de pourpre au chef efchequé d'argent & d'azur de trois traits.

A*ilbieres*, porte coupé d'argent & d'or, au lyon couppé d'azur & de Gueules.

A*illon*, porte d'azur a la croix engrellée d'argent. *Maine.*

A*ineux*, porte d'or à trois croiffants montans de Gueules.

A*ifay*, porte burellé d'or & de Gueules de dix pieces. *Bourgogne.*

A*ixant*, porte d'azur à la bande d'or à trois eftoilles de mefme, deux en chef, *Bourgongne.* vne en pointe, chargée d'vne viure en face.

A*ix*, porte d'or au pal de quatre pieces Gueules au chef de Ierufalem, party de *Prouence.* Naples.

A*ixon*, porte d'or au lyon tourné de Gueules.

A*lainde Beaumont*, porte d'azur à trois pieces de Iambes de Vache, couppée & onglée d'or.

A*l aire*, porte de Gueules au chevron d'or, accompagné de trois papillons d'argent.

A*laix*, porte d'azur à trois quinte fueilles d'argent percée d'or. *Bretagne.*

A*lamanon le Roux*, porte d'argent a trois pals de Gueules, à la bande d'azur *Prouence.* bronchante fur le tout, chargée de trois befans d'or.

A*lart*, porte d'argent à la face de Gueules, accompagnée de trois aigles de face 2.1.

A*laumont*, porte d'azur à trois lambeaux de trois pieces, pofez l'vn fur l'autre d'or à deux eftoilles de mefme fous le fecond lambeau, & d'vne Rofe en pointe d'argent.

A*lain*, porte d'or à dix lozanges de Gueules. *Prouence.*

A*laigre*, porte de Gueules à la tour d'argent, le champ femé de fleurs de lys d'or. *Perche.*

A*lbonas*, porte d'argent à trois bandes d'azur au chef de Gueules, chargé d'vn *Prouence.* Soleil d'or.

A*lbert*, porte d'or au lyon couronné de Gueules. *Prouence.*

A*lbert* ou A*ubert*, porte d'or à loups rempans de Gueules. *Prouence.*

A*lbertas*, porte de Gueules au loup rampant d'or.

A*lberon*, potte efcartelé d'or & de Gueules à deux lyons & deux tours de mefme *Prouence.* de l'vn en l'autre.

A*lbife*, porte d'or à la croix lozangée de Gueules.

A*lbigny*, porte d'or femé de tours & de fleurs de lys fans nombres d'azur.

A*lbifi*, porte de fable à deux anneaux d'argent.

A*lbon Fronfac*, porte de fable à la croix d'or.

A*lcan*, porte d'azur à trois chevrons d'or, accompagnez de trois befans de mefme 2.1.

A*ldogny*, porte de gueules à trois fleurs de lys d'argent.

F

A

Prouence. Alemagne, porte de Gueules au chasteau d'or.

Alegre-Puisagut, porte de Gueules à la tour carrée d'argent costoyée de six fleurs de lys d'or.

Alegre Doisery, porte de Gueules à la tour d'argent crenelée de trois pieces.

Alegrin-Caluy, party de Gueules d'argent à la croix encrée, partie de l'vne en l'autre. *Alegre* porte de mesme.

Alleman *Mirabel*, porte de Gueules au demy vol d'argent.

Alleman *Pasquier*, porte de Gueules semé de fleurs de lys d'or, à la bande d'argent, bronchante sur le tout.

Prouence, Allemanon, porte d'argent à trois pals de Gueules à la bande d'azur bronchante sur le tout, chargée de trois besans d'or.

Normandie. Alençon, porte de France a la bordure de Gueules, chargée de huict besans d'argent.

Prouence. Alest, porte d'azur au vol estendu d'or.

Auuergne. Alexandre, porte d'argent a l'aigle a deux testes, sur chacune vne fleur de lys de Gueules.

Almeras, porte d'azur au lyon d'or au chef de mesme chargé de trois palmes de sinople peris en bandes.

Aloigny, porte de Gueules a trois fleurs de lys d'argent mise en sautoir.

Vermandois. Aloy, porte d'argent a la bande fuselée de sable.

Aluin Chombert, porte d'or au lyon coupé de Gueules & de sinople.

Alsace, porte de Gueules a la bande d'or, accompagnée de six couronnes de mesme mise en orle.

Armandardiere, porte facé d'or & de Gueulés de six pieces.

Saint Amadour, porte de Gueules a trois testes de loup d'argent lamp. d'or.

Amant Mirabel, porte de Gueules au demy vol d'argent.

Amariton, porte de Gueules au lyon d'or, au chef cousu d'argent, chargé de trois estoilles d'or.

Amantal, porte d'argent a six fleurs de lys de sable.

Amaunais, porte d'argent au perroquet au naturel mambré & becqué d'or.

Amause, porte de Gueules a trois coquilles oreillée d'or.

Ambes, porte de Gueules a trois chevrons d'or.

Amblot, porte de sable a la bande d'or, accompagnée d'vne molette de mesme.

Amblecourt, porte d'azur a trois iumelles d'argent.

Ambly, porte d'argent a trois lyons de sable armes lamp. de Gueules.

Dauphiné. Ambrun, porte de Gueules a la croix d'argent.

Poictou. Ambussun, porte d'or a la croix encrée de Gueules.

Amfrinuille Porrier, porte d'azur au chevron d'or, accompagné de deux estoilles d'or en chef, & d'vn croissant d'argent en pointe.

Amboise, porte pallé d'or & de Gueules de six pieces.

Amboise Ville, porte d'or a deux pals de Gueules au chef d'azur, chargé de trois fleurs de lys d'or.

Paris. Amelot, porte d'azur a trois cœurs d'or surmontez d'vn Soleil de mesme en chef.

Amerancourlanoy, porte eschequé d'or & d'azur.

Picardie. Ameraal, porte d'or a trois tourteaux de Gueules.

Bourgongne.
Picardie. Amiart, porte d'azur a la face d'or, accompagnée de trois coquilles d'argent.

Amiens, porte de Gueules a la lizier de pourpre, au chef cousu d'azur, chargée de trois fleurs de lys d'or.

Amiens, porte de Gueules a trois chevrons de vair.

Picardie. Amilly, porte d'argent a l'aigle esployé de sable.

Amiot, porte d'argent au chevron d'azur, chargé en pointe d'vne estoille d'or, accompagnée de trois treffles d'azur. 2. 1.

Amoncouet, porte de Gueules au sautoir d'or.

Amorandaye, porte de sable a trois fleurs de lys d'argent.

A

Amtigny, porte d'or au lyon naiſſant de ſable.

Amſtel, porte d'or au ſautoir eſchequé de Gueules & d'argent de deux traits.

Anaſt, porte d'or à la croix engreſlée de ſable cantonnée de 4. eſtoilles de meſme. *Bretagne.*

Anaſune, de Gueules au dragon aiſlé d'or ayant face humaine, tenant de ſa patte *Prouence.*
droitte ſa longue barbe, qui ſe termine en teſtes de ſerpenteaux.

Ancenis, porte de Gueules a trois quintefuilles d'hermines.

Ancienuille de Villiers aux Corneilles, porte de Gueules a trois maillets de meſme, *Bretagne.*
chargez d'vne fleur de lys d'or. *Brie.*

Ancellon, porte de Gueules ſemé de fleurs de lys au franc canton.

Anchre, porte d'or au chevron d'azur, accompagné en pointe d'vn anchre de ſable
au chef d'azur, chargé de trois merlettes d'or.

Anchremer, porte d'argent fretté de Gueules. *Bretagne.*

Ancy, porte cotticé d'argent & d'azur de dix pieces.

Ancy, porte d'argent a trois lozanges de Gueules.

Andlot, porte eſchequé d'argent & d'azur au lyon de Gueules bronchante ſur le *Bretagne.*
tout.

Andelot, porte de Gueules a cinq fleurs de lys d'or.

Andefort, porte d'argent a trois molettes de ſable 2. 1. eſcartelé d'hermines a *Champagne.*
trois tourteaux de ſable. *Bourgongne.*

Andely, porte d'azur au chevron d'or, accompagné en chef de deux palmes &
d'vne montagne en pointe, le tout d'or.

Andran de Lorgeron, porte d'aſur a trois eſtoilles d'argent, eſcartelées de gueules
a quatre faces endentée d'argent a la bande ſemée de France.

Andreſel, porte d'or au lyon de Gueules.

Andreſel, porte de ſable a trois chevrons briſez a la pointe d'or.

Andreſel, porte d'or au lyon de Gueules, au baſton d'hermines pery en bande.

Androuët, porte d'or a tsois faces de ſable a la bande de Gueules bronchante ſur
tout.

Saint André, porte d'argent a l'aigle de ſable couronnée d'or.

Anduſe Viuareſt, porte de Gueules a trois eſtoilles d'or.

Anebout, porte d'azur à trois fermails diaprez d'or.

Anebont, porte de Gueules a la croix de vair.

Ancual, porte pallé d'or & d'azur de ſix pieces au chef de Gueules, chargé de
trois molettes d'argent.

Anceau, porte d'or au dragon ou baſilic aiſlé & couronné de ſinople

Angeloch, porte fretté d'or & de Gueules à la face d'or ſur le tout.

Angennes, porte de ſable au ſautoir d'argent.

Angennes, porte eſcartelé en ſautoir d'or & d'azur.

Angenout, porte d'azur à deux eſpées d'argent, garnies de meſme, poſée en
ſautoir.

Anger, porte de vair à trois croiſſants de Gueules. *Bretagne.*

Angeruille, porte d'or à trois annelets de ſable.

Angeruille, porte d'or au leopart de ſable, mouuant du premier canton en chef
& en pointe de deux quinte-fueilles de meſmes.

Angeruille-Martel, porte de Gueules à trois marteaux d'argent.

Angeruille, porte de ſinople à trois faces ondées d'azur. *Breſſe.*

Angers, porte de Gueules a deux clefs d'argent miſe en pal au chef de France.

Angeſt, porte d'or à la croix de Gueules, chargée de cinq coquilles d'or.

Angle, porte d'or au lyon d'azur ſemé de billettes de meſme.

Anglerie, porte d'argent à la roſe de Gueules.

Anglure la Herce, porte de Gueules ſemé de croiſſants d'or, ſupportans chacun
vn grillet de meſme.

Anſi, porte Gironné d'argent & de Gueules.

Angouleſme Ancien, porte lozangé d'or & de Gueules.

Angouleſme Ville, porte d'azur à la tour crenelée & couuerte, accompagnée de

A

deux tours d'argent maſſonnée de ſable, ſommée d'vne fleur de lys couronnée d'or.

Angoulesme Valois, porte de France à la trauerſe d'or pery en bande.

Angoulesme, porte de France briſé d'vn lambel d'argent de trois pendans, chargez chacun d'vn croiſſant montant de Gueules.

Bretagne.   *Angouleuant*, porte de ſinople à la face d'hermines.

Angoutesang, porte d'or à la croix encrée de Gueules.

Vermandois.   *Angu*, porte d'or au ſautoir de Gueules, chargé de cinq beſans d'or.

Anjou Ancien, porte d'or a l'aigle de ſinople, ou ſelon aucuns de ſinople à l'aigle d'or ; autres diſent de Gueules aux rais d'eſcarboucle, pometée & fleurettée d'or à la bordure de France.

Autre Anjou, porte ſemé de France a la bordure de Gueules.

Anjou Moderne, porte d'azur a trois fleurs de lys d'or a la bordure de Gueules.

Anjou du Maine, porte de France au lambel de Gueules de cinq pendans mouuans du chef.

Anjou, Sicille ou Naples, porte de France au lambel de Gueules de trois pendans.

Anjorand de Ratigny, porte d'azur a trois fleurs de lys de Iardin boutonnées & fueillées de ſinople, vne en chef & deux en pointe.

Anjou Meſlier, porte d'azur a la fleur de lys d'or, a la bordure de Gueules, briſée au canton droict d'vn lyon d'argent a la barre de meſme.

Ancual la Heuſe, porte d'or a trois houſeaux ou bottes de ſable.

Anonay, porte eſcartelé d'argent & de Gueules.

Anoy, porte cotticé de dix pieces d'argent & d'azur.

Anſeruille, porte d'argent au lyon de Gueules.

Auuergne.   *Anſi*, porte eſcartelé au premier & 4. d'or au dauphin d'aſur, le deux & trois d'aſur a la bande d'argent.

Prouence.   *Anſons*, porte de Gueules au lyon d'or.

Vermandois.   *Antonaiſe*, porte vairré d'or & de Gueules.

Antigny, porte d'or au lyon naiſſant de ſable.

Bourgongne.   *Anthoing*, porte d'aſur a ſept beſans d'or au chef de meſme.

Anthoing, porte d'argent au chevron de Gueules, accompagné en pointe de deux coquilles de ſable.

Prouence.   *Antin*, porte de ſinople a la face d'hermines.

Anton, porte de Gueules a l'aigle d'or couronnée & m. d'argent.

Prouence.   *antonille*, porte d'aſur a cinq eſtoilles d'or poſée en ſautoir.

antrain, porte d'or a trois tourteaux de Gueules, ſenextrée d'vne clef de meſme mis en pal.

antrehan, porte de Gueules a la face eſchiquetée d'argent & d'aſur.

antragues Balſac, porte d'aſur a trois ſautoirs aliſez d'argent, 2. 1. au chef d'or chargé de trois ſautoirs d'aſur.

Apauſt, porte d'azur à la gerbe d'auoine d'or, liée de meſme.

Languedoc.   *apcher*, porte d'or a la tour ouuerte, crenelée de trois pieces & demie, donjonnée & grillée a la coulice leuée de ſable, à deux haches d'armes de meſme, ſur les deux cerneaux.

apchou, porte d'or ſemé de trois fleurs de lys d'azur.

Bretagne.   *apigré*, porte d'argent, ſemé de fleurs d'ancolie d'azur.

apermont, porte de Gueules à la croix d'argent.

apliincourt, porte d'azur à la croix d'argent, chargée de cinq eſcuſſons de Gueules.

aps, porte d'or à trois chevrons de ſable au chef d'azur, chargé d'vn lyon naiſſant d'argent couronné d'or.

apel-roiſia ou Tiercelin, porte d'argent à deux tierces d'azur paſſée en ſautoir, accompagnée de quatre merlettes de ſable.

Poictou.   *apremont*, porte de Gueules au lyon d'or couronné d'azur.

aqueum, porte de Gueules à trois chevrons d'or, accompagnez de trois beſans de meſme au chef d'or.

aquitaine

A

Aquitaine, porte d'or au leopard de Gueules.

Aquitaine ancien, portoit fuzelé d'or & d'azur.

Arablay, porte de Gueules à deux faces d'or.

Artois. Arras, porte femé de France au lambel de quatre pieces de Gueules, chargée de douze chafteaux d'or.

Arras, porte d'argent au lyon de fable.

Arradon, porte de fable à fept macles d'argent.

Arbaleftre, porte d'azur à trois arbaleftres d'or.

Bourgongne. Arbaleftre, porte d'or au fautoir engreflé de fable, chargé en cœur d'vn croiffant d'argent, cantonné de quatre arbaleftres de Gueules.

Prouence. Arbaut, porte d'or au griffon de fable, la patte droitte d'aigle, la iambe fenextre de lyon, veftuë ou efcorchée.

Bourgongne. Arbelot, porte d'azur à quatre arcs d'or cordez de fable, furmontez de quatre eftoilles d'or.

Breffe. Arbie, porte d'argent à la bande d'azur, chargée de trois teftes de cerf d'or.

Arbois, porte de fable au cor d'argent lié en fautoir de mefme.

Arcé, porte efcartelé au premier & quatre d'azur, au franc canton d'or, à la bande d'or fur le tout, au fecond de Bourbon, au trois de Ferrieres.

Arcez, porte d'azur au franc canton d'or.

Bourbonnois. Archambault, porte d'or au lyon de Gueules à huict coquilles d'azur, mifes en orle.

Barrois. Arc, porte d'afur a vne couronue Royalle d'or, fouftenuë d'vne efpée d'argent croifée & pometée d'or en pal, coftoyée de deux fleurs de lys d'or.

Arcac, porte d'argent à trois bandes de Gueules, au chef d'or, chargé de fable.

Arc, porte d'azur à vn arc d'or, chargé de trois flefches, vne encochée d'argent, empennée d'or, les deux autres en fautoir empennée d'argent.

Archeres, porte d'or à deux pattes de griffon d'or.

Perigord. Archac, porte de Gueules à deux pals de vair au chef d'or.

Arché, porte chevron de Galot d'or & de Gueules de fix pieces.

Ardieres Combault, porte d'argent à la levrette paffante de fable.

Champagne. Arcie, porte d'azur à fix befans d'argent, au chef d'or à la bordure de Gueules.

Sauoye. Arcie, porte d'argent à trois quintes-fueilles de Gueules, accompagnées de fix croix fleuronnées de mefme.

Arcona, porte d'azur à cinq points equipolez d'or.

Arcolie, porte d'azur à l'efpée d'argent mife en pal la garde en bas d'or.

Arcu, porte d'argent à trois arcs de fable mis en pal 2. 1.

Prouence. Arcuffe de l'Efparon, porte d'or à la face d'afur, accompag. de trois arcs de Gueules.

Bretagne. Ardani, porte efcartelé d'argent & d'azur, pour deuife, *l'Honneur y Gift.*

Ardenne, porte efcartelé de Gueules & d'afur à vne croix pomettée d'or.

Orleans. Ardier, porte d'afur au chevron d'argent, accompagné de trois flames d'or.

Bretagne. Arel, porte efcartelé d'argent & d'afur comme Ardani.

Prouence. Arennes, porte d'afur à deux mains fe tenans, en bande d'argent, aux bras veftus & ornez de pourpre.

Argençon, porte d'argent à la face de fable.

Auuergne. Argenville, porte d'or à trois annelets d'afur.

Argence, porte d'afur à trois fermails grenetez d'or.

Berry. Argenton, d'or à l'orle de tourteaux de Gueules à l'efcu de France en abyfme.

Guyenne. Argenton, porte d'or à trois tourteaux de Gueules.

Poictou. Agenton, porte d'argent à trois tourteaux de Gueules, accompagnez de cinq croix d'azur pofez en fautoir.

Bretagne. Argentré, porte d'argent à la croix pattée d'afur.

Picardie. Argies, porte d'or à huict merlettes de fable en orle.

Argicourt, porte d'or a trois faces de fable.

Argiliers du Fay, porte d'or a la face de Gueules, accompagnée de trois treffles de mefme.

G

A

Champagne.   Argiliers, porte d'or au lyon de fable l'efcu femé de billettes de mefme.

Argilemont, porte d'argent a trois pals de fable & trois merlettes de mefme.

Argouges, porte efcartelé d'or & d'azur, à trois quintesfueilles de Gueules.

Normandie.   Argoyers de Raviez, porte efcartelé d'or & d'azur a 3. quintes-fueilles de Gueules.

Bretagne.   Argonnel, porte d'or à deux faces de fable.

Argonnel, porte d'afur à trois guenons d'argent à la bordure de Gueules.

Arguyen Malagny, porre d'afur à trois moutons d'or.

Prouence.   Arcufic, porte d'or à la face d'azur, accompaguée de trois arcs de Gueules.

Prouence.   Arles Ville, porte d'azur au lion leopardé d'or affis, la patte droitte leuée, la queuë entre fes iambes pour deuife, *Alma Leonis vri Arelatenfis Hoftibus eft nifi.*

Arlatam, porte de Gueules à cinq lozinges d'argent mis en fautoir.

Breffe.   Arley, porte de Gueules à la bande d'or, chargée d'vne molette de fable.

Auuergne.   Armand, porte d'argent au chevron d'azur, accompagné de trois rofes de mefme.

Guyenne.   Armagnac, porte efcartelé au premier & quatre d'or, au lyon de Gueules, au 2. & 3. de Gueules au leopard lyonné d'or.

Armel, porte d'azur au chevron d'or, accompagné de deux eftoilles en face, & d'vne tour en pointe de mefme.

Armandie, porte d'azur à vn homme armé d'argent, l'efpée nuë au poing la lame d'argent, la garde d'or, la vifiere leuée, le vifage d'incarnation.

Bretagne   Armoriq, porte d'azur à fept fleurs de lys d'argent.

Lorraine.   Armoife, porte gironné de douze pieces d'or & d'azur.

Arnault, porte d'azur au chevron d'or, accompagné en pointe d'vn demy vol de mefme en chef de trois rofes.

Arnault d'Andilly, porte d'afur au chevron d'or, accompagné en chef de deux palmes panchées d'or & en pointe d'vne montagne d'azur ombrée d'arbres de fin.

Arpaiou, porte de Gueules à la harpe d'or.

Arponti, porte d'or a l'efcu en abyfme de Gueules acc. de cinq coquilles de fable.

Champagne.   Arpillieres, porte d'or à la croix de Gueules.

Armuet, porte d'afur a trois cafques d'argent 2. 1.

Bourgongne.   Arpin le Duc, porte de fable a la croix d'or encrée d'argent.

Dauphiné.   Arpinal, porte d'afur au chef d'or chargé de trois fleurs de lys de Gueules.

Bourgongne.   Arqueux, porte d'afur au lyon d'or couronné, lampaffé de mefme.

Prouence,   Ars, porte de Gueules fretté de lances rompuës d'or, femez d'efcuffons d'argent fur le tout d'afur a la fleur de lys d'or.

Olleron.   Artigoife, porte d'afur a vne anille d'argent.

arton Varenne, porte d'or au fautoir de fable, chargé de cinq fleurs de lys d'or.

artois, porte femé de France au lambel de quatre pieces d'argent chaftelé de douze chafteaux de Gueules.

arton, porte d'or au fautoir de fable, chargé de cinq fleurs de lys d'or.

aru, porte efcartelé d'azur au franc quartier d'or à la bande de mefme, bronchante fur le tout, au fecond de Bourbon, au trois de France, au quatre de Maugiron.

arnife, porte de Gueules au chevron d'or, accompagné en chef de deux larmes d'argent, & en pointe d'vne eftoille d'or.

arzé Vilarius, porte d'or à cinq fleurs de lys d'azur en fautoir.

effelin, porte d'azur à cinq croix pattée d'or.

Prouence.   asfrietz, porte de Gueules au griffon d'or à la bande d'azur, charée de quatre eftoilles d'argent, bronchant fur le tout.

afnieres Loriel, d'azur à vne tour garnie d'vn pan de mur d'argent, maçonné de fable

afnieres, porte d'hermine à la face danchée de Gueules.

Breffe.   afart, porte d'or au lyon de finople ar. lamp. de Gueules.

Maine.   affé, party ou emmanché d'argent & de fable.

Bretagne.   affigny, porte femé d'hermines, au chef de Gueules.

affé, porte d'azur au chevron d'or, accompagné de trois maffacres de cerf pofez de front, branchée de mefme.

A

Lorraine. Aspremont, porte de Gueules à la croix d'argent.

aspremont, porte de sable au chef d'argent, chargé de trois merlettes du champ.

aspremont, porte d'azur au lyon d'or couronné de sinople.

Guyenne. astarac, porte escartelé d'or & de Gueules.

asten, porte de Gueules à trois chevrons d'azur, engreslez d'argent.

asteral, porte d'azur a cinq besans d'or en sautoir.

Prouence. asteuant, porte de Gueules à l'aigle d'or.

aston, porte d'argent de sable enté en pointe d'argent.

Vermandois. athie, porte d'or à trois faces de sable.

atichy, porte d'or au lyon de sable, accompagné de 3. croissans montans de mesme.

Bretagne. auaugour, porte d'argent au chef de Gueules.

auaux, porte d'or au croissant de sable.

Bourgongne. aualon, porte d'azur à la tour crenelée d'argent.

Dauphiné. auanson, porte de Gueules à trois iumelles d'argent.

auberuilliers, porte d'azur à deux leopards d'or, ou de Gueules au loup d'or.

Anjou. aubernes, porte de Gueules à trois fleurs de lys d'argent.

aubery, porte d'azur au chevron d'or, accompagné de trois testes de dauphins d'argent à la bordure de Gueules.

aubes, porte d'or à l'ours rampant de sable.

Bourgongne. aubes Roque-martin, de mesme.

aubert, porte d'or à trois testes de levrier de sable.

Perigord. aubeterre, porte party, le premier d'argent à la face de sable, accompagnée de trois molettes de mesme, le second coupé en chef de Gueules à trois lyons passans d'or & en pointe de Gueules à neuf macles d'or.

aubeterre, porte beffroy d'or & d'azur.

aubespine Chasteauneuf, porte d'azur au sautoir alisé ou coupé d'or, accompagné de quatre billettes de mesme, & d'vne rose en pointe.

Paris. aubeterre, porte d'azur à trois faces d'or, accompagnée de trois estoilles de mesme.

Bourbonnois. aubery, porte d'azur au chevron d'or, accompagné de trois testes de dauphins d'argent, allumées de Gueules.

auberuille de Cantelou, porte d'azur à deux leopards d'or.

Bourgongne. aubigny, porte d'or à la bande de Gueules, chargée de trois lyonceaux d'argent.

Picardie. aubigny, porte d'argent à la face de Gueules, chargée de trois tours d'or.

Poiictou. aubigny, porte de Gueules à 3. chasteaux fendus d'or, sommez de 3. tours de mesme.

aubigny, porte de Gueules au lyon d'hermines.

Bretagne. aubigny, porte de Gueules a la face fuselée d'argent.

aubigné, porte de Gueules à quatre forces d'argent mises en pal.

aubin, porte d'asur à la Salemandre d'or, vomissant des flames de mesme, au chef d'argent, chargé de trois treffles de sinople.

aubijoux, porte palé d'or & de Gueules de six pieces.

aubin d'aubigné, porte d'argent à 4. fusée mises en pal, à six tourteaux de mesme.

Anjou. aubin Malicorne, porte de sable à trois poissons d'argent en face.

aubourg Porcheux, porte d'azur à trois faces d'or.

aubourg, porte d'azur à la face d'or.

aubray, d'argent au croissant de Gueules, accompagné de trois treffles de sable.

aubry, porte d'or à cinq faces de Gueules.

aubri, porte burellé de dix pieces d'or & de Gueules.

Prouence. aubrise, porte de gueules à la face d'or, chargée de trois chevrons couchez d'or.

aucé, porte d'argent, au chef emmanché de gueules.

Bretagne. auchat, porte de sable au chat effrayé d'argent.

auchers, porte d'or au chevron d'azur, accompagné en pointe d'vne estoille de sable au chef d'azur, chargé de trois mollettes d'or.

auchy, porte d'azur semé de billettes d'or au lyon de mesme.

aucy, porte d'argent à trois lozanges de gueules.

Lyonnois. audeberg, porte d'or à la face de gueules.

A

Audinville, porte d'argent a la croix de Gueules frettée d'or.

Audelay, porte d'hermine au chevron de gueules.

audran de Langeron, porte de gueules à trois estoilles d'argent, escartelé de gueules à quatre faces endentée d'argent à la bande d'asur semée de France, bronchant sur le tout.

auelines, porte d'azur au chevron d'or, accompagné de deux estoilles de mesme en chef & en pointe à vne quinte fueille d'or.

Auefnes, porte bande de gueules & d'or de six pieces.

Aueroust, porte d'or a trois faces de sable au franc canton d'hermines.

Auerton, porte de gueules à trois iumelles d'argent.

Maine. Auerton, porte d'argent a six faces de Gueules, au chef de mesme.

Auenson, escartelé de Gueules a trois iumelles d'argent, au deux & 3. d'asur, a la croix d'or, au 4. d'argent au lyon de gueules.

Auger Lanoy, porte d'or a la bande de sable chargée de trois lyonceaux d'argent.

Bourgongne. Augne, porte d'argent a trois faces de Gueules, accompagnées en chef de trois merlettes de sable.

Bourgongne. Auges les Prenaust, porte d'argent au sautoir dantelé de Gueules, accompagné de quatre testes de mort de sable, le sautoir chargé d'vn autre sautoir d'or.

Auuergne, porte d'or au Dauphin pasmé a Gueules ouuertes d'asur.

Contat. Avignon, porte de Gueules a trois clefs d'or posées de face, deuise a bec & griffe.

Prouence. Avilla, porte d'asur a trois besans d'or.

Bourgongne. Aumalle, porte escartelé de Lorraine & de Bourbon a la barre de Gueules.

Normandie. Aumalle, porte de Gueules a deux faces d'or.

Aumont Villequier, porte d'argent au chevron de Gueules, accompagné de sept merlettes de mesme, quatre en chef, trois en pointe.

Aumont Louuet Pietate, porte de Gueules au sautoir d'or.

Picardie. Aumont. porte d'or au croissant de Gueules a lorle de merlettes de mesme.

Picardie. Aunay, porte d'or a trois tourteaux de Gueules.

Auneuf, porte d'argent a vne face de Gueules, accompagnée de trois aiglettes de mesme.

Champagne. Aunieres, porte d'asur semé de billettes d'argent.

Champagne. Aunoy, porte d'or au chef de Gueules, chargé au franc canton d'vne molette de sable.

Aunon, porte d'argent à vne face de Gueules, accompagnée de trois aigles de mesme becquez d'asur 2. 1.

Bretagne. Auray, porte lozangé d'or & d'azur.

Prouence. Aurange, porte d'argent au cornet d'azur, lié & virolé de Gueules.

Bourgongne. Aureillac, porte d'argent à deux bandes d'asur.

Auuergne. Aurillac Ville, porte de Gueules à 3. coquilles d'or, au chef cousu d'azur, chargé trois fleurs de lys.

Auny d'Auchy, porte d'azur au lyon d'or à la bande de Gueules, chargée de trois croissans d'or.

Normandie. Auricier, porte d'or à deux quintes-fueilles de sable, au lyon de mesme.

Aurigny, porte d'argent à trois tourteaux de Gueules.

Aulseville, porte d'argent au lyon de Gueules.

Ausigny, porte de sable à deux bas adossez d'or, semées de croisettes recroisettez de mesme.

Austrasie ancien, porte de Gueules à trois aigles d'or.

Austrasie moderne, porte bandé d'or & d'asur de six pieces.

Prouence. Austeraye, porte de Gueules a cinq espreuiers auec leurs longs & grillez d'or.

Autel, porte de Gueules à la face d'or, accomp. de six coquilles de mesme 3. 3.

Bourgongne. Autreberg, porte de Gueules a l'aigle d'argent.

Bretagne. Autret de Miselieu, porte d'argent a quatre ondes d'azur.

Champagne. Autremont, porte d'or au lyon de sable, au lambel de trois pieces de Gueules.

Dauphiné. Autreville, porte d'argent a l'aigle de sable mambré & becqué de Gueules.

Autun,

A

Autun, porte de Gueules à la croix dantelée d'or.
Bourgongne. *Autun*, porte de Gueules au lyon d'azur, chargé de trois bandes d'or.
Avoir, porte d'argent au lyon d'azur au lambel de mesme.
Autruy, porte d'argent à trois lozanges de Gueules mises en bandes.
Auuergne ancien, porte d'or au griffon de Gueules & de sinop.
Auuergne Moderne, porte d'or au gonfanon ou baniere de Gueules, frangée de sinople.
Auuery, porte d'or au Dauphin pasmé, la Gueule ouuertes d'azur.
Auesnes, porte d'azur à trois faces de Gueules, accompagnée de trois mollettes de mesme en chef.
Auuory, porte chevronné d'argent & de sable de six pieces.
Auueu, porte anté en pointe de Gueules & d'argent.
Avully, porte d'argent à l'aigle esployé de sable.
Auuer, porte d'argent à la face muraillée d'argent de quatre traits crenelez de mesme.
Auxerre, porte d'azur semé de billettes, au lyon de mesme sur le tout.
Auxerre, porte de Gueules à la bande d'or.
Normandie. *Aux Espaules*, porte de Gueules à la fleur de lys d'or.
Auxi, porte eschequé d'or & d'zur.
Ayen Noaillé, porte de Gueules à la bande d'or.
Aygremont, porte d'azur à la croix d'or, accompagnée de vingt billettes de mesmes.
Aymart, porte de Gueules à la colombe esforée, tenant en son bec vn rameau d'or, au chef cousu d'azur, chargé de trois estoilles d'or.
Nauarre. *Aymerac*, porte d'argent au chevron de sable.
Bourgongne. *Aymon*, porte d'azur au besant d'or posé en abysme.
Bourgongne. *Aynay le Chastel*, porte d'argent à trois Y Grecs de sable.
Ayrolles, porte d'azur à deux chevrons d'or.
Aysay, porte burellé d'or & de Gueules de dix pieces.
Ayxant, porte d'azur à la bande d'or, accompagnée de trois estoilles de mesme.
Azincourt, porte d'or à l'aigle esployée de sable.

B

Niuernois. **B** *ABVTE Fontenay*, porte d'argent à trois fleurs de pensées d'azur escartclé & pallé de 6. pieces d'argent & d'azur, au chevron de Gueules bronchant sur le tout, qui est de Fontenay.
Bache, porte de Gueules au triangle d'or au chef d'azur, chargé de trois estoilles d'or.
Picardie. *Bachinville Gondechat*, porte d'argent à l'orle de huict merlettes de Gueules.
Bacholeth, porte d'or au chef eschequé d'or & d'azur de trois traits.
Baignaux, porte d'azur au chevron d'or, accompagné de trois fueilles de grosellier d'argent.
Bacon, porte de Gueules a cinq fleurs d'aubespines d'argent, le cœur de Gueules posées en sautoir.
Bacon, porte de Gueules à six roses d'argent, au baston d'azur sur le tout.
Baconel, porte d'or à trois fleurs d'ancolis d'azur.
Normandie. *Bacqueliere*, porte d'or à la face d'azur, accomp. de deux roses de Gueules 2. 1.
Neuchastel. *Bacqueville*, porte d'or à trois marteaux de Gueules.
Touraine. *Bade*, porte de Gueules à la bande fleuronnée d'argent.
Bacher, porte de sinople à la bande d'or accostée de merlettes de mesme.
Badran, porte d'azur au chevron d'argent à deux perdrix d'or, affrontée en chef, & vne estoille de mesme en pointe.
Baden, porte eschequé d'argent & de sable de quatre traits.
Baden, porte d'argent au pal de sable, au chef de Gueules.

H

B

Alface.   *Badenvilliers*, porte de Gueules au pal d'or chevronné de 3. chevrons de fable.

Badeville, porte de Gueules à la licorne rampante d'argent.

Baffers, porte de Gueules à l'aigle d'argent mambré, becqué d'or.

Anjou.   *Baffer*, porte d'hermines à la face de Gueules.

Bagie de Berins, porte d'argent à la face crenelée par embas de 3. pieces d'azur, au chef de Gueules, chargé de trois eftoilles d'or.

Auuergne.   *Bahus*, porte de Gueules à trois fceptres d'or mis en pal à l'orle de fept efcuffons chargez de quatre pals vairez d'argent & de Gueules.

Auuergne.   *Bahas de S. Agnet*, porte efcartelé au premier d'azur, à l'agneau d'argent, attaché à vn pillier de mefme, & deux fleurs de lys d'or en chef, au fecond d'or a quatre pals de Gueules, au trois d'or au lyon de Gueules, furmonté en chef d'vne croix alifée de mefme, au quatre d'argent à l'arbre de finople, la racine chargée d'vn tourteau de fable fur le tout de Bahus, cy.deuant.

Bailleul, porte d'hermines party de Gueules.

Baillant, porte de Gueules party d'hermines.

Bailleul, porte de Gueules au fer de moulin acroifetté d'argent.

Bourgougne.   *Bailleul*, porte d'azur à la face d'or, accompagnée de trois eftoilles de mefme.

Paris.   *Bailleul*, porte d'argent fretté d'or.

Bourgougne.   *Bailleul Vimeu*, porte d'hermines à fix efcuffons de Gueules.

Bourgougne.   *Bailleul*, porte d'or à deux faces de Gueules.

Prefident.   *Bailleul*, porte de Gueules party d'azur.

Paris.   *Bailleul Deulier*, porte de Gueules au fautoir de vair.

Baillets, porte d'argent à la cottice de pourpre.

Baillet, porte d'argent à la face breteffée & contrebreteffée d'or, efcart. de gueules à trois molettes d'argent.

Baillul Doulioux, porte de Gueules au fautoir de finople bordé d'argent.

Bailler, d'argent à la branche de hou de cinq fueilles de finople.

Baillonne, porte de fable à la face d'or.

Bourgougne.   *Baillon*, porte d'argent à cinq bandes de Gueules.

Baillon, porte de Gueules au muffle de leopard d'or.

Baillon, porte d'or à trois teftes de fanglier de fable.

Baillon de Saillant, porte d'azur au lyon paffant d'or, vne patte pofée fur vne fouche de mefme, accompagnée en chef de trois fleurs de lys d'or.

Baillon de Forges, de Gueules au muffle de leopard d'or, bouclé d'vn anneau de mefme.

Baillet de Trefme, porte d'azur à la bande d'or, accompagnée de deux dragons de mefme.

Bailli, porte d'argent à vne quinte fueille de fable.

Bailli, porte d'azur à la face d'argent, accompagneé de trois eftoilles d'or en chef & d'vn croiffant en pointe.

Dauphiné.   *Bailly*, porte d'azur au chevron d'hermines, accompagné de trois eftoilles d'or, deux en chef & vne en pointe, au chef d'hermines.

Baiolet Martel, porte d'argent au chevron d'azur, accompagné de trois canettes de fable.

Baionne, porte d'argent à la bande de Gueules, chargée de trois alerions d'or au lambel de cinq pendans d'azur.

Bainville, porte d'argent à trois iumelles de fable.

Baiant Mareul, porte d'argent au chevron d'azur, accompagné de trois cannettes de fable mambrées & becquées de Gueules.

Baiorand, porte d'azur à la croix encrée d'or à bordure de mefme.

Baia, porte d'or à trois ondes de fable.

Bail, porte d'or à la face de Gueules, chargée de trois befans d'argent.

Baiffeul, porte party de Gueules & d'hermines.

Prouence.   *Baefac*, porte de Gueules à la coulonne d'or, couronnée de mefme, entourée d'vne vigne de finople.

B

Balan, porte d'azur au balancier d'or à vne estrille mise en chef, accostée de deux estoilles aussi d'or, à vn croissant d'argent en pointe.

Prouence. Balarius, porte d'or à l'aigle de sable.

Balarius Polenay, porte d'azur au cheuron d'or au chef de mesme.

Balaion Polona, porte d'hermines a la bande de Gueules.

Balagny Monluc, porte d'or à trois aigles d'azur, membrez & becquez de Gueules qui est de Cambray.

Bretagne.
Bresse. Baluë, porte d'argent a trois pots de sable.

Balone, porte de Gueules à la bande d'argent bordée d'vn fillet d'or, accompagnée de six besans en orle de mesme.

Bresse. Balmey, porte d'hermines au canton senextré d'argent, chargé d'vn aigle a deux testes de sable.

Prouence. Balme du Goust, porte d'azur au cheuron d'or, au chef de mesme chargé de trois sautoirs d'azur.

Prouence. Balme Aspremont, porte de Gueules a la croix d'or.

Prouence. Balme la Motalin, porte pallé d'or & de Gueules de six pieces, a la bande de sable sur le tout.

Balsac Entragues, porte d'azur a trois sautoirs d'argent, au chef d'or, chargé de trois vautours d'azur.

Bancquelot, porte de Gueules d'argent a la croix de Gueules.

Normandie. Banes de Cabiac, porte d'azur au demy vol de cerf, arraché d'or, cheuillé de six cornichons dressez en pal, party de gueules, a la tour donjonnée d'argent.

Banville, porte de Gueules au pal d'argent, accompagné de six molettes de mesme.

Bandoches, d'argent a trois cheurons de Gueules, chargez de trois tours d'or.

Prouence. Bandes, porte d'or au mouton de sable.

Normandie. Banqueville, porte d'or a trois marteaux de Gueules.

Lorraine. Bar, porte d'azur a deux bards addossez d'or, semés en croix recroisettée au pied de mesme.

Guyenne. Baradad, porte d'azur a la face d'or, accomp. de trois roses d'argent.

Champagne. Bar, porte d'or a la bande de Gueules.

Champagne. Bar sur Seine Ville, porte de Gueules a 2. bars adossez d'argent, party de Champagne.

Prouence. Baras, porte d'or a trois faces d'azur.

Baraton, porte d'or a la face fuselée de Gueules, accompagnée de trois croix recroisettée de sable.

Barates, porte de sable a trois mains dextres d'or.

Barault, porte d'azur a la croix d'or, cantonnée de quatre Soleils de mesme.

Barbasan, porte d'azur a la croix d'or.

Prouence. Barbeau, couppé d'argent & de Gueules, le 1. chargé de trois roses mal posées de Gueules, le deuxiesme de Gueules a deux barbeaux affrontez d'or, & mis en cheuron.

Guyenne. Barbançon, d'azur a croix d'or.

Aquitaine. Barbesieux, burellé d'argent & d'azur a trois cheurons de Gueules, bronchants sur le tout.

Comté. Barbesieux, d'or a l'escu d'azur.

Bourgongne. Barbesi, d'argent a la croix de sable, chargée de cinq besans d'or.

Bacquetot la Fontaine, de Gueules a trois besans d'argent.

Barantin, d'azur a la face d'or, accompag. de trois estoilles de mesme en chef & de de six ondes en pointes.

Barat Montrauersier, d'argent a la nille de moulin de sable.

Barbesiers la Roche Chemeraut, porte escart. au premier d'argent a trois lozanges & deux d'hermines de Gueules mises en face, au second d'azur, a la croix à lisée d'argent, au trois d'hermines au chef de gueules, au 4. d'or a l'aigle esployé de sable.

B

Barby, porte escartelé au premier & 4. de Gueules a la rose d'argent, au 2. & trois d'argent a l'aigle de Gueules.

Barbier, porte d'azur au cygne d'argent.

Barbisieres, d'argent a cinq fusées de Gueules.

Barby, porte d'argent a la bande d'or bronchante sur le tout.

Barboyers, escart. au premier d'argent a cinq lozanges & 2. demie de Gueules en face, au 2. d'azur a la croix d'argent, ayant les bouts dantelez de trois pieces, & alisez, au 3. d'hermines au chef de Gueules, au 4 d'or a l'aigle esployé de sable.

Bardet, de Gueules a la croix encrée d'argent.

Bardin, porte de sinople a trois dauphins d'argent.

Trouence.   Bar, porte d'or au lyon de sable couronné, d'argent.

Barfusée, porte de pourpre a la face de sinople.

Barfusé, de Gueules a la face d'argent, chargée de trois bards de sinople.

Barre Ruffé, d'azur a la face d'or, chargée d'vne estoille de Gueules.

Barillon la Coste, porte d'argent au lyon de Gueules a la bande d'or, bronchante sur le tout.

Barillon Maurangis, d'azur au chevron d'or, accompagné de deux coquilles de mesmes en chef, & vne rose en pointe aussi de mesme.

Bariet ou Bariolet, porte d'azur au griffon d'or, tenant vn estoille de mesme en son bec.

Barieres, porte d'azur a deux bastons noüeux, mis en bonnet, accompagné de cinq estoilles mises en orle de mesme.

Bourgongne.   Bar le Duc, semé de croix recroisettée au pied fiché d'or a deux bandes adossées de mesme dantez & allumez d'argent.

Bourgongne.   Barlet, d'or au lyon de sable ar. couronné de Gueules.

Barme, d'azur au chevron d'or, chargé de trois roses de gueules.

Bar Pressaie, de Gueules a deux bards adossez semez de croix recroisettées, au pied fiché d'or a la lozange d'argent.

Barthelemy d'Oraille, de sinople a trois testes de lyon d'or ar. lamp. de Gueules.

Bartholy, porte taillé & crenelé d'or & de Gueules à 2. estoilles de l'vne en l'autre

Balthalasse, de Gueules au chef d'arg. chargé de trois roses de Gueules.

Barthelemy, d'argent au levrier couronné de sable acolé d'or, soustenu d'azur a vne teste de cerf d'or mise de front.

Baronat, porte d'or à vn guidon d'azur au chef de Gueules, chargé d'vn leopart d'argent.

Bourgongne.   Battelle la Moignon, porte d'argent a trois hermines de sable. de mesme, vne en chef, l'autre en pointe.

Bartaut, d'or a la croix de sable, chargée de cinq coquilles d'argent.

Bassine la demi Ville, porte de sable au loup d'argent.

Baslevrier, de sable au chef d'or, chargé de trois cornets de Gueules en guiches d'argent.

Bassay Longecourt, porte d'argent a trois quintes-fueilles de Gueules.

Bastide, porte d'azur à 2. chevrons d'or, accomp. d'vne rose d'arg. en pointe.

Basny, d'or a l'aigle de Gueules, brisé d'vn lambeau de trois pieces d'azur.

Prouence.   Bastoing, porte de sable fretté d'or, semé d'escussons d'argent & de meures de Gueules.

Batarnay, porte escartelé d'or & d'asur.

Bataille, porte d'asur a trois flames de Gueules, mouuantes de la pointe de l'escu.

Batelle de Tresme, porte d'asur a la bande d'or.

Bourgongne.   Bancey, porte de Gueules a la croix encrée d'or.

Bourgongne.   Bauele, d'argent a vne merlette de sable, au chef d'asur, chargé de 3. besans d'or.

Normandie.   Banquemare, porte d'asur au chevron d'or, accompagné de trois testes de leopards de mesme.

bauclerc

B

Bauclerc d'Achere, porte de Gueules au chevron d'or , accompagné en chef de
trois testes de loup, & d'vn loup entier en pointe, au chef cousu d'azur, chargé
sur le milieu d'vn croissant d'or.

baudauche, porte d'argent à trois chevrons de Gueules au chef d'azur, chargé de
trois tours d'or.

Prouence.   *baud*, porte d'or au mouton rampant de sable, brisé d'vne cottice d'argent.

baudet, porte d'or au mouton de sable.

Poicłou.   *baudimant*, porte d'argent à trois merlettes ae sable.

baudin, porte bande d'argent & de gueules.

baubigny, d'azur à trois mains droittes d'or, deux en chef & vne en pointe.

Bourgongne.   *baudinel*, d'or à la croisette de sinople, au chef d'azur, chargé de trois croissants
d'argent.

Bourgongne.   *baudinet*, porte d'azur à trois faces d'or, surmontées de trois croissans d'argent,
diuisez de gueules.

baudincourt, porte d'argent à l'aigle esployé de sable, chargé d'vn escu d'argent,
au Chappeau de Cardinal.

baudrier la Marche, porte d'argent au chef de Gueules, au chef d'or, chargé d'vne
fleur de lys d'azur.

Bourgongne.   *baudry*, porte d'or à trois mains gauches de Gueules.

bauffremont, porte vairré d'or & de Gueules.

Bresse.   *bauland*, porte d'or à la bande alisée d'azur.

Bourgongne.   *baulac*, porte d'argent à la croix pattée de sable.
Beausse.   *bauet*, porte d'azur au chevron d'or, accompagné de trois roses d'argent.

baveux, porte de Gueules au chevron d'argent.

bauge, porte de Gueules au lyon d'hermines.

baume Cornillon, porte de Gueules à la bande d'or , chargée de trois corneilles
de sable.

baume, porte d'or à la bande engreslée d'azur.

baumette, porte de Gueules à cinq espreuiers aux leurs longes & sonnettes d'or.

baux, porte de Gueules à l'estoille de seize rais d'or.

baynes, porte de sable à deux os de mort en croix.

bayles, porte d'azur à la roüe de sainte Catherine d'or.

bayerne, porte escartelé au premier & quatre vn Z posé en bande d'argent, le deux
& trois coupé d'argent & de Gueules à l'estoille de mesme de l'vn en l'autre.

bazoches, porte d'azur au lyon burellé d'argent de Gueules.

bazon, porte eschequé d'argent & de sable de quinze pieces.

bazoches, porte de sable à la croix engreslée d'or.

baurain Thibault, porte d'azur à la face d'or, chargée de trois merlettes de sable.

bartolle, porte d'or au lyon de gueules la queuë fourcheuë.

Normandie.   *basset Normanville*, porte d'or au chef emmanché de trois pieces de Gueules, au
franc canton d'hermines.

bassompierre, porte d'argent à trois chevrons de Gueules.

baugy Leduille, porte d'asur à trois thrones d'or posés en pals 2. 1. & vne molette en chef de mesme.

baville Lamoignon, porte d'argent à trois hermines de sable , escartelé d'argent
fretté de sable.

bautru, porte d'asur au chevron d'argent, accompagné de deux roses en chef, &
d'vne teste de loup, arrachée de my en partie.

baudricourt, porte d'argent à la croix de Gueules.

barme, porte d'asur au chevron d'or, chargé de trois pots de Gueules.

baronat, porte d'or au guidon d'azur au chef de Gueules, chargé d'vn leopard d'or.

bare Pierre-fort, comme Baronat.

barre, porte d'or au gros matin d'asur abayant, à trois estoilles de Gueules.

bearn, porte d'or à deux vaches passantes de Gueules, accollées & clarinées d'asur.

Maine.   *beaubigné*, porte d'asur à cinq chaudrons d'or.

beaubois, porte de Gueules au croissant d'argent, chargé de quatre faces d'azur,
escartelé d'argent a la bande de mesme.

beaubourg, porte d'asur à trois tours d'argent à la bordure de Gueules.

I

beaucamp, porte d'argent à la bande de sable frettée d'or.

beauce, porte d'argent à l aigle de sable, mambré & becqué de Gueules, brisé d'vne cotice d'or.

beaune, porte d'argent à la croix encrée de sable.

beauchamp, porte d'asur à deux iumelles d'or, au lyon passant de mesme, en chef.

beauchamp, porte d'hermines à deux faces de sinople.

beauchamp Raulin, porte de Gueules à trois clefs dor, portées en pal 2. 1.

Maine.   *beauchamp*, porté d'or à vn dard de Gueules, à l'orle de six merlettes de mesme.

beauche, porte d'or à la croix encrée de Gueules.

Prouence.   *beaudinar*, porte de Gueules au lyon d'or.

beauclerc, porte de Gueules au chevron d'or, accompagné par le haut de deux testes de loup, & d'vn loup entier en pointe d'or.

beaufort, porte d'or à la bande de Gueules, chargée de deux filets d'or.

beaufort Turenne, porte d'argent à la bande d'asur à six merlettes de Gueules mises en orle.

beaufort, porte d'asur à trois escussons d'argent.

beaufort, porte d'argent au lyon de Gueules, semé de billettes de mesme.

beaufort, porte escartelé, au premier & quatre de Gueules, semé de France, le second & troisiesme d'argent à l'aigle esployé à deux testes de sable, mambré & becqué d'or.

beaufort, porte d'or à trois faces de Gueules.

beaufou, porte d'argent au lyon de Gueules, semé de billettes d'or.

Artois,   *beaufort*, porte d'asur à trois iumelles d'or.

Bourgongne.   *beaufort*, porte de Gueules à trois escus d'hermines.

beaubourg, porte d'asur à trois tours d'argent à la bordure engreslée de mesme, escartelé d'argent à la bande de sable, chargée de trois molettes d'argent.

beaumanoir, porte d'azur à vnze billettes d'argent.

Anjou.   *beaugay*, porte de Gueules à la croix encrée d'or.

beaugis, porte de Gueules au lyon d'hermines, couronné d'or.

beaujeu, porte de sable à trois iumelles d'argent.

beaujeu Montpencier, porte d'argent au chef de Gueules, au lambel de cinq pendans d'asur.

beauxyeux, porte d'argent au chef de Gueules, au chevron ondé d'argent.

beaulieu Rusé, porte de Gueules au chevron ondé d'argent & d'azur, accompagné de trois lyons d'or.

beaucaire Puyguilhem, porte d'azur au leopard lyonné d'or.

beaumanoir de Quincy, porte de Gueules à la face d'argent, accompagnée de trois quintes fueilles de mesme.

beaumanoir Lauardin, porte d'azur à vnze 4. 3. 4. billettes d'argent.

beaune, porte de Gueules au chevron d'argent, accompagné de trois besans d'or.

beaumerly, porte de Gueules à la bande fuselée d'or.

beaumetz, porte d'or à la croix de Gueules.

beaumesnil, porte de Gueules à deux faces d'hermines.

Maine.   *beaumont Laual*, porte d'azur, semé de France au lyon d'or.

Anjou.   *beaumont*, porte de Gueules à la bande d'or.

Prouence.   *beaumont*, porte de Gueules à six lozanges d'or posées en croix.

Bretagne.   *beaumont*, porte pallé d'or & de Gueules de six pieces.

Dauphiné.   *beaumont*, porte eschequé d'argent & d'azur.

Bretagne.   *beaumont*, porte de Gueules à la face d'argent, chargée de trois fleurs de lys d'asur.

beaumont, porte d'argent, à la quinte fueille d'hermines.

beaumont, porte de Gueules à l'aigle d'or à l'orle de fers & lances de mesmes.

beaumont Meulang, porte de sable au lyon d'or.

beaumont pied de Bœuf, porte d'argent à trois pieds de bœuf de Gueules, onglez d'or.

B

Beaumont le Roger, porte de Gueules au Griffon d'or.

Beaumont Richard, porte d'argent à la face d'azur, accompagnée de quatre aigles de fable.

Beaumont le Vicomte, porte d'azur, femé de fleurs de lys d'or au lyon de mefme.

Beaumont fur Oife, porte d'azur au lyon d'or.

Beaumont, porte d'or à la fleur de fept fueilles d'argent, percée du champ,

Beaunon, porte coupé en chef de Gueules & en pointe d'or, au lyon d'argent fur le tout.

Beaune, porte de Gueules au lyon d'argent, accompagné de trois befans d'or.

Beauquerre, porte efcartelé au premier & quatre d'azur, au leopard d'or, le deux & le trois de Gueules à la croix encrée d'argent.

Beaurains, porte d'azur à l'efcu d'argent en chef à l'orle de huict coquilles de mefmes.

Beauregard Blondeau, porte d'argent à trois pommes de pin de Gueules 2. 1.

Beaufing, porte de Montmorency au franc canton d'or, chargé d'vne merlette de fable.

Beaufemblant, porte de Gueules à la bande engreflée d'argent.

Beaufol, porte de Gueules au chevron d'or, accompagné de trois teftes de leopard de mefme.

Beauuaix, porte d'argent au pal de Gueules.

Beauuau, porte d'argent à quatre lyonceaux de Gueules, à l'eftoille de huict rais d'or en abyfme.

Beauuau, porte d'azur au leopard d'or.

Beauvilain, porte pallé d'or & d'argent.

Beauvillier, porte d'argent à trois faces de finople, accompagnées de huict merlettes de Gueules.

Beauverger Mongon, porte efcartelé en fautoir, le chef & la pointe d'azur, les flancs d'hermines, à la bande d'or bronchante fur le tout.

Beauvilay, porte facé d'or & d'azur de fix pieces.

Prouence.   *Beaumen*, porte parry coupé, emmanché d'or & d'azur de l'vn en l'autre.

Beauvoir, porte d'or à deux bandes de Gueules.

Beauvoir, porte d'azur à deux loups paffans d'or.

Bourgongne.   *Becart*, porte d'or à treize billettes arondies par haut, fommées d'vne aigle efployé de fable.

Bec Crefpin, porte fufelé d'argent & de Gueules.

Bec de Villaine, porte d'argent à trois lyons de fable au franc quartier de Caftille, efcartelé de Leon.

Bechet, porte de Gueules au fautoir d'or, accompagné de trois croifettes d'azur de l'vne en l'autre en pointe, accoftées de deux eftoilles d'or.

Bedonniere, porte d'azur à fix billettes d'argent, chargée chacune d'vne autre billette d'azur.

Prouence.   *Beim*, porte de Gueules à trois annelets d'argent.

Beinac, porte de Gueules au lyon d'argent courant, en bande.

Belac, porte d'azur à la tour crenelée d'argent, baftie au milieu des ondes, & & trois fleurs de lys d'or en chef.

Belaftre, porte d'argent à quatre quintes fueilles de Gueules.

Belamprife, porte de Gueules au chef d'or, chargé de trois croix recroifettée, au pied fiché de fable.

Bellanger, porte d'argent à la bande d'azur

bellangere Tourneville, porte de Gueules à trois tourterelles d'argent, l'efcu femé de croifettes recroifettées de mefmes.

belanger, porte lozangé d'or & de Gueules, efcartelé d'azur à la bande d'argent, chargée de trois couppes de Gueules.

belay, porte party d'azur à deux clefs adoffées, paffées de l'vne en l'autre de mefme.

belay Touarcé, porte d'or à la bande fufelée d'azur, accompagnée de fix fleurs de lys mifes en orle auffi d'azur.

belay, porte d'argent au loup paffant de finople.

B

Maine.   Belay, porte de fable a trois molettes d'argent.

Belangreville, porte d'azur à la croix d'or, cantonnée de quatre merlettes d'argent.

Dauphiné.   Belle-Combe, porte d'or à la bande de fable.

Belet S. Genault, porte d'azur à deux cottices engreflées d'argent, fenextrées en chef d'vne bellette d'or, accollée de Gueules.

Beler, porte d'argent à deux faces de fable.

Belefme, porte de France fans nombre à la bordure de Gueules, chargée d'vnze befans d'argent.

Belleau, porte d'hermines à deux faces d'azur.

Bellefaye, porte efcartelé au premier & quatre d'azur, au chevron d'or, le deux & trois d'or à la face de fable.

Belle-fons, porte d'azur au chevron d'or, accompagné dè trois lozanges de Gueules.

Belle-fouriere, porte de fable femé de fleurs de lys d'or.

Bourgongne.   Belle-Combe, porte de Gueules à la face d'or, chargée de trois fleurs de lys d'azur au lyon d'argent naiffant en chef de fable.

Bourgongne.   Belle-truches, porte efcartelé au premier & quatre de Gueules, au deux & trois d'argent à deux faces d'azur.

Belle-garde, porte d'azur à la cloche d'argent bataillée de fable.

Belle-mont, porte d'azur à trois faces d'or.

Bellinghen, porte d'azur à trois faces d'or au chef d'argent, chargé de huict rofes de Gueules.

Belly, porte d'or à deux tourteaux de cardonniere de fable, eeluy du chef renuerfé.

Beliere, porte party d'argent, emmanché de fable.

Beliere, porte d'or au chef enté de fable.

Believre, porte d'azur à la face d'or, accompagnée de trois treffles de mefmes.

Picardie.   Belangrife, porte de Gueules au chef d'or, chargé de trois molettes de fable.

Bellenaue le Loup, porte efcartelé au premier & quatre d'azur, au lyon d'or, à la queuë fourchuë couronné de mefme, armé de Gueules, le deux & trois contr'efcartelé d'Anjou Sicille.

Bar Lorraine, fur le tout d'argent au filet de fable, fur le tout des grands quartiers d'afur, au loup paffant d'or.

Belueder, porte d'argent à trois pals de Gueules à la bande d'azur, bronchante fur le tout, chargée de trois befans d'or.

Languedoc.   Belleville Herpedune, porte gironné de douze pieces de vair & de Gueules.

Bellepeuche, porte efchequé de Gueules & d'argent.

Beloni, porte de Gueules au pal d'argent.

Beloni, porte d'azur au B capital d'or.

Prouence.   Beloy S. Leonard, porte d'argent a trois faces de gueules.

Bluefer, porte d'argent a trois pals de Gueules.

Bellang de Tourneville, porte de Gueules a trois tourtes d'argent, l'efcu femé de croifettes au pied fiché recroifettées.

Bellin Dauerton, porte efcartelé au premier & quatre de Gueules à trois iumelles d'argent, au fecond & trois d'azur à la croix d'or, party d'argent au lyon de Gueules.

Beloy de Candas, porte d'argent à quatre bandes de Gueules.

Benjamin, porte de fable à l'ours paffant d'argent.

Benauides, porte d'argent au lyon bandé d'or & d'azur.

Benaville, porte pallé d'argent & de Gueules de fix pieces.

Normandie.   Benneville, porte de fable au chef d'or, chargé de trois rofes de fable.

Prouence.   Beneville, porte de Gueules à trois mains fenextres à paumée d'or.

Beneuans, porte fretté d'or & de Gueules, femé d'efcuffons d'argent.

Benoift, porte d'azur au lyon d'or.

Benoifé, porte d'argent à la face d'azur, chargée d'vn cœur & d'vne fleur de lys d'or, accompagnée de trois rofes de Gueules boutonnées d'or aux quatre bouts de fucilles de finople.

Benferade, porte d'or à quatre pals de gueules.

Beofi.

B

Breſſe. Beoſt, d'or à trois croix encrée de Gueules.

Bequets, d'or au lyon de Gueules, armé de ſable, à la bordure dentelée de Gueules.

Berancourt, d'argent au lyon de ſable.

Dauphiné. Berangers, gironné d'or & de Gueules de huict pieces.

Berangers, pallé d'or & d'azur à l'eſcuſſon d'argent ſur le tout.

Beray, d'or à trois mollettes de ſable.

Berard, d'argent a la face de Gueules, chargée de trois treffles d'or.

Berbeſe, d'azur à la brebis d'argent, paiſſante ſur vne terraſſe de ſinople.

Dauphiné. Berbidorf, party de Gueules & de ſable, à deux bras ſupportans vne couronne d'or ſommée d'vne eſtoille de l'vn en l'autre d'azur.

Berbis, d'azur au chevron d'or, accompagné d'vne brebis en pointe d'argent.

Bercy, d'argent à la face de ſable dantelée par haut.

Bercy Malon, d'argent à trois canettes de ſable.

Berger, d'argent à trois roſes de Gueules, au muffle d'vn leopard en abyſme de meſme.

Berger, d'or à trois faces engreſlée de Gueules.

Bergerac, ſemé de France party de Gueules au ſerpent aiſlé d'or en pal.

Bergerons, d'or à trois teſtes de lyon de ſable lamp. & cour. de Gueules.

Berengreville, d'azur à la croix d'or, cantonnée de quatre molettes de meſme.

Normandie. Bere, d'argent à trois leopards d'azur, couronnez & armez de Gueules.

Bermont, d'azur au chef d'or, au lyon naiſſant de Gueules.

Bernages, d'argent à trois levrettes courantes de ſable.

Berniere, d'azur à la face de Gueules, chargée de trois croiſſans d'or, accompagnée d'vne eſtoille de meſme en chef, & d'vn lyon de ſable en pointe.

Beri, de ſinople à trois macles d'argent.

Picardie. Berlette, gironné d'argent & de Gueules de ſept pieces.

Normandie. Berli, d'azur au chef d'or au baſton de Gueules, bronchant ſur le tout.

Bermieule, d'or au creſquier de Gueules.

Berminicourt, d'azur au chef d'argent, au lambel de Gueules.

Bermont, d'azur au chevron d'or, chargé d'vn lyon naiſſant de Gueules.

Prouence. Bermont, d'or au cœur de Gueules.

Bernavd, d'azur à la croix pattée & aliſée d'argent, chargée en cœur de ſix eſtoilles d'or, à la bordure camponée d'argent & d'azur.

Bernardon, d'azur au ſautoir d'or, accompagné en chef d'vn croiſſant de meſme.

Bernaus, de ſable, au chef couſu de Gueules, au lyon d'argent ſur le tout.

Bernaus, de Gueules à ſix lyons d'or.

Bernaus, de Gueules à la bande tranchée d'argent & de ſable.

Bernaſſe, d'or party d'azur.

Bernefort, coupé de Gueules & d'argent à la bande de vair,

Artois. Berneville, d'or à la croix encrée de Gueules.

Bernard, d'azur à la face d'or, chargée de trois molettes de ſable, accompagnée en chef de deux cymeterres paſſez en ſautoir, la pointe en bas d'argent, les gardes d'or ſouſtenant vne hure de ſanglier de ſable, & en pointe vne enſeigne d'argent.

Bernieres, d'azur, au caſque fermé d'argent.

Bernieres, d'azur à la bande d'argent, chargée de trois quintes fueilles de Gueules.

Bernieres, d'or à la face de Gueules, à trois croiſſans tournez d'or.

Bermeule Rabodange, d'or à la croix encré de Gueules.

Bernon, de Gueules au chevron d'or, accompagné de trois teſtes de loup arrachée de meſme.

Vermandois. Bertancourt, de Gueules à deux bards adoſſez d'argent, ſemées de croix recroiſettées de meſme.

Bertault, d'azur à la croix d'or cantonnée de quatre lyonceaux de meſme.

Bertelot, d'azur à la face bandée d'or & de ſable, à l'aigle coupé en chef d'or.

Berthe, de Gueules à trois eſtoilles d'or, eſcartelé de Roche Baron.

Berthelemy, d'azur à vne montagne d'or en cœur, acc. de trois eſtoilles de meſme.

Bertonniere, d'azur à la face d'or, accompagnée d'vn Soleil de meſme, & deux croiſſans en pointe.

Bertrand d'or, au lyon de ſinople.

K

B

Bertrand ou *Coulombier*, d'argent au chevron d'azur, chargé de deux coulombes dargent, accompagnez de trois rofes de mefme.

Bertrand, efcartelé en fautoir d'argent, & de Gueules, de forte que l'argent couure le haut & le bas flanqué de Gueules.

Bertrice, d'azur à cinq fufée d'or,

Bertrier, d'azur à l'aigle d'or efleué fur deux branches d'oliuier d'argent.

Bernier, d'azur à trois vafes couuerts d'or.

Beruille, de Gueules au chevron d'or, accompagné de trois molettes de mefmes.

Bertier, d'azur au bœuf effarouché d'or, marqué au front d'vne eftoille d'azur, & de quatre autres fur le corps de mefmes.

Niuernois. *Bertier*, d'azur à la face d'or, à trois glands de mefme, au chef chargé d'vne rozé d'argent.

Berton Grillon, d'or à cinq bandes d'afur.

Berré, de Gueules au chef efchequé d'argent & de Gueules.

Beffau, couppé d'afur & d'or.

Bretagne. *Beffan*, d'afur à vnze billettes d'argent.

Befeo ou *du Bois*, coupé d'or & de Gueules, à vn arbre au naturel.

Betancour, d'argent, au lyon de fable.

Betancourt, d'argent à la bande de Gueule, chargée de trois coquilles d'or.

Vermandois. *Bethancourt Lagny*, d'or à l'orle de douze merlettes de Gueules, au lambel d'afur.

Bethune, d'argent à la face de Gueules.

Beuil, d'hermines au cerf paffant d'or.

Beuffay, de Gueules à la croix engreflée d'or.

Betife, d'afur au fautoir d'or, accompagné de fix lozanges de mefmes.

Beufeville, d'argent, à la face de fable, accompagnée de fix quintes fueille de mefmes.

Baymeres, efcartelé d'or & d'azur.

Bezançon, d'or à l'aigle de fable, fouftenant deux colonnes d'argent en pal.

Beziers, facé d'argent & de Gueules de fix pieces, au chef de France.

Befi, de fable à fept merlettes d'or.

Bevre de grand Pré, facé d'or & d'azur de dix pieces, au fautoir de Gueules, bronchant fur le tout.

Beureau, d'azur au bafton d'or de Gueules, à la croix engreflée.

Beuffarades, de Gueules à l'efcu d'or, à l'orle de huiâ coquilles de mefmes.

Beauffey, de Gueules a la croix angreflée d'or.

Biche Clery, d'argent à trois tourteaux de Gueules, à la bordure de mefme, efcartelé d'argent à la face d'azur.

Bicon, d'azur à deux lyons de Gueules.

Bien-faite, de finople a l'aigle d'or.

Bien-jettée, d'argent à la viure de fable, au lambel de Gueules.

Paris. *Bide la bidiere*, d'argent au lyon de fable, armé de Gueules, accompagné en chef d'vn croiffant d'argent, bordé de fable & d'vne eftoille de Gueules en chef & vne en pointe.

Bieulle Cardillac, de Gueules au lyon d'agent à l'orle de befans de mefme.

Bretagne. *Bignan*, de Gueules à trois macles d'or.

Bigorre, d'or a deux leopards paffans de Gueules armez d'azur.

Bigny Defnay, d'azur au lyon d'or femé de chabots de mefmes.

Bigots, d'argent à la face de fable, chargée de trois lozanges d'or, & trois treffles de finople.

Bigot, d'argent à vn efcurieu de pourpre.

Bigot, de Gueules à la bande d'or, accompagnée de huiâ croifettes en fautoir de mefmes.

Bigot, d'or à la croix de Gueules.

Billy, de Gueules à deux iumelles d'argent, au chef efchequé d'argent & d'afur.

Billy, efcartelé au 1. vair d'or & d'azur aux deux & trois d'argent, à dix annelets de Gueules, trois en chef, trois en face, trois en flanc, & vn en pointe.

Billon la Marche, d'azur a trois billots d'or pofez en bande, les vns fur les autres.

B

Billard, de Gueules à trois pals d'or, à la face d'azur, chargée de trois besans d'or,

Bindrais, d'or au lyon de fable.

Biragues, d'argent à face breteffée & contrebreteffée en carneaux de fable.

Biron, efcartelé en banniere d'or & de Gueules.

Bizi bertier, d'azur à la face d'or, accompagnée de trois glands de mefmes.

blacas, de mefme des baux.

blainville, d'azur à la croix d'argent, l'efcu femé de croifettes d'or.

blainvilliers, de fable à la croix d'argent, accompagnée de vingt croix recroifettée d'or.

blainvilliers, de Gueules à trois chevrons d'argent, à la bordure engreflée d'azur.

blais, de Gueules à trois pals de vair au chef d'or.

blaifi, d'or à la croix de fable, chargée de cinq coquilles d'argent.

blaifet Molinet, efcartelé au premier & quatre d'hermines, à la face de fix fufée de Gueules, au fecond & trois d'afur, femée de fleurs de lys d'or, au lyon naiffant d'argent & de Gueules, fur le tout de Gueules à trois bandes d'argent.

blancafort, de Gueules à trois lyons d'or.

blanchefort, de Gueules à deux leopards de Gueules.

blanette, d'or au fautoir d'azur.

blancquet, d'argent à la bande de Gueules, chargée de trois rozes d'argent, accompagnée en chef d'vn croiffant renuerfé de Gueules, & en pointe vn croiffant montant de mefme.

blarne, d'hermines à l'aigle de Gueules mambré de fable.

blarne, d'or à la fleur de lys de Gueules.

blecourt, de Gueules au lyon d'argent, armé, lamp. & couronné d'or.

blemur, d'argent à la croix de fable.

blerais, d'argent a trois molettes d'efperon de fable, celle de la pointe, fuportant vne efpée d'argent pofée en pal, la garde en chef.

bletans, coupé d'argent & d'azur, au chevron d'or fur le tout.   *Touraine.*

bleré, d'argent à trois merlettes de fable.

blezi, d'or à la bande d'azur, accoftée de dix coquilles de mefme.   *Bourgongne.*

bletrans de Pieclous, de Gueules à l'arbre d'or, efcartelé de Gueules, à trois molettes d'or.

blecque malle, d'hermines au chef de Gueules, chargé de trois coquilles d'or.

blois, d'azur au lyon d'or.

bligny, pallé d'or & de Gueules de fix pieces, au chef d'azur.

blois, Ville, d'or au porc-efpy contourné de fable oreillé de Gueules, fouftenant vn efcuffon d'azur, chargé d'vne fleur de lys, accompagnée & affrontée d'vn regnard de fable, armé & oreillé de Gueules fupportant l'efcuffon.

blond, d'argent à trois tourteaux de Gueules.

blondeau, d'or au chevron d'azur, accompagné de trois œillets de Gueules.

blot Chavigny d'argent à cinq fufée de Gueules mifes en face, au lambel de Gueules de quatre pieces.

blot, d'azur au lyon d'or.

bloceville, porte de gueules à la bande cottifée d'argent,

bloffac, de vair a la face de Gueules.

bobon, d'argent couppé de Gueules a deux teftes de bœuf, coupée de mefme de l'vne en l'autte.

boches, de Gueules à trois voiles enflez d'argent.

bochart, d'azur au croiffant montant d'or, a l'eftoile en chef de mefme.

bocquemar, d'argent au chevron d'or, accompagné de trois teftes de leopards de mefmes.

bodet de Noyelle, de Gueules, a trois iumelles d'argent au lambel d'azur.

bodin, de Gueules a deux faces d'hermines.

baudrier la Manche, d'argent au chef de Gueules.

boeffart, d'argent a la face d'afur.

boffini, d'hermines au bœuf paffant de Gueules, accorné d'or.   *Dauphiné.*

Boigency, eschequé d'or & d'azur de six traits à la face de Gueules sur le tout.

boignebourg, escartelé d'argent & de sable.

boislené, d'azur à trois sautoirs d'or.

boinvilliers berthe, d'azur au sautoir d'argent, accompagné de quatre rozes de mesmes.

boltere, de sinople au lyon d'argent & de Gueules.

boß, d'argent à la croix de Gueules, chargée de cinq fermeaux d'or.

boiß Roanois, d'or à trois iumelles de sable.

bois des Arpentis, d'or à l'escusson de gueules en abysme a l'orle de six coquilles sable

bois, d'or à cinq lozanges d'azur.

bois Auayer, d'argent à deux faces de Gueules.

bois Auesne, d'or à la croix engreslée de Gueules.

bois Armé, d'argent au coq de sable, barbé, mambré de Gueules.

bois boudran, d'argent à cinq couronnes de sable.

bois Ceruoise, d'azur au chef d'or.

bois Corbin, d'argent au chevron d'azur, accompagné de trois treffles de sinople.

bois Courliß, d'argent à deux faces de Gueules.

bois Dauphin de Laual, à la bordure de sable, chargée de cinq lyonceaux d'argent, les pieds tournez vers l'escu.

bois Eon, d'azur au chevron d'or, accompagné de trois testes de lyon de mesmes posées de front.

bois Fueillet, d'argent à l'arbre de hou de sinople, au franc canton de sable fretté d'or.

bois Fevrier, de sable au leopard d'argent, couronné de Gueules.

bois Gamar, de Gueules au chef d'argent, chargé de trois aigles de sable & mambrez de Gueules.

bois Geoffroy, escartelé au premier & quatre d'azur à trois papillons d'or, le deux & trois d'asur a six fleurs de lys d'argent.

bois Halbram, de sable a l'espée d'argent mise en pal la pointe en bas.

bois Hamon, d'argent au chevron de Gueules, accompagné de trois quintes fueilles de mesmes, percée du champ.

bois Hamon, d'argent au leopard de sable armé & onglé de Gueules.

bois Helon, de Gueules a deux faces breteßée & contre-breteßée d'argent.

bois Hintin, de sable a trois escusons d'or.

bois Hulin, d'argent au lyon de Gueules, armé & couronné d'or.

bois Iardin, semé d'hermines au sautoir d'or.

bois la Mothe, d'argent au chef de Gueules, chargé d'vne macle d'or.

bois la Mothe, d'azur a vnze billettes d'argent 4 3 4. a la bande d'argent.

bois le Hou, d'argent fretté de sable.

bois le Hou, escartelé d'argent & de sable, au lambel de trois pieces de Gueules sur le tout.

bois Lené, d'asur a trois sautoirs d'or.

bois la Roche, escartelé au premier & quatre pallé d'or & de Gueules de dix pieces, le deux & trois burellé d'or & de Gueules de dix pièces, sur le tout de Rohan, au lambel de trois pieces d'argent.

bois l'Espinay, d'asur au chevron d'or, accompagné de trois quintes fueilles de mesmes.

bois Melet, escartelé le premier & quatre de Gueules, a la tour crenelée d'argent, le deux & trois d'or au lyon d'asur.

bois Meron, d'asur a deux chevrons d'argent, chargez chacun de cinq hermines.

bois Orquant, d'asur a trois testes de chien d'argent, couppées & collettées de Gueules, cloüez & bouclez d'or.

bois Menard, d'or a l'aigle de sable, mambré de Gueules couronné de pourpre.

bois Maßé, de Gueules a trois heaumes d'argent.

bois Picart, d'or a trois chevilles de sable, au chef d'asur.

bois Rideau, de Gueules au croissant d'argent, duquel il sort vn lyon naissant d'asur.

bois Rion, d'asur fretté d'argent.

bois Robin, d'or a trois bandes de Gueules.

bois

B

bois Roux, d'argent a la bande fuſelée de ſable miſe en pal.

bois Roüant, d'or à trois croiſſans d'argent.

bois Yon, pallé d'or & d'azur de ſix pieces, à la bande de Gueules ſur le tout.

boiſſat, d'azur a trois eſpics de ſable d'or.

boiſque, d'or eſcartelé de Gueules a deux beſans d'or.

boiſſeau, d'or a trois lyons de Gueules ſortans de trois boiſſeaux d'azur.

boiſſelier, d'argent au chevron rompu, accompagné de trois lezards de ſinople, les deux du chef affrontez.

boiſſet, cinq points d'argent equipolez a quatre d'hermines.

boiſſet, de Gueules a la bande d'or.

boiſſi, d'or a l'aigle de ſable.

boiſſieu, de Gueules ſemé de lyons d'argent.

boiſſavene, d'or a la croix dantelée de Gueules.

boyuin, d'aſur a trois croix d'or, & vne face d'argent.

boiſſe, d'or a la face de ſable.

bolonnier, de Gueules au pal d'argent.

boliers, de Gueules au chef d'aſur bordé de huict pieces, quatre de Ieruſalem, & quatre de Naples.

Prouence.　*bompars*, d'aſur au tronc d'arbre d'or, poſé en face a deux colombes perchée deſ-ſus & affrontée, d'argent.

Dauphiné.　*bompart*, de Gueules coupé d'argent, au Griffon coupé de meſme de l'vn en l'autre.

bonabes de Rongé, de Gueules a la croix partée d'argent, au baſton d'aſur.

bonay, d'aſur au chef d'or au lyon de Gueules, bronchant ſur le tout.

boncourt, coupé en chef de Gueules, chargé d'vne dextrochere d'argent a la pointe de meſme.

bonaltez, d'argent à quatre ortelles de Gueules en ſautoir.

bongart, d'argent a la face de ſable chargée d'vne eſtoille d'or.

bongard, de Gueules a la face d'or.

bontemps, d'argent a la face d'aſur.

bonlieu, lozangé d'or & d'aſur.

bonne Leſdiguiere, de Gueules au lyon d'or, au chef couſu d'aſur, chargé de trois roſes d'argent.

bonneau, d'azur à trois grenades d'or frettée de meſme, ornée de Gueules.

bonneville, d'argent à la face d'azur chargée de huict coquilles d'or.

bonnerot, d'azur à trois fremeaux d'or.

bonnet, d'or au lyon de Gueules, à la bordure de ſable beſantée d'or.

Poictou.　*bonay*, d'aſur au chef d'or, au lyon de Gueules, bronchant ſur le tout.

bonnatorſi la Harpiniere, d'aſur au lyon d'or, tenant vne hache d'armes party de Gueules.

Bourgongne.　*bonnerne*, d'argent à trois treffles de ſinople.

Poictou.　*bonnin*, d'or à trois teſtes d'ours, arrachée, emmuſelée & enchaiſnée d'or.

bonnin Meſſignac, de ſable à la croix ancrée d'argent.

Vallois.　*bonneil*, d'or au thevron de ſable, accompagné de trois fueilles de cheſnes d'azur.

bonſergent Chaſteau-dun, d'or au ſautoir de ſable, chargé en cœur d'vne teſte de leopard d'or.

borcelle, de ſable à la face d'argent.

bordages, eſcartelé au premier & quatre d'or à trois pals de Gueules, le deux & trois d'hermines au chef de Gueules.

bordes Laſalé, d'or au lyon de Gueules, ſurmonté en chef d'vne croix aliſée de meſme, party de Gueules à neuf lozanges d'argent.

bordeaux, de Gueules à la ville d'argent, ſommée d'vn leopard d'or, la ville battuë au pied d'vn fleuve, chargé d'vn croiſſant montant d'argent au chef de France.

bordeaux, de Gueules à deux annilles d'argent.

bordes, coupé en chef d'argent à vne teſte de cheual naiſſante de Gueules, en pointe de ſinople à vne molette de huict pointes d'or.

Bourgongne.　*borens*, de Gueules à la croix dantelée d'argent.

bornel le Nain, d'argent à l'eſcu en abyſme de Gueules à l'orle de huict perroquets de ſinople mambrez & becquez de Gueules.

L

bordier, d'or à la face d'afur, chargée d'vn croiffant montant d'or, accompagné de
　trois gerbes de bled de mefme.
bofteau, d'or au lyon de fable armé couronné d'afur.
boft Radepot, de Gueules à la croix d'argent & de fable, cantonnée de quatre lyon-
　ceaux d'or.
Prouence. *bofquets*, de Gueules au lyon d'or à la bordure de mefme.
boffu-Longueil, d or au double trefcheur de finople au fautoir de gueules, bron-
　chant fur le tout.
boffeet, de fable au chefne ayant fes racines d'or, à vne eftoille de mefme en chef.
boffat,, de Gueules à la barre d'or.
boffut, party d'argent & de fable, à la bordure de Gueules
boffus, d'argent a la quinte fueille d'hermines.
boffet, de Gueules a trois fremeaux d'or.
Bretagne. *bot*, de fable à la face d'argent, accompagnée de trois coquilles de mefme.
bo erel a'Arpigny, d'argent femé d'encolies d'afur.
bothelier, d'argent au chevron d'afur, accompagné de trois fleurs de barbeaux, ou au-
　boins de mefme fueilles de finople.
Bretagne. *bonau Glé*, party d'argent & d'afur au lyon de Gueules fur le tout, armé de mefme.
bonal, pallé d'argent & d'afur de fix pieds, à la face de Gueules.
boubaix, d'hermines au chef de Gueules.
bouchard, de Gueules à trois lyons naifans d'or.
Bouchard Champigny, d'afur au croiffant d'or, furmonté d'vné eftoille de mefme.
Bouche, bandé de Gueules & d'or de fix pieces.
Bouchars, de Gueules à trois lyons leopardez d'or armez de fable.
Bouchouene, de Gueules à la croix engreflée d'or.
Bouc, d'afur à la bande d'or, chargée d'vne pare de griffon de Gueules.
Bouefi, de finople à trois pals de vair au chef d'or.
Bouche bec de Lievre, de fable à deux croix lozangée & pal, le bas bourdonné au
　pied fiché d'argent, à la coquille en pointe de mefme.
Bouqueval, d'argent à la croix de Lorraine de fable, efcartelé d'or à la bande d'azur
　chargée de trois fleurs de lys d'or.
Boucher, de Gueules femé de croifettes d'argent, au lyon d'or.
Boucherat, d'afur au cocq d'or, barbé & crefté de Gueules.
Bretagne. *Bouche*, d'argent a trois molettes de Gueules.
Bouuetardis, d'or à deux leopards de Gueules.
Bouuedris, d'argent au chevron de fable, accompagné de trois tourteaux de Gueules.
Boudrad, d'afur à la tour d'argent maff. de fable.
Bougiuaut, de fable à la bande d'argent, chargée de trois coquilles de Gueules.
Bouette, d'argent à la face de Gueules, chargée de trois croiffans montans d'argent.
Bouillée, d'afur à la bande d'argent à deux croiffans de mefme.
Bouille de Creance, d'argent à la face de Gueules, frettée de fable, accompagnée de
　deux burelles de Gueules.
Boulaye, de finople à trois faces d'argent.
Boulaye, d'afur au chevron d'or.
Boulaye Ferriere, de Gueules à fix fers de cheual d'argent 3.2.1.
Boulainvillier, d'argent à trois faces de Gueules.
Boulanlée, de Gueules diapré d'argent, femé de fers de picques de mefmes, au
　chevron de fable fur le tout.
Boulancourt, de Gueules à trois pals de vair, au chef d'or, chargé de deux lyons
　contournez de fable.
Boulant, d'argent à la croix d'afur, cantonnée de deux croix recroifettée d'or.
Boulanger, *Prefident*, d'afur à trois rofes d'or en pointe, deux & vn à la face d'or, ac-
　compagnée de trois eftoilles en chef de mefme.
Boulleau, d'afur a trois faces ondées d'argent, au chef chargé de trois befans de
　mefmes.
Bruillon la Marke, d'or a la face efc●quée d'argent & de Gueules de trois traits.
Boulongne Ancien, femé de France au lambel de trois pieces de Gueules.
Boulongne Moderne, d'or a trois torteaux de Gueules.

B

Boulongne sur Mer, Ville, de Gueules au cygne d'argent.

Vermandois. Boulong, d'or a l'orle de dix merlettes de sable.

Boulon, d'asur a quatorze besans d'or 4.4.3.2.1.

Bouuais, d'argent au pot a trois pieds de sable.

Bretagne. Bouuert, de Gueules a trois molettes d'esperons d'argent, percée du champ.

Bretagne. Bouuesay Senical, de Guéules au faucon d'argent, perché sur vn tronc d'arbre, posé en pal de mesme.

Bounorville, d'argent a la face de Gueules, chargée de trois anneaux du champ.

Bouebare, d'or au lyon coupé de Gueules & de sinople, couronné d'or.

Bourbon Ancien, de Gueules a l'orle de huict coquilles d'asur.

Bourbon Moderne, d'asur a trois fleurs de lys d'or a la cotice de Gueules perie en bande.

Bourbon buffet, semé de France, a la bande en deuise de Gueules, au chef d'argent, chargé d'vne croix potencée d'or, accompagnée de quatre croisettes de mesme.

Bourbon Barbasan, party d'Anthin, qui est escartelé de Gueules a trois lyons naissans d'argent, aux deux & trois d'argent, a trois tourteaux de Gueules sur le tout d'or, a la clef de sable attachée a la serrure de mesme.

Bourbon Condé, escartelé au premier & quatre de Bourbon Moderne, aux deux & trois d'Alençon.

Bourbon Lauedan, ou Malause, de France a la barre d'argent.

Bourbon Longueville, de France au lambel d'argent de trois pieces, a la barre ou cotice de Gueules.

Bourbon li Marche, de France a la bande ou cottice de Gueules, chargée de trois lyonceaux d'argent.

Bourbon Vendosme, est de mesme.

Bourbon Montpencier, d'asur a trois fleurs de lys d'or, a la cotice de Gueules brisée en chef d'vn carreau d'or, chargé d'vn Dauphin d'azur pasmé.

Bourbon Preaux, de France à la cottice de Gueules bronchant sur le tout, party de Preaux, qui est de Gueules à l'aigle d'or.

Bourbon Roche sur-Yon, d'azur à trois fleurs de lys d'or, à la cottice ou baston de Gueules brisé en chef d'vn croissant d'argent.

Bourbon Roussillon, d'azur à trois cottices d'or, à la bordure de Gueules, brisée d'vne barre d'argent.

Bourbon Reetesort, d'argent au franc quartier de Bourbon.

Bourbon Rubempré, party le premier de Bourbon, le deux d'argent à trois iumelles de Gueules.

Bourbon Soissous, d'azur à trois fleurs de lys d'or, au baston de Gueules à la bordure de mesme.

Bourbon S. Paul, escartelé au premier & quatre de France à la cottice de Gueules bronchant sur le tout, aux deux & trois de Luxembourg.

Bourbourg, d'asur à trois tierce d'or.

Berry. Bourdeaux, de Gueules à trois canettes d'argent.

Bourau, d'argent à vne face de Gueules, & trois rozes de mesme en chef.

Bourdeilles, d'or à deux pattes de Griffon de Gueules, onglées d'azur posees en bandes.

Bourdelot, de pourpre au cygne d'argent chappé d'azur.

Bourbonnois. Bourderel, d'azur a trois espics d'or.

Bresse. Bourg Sainte Croix, d'azur au dragon d'or.

Berry. Bourdin, d'azur au chevron d'argent à trois testes de lyon d'or.

Bourges, de Gueules au mouton d'argent, à la teste plumassée & mouchettée de sable.

Bourgongne Ancien, bandé d'or & d'asur de six pieces.

Bourgongne Moderne, de France à la bordure camponée d'argent & de Gueules.

Bourgongne Comté Ancienne, de Gueules à l'aigle d'argent.

Bourgongne Comté Moderne, d'asur semé de billettes d'or, au lyon de mesme.

Bourguignon, d'azur à trois bourguignottes en profil d'argent.

Bournel, d'argent à sept oyseaux de sinople.

Bournen, d'argent au lyon de sable, bouclé de Gueules, la bordure camponée de sable & d'argent, escartelé d'azur à la bande d'argent, accompagnée de deux cotices potencées d'or, reployées de fable.

Bournonville, de fable au lyon d'argent, la queuë paſſée en ſautoir.

Bournonville, bandé de ſix pieces d'or & de Gueules, au franc quartier d'or à la croix de Gueules, cantonnée de vnze alerions d'azur au franc canton d'argent, chargé d'vne molette de fable.

Bournonvillier, bandé d'or & de Gueules de huict pieces.

Bourg, d'or à la croix encrée de Gueules.

Bretagne.   *Bourneal*, d'argent au ſautoir de fable, au franc canton de Gueules, à deux poiſſons d'argent mis en face l'vn ſur l'autre.

Bours, d'argent a la croix de fable, chargée de cinq coquilles d'or.

Bourou de Salart, eſcartelé au premier de Gueules, au ſautoir dantelé d'argent, accompagné de quatre billettes de meſmes, au ſecond de Gueules au lyon d'argent & de fable de deux traits.

Bouuier, vairé d'or & d'azur.

Boynel du Pleſſis, d'argent au chef d'azur, au lyon de Gueules, bronchant ſur le tout.

Brac, de fable à la bande fuſelée d'argent.

Brac, d'azur à la gerbe d'or en pal.

Brachet, de Gueules au chien d'argent aſſis ſur ſa queuë.

Bracquemot, de fable au chevron d'argent.

Brancarts, d'azur au pal d'argent, chargé de trois tours de Gueules, accompagnées de quatre pattes de lyon d'or, mouuant des flancs de l'eſcu, deux de chaque coſté.

Brandicourt, d'or au lyon de fable.

Brandis, d'or à deux branches de laurier de ſinople, tournées & ployées en cœur.

Normandie.   *Bragermort*, de fable au chevron d'argent.

brayet, de Gueules a deux demy vols d'argent.

brachet, pouſé d'azur à deux chiens bracq d'or paſſans.

bras de Fer, d'azur à trois poings ou gantelets d'argent, mis en bande.

bras, de Gueules au bras d'argent, tenant vne eſpée nuë ornée de fable de meſme.

bray, d'argent au chef de Gueules, chargé d'vn lyon paſſant d'or.

brancher, d'azur au chevron d'or, accoſté de trois gerbes de bled, au chef vairré d'argent & de Gueules.

Normandie.   *brandon*, d'azur a l'aigle d'argent, accompagné de quatre brandons, deux a coſté des aigles & deux a coſté en pieds flamez d'or & de Gueules.

braſſac, d'or a trois cornets de fable eſchequé de Gueules.

bragelone, de Gueules a la face d'or, chargée d'vne coquille de fable en cœur.

breauté, d'argent à la quinte fueille de Gueules.

breauté, d'or a deux treffles de ſinople.

breauherbert, d'azur au ſautoir d'or, accompagné d'eſtoilles de meſmes.

bretagne, ſemé d'hermines.

bretaine, d'or au chef de fable, à l'aigle a deux teſtes d'or, bronchant ſur le tout, becq mambré & palumé de Gueules à l'orle de befans, torteaux paſſez de l'vn en l'autre.

bretagne Ancien, d'azur a trois gerbes d'or.

bretoüillaye de Vvarthy, de Gueules a cinq lozanges d'or.

Normandie.   *bretueil*, d'or a trois roſes de Gueules au chef d'azur, chargé d'vn Soleil d'or.

Normandie.   *bretueil*, de fable au cerf d'or.

breueil, d'argent au ſautoir de Gueules de fable.

bretigny, d'or au lyon dragonné de Gueules, couronné d'argent.

bretigny, d'argent à la face de Gueules à l'eſtoille, au canton du chef de fable.

breſteau, de Gueules a trois faces de vair.

brueil Gremonville, d'argent au chevron de fable, accompagné de trois molettes de meſmes au chef de Gueules, chargé d'vne anguille d'argent poſée en face ondée.

bretonvilliers le Regois, de Gueules a l'oyſeau d'or, couronné de meſme.

bretonbonvilliers, d'azur au ſautoir d'argent, accompagné de quatre roſes de meſme.

bretheuil, d'afur a l'eſpreuvier aux aiſles eſtenduës d'or, grilletté de meſme.

breau Herbert, d'azur au ſautoir d'or, accompagné de quatre eſtoilles de meſme.

breeville, d'azur a trois glands d'or.

breſle, d'afur a trois gerbes de bled d'or liée de meſme.

breſle ville la Iurie, d'azur a trois glands verlez d'or.

brey,

Poiſtou.   *breſole*, de ſable au lyon d'argent, chargé ſur l'eſtomac de trois billettes de Gueules.

breſolle, de Gueules à ſix beſans d'or en orle.

breſuire, de Gueules à l'aigle d'or, à l'orle de fers de lances d'argent.

Brey, eſchequé d'or & de ſable, à la bande d'argent, accompagnée de deux cotices de meſmes.

Brete boyvilliers, d'aſur au ſautoir d'argent, accompagné de roſes de meſmes 2 1.

Breues Sauary, party au premier coſté eſcartelé d'argent & de ſable, au ſecond de Gueules, à la croix encrée d'or, coupé & bandé d'or & d'aſur de ſix pieces, à la bordure de Gueules.

Breze, ondé en face d'or & de Gueules de quatre pieces.

Bretonvilliers le Ragois, d'azur au Phenix d'argent, tenant au pied droict vn rameau de laurier d'or, au chef d'argent à trois faucilles de Gueules.

Bree de Foüilleux, facé d'azur & d'argent de ſix pieces.

brequigny, d'or au leopard lionné de ſable, accomp. de trois roſes de Gueules 2.1.

briaille, d'argent à la face de Gueules coupé de trois treffles d'or.

briquemaux, de Gueules à trois faces d'or à la bande d'hermines.

briquemar pied de Grimaut, de Gueules à trois faces d'or, à la bande d'hermines bronchant ſur le tout.

brillot, de ſable au lyon d'argent.

brée, burelé d'argent & d'aſur de 8. pieces au lyon de Gueules, bronchant ſur le tout.

bridieux, d'azur à la macle camponée a double par le haut d'argent, accompagnée de trois eſtoilles d'or 2.1.

Aniou.   *Brie Serant*, de Gueules à trois teſtes de lievres d'argent.

Brie la Bochardiere, d'azur a vne halebarde d'argent, emmanchée d'or.

Dauphiné.   *Briençon Ville*, d'azur à la croix d'or.

Brichanteau, d'aſur à ſix beſans d'or 3 2.1.

Briçonneau, d'aſur à la croix d'or.

Briençon, gironé d'argent & d'azur de dix pieces, chargé en abyſme d'vn eſcuſſon de Gueules.

Normandie.   *Bricquebec*, d'or au lion de ſinople.

Briqueville, pallé d'argent & de Gueules de huict pieces.

Brillet, d'aſur à la face breteſſée & contrebreteſſée d'or, eſcartelée de Gueules à trois maillets d'or.

Brimeu, d'argent à trois aigles de Gueules.

Brime Fay de Quincy, d'argent à la face de Gueules, briſée au premier canton d'vn eſcu bandé d'argent & d'azur de ſix pieces.

Brimen, d'azur à trois ſoucis ou torne-ſol d'or.

Briſſac, de Gueules à la bande ondée d'or, accompagnée d'vn lyon leopardé en chef d'argent.

Briſſac Coſſé, de ſable à trois feuilles de ſcie d'or.

Brionne, de Gueules à deux faces d'or, accompagnée de trois tourteaux de meſme.

Bridies, d'azur à trois eſtoilles d'or à la lozange d'argent en cœur.

Bricouer, facé d'or & de gueul. chargé de 8. fleurs de lys en chef 3. beſans de meſme.

Briet, de Gueules au chevron d'argent, accompagné de trois roſes de meſme, au chef auſſi d'argent.

Brienne, d'azur au lyon d'or, ſemé de billettes de meſme.

Brienne, cinq points d'aſur equipolez à quatre d'hermines.

Britaut, de Gueules au ſautoir d'or.

Briſſonnet, d'azur à la bande camponnée de Gueules & d'or de cinq pieces, accompagnée de deux eſtoilles d'or en chef & d'vn croiſſant montant en pointe.

Briſſay, d'hermines au lyon de Gueules.

Briſeteſte, d'or au lyon naiſſant de Gneules au chef d'argent.

Bricux, d'argent à cinq tourteaux de ſable en ſautoir.

Briot, chappé renuerſée ou veſtu d'argent & de ſable.

Briue la gaillarde, d'azur à neuf eſpics de bled mis en forme de fleur de lys, deux en chef & vne en pointe d'or.

Briois, de Gueules à trois gerbes d'or à la bordure de meſme.

Brigueul, eſcartelé d'argent & d'azur.

M

B

Brlois, d'or à la bande de sable.

Brifay, d'argent à quatre face de Gueules.

Brual, de Gueules au sautoir d'or.

brocamont, d'argent au chevron de sable, accompagné en pointe d'vn maillet de mesme.

brec le Iardiere, de sable a la bande fuselée d'argent de neuf pieces.

Bourgongne.　*brocart*, coupé de Gueules sur or, au chevron d'argent sur Gueules.

broé Laguitte, d'azur a vne estoille d'or au chef de mesine, chargé de trois trefles de sinople.

broies, d'azur au lyon d'or, lescu semé de roses d'argent.

Broin Brondineau, d'azur à la croix d'argent.

Brongnon, de sinople à trois pals ancrez en chef d'or, chargé d'vn escu de Gueules à neuf annelets d'argent.

Brosses, d'azur à trois brosses d'or, à la bordure camponnée d'argent & de Gueules.

Brosse Vinonne, d'azur à trois gerbes d'or liez de Gueules.

Bretagne.　*Brouillard*, d'argent au chevron d'azur.

Brouliant, d'azur à la croix d'argent frettée de Gueules.

Brouilly, de sinople au lyon d'argent, armé & couronné de Gueules.

Broies, d'or à la bande de Gueules, accompagnée de six molettes de mesmes.

Broyes, d'azur à six broyes d'or en face, liées d'annelets d'argent.

Broffloir Chaludet, escartelé au premier & quatre de sable à vne face d'or au deux & trois de sable, à deux lyons leopardez d'or, sur le tout d'or à vn lyon de Gueules, rampant vers vne nuée d'azur, chargée d'vne estoille d'or.

Brubach, de Gueules fretté d'or, à la face d'argent.

Brucourt, facé d'or & de Gueules de six pieces, a six fleurs de lys de l'vne en l'autre.

Brucourt, d'or au lyon de Gueules.

Bruges, d'or à la croix de sable.

Bruges, d'or au lyon de sable.

Bruges, d'azur à trois fleurs de lys d'or à la bordure de Gueules, chargée de huict besans d'or.

Bruges, d'asur à dix macles d'or.

Brugny, d'azur à trois points renuersez.

Briwers, de sable à la bande d'or.

Bruilly, de Gueules au lyon d'or.

Brunet, d'or au levrier rampant de Gueules, à la bordure camponée d'or & de sable.

Bruncy, d'argent à la licorne de Gueules.

Bruse, d'or au sautoir de Gueules, au chef d'azur.

Bruse, d'argent à trois massuë, armées de picotons de Gueules posez en bande.

Bruflard, de Gueules à vne bande d'or, chargée d'vne trainée de cinq barils de sable.

Brufli, d'argent au chef d'azur, au lyon de Gueules armé, couronné d'or sur le tout.

Brun, escartelé de vair & de gueules.

Bruflon la Muce, d'argent au griffon de sable.

Bruyant, d'azur à la face de sinople.

Bucili, d'argent au bœuf rampant de sable, a la bordure engreslée de mesme.

Buades, d'asur à trois pattes de griffon d'or posées en bandes.

Buater, d'or au sanglier de sable.

Budes, d'argent à vn pin de sinople, costoyé en pied de deux fleurs de lys de Gueules.

Budes du Plessis, d'or à sept macles d'azur posez 3.1.3.

Budé, d'argent au chevron de Gueules, accompagné de trois grapes de raisin d'azur.

Buace, d'azur à trois bandes d'argent.

Buchard, d'argent à vne main de Gueules, à l'orle de merlettes de mesmes.

Buchard, d'azur à deux pals d'or.

Buljon, escart. au premier & 4. d'azur, a trois faces ondées d'argent, surmontées d'azur, au lyon naiſſant d'or, au deux & trois d'or, a la bande de Gueules, ac-accoſtée de ſix coquilles de Gueules, trois en chef & trois en pointe.

Bueil, d'azur au croiſſant d'argent, accompagné de ſix croix recroiſettées, au pied fiché d'or.

Buſſiere, de ſable au lyon d'or.

Buſſiere, d'or à trois molettes de ſable.

Bunault, d'azur au chevron d'or, accompagné en chef de deux aiglons, & deux eſtoilles & d'vn lyon en pointe, le tout d'or.

Buray, d'or à ſix anilles de Gueules, au baſton camponé d'argent.

Burdelet, d'azur a la face d'or, accompagnée de trois eſtoilles de meſmes.

bureau, d'azur au chevron d'argent, potencé & contrepotencé d'or.

buren, eſchequé en pal d'argent & d'azur.

buren, d'or au lyon coupé de ſable & de Gueules.

bureau la Riuiere, d'argent à la bande d'azur, chargée de ſept fermeaux de ſable quatre en chef & trois en pointe.

<table><tr><td>*Breſſe.*</td><td>*buret*, d'argent a trois tourteaux de ſable.</td></tr></table>

bury, d'or à quatre faces de Gueules.

burges du Solier, de ſable à la croix encrée d'or.

bury, d'azur a deux lyons d'argent paſſez en ſautoir.

buſançois, d'or au chef de vair, a l'aigle de Gueules, bronchant ſur le tout.

buſais, eſcartelé d'or & de Gueules.

buſſet, ſemé de France a vne bande endentée de Gueules, au chef d'argent, char-gée d'vne croix potencée d'or, cantonnée de quatre croix de meſme.

bugnons, gironné d'argent & de Gueules de dix pieces.

buſerolle Iuly, de Gueules a la croix d'or, chargée de cinq coquilles d'azur, canton-nee de quatre quintes fueilles d'argent.

buſſet, d'or au chef de Gueules, au franc canton d'hermines.

buſſi de Merual, eſcartelé au premier & quatre d'or, a vnze billettes de Gueules, 4.3.2.1. au ſecond & trois d'or, au renard en bande de ſable.

buſſi bois Ceruoiſe, au cerf d'or ramé de meſme.

buſſi Rabutin, cinq points d'or equipolez à quatre de Gueules,

buſſi ſainct George, d'azur a trois chevrons d'or, le premier en chef briſé.

buſſi Thiart, d'or a trois eſcreuiſſes de Gueules, dreſſees en pal 2.1.

buſſi, d'azur a deux eſpees d'argent paſſee en ſautoir.

buiſſeaux, de Gueules a l'aigle eſployé d'argent, mem. & bec. d'azur.

<table><tr><td>*Dauphiné.*</td><td>*buſſiere* de Gueules a la bande d'or.</td></tr></table>

buſſeil ſainct Fremin, burellé d'or & de ſable de douze pieces.

buſſenauge, d'or a deux chevrons d'aſur.

buxeul, facé d'or & de ſable de ſix pieces.

buzanual, d'argent au chevron de Gueules accomp. de trois merlettes de ſable.

buzanual, d'or au chevron d'aſur, accompagné de deux merlettes de ſable en chef & d'vne couleuvre en pointe.

buzançois, d'or au chef de vair, a l'aigle de Gueules, armé d'or, bronchant ſur le tout.

C

Prouence. CABANES, porte d'or femé de touts & de fleurs de lys fans nombre d'afur.

Cabas, porte d'afur femé de billettes d'argent.

Cabiac, d'azur au demy bois de cerf, arraché d'or.

Prouence. *Cabru*, porte d'or à trois chevres de Gueules, l'efcu femé de fleurs de lys de mefmes.

Cachart, efcartelé au premier d'afur à la tour d'argent, au fecond d'or à trois pals de Gueules, au trois d'afur à trois coquilles d'argent, au quatre d'afur à trois flames d'argent fortant de la pointe.

Cachet Martinga, d'or à la croix d'enchée au bout, & par les coftez, furchargée en cœur d'vne croix alifée d'argent.

Caculite, d'afur a trois chevrons d'or, accompagnez de trois gerbes de bled de mefme.

Cacuron, de Gueules à trois annelets d'argent.

Cadenet, efcartelé au premier & quatre d'or, au lyon de Gueules, cour. de mefme, aux deux & trois de Gueules au chef efchequé d'argent & d'afur.

Treffe. *Cadenets de Villars*, d'azur au torreau effrayé & aiflé d'or.

Prouence. *Cadenet*, d'azur au chevron d'or, accomp. & furmonté d'vne eftoille d'argent en chef, & d'vn croiffant en pointe de mefme, furmonté auffi d'vne rofe d'or.

Cadenet, de Gueules au chafteau d'argent.

Caderis, d'argent à l'anchre de mer mife en bande d'azur.

Cadier, d'afur à la tefte de cerf d'or.

Cadillac, porte de Gueules à quatre faces d'argent, au bafton de Gueules pery en bande.

Guyenne. *Cadillac*, d'argent à la bande d'afur, accompagnée de fix rofes de Gueules, trois en chef & trois en pointe.

Cadot, d'azur à trois croiffans d'or.

Cadotil, d'argent à la croix clechée de fable.

Cadoualon, bandé d'or & d'azur de fix pieces au chef de Gueules, chargé d'vne pomme de pin d'or.

Caen, Ville, couppé d'azur & de Gueules à trois fleurs de lys d'or.

Cagnet, d'argent à trois aigles efployez de fable.

Bretagne. *Cahiduhec*, de fable à trois teftes de leopard d'or, armez & languez de Gueules.

Cahufac, d'afur à trois lyon d'or.

Caiet, d'afur à la face d'or furmontée en chef d'vn chevron d'afur.

Caiet, d'azur au chevron d'or, accompagné de trois croix de mefme.

Caieu, de Gueules party d'argent à la croix partie de mefme.

Caillarville, d'argent au chevron de Gueules, accomp. de trois cailles de fable.

Cailleville, de Gueules à trois molettes d'efperon d'or.

Cailleux, d'argent a deux faces de Gueules.

Cailles, d'or femé de cailles d'afur.

Cailles, d'afur à trois cailles d'or, au chef chargé d'vn nuage de mefme.

Cais, d'argent aux deux fautoirs de Gueules.

Calabre, d'argent a la croix potencée de fable.

Calabre, de Gueules au bras tenant vn coutelas d'argent.

Calac, d'or à deux faces bourdonnées, accompagnées de dix merlettes de fable 4.2.4.

Calais, d'afur à la fleur de lys couronnée d'or en chef, & en pointe vn croiffant d'or, d'où il fort vne croix recroifettée d'argent.

Calart, d'or à l'oliuier de finople tigé de mefme.

Caletot, d'or au lyon de Gueules, armé lamp. d'argent.

Caleu, d'argent au lyon tourné paffant de Gueules fur vne terraffe d'or.

Callognay, de fable a trois aiglettes d'or.

Bourgongne. *Callonne*, d'argent à l'aigle de fable.

Calucu, d'or au lyon paffant de fable couronné d'afur fur vne terraffe de mefme.

Prouence. *Calwiffon*, d'or au noyer de finople.

Cambarats,

C

Cambarats, d'azur à trois croiſſans d'argent.

Cambray, d'or à trois lyonceaux couronnez d'aſur.

Cambray, *Ville*, d'or a l'aigle a deux teſtes eſpoilées de ſable.

Cambronne, facé de huict pieces d'or & de Gueules.

Cambis, d'azur au cyprès d'or, ſouſtenu de deux lyons affrontez de meſme.

Camboutte, de Gueules à trois faces eſchequée d'argent & d'aſur de trois traits.

Campagnolle, de Gueules, à la croix d'argent party d'aſur au lyon d'argent.

Camp d'Auoine, d'aſur à vne gerbe d'auoine d'or.

Campion, d'or au lyon d'aſur au lambel de Gueules.

Camp-Remy, de Gueules à la bande d'or, accompagnée de ſix merlettes de meſme, trois en chef & trois en pointe.

Camp-Rond, d'argent au Roy a l'antique, de Gueules.

Camp, de Gueules à la face d'or, accompagnée de ſix beſans d'argent mis en face, trois en chef & trois en pointe.

Camſi, coupé de Gueules & d'aſur.

Caminade de Cantelou, d'aſur au cocq d'or, eſcartelé de Gueules au levrier d'or.

Camus, d'aſur au pelican d'argent enſanglanté de Gueules.

Camus, d'aſur à trois croiſſans d'argent.

Canay, d'azur au chevron d'argent, accompagné en chef de trois eſtoilles de meſme.

Prouence.   *Candelets*, eſcartelé d'or & d'azur.

Bourgongne.   *Candie de Loye*, de Gueules ſemé de fleurs de lys d'or, à la bande d'aſur bronchante ſur le tout.

Canlers, d'aſur à trois chandeliers d'Egliſes d'or.

Canillac, d'argent au levrier de ſable accollé d'or.

Canion d'Orgereu, facé d'argent & d'azur de ſix pieces, au lyon couronné d'or, bronchant ſur le tout.

Caniſi, de Gueules coupé d'azur à trois beſans d'hermines.

Cani, d'or à dix lozanges de Gueules.

Canone, de Gueules à la bande de ſable, accompagnée de deux demy bandes retraittes, celle du chef mouuant du flanc ſenextre, & celle de la pointe mouuant du dextre, & deux molettes d'eſperon de meſme, l'vn en chef & l'autre en pointe.

Canteloup ſainct Amand, lozangé d'argent & d'aſur.

Canteloup, d'or fretté de ſable.

Canteloup, vairé d'argent & de Gueules.

Cantelu, d'argent à la face de Gueules, chargée d'vne gerbe d'auoine d'or.

Canteloup d'Auberville, d'aſur à deux leopards d'or.

Cante-Marle, d'argent au lyon de Gueules, couronné d'or.

Canterel de Buffons, d'argent à la bande de Gueules, accompagnée de deux autres d'aſur, au chef de meſme, chargé de deux colombes d'argent.

Caors Vicomté, de ſable à trois lyons d'argent.

Quercy.   *Caors Ville*, de Gueules au pont & riuiere d'argent, chargé de trois tours de meſme, & cinq fleurs de lys d'or en chef.

Caors, d'or au chevron renuerſé d'aſur.

Captau de Buch, d'or à la croix de ſable, chargée de cinq coquilles d'argent.

Cappelle, de ſable à la bande d'argent, accompagnée de deux cottices d'or.

Capler, de Gueules à deux faces d'argent.

Capponay, taillé de ſable ſur argent.

Caraciol, d'argent au lyon d'azur, couronné de Gueules.

Prouence.   *Caradis*, d'or au lyon de Gueules.

Caradroux, d'argent à trois lyons d'aſur.

Carbon, coupé en chef d'or au lyon de Gueules.

Carbet, de Gueules à la face ondée d'argent.

Normandie.   *Carbonel*, d'azur au chef de Gueules, chargé de trois tourteaux d'argent ou coupé de Gueules & d'aſur a trois tourteaux d'argent.

Carboner, coupé d'argent & d'azur, a trois rais de Soleil d'or partant du chef bronchant ſur le tout.

N

C

  Carbonel, coupé en chef de Gueules & en pointe d’azur à trois befans d’hermines.

Prouence. *Carbonet*, d’azur au chef de Gueules, chargé de trois tourteaux d’argent.

  Carbonere, d’argent a trois tourteaux de fable, au bafton de Gueules, bronchant fur le tout.

  Carboniere Biron, d’argent, femé de charbons ardans de Gueules.

Prouence. *Carbon*, de Gueules à trois tours d’argent.

Languedoc. *Carcaffonne*, femé de France au befan d’or, chargé d’vn tourteau de Gueules, furchargé d’vn Anneau Pafchal d’argent, fupporrant vne croix d’or, ayant vn guidon de mefme, chargé d’vne croix de fable, auec fes mots d’argent, *Onus be a natæ Agnum committentur.*

Prouence. *Carces Pontenes*, de Gueules au pont de deux arches d’or, maff. de fable.

  Cardaillac, de Gueules au lyon d’argent, couronné d’or, à l’orle de treize befans d’argent.

  Cardaillac, de fable à trois annelets d’argent.

  Cardaillac, de Gueules au lyon d’argent, courónné d’or, reueftu du port de France, qui eft d’afur, femé de fleurs de lys d’or, la cotte d’arme enrichie fur le deffus de boutons de mefme, à l’orle de befans d’argent.

  Cardonet, de Gueules à trois tours carrées d’argent.

  Cardon, d’argent à trois chardons de finople fleuris d’afur.

  Cardouze, de Gueules au chardon au naturel.

  Carel la Bourdonniere, d’afur a deux fers de lances à l’antique d’argent.

  Carentilly, d’argent à trois lyons de Gueules.

  Carenray, d’argent a deux faces ondées de Gueules.

  Carençon Canteloup, de fable à trois croix pattées d’argent.

  Careftome, de Gueules a deux faces d’hermines.

  Careto Final, d’or a trois pals de Gueules.

  Carette, d’afur a la rouë d’or, efcartelé d’afur à trois befans de mefmes.

  Cargregé, d’azur au lyon morné d’or.

  Carhaxet, d’argent a la face de Gueules.

  Carion, d’argent au chef d’azur, chargé de trois rofes d’argent.

  Carioles, d’afur a deux chevrons d’or, accompagné en pointe d’vne roze d’argent.

  Carman, efcart. au premier & quatre d’azur, à la tour d’argent, au bas de laquelle eft vne rouë de mefme, le deux & trois d’or au lyon de Gueules.

  Carmagnolles, de Gueules à la bande d’or rebordée de mefme.

  Carnoualet, vairré d’or & d’afur de quatre pieces.

  Carnel Boran, d’argent a trois merlettes de fable.

  Carneury, facé, danché d’argent & d’afur au chef de Gueules, chargé d’vn leopard d’or, tenant vne tefte de cerf de mefme.

Bretagne. *Carn*, vairré de fable & d’argent.

  Carpentier, de Gueules au pal de vair, a deux lyons tournez d’or.

  Carpentras Ville, efcartelé de Gueules a deux pals d’or.

Normandie. *Carcuzes*, de Gueules femé de fleurs de lys d’argent.

  Caronde Bodegaft, de Gueules à trois oyfeaux d’argent.

  Carondelet, d’afur à la bande d’or, accompagnée de fix billettes de mefme.

  Cartier, de Gueules à la face ondée d’argent au lambel d’afur.

  Cartilur, d’argent au lyon de Gueules.

  Caruoifi, d’or à la bande de Gueules.

  Cafe-neuve, d’argent à deux chevrons d’afur.

  Cafenevil, vairré d’or & de Gueules.

Dauphiné. *Caffart*, d’afur à la licorne paffante d’argent.

  Caffapirere, coupé de fable & d’argent.

  Caftallane, d’argent à la tour de Gueules.

  Caftellane Grignan, de Gueules au chafteau fommé de trois tours d’argent.

  Caftellane, de Caftille.

Auuergne. *Caftels*, de Gueules à deux clefs d’argent paffées en fautoir, & vne de Gueules en chef.

  Caftels, efcartelé de Gueules & d’argent, à fix fleurs de lys de mefme de l’vne en l’autre.

C

Castelmur, de Gueules à la tour d'argent.

Costelnau, de Gueules à la tour crenelée de cinq pieces d'argent.

Castelnau, couppé de Gueules sur or, chargé d'vn chasteau couuert d'or, & l'or chargé d'vn lyon de Gueules.

Castelnau, d'or au croissant renuersé de Gueules.

Castel sainct Nazar, d'or au chasteau de sable, surmonté d'vne aigle de mesme.

Castel Fremont, de Gueules à la croix encrée. d'or.

Cassini, d'or à la face d'azur, accompagnée de six estoilles de six rais de mesme, trois en chef & trois en pointe.

Castel Marcu l, d'argent au chasteau d'or.

Castre la Baume, d'or à l'espée nuë, mise en pal la pointe en haut d'azur, accostée de deux estoilles de mesme.

Castres Ville, emmanché d'argent & de Gueules de sept pieces, semée de chausse-trappe, auec cette deuise, *Debout*.

Catagne, d'argent a six bandes de Gueules, au chef d'or chargé d'vne aigle naissante de sable.

Bretagne.   *Catelan*, d'asur a trois porcs espy d'or.

Catelan, d'argent a six lozanges en bandes de Gueules.

Catarcy, de sable à deux espées d'argent passées en sautoir la pointe en haut, accompagnées de quatre croisettes de mesme.

Catillon, d'argent à l'escu en abysme de Gueules, soustenu de deux lyons affrontez de sable, au lambel en chef de trois pendans de mesme.

Catin, d'asur au heaume d'argent, au chef de mesme, chargé de trois merlettes de sable.

Catrenoue, d'argent a deux chevrons d'asur.

Catren, d'azur au chat contourné d'argent courant en barre, tenant vne souris de mesme.

Cavaillon, *Ville*, d'or au lyon de sable, armé & cour. d'or.

Cauchon, de Gueules au Griffon d'or.

Cauerel, d'argent à la bande fuselée de Gueules.

Cauerre, d'argent au lyon de sable.

Cauxdebec, de Gueules a trois escussons d'argent.

Cauffour, d'or a trois chevrons de Gueules.

Caulincourt, de sable au chef d'or.

Caumartin, burellé d'or & d'asur de dix pieces.

Cau-mesnil, gironné d'or & de Gueules, a la molette de sable, au giron du premier canton.

Caumont, tiercé en bande d'or de sinople & de Gueules.

Picardie.   *Caumont la Force*, d'asur a trois leopards d'or, cour. lamp. de Gueules.

Caumont, d'asur a trois estoilles d'or, l'escu semé de croix recroisettée de mesme.

Cauray, vairé d'argent & de gueules.

Cauret, d'argent a sept fusées de Gueules.

Cayet, d'or au lyon d'asur, armé, lampassé de Gueules.

Cazenoue, d'argent a deux chevrons d'azur.

Bretagne.   *Cazet Vautour*, d'azur a trois aigles d'or.

ceissay, d'asur à deux chevrons d'or, chargez de dix coquilles de Gueules, cinq à chacun.

cellier, d'asur au chevron d'argent, chargé de trois rozes de Gueules, accompagnées de deux estoilles en chef d'or, & d'vn croissant de mesme en pointe.

celles, d'hermines à la bande de Gueules.

cellier le Chenel, d'azur au lyon d'or, au chat de mesme, chargé de trois estoilles d'argent.

censay, d'asur a trois croissans d'argent.

Picardie.   *cenames*, d'or au lyon de Gueules.

Chabanes, de Gueules au lyon d'hermines.

Chablais, d'argent semé de billettes de sable, au lyon de mesme.

Chabœuf, d'or a la bande de Gueules.

Chabois, d'asur au lyon d'or a la face de Gueules, chargée de trois besans d'argent.

C

Chabot, d'or a trois chabots de Gueules posez en pal.

Chabot Ialeb, d'azur a trois fleurs de lys d'or, au chef d'argent, chargé d'vn lyon iffant de fable.

Chadenac, de Gueules au lyon d'or.

Chahuel, efcartelé le premier & quatre d'argent, a la face de Gueules, le deux & trois d'argent au lyon de Gueules.

Chailly, vairré d'argent & de fable.

Chaillet, de Gueules au chevron d'argent, accompagné de trois treffles de mefme.

Challais, d'argent a la croix niellée de fable.

Challamont, d'or a trois faces d'afur.

Chalant, d'argent au chef de Gueules.

Chalant, coupé de Gueules & d'argent, à la bande de fable.

Chalons, d'argent au chef de Gueules, a l'eftoille de fable, bronchant fur le tout.

Chalançon, efcartelé d'or & de Gueules, a la la bordure de fable, chargée de huict fleurs de lys d'or.

Chrlançon, de Gueules a trois teftes de lyon, arrachée d'or.

Chalenay, d'or au pillier d'azur, femé de larmes d'argent.

Chaifne, d'afur au chefne ayant les fueilles & glands d'or, au chef de Gueules, chargé de trois eftoilles d'or.

Chaleron, d'or a trois faces de Gueules emmanchée d'argent.

Chalin, d'argent a l'efcureau rampant de Gueules à la bordure de mefme, femée de fleurs de lys d'or.

Chaligault, d'azur a trois cypres d'argent.

Chalons, de Gueules a la bande d'or.

Chalons, d'azur a trois cercles d'or liez de mefmes.

Chalons, d'azur au chevron d'or, accompagné de trois efpics de mefme.

Chalonges, d'azur au lyon d'argent.

Chalonges, d'argent au lyon de fable.

Chalouzais, d'argent a la croix pattée de Gueules, cantonnée de quatre lyons de fable.

Chalus, d'azur au barbeau d'or mis en bande, femé d'eftoilles de mefmes.

Chaluet, de Gueules à la bande d'or, chargée de trois croifettes de Gueules, accompagnées d'vne tefte de lyon arrachée d'or, & d'vne quinte fueille de mefme en pointe, efcartelé d'azur a trois demy vols d'argent.

Chamaillar, vairré d'or & de Gueules.

Chambel, d'hermines au chef de Gueules, à la cotice d'afur, bronchante fur le tout.

Chambelle, d'or à trois chevrons abbaiffez de Gueules, brifée d'vne trangle de fable fur le tout.

Chambelay, d'argent a trois chevrons de Gueules, chargez d'vne face d'afur fur le tout.

Normandie. *Chamblais*, de fable a la croix d'argent, cantonnée de quatre fleurs de lys d'or.

Chambois, d'or à la ffeur de lys de Gueules.

Champagne. *Chambry*, de Gueules à trois coquilles d'or,

Chambort, de vair.

Chambolay, d'argent à trois chevrons de Gueules.

chambefaut, d'or party d'azur au filet de Gueules en bande.

chambouroier, d'afur à la croix d'argent, accompagnée de quatre fleurs de lys d'or.

chambon, d'afur à la tour d'argent.

chambon, facé d'or & d'afur de fix pieces.

chambourault Drou, d'or au lyon de fable.

chambre-Montfaureau, femé de fleurs de lys d'argent au lyon de Gueules couronné d'or fur le tout.

Dauphiné. *chambron*, d'or à la bande d'azur, chargée de trois cloches d'argent.

chambelant, d'argent à trois hures de fanglier, arrachée de fable.

chamble de Fillo, d'azur à deux pattes de griffon d'or.

chamblemy la Riuiere, de fable à la bande d'argent.

chamlinoult,

C

chamliuault Viouß, de Gueules à la bande d'or, accostée de six merlettes de mesme, trois en chef.

chamont, de Gueules au bras armé d'or, tenant vne banniere semée de France, le baston ou traict d'argent.

champagne, d'hermines au chef de Gueules.

champagne, d'asur à la bande d'argent, accompagnée de deux doubles cotices d'or, potencées & contrepotencées de treize pieces,

champagne l'Argentier, de Gueules a trois mains d'or.

champ-Diuers, d'asur au chevron d'or.

champeaux, bandé de huict pieces d'azur & d'or.

champost, d'or à la vache de Gueules, accornée & onglée d'argent.

champestiers, de vair à l'escusson en cœur de Gueules au chevron d'or.

champignereul de Germanvilliers de sable a trois lozanges d'argent.

champigneille, d'argent a trois fleurs de lys d'asur.

champierre, d'asur a l'estoille d'or.

champion, de Gueules au caualier armé d'argent, tenant vne espée en la main dextre de mesme.

champ-luisant, d'asur à huict estoilles mises en sautoir d'or.

champlite, d'asur au lyon d'or.

champ-lu, d'argent au lyon de sable couronné d'or.

champ Remi, d'argent à la bande de Gueules, accompagnée de six merlettes de sable.

champos, d'argent à la vache de Gueules.

champrou, d'asur au Griffon d'or.

champolant Macin, d'azur au chevron d'or.

champtarsier, d'asur à la croix d'argent, accompagnée de quatre fleurs de lys d'or.

champully, de Gueules a trois molettes d'esperon d'or.

chambalant, de sable au lyon d'argent.

chandée, d'asur à la bande d'or, accompagnée de six besans de mesmes, trois en chef & trois en pointe.

chandebœuf, party d'asur & d'argent à treize pommes de pin d'or, la queuë en haut.

chandieu, de Gueules au lyon d'or.

chandoel, d'argent à la barre de Gueules, accostée de deux cottices d'asur, au chef de mesme, chargé pe deux colombes affrontées d'argent.

changi, escartelé d'or & de Gueules.

chanal, d'asur à la bande ondée d'argent à deux lyons de mesme, l'vn en chef l'autre en pointe.

chandon Brieule, d'argent à la face de Gueules accompagnée de trois trefles d'or.

chalencey, d'or à la colonne d'asur, semée de larmes d'argent.

chanle, d'or à trois lyons de sable.

chanliuault, de Gueules à la bande d'or.

chans, d'or à trois chevrons de sable, accompagnez de trois annelets de Gueules.

chaua, de sable à dix besans d'or posez en orle.

chante-Merle la Clayette, d'or à deux faces de Gueules, accompagnées de neuf merlettes de mesme posez en orle, vn en chaque flanc, & trois en pointe.

chantiere ou Lestang, escartelé d'asur à deux levriers passans d'argent, au lyon de sable.

chapaton, de Gueules à la face d'or, chargée d'vn pal de sable, accompagné de quatre lyonceaux d'asur.

 chapaniere, d'asur au charbon de sable, accompagné de trois hures de sanglier de mesme.

chappelle-Bouesic, d'argent a trois arbres de sinople.

chapelle-Bonnier, d'argent à la face de Gueules, accompagnée de six roses de mesmes percée d'or.

chappellier, d'asur au chevron d'or au chef de mesme.

chappellier, face d'argent & de sinople de six pieces au chef d'azur, chargé de deux rinceaux de palme de sinople.

chappelin, d'asur au levrier d'or, au chef de mesme, chargé de 3. rozes de Gueules.

chappelle Valbise, d'afur au dragon d'argent, langué & aiflé de Gueules.
chaplaine Largentier, d'afur à trois chandeliers d'Eglife en pal d'or.
chappelle, d'afur au bœuf paffant de Gueules, accorné & onglé d'afur, au chef couppé de Gueules, chargé de trois aunelets d'or, & de trois eftoilles d'or.
chapputs d'Ache, d'azur a trois halebardes d'argent, au chef de Gueules.
chaponay, d'afur à trois coqs d'or mambr. barbez & becq. & creftez de Gueules.
chapronniere, de fable à la bande fufelée d'or de fix pieces.
Chaperon, d'argent à trois chaperons de Gueules.
Chapuy, d'argent au chef d'afur, chargé de trois rozes de Gueules.
Chapuifel, d'argent à trois rofes d'azur.
Charbonniere, d'argent à trois bandes d'afur, femées de charbons de Gueules.
Charbonniere, de fable au fautoir d'or, vne eftoille de mefme en chef & vne en pointe.
Charbonniere la Chapelle, d'argent, femé de charbons ardens de Gueules.
Charentonay, d'argent au fautoir de Gueules, accompagné de quatre alerions de fable.
Charenton, d'afur an lyon d'or.
Charlemont, d'or au fautoir engreflé d'argent, cantonné de quatre tourteaux d'azur.
Dauphiné.   *Charency*, d'azur à trois oyfeaux d'argent vollans en bande.
Charanfonay, d'argent au lyon de fable, chargé d'azur à la bordure engreflée de Gueules.
Charlieu, efcartelé d'argent & de fable.
Charle gault le Tortu Valliere, d'azur à l'efpreuvier d'argent, perchée de mefme, membrée & grillettée d'or.
Charlou, de Gueules à la face d'argent.
Poiſtou.   *Charlet*, d'or à l'aigle de fable.
Bourgongne.   *Charlet*, d'argent à l'orle d'afur.
Paris.   *Charlet*, d'azur au chevron d'or, accompagné de deux eftoilles en chef, & d'vn lyon en pointe de mefme.
Charle-Dac, facé d'or & d'azur de fix pieces, à la bordure de Gueules.
Charmely, de Gueulles à la face d'argent.
Charmoluc, de fable à trois barbeaux d'argent.
Charnée, d'azur à la bande d'or, chargée d'vne autre bande de Gueules.
Charnot, d'azur à deux chevrons d'or, accompagnez de trois rozes de mefme.
Charny, de Gueules à trois efcuffons d'argent.
Charno, de fable au lyon d'argent couronné de Gueules.
Charnot, de fable à deux chevrons d'or, accompagnez de trois rozes d'argent 2.1.
Charondor S. Ange, d'azur au chevron d'or, accompagné de deux eftoilles en chef, & d'vne rouë de mefme en pointe.
Charpentier, d'afur à la bande efchequée d'or & de Gueules de trois traits, accompagnez de deux licornes d'argent.
Charpey, d'or à l'aigle efployé de fable au chef d'afur, chargé d'vne croix encrée d'or mife en face vers la pointe.
Chartier, d'afur à deux perdrix d'argent fur vn tronc d'arbre.
Chaftenier-Roche, pofé d'or au lyon pofé de finople.
chaftigneraye, d'or à la croix de Gueules, accompagnée de quatre molettes de fable.
chaftaigneraye, d'hermines a trois faces de macles d'or, chacunes de deux entierez & deux demies.
chaftaigneraye, d'argent au lyon d'azur femé de fleurs de lys d'or.
chafaux, bandé d'azur & d'or de fix pieces.
chafaux-fommaife, d'azur au chevron ondé d'or, accompagné de trois glands de mefme au lambel de Gueules.
chafeon, d'or au chef emmanché de trois pieces de Gueules.
chaferon, de finople au dragon naiffant, armé, lamp. de Gueules, au chef emmanché d'or & d'azur de trois pieces.
chafteau-Briant Ancien, de Gueules, femé de pommes de pin d'or.

C

Bretagne. Chasteau-briant, de Gueules, semé de fleurs de lys d'or sans nombre.
Chasteau-brun, d'azur a deux leopards d'or.
Chasteau-brun Roche-perce, d'or au lyon posé de front de sinople.
Chasteau-dacy, gironné de Gueules & d'hermines de douze pieces.
Chasteau-dun, d'argent à trois croissans de Gueules au chef de France.
Chasteau-dun, lozangé d'or & de Gueules au baston en bande d'argent.
Chasteau-fort, d'azur à trois poings ou gantelets d'argent mis en bande.
Chasteau-fromont de breau-gay, de Gueules à la croix encrée d'or.
Bretagne. Chasteau-gal, de Gueules à trois chasteaux d'or.
Chasteau-giron, d'or au chef d'azur à la bordure de Gueules.
Chasteau-giron, vairé d'argent de sable, au baston de Gueules.
Chasteau-gontier, d'argent a trois chevrons de Gueules.
Chasteau-Martin, d'azur à la tour d'or, accompagnée d'vn auant mur de mesme.
Chasteau-morant, d'azur à trois lyons d'argent.
Limosin. Chasteau-neuf, de sable au lyon d'or,
Lyonnois. Chasteau-neuf, d'or à l'estoille de Gueules de huict rais.
Dauphiné. Chasteau-neuf, d'argent au chef de Gueules.
Chasteau-neuf, burellé d'or & d'azur de dix pieces, au lyon de Gueules, bronchant sur le tout.
Prouence. Chasteau-nef. d'azur à demy aigle d'argent.
Chasteau-neuf, l'Aubespine, *voyez Aubespine.*
Chasteau-neuf Lascaris, escartelé de Gueules, à l'aigle d'or & de Gueules, au chef d'or.
Chasteau-neuf, de Gueules aux rais de Soleil d'or.
Chasteau-neuf Beffroy, d'or & d'azur.
Chasteau-neuf, d'azur à trois tours d'argent.
Chasteau-neuf, d'argent, semé de tours & fleurs de lys sans nombre d'azur.
Chasteau-neuf m'oblige, d'azur a la tour ou demy-chasteau d'argent.
Chasteau-pers, d'argent au chasteau de trois tours d'argent.
Chasteau-Roux, d'argent à la tour crenelée de Gueules.
Berry. Chasteau Roche-bonne, de Gueules à trois tours d'or surmontée de trois autres de mesme, crenelées chacune de trois cœurs.
Chasteau S. Nazaire, d'or au chasteau sommé de trois tours de sable, surmontée en chef d'vne aigle d'asur.
Chasteau Thierry, d'azur au chasteau d'argent, sommé de trois girouettes d'or, accompagnées de trois fleurs de lys de mesmes.
Chasteau-vieux, d'azur a trois faces ondées d'or.
Chasteau-vieux, escartelé au premier & quatre d'azur, à trois faces ondées d'or, au deux & trois d'azur, à la fleur de lys d'or.
Chasteau-vieux, d'argent à l'escusson de Gueules, chargé d'vne coquille d'or.
Chasteau-vilain, gironné d'argent & de sable de huict pieces.
Chasteau-villain, de Gueules au lyon d'or, l'escu semé de coquilles de mesmes,
Chastelage, escartelé de Gueules & de sable.
Lorraine. Chastelar, d'or à trois chevrons d'azur, chargez de trois fleurs de lys d'argent.
Chastelet Dereuc, d'or au chef de sable.
Chastelain, d'azur au chasteau d'argent, girouetté de trois penonceaux de mesme.
Chastelier, d'or au chef de sable.
Chastelin, de sable au chef emmanché d'or.
Chastelier, de Gueules au bras mis en bande d'argent.
Chastenay, lozangé en pal d'hermines & de Gueules.
chastenay S. Vincent, d'argent au cocq de sinople, cresté, barbé & armé de Gueules, accompagné de trois rozes de mesmes, deux en chef & vne en pointe, boutonnée d'or.
chastelus, d'azur au lyon d'argent, couronné d'or.
chastelus, d'asur à la bande d'or.
chastelus, d'azur semé de billettes d'or à la bande mesme.
chastaigneraye, d'hermines au chef de Gueules.

C

Chastillon, d'or au lyon de Gueules armé de sinople.
Chastillon Berry, d'argent au chef de Gueules.
Chastillon Blois, de Gueules à trois pals de vair, au chef d'or.
Chastillon Chemillé, d'argent au lyon de sable.
Chastillon Chandieu, d'or à la croix engreslée de Gueules.
Chastillon Coligny, de Gueules à l'aigle esployé d'argent, couronnée d'or, mambré d'asur.
Chastillon S. Paul, de Gueules à trois pals de vair, au chef d'or, chargé de trois fleurs de lys, au pied coupé de Gueules.
Chastillon Dombes, party d'argent & de Gueules au lyon party de mesme de l'vn en l'autre.
Chastillon, de Gueules au lyon d'argent, tenant de ses pattes de deuant vn chasteau de mesme.
Chastillon Lucé, de Gueules de trois pals de vair, au chef d'or, chargé d'vne fleur de lys de sable.
Chastillon sur Marne, comme chappelle blais.
Chastillon sur Seine, de Gueules au chasteau d'azur, accompagné de quatre tours de mesme, maçonnée de sable, au chef de France, chargé de trois fleurs de lys d'or.
Chastillon Porcean, de Gueules à trois pals de vair, au chef d'or, chargé d'vne merlette de sable, au franc canton.
Chassagne, d'argent a trois bandes de sable, escartelé d'argent, à trois quintesfueilles de mesmes.
Chassrat, d'argent au sautoir endanté de gueules, accompagné de quatre billettes de mesmes.
Chasse-a Auuergne, de Gueules à trois aigles d'or.
Chasse paling, party d'or & de Gueules au lyon de sable sur le tout.
Chassin-court, d'argent à l'aigle couronnée de sable.
Chastres fourchault, d'or à la croix de Gueules.
Chastres, d'agent à trois croissans de sable.
Bretagne. Chatal, facé d'or & de Gueules à l'aigle d'argent, sur le tout, couronné de Gueul.
Chardon, d'azur a trois chats d'or armez de Gueules.
Chatte, d'or à la clef d'azur, mis en bande.
Chatte de Charpey, d'azur fretté de mesme de six pieces, au chef de mesme.
Chatou, de Gueules a trois iumelles d'argent au lambel de mesme.
Auuergne. Chauance le Chaual, escartelé d'or & d'azur.
Chauagnes, de Gueules a trois croissans d'or.
Chanars, d'or au lyon de sable.
Chauboussonnay, d'argent au lyon de sable, couronné d'asur, à la bordure engreslée de Gueules.
Bretagne. Chauches, d'argent a trois testes de loup, arrachée de sable.
Chaudriere, d'argent a trois chaudrons de sable.
chaudron, de sable a trois chaudieres d'or.
chauue, d'or a la face de Gueules.
chaulée, d'or a la colonne d'azur, semée de larmes d'or.
chaugny Blot, d'argent a cinq lozanges de Gueules, mise en face.
chauenes, de Gueules a trois quintes fueilles d'argent.
Chastenay, d'or a neuf lozanges de Gueules posées en pal.
chavigny Chasteau-Roux, d'argent a cinq hure en farée de Gueules.
chavigné le gris, d'or à la face de Gueules.
chavigny le Roy, d'azur a la bande de Gueules.
chaumery, d'azur à la bande d'or, accompagnée de sept billettes d'argent, quatre en chef & trois en pointe.
chaumet, d'or à trois feux ou brandons de Gueules.
chaumont Fourilles, d'or à la croix encrée de sable.
chaumont Ragny, d'argent à quatre faces de Gueules.
chaumont, d'argent à la face de Gueules, accompagnée de trois aigles de mesmes.
chaumont, d'or à sept bandes ou cortices de Gueules.

chaumont,

C

Aniou. Chaumont, vairré de fable & d'argent.

Champagne. Chaumont, party de Nauarre, au chef d'azur, chargé de trois fleurs de lys d'or.

Normandie. Chaumont, de fable à trois eftoilles d'or.

Chaunes, d'afur à trois lyons d'or.

Chauny, d'or a deux lozanges de Gueules.

Paris. Chaunes, d'azur au chevron d'or, accompagné de trois clouds de mefmes 2.1.

Chauffemoy, de Gueules à la face d'or.

Chauffonniere, de Gueules au fautoir d'argent, accompagné de quatre billettes de mefmes.

Chautrans, de Gueules à trois chevrons d'argent.

Chautret, d'or au chevron de Gueules, accompagné de trois treffles d'azur.

Chauureye, d'azur à trois croiffans montans d'or.

Chauuelin, de Gueules à trois molettes d'or.

Chauuel, de fable à trois merlettes d'or.

Aunis. Chazay *la Guette*, d'azur à la face d'or, accompagnée de trois eftoilles de mefmes.

Chef *de bois*, d'azur à trois teftes d'aigles, arrachée d'argent.

Ch maillard, chevronné d'or & de Gueules de huiçt pieces, le premier chevron pery en chef.

Aniou. Chemilly, d'or à l'orle de molettes de Gueules.

Chenau *Ribard*, d'argent à trois chevrons de Gueules.

Chenac burellé d'argent & d'afur, au chevron de Gueules, bronchant fur le tout.

Chenel, de fable a la bande d'argent.

Chenet *le Celier*, d'azur au lyon d'or, au chef de mefme, chargé de trois eftoilles d'azur.

Chenicon *Forgien*, d'afur à deux clefs d'or adoffées.

Chenu, d'azur à la croix engreflée d'or.

Cheneviere, d'argent au chevron de Gueules, a la bordure engreflée d'or.

Brye. Chepoy, d'or à cinq chafteaux ou creneaux mis en fautoir de Gueules.

Chermantray, de Gueules à la face viurée d'argent, acc. de trois rozes de mefmes.

Cheri, d'azur au chevron d'or, accompagné de trois quintes fueilles d'argent.

Niuernois. Chery, d'azur à deux lyons en chef & vne eftoille en abyfme, & en pointe vn chevron d'argent.

Charnel, voyez *Querounel.*

Sainçt *Cheron*, de Gueules à trois iumelles d'argent.

Cherpoy, d'or à l'aigle efployée de fable au chef d'azur, chargée d'vne croix en-erée d'argent.

Chenal *du Pleffis la Chapronniere*, de fable à quatre fufées d'or posées en bandes.

Cheffeleu, d'argent au lyon de fable, accompagné de trois molettes de mefme.

Chefne-laye, d'azur à deux leopards d'or.

Bretagne. Chefmes, efcartelé d'or & d'azur.

Chefnay, d'or à la bande de fable, chargée de trois pots à trois pieds d'argent.

Chefnaye, de fable à trois chevrons d'argent.

Chefne-Feron, d'afur à dix billettes d'argent.

Cheuallerie, de fable au cheual gay d'argent.

Cheuallerie, d'azur à trois molettes d'efperon d'or.

Bretagne. Cheuallerie, de Gueules au cheual effrayé d'or.

Cheualier *du Vignar*, de Gueules à la licorne couchée la tefte en bas d'argent, au chef d'azur, chargé de trois anellets d'or.

Cheualier, d'afur à trois chaudrons d'or.

Cheualier *des Prunes*, d'azur aux lacs d'amour d'or, accoftez de deux E à l'antique de mefme.

Cheualier, d'afur à vne tefte de licorne de Gueules, au chef d'afur de trois demy vols de fable.

Chevalier *Prefilent*, efcartelé au premier & quatre d'azur aux lacs d'amour d'or, accoftez de deux E à l'antique de mefme, au deux & trois d'argent, au lyon de fable fur le tout de Gueules, à la licorne faillante d'argent.

Cheualier, d'afur à trois oifeaux de Gueules.

Cheualier, d'afur au heron d'argent.

P

C

Cheuenar, de fable au fautoir d'argent, accompagné de quatre fleurs de lys d'or.

Cheuenon, d'azur à la face de Gueules, accompagnée de trois demie quintesfueilles de mefmes.

Chevreufe, de Gueules à la fleur de lys d'or.

Chevreufe, d'argent à la croix de Gueules, chargée de cinq molettes d'or, accompagnée de quatre lionceaux d'azur.

Chevriere fainct Maurice, d'argent à trois chevrons de Gueules, à la bordure engreflée d'azur.

Chevret, d'argent à trois cœurs de Gueules.

Chevronnaye, party d'argent & d'azur, au croiffant party de mefme de l'vn en l'autre.

Chezel, d'azur au lyon de fable, accompagné de trois molettes de mefme fouz les deux premieres pattes du lyon.

Chiel, d'or à la bande de de Gueules au lambel de trois pieces d'afur.

Chichon, d'azur au chien paffant d'argent.

Chifflet, d'azur au chevron d'or, accompagné d'vne couleuvre mordant fa queuë mife en chef.

Chigny, de Gueules au chevron d'argent, chargé de cinq hermines de fable.

Chini, d'or au fautoir de Gueules.

Chinon, d'azur à trois chafteaux d'argent & trois fleurs de lys d'or, deux en chef, accoftant vn chafteau, & vne en pointe, accoftée de deux.

Chipre Roque-beau, de Gueules à trois efcuffons d'or.

Chiri, d'or au fautoir de Gueules.

Chiri, burellé d'or & de Gueules de dix pieces, au lyon de fable, bronchant fur le tout.

Chisby Buffard, d'argent au chef emmanché de fable, chargé de trois quintesfueilles d'or.

Chiffe Varennes, d'azur à trois tours d'or maçonnée de fable.

Chiforet, d'afur au cerf d'or, accompagné de trois rozes d'argent, au chef d'azur, chargé de trois rozes d'argent fouftenuë d'or.

Chiverni, d'or à la croix d'azur, cantonnée de 4. ombres de Soleil de Gueules.

Chivron, d'azur au chevron d'or, chargé d'vn autre de Gueules, accompagné de trois chevrons d'or.

Bretagne. Choankaeranday, d'argent au cerf de Gueules.

cholet, d'argent à la croix de Gueules, cantonnée de quatre clefs de mefme.

choifi, coupé en chef d'or a trois pals de Gueules, la pointe efcartelée d'argent & d'azur.

chombert, d'or au lyon couppé de Gueules & de finople.

chomel, d'or a la face d'azur, chargée de trois tourteaux d'argent.

chomelen, d'azur a fix billettes d'argent, au fautoir efcartelé de Gueules.

Champagne. Choifeul, d'azur à la croix d'or, accompagnée de vingt billettes de mefmes

Chomelet, d'or à trois flames de Gueules.

Chontzain, de Gueules au chevron renuerfé d'argent.

Auuergne. Chourfe-malicorne, d'argent à la face de cinq pieces de Gueules.

Chotenot, d'azur à deux chevrons d'or, le deux furmonté d'vne eftoille d'argent, & en pointe vn croiffant de mefme, furmonté auffi d'vne roze d'or.

Choüars, d'argent à cinq faces de Gueules.

Choüe, d'argent à trois chous pommez de finople.

Choüars Bufanval, d'or au chevron d'afur, accompagné de trois molettes de fable.

Choüars, d'or au chevron d'azur, accompagné de deux merlettes de fable en chef, & d'vne givre de finople en pointe mis en pal

Bretagne. Chucheville, d'argent à l'aigle à 2. teftes, efployée de fable, mam. & becq. de Gueul.

Cicon, d'or à la face de fable.

Normandie Cincl, d'argent à l'aigle efployée a deux teftes de fable, memb. & beq. de Gueules,

Cheuelu, d'argent au chef de fable, endenté de trois pieces.

Cheueux, d'or à la bande de fable, chargée de trois croiffans renuerfez d'argent, efcartelé d'or au loup rampant de fable.

Cixoy, d'azur à deux levriers rampans, affrontez d'azur.

Cirier-neufchiles, d'azur à trois licornes d'or.

Cizé, d'afur a trois bandes d'argent, celle du milieu chargée d'vn lyon de Gueul.

Clais, efcartelé le premier & quatre lozangé en pal d'or & de Gueules, le deux & trois d'argent à la croix pattée de fable.

Clairvault, de fable au chef d'argent, chargé de deux molettes d'efperon de Gueules.

Cleret, d'or à deux clefs d'azur mifes en fautoir à vne croifette de Gueules en chef,

Mayne. *Clairaunay*, d'argent à trois licornes de fable.

Clary, d'argent à la face d'afur.

Clamecy, de Gueules à deux faces d'or, au chevron de de fable bronchant fur le tout.

Clanleu, d'argent au lyon de finople, efcartelé d'or à deux bandes de fable fur le tout d'argent au lyon de Gueules.

Claret Turchenu, d'argent à trois oifeaux de Gueules.

Claret, de Gueules à trois grillets ou fonnettes d'or.

Auuergne. *Claret*, d'azur à trois pelles d'argent 2.1.

Claret, d'azur à l'arc en ciel au naturel, accompagné de trois eftoilles d'or, en chef & vn Soleil fouz l'arc de mefme, efcartelé de Gueules au chafteau de trois tourelles d'argent, fouftenuës de deux griffons rampans de mefmes.

Clari, de Gueules à trois chevrons d'or au lambel d'afur.

Clari, d'argent à la face d'afur.

Clauefon, de Gueules à la bande d'or, chargée de trois clefs de fable.

Clauet, d'or à trois teftes de Mores de fable, liez de Gueules.

Claffi, de Gueules à trois pals efchequez d'argent & d'afur de deux traits.

Clafires, d'or à dix lozanges d'afur.

Clauffe Marchaumont, d'azur au chevron d'or, accompagné de trois teftes de leopards de mefme, ayant chacun vn anneau à la gueule.

Mayne. *Cleraunay*, d'argent a trois lyons paffans de fable.

Clerberry, facé d'or & de Gueules de fix pieces, à la bordure de Gueules, chargée de fix fers de cheual d'argent.

Clere-fontaine, d'or au chef de fable.

Clermont Alard, de Gueules a deux clefs adoffées d'argent, paffées en fautoir.

Clermont Galerande, d'afur a trois chevrons d'or, le premier rompu.

Clermont Lodeue, facè de fix pieces d'or & de Gueules, au chef d'hermines.

Clermont Neefle, de Gueules à deux bards adoffez d'or, femez de treffles de mefme.

Clermont en Baffigni, de Gueules au cerf d'argent.

Clermont, de Gueules a 2. bards adoffez d'or, femé de croix au pied fiché de mefme.

Clermont Tonnerre, de Gueules à deux clefs d'argent, adoffées & paffées en fautoir.

Clermont en Dauphiné, de mefme.

Clermont en Beauvoifis, de Gueules a la tour hercée & crenelée d'or, maffonnée de fable, au chef coufu d'afur femé de fleurs de lys.

Clermont Anjou, d'azur au chevron de trois pieces d'or.

Clermont Auuergne, d'afur a la croix plaine d'or, cantonnée de quatre fleurs de lys de mefme.

Mayne. *Clere*, d'argent a la face d'azur, diaprée d'or.

Clinchamp la Buifardiere, d'argent a fix pigeons de Gueules.

Cliffon, de Gueules a deux leopards d'argent.

La cliffe, de Gueules au chevron d'or, accompagné de trois coquilles oreillées d'argent, lignée de fable la bordure d'or.

Cliffon, de Gueules au lyon d'argent couronné d'or.

Clos du Chefnay, de fable a trois clouds d'argent.

Clos Gueufin, d'argent a l'arbre de finople, au franc canton d'hermines, chargé de deux haches de mefmes, adoffées,

Clocquier, de Gueules a trois chafteaux d'or, fommez de trois tours de mefmes.

Clugny, efcartelé au premier & quatre d'azur, a deux clefs d'or paffées l'vne dans l'autre en pal, au fecond & trois de Gueules au chef d'argent, chargé de trois coquilles de Gueules.

C

Clatin, d'argent au chef crenelé d'azur, chargé d'vne estoille d'or au costé dextre escartelé d'argent à trois faces viurée de Gueules, au baudrier de France en bande bronchant sur le tout.

Cochefilet, d'argent à deux lyons passans de Gueules, armez & couronnez d'or.

Bretagne. *Coet-langnon*, de Gueules à trois escus d'hermines.

Coesme, de sable a quatre fusées d'or mises en pal, accompagnées de six besans de mesme 3.3.

Cahen, d'or au lyon de Gueules.

Bretagne. *Coet-ame*, de Gueules à sept anelets d'argent 3.3.1.

Bretagne. *Coet-quenfan*, d'argent à vne quinte-fueille de sable.

Bretagne. *Coetenel*, d'hermines à huict lozanges de Gueules rangées en bandes.

Coagne, d'hermines plain.

Coatment, de Gueules à seize anneaux d'argent.

Coetlets, d'or à trois rozes de Gueules, à la teste de licorne en abysme de mesme.

Coetanefo Lefergué, de Gueules à trois espées d'argent, couchées en bandes, les pointes en bas.

Coetmur, d'argent a l'escusson de Gueules, accompagné de six croisettes d'asur en chef, deux en face & vne en pointe.

Coetgourheden Lomaria, de Gueules à la croix engreslée d'argent.

Coesme Lucé, d'or au lyon d'asur mouslé de Gueules, facé de vair & de Gueules.

Coesme Montauban, d'or au lyon d'azur couronné de Gueules.

Coesme Grisegault, de Gueules fretté d'hermines.

Coignet Croix-Fontaines, d'or à trois clouds de sable, au palmier de sinople.

Coetanfar, d'asur a vne fleur de lys d'or, cottoyée en pointe de deux macles de mesme.

Coequin, bandé d'argent & de Gueules.

Coiteran, d'asur à six besans d'argent, au chef d'or endenché de sable de trois pieces.

Bretagne. *Coitivi*, bandé d'or & de sable de six pieces.

Coetelle, de Gueules à vne teste de lievre couppée d'or au cœur de l'escu.

Colard, d'argent à l'estoille en chef, & vne teste de lyon arrachée en pointe de sable.

Colas Marolles, d'or au chesne de sinople, & au sanglier passant de sable sur vne terrasse de mesme.

Colas, de Gueules à trois aigles d'or 2.1. auec trois besans de mesmes 2.1.

Coluges, d'asur à la bande d'argent, chargée d'vn lyon de Gueules, au chef d'or chargé d'vne aigle esployée de sable.

Colbert, d'asur a vne couleuvre d'argent, la teste leuée.

Picardie *Colemberts*, d'argent au lyon de sable.

Coligny, voyez *Chastillon*.

Colin de cheuaux, d'azur a trois colonnes d'or mises en pal.

Cogne, voyez *can-d'or*.

Coliuet, d'or fretté d'asur.

Colibeaux Malles-mains, de Gueules a trois mains d'or.

Colones, de Gueules a vne colonne d'argent, sommée sur son chapiteau d'vne couronne d'or la base de mesme.

Colon, d'asur a trois colombes d'argent 2.1.

Picardie. *cologne de la Mothe*, d'or a la roze de Gueules.

combert, d'or a deux lyons passants d'argent.

combault Dartiere, d'argent a la levrette passante de sable.

combourcier du Terail, de Gueules à la bande d'argent.

combour, escartelé d'argent & de Gueules.

combladour, d'azur a trois chevrons d'or.

commercy, d'azur semé de croix recroisettée au pied fiché, au lyon d'argent.

comjean de Lange, d'argent a vne perle de sable, escartelée d'asur a trois boucles ou fermeaux d'or 2.1.

commeau, d'asur a la face d'or, accompagnée de trois canettes d'argent.

combort,

C

combort, efcartelé d'argent & de Gueules.

combault, d'or a trois merlettes de fable au chef de Gueules, brifé en la premiere partie de l'efcu de Bourbon, qui eft d'or au lyon de Gueules a l'orle de coquilles d'afur.

comminges, de Gueules a quatre ortelles paffées en fautoir d'argent.

comines, de Gueules au chevron d'or, accompagné de quatre coquilles d'argent.

comines, d'or a l'efcu en abyfme de Gueules, chargée d'vne croix de vair.

compeis, d'or a la croix de fable, chargée de cinq coquilles d'argent.

compiegne Ville, d'afur au lyon couronné d'afur, femé de fleurs de lys d'or.

compois, d'hermines au chef de Gueules, chargé d'vn aigle d'or.

condé Bourbon, de France au bafton de Gueules pery en bande.

cognet la Tuillerie, d'afur a deux efpées d'argent paffées en fautoir, la pointe en haut, accompagnées de quatre croiffans d'argent.

conan B leftan, d'afur a dix billettes d'or 4. 3. 2. 1.

conborn, d'argent au lyon de Gueules lamp. d'afur, mamb. b. de fable.

Guyenne.   *condon*, de Gueules a deux clefs adoffées d'argent.

conds, facé d'or & d'afur de fix pieces.

conforgion, d'afur a deux clefs d'or adoffées.

confignon, de fable a la croix d'or.

Mayne.   *conflans*, d'afur femé de coquilles d'or, au lyon de mefme, au bafton de Gueules en bande, bronchant fur le tout.

condy, party d'argent & de Gueules a trois annelets de l'vn en l'autre de mefme.

condey, d'afur a la fleur de lys d'argent.

conches, d'or a trois tourteaux de Gueules au lambel d'afur de trois pendans.

congnac, burellé d'argent & d'afur de dix pieces, les burelles d'argent, chargées de dix faucons de Gueules 3. 3. 3. 1.

conftantin, de fable a la bande d'or, accompagnée de fix croix recroifettées d'or au pied fiché 3. 3.

Paris.   *contain Pufignan*, lozangé d'or & d'afur.

conferans, d'afur a la campane d'argent bataillée de fable.

contay, de Gueules fretté d'argent, femé de fleurs de lys d'or.

Dauphiné.   *coppier*, d'afur au lyon d'or a la bordure d'argent, chargée de trois rofes de Gueul.

Dauphiné.   *coppier*, d'hermines au chef de Gueules.

Gafcongne.   *corace*, de Gueules a vn anneau d'argent, efcartelé d'or, a deux vaches de fable.

corbeuil, d'afur a la fleur de lys d'or, fouftenuë d'vn cœur de Gueules.

Picardie.   *corbie*, d'argent a la face d'afur, accompagnée de trois merlettes de fable.

corbigni, d'afur a trois corbeilles d'or.

cordes Aurois, d'afur a l'ours en pied d'argent tenant vn monde d'or.

cordiffe, d'afur a la face d'or, accompagnée de trois coquilles de mefmes.

cordieu, d'or a la bande de fable, chargée de trois molettes d'efperon d'argent.

cordon, efcartelé d'argent & de fable.

corbin Villarc-au, d'afur a trois corbins de fable, becquez d'or.

cormes, d'afur a deux lyons affrontez d'or.

Mayne.   *cormes*, d'argent a trois iumelles de fable.

Normandie.   *cormeilles*, d'or a la face de Gueules, accompagnée de trois tourteaux de mefme.

cormaillere, d'argent a la croix de Gueules, chargée de cinq mollettes d'or.

cormaille ou *cornuaille*, d'or au mouton paffans d'argent, au chef d'hermines.

cormes, d'argent a trois coquilles de Gueules.

cor, d'argent a vne chauue-fouris, efployée de Gueules, la tefte & les aifles d'or pofées de front.

cormieul, d'or a la face de Gueules, accompagnée de trois tourteaux de mefme.

cornon, d'afur a fix eftoilles d'or, trois en chef & trois en pointe, vn croiffant de mefme en abyfme.

cornillats, d'argent a trois corneilles de fable becqué d'or.

cornillon du Moyran, d'argent au lyon de Gueules, a la bordure dantelée de Gueules.

Dauphiné.   *cornillon la Baume*, de Gueules a la bande d'or, chargée de trois corneilles d'afur.

cornu, d'argent a la croix d'afur.

Q

C

Cornuaille, d'argent au croiſſant montant de Gueules, ſurmonté d'vn eſcu d'or à trois rourteaux de Gueules.

Cornuel, de Gueules à la croix couppée d'argent, eſcartelé d'azur au chevron d'or, accompagné de trois eſtoilles de meſmes, les eſcarts ſeparez d'vne croix d'argent, chargée en cœur d'vn levrier paſſant de ſable.

Cornulier, d'azur à la teſte de cerf d'or, ſurmontée en chef d'vne hermine d'argent.

Corpeaux, de Gueules à quatre faces d'or.

Cortebcr., d'argent à la fleur de lys d'aſur, à la bande de ſable, bronchante ſur le tout.

Corteville, d'argent à trois trompes de ſables liées de Gueules.

Coſſart, d'argent à la bande crenelée de Gueules & de ſinople de l'vn en l'autre, accompagnée de deux lyons naiſſans de ſable, ar. lamp. & cour. de Gueules.

Coſſé Briſſac, de ſable à trois fueilles de ſcies miſes en face d'or.

Coquelaire, d'aſur à trois beſans d'argent.

Coſſigny, d'azur à la bande d'or, chargée de cinq coſſes de pois de ſinople.

Coſqueren, d'or à vne corneille de ſable, becq. & mamb. de Gueules, ayant l'eſtomach outre-percé d'vne lance de meſme poſée en barre.

Cottin Puſigna, d'aſur à la face d'argent, accompagné de huiճt lozanges d'or.

Coſtal Iacquet, d'or au vol d'azur.

Cotte-Bonne, bandé d'or & d'aſur de dix pieces.

Cotereau, d'argent à trois lezards de ſinople mis en pal 2.1.

Cothardy, de ſable à deux eſpées paſſées en ſautoir d'argent les gardes en bas.

Cottebrune, d'aſur au ſautoir d'or.

Cotrel, de Gueules ſemé de fers de lances à trois pointes d'argent.

Coucaut, d'aſur au lyon d'or, ſurmonté de deux eſtoilles de meſmes en chef.

Picardie   *Coucy*, facé de vair & de Gueules de ſix pieces.

Coube, burellé d'argent & d'aſur de dix pieces, les burelles d'argent, chargées de dix faucons de Gueules.

Coudy, party d'argent & de Gueules à trois anelets de l'vn en l'autre.

Coudray, d'argent à la croix encrée de ſable.

Coudun, de Gueules à la face d'argent, à vne merlette de meſme en chef.

Couën, d'azur à deux bandes d'argent & ſept coquilles de meſmes.

Couditte, d'argent à trois fers de moulin de ſable 2.1.

Coulange, d'aſur à la bande d'argent, chargée de trois aigles de ſable.

Coulombiers, couppé d'argent & de Gueules.

Normandie.   *Coulombier*, party le premier pallé de ſix pieces d'or de Gueules, le deux d'argent au lyon de Gueules couronné d'or, à la bande de ſable, chargée de trois eſtoilles de huiճt rais d'or bronchants ſur le tout.

Coulombiers, d'azur à la croix encrée d'or, chargée de trois cocquilles de Gueules.

Coulon, de ſable au lyon d'or ſemé d'eſtoilles de meſmes.

Coüillard-ville, d'or au chevron de Gueules, accompagné de trois eſtoilles de ſable.

Coulance, facé d'argent & d'azur de ſix pieces.

Coulombier, d'azur au chevron d'or.

Normandie.   *Coulombiere*, de Gueules au chef d'or.

Dauphiné.   *Coulombier*, d'argent au ſinge de Gueules aſſis.

Bretagne.   *Coulombier*, de Gueules à ſept beſans d'or.

Coulombelle, d'azur au lyon d'or au chef de meſme.

Coulombier, d'azur au chef d'or chargé de trois coquilles de Gueules.

Coulée, d'argent au lyon de ſable, ar. lamp. de Gueules.

Brie.   *Coupeuraye*, d'argent à la croix dentelée de Gueules.

Courchy, d'azur fretté d'or.

Courlandon, d'or à trois roües de Gueules.

Courmeſnil, d'or a la face de Gueules à trois tours de meſmes.

Picardie.   *Courcelle*, d'or eſcartelé de ſable à cinq lyons d'or.

Courteſi, d'hermines à trois quintes fueilles de Gueules.

Courcelles, eſcartelé d'or & de Gueules.

Courmonſenes, d'argent à trois bandes de ſable, celle du milieu chargée d'argent.

Cournillon, d'argent au lyon de Gueules.

Courte-Iambe, eschequeté & escartelé d'argent & de sable, à deux cymeterres de Gueules mis en face l'vn sur l'autre, virolez & riuez d'or.

Courtin, d'asur à la face d'or accompagnée en chef d'vn croissant d'argent & en pointe, vn trefle de mesme.

Courtin, de sable au lyon d'argent, au chef d'or, chargé d'vn croissant de Gueules.

Courtenay, chevronné d'or & de sable de six pieces, au cartier d'or, chargé d'vn lyon d'argent ar. becq. & cour. d'or, chargé sur l'espaule d'vne mollette d'argent.

Courtenay, d'or a trois tourteaux de Gueules.

Courtenay la Ferté Lou-Pierre, de Gueules à trois besans d'or.

coursillon, d'argent a la bande lozangée de Gueules, au lyon en chef de sable.

cour-tramblay, facé d'or & de sinople de six pieces.

courtilles, d'asur à trois lozanges d'or a la roze d'argent en cœur.

courtin-Rosay, d'asur a trois roses d'argent.

coussi, d'argent à la barre engreslée de Gueules.

coustain Pusignan, d'asur à la face d'argent, accompagnée de huict lozanges d'or trois en chef & cinq en pointe.

coussin, d'asur à vne estoille d'argent en cœur, accompagnée de trois roses d'or.

cousas Marquin, d'asur a trois faces encrée d'argent.

cousinet, d'asur a vn roch deschecq d'argent, surmonté d'vn baston d'or pery en face, supportant deux colombes affrontées d'argent, entre lesquelles est vn croissant de mesme d'argent, couronné d'asur a trois escussons d'or.

couturier, de Gueules au lyon d'or.

coutier Flavigny, de Gueules à la face d'argent, accompagnée de trois testes de leopards d'or.

coutay, d'or à la bande fuselee de sable.

courvalon, de sable à trois faces d'or.

couuran, d'or à trois estoilles d'asur de huict pointes à la bordure d'asur, chargée de sept macles d'or.

couvelars, d'argent au lyon d'asur ar. lamp. de Gueules.

craon, lozangé d'or & de Gueules.

crappado Beffroy, d'or & de Gueules.

craponne de Salou, d'or au chasteau de sable à deux tours iointes d'vn entre mur crenelé penchant en bande, sur lequel fond vne aigle de mesme.

Prouence.   *crantz*, de Gueules au chappeau de rozes blanches fueillez de sinople.

creance du Bouillé, d'argent à la face de Gueules, accompagnée de deux faces en deuise de Gueules, l'vne dessus, l'autre dessous.

creil, d'argent au chevron d'or, accompagné de trois clouds ou lozanges d'or.

crecy, de Gueules a trois pals de vair, au chef d'or, chargé d'vne merlette de sable au franc canton.

Brye.   *Crecy*, de Gueules à la bande d'or, chargée de flames au naturel, accompagnées d'vn estoille d'argent en chef.

Cremailles, dit *sainct Supplaix*, d'asur a vne face d'argent, chargée de trois hermines de sable, accompagnée de trois estoilles couronnées d'or 2.1.

Cremainville, d'asur au chef d'or a deux tourteaux d'azur & vn besan d'or.

Crequi, d'or au crequier de Gueules.

Crespin, fuselé de Gueules & d'argent.

Prouence.   *Crenan*, d'argent à deux hallebardes de Gueules en pal.

Creston Destournel, de Gueules a la croix frettée d'argent.

Cremeaux, de Gueules a trois croix trefflées au pied fiché d'or, au chef d'argent, chargé d'vne onde d'asur.

Crenesay, d'asur au chevron d'or, accompagné de trois estoilles de mesmes, au chef d'argent.

Crequrot, d'argent a trois tours crenelées de Gueules.

Prouence.
Valloif.   *Cresonsart*, de vair au lyon de Gueules.

Crespy Ville, d'or au lyon leopardé de sable.

Crespin du Gast, d'asur au chevron d'or, accompagné de trois pommes de pin de mesme.

Greully, d'argent au sautoir denchée de Gueules, chargée de cinq tourteaux d'or.

Creully sainct Quentin, d'argent a trois lyonceaux de Gueules, au baston de mesme.

Creux, d'afur a la croix d'argent, le premier canton lozangé d'or & de fable.

Creuſi, dit *Marcillac*, d'or a trois rozes de Gueules.

Creſpi, d'argent au tygre de fable, au chef de Gueules.

Creuant, d'argent eſcartelé d'afur.

Creſque, d'afur à trois tierces d'or au chef de mefme.

Bourgongne.   *Creue-cœur*, de Gueules à trois chevrons d'or.

Crique-bœuf, burellé d'argent & de Gueules, à trois cocquilles de fable, & vne quinte fueille de mefme en chef.

Criſegault de Coeſme, de Gueules fretté d'hermines.

Creſſe, de Gueules à deux iumelles d'argent, au chef eſchequé d'argent & d'afur.

Criſpy, d'or au lyon leopardé de fable.

Crochie, burellé d'argent & de Gueules à trois cocquilles de fable.

Croilli, d'or a trois lyons de Gueules.

Croiſilles, de fable à trois croiſſans d'or.

Croiſilles, de fable à trois croiſettes recroiſettées d'or.

Normandie.   *Croiſilles*, vairé d'or & de Gueules de quatre pieces.

Croix-Chevriere, d'azur à vne teſte & col de cheual armé, au chef couſu de Gueules, chargé de trois croiſettes aliſée d'argent.

Croiſelle, de fable à fept croiſſans d'or.

Croix-Fontaine, d'or à trois clouds de fable, au milieu vn palmier de quatre branches.

Croce, d'azur à la face d'or à deux croiſettes d'argent en chef, & vne eſtoille en pointe d'or.

Croſce, d'afur à dix billettes d'or au canton de Gueules à l'eſpée d'argent miſe en pal.

Croſne Chaligault, d'afur à deux cygnes d'argent.

Cronville, d'argent à la croix engreſlée de Gueules.

Croy Renty, d'argent, à trois haches, ou doloires fans manches, addoſſées de Gueules.

Croix, d'afur à trois cottes d'argent, accompagnéss de fix cocquilles de mefmes en croix d'argent à trois hermines de fable, paſſées en palmier, facées d'or & de fable de fix pieces.

Croüy, party le premier d'azur à trois faces de Gueules, le fecond vairré & au chef de Gueules.

Crouial, d'azur à trois papillons d'or.

Crouſſet, d'argent a trois heriſſons de Gueules.

Crouſtes, d'argent à trois aigles eſployées de fable.

Cruſſol, facé d'or & de finople.

Cruna, d'or à cinq fueilles de figuier au fautoir de finople.

Cuetier, d'argent à trois treffles de finople.

Cacurieu, de Gueules au chef d'argent à la face ondée d'afur.

Cucuret de Neſle, d'argent à trois cœurs de Gueules.

Cugnac de Balſac, eſcartelé au premier & quatre d'afur à la bande d'or, accompagnée de deux fleurs de lys de mefme, vne en chef & l'autre en pointe, au deux & trois d'azur à trois fautoirs aliſez d'argent au chef d'or, chargé de trois fautoirs d'afur.

Cujas, d'or a trois faces de fable.

Cuiſé, d'argent à la croix engreſlée de Gueules.

Cuillette, d'azur au chevron d'argent.

Cuilly, d'afur au chef d'or.

Culant, d'azur femé d'eſtoilles d'or au lyon de mefme.

Berry.   *Culetot*, d'or au lyon de Gueules colleté d'argent.

Normandie.   *Cumiere*, d'argent a vn eſcuſſon chargé d'vn lyon d'or à l'orle de 8. hermines.

Caupif, d'argent a trois treffles de finople.

Curce, de Gueules a trois fuſées d'or peries en bande.

Cuſaule, d'or à l'aigle de Gueules.

Cuſenant, d'afur à la tour d'argent auec fon auant-mur de mefme.

Curſé

C

Cuſſé Bourg-neuf, d'argent au ſautoir de ſable, au franc canton de Gueules, chargé de deux poiſſons d'argent mis en face l'vn ſur l'autre.

Cuſeau, d'argent à trois chevrons de Gueules.

Cuſſet, de Gueules au bras dextre d'argent mouuant, d'vne nuë ombrée d'aſur,
tenant vne eſpée d'argent, la garde d'or, ſupportant vne couronne de France
fermée d'or.

Bourbonnois.   *Cuſſi*, d'or a la face ondée d'aſur, accompagnée d'vn huchet de ſable lié de Gueules en pointe.

Cuſi, d'argent au cor de ſable, lié de Gueules, eſcartelé d'or à l'aigle de ſable.

Cuſigny, de Gueules a la face d'argent, chargée de trois eſcuſſons d'azur.

Cuſillac, d'argent a la croix de Gueules, chargée de cinq cocquilles d'or.

Picardie.   *Cuſtrelle*, d'argent a l'eſpée de ſable en bande.

Cuynes-Ribaut, d'or au lyon de ſable à la cotice de Gueules, chargée de trois eſtoilles d'argent.

Cygny, de Gueules au cygne d'argent mambré, becq. de ſable.

Cyhes, d'or au lyon de Gueules a la bande de ſable, chargée de trois cocquilles
d'argent.

Cyray, d'or a la croix encrée de Gueules.

D

D*ACHE*, porte de Gueules à deux haches adoſſées d'or.

Daghé, porte d'argent au ſautoir de Gueules, chargé de quatre beſans
d'or.

Dagorne, de Gueules au cor de chaſſe lié en ſautoir, pendu a vne eſpée en pal, la
garde en ſautoir d'or.

Dagneres, eſcartelé au premier & quatre d'azur à l'arbre d'or, au deux d'argent
au ſanglier de ſable, au trois de ſinople à la burelle d'argent, au quatre de
Gueules a quatre tours d'or.

Aniou.   *Daillon du Ludes*, d'or a la croix engreſlée d'argent ſur le tout.

Daillieres, coupé d'argent & d'or au lyon d'azur.

Daligres, d'aſur a cinq faces d'or ſurmontée en chef de cinq eſtoilles de meſme.

Dalbert, d'azur a quatre chaiſnes poſées en ſautoir & paſſées dans vn anneau en
cœur, le tout d'argent.

Dalexandre, d'argent a l'aigle a deux teſtes de ſable, ſur chacune vne fleur de lys
de Gueules.

Prouence.   *Dalon-Becquerens*, de Gueules a deux lyons affrontez d'or.

Bourgongne.   *Damages*, d'argent fretté de ſable au chef de Gueules.

Goelle.   *Dammartin*, facé d'argent & d'aſur de ſix pieces.

Dammartin, de ſable a la croix d'argent.

Dammanes, de Gueules a l'eſtoille d'argent, au chef d'or, chargé d'vn lyon de
ſable.

Prouence.   *Damiens*, de Gueules a l'eſtoille de huict rais d'or au chef de meſme.

Damoucourt, de Gueules au ſautoir d'or.

Damozé, de Gueules a trois cocquilles d'or.

Damoſe, d'argent fretté de ſable au chef de Gueules.

Dampierre, d'argent a trois lozanges de ſable.

Dampierre, de Gueules à deux clefs d'or paſſées en ſautoir au poinct d'honneur
& vne fleur de lys d'or en chef.

Dampierre, d'azur a deux baſtons noüeux mis en chevron d'or.

Dampierre, de Gueules a deux leopards d'or.

Dampierre Lieramont, d'or a la face de Gueules, accompagnée de trois tourteaux
de meſme mis en chef.

Danleſſy, de ſinople au lyon d'or.

Danché, d'argent au lyon de ſable.

Danes-marty, d'or au chevron de Gueules, accompagné en chef de deux teſtes
de loup de ſable, & en pointe d'vne roze de Gueules.

Bourgongne.   *Danoye*, d'argent a trois lozanges de Gueules.

R

Bourgongne. Dandelot, de Gueules femé de fleurs de lys d'or.

Dandelot, efchequé d'or & d'azur au lyon de Gueules, bronchant fur le tout.

Dandrie, d'argent au double tres-cheur de Gueules, remply de trois aigles de fable.

Daniel, d'azur au chevron d'or, accompagné de trois artichaux de finople, fueillez de deux fueilles de mefmes.

Danneval, pallé d'or & d'azur au chef de Gueules, chargé de trois merlettes d'argent.

Poictou. Danthon, de Gueules à l'aigle d'or, couronnée & mambré d'argent.

Dantrehan, de Gueules à la face d'argent, chargée de trois fleurs de lys d'afur.

Daqueau, d'azur au chevron d'or, accompagné de trois rozes de mefmes.

Darbonnay, d'argent à la face de fable.

Darcy, de fable à trois aigles d'or.

Darcy Monceaux, efchequé d'or & de Gueules.

Dargilliers-Dufay, d'or à la face de Gueules, accompagnée de trois treffles de mefmes.

Dargils, d'or à l'orle de merlettes de mefme.

Picardie. Dariens, de Gueules au rouvre ou chefne de finople, fouftenu d'vn lyon d'or, accompagné d'vne rouë qui femble tourner derriere le tronc de l'arbre de mefme.

Darpo, couppé, efclopé d'afur fur Gueules.

Darmel, d'afur au chevron d'or, accompagné de deux eftoilles en face, & d'vne larme en pointe de mefme.

Darvilliers, d'or a l'aigle d'afur, mambré, becq. de Gueules.

Daubigny, d'argent à la face de Gueules, chargée de trois befans d'or.

Daubray, d'argent à trois treffles de fable, au croiffant de Gueules en cœur.

Picardie Dathie, d'argent à trois faces de fable à la bande de Gueules, bronchante fur le tout.

Dautruy, d'argent à trois lozanges de Gueules mifes en bandes.

Dauoir, d'argent au lyon d'azur au lambel de Gueules.

Dauphiné de Viennois, d'or au dauphin pafmé d'azur oreillé de Gueules.

Dauphin d'Auuergne, d'or au dauphin pafmé d'afur.

Dauphin de Foreft, de Gueules au dauphin d'or.

Dauuet des Marets, efcartelé de S. Simon, party de Vermandois, au deux de la Trimoüille, au trois de Montmorency, au quatre de Sarbruche, fur le tout bandé de Gueules & d'argent de fix pieces, la premiere bande chargée d'vn lyon de fable.

Deagen, d'argent à l'aigle a deux teftes de fable, chargé fur l'eftomach d'vn efcu d'azur femé de France.

Deanimes, de Gueules au mouton rampant d'argent.

Deauuille, efcartelé d'argent & de fable au chef d'or, chargé d'vn lyon naiffant de Gueules.

De Bar-pierre, d'azur a deux bards adoffez d'or, femé de croix recroifettées au pied fiché de mefme.

Auuergne. De Beffe, efcartelé au premier & quatre d'afur, au lyon d'argent, armé, lamp. & & cour. d'or, au deux & trois alifez d'afur.

Bretagne. De Bon, d'azur à la croix couppée d'argent.

De Blaife-marbœuf, d'azur a trois treffles d'or.

De Bras, de Gueules au bras d'argent, tenant vne efpée nuë de mefme.

de Broffard, efcartelé au premier & 4. d'afur à vn poing ganté d'argent mouuant du cofté fenextre, fupportant vn Autour de mefme, mambré & becq. de Gueules, accompagné de trois fleurs de lys d'or, chacune fouftenuë d'vne moucheture d'hermines de mefme, au deux & trois de fable a trois faces d'argent, fur le tout de fable au chevron d'or, accompagné de deux befans d'argent en chef, & d'vne molette d'or en pointe; C'eftoit les Armes de Meffire *Gaultier de Broffard*, braue & vaillant Capitaine fouz le Roy *Charles VII.* qui euft l'honneur (auec plufieurs autres grands Seigneurs) de commander l'armée d'iceluy contre les Anglois, lefquels furent chaffez de la ville de Montigny l'an 1426. duquel auffi font iffus Meffieurs *de la Nôue, de Bipreuil, Mont-Remy, Breuault, Gros-Mefnil, Fredeval, des Annettes, & de Fauerolles,* laquelle famille eft telle-

D

ment multipliée, qu'il s'en trouue à present, non seulement en Normandie,
Picardie, Champagne, & autres prouinces de cét Estat, mesme s'estend iusques en Allemagne.

de Bugnons, gironné d'argent & de Gueules de dix pieces.

de Burg, d'asur à deux espées d'argent, passées en sautoir, les gardes d'or.

de Bury, facé d'or & d'azur de huict pieces,

de Caën, d'azur a trois testes d'enfant d'or 2. 1. au croissant d'argent entre les deux en chef.

de Calonges, d'argent a trois merlettes d'asur.

de Cambray, de Gueules à la face d'argent, potencée & contrepotencée d'azur, chargée de trois loups rauissans de Gueules.

Bresse. *de Canais*, de Gueules semé de fleurs de lys d'or, à la bande d'azur, bronchant sur le tout.

de Carville, d'argent fretté de sable.

de Cares, d'or au cygne d'argent, accompagné en chef de trois estoilles d'or.

de Cassin, de Gueules a deux bastons nouez d'or, passez en sautoir en flanc deux cygnes affrontez d'argent.

Bourgongne. *de Chavennes*, de Gueules à trois croisettes d'or.

de Chattes, d'azur à la fleur de lys d'or, escartelée de Gueules, à la fleur de lys d'argent.

de Chaumelies, d'or au chef de Gueules, chargé de trois fleurs de lys d'or.

de Clercleron, de Gueules à la croix pattée d'or, cantonnée de quatre croisettes pattée de mesme.

de Cernes, d'or à l'arbre de sinople.

de Coqes, dit *Pontigny*, de Gueules au chevron d'or.

de Conigan, ou *Cangé*, escartelé au premier & quatre d'argent, à l'estoille de sable, au deux & trois d'asur à trois boucles ou fermails d'or.

de Costes, de Gueules à trois costes d'hommes d'argent posées en face.

de Corsan, d'azur au chevron d'or, accompagné en chef de deux glands de mesme en pointe d'vne roze surmontée d'vne estoille aussi de mesme.

de Courcelles de Boisselans, de Gueules à la face d'or à trois estoilles de mesmes en chef.

de Creil, d'azur au chevron d'argent, chargé de trois mollettes de sable.

de Cucuhgnay, d'argent au chevron d'azur, accompagné en chef de deux estoilles de mesmes.

de Creil, d'azur au chevron d'or, accompagné de trois cygnes de mesmes, au chef de Gueules, chargé d'vn leopard d'or.

de Faltens, de Gueules à l'aigle d'argent au vol esployé, chaque aisle brisée d'vne roze de Gueules.

de Fergues, d'or au pot de sable.

d'Effiat Ruzé, de Gueules au chevron ondé d'argent & d'azur, accompagné de trois lyons d'or.

de Despence, de Gueules au chevron d'or.

de Despences, de Gueules à trois chevrons d'or.

de Dortan de Chaume, de Gueules à trois croissans d'or.

de Drée, de Gueules à cinq merlettes d'argent, trois en face & deux en pointe.

de Flotes, de Gueules au lyon d'or.

de Fours, d'azur a la croix dantelee d'or.

de Galles, d'argent a la bande fuselée de Gueules.

de Geay, de Gueules au lyon d'argent a trois canettes de sable.

de Giues, d'azur au chevron d'or chargé de cinq annelets de Gueules.

de Gons, d'argent au lyon de sable.

de Gretz, d'argent au dragon de Gueules.

de Hames, vairé d'or & d'azur.

de Iean, d'azur a l'aigle esployée d'argent.

de Lagny, d'asur a trois quintes fueilles d'or & sept billettes de mesmes posées en chef, vne au point d'honneur & trois en pointe mise comme les quintes-fueilles.

D

de Lange, de Gueules au chevron d'or , chargé d'vne teste de More , tortillée de Gueules accomp. en chef de trois croissans d'argent & deux en pointes.

de la Pierre, d'argent à trois aigles de sable.

de la Souchiere, de Gueules au chevron d'or , chargé de cinq estoilles d'asur, accompagné de trois cocquilles d'argent.

de la Saufaye, d'argent a trois faulx de sinople.

d'Elbœuf, voyez *Lorraine*.

Delbene, d'asur a deux bastons fleurdelisez d'argent passez en sautoir.

Debiere Toiaré, d'argent a la bande de Gueules, chargée de trois coquilles d'or.

de Lestre, d'argent à l'orle de huict merlettes de sable.

de Lestang , d'asur au rocher d'argent.

de Lyonne, de sable au lyon d'argent, ar. lamp. de Gueules.

de Lingendes, d'asur a trois glands d'or.

de l'Isle, de Gueules a la bande d'or, accompagnée de sept molettes de mesme.

de Lorges, de Gueules au sautoir d'or, accompagné de quatre merlettes de mesme.

de Lor, de sable au lyon d'argent armé de sinople. — **Champagne.**

Delphin destriac, d'azur à l'espée d'argent, la garde d'or à vne balance en esquilibre de mesme.

de Lucé, d'or au lyon d'asur.

de Luc, d'azur au brochet d'argent posé en face à l'estoille d'or en chef. — **Poictou.**

de Marle, d'argent à la bande de sable, chargée de trois molettes d'argent.

de Mesle, d'argent a sept croix pattées de Gueules 3.3.1. à trois besans de sable en face. — **Poictou.**

de Mesle des-Morelles, d'or à trois fers de fleches de sable.

de Menou, d'or à la bande de Gueules.

de Mesme, d'argent au chevron de Gueules, accomp. de trois merlettes de sable.

de Meun, d'azur au chef d'or , chargé d'vne fleur de lys de sable.

de Mets , de Gueules a deux leopards d'or au lambel d'azur.

de Milly , de sable au chevron d'argent. — **Gastinois.**

de Mont, d'argent à deux anelets de Gueules en chef & vne clef en pointe de mesme posée en pal. — **Perigord.**

de Mucie , d'azur à la croix fleuronnée, au pied fiché d'or, supportant vn cœur de mesme.

de Nets, d'azur au chevron d'argent, chargé de trois hermines, accompagnées de trois roses d'or.

de Neubourg , d'or a trois merlettes d'or.

de Neuville , de Gueules a trois faucons d'argent, becq.& mam. d'or.

de Niau, d'azur a la face d'or, accompagnée de deux cœurs d'argent en chef, & d'vn croissant de mesme en pointe.

de Ponsot, d'azur a la face d'argent frettée de sable, accompagnée de trois besans d'argent, les deux en chef affrontez a la bordure de Gueules.

de Ponat, d'or a trois testes de lyon arrachée d'or.

de Queuleu, d'argent au rinceau ou branche de laurier de sinople, la queuë & la tige de mesme.

de Ray , de Gueules aux rais d'escarboucle d'or , pommettez & fleuronnez de mesme. — **Bourgongne.**

de Refuge, d'argent a deux faces de Gueules, à deux serpents affrontez, ondoyant en pal d'azur.

de Rié, d'asur a l'aigle d'or.

de Ris, de Gueules au pied de griffon d'or, escartelé d'argent au bœuf effrayé de sable. — **Bourgongne.**

de Roche, d'or à l'aigle de sable.

de Rougemont, de Gueules au lyon d'or.

de Saix , escartelé d'or & de Gueules.

de S'affre, de sable a la bande eschequée d'or & de Gueules de deux traits.

de Sailly, de Gueules à l'orle de huict merlettes d'argent.

de Saline, pallé d'argent & de Gueules de six pieces à la croix niellées de Gueules au chef d'or, chargé de trois cocquilles d'azur.

de Salornay,

D

Bourgongne. De *Salornay*, quatre points d'or equipolez a cinq de Gueules.

De *Salinart*, coupé d'argent & de fable, a la bande dantelée de l'vne en l'autre.

De *Serres*, efcartelé au premier & quatre d'argent au chevron d'afur, chargé de trois eftoilles d'or, accompagné de trois treffles de finople, au fecond & trois de Gueules, au lyon d'or.

Des *Barres*, lozangé d'or & de Gueules.

Des *Barres-Ruffé*, d'azur à la face d'or, chargée d'vne eftoille de Gueules.

Des *Baux*, de Gueules a l'eftoille de feize rais d'argent.

Des *Bauues*, d'argent à la croix de fable, chargée de cinq cocquilles d'or.

Des *Brieux*, d'argent à trois tourteaux de fable.

Des *Broyes*, d'afur à trois broyes d'or attachées à des filets paffez en fautoir.

Des *Buatz*, d'argent à la band de Gueules, accoftées de 6. merlettes de mefmes.

Defcamin *Launay*, d'azur à trois cors de chaffe enguichez & virolez d'argent.

Defcars *Merville*, de Gueules au pal de vair.

Des *Champs*, d'argent à trois chevrons de fable, accompagnez de trois tourteaux de finople.

Des *Champs*, d'or a trois chevrons de fable.

Des *Cordes*, de Gueul. à 3. chevrons d'or, celuy du chef brifé d'vn croiffant de Gueu.

Des *Cornes*, d'or au chevron de Gueules, & vn double tres-cheur de finople, chargé d'vn fautoir de Gueules, bronchant fur le tout, furchargé en cœur d'vn efcuffon Geules à la bande d'argent.

Defcures, d'azur à deux chevrons d'or, accompagnez de deux eftoilles de mefme en chef, & d'vn croiffant en pointe, fouftenant vn feu de Gueules paffé entre les deux chevrons & chargeant le premier.

des *Defers*, emmanché d'argent & de fable, le chef dargent chargé de cinq cocquilles de fable.

Champagne. des *Dormans*, d'azur à trois teftes de leopard d'or lamp. de Gueules.

Normandie. des *Effars*, de Gueules au chevron d'or.

des *Effars de Montagne*, d'azur femé de treffles d'or à vne pate de lyon de mefme bronchante fur le tout.

des *Efchelles*, de Gueules à trois faces d'argent.

des *Foffez*, de Gueules à deux lyons adoffez & paffez en fautoir, armez & lamp. d'argent.

des *Foffez*, d'argent fretté de Gueules.

des *Gardes*, d'argent à la face de Gueules, accompagnée de trois anneaux d'azur.

des *Hayes*, d'afur à trois hayes d'or morte, mife en face.

Mayne. des *Hayes*, d'or au chevron de Gueules, accompagné de trois grappes de raifin d'azur.

des *Loges*, d'afur a cinq fleurs de lys d'or en fautoir.

des *Loges Harengeres*, d'azur au lyon d'or a la bordure camponée d'argent & de Gueules.

Dauphiné. des *Murinets*, de Gueules au lyon d'or.

des *Ormes*, bandé d'argent & de Gueules de fix pieces.

Defpinay, d'azur a deux eftoilles d'or en chef & vn croiffant d'argent en pointe, fouftenu d'vne efpine de trois branches de mefme.

des *Plans-Grimault*, d'azur au vol d'or, au chef de mefme, chargé d'vn croiffant de Gueules, accofté de deux eftoilles de mefmes.

Defpaiffes, d'argent a la la bande d'afur, chargée de trois licornes d'or.

Des *Portes Bouillies*, d'afur à la bande d'argent, accompagnée de deux croix de mefme.

Defpoftat, d'azur au pot a deux ances d'or, duquel fortent trois lys de mefmes, fueillez d'or.

Niuernois. Des *prez*, d'afur au chevron d'or, accompagné de trois cocquilles d'argent.

Picardie. Des *Prez*, d'argent à trois molettes de fable, au chef de mefme, chargé de trois bandes d'argent.

Des *Preaux*, d'argent au lyon de Gueules, au chef de fable.

Defprit-Fayelle, d'or à la face d'azur, accompagnée en chef de deux cœurs de Gueules, & en pointe d'vn croiffant d'azur.

S

D

Des *Roches*, d'argent au chevron de Gueules, accompagné de trois cloches de
sinople.

Des *Roches*, d'argent à la bande fuselée sans nombre de sable, à la bordure de
mesme, chargée de huict besans d'or.

des *Sales*, d'or à trois tours de Gueules posées en pal, soustenuë d'vn rocher de
sinople.

Des *Serpens de Boudras*, d'or au lyon d'asur, couronné de Gueules.

Desire, d'asur à trois chevrons d'or, accomp. de deux estoilles de mesmes en chef.

Destaing, de France au chef d'or.

Destours, dit *Fleurs*, lozangé d'or & de sable.

Destrades, d'azur à l'arbre d'or, soustenu d'vn tige d'argent moucheté de sable.

des *Vignes*, d'argent à la face de Gueules, chargée de trois besans d'or, accompagnez de sept merlettes de Gueules, au lambel de cinq pendans d'azur.

Deuures Moulans, d'argent à la bande de Gueules, chargée de 3. estoilles d'or.

de *Theligny*, de sable à la bande d'argent.

de *Thez*, d'argent à deux faces d'azur.

de *Thou*, d'argent au chevron de sable, accompagné de trois mouches de mesme.

de *Thou*, d'argent a la bande de Gueules, chargée de trois fleurs de lys d'argent.

de *Valles du Mesnil*, d'asur a la l'arbre d'or, au cerf gisant de mesme, au chef
d'argent.

de *Vaux Leuore*, coupé de sable & d'argent, au lyon couronné de mesme de l'vn
en l'autre, ar. camp. d'or.

de *Vaux*, d'argent à l'aigle de Gueules sur vne montagne de sable.

de *Vaux*, d'argent à la montagne de sable, supportant vn aigle de Gueules.

de *Vaux*, d'argent au chevron d'or, accompagné de deux estoilles de mesmes en
chef, vne en pointe, surmontant vn croissant d'argent.

de *Vendoresse*, d'or a quatre pals de Gueules au cheuron d'or bronchant sur le tout.

<table><tr><td>*Bourgongne.*</td><td>de *Vere*, dit *la Mouche*, de Gueules a la bande d'or, accompagnée de six cocquilles
de mesmes.</td></tr></table>

de *Veres*, d'argent a la bande de Gueules, chargee de trois estoilles de mesmes.

de *Vergeur*, d'azur a la face d'hermines de trois moucheture, accompagnee de
trois estoilles couronnees d'or.

de *Vic*, de Gueules a deux mains iointes posees en face d'argent, & en chef vn
escusson d'azur, chargé d'vne fleur de lys d'or.

de *Villy*, de Gueules a trois fleurs de violettes d'argent.

de *Vesin*, d'azur au chevron d'or, accompagné en chef de deux glands de mesme
& en pointe d'vne roze.

<table><tr><td>*Auuergne.*</td><td>*Dienne*, d'asur au chevron d'argent, accompagné de trois croissans d'or 2.1.</td></tr></table>

Digoigne, eschequé d'argent & de sable au franc canton d'hermines.

<table><tr><td>*Oleans.*</td><td>*Dijon Fluseaux*, d'argent à trois tours de sinople, maçonnée & crenelee de gueules.</td></tr><tr><td>*Bourgongne.*</td><td>*Dijon Ville*, de Gueules au chef semé de France, party de Bourgongne moderne.</td></tr><tr><td>*Bretagne.*</td><td>*Dinan*, de Gueules au chasteau d'or, sommé de trois tours de mesme, au chef
d'hermines.</td></tr><tr><td>*Bourbonnois.*</td><td>*Diset*, de Gueules à cinq quintes-fueilles d'or en sautoir, accompagnée de quatre
branches de croix encrée de mesme.</td></tr><tr><td>*Dauphiné.*</td><td>*Disimieux*, de Gueules a six roses d'argent.</td></tr></table>

Dò de Fresnes, d'hermines au chef emmanché de gueules.

Docteville, d'argent à trois demy vols de Gueules.

<table><tr><td>*Picardie.*
Bourgongne.</td><td>*Digny*, de sinople à la face d'hermines.
Dyselay, de Gueules à la bande dantelée d'or.</td></tr></table>

Dol, escartelé d'argent & de Gueules.

Dolles, d'or au chevron de Gueules, accompagné de trois rozes de mesmes au
chef d'azur, chargé de trois estoilles d'or.

Dondeauville, d'azur à trois aigles esployées d'or, mambrez & becq. de Gueules.

Donnebont, d'azur a trois fermailles diaprez d'or.

Donon, d'or a trois hures de sanglier de sable.

Doraty, d'argent au levrier courant de sable accollé d'or,

Dorgeau, d'argent à l'aigle esployée de Gueules.

D

dorieux, d'afur à la bande d'or, chargée de trois mollettes de Gueules.

doriolles, d'azur a la face ondée d'argent à trois demy vols liez de mefme.

dorleans, facé d'argent & de finople à neuf anneaux de Gueules fur l'argent.

dormoy, d'argent au lyon de fable couronné d'or.

dornano, efcartelé au premier & quatre d'afur au chafteau d'or, maçonné de fable, au fecond & trois d'or, au lyon de Gueules au chef d'afur, chargé d'vne fleur de.lys d'or.

Lorraine.   *dorne*, d'argent a cinq annelets de Gueules pofez en fautoir.

dorquinville, d'hermines pampelonnée de Gueules, efcartelé de fable au lyon couronné d'or.

dortans, de Gueules a la face d'argent, accompagnée de trois annelets de mefmes 2.1.

dorville, de finople au lyon d'or.

dorfi, de fable à trois aigles d'or.

Vermandois.   *dofmont*, de Gueules au vol d'hermines.

Aniou.   *douay*, d'argent au fautoir de Gueules.

doublet, de fable a la bande d'or, accompagnée d'vne molette de mefme.

douefi, d'afur a fix macles d'or.

douffe, de fable à trois iambes de mort, pofez en face d'argent.

douvrier, d'or au chevron de Gueules, chargé de fept molettes d'or, accompagnez de neuf efpics de bled liez de mefme 3. à 3.

douzy, d'azur a trois pommes de pin d'or.

drac, d'or au dragon de finople couronné de Gueules.

dreux, d'azur au chevron d'or, accompagné de deux rozes d'argent en chef, & d'vn Soleil en pointe d'or.

dreux, de France efchequé d'or & d'azur, a la bordure de Gueules.

dreux-Beauffars, de mefme au bafton de Gueules, bronchant fur le tout.

dreux Lagneaux, de mefme a la bordure dantelée de Gueules.

druget, d'azur à trois fleurs de lys d'or, a la bordure de Gueules, accompagnee de trois boucles ou fermailes d'or.

druais, d'argent moucheté d'hermines.

du Bailleul, d'argent a trois teftes de loup de fable, coupée & lamp. de Gueules.

du Bailleul, efcartelé au premier & quatre d'hermines, a la bordure de Gueules au deux & trois d'argent à deux faces de finople a l'orle de merlettes de Gueules.

du Bec, efcartelé le premier & quatre fufelé de Gueules & d'argent, le deux & trois d'arg. à 2. faces de finople à l'orle de merlettes de Gueu. fur le tout efcartelé de Gueules à la bande d'or, au trois bandé d'or & d'azur, a la bordure de Gueules, au quatre d'argent a deux faces de Gueules, fur le tout du tout d'azur à fix annelets d'argent 3.2.1.

du Biez, d'or a trois faces de fable, accomp. de trois annelets de mefme en chef.

du Blée de Cormarin, de Gueules à trois chevrons d'or.

du Bordage, dit *Mont-boucher*, d'or a trois marmites de Gueules.

du Bofq, de Gueules à la croix efchequée d'argent & de fable de deux traits, cantonnée de quatre lyons d'or.

du Bouchet, d'argent à trois annelets de fable, efcartelé d'azur. femé de larmes d'or.

du Bouchet, d'hermines a trois pieces leuées en forme de croiffans eflargis, pofez fur chaque hermines.

du Bourg, d'afur a trois tiges d'efpines d'argent peries en pal.

du Breflay, d'argent au lyon de Gueules, fouftenant d'vne patte vn croiffant de fable.

du Brueil Chalonges, d'azur au lyon d'argent.

du Brutay, d'azur à l'aigle d'or mambré & becq. de Gueules.

du Buiffon, d'afur à trois eftoilles d'or.

du Champ, d'afur à deux eftoilles d'or en chef, & d'vn croiffant de mefme en pointe.

du Camboult Pont-Chafteau, de Gueules à trois faces efchequée d'argent & d'afur de deux traits.

du Carpont, de fable au lyon d'argent, l'efcu femé de billettes de mefmes.

Bretagne.   du *Chartret*, escartelé au premier & quatre d'argent, a trois ondes d'azur mis en face aux deux & trois d'asur , au lyon d'or couronné de mesme ar. lamp. de Gueules.

Bretagne.   du *Chaftelier*, de Gueules au bras d'argent tenant vne fleur de lys, accompagnée de quatre befans de mesmes.

Bretagne.   du *Chaftelier*, de fable au chef endanché d'or.

Bretagne.   du *Chaftel*, burellé d'or & de Gueules de fix pieces.

Bretagne.   du *Chaftel*, d'or a la croix engreflée de Gueules.

du *Chemin*, de Gueules au lyon d'or.

du *Chemin*, d'asur au lyon d'argent.

du *Chefne*, d'argent à deux efcurieux paffans de Gueules, le deux contourné.

du *Chefne*, d'asur au chefne englanté d'or au chef d'argent ; chargé de trois eftoil-les de Gueules.

du *Choure*, coupé d'or, emmanché, d'asur efcartelé d'argent, au lyon de fable, à la bordure engreflée de Gueules, fur le tout d'asur, à la tour crenelée d'argent.

Languedoc.   du *Cluzeau*, d'argent au giron de Gueules.

du *Coing*, d'or au pelican d'asur, fe becquant en fon nid auec fes petits, enfanglanté de Gueules.

du *Croc*, d'argent au chevron de Gueules, accompagné de trois macles de fable.

du *Drée*, de Gueules à dix merlettes d'argent 3.3.3.1.

du *Fay*, d'argent à fix rozes de Gueules au lambel d'argent de trois pieces.

du *Fay*, d'or au chef de Gueules, chargé de trois pals de vair.

du *Fou du Vigean*, d'azur à la fleur de lys d'or à deux efpreuuiers affrontez d'or.

du *Frefne*, d'argent au lyon de Gueules.

du *Frefne*, d'or au frefne de finople.

du *Frefnay*, d'or au fautoir de fable.

du *Gaft*, d'azur à cinq befans de fable 2.2.1.

du *Gaft la Boffelaye*, d'azur au chevron d'or, accompagné de trois pommes de pin de mefmes les pointes en bas.

du *Gaft*, dit *de Lifle*, de Gueules à la croix d'or frettée d'azur.

du *Geneft*, d'argent à trois tourteaux d'azur , accompagnez de neuf hermines de fable & de Gueules.

Bretagne.   du *Gay*, d'argent a la croix pattée de gueules.

du *Gouray*, dit *la Cofte*, de Gueules à quatre faces d'or, party de Gueules, à dix billettes d'argent, quatre en chef, trois en face, deux en flanc & vne en pointe.

du *Gué*, d'azur au chevron d'or , accompagné de trois eftoilles de mefme, & celle de la pointe couronnée de mefme.

Bretagne.   du *Guffelin*, d'argent à l'aigle à deux teftes de fable, couronné, mambré, becqué de Gueules en bafton de Gueules, bronchant fur le tout.

du *Hac*, d'or à trois pape-gais de finople.

Bretagne.   du *Halgouet*, d'asur au lyon morné d'or.

du *Halloy*, de Gueules fretté d'argent.

du *Hamel grupeville*, d'or au chevron de Gueules, accompagné de trois teftes de limier de fable lampaffé de Gueules.

du *Hee*, d'asur à la dextrochere, tenant vne croix hauffée, fleuronnée d'or, naiffant d'vne nuë mouuant du cofté fenextre.

du *Iuch*, d'asur au lyon d'argent, armé, lamp. de Gueules.

du *Iour*, efcartelé au premier & quatre de Gueules, a deux pals d'or, le deux & trois d'or à l'ombre d'vn Soleil de Gueules.

du *Lac*, d'argent à la face d'asur, chargée d'vne eftoille d'or.

du *Lac*, de Gueules à la tour d'argent.

du *Laurens*, d'or à l'oliuier de finople, au chef d'asur, chargé de trois eftoilles d'or.

du *Lin*, d'azur au lyon d'or, ar. lamp. cour. d'argent.

du *Lion*, d'or au lyon de Gueules.

du *Lis*, d'asur à trois chiens paffans d'argent, en chef vne fleur de lys de mefme.

du *Mas*, de Gueules à trois teftes de lyon arraché d'or.

du *May de Lée*, d'asur a deux baftons noüeux d'or mis en face, accompagnez de
trois

trois fautoirs en chef, & en pointe vne hure de fanglier arrachée de mefme
armée d'argent.

du Mefnil Simon, d'argent à fix mains renuerfées de Gueules, trois en chef 2.1.

du Mefnil Iourdan, d'afur au chevron d'or, accomp. de fix coquilles d'argent 3.2.1.

Picardie.   *du Mefnil de Vaux*, d'argent a l'orle de huict merlettes d'afur, à l'efcu de mefme
en abyfme.

du Mefnil de Vales, d'azur à l'arbre d'or, au cerf gifant de mefme, au chef d'or,
chargé de deux rofes de Gueules d'azur à trois tours d'argent.

du Mouftier, d'afur a trois tours d'or.

du Mur, de Gueules au chafteau d'argent, l'efcu femé de tours de mefmes.

du Nan, d'afur à la face d'hermines, accompagnée de trois teftes de lyon arrachée, chargée, armée & lamp. de Gueules.

du Nofter, voyez *Mohun*.

Dauphiné.   *du Perier*, d'or au poirier de finople fon fruict d'argent.

du Perennot, d'afur à la fleur de lys d'argent, accompagnée de trois poires d'or.

du Peron, d'afur au chevron d'argent, accompagné de trois harpes de mefmes.

du Pereau. d'argent au chevron de fable, au franc canton d'azur, chargé de cinq
fleurs de lys d'or en fautoir.

du Pin, d'argent à trois cocquilles de gueules, accompagnées de douze hermines
de fable, quatre en chef, vne en cœur, quatre en face, deux en flanc & vne en
pointe, au lambel de trois pieces de Gueules.

Aniou.   *du Plantin*, d'or fretté de fable à trois treffles de finople.

du Pleßis guenegault, de gueules, au lyon d'or.

du Pleßis Ioffo, d'afur à trois cocquilles oreillées d'or.

du Pleßis Liancourt, d'argent à la croix engreffée de gueules, chargée de cinq
cocquilles d'or.

Du Pont-l'Abbé, d'or au lyon de Gueules.

Du Prat Nantoüillet, d'or à la face de fable, accompagnée trois treffles de finople.

Du Pré, d'or au lyon de fable, armé, lamp. de Gueules, brifé d'vn croiffant en la
patte droitte.

Du Pré, de Gueules à la bande d'or, accompagnée en chef d'vn huchet virollé
d'or.

Du Puget, d'afur au chevron ondé d'argent, accompagné de 3. molettes d'or.

Gafcongne.   *Du Puy*, de Gueules, à la plaine inondée d'argent à vn rocher de finople, fupportant au fommet vne Sereine au naturel, laquelle fe peigne de fa main
droitte d'vn peigne d'or.

Du Puy, de Gueules au lyon d'argent ; au franc canton burellé d'argent & de
Gueules.

Du Puy, a la bande d'or, accompagnée de fix merlettes de mefmes en bandes.

Du puy S. Germain, d'or a la bande de fable, chargée de trois rofes d'argent au
chef d'azur, chargé de trois eftoilles d'or.

Du puy digny, d'argent a trois pals de fable.

Du puy-Vatan, efchequé d'or & de Gueules.

Du Quelence, d'hermines au chef de Gueules, chargé de trois lys d'or.

Du Quel, efcartelé le premier & quatre de Gueules, a la dextrochere d'or, au
gonfanon de mefme, au deux & trois de fable a la croix d'argent.

Durand, de Gueules au lyon d'or, tenant vne efpée d'argent la garde d'or.

Durand, de fable party d'or, au chevron party de mefme, de l'vn en l'autre, au
chef d'argent, chargé de trois teftes de mort de Gueules.

Duras, d'or au lyon d'afur a la bande d'argent, bronchant fur le tout.

Durets, d'afur a trois diamans taillez en lozanges au naturel, accompagnez en
cœur d'vn foucy d'or.

Durfort, de Gueules a la bande & bordure d'or.

Durgel, efchequé d'or & de fable.

Durments, de Gueules a la bague d'or, au chaton de mefme, chargée d'vne tur-
quoife au naturel.

Aniou.   *du Riuage*, de Gueules a la bande d'or.

durtail, d'afur a trois tours d'argent.

T

E

Du Su, d'azur au lyon d'argent, brifé fur l'eftomach d'vn croiffant de Gueules.

Du Therail, d'argent à la bande de Gueules, chargée en chef d'vne eftoille d'or.

du Theil, dit *preuoft*, d'argent a trois hures d fanglier de fable.

du Tige, de Gueules a la croix pattée d'argent.

du Tillet la Buffiere, d'afur au chevron d'or, accompagné de trois eftoilles de mefmes, efcartelé d'or a trois chabots de Gueules.

du Tillet Gonais, de mefmes.

du Tour, de gueules au giron d'or.

du Tronchay, d'afur a l'aigle d'or, regardant vn Soleil de mefme.

du Vair, d'afur a la face, accompagnée de trois croiffans d'argent, au lambel de trois pieces de Gueules.

du Vair, d'afur a quatre points equipolez d'or.

du Val, d'afur au chevron d'argent, ccompagné de trois fers de lance de mefme, deux en chef, & vn en pointe.

du Val Fontenay Mareuil, de mefme.

du Verger, de Gueules au Soleil d'or.

E

EBRAR *Sainct Sulpice*, porte d'argent au lyon de fable, furmonté de quatre croix de mefme, efcartelé d'or a la bande de Gueules, fur le tout party d'argent & de Gueules.

Elbene, voyez *d'Elbene*.

Elbieft, voyez *d'Elbieft*.

Emars, d'afur a trois cocquilles d'or.

Encre Rouurel, facé d'argent & de Gueules de huict pieces.

Entain, d'or a neuf tourteaux de Gueules.

Emery, d'or au chefne de finople, au chef de Gueules, chargé de trois molettes d'or.

Emery de Villars, de fable à cinq eftoilles d'or, à vn croiffant d'argent en cœur.

Epte, de finople à cinq aigles efployées d'or.

Erian, de Gueules a la viure d'hermines, accompagnée de trois teftes de lyon arrachée d'or.

Ernancourt, de Gueules a la bande d'argent, chargée de trois annelets de fable, l'efcu femé de croix recroifettées de mefmes.

Erual, efcartelé au premier & quatre d'hermines, au deux & trois d'argent, a deux faces de Gueules.

Efchalart la Boulaye, d'afur au chevron d'or.

Efchaulets ou *Efchel*, d'afur fretté d'or.

Efchelles, de Gueules à trois faces d'argent.

Efches, burellé d'argent & de Gueules de dix pieces.

Efcodea, de Gueules a trois chiens courans en bande d'argent.

Efcoubleau de Sourdis, party d'afur & de Gueules à la bande d'or bronchant fur le tout.

Efcurieux, d'argent au chevron de Gueules.

Efcures, d'afur à deux chevrons d'or, accompagnez de deux eftoilles de mefmes en chef, & d'vn croiffant en pointe, duquel fort vn feu de Gueules paffant entre les deux chevrons.

Bretagne.   *Efebet*, lozangé d'argent & de fable.

Efglantier, d'afur à trois tourteaux de Gueules.

Efme Marieu, d'afur au mouton paffant d'argent, au chef d'or, chargé de trois rencontres ou teftes de torreau affrontées de fable.

Efneual, pallé d'or & d'afur de fix pieces au chef de Gueules, chargez de trois molettes d'argent.

Efnier, d'argent à trois tourteaux de fable.

Picardie.   *Efpagny*, d'argent a la face de Gueules chargée de trois befans d'or.

Efpagny, d'afur au lyon de Gueules à la bordure de finople, chargée de fept efcuffons d'or 2.2.2.1. en pointe & vne croix alifée de Gueules.

E

Espigne Veneville, party le premier d'asur au peigne d'argent posé en face, accompagné de trois estoilles d'or, au deux coupé tiercé, au premier d'azur au pont de trois arches d'argent, au deux d'or à trois faces de sable, au trois d'asur à trois fleurs de lys d'or au baston de Gueules pery en bande.

Esparbe Lucent, d'argent à la face de Gueules, accompagnée de trois molettes de sable.

Espaux des Lions, d'azur au muffle de lyon d'or lamp. de Gueules.

Espernon, vairré de cinq traits au chef de Gueules.

Espiant, d'asur à trois espics de bled d'or, au chef danché de mesme.

Espignat, d'argent au lyon de Gueules à la bordure de sable besantée d'or.

Espilly, d'asur au cocq d'or au chef de mesme, chargé de trois molettes de sable.

Espinay, d'argent au chevron de Gueules, chargé de douze besans d'or.

Espinefort, losangé d'argent & de Gueules.

Espineuse, d'argent à l'escusson de Gueules en abysme à l'orle de huict merlettes de mesmes.

Espinoy, d'azur à trois rozes d'argent posées en bande.

Esponville, de Gueules fretté d'or.

Esquetat Estelan, d'argent à trois faces de Gueules.

Nrmandie.   *Esquoy*, d'argent au chevron de sable.

Normandie.   *Essards la Vauguion*, de Gueules au pal de vair à la bordure engreslée d'argent.

Essards, d'argent à trois lyons leopardez de Gueules.

Limosin.   *Estampes*, d'hermines au lambel d'asur semé de France.

Estampes Ville, de Gueules au chasteau d'or, maçonné de sable, chargé d'vn escu de France, escartelé de Gueules à la tour crenelée d'argent.

Estampes Valencé, d'asur à trois girons d'or, la pointe chargée d'vn croissant d'argent, au chef de mesme, chargé de trois couronnes Ducalles de Gueules.

Estample Boisluet, d'argent à la bande de Gueules, chargée de trois tours d'argent.

Estaples, d'hermines à la bande de Gueules.

Estendart, de Gueules au lyon d'argent.

Estienne Mignault, de Gueules à la bande d'argent, accompagnée de trois molettes de sable, au lambel de trois pieces d'or bronchant sur le tout.

Estissac, d'azur à trois pals d'argent.

Estouteville, burellé d'argent & de Gueules de dix pieces, au lyon de sable armé, couronné & accollé d'or bronchant sur le tout.

Guyenne.   *Estrac*, d'argent au lyon de Gueules.

Estrac, escartelé d'or & de Gueules.

Estrée, d'argent à la quinte-fueille de Gueules, à l'orle de merlettes de mesme.

Estrée, de Gueules fretté d'or de six pieces.

Estrée, d'argent fretté de sable au chef d'or, chargé de trois merlettes de sable.

Estuet, d'argent au sautoir de Gueules.

Eu, d'asur au lyon d'or, l'escu semé de billettes de mesmes.

Eucy, de sable à dix losanges d'argent mises en pal 3.3.3.1.

Eudin, d'argent à l'aigle d'asur.

Evil-Chien, d'azur au chevron d'argent, accompagné de trois croix de mesmes.

Evreux, de France au baston camponné d'argent & de Gueules.

Evroché, de Gueules à la croix d'argent cantonnée de quatre fleurs de lys de mesme.

Prouence.   *Eymes*, eschequé d'or & de sable, chaque carreau de sable chargé d'vn autre carreau d'argent.

F

FABRE, d'aſur au lyon tourné de Gueules, ſouſtenant de ſa patte gauche vne fleur de lys d'or, accompagnée d'vn bras ſouſtenu d'vne nuée tenant vne eſpée ſans fourreau, ſupportant vne couronne fleurdeliſée d'or.

Fabry, d'aſur a la face d'argent, accompagnée de trois roſes d'or.

Fabry, d'or au lyon de ſable au lambel de Gueules.

Faconville, de Gueules à la bande d'hermines.

Faideau, d'aſur au chevron d'argent, accompagné de trois cocquilles d'or.

Faiſeul Bethune, bandé d'or & d'azur de ſix pieces.

Falaiſe, d'azur à la face d'argent, ſupportant vne montagne d'or, accompagnée de deux eſtoilles de meſmes, & d'vn croiſſant d'argent en pal, ſupportant vne eſtoille d'or.

Falets, d'aſur à trois bandes d'argent.

Faletins, de Gueules à l'aigle à deux teſtes d'argent.

Fallevilé, de Gueules au ſautoir d'argent, chargé aux extremitez de quatre merlettes de ſable.

Falin, burellé de huiĉt pieces d'argent & d'aſur à la bande de Gueules, bronchant ſur le tout.

Fargues, eſcartelé de Gueules a deux ſouflets d'argent en pal, au ſecond d'azur à l'anneau d'argent attaché a vn pillier de meſme, accomp. de deux fleurs de lys d'or, au trois d'or au lyon de Gueules ſurmonté en chef d'vne croix aliſee de meſme, au quatre d'aſur a la cloche d'argent bataillee de ſable.

Farideas, d'azur a la croix d'or.

Farneſt-Boiſteville, d'argent a cinq furees de Gueules miſes en face.

Lynoſin.   *Fauas*, d'or a deux plantes de feves auec leur fruiĉt en haut, tigé & fueillé de ſinople.

Fautigni, pallé d'or & de Gueules de ſix pieces.

Fouche-Dempré, d'argent a trois teſtes de licornes d'azur.

Fauconnier, d'aſur au faucon d'or la teſte contournee, reueſtu d'vn manteau d'aſur, ſemé de fleurs de lys d'or.

Fauconniʁ, d'argent a ſix macles de Gueules 3.2.1.

Faucon, de Gueules a la patte de lyon d'or poſee en bande, eſcartelé d'argent au torreau rampant d'aſur.

Faucongni, d'or a trois bandes de Gueules.

Faveuſe, eſchequé d'or & de Gueules au chef d'azur, chargé d'vn lyon naiſſant d'argent.

Bourbonnois.   *Faverole*, d'argent a trois demy fleurs de lys de ſable.

Faverois, de Gueules à la bande d'argent, chargée de cinq fleurs de lys d'aſur, accompagnee de ſix annelets d'or.

Favergne, de Gueules à trois cercles en annelets d'argent.

Favieres, de Gueules à trois gouſſes de feves d'argent.

Favieres, d'aſur à trois eſtoilles d'or au croiſſant en cœur de meſme.

Favin, d'or à la croix d'azur, chargée en cœur d'vne croix d'argent, cantonnee de quatre aigles affrontez, couronnez & lamp. de Gueules.

Lyonnois.   *Favre*, d'or à la croix encrée de ſable, chargée en cœur d'vne lozange d'or cantonnée de quatre lozanges de ſable.

Favre, d'argent au chevron d'azur accompagné de trois teſtes de Mores, liez & tortillez de Gueules.

Favre, de ſable au chevron d'argent, accompagné de trois roches de meſmes.

Favre, d'or à l'arbre de ſinople.

Favre de Bordiere, d'or au chef d'aſur, chargé de trois fleurs de lys d'or.

Favre Babiſſon, d'azur à la bande d'argent, chargée de trois croiſſants de Gueul. accompagnez de deux lyons d'or, l'vn en chef & l'autre en pointe.

Fauquernoy, d'or au lyon de ſinople, ar. couronné d'argent, au baſton de Gueul. bronchant ſur le tout.

Fauquenberg, d'azur à la face d'or.

Faulq-Rochefort d'aſur à trois faux d'or.

F

Faronville de Bubert, d'argent au chien paſſant de ſable, au lambel de trois pieces de meſmes.

Fancon de Ris, eſcattelé au premier & quatre de Gueules à la patte de lyon poſée en bande, au deux & trois d'argent, au torreau furieux, rampant d'azur.

Fauquieres, d'or a trois molettes de ſable à vne larme de Gueules en cœur.

Faux, d'aſur à trois faux d'argent emmanchées d'or, le manche en haut.

Fay, d'argent ſemé de fleurs de lys de ſable.

Fay Eſtable, de Gueules à 3. pals d'or au chef de meſme, chargé de 3. tours d'azur.

Lyonnois.   *fuy*, d'azur au cerf d'or.

faye, d'or au lyon de Gueules ſemé de croix recroiſettées de meſmes.

Vermandois.   *fayette*, d'aſur au ſautoir de Gueules, accompagné de merlettes de meſmes.

fayette, d'aſur à laface d'or qui en ſouſtient vne autre de ſable, chargée d'vne coquille d'argent, coſtoyée de deux eſtoilles d'or en chef, vn levrier courant d'argent, accollé de Gueules, & en pointe 3. lozanges d'or, miſes en face & ſe touchant.

fayette, d'or a la bande dantelée de Gueules à la bordure de vair.

Normandie.   *fecan*, d'argent à trois faces breteſſees de Gueules.

feillans de Chanay, eſcartelé d'argent & de Gueules.

feillans, d'argent au lyon de ſable, armé, lamp. & vilené de Gueules.

feineant S. Germain, d'aſur à trois fleurs de lys d'argent.

Lymoſin.   *fenix*, d'aſur au phenix d'or regardant vn Soleil de meſme, ayant à ſes pieds vn feu qui le conſume.

fenoüillet, d'or a 3. grenades de Gueul. 2. 1. ſurmontée de trois eſtoilles de meſme.

ferand, d'azur au chevron d'or, accompagné de trois eſpees hautes garnies d'argent.

feray, d'or à l'aigle de Gueules, mambrée & becquée d'azur, eſcartelée de ſable au lyon d'argent, la queuë paſſée en ſautoir.

feray, d'or fretté d'aſur au chef de Gueules.

ferchaults la Mothe, d'aſur à ſix fermeaux d'argent.

feret Mont-Laurent, d'aſur au chevron d'argent, accompagné de trois teſtes de cerf miſe en profil d'or en chef.

Poiſtou.   *fergon la pataudiere*, d'or a la bande d'aſur, chargée de deux gonds d'or.

fergoult, d'or a la bande d'aſur, chargée de trois annelets d'or.

ferieres, d'argent à la tour de Gueules feneſtrée de ſable.

Normandie.   *ferrieres*, d'hermines à l'orle de Gueules, chargée de huict fers de cheual d'or à l'eſcu en abyſme d'hermines.

ferrieres, d'argent à quatre fers de lances d'aſur diſpoſée en bande, eſcartelé de Gueules à deux gerbes d'or miſes en ſautoir, trauerſée de deux lances de meſmes aux liens d'argent.

ferriere, d'or à trois eſcuſſons d'azur, chargez d'vne face d'or.

ferriere S. Iullien, d'or à ſix eſcuſſons de Gueules.

farley, de ſable à la croix nillée d'argent.

Bretagne.   *ferron*, d'azur ſemé de billettes d'arg. à vne bande d'hermines bronchant ſur le tout.

feuqueret, d'argent à la croix engreſlée de ſable.

Picardie   *feuquieres*, de Gueules à trois maillets couronnez d'or.

feucherolle, coupé de vair & de Gueules.

feu, de Gueules au chevron d'or, accompagné de trois flames de meſme, au chef d'azur, chargé d'vn lyon d'or.

feurette, d'argent à la hure de ſanglier, arrachée de ſable a lumere d'argent lampaſſez d'vne flamme de Gueules, eſcartelé d'aſur à trois flames d'or ſur le tout d'azur à la fleur de lys d'or.

Champagne.   Feuillards, bandé d'or & de ſable de ſix pieces, à la bordure de Gueules.

Bretagne.   Feuillée, d'or à la croix engreſlée d'aſur.

Picardie.   Fetard, de Gueules à trois faces d'argent.

Fiefis, d'aſur au lyon d'or.

Fienne, d'argent au lyon de ſable.

Fieubet, d'azur au chevron d'or, accompagné de deux croiſſans d'argent en chef & d'vn rocher en pointe de meſme.

Fieſque, bandé d'argent & d'aſur de ſix pieces.

Fieſelle, d'azur au lyon d'or au chef couſu de Gueules, chargée de trois beſans d'or

V

F

Fiermaçon, escartelé au premier & quatre de Gueules, au deux & trois de Gueules au lyon d'argent.

Filanelle, d'asur à l'aigle à deux testes d'or.

Filet la Curée, de Gueules a cinq cottices d'argent.

Filiere, d'or à trois palmes de sinople.

Fiot, d'azur au chevron d'or, accompagné de trois lozanges de mesmes 2. 1.

Fites de Soucy, d'asur à la branche de murtre d'or mife en bande, escar. de fable plain.

Fitens, d'asur au chevron d'or.

Fitigny, de Gueules a trois chevrons d'or.

Vermandois. *Flani*, d'hermines a la croix de Gueules cantonnée de cinq cocquilles d'or.

Flaus, d'argent a l'aigle de fable, ayant vne teste de loup contournée de Gueules.

Fleart, d'or au chevron d'azur, chargé en chef d'vn Soleil d'or & deux croix d'argent de chaque costé.

Flery-Baudry, de Gueules a la teste humaine fans poil d'argent.

Fleury, d'azur au fautoir d'or, accomp. de 4. ferpents de mesmes pofez en face.

Fleuranges, d'or a la face efchequée de Gueules & d'argent de trois traits au lyon
naiffant de Gueules.

Fleurigny, de fable a trois rofes d'argent, au pal de Gueules bronchant fur celle
de la pointe.

Prouence. *Fleurac*, d'afur au lyon d'or.

Flexelle, d'afur au lyon d'argent au chef d'or, chargé de trois tourteaux de Gueul.

Flagne, d'argent a cinq efcreuiffes de Gueules.

Flocquet, facé & contrefacé d'argent & de Gueules de huict pieces.

Florenville, de gueules a trois faces d'argent au lyon de fable bronchant fur le tout.

Floris, d'azur au chevron d'or, accompagné en chef de trois rofes d'argent & en
pointe, d'vn lys de iardin de mefme.

Flote, de Gueules au lyon d'or.

Flot, de Gueules fretté d'or au chef d'or fretté de Gueules.

Flote, d'afur a trois lauriaux d'or au lambel de Gueules.

Floué, de Gueules à trois bandes d'or.

Foiffi d'afur au cygne d'argent mambré de Gueules.

Foix Ville, d'or a trois pals de Gueules, accompagnez de trois tridents d'afur.

Foix, d'or a quatre pals de Gueules.

Folerant, d'afur au chevron d'or au chef d'argent.

Prouence. *Falcalquier*, d'or au lyon de Gueules.

Falcalquier, d'or a la croix croix clechée & pomettée de Gueules.

Folleville, de Gueules a la croix pattée d'argent.

Folleville, d'or a dix lofanges de Gueules.

Fon. efomme-Ruenes de Gueules au lyon d'argent.

Fontaine, d'or a trois efcus de vair a la bordure de Gueules.

Aniou. *Fontaine*, d'afur a l'aigle a deux testes d'or.

Fontaines, d'or a trois cottes mal taillée de Gueules.

Normandie. *Fontaines*, d'or au chevron d'afur.

Normandie. *Fontaines*, d'or a cinq chasteaux ou carneaux de fable mis en fautoir.

fontaine Bacquetot, de Gueules a trois befans d'argent.

fontaine Cocquebrune, d'azur au chevron d'or, accompagné de trois cocqs d'argent
efcartelez de Gueules.

fontaine Chalandray, facé d'argent & d'azur.

fontaine Lamoignon, d'argent à la croix de fable, chargée de trois tourteaux d'or.

Normandie *fontaine Martel*, d'or à trois maillets de Gueules.

fontaine Normand, d'afur au chevron d'or, accompagné de trois befans de mefmes.

fontaine en Haynault, de Gueules à la bande d'or.

fontenay, d'or à la bande d'afur au lambel de Gueules.

Bretagne. *fontenay*, d'or à trois bandes cotticées de double cottices de Gueules.

fontenay, d'azur à cinq anneaux d'argent.

fontenay, pallé d'argent & d'afur.

fontenay S. Clerc, efchequé d'or & d'afur au canton d'hermines.

fontenay, d'or à l'efcu en abyfine de Gueules à l'orle de merlettes de mefmes.

Vandofmois. fontenay, d'azur au brochet d'argent posé en face à l'estoille d'or en chef.

Perche. fontenay la Fresnaye, d'argent à deux lyons leopardez de sable, armez, lampassez de Gueules.

Touraine. fontenay, d'azur a trois pals de sable, au chevron de Gueules bronchant sur le tout.

fontenac, d'azur a trois partes de griffon d'or.

fontenu, d'or au chevron de Gueules, chargé de quatre croix coupée d'argent, accomp. de trois larmes d'asur en chef, & vn lyon passant de sable en pointe.

forbin, d'or au chevron d'asur, accompagné de trois testes de lyons leopardez de sable à la bordure de Gueules.

forbin des Oliers, d'argent à trois faux de sinople.

forcalier, d'or au lyon couronné de Gueules.

fords de Four, d'azur à la croix dantelée d'or.

forest, facé d'argent & de sable de quatre pieces.

forest, d'or a trois pals de vair au chef d'or, chargé d'vn lyon passant d'asur.

forest, de Gueules au dauphin pasmé d'or.

forest, pallé d'or & de Gueules de 4 pieces à la bande d'or bronchant sur le tout.

forest, d'argent a trois arbres touffus de sinople, sortant d'vne terrasse de mesme, au chef d'asur, chargé de trois fleurs de lys d'or.

forges, d'asur à six besans d'or 3.2.1.

forges, d'argent au lyon de Gueules à deux iumelles d'or sur le tout.

forges, d'asur au chevron d'or, accompagné de trois cocquilles de mesme.

forlines, d'or au dauphin d'asur.

forneaux, d'asur a la bande d'or, accompagnée de six billettes de mesmes.

formentin, d'asur au chevron d'or, accomp. de trois espics de froment de mesme.

fossé, d'asur a trois faux d'argent emmanchées d'or.

fossé, d'azur au chasteau d'argent escartelé de Bretagne.

Foucancourt Hacheux, d'argent à l'aigle esployée de sable, party d'or, à la croix de sable.

Foucher, d'azur a la face ondée d'or, accompagnée de trois estoilles de mesmes à la bordure engreslée de Gueules.

Foucher, d'or à trois merlettes de sable.

Foucault, d'asur semé de flames d'argent au chevron d'or, sur la pointe duquel est posé vne aigle.

Foucquerolle, d'azur au chevron d'or, chargé à senextre d'vn lyon de sable, accompagné de deux estoilles de mesmes.

Fouquet, d'argent à l'escurieu rampant de Gueules, à la bordure d'asur, semée de fleurs de lys d'or.

Fouleuse, d'asur diapré d'argent semé de fers de picques de mesmes au chevron de sable bronchant sur le tout.

Fougeres, d'asur au chef lozangé de Gueules & d'or.

Fourcy, d'asur à l'aigle esployée d'or au chef de mesme, chargé de trois besans de Gueules.

Fournel, d'or à deux faces ondée d'argent.

Fourceli, d'argent semé de treffles de sable.

Fournier, d'azur au gerfaux sur vn heron, le tout d'argent (ou selon aucuns d'or)

Fourille, d'argent a la croix encrée de sable.

Fousseux, burellé d'argent & de Gueules au chef de mesme.

Fouterneux d'hermines à la face de Gueules, chargée de trois fermeaux d'or.

Fougasse, de Gueules au chef d'argent, chargé de trois rozes de Gueules.

Fons du Darne, d'azur à la bande d'argent, chargée d'vn paon rouant de Gueules.

Foulques, de Gueules a trois Soleils d'or.

Foye, d'argent a trois cœurs de Gueules.

France Ancien, d'azur semé de fleurs de lys sans nombre.

France, d'azur a trois fleurs de lys d'or.

Francieres, d'argent a la bande de sable.

Freart, d'or au chevron d'asur, chargé d'vn Soleil d'or, accompagné de deux croissans de mesmes.

F

Frechaucourt, d'or femé de billettes d'afur au lyon de Gueules fur le tout.
Frenay, d'argent au lyon de fable.
Friage, d'argent au lyon de Gueules.
Freual, d'afur à l'efprevier d'argent, fouftenu d'vn poing armé de mefme.
Froiffard, d'argent a trois faces de Gueules au lambel de mefme.
Fulco, d'argent a trois faucons de fable.
Fulcoche, de Gueules a la croix d'argent, accompag. de 4. fleurs de lys de mefme.

G

G *ABIANO*, porte coupé d'or &de fable au lyon de mefme de l'vn en l'autre.
    Gabiot, porte d'afur a trois eftoilles d'or en pal.
Gadigny, porte de gueules à la croix engreflée d'or.   *Prouence.*
Gagné, d'afur au chevron d'or, accompagné de trois molettes de mefmes.   *Bou gongne.*
Gagnon, d'hermines à la croix de gueules.
Gaigneres, d'afur au chevron d'or, accompagné de deux eftoilles de mefme en chef, & d'vn croiffant en pointe au chef coufu de gueules, au lyon d'argent qui eft gaigneres.
Gaillard Maligny, d'afur à deux coutelas paffez en fautoir d'argent les gardes & les pointes en haut.
Gaillard, de gueules a deux bourdons de pelerins d'or, pofez en chevron, accompagnez de trois rochers d'argent.
Gaillard-Longemeau, d'argent femé de treffles de finople, & deux T de gueules, & deux perroquets de finople fous chaque T.
Gaillon, de gueules à trois lyons d'or, qui eft de Bouffeville.
Gaillonnet, de gueules à trois aigles d'argent au filet de mefme, mouuant du chef brifé d'vne pointe.
Gaillomiel, de gueules au fautoir d'argent.
Galande, d'or au lyon de gueules.
Galande, d'afur au chevron d'or, accompagné dé trois rofes de mefmes en chef au deffus de la pointe du chevron.
Galaup, d'afur coupé d'vn pan de mur en pointe d'argent, crenelé de trois carreaux furmontez de trois eftoilles d'or en chef.   *Prouence.*
Galbert, d'afur a trois faces de finople.
Galbert, d'afur à trois anneaux d'or.   *Prouence.*
Gaillard, d'or à trois corneilles de fable, mamb.& becq.de gueules 2.1.
Gallerande de Vaux, d'argent à la face de gueules.
Gallerande, d'afur à trois chevrons d'or, le premier brifé de la pointe.
Galles, d'argent a la bande fufelée de gueules.
Galliens, d'argent a la bande de fable, contrebandée d'or, accompagnée de deux rofes de gueules, feuillée de finople, efcartelées de gueules à la face efchequée d'argent & d'afur de dix pieces, à la cottice d'or, bronchant fur le tout.
Galien, d'afur à la bande de gueules, chargée d'vne cottice d'or, accompagnée de deux rofes de gueules, fueillées de finople.
Galicre, d'afur au chevron d'or à trois eftoilles de mefmes en chef, & d'vn croiffant d'argent renuerfé en pointe.
Galmet, d'afur au chevron d'argent, accompagné en chef de deux palmes droites de mefmes, & en pointe d'vn heaume de cofté, & auffi d'vn croiffant en chef de mefme.
Galois de Perou, d'argent au chevron de gueules à l'aigle de fable pofée en pied, la tefte contournée en pointe au chef de fable, chargée d'vne larme d'argent, accoftée de deux quintes-fueilles d'or.
Galois, lofangé en pal d'argent & de fable.
Galope, d'argent à la face de gueules, bordée & engreflée dor, accompagnée de trois grappes de raifin de pourpre.
Galoüet, lofangé en pal d'or & de fable.
Galus, d'argent a trois bandes de gueules à l'aigle de fable couronné d'or.

Gamba

G

Gamba Cofta, d'or au lyon burelé de fable & d'argent.
Normandie. **Ganaches**, d'argent au chef d'afur au bafton de Gueules bronchant fur le tout.
gaunay, d'or à l'aigle defarmée de fable.
gaunay, d'or à la face de Gueules, chargée en cœur de trois rofes d'or, accoftées de deux cocquilles de mefmes.
gand, de fable au chef d'argent.
gandelu, d'or a la face de Gueules, accompagnée de fix merlettes de mefmes.
ganterot, d'afur au chevron d'or, accompagné de trois quintes fueilles de mefmes.
gantien, facé en ondes d'argent & de Gueules.
garces, d'azur au cygne d'argent à trois eftoilles d'or en chef.
garcin, d'or à la bande de Gueules, chargée de trois teftes de loup ceruiers d'argent.
gardechar, d'argent à neuf merlettes de fable.
garaudeau, d'or à la ciuiere de fable.
garenniere, de Gueules à trois chevrons d'or.
garennes, d'azur au chef d'or, chargé d'vn lyon de Gueules.
garet, d'azur à l'efprevier d'argent, mambré, becqué & grilletté de mefme.
gargan, de Gueules a deux faces d'argent.
garges, d'azur au lyon d'or.
gardes Vins, d'azur a la tour ronde, crenelée d'argent.
garnes, d'azur au chef d'or chargé d'vn lyon de Gueules,
Bretagne. *gargelles*, de Gueules à la croix encrée d'argent, chargée de fept hermines.
garnier, d'azur au cœur d'or a la viure en deuife de finople, bronchant fur le tout.
garnier, d'azur a trois rofes d'or efcartelées de fable, au fautoir d'argent.
garnier, d'azur au chevron d'or, accompagne de trois eftoilles de mefmes, & d'vn croiffant d'argent fur la pointe du chevron.
Nauarre. *gafcoing*, d'argent a trois grappes de raifin d'azur.
gaffelin, d'argent au lyon de fable, ar. lamp. & cour. d'or.
Bearn. *gaffion*, efcartelé au premier & quatre d'azur à la tour d'or, au deux d'or à trois pals de Gueules, au trois d'afur à l'arbre d'or, au lyon paffant au pied de mefme.
Lyonnois. *gaffard*, d'azur au lyon d'or, au chef bandé d'or & de Gueules de fix pieces.
Champagne. *gaftebois*, gironné d'or & d'afur de huict pieces a l'orle dautant d'efcuffons de l'vn en l'autre de mefme.
Paris. *gaftelier*, d'afur au chevron d'or, accompagné de trois grillets de mefmes.
gaftines Bigot, d'argent a la face de fable, chargee de trois lozanges d'argent, accompagnez de trois treffles de finople.
gaftinare, d'azur a deux os de iambes de mort, paffez en fautoir d'argent, accoftez de quatre fleurs de lys de mefmes.
Prouence. *gatz*, d'or a cinq tourteaux d'afur.
gatz Lucé, d'afur a cinq befans d'or.
gaubers, d'or a la bande d'afur.
gaudechar, d'argent a neuf merlettes de fable.
gaulard, d'argent a la face de Gueules, accompagnee de quatre fueilles de chefne de finople couchez en face.
Beauuoifis. *gau*, d'or au cygne d'azur, mamb. & becq. de Gueules.
gaucourt, d'hermines a deux bards adoffees d'afur.
Bretagne. *gaucourt*, d'hermines a la tour d'or, accoftee de deux bards adoffez de Gueules.
gaudin Marfigné, femé de France au lyon d'or,
gauet, d'afur a l'efprevier d'argent, mamb. perché & grilleté de mefme.
Prouence. *gauffonnes*, d'or a trois chevrons de fable.
gaumain, dor au bras de Gueules tenant vne efpee nuë d'argent en pal.
gaure, de Flandres au lambel de Gueules.
gaufeville, dargent a la bande d'afur, accompagnee de trois tourteaux de mefme.
gautier des B.fes, dafur a la face d'or, chargee d'vne eftoille de gueules, accoftee de deux hures de fanglier, arrachee & affrontee de fable, accompagnee de trois befans dargent, vn en chef & deux en pointe.
gautier, coupé de Gueules fur or à trois pals de mefme de l'vn en l'autre.
gauterot, d'afur au chevron dargent, accom. de trois quintes fueilles de mefmes.
ganville la Verfi, de Gueules au chef d'hermines.

X

G

gayant, d'afur a quatre lofanges d'argent 1. 2. 1.

gayant, d'afur au chevron d'or, accompagné de deux croiffants de mefme en chef & d'vne aigle en pointe auffi de mefme.

gedoin d'Antigni, dargent au tourteau de fable.

gedoin gonerville, dafur au croiffant dargent, accompagné de deux efpées d'or au befant dargent en pointe.

geffroy, dor a la bande de Gueules, chargée d'vn griffon dargent.

gelas de Lebron, dafur au levron dargent, courant en bande.

gelmart, dafur a trois palmes dor.

g lieres, dargent a quatre pals de Gueules, a la cottice dafur bronchante fur le tout.

gemen, dafur a deux faces de fable.

Darphiné.   *genas*, dargent au geneft de finople.

genas, dor au lyon de finople.

geneft, d'afur au chevron d'argent.

Lyonnois.   *gentil*, d'azur au chevron d'or, accompagné de trois roües de fainête Catherine dor, deux en chef, vne en pointe, à l'efpée nuë mife en pal, bronchant fur le tout.

geneve, cinq points d'or equipolez a quatre d'azur.

geneve Ville, party le premier dargent a laigle de fable, le fecond de Gueules à la clef d'argent, mife en pal.

genlis, d'argent a la croix de Gueules, chargée de cinq cocquilles d'or.

Breffe.   *genes*, d'afur au chevron d'argent, ou de pourpre mal à propos.

Normandie   *geneft*, dor au fautoir de Gueules.

geneft, d'argent femé de cocquille d'afur au lyon de Gueules fur le tout.

Normandie.   *genfi*, dargent a la bande de fable, chargée de trois fautoirs dor.

Dauphiné.   *genton*, dor a la bande dafur, chargée de trois demy vols d'argent.

genien, dargent a trois faces de Gueules, a la bande femée de France.

geniffac, dor au lyon dafur a la bordure dantelée de fable.

genonville, de finople a la face d'hermines.

geniture, dargent a l'efcu dafur, chargé en chef d'vn eftrier dor.

geoffroy Tremblay, d'argent a l'arbre de finople a trois racines de mefmes.

g offroy, de fable au triangle dor, chargé d'vn Soleil d'afur.

Bourgongne.   *geoffroy*, dazur au chafteau dargent, maçonné de fable.

gequefne, dargent a deux faces d'hermines, chargée au franc canton d'vn efcu lozangé en pal dor & de Gueules a deux tourteaux d'hermines.

geraudiere, gironné dargent & de fable de dix pieces.

geraus Aubry, dor a la face dazur, chargée de trois chevrons couchez dor, accompagnez de trois rofes de Gueules.

gerbais, d'afur au chef d'argent chargé de trois eftoilles de Gueules.

geraments d'or au faucon de Gueules, les grillets d'argent, les longes de Gueules, efcartelé d'or à trois pals de Gueules brifez d'vne cottice de fable.

gerenté de Mont-Clar, d'or au fautoir de Gueules.

gerez la Mothe, de Gueules au griffon d'argent au chef d'afur chargé de trois eftoilles d'or.

Bourgongue.   *gergel ff.*, d'afur à l'efcreuiffe cuitte au naturel en pal.

germalle, de Gueules à trois tourteaux d'argent.

geronz, d'or à la croix encrée de fable.

geronnieres de mefmes.

geron de Milac, de Gueules a la bande d'afur bordée d'argent.

Normandie.   *gerot*, d'argent femé d'hermines à la face fufelée de Gueules.

germut, de Gueules a la grué d'argent, la patte droitte leuée tenant vn caillou de mefme.

geftia, d'afur au chevron d'or, accompagné de trois teftes de lyon de mefmes.

geffez, d'azur a deux chevrons de fable.

gevres, de Gueules a trois lyons d'or.

gex, d'azur a fix morailles d'or liez d'argent au chef de mefmes.

gex Ville, au geay au naturel, couronné d'vne couronne Ducalle d'or.

Picardie.   *gheftelle*, de Gueules au chevron d'hermines.

G

giac, d'or a la bande d'azur, accompagnée de six merlettes de sable.

Gianes, d'argent au chef d'azur chargé de deux aigles d'argent.

Giberte, d'asur à la face d'argent.

Gibrie, d'asur a trois tours d'or à l'estoille en abysme de mesme.

Gien Ville, d'azur a la porte accostée de deux tours d'argent, sommée d'vne autre tour de mesme.

Giffar, d'or à la croix engreslée de gueules, cantonnée de quatre lyons d'azur.

Sauoye. *Gilly*, facé d'argent & de Gueules, à la bande d'argent bronchante sur le tout, chargée de trois corneilles de sable mambrée de Gueules.

Gilliers, escartelé au premier & quatre d'or au chevron, accompagné de trois macles de gueules, au second & trois d'or au lyon de sable à la bande de Gueules bronchante sur le tout, chargée d'vne patte de griffon d'or.

Gilliot, d'azur à la face d'or supportant vn levrier courant d'argent & vne estoille à six points en pointe de mesme.

Ginguni, d'argent au lyon de sable l'escu billetté de mesme.

Ginodi, de sinople au sautoir d'or cantonné de quatre treffles d'argent.

Paris. *Girard la Roußiere*, d'azur a trois chevrons d'or.

Girard, d'argent à la face de Gueules chargée d'vn leopard couronné d'or en pointe, vne quinte fueille de mesme.

Dauphiné. *Girard S. Paul*, d'azur a bande eschequée de trois traits d'argent & de sable.

Girardiere, de sable a trois testes de perdrix ou poulets arrachez d'argent, mambrez & becquez de Gueules.

Girard, d'azur a trois treffles d'or.

Bourgongne. *Girardot*, d'argent au lyon de sable, escartelé de Gueules au lyon d'argent.

Girardin, d'azur a la face d'or, accompagnée de trois testes de loup de mesme.

Giri, dit *de Voulans*, d'azur a l'escarboucle fleuronnée & pommetée d'or, escartelée d'argent à la bande de sable.

Girin Malines, d'argent au lyon de Gueules.

Giron de Marigny, d'asur a la bande ondée d'or, accompagnée en chef d'vne estoille de mesme & en pointe d'vn croissant d'argent.

Gistelle, d'or au lyon d'azur.

Poicton. *Giton*, d'azur a trois gettons ou besans d'or.

Giuri, de sable à trois quintes fueilles d'argent.

Gladie, de Gueules à trois cerfs d'argent.

Glandeves, d'or a trois faces de sable.

Glandeves, facé d'or & de Gueules de six pieces.

Glarens ou *Barens*, d'or a l'aigle de sable.

Glotin, lozangé d'or & de Gueules.

Gloudie, de Gueules a trois clefs d'argent.

Gobaille, d'azur à la face d'argent chargée de trois hures de sanglier de mesmes.

Gobelin, d'azur au chevron d'argent, accompagné de deux estoilles d'or en chef & d'vn demy vol d'aigle en pointe de mesme.

Gobineau, d'argent a deux vents d'or soufflans vne mer en pointe ondée de sinople, & vne estoille d'or en chef.

Godart du Becquet, d'azur au chevron d'or, accompagné de deux estoilles d'or en chef & en poiute vne roze de mesme.

gode, d'argent au chevron de sable, accompagné de trois molettes de mesmes.

godefroy, d'argent à trois hures de sanglier de sable.

godet des Bordes, d'asur au chevron d'or, accompagné de trois pommes de pin de mesme, les pointes en haut.

Bourgongne. *godran*, pallé de six pieces d'argent de gueules a deux tours, l'vne a dextre l'autre a senextre, bronchant sur les deux premiers pals & les deux derniers d'argent au chef de sinople, chargé d'vne aigle de sable, couppée & couronnée d'or.

godran Dantilly, d'azur au cadran d'or.

godon, d'asur au cygne d'argent, accollé d'vne couronne de mesme.

gombert, escartelé d'or & de gueules a deux lyons & deux tours de l'vne en l'autre de mesme.

gonar, d'azur a la bande d'or, chargée de trois estoilles de gueules, accomp. de deux croissans d'argent.

Gondechal Bachinville, d'argent à huict molettes de gueules.

Gondy, d'or a deux masses d'armes de sable passées en sautoir liez de gueules par en bas.

Gondrin Montespan, d'or a la tour de gueules sommée de trois donjons de mesmes, maçonnée de sable, & trois testes de Mores en profil, les yeux bandez d'vn bandeau d'argent, posées en face & en chef.

Gonnelier, d'or a la bande de sable.

Gontaults S. Genis, escartelé d'or & de gueules.

Gontauls de Biron, de mesmes.

Guyenne.
Trouence.   *Gordes Simiane*, semé de tours & fleurs de lys sans nombre d'asur.

Goreuod du Pont de Vaux, d'azur au chevron d'or.

Goras, de gueules a trois roses d'argent.

Paris.   *Coret*, d'argent a la hure de sanglier de sable.

Goriffar, de gueules à la face d'hermines.

Gouffier, d'or a trois iumelles de sable.

Gorgias, escartelé au premier & quatre de gueules à trois vases d'or, aux deux & trois d'or à croix de gueules.

Goulastre, d'argent a trois mains senextre apaumée de sable.

Goulas, de gueules a trois glands la queuë en haut au chef d'azur, chargé d'vn leopard d'or.

Bretagne.   *Goulaine*, party d'Angleterre & de France à demy.

Goupins, de gueules a deux doubles cottices d'argent, chargez chacune de cinq hermines bronchant entre icelle, de sable au lyon passant en chef d'argent.

Gouppillier, d'argent a trois renards d'asur.

Gournay, de gueules a trois tours d'or en bande.

Gourdon, party au premier de gueules a trois estoilles d'or posées en pal, au deux bands d'or & de gueules de six pieces.

Gourchalours, d'asur a la face d'or, chargée d'vne estoille de gueules, accomp. de trois cocquilles d'argent 2.1.

Gourdon de Boulande, d'or au double tres-chœur de sinople au sautoir de gueules bronchant sur le tout.

Goulay, dit d'Asnicurt, d'argent à la croix encrée de sable.   .

Gouuernaux, de gueules à la croix dantelée d'or.

Goussant, d'azur a trois gousses d'ail d'argent.

Goussancourt, d'hermines au chef de gueules.

Goussantville, d'or a la crox de gueules, cantonnée de seize alerions d'asur au lambel de trois pendans d'ergent.

Goussault, d'azur a trois grenades d'argent au chef de gueules, chargé de trois estoilles d'or.

Goy, d'azur a la face d'argent surmontée de trois besans de mesme.

Sauoye.   *Goy*, d'asur au chevron d'or, accompagné d'vne nasse d'argent en pointe.

Groffart, d'argent à trois pieds de griffon.

Gravlly, d'argent à trois fermeaux de gueules.

Grambat la Vacherie, de gueules au lyon d'or.

Grammont, d'asur a trois buz de reines d'argent, couronnez d'or a l'antique.

Grommont Chastillon, d'asur a trois testes de reines d'incarnation, couronnée d'or, escartelée de Coligny.

grammont, d'or au lyon de gueules.

greizberges, d'argent a la face d'asur au sautoir de gueules.

grandeville, d'argent a vne teste & col de cheual d'argent, armé de sable & bridé d'or.

grancy, d'or au lyon d'asur, lamp. cour. de gueules.

Champagne.   *grancy*, d'or.

grangest, d'argent au chevron de gueules, accompagné de trois croissans d'asur.

grand-Bou, d'or au cœur flambant de gueules au chef d'asur, chargé de trois estoilles d'or.

grand-

G

Grandcher, d'afur au chevron d'or, accompagné de trois gerbes demefmes au chef vairré de quatre traits.

Granges, d'afur a trois aigles d'or.

Grenaut, de gueules à deux bandes ondées d'argent.

Grandrie, d'argent à trois treffles de finople.

Grand-Pré, burellé d'or & gueules de dix pieces.

Grand-Pré, couppé d'afur & d'or au lyon de gueules bronchant fur le tout.

Granet, party d'afur au lyon d'or, le deux de gueules à trois pilliers d'argent pofez en pal.

Granges, de gueules au fautoir d'or.

Granfon, pallé d'argent & d'azur de fix pieces a la bande d'argent, chargée de trois cocquilles de fable bronchant fur le tout.

Granfelue, dit *la Cofte*, d'afur à la demie croix de Malte d'argent, au chef de gueul.

Graffe de Cabrie, d'or à trois chevrons de gueules.

Berry.   *Graffe*, d'azur au lyon d'or.

Graffet, d'or à deux chevrons de gueules.

Bourgongne.   *Grateloup*, de gueules au loup rampant d'or, au bras d'argent pofé fur fon dos.

Grenault, de gueules a deux bandes ondées d'argent.

Grene, de gueules au chevron d'argent.

Greré, de gueules au chef de vair, au lyon naiffant d'or.

Griffonnier, d'argent à trois Couronnes de Duc de finople.

Grignans, de Gueules au chevron d'or, accompagné de deux croix potencée de mefmes.

Grignan, voyez *de Caftille*.

Grignan, d'or à la bande d'azur à la bordure de France.

Grignan, efcartelé au premier d'or a trois bandes d'afur, au fecond de gueules, au chapeau d'or, fommé de trois tours de mefmes, au trois d'or a vn lyon de gueules touchant le franc canton d'vne patte, au quatre d'argent a vne croix alifée d'afur cantonnée de quatre quintes fueilles de mefmes.

Grillet, d'afur à la face d'argent, accompagnée d'vn grillon d'or en chef & d'vne eftoille de mefme en pointe.

Grillon, d'azur à cinq fleurs de lys d'or pofées en croix à 4. aigles d'or demefmes.

Grillon, d'azur au fautoir d'or.

Grillon, d'or à cinq cottices d'afur.

Grimenil, d'azur à trois chevrons d'argent.

Grimault, d'afur au vol d'argent, au chef d'or, chargé de trois eftoilles de Gueul.

Grimaldi, fuzelé d'argent & de Gueules en lozanges.

Gros, d'or à l'aigle de fable couronnée de Gueules à la bordure de fable, chargée de huict befans d'argent.

Gros, d'afur au chevron d'or, accompagné de trois fautoirs alifez de mefmes.

Groffier, d'afur à trois eftoilles d'argent en chef, & trois befans d'or en pointe au lambel de trois pieces d'or.

Groffeure, d'azur à deux efpées d'argent, garnie d'or les gardes en haut.

Gruel, d'argent a trois faces de fable.

Gruere, d'afur à la croix d'argent.

Grollée, gironné d'or & de fable de huict pieces.

Groin, d'argent à trois teftes de lyon de Gueules.

Grutel, vairré d'or & de pourpre.

Guemadeu, de fable au lyon leopardé d'argent, accomp. de fix cocquilles de mefmes, trois en chef & trois en pointe.

Gueret, d'argent à la croix de Gueules.

Guerin, d'afur au rocher d'argent.

Guebriant, d'or à fept macles d'afur 3. 1. 3.

Guefteville, d'argent femé de chauffe-trappes de Gueules.

Guenaut, d'or à trois fufée & demie de gueules mife en bande.

Guenegaut, de Gueules au lyon d'or, chargé en chef d'vne croix de Lorraine de mefme, party d'afur à la croix d'or, chargée en cœur d'vn croiffant de Gueules, qui eft de S. Roch.

Y

G

Bretagne.   *guerfaut*, d'afur a trois furées d'argent mis en bande.

guepré, d'afur à la face d'or, accomp. de trois lozanges de mefmes.

guibert, d'argent à la bande d'afur, chargée de trois croiffants d'argent au milieu deux eftoilles d'or.

guibert, d'afur a deux baftons noüeux peris en chevron, accompagnez de trois Soleils d'or.

guibert, d'afur a trois efpreviers d'argent grillettez & becquez d'or.

guifroy Boutiers, d'or à la bande de Gueules, chargée d'vn griffon d'argent.

guifroy, d'afur a la face d'argent, chargée de cinq merlettes de fable, accomp. en chef d'vn croiffant d'or & d'vne eftoille dargent en pointe.

guibert de Breda, d'argent a la face de Gueules chargée de trois eftoilles d'or, & trois perroquets de finople en chef & vn croiffant de Gueules en pointe.

guilombraue, de Gueules a la face d'or, accomp. de trois eftoilles de mefmes

guichard, d'ergent a trois reftes de lyon de fable au lambel de Gueules.

guillon, d'afur a trois quilles d'or pofées 2. 1. au chef coufu, baftillé par en bas de fable.

guillart, de Gueules a deux bourdons de pelerin pofez en chevron, accomp. de trois montagnes d'or.

guillart Montans, d'afur a trois teftes de leopard d'argent, armez, couronnez de fable.

Bretagne.   *guengat*, d'afur a trois mains dextres d'argent.

guinet, d'afur a trois fontaines d'or 2. 1.

guienne Ancien, lozangé d'or & de Gueules.

guienne Moderne, de Gueules au leopard d'or.

guillon, d'afur au fautoir d'or.

guillens, d'argent au rozier de finople, boutonné de Gueules, la bordure d'afur, chargée de huict eftoilles d'or.

guillon, d'argent au chef de Gueules, chargé d'vn lambel de trois pieces d'or.

guat la Toufeliere, d'afur a la face d'or, au lyon paffant de mefme en chef & en pointe trois eftoilles d'or.

guy le Verd, d'or au lyon d'afur a la face danchée de Gueules bronchante fur le tout.

gugotat, d'afur au pal d'or chargé de trois cocquilles de fable.

H

HABERT, porte burellé d'or & d'afur de huict pieces.

Hacqueville Dozembray, porte d'argent au chevron d'afur, chargé de cinq aiglons d'or, accompagnez de deux teftes de paon d'or arrachées.

Hacheroy Foucaucourt, d'argent à l'aigle efployée de fable, party d'argent à la croix de fable.

Hachue, d'argent à trois efcuffons de Gueules.

Hadonville, d'or au chef d'azur, chargé d'vn lyon d'argent lamp. de Gueules.

Hailly, de fable à la bande d'or.

Hainville, d'or à la croix encrée de Gueules.

Hais, d'argent à trois molettes de fable.

Haluin Magnelay, d'argent à trois lyons de fable, couronnez, lampaffez d'or.

Halle du Tuy, d'afur à trois trefflés d'or.

Hallencour, d'argent à la bande de fable accoftée de deux cottices de mefmes.

Halenvilier, d'argent à la face de Gueules, accompagnée de trois aiglons d'afur 2. 1.

Halouin, d'argent à trois lyons de fable.

Lorraine.   *Hamville*, d'or a la croix engreflée de Gueules.

Hambie, d'or à deux faces d'afur.

Ham, d'or à trois croiffans de Gueules.

Hamont, coupé d'or & d'afur au chevron de Gueules bronchant fur le tout.

Hames, vairé & contrevairé d'or & d'afur.

Hamon, d'or au chef d'or, chargé d'vn chevron de Gueules.

Hamelincourt, d'or fretté de Gueules.

Hamel Belangrise, de Gueules au chef d'or, chargé de trois molettes à cinq pointes de fable.

Hangest, d'argent à la croix de Gueules.

Happelincourt, d'or à la croix de Gueules.

Vermandois.　*Happelaincourt*, d'afur a la croix d'argent, chargée de cinq croiffans de Gueules.

Harate, de fable à trois mains d'or.

Haraucourt, d'or a la croix de Gueules.

Harcourt, de Gueules à deux faces d'or.

Harcourt, d'argent au lyon de Gueules au chef d'afur chargée de trois fleurs de d'or.

Haroy, d'or au chevron de Gueules, accompagné de trois flames d'argent.

Hardier, de mefme.

Hardy, d'afur au lyon d'or lamp. de Gueules.

Hardier Hardenfon, de fable à la bande d'or, accompagnée de fix billettes de mefmes, trois en chef & trois en pointe.

Haricour, de Gueules a deux faces d'hermines.

Harenes la Condaue, d'afur à trois croiffans d'argent mis en bande.

Harlay, d'argent a trois pals de fable.

Harenvillier, d'argent a trois mains de Gueules.

Harpoulica, de Gueules a la bande d'or brifée d'vne merlette de Gueules.

Harueil, d'afur a trois croiffans d'or pofez en bande.

Hargicourt, d'hermines au chef de Gueules.

Harguenonville, d'or a la bande cotticée de fable chargée de trois colonnes d'argent.

Haicourt, de Gueules a deux faces d'argent, chacune chargée de 4. hermines.

Hauffe Dominois, de fable au fautoir d'argent.

Beauce.　*Halebrand*, de Gueules a la bande d'argent, chargée de trois alerions de fable.

Hauars, d'argent fretté de Gueules au franc canton de mefme.

Haubert, de finople à la taupiere d'or femée de fromis de Gueules.

Haubert, efcartelé d'or & d'afur a la bordure efcartelée de mefme de l'vn en l'autre.

Haucourt, de Gueules a deux faces d'or.

Haut, d'or a trois croiffans de Gueules.

Houcourt, d'argent au lyon de Gueules, armé, cour. lamp. d'afur, l'efcu femé de bilettes de Gueules.

Haudeftot, d'hermines au fautoir de gueules au lambel de mefmes befantez d'or.

Hauftin, d'azur a la face efchequée d'argent & de gueules a quatre lyons leopardez d'or, vn en chef & quatre en pointe.

Hauteville, d'hermines a la face de gueules au bafton d'afur bronchant en bande fur le tour.

Haute-mer Feruacques, d'or a trois faces ondées d'afur.

Hauefquerq, d'or a la face d'argent.

Hautot, d'argent au lyon de gueules la queuë noüée & paffée en fautoir, & couronnée de gueules.

Hautefort, d'or a fix pores-efpics de fable dantez & allumez d'argent.

Normandie.　*Hautal*, d'argent a la face de fable.

Bretagne　*Hay*, de fable au lyon morné & muflé d'or.

Haye-pierre, bandé d'or & de fable.

Haye-paffauant, d'or a deux faces de gueules a l'orle de 9. merlettes de mefmes.

Haye Iolain, de gueules à la croix encrée d'hermines.

Haye Neaion, d'or au fautoir de fable.

Hebert-Breau, d'azur au fautoir d'or, accomp. de quatre eftoilles de mefmes.

Hector, d'azur a trois tours d'or.

Hedin, de gueules a trois croiffans & trois treffles d'or.

Vermanduit.　*Heilly*, d'argent a la bande fufclée de gueules, accompagnée de fix merlettes de mefmes 3.3.

Normandie.　*Helauvillier*, d'argent a la face de gueules, accomp. de trois aigles d'azur.

Picardie.　*Helande*, d'argent a la bande de gueules chargée de trois marteaux d'or.

H

Henaucourt, d'argent a trois maillets de fable.

Heneville, facé d'hermines & de fable de fix pieces.

Henequeville, d'afur au chef de Gueules, chargé de trois rofes d'argent.

Vermandois. *Henevillier*, d'argent à trois doloires de Gueules.

Hengeft, efchequé d'or & de Gueules a la bande d'afur, chargée de cinq cocquil-les d'or.

Henequin, vairé d'or & d'afur au chef de Gueules, chargé d'vn lyon d'argent.

Henris, de Gueules au chevron d'or, accompagné de trois croifettes de mefmes au chef d'afur, chargé de trois mollettes ou eftoilles de huiçt rais d'or.

Herbelot Ferriere, d'argent fretté de fable au chef d'or, chargé de trois colonnes de fable.

Herpin du Coudray, d'argent à deux manches ou cottes mal taillées de gueules, au chef endenté de fable de trois pieces au fautoir d'argent.

Hermangeuft, de Gueules au chafteau ouuert de trois tours efgalles, accomp. de trois croifettes d'or.

Henricourt, de Gueules a la bande d'or.

Henry Hermauft, d'afur au leopard d'or furmonté de deux eftoilles de mefmes au chef d'argent, chargé d'vn cœur d'afur, furchargé d'vn nom de Iefus d'or.

Herangier, d'afur a dix lozanges d'argent.

Hercourt, d'or a la croix de Gueules, chargée de cinq coquilles d'argent.

Herce, d'or a trois teftes de fanglier de fable dantée & allumée d'argent.

Hericy, d'argent à trois heriffons de Gueules.

Hermanville, d'or a deux faces de Gueules.

Heronville, d'argent a la face diaprée d'afur & d'or a trois rofes de Gueules deux en chef & vne en pointe.

Herquecy Pampelone, d'or & de finople.

Heriot Moulins, d'or au cocq de finople.

Heripont, de pourpre a la bande d'or.

Hergelay, de Guéules au chevron d'or.

Heruau, d'argent a la face de Gueules & a la bordure de fable, chargée de huiçt befans d'or.

Hillin, efcartelé au premier & quatre d'argent a deux vols d'azur, au deux & trois de Gueules à la face ondée d'argent, accompagnée de trois vols d'or liez de mefmes.

Paris. *Hinfelin*, d'afur a la face d'argent, accomp. de trois teftes de lyon arrachées d'or 2.1.

Hinfelin, d'or a deux faces d'azur femées de croix fleuronnées de l'vne en l'autre.

Hinfelin, d'argent au chevron d'azur, chargé d'vne eftoille d'or, accompag. de trois brins de fleur de lin de finople au chef de Gueules, chargé de trois croix pattées d'argent.

Hochard, d'azur a quatre pals de Gueules à deux fautoirs de mefmes en chef.

Hodie, d'argent à la croix encrée de Gueules a la bordure engreflée d'afur.

Hoires, d'or au chevron de Gueules.

Horire, d'azur a trois fermeaux d'argent.

Hofte, de Gueules a la croix engreflée d'or.

Hoftagers, gironné de huiçt pieces d'or & d'azur a la croix dantelée, partie de mefme, fur le tout vn efcuffon d'afur a la fleur de lys d'or.

Hotat, d'or a fix a fix marcaffins de fable.

Hotot, d'azur au lyon d'or, l'efcu femé de molettes de mefme.

Hotemam, party emmanché d'argent & de Gueules.

Houdan, d'or au crequier de finople.

Hubert Landreville, d'argent au chien de S. Hubert au naturel.

Huchon, d'azur a fix annelets d'argent.

Huchin, d'azur au lyon de fable couronné d'or, femé de billettes de fable.

Hucé, d'azur a l'aigle efployée d'argent, mamb. & becqué d'or.

Huerry, d'argent a la bande fufelée de Gueules.

Huffalife, burellé d'argent & d'azur de dix pieces au lyon de gueules, ar. lamp. d'or fur le tout.

Hugonet,

H

Hugonet Fallans, vairé d'or & d'azur à la bande de Gueules, bronchante sur le tout.
Hugolens, d'or à trois chevrons d'azur.
Huilles, d'azur à trois lyonceaux de Gueules.
Huitres Botieres, d'or à la bande de Gueules, chargée d'vn griffon d'argent.
Humieres, d'azur à la bande d'or.
Humieres, d'argent fretté de sable de six pieces.
Huré, d'argent à la bande de Gueules, chargée de trois estoilles d'or.
Hureau, d'azur à trois estoilles d'or.

I

Bourgongne. IACQVELIN *d'Espernay*, de Gueules au chevron d'or, accompagné de trois estoilles en chef 2.1.
Iacquet la Verriere, d'azur au lyon d'or assis, tenant vne fleur de lys de mesme, en sa patte droitte, auec ces mots, *Accipe daque Fidem.*
Bourgongne. *Iacquet de Mypont*, d'azur à la face d'or, chargée d'vn croissant de sable, accompagnée de trois estoilles d'or à la bordure engreslée de Gueules.
Bourgongne. *Iacquinot*, d'azur au chevron d'or, accompagné de deux rozes de mesmes en chef, & vn croissant d'argent en pointe.
Iacquemin, d'azur à trois espics de blé d'or en pal, & d'vn croissant d'argent en cœur.
Bourgongne. *Iacqueron de la Motthe*, d'azur à la face de Gueules, chargée d'vn croissant d'argent, accomp. de trois rozes de mesmes.
Iacob Lucotier, d'azur au chevron ondé d'argent, accomp. de trois testes de leopard d'or.
Iacques de Caons, d'argent au chevron renuersé d'azur au chef de Gueules, chargé de trois estoilles d'argent.
Iacques Cœur, d'azur à la face d'argent, chargée de trois cocquilles de sable, & trois cœurs de Gueules.
Aniou. *Iaille*, d'argent à la bande fuzelée de Gueules sans nombre, à la bordure de sable besantée de huict pieces d'argent.
Iaillon, d'argent à la face de Gueules, chargée de trois besans d'or.
Bourgongne. *Ianlay Mortille*, d'azur, a la face d'argent, accompagnée de trois quintes-fueilles de mesmes.
Ianville, d'azur à trois broyes d'or au chef d'argent, chargé d'vn lyon de Gueul.
Iancourt, de sable à deux leopards d'or.
Iardine, vairé d'or & de sable, escartelé de Gueules à trois cocquilles d'argent.
Iäusse, d'or à la roze de Gueules.
Iay, d'argent à trois lances de Gueules, celle du milieu brisée.
Ieanin, d'azur au croissant d'argent, surmonté d'vne flame d'or.
Iean, dit le Clerc, d'azur à trois cygnes d'argent, mambrez & becq. de Gueules.
Iean, d'azur au chevron d'argent, accomp. de trois testes de lyon arrachée d'or.
Bourgongne. *Iean de Clugni*, d'azur a deux clefs adossées, les anneaux enlassez d'or en pointe.
Ieanne d'Arc, d'azur à l'espée d'argent en pal, croisée & pointée d'or, soûtenant en haut vne couronne Royale d'or, cottoyée de deux fleurs de lys de mesmes.
Iefferon, d'or au chef d'azur, chargé d'vn œil d'argent.
Ieoffroy Fague, d'azur au croissant d'argent en abysme, au chef d'or, chargé de trois estoilles d'azur.
Igni, burellé d'argent & de Gueules de dix pieces.
Illiers, d'or a six annelets de Gueules 3.2.1.
Imbert de la Platiere, d'argent au chevron de Gueules, accomp. de trois anilles de sable.
Incelin, escartelé au premier & quatre d'azur, au griffon d'or, au deux & trois d'or a deux faces de Gueules, accomp. de 14. croisettes fleuronnées 4.4.3.2.1.
Inchi, facé d'or & de sable de six pieces.
Ioigni, d'azur a l'aigle esployé d'or.
Ioinville, pallé & contrepallé d'argent de & Gueules.

I

Ioyeuse, pallé d'azur & d'or de six pieces au chef de Gueules, chargé de trois hydres d'or, escartelé d'azur au lyon d'argent, qui est de S. Disier.

Iolly, d'azur à l'estoille d'or au chef de mesme, chargé de trois rozes de Gueules bouronnées du champ.

Icly, d'or à vne plante de lys de iardin entiere d'or, au chef de mesme chargé de croix recroisettées de mesmes.

Iosserand, de sable à la croix dantelée d'or.

Iossier, de Gueules à la tour d'argent, cottoyées de deux besans d'or en pal.

Iosso, dit *du Plessis*, d'azur à trois cocquilles d'or.

Iousseau, d'argent fretté de Gueules.

Dauphiné. *Ioubert*, d'azur à trois chevrons d'or.

Iousseran, d'azur à l'aigle d'argent.

Iousselin de Taupiere, d'argent à la bande de sable, escartelée d'azur à trois colonnes d'or sur le tout frettée en face d'or & d'azur.

Ipre, de Gueules à trois lyons d'or à l'orle de fleur de lys d'or.

Isle, d'argent à trois faces de Gueules.

Isle-Bouchard, de Gueules à deux leopards d'argent, lamp. & ar. d'azur.

Isembach, d'argent à trois forces de tondeur, de sable mis en face.

Isoudun, d'azur a Y cantonné de trois fleurs de lys le tout d'or.

Isque, d'or à la croix encrée de Gueules.

Ister, de sable à trois fermeaux d'or.

Iubert du Til, d'asur a la croix alisée d'or, escartelée d'azur a cinq fers de lancet ou roquets esmoulus d'argent.

Iuchy, facé d'or & de sable de six pieces a la bordure de Gueules.

Sauoye. *Iuq Landie*, d'azur à trois roses d'or.

Iuie-Maurie, de sable au rocher d'or.

Iully, d'argent à la croix fleurdelisée de Gueules.

Iully Busserolle, de Gueules à la croix d'or, chargée de neuf cocquilles d'argent.

Iulien d'asur au lyon d'or ar. lamp. de Gueules.

Bourgongne. *Iupille*, party emmanché en pointe d'hermines & de Gueules.

Iuoly, d'azur à trois fers de picques d'argent.

Iuvigné, d'argent au lyon de Gueules, la teste d'or ar. lamp. de mesme.

Iusrans, burellé d'argent & d'asur à l'aigle de Gueules esployée sur le tout.

Normandie. *Iury*, d'or à trois chevrons de Gueules.

K

Bretagne. **K** *ACOT*, porte de Gueules à la croix d'hermines encrée & gringolée d'or.

Kairault, dit *Bleray*, d'argent a trois merlettes de sable.

Keramont, de sinople à trois grilets d'or.

Keramont, lozangé d'or & de sable.

Kerauais, vairé d'argent & de Gueules.

Kerazet, burellé d'or & d'azur.

Kerao, de Gueules à vne teste de cerf sommée de Gueules.

Kercado, d'asur à sept macles d'or.

Kercouaut, losangé d'or & de sable.

Kerqneach, d'argent au chesne de sinople.

Kerdoul, d'argent au chef emmanché de cinq pieces & demie de Gueules.

Kerqneach, d'argent au chesne de sinople, chargé d'vn geay au naturél.

Kergroslay, vairé d'or & de Gueules.

Kergouet, d'argent à quatre faces de Gueules, accompagnées en chef de quatre roses de mesmes.

Bretagne. *Kergouet*, d'azur au chef d'argent dentelé de trois pieces & demie de Gueules.

Kergounadec, eschequé d'or & de Gueules.

Kergoulonates, de sable au lyon d'argent.

Kergroades, facé d'argent & de sable.

K

Kerlimer, d'azur au fautoir d'or, accompagné de quatre lyons de mefmes.

Keriolis, d'hermines au chef de Gueules, chargé de trois fleurs de lys d'or.

Kerioc Koftanfar, d'azur à la fleur de lys d'or, accompagnée de deux macles de mefmes.

Kermadec, d'or à trois annelets & trois croifettes d'azur entremeflées.

Kerhorfam, de Gueules à la boucle ronde d'argent.

Kermaffonnet, de Gueules à trois cocquilles d'argent.

Kermaffonnet, d'afur à l'aigle d'or, chargé fur l'eftomac d'vn efcuffon de Gueules chargé de trois cocquilles d'argent.

Kermeno, de Gueules à trois macles d'argent.

Kermilly, d'argent à trois molettes de Gueules.

Kermornau, d'or à trois faces d'azur, chargée d'eftoilles d'argent.

Kermornau, d'argent à la croix encrée d'azur.

kernapin, d'argent à trois croix de Gueules.

kernegault, de Gueules au lyon d'argent, l'efcu femé de billettes de mefmes.

kerouant, d'argent à la croix pattée d'azur.

keromant, d'azur à la main dextre appaumée d'argent pofez en pal.

keroufanc, efcart. en fautoir de Gueules & d'hermines, chargée d'vn lyon d'argent.

Kerofere, de Gueules au lyon d'argent, efcart. d'vn fautoir d'hermines.

Kerfandi, d'afur au leopard d'argent.

ke fanfon, de Gueules au fermail en lozange d'argent.

xertornnn, facé de fix pieces d'argent & d'afur, à trois tourteaux de Gueules en chef.

kernueuo, d'argent à deux faces de fable, efcartelées de Gueules à trois macles d'argent.

kerueno, d'afur au cœur d'argent en pointe, acotté de trois molettes de mefme, furmonté de trois efpics pofez en bande, pal & barre appointez fur le cœur de mefme.

keruen, d'afur à la croix racourcie au pied chevronné d'argent, accomp. de deux cocquilles en flanc, foûtenuë d'vne autre en pointe.

kernxret, burellé d'or & d'afur.

kereuon, d'afur au mouton paffant d'argent.

kernarpuy, d'argent à trois croiffans de Gueules.

L

LA BARDE, porte d'or à trois cocquilles de fable, au chef d'azur chargé d'vne molette d'or.

La Barre, dit *la Tuffiere*, d'argent à trois lyons de fable, ar. lamp. cour. d'or.

La Barge, de Gueules à la face efchequée d'or & d'afur de deux traits au chef d'or, chargé d'vn lyon de fable.

La Barre, fretté d'argent & de Gueules.

La Barre, d'or à la bande de Gueules, accoftée de deux croiffans de mefmes.

La Baftardie, d'afur à la tefte de daim d'argent, efcart. de Gueules à trois croiffants d'hermines.

La Baume, d'afur à la bande viurée d'or, accompag. de fix hermines de mefmes, pofée en orle 3. 3.

La Baume, fretté d'or à trois chevrons de fable, au chef d'azur, chargé d'vn lyon naiffant d'or.

La Baume Cornillanne, de Gueules à deux faces d'or, chargées de neuf corneilles de fable.

La Baume Maureuert, d'or à la bande viurée d'azur.

La Beliere, d'argent party emmanché de fable.

La Beliere, efcartelé d'argent & de fable.

La Bercaudiere Durfey, efcartelé au premier & quatre d'afur à la croix danchée de douze pointes alaifées d'argent, au deux & trois d'or à l'aigle efployée de Gueules fur le tout de Gueules au pal de vair.

L

La *Bertonniete*, de Gueules à cinq furées d'or en bande.

La *Bigne*, d'argent à trois rozes de Gueules.

La *Biftrade*, de finople au chafteau d'argent, fommé de trois tours, placées dans des caües de mefme.

Bretagne. La *Bodramiere*, d'afur au lyon d'argent, armé, lamp. d'or.

La *Boiraye*, de Gueules à la croix d'or.

La *Boulaye*, d'afur au chevron d'or.

La *Boulaye Ferriere*, de Gueules à cinq fers de cheual d'argent, les talons en haut.

La *Bourdonniere*, d'afur a deux fers de lances à l'antique d'argent.

La *Boutaille*, vairé d'argent & de finople à la croix de Gueules fur le tout.

La *Braffe-Défmay*, d'argent au chevron de Gueules, accompagné de trois mo. lettes de fable.

La *Bregement*, voyez *de la Tremoüille*.

Aniou. La *Broffe*, d'argent au cheuron de Gueules, accompagné de trois merlettes de fable 2. 1.

Mayne. La *Buifardiere*, dit *de Clinchamp*, d'argent à trois pigeons de Gueules.

La *Caue*, dit *du Lion*, d'or au lion de Gueules.

La *Capelle Biron*, d'argent femé de charbons ardants de Gueules a trois bandes d'azur.

La *Cafe de Pont*, d'argent à la pointe de fept pieces d'or & de Gueules.

La *Chabeffelaye*, d'afur au chevron d'or, accomp. de 3. pommes de pin de mefmes.

La *Chambre*, d'azur femé de fleurs de lys d'or à la cottice de Gueules fur le tout.

La *Champagne*, d'afur a trois mains d'or.

La *Chappelle Dandelot*, d'argent à l'aigle a deux teftes efployee de fable, ayant vne fleur de lys de Gueules fur chaque tefte.

Bretagne. La *Chappelle*, de Gueules a la face d'or.

La *Chappelle Trouffiere*, d'or a la croix de fable.

Mayne. La *Chappelle Rinffoin*, de Gueules a la croix d'or.

La *Charlotte*, dit *la Vallée*, d'argent a l'engrefture de Gueules.

Berry. La *Chaftre*, efcartelé au premier & quatre de Gueules, a la croix d'argent, chargee de fix pals de vair, au deux & trois de Gueules, a trois teftes de loup, arrachee d'argent.

La *Chauffée*, dafur a neuf croiffans d'argent, accomp. de trois befans d'or en chef

La *chauffée*, d'afur au lyon leopardé d'or.

La *Chauffée*, d'argent fretté de fable, au franc canton de Gueules.

Bourbonnois. La *Chauffée*, d'or au lyon d'azur, cour. ar. lamp. de Gueules.

La *Chenaye*, d'afur a trois lances, auec leurs guidons d'or.

Beauce. La *Chemmere Montdoucet*, d'argent a trois faces de Gueules, chargee chacune de deux croifettes de Gueules & d'argent de l'vn en l'autre.

Bretagne. La *Chemelaye*, d'afur a deux leopards d'or, ar. lamp. de Gueules.

Lymofin. La *Chetardiere*, d'afur a trois chats paffans d'argent.

Piedmont. La *Chiuffade*, de Gueul. a la croix d'argent a la cottice de fable bronchant fur le tout.

Bretagne. La *Clarté S. Amour*, vairré d'or & de finople.

La *Colliere*, efc. au 1. & 4. d'argent au chef de Gueules, chargé d'vne macle d'or, au 2. & 3. d'or au lyon leopardé de Gueules.

La *Collupe*, efcartelé au premier & quatre d'argent, au chef d'afur, chargee d'vne macle d'or au deux & trois d'or, au lyon leopardé de Gueules.

La *Cofte Gournay*, de Gueules a quatre faces d'or, party de Gueules a dix billettes d'argent 4. 3. 2. 1.

La *Cofte*, de Gueules a la manche mal-taillee d'or.

La *Cofte*, voyez *Grandfelue*.

La *Cofte*, d'argent femée de tours & de fleurs de lys fans nombre d'afur.

La *Couri*, de Gueules a trois bandes de vair, au chef d'or.

La *Creffonniere*, bandé d'argent & d'afur de fix pieces, a la bordure de Gueules.

La *Croix*, d'azur a vne tefte de cheual d'or, au chef de Gueules, chargé de trois croiffans d'argent.

La *Croix*, d'afur a la croix pattee d'or, efc. de Gueules au lyon d'argent, ar. lamp. & cour. d'or fur le tout vn efcu d'or plain.

L

L

Paris.	La *croix*, d'aſur à trois croix couppée d'argent 2. & 1.
Bourbonnois.	La *croix*, d'aſur à la croix d'or, cantonnée de quatre cocquilles de meſmes.
	La *curée*, de Gueules à ſept loſanges d'argent poſées en bande.
	La *curée*, dit *Filet*, de Gueules à trois fuzée d'argent miſe en bande.
Bretagne.	La *Driennaye*, ſemé de France au lyon d'argent.
Paris.	La *duocat*, d'azur à la face d'argent, accompagnée de trois croiſſans d'or en chef, & d'vn lyon en pointe de meſme.
	La *Fare*, d'or au lyon de ſable.
	La *Fare*, d'aſur au chaſteau à deux tours ſur vn rocher d'argent au lyon paſſant de meſme.
Lyonnois.	La *Faye*, d'argent à trois arbres de ſinoples, au cerf au naturel en cœur.
Bourbonnois.	La *Fayette*, d'or à la bande dantellée de Gueules, à la bordure de vair.
	La *Ferriere*, d'argent a deux lyons leopardez de ſable.
	La *Ferriere*, d'hermines à la bordure de Gueules, chargée de trois fers de cheual d'or.
Paris.	La *ſſemas*, de Gueules a vn arbriſſeau d'or ſortant d'vne terraſſe de meſme.
	La *Feuillie*, d'argent à la croix engreſlée d'argent.
	La *Feuille*, d'argent a trois feuilles de hou de ſinople.
	La *Fin de Beaumanoir*, d'argent à trois faces de ſable, à la bordure engreſlée de Gueules.
Dauphiné.	La *Flotte*, d'argent fretté de Gueules au chef d'or.
	La *Fontaine*, d'aſur à la bande canelée d'argent, accompagnée de trois eſtoilles d'or.
Bretagne.	La *Fontaine Dongnon*, d'aſur a trois bandes eſchequées d'or & de Gueules de trois traits.
Bretagne.	La *Foreſt*, d'hermines a deux haches d'armes adoſſées de Gueules.
	La *Foreſt*, d'argent a trois tourteaux de ſable.
Bourbonnois.	La *Foreſt Mauvoiſin*, d'aſur a trois leopards d'hermines.
	La *Foreſt*, d'aſur a ſix cocquilles d'argent 3. 2. 1.
	La *Foſſe*, d'aſur au lyon naiſſant d'or, briſé d'vne eſtoille de meſme.
Aniou.	La *Freſſaye*, d'argent a deux faces de Gueules, a lorle de huict merlettes de meſmes.
Poictou.	La *Frette*, d'or a deux lyons leopardez de ſable.
	La *Frette*, pallé d'argent & d'aſur de ſix pieces.
Bretagne.	La *Frette*, d'hermines au ſautoir de Gueules, chargée en cœur d'vne croix pattée d'or.
	La *Galliſſonniere*, d'aſur a trois papillons volans d'or.
	La *Garde-vins*, d'aſur a la tour d'argent maçonnée de ſable ſur vne coline de meſme, accoſtée de deux eſtoilles d'or.
Dauphiné.	La *Garde*, d'aſur a la viure d'or, accompagnée de ſix mouchetures d'hermines d'or, trois en chef & trois en pointe.
	La *Garde*, de Gueules a trois ſoleils d'argent.
Auuergne.	La *Gardet*, de Gueules a la bande d'or pallée de deux pieces d'aſur acoſtée de ſix eſtoiles d'argent.
	La *Geraudiere*, gironné d'argent & de ſable de dix pieces.
	Lagny, d'aſur au vol eſtendu d'or.
Picardie.	La *Gorde*, d'or au chef couſu d'argent, au lyon de Gueules ſur le tout.
Picardie.	La *Gouppiliere*, d'argent a trois renards d'aſur.
	La *Goutte*, d'argent au chevron de Gueules, accompagné de trois eſtoilles de meſmes.
	La *Grange*, pallé & contrepallé d'or & d'aſur de ſix pieces, ou d'or a trois ranchers de Gueules.
	La *Grange de Montreuil*, d'aſur au chevron d'or, chargé d'vn croiſſant de Gueules, accompagné en chef de deux eſtoiles d'or, & d'vne roſe en pointe de meſme.
	La *Grange*, de ſinople au lyon d'or, au baſton de Gueules, bronchant ſur le tout.
	La *Grange le Roy*, d'aſur a trois oyſeaux d'argent, au croiſſant de meſme en cœur.
	La *Grange Trianon*, de Gueules au chevron dantelé d'argent, chargé d'vn autre chevron de ſable.

A a

L

La Grange, de Gueules à trois merlettes d'argent au franc canton d'hermines.

La Grand-Haye, d'or à deux faces de Gueules à lorle de merlettes de mesme.

La Gresle, d'argent a trois faces de de Gueules, à la bande d'asur, chargée de trois fleurs de lys d'or bronchant sur le tout.

La Grenade, de Gueules au grenadier d'or, accomp. de deux estoilles de huict rais de mesme.

Aniou. *La Gresille*, d'argent fretté de Gueules.

La Guerche, de Gueules a deux leopards d'or.

La gnesle, d'or au chevron de sable, accompagné de trois coqs ou huchets de mesmes.

La guiche, de sinople au sautoir d'or.

Normandie. *La Haye*, d'argent au sautoir d'asur.

La Haye, d'asur à la bande d'or, chargée de trois treffles de Gueules.

Bretagne. *La Haye du Torcé*, de sable à la croix engreslée d'argent.

Normandie. *La Haye*, d'argent à trois escussons de Gueules.

Paris. *La Haye Ventelay*, contre party & chevronné d'or & de Gueules, chaque chevron de mesme de l'vn en l'autre.

La Haye, de Gueules à trois besans d'or en chef, trois billettes d'argent en face 2. 1. de mesmes.

Vermandois. *La Haye*, eschequé d'or & de sable.

Normandie. *La Heuse*, d'or à trois houseaux de sable, la premiere chargée d'vn manteau d'argent.

La Houssaye, eschequé d'argent & d'asur.

La Houssiere, d'argent à la face d'asur, chargée au milieu d'vn escu d'argent à vne bande losangée de Gueules accostée de deux cocquilles d'argent, & sur le chef trois merlettes Gueules.

La Iaille, d'or au leopard lionné de Gueules, accompagné de cinq cocquilles d'asur mises en orle.

Prouence. *La Iaille*, d'argent à trois fuzées de sable.

Laisné, d'asur à trois demy vols d'aigle d'or.

La Iugie, dit *du Puy*, escartelé au premier & quatre d'asur à deux lyons affrontez d'or, au deux & trois d'argent à la bande d'asur, accomp. de six roses de Gueules party d'asur à vne face d'or, sur le tout d'or au lyon de Gueules.

Lalain, burellé d'argent & de Gueules au chef d'asur.

Lalain, dé Gueules à dix losanges d'argent.

La lane, d'asur au demy vol d'argent, au lambel d'or en chef.

Lalemand, d'argent au chevron d'asur, chargé de trois estoilles d'or à six rayons au chef de Gueules, chargé de trois estoilles d'or.

Prouence. *La liere*, d'argent à deux bandes de Gueules, accompagnées de deux billettes de mesmes.

La luserne Bredars, d'or à la croix (ou fer de moulin) encrée de Gueules, chargée de cinq cocquilles d'argent.

La Luthuniere, d'argent à la croix de Gueules, cantonnée de quatre lyons de sable.

La Marck, d'or à la face eschequée d'argent, & de Gueules de trois traits.

La Magdelaine Ragny, d'hermines a trois bandes de Gueules, chargées de cocquilles d'or sans nombre.

Lyonnois. *La Marche*, d'argent au lyon de Gueules, à la cottice d'asur, bronchant sur le tout.

La Margeliere, de sable à trois fleurs de lys d'argent.

La Mare, d'argent à la croix de Gueules.

La Mare, d'asur à la bande d'or, chargée de trois estoilles de Gueules.

La Mare de Chavigny, de Gueules au chevron d'or, accomp. de trois cocquilles de S. Iacques de mesmes.

La Martiniere, dit *le Comte*, d'argent à la bande d'asur, accomp. de six roses de Gueules mises en orle, trois en chef & trois en pointe, escartelé de face d'or & d'asur de six pieces au baston noüeux mis en bande bronchant sur le tout.

Bretagne. *La Massuë*, de Gueules à trois masses d'argent, à la bordure de sable.

La Manesue, d'argent à lorle de huict molettes de sable, à l'estu en abysme de Geueules, à trois lyons d'argent 2. 1.

L

Lambert, d'afur à deux chevrons, accomp. de trois eftoilles de mefmes.
Lambert, d'argent au lyon de finople.
Languedoc. *Lambert*, d'argent au pal d'afur, chargé d'vne croix de quatre rayons d'or.
Normandie. *Lambert*, de Gueules au chevron d or, accomp. de deux croiffans en chef & d'vn gland en pointe.
Dauphiné. *Lambert*, d'argent à trois bandes de fable.
Bretagne. *Lambefy*, d'argent à trois bandes, celle du milieu de finople, les deux autres de Gueules.
Lambrufche, d'or au cœur d'afur, produifant vn treffle de finople.
Lamcelle, de Gueules au fer de flefche d'argent, pofé en bande la pointe en bas.
La Meilleraye, de Gueules au croiffant d'hermines de cinq moucheturcs.
La Met, de Gueules à la bande d'argent, accomp. de fix croix recroifettées, au pied fiché, trois en chef & trois en pointe de mefmes.
La Meet, d'argent à trois maillets de fable, efcartelé de Gueules au lyon d'argent, fur le tout d'or à trois maillets de Gueules.
Paris. *La Mirault*, d'or à la roze de Gueules, au chef de mefme.
Lamy, d'azur au chevron d'or, accomp. vers le chef de deux tourterelles affrontées d'argent, & en pointe d'vn cypres d'or.
La Moignon, lofangé d'argent & de fable, au franc canton d'hermines.
La Moignon, efcart. au premier & quatre de Gueules à trois moucheturcs d'argent au deux & trois d'argent fretté de fable.
La Morodaye, de fable à deux fleurs de lys d'argent, au chef de Gueules, à la bordure d'or.
La Morliere, d'afur au lierre d'or, au chef d'argent, chargé de trois eftoilles de finople.
La Mothe Serrans, d'argent à trois lyons leopardez de Gueules.
La Mothe, d'afur à trois rofes d'or.
La Mothe Tigergour, d'or à quatre faces de Gueules, les deux premieres ondées.
La Mothe, d'argent à la face de Gueules, accompag. de fix fleurs de lys au pied coupé de mefme 3.3.
La Mothe de Iarne, d'afur à trois pals d'or.
La Mothe Iacqueron, d'afur à la face de pourpre, chargée d'vn croiffant d'argent, accomp. de trois rofes de mefmes.
La Mothe d'Aubigni, vairré d'argent & de finople à la croix de Gueules.
La Mothe Taiff, de Gueules à trois fufées d'argent mifes en pal.
La Mothe, taillé de Gueules fur fable en demy cercle en pointe au lyon naiffant, d'or, & bronchant fur le tout au chef d'argent.
La Mothe de Hermel, efcartelé au premier & quatre d'afur, à la dextrochere d'argent, tenant vne fleur de lys d'or, au fanon de mefme, mouuant du cofté fenextre, au deux & trois d'argent, à la tefte de loup, arrachée de Gueules languée d'or.
La Mothe, d'argent à trois faces de finople.
La Mothe Darcon, d'argent au chevron camponné d'or & de Gueules, accomp. de trois eftoilles d'or.
La Mothe de Montigni, d'argent à trois chevrons de finople, chargez chacun de fix pots à fleurs d'or.
La Mothe Vauclere, de Gueules à trois bandes engreflée d'argent.
La Mothe, vairé d'or & d'afur.
La Mothe, d'afur à la croix d'argent, accomp. de quatre fleurs de lys d'or.
La Mothe, d'argent au roch de fable efcar. de fable au roch d'argent, fur le tout d'afur à la fleur de lys d'or.
La Mothe Houdancourt, d'afur à la tour crenelée d'argent, au levrier courant de Gueules, accollé d'afur a la bande d'or, accompagnée de trois tourteaux de Gueules au cofté de l'efcu, & d'vn lambel de trois pieces en chef de mefme.
La Muffe Bruflon, d'argent au griffon de fable.
Lamoureux, d'argent à trois macles de fable 2.1.
La Mouffaye, d'argent au lyon couronné de Gueules.

L

La *Nauve*, de Gueules à la nef equipée & voillée d'argent, ses trois masts surmontez de trois estoilles d'or.

Landas, emmanché d'argent & de Gueules.

Lango, d'argent au lyon d'asur.

Langeron Daudran, d'asur à trois estoilles d'argent, escartelées de Gueules à quatre faces endanchées d'argent à vne bande d'asur, chargée de fleurs de lys d'or sans nombre.

L *angres*, d'asur au sautoir d'or, accomp. de quatre fleurs de lys de mesme.

Langest de Lion, escartelé au premier & quatre d'asur à trois cerfs d'or, le deux & trois d'asur à trois estoilles d'or.

Auuergne. *Langheac*, d'or à trois pals de vair, ou d'hermines, selon aucuns.

Landes, d'asur à trois chevrons d'or.

Landri de la Tour, d'or à la tour crenelée de Gueules de trois pieces maçonnée de sable.

Lange, d'azur au croissant d'argent, surmonté d'vne estoille de mesme.

Langines, d'asur a la tour crenelé d'or auec son auant-mur de mesme.

Langan Bois-Feurier, de sable au leopart d'argent, ar. lamp. cour. d'or.

Bretagne. *Lanhort*, d'argent à deux bandes de sable.

La *Neuville*, d'argent à la croix de Gueules, cantonnée de quatre fleurs de lys d'or.

La *Nest Champost*, d'argent à la vache de Gueules, accornée & onglée d'argent.

La *Nion Vieux-Chastel*, d'argent à trois merlettes de sable, au chef de Gueules, chargé de trois quintes fueilles percées d'argent.

Lasnier, d'azur au sautoir de carreaux d'or, accompagné de quatre aigles de mesmes.

La *Noüe*, d'azur à la croix d'or cantonnée de quatre gerbes de mesmes.

La *Noüe*, d'argent bastonné de dix pieces, au chef de Gueules, chargé de trois testes de loup arrachées d'or.

La *Nocle*, dit *la Fin*, d'argent à trois faces de sable, à la bordure engreslée de Gueules.

Bretagne. *Lannoy*, d'argent à a trois lyons de sinople, couronnez d'or au chef de Gueules.

Lannes, d'or à l'estoille de Gueules.

Lansac, burellé d'argent & d'asur, escartelé de cinq points d'asur, equipolez a quatre d'argent.

Lantaige, de Gueules a la croix alisée d'or, escartelée d'azur à la nille d'argent.

L *Pilletiere de Marboeuf*, d'azur a deux espées croisées par les pointes les gardes en haut d'argent.

La *Pallisse*, de Gueules au lyon d'argent.

Anion. La *Palu*, d'argent a la face de sable.

La *Palu*, de Gueules a la croix crenelée d'argent, chargée de neuf hermines de sable.

La *Pause*, d'argent a la bande camponée d'argent & de Gueules.

La *Pause*, de Gueules a trois ondes d'argent, au pont sur vn arche de mesme.

La *Pemenie*, dit *le Granger*, de Gueules a trois dragons volans de sable.

Le *Plancq*, d'argent semé de billettes de sinople, au lyon de mesme.

Le *Plancq*, d'argent a vne main de sable, surmontée de trois besans de mesmes, a lorle de merlettes aussi de mesmes.

La *Platiere Bourvelier*, escar. au 1. & 4 d'argent, au chevron de Gueules a trois annelets de sable, au 2. & 3. de Gueules, a trois molettes d'or.

Et *Plume*, coupé d'or & de sable, l'or chargé de trois aigles de sable, & le sable chargé de trois aigles d'or.

La *Plisse Nuchon*, d'asur a trois besans d'argent en cœur & vne fleur de lys d'or.

La *Poipe Despilli*, d'asur au cocq d'or, au chef de mesme, chargé de trois molettes de sable.

La *Poipe Ferriere*, de Gueules a la face d'argent.

La *Pizelaye*, de Gueules a trois macles d'or a vn anelet d'argent en chef.

Dauphiné. La *Porte*, de Gueules a la tour d'argent.

La *Porte*,

L.

La Porte, de gueules à la croix d'or.

La Porte Framboifiere, efcartelé au 1. & 4. d'or, à l'aigle à 2. teftes de fable, bequé & membré de gueules, aux deux & trois de gueules, à vne cotte d'armes d'hermine, fur le tout de gueules à la tour d'or.

La Porte Vefins, de gueule au croiffant d'hermine, bordé d'or.

La Porte neuve dite Gur, d'azur à 7. macles d'or.

La Poterie, de gueules à la croix d'or.

La Poterie le Roy, d'azur au chevron d'or, acc. de 3. eftoilles d'or.

La Queille, de fable à la croix engreflée d'or.

L'archer, d'azur au chevron d'or, acc. de 2. rofes d'arg en chef, & d'vne croix patriarcalle, de mefme en pointe.

Larchant Grixeoûl, de gueules à 3. eftoiles d'argent, à 1. efcart. d'azur au lion d'or, tenant de fes pates vn rameau de laurier de mefme.

Larcot, de fable, à 3. faces d'arg.

La Raris, d'arg. au lion de fable ar. cou. de guel. acc. d'vne eftoille & d'vn croiffant d'arg. en chef, & d'vne rofe en pointe de fable.

La Refte, d'azur à la croix patriarcalle, d'arg. efc. de gueule, à la tour d'or.

La Renardiere, d'azur à 3. renards d'or.

Largentaye, d'arg. à la bande d'or, viurée de gueul. acc. de 6. merlettes de mefme.

Largentier de Chapellaine, d'azur, à 3. chandeliers d'Eglife d'or, pofés en pal.

La Riuiere, de gueule au chevron d'hermines.

La Riuiere, de gueule à la croix d'or, frettée d'azur.

La Riuiere Chaulemy, de fable à la bordure d'argent.

La Riuiere, d'argent à la bande d'azur, chargée de 3. lionceaux d'or, acc. de 7. merlettes de fable, au franc canton de gueule.

La Riuiere, d'azur au chevron d'or, acc. de 3. croix, au pied fiché de mefme.

Larmage, d'azur, à la bande d'or au chef de mefme.

La Roche Audry, lofangé de gueul. & d'arg. les lofang. d'arg. chargée de 2. faces d'azur.

La Roche Daim, de fable à 3. teftes de Daim d'or, les 2. du chef affrontées.

La Roche de Couron, d'hermines, à 3. faces, breteffée & cont. de gueule.

La Roche, d'arg. à la face de fable, danchée, acc. de 3. eftoilles de gueul.

La Roche Chemeraut, efcart. au 1. & 4. d'argent, à 3. lofanges & demie de gueule, en face, au 2. d'azur, à la croix d'argent, ayant les bouts dentelez de 3. pieces, au 3. d'hermine, au chef de gueule, au 4. d'or, à l'aigle efployé de fable.

La Roche, de gueule à 3. lofanges en bande, la premiere & 3. partie d'argent & d'azur, celle du milieu partie d'azur & d'argent.

La Roche Baritault, de finople au lion d'argent.

La Roche Turpin, de gueule, à 7. lofanges en bandes d'arg.

La Rochelle, ville, de gueules au Nauire d'arg. les 3. mats fom. de 3. fleurs de lys d'or, fuportée des ondes d'azur, au chef de mefme, chargé de 3. fleurs de lys d'or.

La Roche Chenard, burelé, d'argent & de gueules de 8. pieces, chargée de 5. faces de fable.

La Roche, d'or, au Rocher de fable.

La Roche Bernard, d'or à l'aigle efployé de fable, m. & becq. de gueule.

La Roche, ecartelé d'arg. & de gueule, à l'aigle efployé, efcartelé de l'vn en l'autre.

La Roche Tiffon, facé d'hermine & de finople de 6. pieces.

La Roche Pofay, dit Chaftaigner, d'or au lion pofé de finople.

La Roche Maillet, d'azur à trois merlettes d'or.

La Roque, d'or, au gazon produifant 3 efpics de bled de finople.

La Rocque, d'azur à 3. faces d'arg.

La Roche-Foucault, burelé d'arg. & d'azur, de 10. pieces, chargée de 3. chevrons de gueule.

La Rouffiere, dit grand, d'azur à 3. chevrons d'or.

La Rofiere, d'argent au chevron de gueule, chargé de 3. rozes d'or.

La Rounere, d'arg. à la croix de fable.

Larfay, d'argent au lion de fable.

L.

La *Ruë*, d'arg. à 3. faces de gueule.

Auvergne. La *Salle*, d'or, à la croix ancrée de sinople au franc canton de gueule.

Bourgogne. La *Salle*, de gueules à la tour d'argent, soutenuë de deux billots d'or, fichez au
Poictou. pied.

La *Salle*, ondé d'argent & de gueule de 8. pieces.

La *Salle*, d'argent, à 3. tourteaux d'azur, mis en bande.

La *Saugere*, de sable, semé de fleurs de lys d'arg.

La *Sangle Chauuel*, d'argent au sautoir de sable, chargé de 5. cocquilles d'argent.

La *Scalle*, d'or, à l'aigle à 2. testes de sable, tenant sous ses pieds vne eschelle de
gueule.

La *Sstre*, d'argent, à l'orle de 8. merlettes de sable.

La *Sornac*, d'hermines, à 2 haches d'armes, adossée de gueul.

La *Souche*, d'azur, à 3. pigeons d'arg. les 2. du chef affrontés, l'autre en pointe, & vne
estoille d'or en cœur.

La *Taillais*, coupé, endanché le 1. d'arg. le 2 de sable, au sautoir d'arg.

La *Taillais*, d'azur, au chevron d'or, acc. de 3. estoilles de mesme.

La *Tour de Buillon*, escartelée, au 1. d'or, au gonfanon de gueule, de 3. pendants,
frangé & bordé de sinople, qui est d'Auvergne, au 2. de France, au baston de
gueul. pery en bande, qui est Bourbon, au 3. de gueul. au lyon d'or, l'escu semé
de billettes de mesme, qui est Nassau, au 4. d'or, à 3. tourteaux de gueul qui
est Boulogne, sur le tout de gueul. semé de fleurs de lys d'or, à la tour d'arg. m. de
sable, qui est la tour, party d'argent, à la face de gueul. soutenu d'or au cornet
d'azur, lié & virollé de gueule.

La *Toisson*, de gueule à la bande d'or, chargé d'vne quinze feüille d'azur.

La *Tour Gounernet*, d'azur à la Tour donjonnée d'arg. m. de sable, au chef de gueul.
chargé de 3. casques d'or.

Prouence. La *Tour*, de gueule à la bande d'or, chargée d'vne foine d'azur.

La *Tour*, d'azur à la Tour d'arg. crenelée de 4. creneaux à 2. colombes affrontée,
perchée sur les 2. creneaux des extremitez, tenant en leur bec vne estoille d'or,
m. & becquée de gueule.

La *Tour Montbelet*, de gueule à trois Tours, crenelées d'or.

La *Touraigne*, de gueule au chevron d'arg. à la bordure componnée de mesme,
esc. de Ierusalem & de Naple.

La *Tour Calonné*, d'argent à la Tour de gueul.

Saintonge La *Tour*, d'argent à l'Aigle de gueul, m d'or, à la bordure d'azur, chargée de six
Besans d'or.

La *Tornelle*, d'or à 5. Tornelles d'azur mise en sautoir.

La *Touche Trebery*, de sable à 3. Croissans d'argent.

La *Touche Auxant*, d'azur à la Cotice d'or, acc. de 3. Estoilles de mesme au chef
d'argent.

La *Touche Rauland*, d'argent à trois cornets de sable,

La *Touche*, d'or à trois Torreaux de gueule.

La *Trie*, d'or à la face de gueule chargée d'vn Oyson d'or acc. de deux fleurs de
Lys de gueule.

Bret. La *Trimeliere*, d'azur au chevron d'or, acc. de 3. Roses d'argent percée d'or.

La *Tronssiere*, d'or à la Croix de sable.

La *Trousse*, d'azur au chevron potencé & contre-potencé, en dedans d'or, acc.
de 3. Aiglettes d'argent au chef d'or, chargé d'vn Lyon Leopardé de gueule.

La *Tuffiere*, d'argent à trois Lyons de sable arm. & lampassés & couronnés d'or.

Laudran Granchamp, de gueule à trois espics de millet d'or.

La *Vache*, d'or à 3. Testes de Vaches de gueule.

La *Val*, d'or à la Croix de gueule, chargée de cinq Cocquilles d'argent, cantoné
de 16. Alerions d'azur.

La *Vallette Dardée*, escartelé de gueule & d'azur à la Croix pometée & fichée d'or.

La *Vallet Parisot ou Cornusson*, de gueule au Peroquet, d'argent party de gueule au
Lyon d'or.

La *Vallée*, de gueule à trois fermeaux d'argent.

L.

Aniou. Lauardin, d'azur à onze billettes d'argent.

La *Vaugour*, d'argent au chef de geule.

Laubigeois, d'or à la face de gueule, à la bordure d'azur.

La *Veuë*, d'azur à l'Aigle d'or, regardant vn Soleil de mesme au prem. canton.

La *Vergne* d'Ausolle, de gueule au chef d'argent chargé de 3. vanets de sable escartelé d'azur à 3. espics d'or.

La *Vergne*, de gueule à 3. Pals d'or chacun chargé d'vne molete d'esperon de sable en chef.

La *Vere*, de gueule à la bande d'or, acc. de 6. Cocquilles de mesme en orle,

La *Vernade*, de gueule à l'arbre auec ses racines d'or, acc. de 2. estoilles de mesme.

La *Veriere dit Senton*, d'azur au Lyon assis d'or, tenant en sa pate droite vne fleur de Lys de mesme auec ces mots, *Accipe daque fidem*.

Lauedan, d'argent à trois Corbeaux de sable.

La *Verne*, d'azur à 3. demis vols d'or mouuans de l'abysme de l'escu, chargé en cœur d'vne Rose de gueule.

La *Veronne*, d'argent au chef de sable à la bordure de gueule escartellé d'azur à 2. Nymphes d'argent, soutenant de leurs mains vne fleur de Lys d'or cour. de mesme.

La *Verne*, d'argent à l'Arbre de sinople.

La *Vieu*, coupé de vair sur gueule.

La *Vieuuille de Rugles*, d'argent à 6. feuilles de hou d'azur 3. 2. 1.

La *Videuille*, face d'or & d'azur de 8. pieces.

La *Vigne dit de Hout*, d'azur à dix billets d'or 4. 3. 2. 1.

La *Ville dit la Charlotte*, d'argent à la bordure engreslée de gueule.

La *Ville-neune*, de gueule au Lyon morné d'arg. l'escu semé de billetes de mesme.

La *Villean*, d'argent à l'Aigle de sable au chef de gueule chargé de trois Croix coupées d'argent.

La *Veziere*, d'or au chevron d'azur acc. de 2. Aiglettes de mesme en chef.

Launay, d'argent à deux bandes d'azur.

Launay *de Genes*, d'hermine à la face de gueule.

Launay *Descamin*, d'azur à 3. corps de chasses garnis d'argent.

Launay *la Boßiere*, d'argent à 3. Lyons de sinople.

Launay *Demerancourt*, eschiq d'or & d'azur de 25. pieces.

Launay *ponsal*, d'argent au chevron engreslé de sable des 2. costez, escartelé d'hermines à la face de gueule chargée de 3 bezans d'or.

Laurans, d'arg. au lorrier de sinople au chef d'azur chargé de 3. estoilles d'or.

Lauris, d'argent à 3. bandes celle du milieu de sinople, les 2. autres de gueules.

Lauzon, Tiercé en bande d'or, de gueule, & d'azur.

Lauzon, d'azur à 3. Serpents qui se mordent la queuë, d'azur.

Lauor, de sable à 6. bezans d'argent.

La *Voipierre*, couppé d'azur sur or au Lyon dragonné de l'vn en l'autre, la queuë tirante vers la pointe de l'Escu.

La *Voshe*, de gueule à trois Leopards d'or au lambel d'azur semé de France.

Lautray, d'argent à la face de sable.

La *Vveue de* *Montagnac*, d'azur à l'aigle esployé d'or à trois estoilles en chef de mesme.

Prouence. Layncel, de gueule au fer de fléche d'argent mis en pal.

Le *Anthoin*, bandé d'or & de gueules de 6. pieces.

Le *Aumon Puygallar*, d'azur au faucon, au vol estendu, perché, lié, & grilleté d'arg.

Leas, d'azur à 2. Lyons affrontez d'or, au lambel de gueules.

Le *Baueux*, de Gueules au chevron d'arg.

Le *Bauß de Chiray*, d'azur au chevron d'or en pointe, & vne estoille de mesme au chef cousu de Gueule, chargé de trois pals d'or.

Le *Belin Pusquet*, de sinople à trois Beliers accornez d'argent, le second du chef sautant.

L

Le *Beau*, d'azur à la face d'argent acc. de 3. Cocquilles de mesme en chef, & d'vne estoille en pointe.

Le *Bigot*, de Gueule à la bande darg. acostée de 6. croisettes d'or 3. 3.

Le *Bloy*, d'azur au Lyon d'or.

Le *Blond*, d'argent à la Herce de sable acc. de 3. Tours de Gueules.

Le *Bois*, d'arg. à la Croix de Gueules chargée de 5. fermailets d'or.

Le *Borgne*, d'or au Lyon de sable.

Picardie. Le *Borgne de Montigny*, d'or à l'aigle de sable.

Le *Bœuf*, de Gueules au bœuf passant d'or, la queuë fourchuë passée entre ses iambes remontant en haut.

Le *Boulanger*, d'azur à la face d'or acc. de 3. estoilles en chef de mesme.

Le *Bourgoin*, d'azur à trois encres d'or.

Le *Brat*, d'or au leurier d'azur à la face de Gueules dantelée d'arg.

Le *Bret*, d'azur à la Tour d'or au chef d'argent chargé de 3. hermines de sable.

Le *Breton*, d'argent au Lyon Leopardé de sable.

Le *Brun la Brosse*, d'arg au chevron de Gueule, acc. de 3. molettes de sable.

Le *Brun*, d'azur à vne montagne de sinople ayant à la pointe vn roseau d'or, acc. de 2. estoilles d'argent.

Paris. Le *Camus*, d'argent au Pelican de gueule, au chef d'azur, chargé d'vne fleur de lys d'or.

Le *Captal* de *Buch*, d'or à la Croix de sable, chargée de 5. coquilles d'arg.

Le *Cat*, de Gueule à la Tour d'arg.

Le *Caron*, de Gueule à 3. besans darg.

Le *Cellier*, dit *Cheuets*, d'azur au Lyon d'or au chef de mesme, chargé de 3. estoilles d'azur.

Le *Chastelin*, de *Beaumon*, d'azur à 2. bares d'arg. tenant l'vne à l'autre.

Le *Charon*, d'azur au chevron d'or, acc. de 2. estoilles en chef & d'vne Roüe de charette en pointe.

Le *Chaleux*, d'or à la face de sable chargée d'vn sautoir d'or, acc. en chef de 3. Roses de Gueule, & en pointe de 2. bandes de sable.

Le *Chastel*, facé d'or & de Gueule.

Le *Cheron*, d'azur, à 3. Testes d'hommes d'or couuerts de chappeaux de mesme.

Le *Cirier*, d'arg. à 4. hermines d'azur, & en cœur vne estoille de Gueule.

Le *Cirier de Neuchelle*, d'azur à 3. Licornes d'or.

Le *Clerc*, d'arg. à l'escurieu rampant de Gueule, tenant de ses pates de deuant vne pomme d'or la rongeant.

Le *Clerc*, d'azur à 3. Croissants d'arg. à la bordure d'hermine.

Le *Clerc Mauny*, darg. à la Croix d'azur, acc. de 4. Coquilles de Gueule.

Le *Clerc Salencourt*, d'azur à 3. Croissants d'or au lambel en chef de mesme.

Le *Clerc Lefeuille*, de mesme.

Le *Clerc Boisrideau*, de Gueule au Croissant d'arg. d'où naist vn Lion de mesme.

Le *Coc*, d'azur à 3. cocqs d'or m. b. de gueule.

Le *Compasseur*, party coupé au 1 d'azur à trois compas ouuerts en chevron d'or au 2. d'or au crequier de Gueule soustenu d'azur à 3. bandes d'or.

Le *Comte*, d'arg. à 3. Croissants d'or à l'estoille de mesme en cœur.

Le *Comte*, d'arg. à la bande d'azur, acc. de 6. rosettes de Gueule mis en orle escartelé facé d'or, & de Gueule de 6. pieces au baston noüeux, bronchant sur le tout.

Le *Cogneux*, d'azur, à 3. porcs espics d'or.

Le *Cosic*, de Gueule au Croissant d'or, acc. de 6. Trefles de mesme.

Le *Coudre*, darg. au Lyon Leopardé de sable.

Le *Court*, de Gueule à 3. bandes d'azur au chef d'or, chargé d'vn chevron d'azur.

Bref. Le *Deuin*, de Gueule à la face d'arg. acc. de 3. estoilles de mesme.

Le *Duc*, d'or à la bande de Gueule chargée de 3. Ducs dargent, acc. de 2. echets de Gueule.

Le *deuille* dit *Baugy*, d'azur à 3. troncs noüeux d'or posez en pal à la molete d'esperon en chef de mesme.

Lediguier

L

Lesdiguieres, de gueule au Lion d'or, au chef cousu d'azur chargé de trois Roses d'argent.

Le *Faoüet Banteville*, d'arg. à 5. faces de Gueule.

Dauphiné. Le *Fay de Perault*, d'arg. à la bande d'or, chargée d'vne Tour d'azur.

Le *Feron*, d'or au sautoir d'azur, acc. de 2. molettes de mesme, vne en chef l'autre en pointe, costoyée de 2. Aigles de sable.

Le *Févre*, d'azur à trois Lys de iardin boutonnez d'or, feüilles de sinople

Le *Févre*, d'azur à 2. bastons noüeux d'or en sautoir, acc. de 2. Croissants affrontez d'or en chef, & d'vne estoille de mesme en pointe.

Paris. Le *Fevrure*, d'azur à la Tour d'argent, acc. de 2. estoilles d'or & d'vne pencée de mesme en pointe.

Le *Fevrure de Pauilly*, d'azur à la Croix d'argent, escartelée d'or à 3. Couronnes à l'antique de Gueule.

Le *François Mauual*, d'argent à trois cocqs de sable.

Le *Gentil-home*, d'argent à la face de Gueule, chargee de 3. besans d'arg.

Le *Gallo-Darchy*, chevronné d'or & de Gueules de 6. pieces.

Le *Gendre*, d'azur à la face d'argent, acc. de 3. Testes de filles de mesme.

Le *grand S. Germain*, d'azur à 2. bastons noüeux d'or, en sautoir, au chef endenté d'or.

Le *Grand*, d'azur à la face d'argent chargée de 3. estoilles de Gueules, acc. de 3. Lyons d'argent en chef.

Le *Granger Pinquernon*, d'arg. à 3. Dragons volants de sable.

Le *Gruyer*, de Gueule à la Croix endanchée d'or, cantonnez de 4. fers de Lances d'argent.

Le *Gruyer*, de sable au Chasteau sommé de 2. Tours d'or, eschequé d'argent & de Gueules.

Le *Grand de Varnay*, vairé d'or & de Gueules.

Beauce. Le *Gros*, d'azur à la face d'or, acc. de 3. sautoirs d'argent.

Bretagne. Le *Haudoin de Nanteüil*, de Gueules à 6. fleurs de Lys d'or 3. 2. 1.

Le *Heue*, d'or au chevron de Gueules, acc. de 3. Treffles de mesme.

Le *Homet Dauchy*, chevronné d'or & de Gueule de 6. pieces.

Le *Hirel*, d'arg. au pin de sinople chargé de 2. pommes d'or, sommé d'vn espreuier de mesme.

Houle. Le *Houle dit Vigne*, d'azur à 10. billetes d'or 4. 3. 2. 1.

Le *Mairat*, d'or au chevron d'azur, acc. de 3. testes de Paon arnaché au naturel lemp. party d'or & de Gueules, au Lyon party de mesme de l'vn en l'autre.

Dauphiné. Le *Martin de Champoleon*, d'azur au chevron d'or, au chef d'azur, chargé de 3. cors d'or.

L'*Hermite*, d'azur à trois Gerbes de blé d'or.

Le *Iar*, d'azur à l'Aigle d'argent.

Le *Iau*, de Gueule à trois lozanges d'argent, escartelé eschiqué d'or & d'azur au franc canton d'or au griffon de sable.

Le *Iay*, d'azur à l'Aigle, accompagné de trois Aiglons d'or, regardant vn Soleil au franc canton de mesme.

Bretagne. Le *Iuch*, d'azur au Lyon d'argent.

Le *Liévre*, d'azur au chevron d'or, acc. en chef de deux Roses d'argent & en pointe vn Aigle à 2. testes de mesme.

Le *Ly*, d'or à trois chevrons d'azur.

Le *Lorain*, d'azur au chevron d'or, acc. de 3. Colombes d'argent.

Le *Loup*, dit *de Fax*, de Gueule au Loup, ar. lamp. d'argent.

Le *Maistre*, la bonduë, d'or à 2. foüets mis en pal & adossez d'azur, au chef de mesme chargé de deux estoilles d'or.

Le *Maistre*, d'azur à 3. foucils d'or.

Le *Masson*, d'argent au chesne de Gueules, à la bordure de mesme.

Le *Meneust* dit *Brequigny*, d'or au Leopart de sable, acc. de 3. Roses de Gueules.

Bret. Le *Moyne* dit *Rauorgat*, d'argent à trois cocquiles de Gueules & en cœur vn Croissant de mesme.

Cc

L

Anion. Le *Moyne*, d'argent à sept lozanges de Gueules.

Le *Nain*, eschequé d'or & d'azur.

Lenoncourt, d'argent à la Croix danchée de Gueule.

Lenglantier, d'argent à trois torteaux de Gueules.

Lenfernal. d'azur au chevron d'or chargé de 2. Lyons de Gueule, acc. de trois branches de blé d'or feüillé de mesme.

Le *Ny Coetels*, de Gueule à la teste de Liévre coupé au naturel, escartelé d'argent à l'Escu en abysme d'azur, à l'Orle de 8. annelets de Gueules.

Le *Noble*, d'azur à trois Roses d'argent feüillée d'or, posées au flanc de l'Escu, mis en pal surmonté d'vn Croissant d'argent.

L *Noir*, d'or au chevron de Gueules, accompagné de trois treffles de sinople.

Bretagne. Leon, d'or au Lyon morné de sable.

Picardie. Le *Page*, d'azur au chevron d'argent, accompagné de 3. cocqs d'or.

Le *Page*, d'azur au chapeau d'argent, & 3. estoilles d'or en chef escartelé de gueules à 2. Lyons affrontez d'or, le tout surmonté en chef de Ierusalem.

Le *Perier*, d'azur semé billets d'or.

Le *Perche*, d'azur billeté d'or au Lyon de mesme.

Le *Petit de Caën*, d'azur à la face d'argent, & au Leopard d'or en chef.

Le *Picard*, d'azur au Lyon d'or, Armé lamp. de Gueules.

Le *Picard Estelan*, de Gueules à trois fers de Lances d'argent.

Le *Pin*, d'argent au chevron de Gueules.

Le *Porc*, d'or au Sanglier de sable.

Paris. Le *Prestre*, d'azur au chevron d'or, acc. de 2. besans de mesme en chef & d'vne Couronne de Gueule en pointe.

Bretagne. Le *Prestre*, d'azur à trois escus d'hermine.

Paris. Le *Preuost*, eschequé d'or & d'azur, au franc canton d'or, chargé d'vn griffon de sable.

Le *Prud'home*, d'or à l'Aigle esployé de sinople, manbré & becq. de Gueule.

Le *Puymonbrun*, d'or au Lyon d'asur, ar. lamp. de sable.

Auuergne. Le *Quesnelée*, d'hermine au chef de Gueule chargé de 3. fleurs de Lys d'or.

Le *Raix*, d'azur à 4. billetes en Croix cantonnée de 4. estoilles d'or, en sautoir & en cœur vne fleur de Lys de mesme.

Le *Rayer*, d'hermine à la quinte-feüille de Gueule.

Auuergne. Le *Ré*, d'argent au Lyon de Gueules au lam. de sable.

Auuergne. Le *Rigal*, d'asur à la Tour d'argent.

Le *Roy Guisaucourt*, d'argent à sept fleurs de Lys de Gueule escartelé d'or à la bande de sable.

Le *Roy* dit *la Veroulliere*, de sable à trois chevrons d'argent, à la face de Gueule brochant sur le tout.

Le *Roy* dit *Gomberville*, de sable à trois chevrons d'argent, escartelé d'asur à la Croix danchée d'arg. sur le tout, d'arg. à trois chevrons de sable, à la face de Gueule bronchant sur le tout.

Le *Roux*, d'asur au chevron d'argent, acc. de 3. Roüe d'or.

Le *Roux S. Laurent*, facé d'arg. & de Gueules au chef d'asur, chargé d'vne molette d'or.

Guienne. Le *Roux*, de sable à 2. Leopard d'or.

Le *Roux*, de Gueule à 4. pals d'arg. chargez de 3. besans d'or sur le tout.

Le *Sellier du Deban*, d'or à l'Aigle, d'azur manbré & becqué de Gueule.

Les *Banx*, d'or à l'estoille, à 16. Rais d'asur marbré & beq. de Gueule.

Les *Bares*, lozangé d'or & de Gueule.

Prouence. Les *Baulx*, d'or au mouton de sable acolé d'argent.

Les *Biy*, d'or au Sanglier de sable au chef de Gueule chargé de 3. Roses d'arg.

Les *Biches de Veres*, de Gueules à 3. voilles d'argent 11.

Les *Biet*, d'arg. à la bande de Gueule chargée de 3. cocquilles de S. Michel d'or.

Lescalopier, d'or à la Croix de Gueules cantonnée de 4. Croissants de mesme.

Lesco, de sable à la teste de Cerf d'arg. acornée d'or.

Lescot de Lisy, de sable à la teste de Cerf d'argent les cornes d'or & d'asur.

L

Le*fcoit*, de fable à la face d'argent, chargée de 3. quinte-feüille de fable.

Paris. Le*chaßier*, d'azur au chevron d'argent, chargé de 5. hermine de fable, acc. de trois demy vol d'argent.

Le*fcnn*, d'argent à 3. bandes de gueule, efcartelé d'or à 9. lofanges en pal 3.3.3.

Le*fcuyer Dongnon*, d'azur au chevron d'argent chargée de 5. Rofe de Gueules, acc. de 3. eftoille d'or.

Les *Effards*, de Gueule au chevron d'or, & au lyonceau ayant la queuë fourchée de mefme.

Bretagne. Les *Effars*, de Gueule au chef d'hermines.

Les *Groins*, d'argent à 3. teftes de Lyon arrachée de gueule.

Les *Gentils*, d'azur au chevron d'or, acc. de 3. Rouë de Sainte Catherine 1.1. & d'vne efpée en pointe de mefme.

Les *Glantier*, d'argent à trois tourteaux de gueules.

Prouence. Les *Grilles*, de Gueule à la bande d'argent, chargée d'vn Grillon de fable.

Bref. Les *Maes*, d'argent à 3. merlettes de fable, en cœur vn cornet de mefme.

Le*ffare*, lofangé d'or & de Gueule.

Bref. Le*ffernet*, de fable à trois iumelles d'or.

Le*fferuier*, d'argent à l'efpreuier d'azur, perché fur vne perche de Gueule, manbré & grileté d'or.

Le*ffinay*, d'argent au Croiffant de Gueule, à 6. billettes de fable 3.3.

Les *Sangate*, d'azur à la Croix d'or.

Le*ftang*, d'azur à 2. Carpe d'argent en face.

Le*ftendart*, d'argent au Lyon de fable ar. lamp. de Gueule chargé fur l'efpaulle d'vn efcu de Hongrie.

Limofin.

Bourgongne. Le*ftang*, de vair à 2. pals de Gueule.

Les *Tours*, lofangé d'or & de fable.

Guienne. Le*ftrade*, d'argent au Croiffant renuerfé de Gueule.

Les *Raouls*, facé d'argent & de Gueule de 6. piece, au chef d'azur chargé d'vne eftoille d'argent.

Les *Renaudets*, d'argent à l'arbre ou efpine de finople, au chef d'azur chargé de 3 eftoille d'argent.

Bref. Les *Roux*, de fable à 2. Leopards d'or.

Maine. Les *Serpents*, d'or au lyon de fable.

Les *Ynars de Briant*, d'azur au fautoir d'arg. acc. de 4. mollete d'efperon de mefme.

Les *Songaut Prateras*, d'azur à la Croix d'or.

Le *Vayer*, efcartelé au 1. & 4. d'argent à la Croix de fable chargées de 5. miroüers glacés d'argent entournées & cerclez d'or au 2. & 3. de chabot.

Le *Valle*, de Gueules à 6. macles d'rgent.

Le *Verat*, lofangé d'or & de Gueule, à la bordure de Gueule, efcartelé de Vair.

Le *Veyer*, d'hermine à vne quinte-feüille de Gueule.

L'*Euy*, d'or à 3. chevrons de fable.

Le *Vifte*, d'argent à la bande d'azur chargée de trois Croiffant d'or.

Le *Viuier*, d'azur à l'aigle d'or.

Le*ully*, efcartelé au 1. & 4. d'argent à 2. face de gueules au 2. & 3. efchequé d'or & de Gueule.

Le *Vetier*, de Gueule au Croiffant d'or, efcartelé d'échequé d'argent au chef de Gueule chargé d'vn lyon naiffant d'or.

Le *Vet*, efcartelé d'or & de fable.

Leizgnan Burelle, d'argent & d'azur de 10. pieces.

L'*hermiee*, d'azur à trois gerbes de blé d'or.

L'*hermite*, de finople au Chapelet d'or mis en chevron.

L'*Hofpital*, de Gueule au coq d'argent, crefté, manbré, bequé d'or, fouftenant vn efcuffon d'azur, chargé d'vne fleur de lys d'or.

L'*Hofpital*, d'azur à la Tour d'argent fur vn Rocher de mefme, au chef de gueule chargé d'vne molette d'or.

L'*Huillier Dinteruille*, d'azur à la face d'or à 3. Croiffans moutans en chef de mefm.

L'*Huilier*, d'azur au lyon d'or, acc. de trois Cocquille de mefme, ou d'azur à trois Cocquille d'or, au lyonceau en abyfme de mefme.

L.

Liatad, d'or à la bande de fable, chargée en chef d'vn eftoille d'argent.

Limagne, d'azur à 3. limaçons d'argent 2. 1. à la fleur de lys en chef d'or.

Lieu Dieu, d'or à 5. face de gueule, efcartelé d'azur à 3. Aiglons d'or.

Liege, d'azur à la Croix Patriarchale de fable fichée fur vne terraffe de finople.

Ludlan, d'azur à trois clefs d'argent paffée l'vne dans l'autre pofée en perle.

Liede Kerq. de gueule à trois lyons d'or, au lambel d'azur.

La Borne de Porcté, d'argent à l'orle de merlettes de fable.

Ligny, de gueule à la face d'or, au chef efchequé d'arg. & d'azur de 3. traits.

Ligny, burellé d'argent & d'azur au lyon de gueule, femé de billetes d'arg.

Lignery, d'or au chef de vair au lyon de gueule bronchant fur le tout.

Ligny, de gueule à la face efchequée d'argent & d'azur de 3. traits.

Licramont, d'azur à 2. Leopards d'or.

Liedet, d'azur à 3. Rochers d'argent 2. 1. & pour deuife, *non eft à terra molis ad aftra via.*

Ville.　*Limoges*, de gueule à la tefte d'vn Saint orné à l'antiq d'argent au chef de France.

Limoges, d'or à trois lyonceaux d'azur.

Lineu, d'argent à la face de fable fretté d'or, acc. de 3. eftoilles de fable.

Lyons, d'or au Lyon de fable.

Prouence.　*Liorcel*, où *Lugnel*, de gueule au fer de flefche mife la pointe en bas, d'arg.

Lifle Auger, d'or à la bande de Gueules.

Lifle Adan, d'azur au chef d'or, chargé d'vne dextrochere mouuant du flanc fenextre reueftu & habillé d'hermines.

Lifine, d'or au chef d'azur au lyon naiffant d'argent.

Guienne.　*Lifle*, de Gueule au chef d'or.

Lifle, d'or à la bande de gueule.

Lifle Frefne, de gueule au chef d'argent.

Lifle du Gaft, de gueule à la Croix d'argent frettée d'azur.

Ville.　*Leon*, de Gueule au lyon d'argent au chef de France.

Liftel, de fable au lyon d'argent.

Liftenaü, de fable à 3. teftes de leopards d'argent.

Linanges, d'azur à trois aigles d'argent.

Linieres, d'argent à la Croix ancrée de Gueule.

Liniere, d'argent à la bande de Gueules.

Lins, d'or au chef d'azur, au lyon yffant d'arg.

Limbant, d'azur à trois marteaux d'or.

Liuron de Bourbon, d'argent à trois faces de Gueules au franc canton d'argent au Roch d'échiquier de Gueules.

Liuet, d'argent à la bande d'azur.

Liuerfon, de mefme.

Normandie.　*Lizieux*, de Gueule à 2. clefs paffées en fautoir, cantonnées de 4. eftoilles de mef.

Lobardemont Martins, de Gueule à la Tour d'or.

Loche, de gueules à 6. poiffons d'argent 3. 2. 1. pofez en face au chef de Franc.

Locheran, d'azur à trois teftes d'hommes leurs chapeaux d'argent.

Bref.　*Loeac*, Vairé de trois pieces.

Lothe.　*Lomelay*, d'or coupé de Gueule.

Lorfier.　*Lombardie*, d'azur coupé fur l'or, au lyon paffant de l'vn de l'autre.

Lomenie, d'or à l'arbre de finople aux racines de mefme chargée d'vn tourteau de fable au chef d'azur, chargé de trois lofanges d'argent.

Longemeau, de Gueules femé de tréfles à 2. taph. de Gueule mis en face & à deux Perroquets de finople affrontez.

Longuenil, d'azur à 3. quinte-feüilles ou Rofe d'argent au chef d'or chargé de trois quinte-feüilles de Gueules.

Longueil des Cheuets, de mefme à la bordure camponée d'argent & de Gueule, de 16. piece.

France.　*Longueil*, de mefme à vne tefte de leopart d'or en pointe.

Longueil du Rancher, de mefme, au foucy d'or en pointe.

Longueuil, de la touche de mefme, au lambel en chef de 3. piece d'azur.

Longueuille

L.

Normandie. Longueville, d'hermine à la face d'argent.

Longueual, bandé de Gueules & de vair de 6. pieces.

Normand. Longueville, escartelé au 1. & 4. de Gueules au Lyon d'or, le 2. & 3. d'or à l'aigle esployé de sinople escartelé de Gueule.

Normand. Longueville, d'azur à 3. Roses où quinte-feüille d'argent au chef d'or à 3. Roses de gueule à la bordure camponée d'argent & de gueule de 16. piece, qui est des cherets.

Longchamp, d'argent à trois Croissants de gueules.

Longue-joüe, de gueule au ceps de vigne, chargé de trois grapes de raisin, le tout d'argent.

Orleans. Longues, d'azur à la face d'or à trois mufles de Lyon mis en chef de mesme.

Picardie. Longue Fort, d'hermines au Lyon d'azur.

Longemeau, d'argent semé de rréfles de sinople à 2. taph. de gueule mis en face & à 2. Peroquets de sinople affrontez au dessus.

Longroy, de gueule à l'escusson d'or à la bande d'azur au chef d'or.

Loraine, d'or à la bande de gueule chargée de 3. alerions d'argent.

Bref. Lorgueil, de gueule au chevron d'hermine, acc. de 3. estoilles d'argent.

Loriol, d'azur à la Tour d'arg. auec vn auant mur de mesme, massonné de sable.

Lorix, d'or à la face d'azur, accomp. de 3. aiglons de gueules.

Lorcade, d'azur à la bande d'hermine à 3. iumelles de gueules mises en bande.

Louuat, d'azur au Loup passant d'or.

Dauphiné. Louuat, pallé d'or & de gueule à la bande d'arg. chargé de 3. Lyonceaux de mesme.

Loubins de Verdal, de gueules au Loup, ramp. d'or.

Loudun, de gueules à la Tour donionnée & creneleé d'argent massonnée de sable.

Louuet, d'or à 3. hures de Sanglier de sable.

Loupy, de gueules à 5. annelets d'or en sautoir.

Louuancourt, voyez Vauchelles.

Losspice, d'argent à 10. billettes de gueules. 3. 2. 3. 2.

Picardie. Losé, d'argent au Lyon de gueule au lamp. d'or.

Lossé, d'azur à 9. estoilles à 6. rais d'or rangée. 3. à 3.

Loyac, d'azur au chevron d'or surmonté d'vn Croissant d'argent, acc. de deux estoille d'or.

Leynes, d'azur à 7. besans d'or 4. & 3. au chef de gueule chargé d'vne face partie d'azur & d'or chaque partie chargé d'vne pinte de l'vn en l'autre la face soustenuë de 2. demy sautoirs d'argent.

Loz, de sable au Lyon d'argent couronné d'or.

Champagne. Loisic, d'azur au filet en face d'or à la bordure de mesme.

Loisier, d'argent à la face de gueule à vn arbre de sinople bronchant sur le tout en chef vn aigle d'or sur l'arbre.

Loiseleuch, d'arg, an Bœuf rampant de gueule onglé acolé & acorné de sable.

Lubrin, d'argent à la Licorne d'azur.

Lucien, d'argent à 3. chevrons de gueules.

Lucingo, escartelé 1. & 4. bandé d'argent & de gueules de 6. piece 2. & 3. d'arg. à 3. faces de sinople.

Lucy, de gueules à 2. luths d'argent les manches ioignant les flanc de l'escu.

Lugny, d'azur au Lyon couronné d'or.

Luynes, escartelé au 1. & 4. d'or, au Lyon de Gueule couronné d'or, au 2. & 3. d'azur à 2. Louues rauissantes affrontées d'arg. sur le tout, d'or à la masse de sable mise en pal cloüée d'argent, au chef d'arg. chargé d'vn lambel de gueule.

Luyrieux, d'or au chevron de sable.

Luyset, d'azur au cygne d'argent mambré & becqué, de sable.

Lumagne, d'azur à 3. limasses d'argent montrant leurs cornes à vne fleur de lys en chef.

Prouence. Luna, eschequé d'or & de sable au chef d'arg. chargé d'vn Croissant renuersé eschequé d'or & de sable de 2. traits.

Lussac, de sable à 9. estoilles d'or rangée trois à trois.

Dd

L.

Prouence. *Luſſenay*, de gueule à 3. mufles de Lyon d'or.

Guienne. *Luſé*, de gueules à trois chevrons d'or.

Luxembourg, d'argent au Lyon de gueule la queuë paſſée en fautoir ar. lamp. & couronné d'or.

Poictou. *Luſignan*, burellé d'argent & d'azur de 10. pieces.

M.

MAcel, de fable à la face d'argent, accompagné de trois teftes de belier de mefme. 2. 1.

Marchant, d'argent à trois teftes de Corbeau arrachées de fable.

Machecol, d'argent à trois chevrons de Gueules.

Machecol, d'azur au chevron d'or, acc. de trois teftes de Perdrix arrachées de mefme.

Machefer, de fable à trois fers de cheual d'argent.

Maconville, de finople au fautoir d'or chargé de 5. merlettes de fable adoſſées & affrontée.

Macriel, d'argent à la face diaprée de finople.

Madam, de gueules à l'efcu d'hermine en abyfme.

Madron, d'or au Bœuf de gueule clariné d'azur au chef de mefme, chargé de 3. eftoilles d'or.

Madelaine, d'hermine à la bande de 3. pieces de gueules chargée de 11. cocquilles d'or.

Maencourt, d'or à la bande furellée de gueule.

Bretagne. *Magien Dandart*, de fable à trois eftoilles d'or.

Magnac, de gueule à 2. pals de vair au chef d'or, chargé d'vn lambel d'azur de cinq pendents.

Magnerel, d'argent à la face de gueule, acc. de 3. Rofes de mefme.

Maillans, d'or à la bande de Gueules chargées de trois Croix d'argent.

Maillart, d'or à vn efcu d'azur vidé & remply d'or chargé d'vn autre efcuſſon de fable duquel eft yſſant vn Lyon de mefme bronchant fur le tout.

Maillart la Roſiere, d'azur au chevron d'or chargé en chef d'vn tourteau de fable furchargé d'vne Croix d'or, acc. de deux quinte-feüilles en chef d'or & d'vne face d'azur bronchant fur le tout.

Malabarbe, d'hermines à 6. Rofes de gueules.

Malabarbe, d'azur au chafteau d'or.

Malain, d'azur au Sauuage tenant fa maffe leuée d'or party d'argent au Lyon de gueule.

Malauſe-Bourbon, d'azur à 3. fleurs de lys d'or à la barre d'argent.

Maillé, d'argent au fautoir de fable

Mailly Nedra, d'or à trois maillets de fable.

Mailly d'Auteville, d'or à trois maillets d'azur.

Mailly Laiſné, d'or à trois maillets de finople.

Mailly Conty, d'or à trois maillets de gueules.

Mailly, d'or à trois maillets de finople à l'efcu en cœur party d'or & d'azur.

Mailly Ondoyé, d'or & de gueule en face.

Moilly, d'or à trois maillets de gueules.

Bourgogne. *Maillet*, d'azur au chevron d'or, accompagné de 3. mufles de Lyon de mefme.

Mailleraye, d'azur au chevron d'or, acc. de 3. Tourterelles d'argent couronnées d'or.

Maillans, d'or à bande de gueule chargée de trois Croix d'argent.

Mailloc, de gueules à 3. maillets d'argent.

Maillé, d'argent au fautoir de fable.

Maine, de gueule au Croiſſant d'or à la bordure de fable chargée de cinq befans en orle.

Mainard, d'azur à vne main au naturel, acc. de 3. eftoilles d'or.

M.

Maireuille Filet, de fable au Lyon d'or paffant deuant vne Ville d'argent.

Maifieres, de finople à la face d'argent.

Maife, face d'or & de gueule de 7. pieces à 7. fleurs du lys de l'vn en l'autre de mefme.

Bretagne. *Maleftroit*, de gueules à 10. befans d'or.

Maleftede, de fable au chef d'arg. brifé au canton droit, d'vn efcuffon de gueule au fautoir d'argent chargé d'vne face d'azur.

Maleret, d'or au Lyon de gueule.

Maldonat, de gueule à 6. fleurs de lys d'or en fautoir.

Maletefte Tiercé, en face le premier d'azur à la fleur de lys d'or, le 2. d'or, plain, le 3. de gueule à vn chevron d'argent au chef d'or.

Malet, d'azur à la face d'or fuportant vne Croix coupée de mefme & au deffous 3. Rofes en pointe d'or.

Maletelle Grofmenil, de finople à trois fermeaux d'or.

Maleffine, d'argent au Lyon d'or.

Mallemains, d'or à trois mains dextres apaumée de Gueules.

Malleville, de finople au fautoir d'or chargé de 5. merlettes de fable les quatre affrontée.

Malleville, d'azur au chef emmanché d'argent chargé d'vn Lyon de Gueules.

Malherbe, de la meaufe d'or à trois iumelles de Gueule.

Malier, d'argent à la face d'azur, acc. de 3. Rofes de Gueule.

Malier du Houffay, de mefme.

Maligny la Grange, d'azur à trois ranchers ou moutons d'or.

Maligny, de Gueules à la face d'argent.

Malicorne, de fable à 3. poiffons en face d'argent.

Malines, d'or à quatre pals de Gueule.

Malify, d'azur à 3. pointes d'or renuerfée aboutiffant à mefme point.

Maliuert, bandé d'argent & de Gueules de 6. pieces.

Malor, efcartelé au 1. & 4. vairé d'or & d'azur au 2. & 3. de Gueule.

Paris. *Malo*, d'azur au chevron d'or, acc. de 2. Rofes d'argent en chef & d'vn Croiffant en pointe.

Mandat, d'azur au Lyon d'or au chef d'argent chargé d'vne tefte de Sanglier de fable coftoyée de 2. Rofes de Gueules.

Mandelot, d'argent à la face d'azur.

Mandelot Paffilarné, d'argent à la face d'azur.

Mandy, d'argent à 3. faces de Gueules chargée de 10. Loups de fable.

Mandré, d'zur à la bande d'or, acc. de 4. billettes de mefme.

Maneuille, d'argent à la bande de Gueule.

Maneuille, de Gueule à l'aigle à 2. teftes d'argent.

Maneuille, de fable au Lyon d'or furmontée d'vne Ville d'argent.

Maneuille, d'or au Lyon de Gueule.

Mangot, d'azur à trois efpreuiers d'or, chaperonnez grilletez & leurs longes de mefme.

Manigrendé, d'or à l'aigle de Gueule brifé fur l'eftomach d'vne fleur de lys d'or.

Marbœuf, d'argent femé de Billettes de Gueules à la bande d'azur fur le tout.

Marbœuf, d'azur à 2. efpées nuës paffées en fautoir les pointes en bas d'argent les gardes d'or.

Marchaumont, d'azur au chevron d'or, acc. de trois teftes de Leopart de mefme ayant chacun vn anneau en la bouche d'argent.

Marchand, d'azur au chevron d'or, acc. de 3. trefles auec leurs queuë d'or.

Marcy, d'argent au chef de Gueules chargé de 3. Rofes d'argent.

Marcaunay, de Gueules à 3. pals de vair au chef d'or.

Marcouffy, d'azur au chevreul paffant d'argent coleté de Gueule.

Marchez, d'azur à 3. pointe de Diamant ou Trigons d'argent à l'eftoille d'or en chef.

Mardoril, d'or au chevrent au naturel fur vn bucher enflammé de mefme.

D d ij

M.

Mardoigne, d'azur femé de fleurs de lys d'argent.

Mardoigne, d'or à la Croix encrée de finople.

Mareſchal, d'or à la bande de Gueules, acc. de 6. cocquilles de meſme en orle.

Mareſchal de Læſe, d'argent à 3. faces de fable à la bande de Gueule bronchant fur le tout.

Auvergne. Mareſchal, de Gueules à trois molettes d'eſperon d'or au chef de meſme.

Mareſchal mont Simon, d'azur à la face d'argent, acc. de 2. eſtoilles de meſme & vn Croiſſant auſſi de meſme en pointe.

Mareſchal de Nos, d'or à 3. tourteaux d'azur bordez d'vn filet de fable chargé de trois eſtoilles d'or.

Bretagne. Marec Naualet de Launay, d'azur à 6. cannettes adoſſées d'argent.

Mareüil, de Gueules à trois befans d'or.

Brie. Mareüil, de Gueule au chef d'argent au Lyon d'azur bronchant fur le tout.

Mareuil, coupé d'argent & de Gueule au Lyon d'or bronchant fur le tout.

Mareüil, efchequé d'or & de Gueule.

Bretag. Mareüil de Berniere, d'azur à la bande d'argent.

Mareſcot, de Gueule à 3. faces d'or au Leopart Lionné de meſme bronchant fur le tout.

Mareſnin, de Gueule au papillon de 4. aifles d'argent les teſtes en haut, acc. de trois eſtoille d'or.

Maridad, d'azur à la Croix d'argent.

Marillac, d'arg. maſſonné de fable de 7. piece chargée de 6. merlettes de fable.

Normandie. Marigny, d'azur à deux faces d'or.

Marigny, d'azur à trois Gerbes d'or, au franc canton d'argent chargé de cinq hermines.

Bourgogne. Mariſot de Senois, d'argent à la quinte-feüille de Gueule miſe en abyſme, acc. de 3. merlettes de meſme.

Mariuant, de Gueule à la face d'argent, accompagné de 7. merlettes de meſme poſée 4. & 3.

Marle de Verſigny, d'argent à la bande de fable.

Marle, d'azur au chevron d'or, acc. de 6. Cocquille d'argent.

Marly, d'or au chevron d'azur, acc. en chef de 2. teſtes de Loup de fable & en pointe d'vne Roſe de Gueule.

Marly, efcartelé au 1. & 4. d'azur à 3. Tours d'argent au 2. & 3. d'or à la bande de fable chargée de 3. molettes d'eſperon dargent.

Marmont, d'azur à la bande d'argent.

Marnais, de fable au chevron d'or.

Marnay, d'azur à trois chevrons d'or.

Marnier, de Gueule au marmot d'or.

Marquemont, d'azur au chevron d'or chargé de 3. Croiſſant de Gueule, acc. de 3. Roſes d'argent.

Marqueville, d'or au Lyon de Gueules.

Maronville, d'argent à 6. annelets de fable.

Marolles Bajolet, d'argent au chevron d'azur, acc. de 3. cannete de fable.

Marolles, d'argent au Renard rampant de Gueules.

Marſeille, de Gueule au Lyon couronné d'or.

Marſey, de Gueules à trois Lyons d'argent.

Marſey, de fable femé de fleurs de lys d'or.

Marſillac Creuſi, d'azur au Griffon d'or à l'eſtoille de meſme, miſe en chef.

Marſilly, efchequé d'argent & d'azur.

Martas, lozangé d'or & d'azur.

Martin des Onges, d'argent à 3. martinets d'azur.

Martin, d'azur à 2. maſſe d'or paſſée en fautoir.

Martigné, d'azur à la quinte-feüille d'or.

Martineau du Pont, d'azur au demy vol d'arg. au chef d'or chargé d'vn Croiſſant montant de fable, acoſté de 2. eſtoilles de meſme.

Maſcon, d'argent à l'aigle efployé d'azur.

M.

Mascon Ancien, d'azur à vne M. capitalle à l'antiq. d'or.

Mascon, de sable à trois merlettes d'argent.

Mascarine, de Gueules à trois faces viurez d'argent, au chef cousu d'azur, chargé d'vn Aigle d'azur, couronné & acosté d'vne clef en pal, & d'vn Heaume de costé de mesme, au cœur de l'escu vn petit escusson d'azur, chargé d'vne fleur de lys d'or.

Massio, d'azur à la bande d'argent, acc. de 4. estoilles d'or.

Berry, Masson, d'asur à trois canettes d'or.

Massé, d'or à trois masse de sable.

Massy, d'or au pal de sable, chargé d'vne vergette d'argent.

Masson, d'argent au chevron de sable, acc. d'vne cloporte ou pourcelet Saint Anthoine de mesme.

Massot, d'or au Lyon de Gueule, mis de fronc suportant de sa pate droite vne mase de Gueule, & de sa gauche vn Soleil de mesme.

Massarault, d'argent au Lyon de Gueule à la bordure d'or, chargée de 8. tourteaux de Gueule suportant autant d'estoilles d'or.

Masurier, d'or au chevron de sable à la bordure de Gueule.

Matan, party de Gueule & d'asur à 2. iumelles d'arg. passée en chef de mesme.

Matefelon, d'or à 6. escussons de Gueules.

Matherons, d'asur au Rocher d'argent, sur vne mer de pourpre, à vne voille en face d'or.

Dauphiné. Matheferon, d'azur au Torreau passant d'or.

Mathelon, d'argent à la bande de Gueule, acc. de 6. merlettes de mesme.

Normandie. Matignon, d'or à 2. bourdons en face de Gueule, acc. de 6. merlettes de mesme, 3.2.3. le tout en bande.

Maubec, de Gueule à trois Leopards d'or, ar. lamp. d'argent.

Maubert Monlor, de Gueule à 2. Lyons Leopardez d'or, escartelés d'asur au Lyon d'or, ar. lamp. de Gueule à la bordure d'or.

Maubourg, de Gueule à la bande d'or, chargée d'vne foine de sable.

Maubuisson, d'azur à 2. Lyons affrontez d'argent.

Maulandrin, de Gueule à la face palée de 6. pieces d'or & d'azur, acc. de 3. testes de Lyon arrachée d'or.

Maulevrier, brisé d'azur à l'escusson d'or, vidé & remply d'argent en cœur à l'orle de 8. croisettes d'or, 3. en chef 2. en face 3. en point.

Mauleon Courdan, de Gueule au Lyon d'argent.

Maugiron, gironné d'argent & de sable de 6. pieces.

Maulane, de gueule camp. d'argent & d'azur, au Levrier passant d'argent.

Maugis, d'azur à l'arbre d'or.

Meauconduit, de gueule à 3. molettes d'or.

Mauclerc, d'argent au fer de moulin d'azur.

Maupeou Dableges, d'argent, au Sanglier ou Porc epic de sable, au chef d'azur, chargé de 3. estoilles d'or.

Maumont, d'azur à 2. faces d'or.

Maucourt, d'or à 10. Lozanges de sable, mise en pal. 3.3.3.1.

Mauny le Clerc, d'argent à la Croix d'azur, accompagné de quatre Cocquilles de Gueules.

Mauny Minice, d'argent au Croissant de Gueule.

Mauny, losangé en pal d'or, & de gueule.

Mauny, de sable à la Croix clechée d'argent.

Mauny, d'argent à la Croix de Gueule.

Mausigny, d'argent à la Croix de sable, acc. de 16. merlettes de mesme.

Mayerre, de Gueule à 3. faucilles d'ar. danchées, & emmenchées d'or en cœur.

Mauvoisin, d'or à deux faces de Gueules.

Maureny, de Gueule à 3. pals de vair, au chef d'or, chargé d'vn Lyon Leopardé de sable.

Maure, de Gueule au Croissant de vair.

Maureuille, de Gueule à l'Aigle à 2. testes esployée d'argent.

Ee

M.

Mauroy, de finople à la Croix d'argent, chargée d'vn Lyon de fable, ar. lamp. de Gueule.

Mauroy, d'azur au chevron d'or, acc. de 3. couronnes de mefme 2. & 1.

Mazariny, efcartelé d'hermine & de Gueule.

Mericourt Varoquier, d'azur à vne main dextre d'argent.

Maigret, d'azur à 3. befans d'or, 2. & 1. au chef de mefme, chargée d'vn Lyon naiffant de Gueule.

Milolet, d'azur au fautoir d'or, furmonté d'vne Croix alifee d'argent.

Milly, coupé d'argent & de fable.

Minard, d'argent au Pont de Gueule foutenu de 3 arches au naturel, maçonnée de fable, acc. de 6. hermines de fable.

Miolans, bandé d'argent & de Gueule de 10. pieces.

Mioffans, efcatelé de France & de Gueule.

Mion, efcartelé d'or & de gueule.

Mipont, d'azur au chevron d'or.

Mirabel, efcartelé d'or & de Gueule, à la face d'hermines en deuife, pofée vers le chef.

Mirabeau, d'or à trois faces d'azur.

Mirebeau Vergy, de Gueule à trois quinte-feüilles d'or, à la bordure de mefme.

Miraumont, d'argent à 6. Tourteaux de Gueules.

Miremont, d'azur au pal fretté d'argent, acofté de 2. fers de Lances de mefme.

Mite, d'argent au fautoir de Gueule, à la bordure de fable, chargée de 8. fleurs de lys d'or.

Miron, de Gueule au miroüer d'argent, orné d'vne bordure d'or en rond, pometé, ou acc. de 8 pommes de mefme.

Miffitien, d'argent au chefne de finople glanté d'or au canton de Gueule, chargé de 2. Haches d'armes adoffée d'argent.

Mitry, d'argent à la face de Gueule à l'orle de merlette de mefme, à l'efcu de Damartin.

Miftrats, d'azur au chevron d'or chargé de 3. Treffles de finople.

Molan, coupé d'or & d'argent, au Lyon d'azur couronné de Gueule fur le tout.

Molambaü, d'argent à 2. eftriers de Gueule, vn en chef fur le fecond quartier, l'autre fur la pointe au franc quartier de gueule, chargé d'vne bande d'arg.

Molon, pallé d'or & d'azur de 6. pieces.

Molart, d'or à la bande de fable, acc. de 2. cafques de mefme, vne en chef l'autre en pointe.

Molac, de Gueule à 9. macles d'argent.

Molac Rofmadec, efcartelé au 1. palé d'argent & d'azur de fix pieces, au deux de Montmorency, au 3. de Gueules, à 9. macles d'argent, au 4. d'azur, à 11. billettes d'argent. 4. 3. 4.

Maine. *Molay*, d'or à l'orle de merlettes de fable.

Molart Dieu l'Amant, de Gueule à 3. lofanges d'or.

Moligny, d'or à l'efcuffon de Gueule, à l'orle de 9. Cocquilles d'azur.

Beauce. *Molitar*, de Gueule au Torreau paffant d'or, encorné de mefme, la queuë paffée entre fes iambes & releuée fur le dos auffi d'or.

Molame, de Gueule à l'efcu en abyfme d'hermines.

Molé, de gueule au chevron d'or, acc. de 2. eftoilles en chef d'or, & d'vn Croiffant en pointe de mefme, efcartelé d'arg. au Lyon de fable, qui eft de Megrigny.

Berry. *Moifon*, de finople à la bande ondée d'argent de 3. pieces au chef d'azur, chargé de trois eftoilles d'or.

Moine, d'or fretté de fable au franc canton de mefme.

Moley, de gueule à 6. Rofes d'argent.

Moine, d'azur à la Croix d'or, chargée en cœur d'vn Croiffant d'azur.

Molinet, d'argent à trois Anilles, ou fers de moulin de fable.

Montbel, d'or au Lyon de fable, armé lamp. de Gueule à la bande componée de Gueule & d'hermine, bronchant fur le tour.

Montagu Formigeres, de gueule à la Tour d'argent, donjonnée de 2. Tours, l'vne

M.

defffus l'autre de mefme.

Montauben, d'or à la bande de fable, chargée de 3. fleurs de lys d'or.

Montataire, d'azur au chevron d'or, acc. de 3. eftriers de mefme.

Montallier, d'azur à trois pals d'or.

Montaufier, d'argent à la face de gueule.

Montail de Prade, d'azur à 6. befans d'or au chef de mefme.

Bourbonnois. *Montaumer*, d'azur à 10. befans d'or 4. 3. 2. 1. au chef de mefme.

Montault, d'or à la bande de fable, chargée de 3. eftoilles d'or.

Bourgogne. *Montaigu*, bandé d'or & d'azur de 6. pieces à la bordure d'argent.

Montaigu, de gueule à 6. efpics d'or.

Montaigu, d'azur à la Croix engreflée d'or.

Montaigu, de gueule au pal d'or, à 6. lofanges en pal de mefme.

Montaigu, d'argent à 2. bandes de fable, acc. de 6. Cocquilles de mefme en orle, & vne en cœur.

Montaigu, d'or au Lyon d'hermine.

Montauban, d'azur à trois Tours d'or.

Montargy, d'azur à vne M. capitale couronnée d'or, accompagnée de 3. fleurs de lys. 2. 1.

Montafilant, de gueule à 4. fuzées d'hermines en face, & 6. befans de mefme.

Montaigu, d'azur à 3. Teftes de Leopart arrachées d'or.

Montagu, d'or à la Croix d'azur, acc. de 4. Aigles de gueule.

Montagne, d'argent à la bande de fable, à 7. Cocquilles de mefme en orle.

Quercy. *Montauban*, d'or à l'arbre de finople terraflé de fable, au chef de France.

Montafié, d'argent à l'eftoille de Gueule, chargée d'vn Croiflant torné d'or.

Picardie. *Montagny le Borgne*, d'or à l'aigle de fable.

Montaboulin Renault, d'argent à la face de Gueule, au Lyon yflant de fable, acc. de 3. tourteaux de finople, au chef vairé d'or & d'azur.

Montagu, de Gueule femé de Treffles d'or à vn pied d'aigle armé de mefme.

Montagne, d'or à trois Teftes de Lyon arrachées de fable, couronnées lamp. de Gueule.

Montandre, de Gueule au Lyon d'or, l'efcu femé de Tréfles de mefme.

Montagu Lesbou, de Gueule à 3. teftes de Loup arrachées d'or.

Guienne. *Montlanbert*, d'argent à la Croix encrée de fable.

Auvergne. *Montaut*, d'azur à 3. Cocquilles d'or au chef d'argent.

Montalaix, d'or à trois chevrons renuerfez d'azur.

Bretagne. *Montauban port de Rohan*, au l'ambel d'azur.

Montauban Renault, à la bande d'argent.

Montargot Mergot, d'azur à trois chevrons d'or.

Montagne des Effards, d'azur femé de treffles d'or, à la pate de Lyon de mefme, bronchant fur le tout.

Montagne la Vvuée, d'azur à l'aigle efployé d'or, acc. de 3. eftoilles en chef de mefme.

Montaffier, d'argent à l'eftoille de Gueule, chargée d'vn Croiflant d'or.

Montbaut, de Gueule au Croiflant d'or, acc. de 6. eftoilles de mefme 3. 3.

Poitou. *Montboifier*, d'or femé de Croix potencée de fable, au Lyon de mefme.

Montbafon, de Gueule au Lyon d'or.

Montbrifon, d'azur au Chafteau d'arg. flanqué de 4. Giroüettes d'or au chef d'azur, chargée de 3. fleurs de lys d'or.

Bretagne. *Monbouchet*, d'or à 3. pots, fur 3. tripiers de Gueule à la bordure d'azur.

Montbeliart, de Gueule à l'Aigle efployée d'argent.

Monbelet, de Gueule à 3. Tours d'or.

Monberon, facé d'argent & de Gueule de 10. pieces.

Monbos, d'argent à trois faces ondées d'azur.

Monbel d'Entremont, d'or au Lyon de fable à la bande camponée d'hermine & de Gueule de 6. pieces fur le tout.

Auvergne. *Monbrun*, d'or à la Croix de Gueule.

Monboifier, d'argent à 3. faces de fable à la bordure engreflée de Gueule.

M.

Montbardic, d'azur à la face d'or, acc. de 6. fleur de lys de mesme.

Monbas, tiercé en bande de Gueule d'or & d'azur.

Monbrun le Puy, d'or au Lyon d'azur, ar. lamp. de sable.

Montbisé Bernard, d'azur à la Licorne d'argent.

Monchal lon, de sinople à 3. pals de vair au chef d'or, chargés d'vne fleur de lys de Gueule.

Moncavrel, de Gueule à trois quinte-feüille d'or au chef d'argent.

Dauphiné. Montcheualier, d'argent à la bande d'azur, chargée de 3. fleurs de lys d'or, acc. de 6. merlettes de sable.

Montchenu, de Gueule à la bande engreslée d'argent.

Montchevret, de sable au chef d'or, chargé d'vn Lyon naissant d'azur.

Moncals, de sable à 3. colombes d'argent, escartelé d'azur au chasteau de trois Tour d'argent.

Aniou. Monchalois, d'or à la face d'azur, à trois chevrons de Gueules bronchant sur le tout.

Montchiaux, d'hermine à l'escu en abysme de gueule, au fer de cheual d'or, au franc canton.

Vermandois. Monchablon, de vair au chef d'or.

Monchal, de Gueule au chef d'or, chargé de 3. moletes d'azur.

Moncontour, d'argent au Lyon de sable.

Moncornet, de Gueule au pal d'hermine.

Montcents, de Gueule à 2. faces la premiere d'argent, la 2. ondée d'or.

Montcassin Lupiat, escartelé d'or au Loup passant de sable, au 2. & 3. d'argent, à 5. canettes de sable posée en sautoir au 4. d'azur, au Lyon d'argent.

Monchevrel, de Gueule au sautoir d'argent, acc. de 3. fleurs de lys d'or.

Monleaux d'Auxi, eschequé d'or & de Gueule.

Bourgongne. Monconis, de Gueule à 2. faces, la premiere ondée d'or, la seconde plaine d'arg.

Monceau, de Gueule à la face d'argent, acc. de 6. annelets d'or.

Monceau, d'azur à trois treffles d'or.

Monchy, de Gueule à trois maillets d'or.

Montchenu beau Semblant, escartelé au 1. & 4. de Gueules, à la bande dantelée d'arg. chargé en chef d'vn alerion d'azur, le 2. & 3. losangé d'or & d'azur.

Monts, d'argent à 3. Cocquilles de Gueule.

Mont-Didier, d'azur à la face d'argent, acc. de 6. fleurs de lys d'or en orle.

Mont-Dragon, de sable au Lyon d'or, sortant d'vne muraille d'argent mac. de sable.

Mont Dragon, de Gueule au Dragon ailé d'or, ayant face humaine, tenant de sa patte dextre sa longue barbe, qui se termine en serpenteaux de mesme.

Mont Escot, de gueule à trois Rochers d'argent.

Monestey, d'argent à la bande de sable, chargée de 2. estoilles d'or, acostées de 2. filets de sable, escartelé des forges.

Monestier, d'argent coupé d'azur à 3. faces d'or, surmonté de 3. fleurs de lys, de mesme.

Mont Emar, de vair au chef de Gueule, chargé d'vn Lyon naissant d'or.

Mont Eurin, d'argent au Lyon de sable.

Mont Espedon, de sable au Lyon d'argent, ar. lamp. de Gueule.

Guienne. Montendre, de Gueule au Lyon d'or.

Montenay, d'or à 2. faces d'azur à l'orle de 8. alerions de Gueules.

Montespan, d'or au Chasteau de gueule, sommé de 3. testes de mors de sable tortillé d'argent, escartelé d'argent au Lyon de Gueule, à la bordure de sinople, chargée de 7. escussons d'argent.

Monteil Grignan, escartelé au premier d'or à trois bandes d'azur, au 2. de Gueule au Chasteau sommé de 3. Tours d'argent, au 3. de Gueule, au Lyon d'argent, au canton de Bretagne, au 4. de gueule, à la Croix coupée d'or, cantonnée de quatre quinte-feüilles de mesme.

Monteil, de Gueule à 3. pals de vair, au chef d'or, chargé d'vn Lyon de gueule, au franc canton.

Monferant,

M.

Auuergne Montferant, d'or au Griffon coupé de Gueule, & de finople.

Montfort, d'argent à la Croix encrée de Gueule, les bouts gringolés de Serpens d'or.

Montfaucon, efcartelé en triangle d'or & de Gueule, à 2. fleurs de lys d'or, & 2. d'azur.

Monfort Lamaury, de Gueule au Lyon d'argent, la queuë fourchée.

Monfarville, de Gueule à la bande d'or, femée de croifettes récroifferée de mefme.

Montfort, d'argent au chef de Gueule.

Mont Didier, d'azur au Lyon d'or.

Mont Donat, d'argent à trois faces de Gueules, chargée de 2. Croifettes d'arg. dans le chef, & le chef chargé de Croifette de Gueules 2. outre chaque face.

Montfort, de fable à la bande d'or, acc. de 8. billettes de mefme.

Molaine, d'argent à la bande de Gueule.

Montgay Maffene, d'azur à la bande d'or.

Montgafcon, de Gueule au chef de vair.

Montgeron, d'or à trois Lyons de fable.

Montgé de Vvalles, d'azur à l'arbre d'or, au Cerf gifant de mefme, au chef d'arg. chargé de 2. Rofes ou quinte-feüilles de Gueules.

Mongeroult Patry, d'or à 3. Lyons de fables, 2.1. au bafton de Gueule, bronchant fur le tout, en bande.

Mongú, efchequé d'argent & de Gueule.

Mongobert, de Gueule à la Croix fleuronnée d'argent.

Montgomery, d'azur au Lyon d'or, à la bordure de mefme.

Montgomery, de Gueule frerré d'or.

Montgomery, efcartelé au 1. & 4. de Gueule, à 3. fleurs de lys d'or, aux deux & trois d'argent à trois Cocquilles de Gueules.

Mongon, efchequé d'or & de fable.

Mongouy, de Gueule frerté d'or.

Mongueüil, de Gueule au Griffon d'or.

Monthaimar, de vair au chef de gueule, chargé d'vn Lyon naiffant d'azur.

Monteuil, d'argent à la bande d'azur, chargée de 3. eftoilles d'or.

Montholon, d'azur, au mouton paffant d'argent, acc. de trois quinte-feüilles en chef d'or.

Mont-Ieu, d'or femé de billetes de fables, au Lyon de mefme.

Mont-Iay de Mont, de Gueules au chevron d'or.

Montiuy, d'argent à la Croix de gueule, chargée de cinq Cocquilles d'or, au lambel de 5. pendans de fable.

Montigny Lauberan, d'azur au chevron d'or, acc. de 3. Rofes d'argent.

Montigny la Grange, d'azur à 3. Rochers en montans d'or.

Montigny Beaumont, d'azur à la bande d'or, chargée de 3. annelets de fable.

Gaftinois. Montigny cotiffé, d'or & de gueule, au franc canton de mefme, chargé d'vn orle de Cocquille de mefme.

Montignac, de gueule à la bande d'argent.

Vermandois. Montiers, d'argent à la bande d'azur frettée d'or.

Montier Tomberel, de Gueule au chevron d'or, accompagné de 3. gerbes de bled de mefme.

Mont-Iean, d'or fretté de Gueule.

Mont-Iorand, de fable à 3. fleurs de lys d'or, efcartelé d'argent au Lyon de fable, cour. lamp. ar. de Gueule.

Mont-Iornal, de fable à 3. fleurs de lys d'argent.

Mont-Iouant, de gueule au fautoir engreflé d'argent.

Montiuilier, d'argent à 3. fleurs de lys, au pied coupé de gueule.

Mont-Lambert, d'argent à la Croix encrée de fable.

Mont-Lamy Coffins, d'argent au Lyon de gueule, armé lamp. & couronné d'or à l'orle de canettes de fable.

Mont-Loy, de gueule au Lyon de vair, ar. lamp. de fable.

Mont-Lor, d'or à 2. Lyons Leopardez d'azur.

M.

Mont-Loir, de gueule à la Croix d'argent, acc. de 4. Cocquilles de mesme.

Mont-Loüis, d'or au chef de gueule, chargée d'vne Croix patée d'argent.

Mont-Louuet, d'argent à 3. faces de gueules, chargée de deux rangs de croisettes d'argent & de gueule de l'vn en l'autre.

Mont-Luel, d'or à la trangle de sable au Lyon de gueule, ar. lamp. d'argent, & bronchant sur le tout.

Montluc Balagny, escartelé au 1. d'azur au Loup d'or, au 2. & 3. d'or, au tourteau de gueule, au 4 d'azur à vne Louue d'or.

Mont-luet, d'argent à 3. fers de moulin de sable.

Mont-luel, burelé d'or & de sable, au Lyon de Gueule, bronchant sur le tout.

Mont-martin dit *tiueroult*, de Gueule à 3. Lyon d'argent. 2. 1.

Mont-magny Huant, d'or à la face d'azur, chargée de 3. molettes d'or, acc. de 3. Cocquerelles de Gueule, qui est vne fleur qui croist dans les bleds.

Mont-mirail, burellé d'argent de sable, au Lyon de Gueule, bronchant sur le tout.

Montmer, d'azur, au Griffon rampant d'argent, accompagné de trois Croissants de mesme.

Montmiral, d'azur, tranché & emmanché de Gueule.

Mont-mer, d'or, au chevron de sable, à la bordure de Gueule.

Mont-moret, losangé d'argent & de Gueule.

Champagne. *Mont-morin*, de Gueule, semé de molettes d'argent, au Lyon de mesme sur le tout.

Mont-Oliue, de Gueule à trois Chasteaux d'argent, massonés de sable.

Montost, eschequé d'or & de Gueule.

Moupaon, d'argent au Paon roüant d'azur mambré, & becq. & la queuë d'or.

Montpencier, de France au baston de gueule, chargé d'vn carreau d'argent, surchargé d'vn Dauphin d'azur.

Montpellier, ondé d'azur & d'argent au tourteau de gueule.

Montpellier, d'argent à la pome de grenade, de gueule, la queuë de mesme.

Montpezat, d'or à 2. bandes de gueule, au chef d'azur, chargé de trois estoilles d'or.

Montpezat, de gueule à 3. balances d'or, mises en equilibre.

Monreuel de Soissons, semé de France, au baston de Gueule en bande sur le tout, au Lyon naissant d'argent.

Montroland d'or au Lyon d'azur, ar. lamp. de Gueule.

Mont-redon, d'argent semé d'hermines, à la face de Gueule, chargé de trois fleurs de lys d'or.

Mont-richard, losangé d'argent & de Gueule.

Montreüil, d'argent au chevron de Gueule, acc. de trois tourteaux de sinople au chef d'or.

Monrodez, d'or semé de molette de gueule, au Dauphin en bande, sur le tout de mesme.

Monroye, escartelé au 1. & 4. d'azur, à 10. feüilles de lierre d'arg. mises en pal, 3. 4. 3. au chevron d'or, chargé d'vn Taph de sable, au 2. & 3. de Gueules, à 3. Lyons d'or, ar. lamp. & couronnez d'azur.

Monsperg, d'argent, à 2. chevrons de sable au chef d'or.

Mont S. Iean, de Gueules à trois escussons d'or.

Monsigny, de sable à 5. Chasteaux ou creneaux d'argent.

Morard Darcy, d'azur à la Rose d'argent, au premier quartier de Gueule, à la bande d'argent.

Morard, d'azur au franc canton d'or, à la Rose de Gueule.

Morand, d'azur à 3. cor-morands d'argent.

Morauuilier, d'argent à 9. merlettes de sable 3. 3. 2. 1.

Picardie. *Moreaumes*, vairé à 2. chevrons de Gueule, sur le tout.

Moreau, d'argent à trois testes de mors de sables, tortillez d'argent.

Moreau des Rouls, d'or, au chevron de Gueule, accompagné de trois Roses de mesme.

M.

Moreau du Tramblay, d'arg. au chevron d'azur, acc. de 3. testes de mores de sable, tortillées d'argent.

Moreli, d'azur à vne nuë d'argent en bande, percé de 3. esclairs flambant d'or.

Morcüil, semé de France, au Lyon naissant d'argent.

Morely ou Moros, d'azur à 6. morailles d'or liez, d'argent.

Mores-Iodres, d'argent à 6. annelets de sable.

Mores Beranger, gironné d'or & de gueule de 8. pieces.

Mor-fontaine, voyez Hauteman.

Morges, d'azur, à 3. testes de Lyon, arrachées d'or, lamp. d'argent.

Morgemme Beffroy, de vair de trois traits.

Morhier, de gueule à la face d'or, acc. de 6. cocq d'argent 3. 3.

Morianaye, de vair à 3. chevrons de gueule.

Moriers, d'or au cœur d'azur, produisant vn trefle de sinople.

Morin, d'or à 3. testes de mores de sables tortillée, d'argent.

Morin, d'or au chevron d'azur, acc. de 3. testes de mores de sable, liez d'argent au chef d'azur.

Morin, d'argent à 3. murets de pourpre.

Morinville Guitarville, d'azur à la Sphere d'or.

Morin Landon, d'or à 3. faces de sinople.

Morinvilliers, eschequé d'or & d'azur, à la bordure de gueule, chargée de 10. Roses d'argent.

Morigny, de gueule à 2. Gerbes d'or, au franc quartier d'hermine.

Morin la Massiere, d'or à trois faces de sinople.

Morin Planchette, d'azur à l'aigle d'or, & 3. Croix encrées de mesme en chef.

Morley du Museau, d'argent à vne teste & col de Bœuf, coupé de mesme en profil de gueule, emmuselée d'or.

Mortain, d'hermine au chef dantelé de Gueule.

Mortagne, de gueule au pal d'or, acc. de 6. Losanges de mesme en pals.

Mortemer, facé d'or & de sinople de 6. pieces, chargée de 17. fleurs de lys d'or, de l'vn en l'autre.

Mortemer, facé d'or & de vair de 6. pieces, au baston de gueule en bande d'or, freté de sable, au franc canton.

Mortenay, d'or à 4. faces d'azur, à l'orle de 5. coquilles de gueule.

Mornay la Ferté, burellé d'argent & de gueule de 10. pieces.

Moruilliers, d'or à 3. merlettes de sable, à la bordure dantellée de gueule.

Morniliers, escartelé au premier & 4. d'or, à 3. merlettes de sable, à la bordure de gueule, le 2. & 3. d'argent, à vne Laye de sable.

Morual le François, d'argent à 3. cocqs de sable.

Mossigny, d'argent à la Croix de sable, acc. de 16. merlettes de sable.

Mouchy Mont-caurel, de Gueule à 3. maillets d'or.

Mouchiaux, d'argent à 3. Losanges de sable.

Moucy, d'or à l'arbre de sinople au chef d'azur, chargé de 3. estoilles d'or.

Moucy d'Interville, de mesme.

Mousy le viel, escartelé d'or & de gueule.

Moucy, de Gueule à 3. maillets d'or.

Moulins, d'argent à 3. fers de moulin de sable. 2. 1.

Moulin Chasteüil Pomereul, de Gueule au chevron d'or, acc. de 4. molettes d'esperon de mesme.

Mourant, de gueule à 3. casques ou salades d'argent, posez en face.

Mouton, de gueule à 3. testes de Belier d'argent.

Mouton Blainville, d'azur à la Croix d'argent, acc. de vingt Croix au pied fiché d'or.

Moüy de Beaupuis, de gueule fretté d'or.

Mouy la Meilleraye, de mesme.

Mouy, d'or au sautoir de gueule, acc. de 4 merlettes de mesme.

Moyon, d'or à 2. Lyons d'azur, l'vn sur l'autre.

Moyamant, coupé d'argent & de sable, au lambel d'argent.

Mucidan, coupé emmanché d'azur & d'argent.

Muleat, d'argent à la face de Gueule, à 6. macles posées en face, 3. en chef 3. en
pointe.

Muriné, de Gueule au Lyon d'or.

Murviel, d'azur à 3 Tours d'argent, maſſonnées de ſable.

Muſſey, pallé d'or & de ſinople.

Muſſe, de Gueule au Lyon d'or.

Muy de Blé, d'azur à la Croix d'argent, chargée de 5. Cocquilles de ſable.

†Cette lettri-
ne me, doit
commêcer en
la page 106.
apres Mazarin).
†Meaux, d'argent à la face de Gueule.

Meaux, party de Gueule & de ſinople, à vne M. à l'antique couronnée d'vne
Couronne de Marquis d'or.

Meaufle, d'or à deux iumelles de Gueule, & deux Lyonceaux paſſans en chef, de
meſme.

Meaux Bois-bourdran, d'argent à cinq eſpines de ſable. 2. 2. 1.

Meautes, de Gueule à 3 Loſanges vidée d'or.

Meaufle, de ſinople à 3. fleurs de lys d'or.

Medanid, d'or à trois cocqs de gueule.

Medicis, d'or à 5. tourteaux de gueule, 2. 2. 1. & vn en chef d'azur, chargé de 3.
fleurs de lys d'or.

Megnelay, d'argent à 3. Lyons de ſable, couronnez, lampaſſez & armez d'or, à
l'eſcu en abyſme, d'azur à la face d'or, acc. de 6. billettes de meſme, 3. en chef
3. en pointe.

Meilleraye, de gueule au Croiſſant d'hermine de 5. moucheturcs.

Bretag. Meivens, pallé & contre-pallé d'argent & d'azur, à la face de gueule, bronchant
ſur le tout.

Mellay, d'or à l'orle de merlettes de ſable.

Mellemont, d'or à la Croix de gueule.

Melledron, de gueule à 2. Renards paſſans l'vn ſur l'autre, la queuë trainante de
ſable.

Mellefont, eſchequé d'argent & de Gueule.

Melliauy, d'azur à la Croix d'or, acc. au 1. & 4. canton, d'vn aigle d'or, au 2. & 3.
d'vne Ruche auſſi d'or.

Meliſant, d'azur à la face d'or, acc. de 3. armez d'argent.

Melo, d'or à 2. faces de Gueule, acc. de 9. merlettes de meſme. 4. 2. 3.

Normandic. Melung, d'azur ſemé de France, à la Tour ſommée de 3 Tours d'argent, hercée
de meſme.

Melurg, d'azur à 7. bezans d'or, 3. 3. 1. au chef de meſme.

Mendelot, d'argent à la face d'azur.

Menou, de Gueule à la bande d'or.

Niuernois. Meruës, d'azur à trois bandes d'or.

Memers, d'azur au chevron d'or, acc. de 3. eſtoilles de meſme, à la molette d'arg.
en abyſme.

Meranie, de ſinople à la Croix de vair, cantonnée de 4. clochettes d'or, bataillée
d'azur.

Mercy, de Gueule au Lyon d'or, l'eſcu ſemé de molettes de meſme.

Meranville, d'or au Lyon d'azur, armé lamp. de Gueule.

Beauce. Mergot Montergon, d'azur à trois chevrons d'or.

Mardengné, d'or à 2. faces noüées de Gueule, à l'orle de 9. merlettes de meſme.

Merlo, d'argent à 2. faces de Gueule, accompagné de 9. merlettes de meſme en
orle.

Merode, d'or à 4. pals de gueule, la bordure engreſlée d'azur.

Merle, d'or à la bande de ſable.

Merſaut, de Gueule au Lyon naiſſant d'argent.

Merſignat, de ſable à la Croix encrée d'argent.

Meſalin, d'azur à la teſte de Cerf d'or, ramée de meſme, au chef d'argent.

Meſle, d'azur à 3. Tours d'or, maçonnez de ſable.

Meſle, de Gueule à 3. Gantelets d'hermines.

Meſme,

M.

Mefme, efcartelé au 1. & 4. d'or, au Croiſſant de ſable, au 2. & 3. d'argent, à 2. Lyons Leopardez de Gueule, au 4. d'or, à l'eſtoille de ſable, au chef de Gueule, & ſur la pointe 3. ondes d'azur.

Mefme de Marolles Bacolet, d'argent au chevron d'azur, acc. de trois cannettes de ſable becq. & memb. de Gueule.

Mefnager de Lagne, d'or au Lyon de ſable, au chef de Gueule, chargé de 3. Cocquilles d'argent.

Moulang, ſemé de France.

Meulang, eſchequé d'azur & d'or.

Meulzen, de ſable au Lyon d'argent.

Meneſe, d'or plain.

Mefvillac, vairé d'or & d'azur, au baſton camponné d'or & de Gueule.

Mefnil Garnier, d'argent à 2. cotices de Gueule, acc. de 6. Cocquilles de meſme, vne en cœur.

Merly ou Danes, d'or au chevron d'azur, acc. de 3. teſtes de Loup de ſable en chef, & d'vne Roſe en pointe.

Merle, de Gueule à 3. rayons d'argent, mouuant du franc quartier en bande.

Mefenne, d'or à trois fleurs de lys de gueule.

Meurdrac, de gueules à 2. iumelles d'or, au Lyon paſſant de meſme en cœur.

Michault, d'or à 3. ſautoirs de gueule au chef d'azur, chargé d'vn Lyon paſſant d'or.

Michon la Pliſſe, d'azur à 3. beſans d'argent, & en cœur vne fleurs de lys d'or.

Midorge, d'azur au chevron d'or, acc. de 3. eſpics de meſme.

Migieu, de ſable à trois eſtoilles d'or.

Millet, d'azur au Lyon d'or, au chef eſchequé d'argent & de gueule de 2. traits.

Millaut, eſcartelé de gueule & d'azur, à la Croix pometée & fichée d'or.

Millaut, d'or, au pal de 4. pieces de gueule, au chef d'azur ſemé de fleurs de lys d'or.

Bourgogne. *Millet la Coſte du Vergy*, de Gueule à la Croix loſangée d'argent de 5. pieces.

Bourgogne. *Milet & de Villy*, d'argent au Lyon de ſable, armé lamp. de Gueule, tenant de ſa patte droite vne Roſe de Gueule, ſoûtenuë & feüillée de ſinople.

Bourgogne. *Miliere*, d'azur à 3. eſpics de millet d'or.

Gaſtinois. *Milly*, coupé danché de Gueule & d'argent.

Bourbonnois. *Milles des Morelles*, d'or à 3. fers de fleſches de ſable. 2. 1.

Milié, de Gueule à 2. faces d'argent, acc. de 7. merlettes de ſable 4. 2. 1.

N.

Bourgogne. *Nagu*, d'azur à 3. fuzées d'argent en face.

Namy, d'azur à la face d'or, acc. de 3. eſtoilles d'or, 2. en chef 1. en pointe.

Nancey, de Gueule à la Croix de vair.

Nancy, d'argent au chardon de ſinople feüillé de meſme, fleury de Gueule.

Nantes, de Gueule au Nauire d'argent ſur des ondes, d'azur au chef de France.

Nanteütl Haudoüin, de Gueule à 6 fleurs de lys d'or.

Nantoüillet, Loſangé d'argent & de Gueule au franc canton d'azur.

Nangis, voyez Brichanteau.

Narbonne, de Gueule à la Croix Patriarchalle d'argent, accoſtée d'vne clef de meſme miſe en pal.

Nargonne, d'azur au chevron d'or, accompagné de 3. teſtes de Lyon arrachées de meſme.

Nauarre Royaume, de Gueule à l'eſcarboucle pometée & accolée d'or, à la double chaiſne poſée en ſautoir, face, pal, de meſme

Nau, d'azur au chevron d'argent, chargé d'vn Croiſſant, & de deux Roſes de Gueule, acc. vers le chef de 2. eſtoilles d'or, & d'vne Lycorne en pointe, rampante, la queuë le long du flanc, d'argent.

Nedouchel, d'azur à la bande d'argent.

Gg

N.

Negre, d'argent au chevron de gueule, acc. de 3. testes de mores en profil de sable tortillée d'argent.

Negre Pelice, d'argent au Lyon d'azur, à l'orle de 8. tourteaux de Gueule au chef d'azur, chargé de 3. fleurs de lys d'or.

Negre, de gueule à la bande d'argent, chargée de 3. annelets d'azur.

Néle-ancien, de gueule à la Penthere d'argent, mouchetée de sable.

Néle, de Gueule à 2. bares adossez d'or, semé de trefles de mesme.

Nél-laual, d'or à la Croix de gueule, chargée en abysme d'vne fleur de lys d'or.

Néle-Curet, d'argent à 3. cœurs de Gueule.

Néle, d'argent à la face de Gueule.

Nemours, de Gueule à la Croix d'argent, à la bordure engreslée d'azur.

Paris. *Nemont*, d'or à 3. cornets de sable, liez d'azur.

Guienne. *Nerac*, d'argent au Soleil d'or, auec cette deuise, *Sol iustitiæ aristus.*

Normandie. *Nese*, d'or à 3. chevrons de sable.

Champ. *Nestancourt*, de gueule au chevron d'or.

Poictou. *Neuchese des Francs*, de gueule à vne molette d'argent.

Neufbourg, d'or à trois bandes de gueule.

Neuchelle le Cirier, d'azur à 3. Lycornes d'or.

Neuf-maison, d'argent à 6. macles de sable. 3. 2. 1.

Maine. *Neufville* d'argent au Lyon de gueule, à la bordure engreslée de sable.

Neufville, d'argent semé d'hermine.

Neufville, de Gueule au chef d'hermine.

Neufville, d'or fretté de Gueule.

Neufville Villeroy, d'azur au chevron d'or, acc. de 3. Croix encrées de mesme.

Neufville Karadreux, d'or à 3. Lyons d'azur, ar. lamp. & couronné de Gueule.

Neufville, de Gueule à 3. faucons d'argent, mambrez & bequez d'or.

Neuet, d'or au Leopart de Gueule.

Nenelet, d'argent au chevron d'azur, brisé en sa pointe d'vn Croissant montant d'argent.

Netumery, d'azur à la fleur de lys d'or.

Neveu Charney, d'azur à 3. pomes de pin de Gueule.

Neues, d'azur au Lyon d'argent.

Neuers, d'azur semé de billetes d'or, au Lyon de mesme sur le tout.

Prouence. *Nice*, d'argent à vne montagne de sable, à l'aigle de gueule, esleuée au dessus.

Nicey Romelly, de Gueule au chevron d'argent, au chef d'azur, chargé de deux Cocquilles oreillez d'argent.

Nicolas, d'azur au chevron d'or, acc. & surmonté de deux Lyons affrontez d'or, tenans vne targe d'argent, & vne coupe couuerte d'vne Couronne en pointe de mesme.

Nicolay, d'azur au Levrier d'argent, accolé de Gueule, bardé & bouclé d'or.

Nismes Ville, d'or au palmier de sinople, auquel est attaché de 2. chaisnes vn Cocodrille d'azur, auec ses mots abregez, COL. NEM.

Nison le Pleussé Miserieu, d'argent au chesne de sinople, glanté d'or, au canton de Gueule, chargé de 2. haches d'armes, adossées de mesme.

Nogentel, d'azur au Lyon d'or.

Niuelle, vairé d'argent & de Gueule.

Niuelle, d'argent à la Croix de Gueule.

Nogaret, d'argent au noyer de sinople.

Nouille, de Gueule à la bande d'or.

Noblet, d'or à la bande de Gueule.

Nointeau-Roy, d'azur à la Croix alisée, acc. de 2. merlettes d'argent, l'vne en chef du costé droit, l'autre en pointe du costé gauche.

Nolent Trouaille, d'argent à la fleur de lys de gueule, acc. de 3. Roses de mesme.

Nogaret S. Felix, de vair au chef de gueule, chargée d'vne selle d'or.

Nonant le Comte, d'azur au chevron d'argent, accompagné de trois besans ou Jettons de mesme.

N.

Nenpart de Caumont, tiercé en bande de Gueule d'or & d'azur.
Normandie, de Gueule à 2. Leopards d'or.
Normanville Biaffet, d'or au chef emmanché de 3. pieces de Gueule, au franc canton d'hermine.
Norenuille, d'azur au chef de Gueule, chargé de 3. anneaux d'or.
Noreftan, d'or à trois bandes de Gueule, celle du milieu chargée de 3. eftoilles d'or.
Normieu Grantmond, d'azur à 3. fautoirs d'or.
Norrey, d'arg. à la face de Gueule, & au Lyon yffant de mefme.
Noftradamus, efcatelé au 1. & 4. de gueule, à la roüe ouuerte d'or, de 8. rais au 2. & 3. d'or à vne tefte d'aigle arrachée de fable.
Noubray, de Gueule au Lyon d'argent.
Noüe, efchequé d'argent & d'azur au chef d'or.
Noyers & Ioigny, d'azur à 3. aigles d'or.
Noyon, d'argent à la face de gueule.
Noydant, de Gueule au chevron d'or, au lambel de 3. pendants de finople.
Noyelle Vion, de Gueule à 3. iumelles d'argent.

O.

OCtonuille, de fable au Lyon d'argent.
Ocquident, d'azur à la face d'or, acc. en chef d'vne eftoille de mefme, & en pointe vne Croffe d'argent.
Offimont, de gueule à 2. bards adoffez d'or, fur l'efcu femé de Croifettes au pied fiché de mefme.
Ognies, de finople à la face d'hermine.
Oignon Fontaine, d'azur à 3. bandes efchequée d'or & de gueule, de 3. traits.
Normand. *Oillé*, d'argent à la bande de gueule.
Oliuet, porte de Laual, à la bordure de fable, chargée de 8. befans d'argent.
Oliuier de Leuuille, d'azur à 6. befans d'or, au chef d'argent, chargé d'vn Lyon yffant de fable, efcartelé d'or à 3. bandes de gueule, la feconde chargée de 3. eftoilles d'argent.
Ollioles, de gueule au Lyon couronné d'or, au chef de mefme.
Ongle-berte, de fable au Lyon d'or, au bafton de gueule pery en bande.
Oæquelfen, d'argent à la quinte-feüille de fable
Oppede, d'argent à 2. chevrons rompus, le premier à dextre, le fecond à fenextre d'argent.
Oraifon, de gueule à trois ondes ou faces, ondée d'or.
Orange, d'or au cor d'azur lié de Gueule.
Orenge, pallé d'argent & de Gueule, au bafton pery en bande de fable, bronchant fur le tout.
Orcaual, d'azur à la Truite d'argent mife en bande, accofté de 5. eftoilles d'or, 2. en chef, & 3. en pointe.
Orbec, d'or au Lyon de gueule.
Orgemont, d'azur à 3. efpics d'orges d'or.
Orglande, d'hermine femé de carneaux fans nombre, de gueule.
Orleans Ville, d'azur femé de caillous d'or.
Orleans, d'azur à 3. fleurs de lys d'or, au lambel d'argent.
Orleans - Longueuille, de France au lambel d'argent, au bafton de mefme, pery en bande.
Dauphiné. *Orly*, de fable à Lours ramp. d'or.
Orquinuille, d'hermine pampeloné de Gueule, efcartelé de fable au Lyon d'arg.
Ortez, de Gueule au Pont de 3. arches d'or, chargé d'vne Tour, & 2. Pont-leuis de mefme, au chef de France.
Quercy. *Offa*, d'argent au Lyon d'azur, à l'orle de tourteaux de Gueule.
ormandois. *Offenuilier*, d'or à la bande fuzellée de Gueule.

O.

Dauphiné. **Ourciers**, d'argent au chef de Gueule, à l'Ours en pied de fable, brochant fur le tout, tenant de l'vne de fes pattes de deuant vne Couronne d'or.

Ourville, de finople au Lyon d'or.

Bourgongne. **Oyen-bruche**, facé d'or & de finople de 6. pieces.

Oyſelay, de Gueule à la bande dantelée d'or.

Oyſe, voyez Brancats.

Oyſic, d'azur à 6. Loſanges vidées d'or.

Bretagne. **Ozange**, party d'argent & de Gueule, au Croiſſant party de l'vn en l'autre.

P.

PAcy Laual, de Laual au canton de Gueule, chargé de trois Lyonceaux d'argent.

Pagan, de Gueule à 2. faces ondées d'or, au chef de meſme.

Pagan, bandé d'azur & d'or, de 6. pieces, au chef d'hermine, à la bordure camponné d'Anjou, Naples, & Ieruſalem.

Pajot, d'argent au Lyon de fable.

Pajot, d'azur au chevron d'or, acc. de 3. Roſes de meſme.

Pairoſt, d'azur à vn beſant d'argent.

Paiſnel de Marcy, d'or à 2. Lyons paſſant de Gueule.

Palaiſeau d'Herville, de Gueule à la Croix d'argent, chargée de 5. Coquilles de fable.

Paleran, d'or à 9. macles de Gueule.

Palomeq, d'azur à la Tourterelle ou palombe d'argent, à la bordure de Gueule, chargée de 7. ſautoirs d'or.

Palmier, d'azur à 3. palmes d'or. 2. 1.

Paluau, d'or au chevron de Gueule, chargé de 3. Roſes d'argent, auec 3. fleurs d'aubifoin de Gueule.

Paluoiſin, d'argent à la herce de guéule.

Paluert, pallé de 6. pieces d'hermine, & de vair.

Palus, d'or à trois faces de fable au chef de Gueule, chargé d'vne main dextre d'argent.

Panthieure, d'hermine à la bordure de gueule.

Paniſſe, d'argent à trois tiges de nielle de finople, auec leur fleurs de pourpre.

Paniſſy de Lucq, d'azur à 10. eſpics d'or, verſez & rangez 6. 2. 2.

Picardie. **Papillon Danſac**, d'azur à 3. faces d'argent, & vne face d'or.

Papillon Vauberault, d'or au Lyon de Gueule, acc. de 3 Roſes de meſme, poſées en pal, du coſté droit.

Parade ou **de Leſtang**, d'or au Lyon d'azur.

Pargin, d'azur à trois faces ondées d'or.

Pardaillan Gondrin, d'argent au Lyon de Gueule, à 7. eſcuſſons de finople en orle.

Parenel, d'or à 2. Leopards de Gueule.

Parfait, d'argent à 13. flames de gueule, miſe en bande, accoſtée de 2. cotices d'azur, la premiere de deuant, chargée d'vne fleur de lys d'or.

Paris Ville, de Gueule à la nef d'argent, fur vne Riuiere de meſme, au chef de France.

Partſis, de Gueule à la bande d'argent, contre-bandée d'azur, chargée de cinq eſtoilles de Gueule au Chaſteau d'argent ouuert, & d'vne demie fleur de lys en chef, à la bordure d'or.

Pariſſe, d'argent à 3. Corbeaux de fable, tenans de leurs griffes 3. ſauterelles de finople, leſquelles ſemblent vouloir manger.

Paris, d'azur à 3. bources à pendents d'or, vne eſtoille de meſme en chef, & vne en Croiſſant d'argent en cœur.

Pariſot, de Gueule à l'oyſeau de fable, fur vn Rocher d'argent.

Bretagne. **Paron**, d'azur à 2. macles d'or.

Partenay,

P.

Partenay, burellé d'argent & d'azur, à la bande de Gueule, bronchant sur le tout.

Partenay, maillé d'argent au sautoir de sable.

Pascal, d'azur à l'anneau pascal d'argent, sa Croix de mesme, le penon de deux pieces d'argent, chargé d'vne Croix de gueule.

Passart, d'argent à trois merlettes de sable. 2. 1.

Passart, d'azur à trois cornes de cerf arrachées d'or, 2. 1. mise en face.

Dauphiné. Passauant, d'or à 2. faces de Gueule, à 9. merlettes de mesme en orle.

Passe, d'or à trois masses de sable.

Pasquier, d'azur à 3. pasquettes ou hepatiques d'argent, feüillés de sinople.

Pastoureau, d'azur au chevron d'argent, chargé de 7. Aiglons de sable, acc. d'vne gerbe d'or, en pointe.

Paterne, d'azur à la bande d'argent, acc. d'vne Roüe d'or.

Paul, d'azur au chevron d'argent, acc. en pointe d'vn Croissant de mesme.

Paudy, d'azur à 3. testes de Lycornes arrachées d'argent.

Paumy, d'azur à 2. Leopars couronnez d'or.

Paumier, d'azur au chevron d'or, chargé de 3 palmes de sinople, acc. de 2. Roses d'or en chef, & d'vne Grenade en pointe de mesme.

Payro Rocherane, dit la *Iaille*, d'argent à la bande de Losange de Gueule, à vn escu au canton senextre d'argent, à la face de Gueule.

Parnach, d'azur à la teste & col de cheual de sable, bridé d'or.

Peimarch, d'or à 3. molettes d'asur.

Pelletiere, d'argent au chesne de sinople, costoyé de 2 Roses de Gueule, & d'vne en pointe de mesme.

Pelet, d'argent au chef de sable, à la bordure de gueule.

Pelourde, de gueule à l'aigle d'or, acc. de Croix recroissetée de mesme.

Pelué, de Gueule à la teste d'hermine, au poil leué d'argent.

Bretagne. Pennes, eschequé d'argent & de Gueule.

Auvergne. Penquilly, d'azur à la Croix patée d'argent.

Penec, de Gueule à 3 testes de pucelles, collet & cheueux d'or.

Penthieure, de Gueule à 3. gerbes de bled d'or, liées de sable.

Bretagne. Pennauerne du Pereau, d'azur à la fleur de lys d'argent.

Pentur, de Gueule à vn arche de Pont d'argent.

Pantin la *Hameliere*, d'argent à la Croix de sable, cantonnée de 4. estollies de Gueule.

Perefix *Ardoüin*, d'azur à 9. estoilles d'argent.

Penhoüet, d'or à la face de Gueule.

Pente-*Croix*, d'azur au Lyon morné d'argent.

Percy, de sable au chef endenté dor.

Pereau, d'argent au chevron de sable, au franc canton d'azur, chargé de 5. fleurs de lys d'or, posées en sautoir.

Periere, d'argent semé d'estoilles de sable, au Lyon de mesme, sur le tout.

Perigord, de Gueule à 3. Lyons d'or, arm. & lamp. d'azur.

Perigord le *Comte*, d'argent au fer de moulin de sinople, à vne bande de sinople.

Perche, d'azur à 4. Lyons d'or.

Pericard, d'or au chevron d'azur, accompagné en pointe d'vn ancre de sable, au chef d'azur, chargé de 3. aiglettes d'or.

Perier, d'or au poirier de sinople.

Perier, de Gueule à la bande d'or, acc. d'vne teste de Lyon en chef, couronnée d'argent contournée à la bordure dantelée d'azur.

Perilleux, de Gueule au Lyon d'argent, au chef de mesme.

Peris, d'azur à vn R. double d'argent.

Perche *Comté*, d'argent à 2. chevrons de Gueule.

Peronne, d'or à 3. Roses de Gueule.

Peronne, d'azur au P. Capital d'or, couronné de mesme.

Perot, de sable, à vn rencontre de bellier d'or.

Perche, d'azur au Lyon d'or, semé de billets de mesme.

P.

Peruse, d'argent à 3. poires pendentes en bas, garnies de leur queuës, auec chacune 2. feüilles de sable.

Peruse Brachet, d'azur à 2 chiens Brachs passans d'argent.

Philipeaux la Vrilliere, escartelé au 1. & 4. d'azur, semé d'œnemones d'or, au 2. & 3. d'argent, à 3. Lezars de sinople mis en pal.

Philipeaux, d'azur semé de 4. feüilles d'or, au canton droit d'hermine, escartelé d'argent à 3. Lezards de sinople mis en pal, la teste en haut.

Philippe de Billy, d'argent au chevron de gueule, acc. de 3. Glands, & 3. Oliues de sinople, vn gland & vne Oliue, couplez & liez de gueule, au chef d'azur, chargé de 3. estoilles d'or.

Philemelle, d'or à l'aigle esployée de sable.

Piast la Belangerie, d'azur au Soleil d'or.

Pibrac, d'azur, à 2. faces en deuise d'or, à 6. besans d'argent, 3. 2. 1.

Picarea, d'azur au Pelican, se becquant pour ses petits, ensanglanté de gueule.

Picheri Donadieu, d'azur à vne main sortant d'vne nuée, tenant vn cœur de gueule, sortant du costé gauche, à 3. estoilles d'or en chef.

Picart Estelan, de gueule, à 3. picques d'argent les pointes en haut.

Picot, d'azur au chevron d'or, acc. de 3. treffles de mesme.

Pied de Bœuf, d'argent à 3. pieds de Bœuf de gueule, onglez d'azur.

Pied-Ligo, d'azur à l'aigle de sable, tenant vn escusson de gueule, chargé de 3. barres d'or.

Piennes, d'argent à l'escusson en abysme d'azur à vne face d'or, acc. de 6. billetes de mesme.

Piennes, d'azur à vne face d'or, acc. de 6. billettes de mesme, 3. en chef, & 3. en pointe.

Piencourt, de sable à 3. mains droites d'azur.

Pierre Buffiere. Voyez Buffiere.

Piere Fort-fregneau, de gueule à deux faces d'arg. à l'orle de merlettes de mesme.

Pietresan, de Gueule au Lyon d'argent.

Picardie. *Pied de Fer*, eschequé d'or & d'azur.

Piere-Olons. Voyez Bleterans.

Pied de Fer, d'azur au Lyon d'or, ar. lamp. de gueule.

Pierre du Puis, d'or à la Croix patée de gueule.

Piere-Riue, escartelé d'or à 3. pals de gueule, chacun chargé en chef d'vn Diamant d'argent.

Pilly, de gueule au pal d'or, chargé d'vn autre pal de Gueule.

Pinard Cadoualan. Voyez Cadoualan.

Pinec, d'argent à 3. merlettes de sable.

Pinas, d'argent à 5. estoilles de Gueule.

Piquet Sautour, d'argent au pal de sable, au pied fiché, au chef de Gueule, chargé de 3. Roses d'or.

Piqueny, facé d'argent & d'azur de 6. pieces, à la bordure de Gueule, chargée de Roses d'argent.

Piquets, d'azur au chevron d'argent, à la picque de sable, mise en pal.

Piquigny. Voyez Ailly.

Pipernauie-Lincourt, d'azur fretté d'argent au chef de Gueule.

Picardie. *Piron*, de sinople à la bande cotissée d'argent.

Pisselau, de Gueule à la bande fuzelée d'or.

Pisseleu-hely, d'argent à 3. Lyons de Gueule.

Plaissis Baudoüin, d'or à la Croix patée de Gueule.

Plaissis Chivray, d'argent au Lyon de sable, couronné d'or.

Plaissis Bourgoniere, d'hermine à la Croix dantelée de gueule, ou cantonnée de 4. hermines de sable.

Plaissier, d'argent & d'azur au chef de gueule.

Plassais, de mesme.

Plaissy Richelieu, d'argent à 3. chevrons de gueule.

Plaissier, semé de France, à la bordure d'argent.

P.

Plaiſſy Paté, d'hermine à 3. chevrons de gueule.

Plaiſſy Chaſtillon, d'argent à 3. quinte-feüilles de Gueule.

Plaiſſy Auger, vairé & contre-vairé.

Plaiſſy au Chat, d'argent à 3. Cocquilles de Gueule.

Plaiſſis Mangeron. Voyez Mauron.

Plaiſſis l'Alier, de Gueule au chevron d'argent, acc. de 3. Cocquilles d'or.

Plaines, de Gueule à la face d'argent, acc. de 3. ſonnettes de meſme. 2. 1.

Plancy, de vair au baſton de Gueule, bronchant ſur le tout.

Plancy la Croix, d'azur à la Croix d'or, chargée en cœur d'vn Croiſſant de gueule.

Planchette. Voyez Morin.

Plancques, d'arg à la main ſenextre de ſable, à l'orle de 11. merlettes de meſme.

Plantade, d'or à la racine, & neuf feüilles de plantin de ſinople, au chef de Gueule, chargé d'vn Croiſſant d'or, accoſté de 2. pelicans de meſme.

Picardie. *Plate-corne*, d'argent à trois bois de Cerf de ſable.

Platrieu, d'or à la face d'azur, acc. de 3. teſtes d'hermines de ſable.

Pleoran, d'or à 7. macles d'azur. 3. 3. 1.

Plaire, d'azur au chevron d'argent, accompagné de 3. Lyonceaux d'or, les 2. du chef affrontez.

Bretag. *Ploeue*, d'hermine à 3. chevrons de Gueule.

Bretagne. *Ploermel*, d'azur au Griffon d'or, timbré d'argent, ſommé d'vn Lyon Leopardé d'or.

Pluſcalet, de Gueule à 3. chevrons d'argent, au lambel d'azur en chef.

Pluſquelet, d'argent à trois chevrons de Gueule.

Pluuinel, d'azur à vn homme d'harme à cheual, tenant l'eſpée nuë, & haute d'or, eſcartelé d'azur à vn flambeau d'argent, poſé en barre, la barre en bas.

Poart Prerenat, d'argent à l'aigle eſployé de ſable, à l'orle de huit Trefles de ſinople.

Poigny, d'Angennes à la bordure d'or.

Poigné, d'azur au Soleil d'or.

Ancien. *Poitou*, de Gueule à 6. Chaſteaux d'or.

Poitiers Ville, de meſme au chef de France.

Poitiers Moderne, d'azur à 6. bezans d'argent.

Poitrincourt S. Iuſt, d'argent à la face de Gueule, accompagné de 7. merlettes de ſable 4. 3.

Poitiers, d'argent au Lyon de Gueule, à la bordure de ſable, chargée de 12. beſans d'or.

Poillay, d'argent party d'azur, au Lyon Leopardé de Gueule, ar. lamp. cour. d'or, bronchant ſur le tout.

Poiſſy, lozangé d'argent & de Gueule.

Poiſſieux, de Gueule à 2. chevrons d'argent, à la burelle en chef de meſme.

Poix, d'or à 2. vols de Gueule.

Poix, de Gueule à la bande d'arg. acc. de 6. Croiſettes de meſme.

Auuergne. *Polignac*, facé d'argent & de Gueule de 8. pieces.

Poligny, d'azur au Vaſe d'or, à 3. fleurs de lys de meſme.

Bretagne. *Pomenar*, d'hermine au Lyon de Gueule, bronchant ſur le tout.

Pomereul, de Gueule au chevron d'or, acc. de 3. molettes de meſme.

Pomereul, d'azur au chevron d'or, acc. de 3. pommes de meſme.

Pompierre, ſemé de France au chef d'arg. chargé d'vn Lyon paſſant de Gueule.

Pompinian, de Gueule à la face d'argent, chargée de 3. fleurs de lys d'azur.

Pompadour, d'azur à 3. Tours d'argent.

Pompiere, ſemé de France, au chef d'arg. chargé d'vn Lyon paſſant de Gueule.

Pompone, vairé d'or & de Gueule.

Pons, d'azur à vne face vidée d'argent.

Pons, bandé d'or & de Gueule de 6. pieces.

Pont de Corlay, d'argent à 3. hures de Sangliers de ſable.

Pons, de Gueule à l'aigle d'or.

Pontalier, de Gueule au Lyon d'or.

Ponthon, de sable fretté d'or.

Pont-briant, d'azur au pont de 3. Arches d'argent.

Pontcher, d'argent à 3. chevrons d'azur, acc. en chef d'vne Tour de Gueule & d'vne merlette de sable.

Poncet, d'azur à la Gerbe d'or, suportant 2. petits oyseaux affrontez de sable.

Poncet Champeaux. Voyez Champ.

Pont la Case. Voyez la Case.

Bretagne. *Pont-l'abbé*, d'or au Lyon de Gueule.

Pontenes Carces, d'azur au pont de 2. Arches d'or.

Ponthieu, d'or à 3. bandes d'azur.

Ponthievre, d'hermine à la bordure de Gueule.

Pontoise, d'azur au pont d'argent, chargé de 3. Tours de mesme, & 2. fleurs de lys d'or, en chef.

Pont-salle, d'argent au chevron engreslé des 2. costez de sable, escartelé d'hermine à la face de Gueule, chargée de 3. besans d'or.

Pontou, de sable fretté d'or.

Pont-eau de mer, de Gueule à 3. arches d'arg. au Lyon de mesme passant en chef.

Ponty, de sable au Lyon d'or.

Ponty, pallé d'or & de sable.

Normandie. *Pons*, d'or à 3. doubles cotices de Gueule en face.

Pontestamuce, de Gueule à 9. annelets d'argent.

Poquiers, d'argent à 5. fuzées & 2. demie, mises en pal de Gueule.

Porcian, de Gueule à 3. pals de vair au chef d'or, chargé d'vn Lyon de sable au franc quartier.

Prouence. *Porcelets*, d'or à la Truye de sable, passant sur vne mothe de sinople.

Porçon, d'azur à la face d'hermine, acc. de 3. fleurs de lys d'or.

Porte-voisins, voyez la Porte.

Porte-franboisier, d'azur à 3. pals d'argent, à la face de mesme, bronchant sur le tout.

Portail, d'azur au bœuf passant d'or, acc. de 6. fleurs de lys de mesme. 3. 3.

Bourgogne. *Porte-fort*, d'azur à 2. bards adossez d'or, au milieu de 7. Croix récroisserées au pied fiché de mesme.

Porsie, de gueule à 2. Tours d'argent, crenelées chacunes de 2. pieces, & 2. demie iointe par vn entre-mur de mesme, auec vne porte au milieu dudit entre-mur.

Postes, de sable au Chasteau d'arg. sommé d'vn Lyon naissant de gueule.

Postel, d'argent au Lyon de sable, armé lamp. & couronné d'or.

Poteau, de mesme.

Pot, d'or à la face d'azur au lambel de 3. pieces de gueule.

Potar, d'argent à la Croix encrée de sable, cantonnée de 8. Cocquilles de mesme, 2. à chaque canton, posées en face.

Potier de Gevres, d'azur à 2. mains dextres d'or, au franc quartier eschequé d'argent & d'azur.

Potier Blanc-mesnil, d'azur à 2. mains droites d'or, au franc canton de mesme.

Pouliane, eschequé d'argent & de gueule.

Poulignac, facé d'azur & de gueule de 8. pieces.

Pouïllac, de sable au Lyon d'or.

Poulpin, d'argent à la teste de sable sommée de Gueule.

Poulmic, eschequé d'argent & de Gueule.

Pouls, d'azur à 2. bastons noüeux passez en sautoir d'or, acc. de 4. aiglons de mesme.

Pouppart, d'or à l'aigle esployé de sable.

Pots, d'or à 3. pots ou marmites de sable.

Prailly, d'argent à 2. Lyons Leopardez de sinople.

Pragaux, d'or à l'aigle de gueule, memb. & becq de sinople.

Pralin. Voyez Choiseul.

Prats Maria, de gueule à trois coutelas d'argent, mis en bandes, les pointes vers le chef.

Bretagne. *Prateurs.* Voyez Sergat.

P.

Preaux, de Gueule à l'aigle esployée d'or.

Preaux, d'argent au Lyon de Gueule, au chef de sable.

Precy, losangé d'argent & de Gueule, au chef d'or, chargé d'vn Lyon Leopard de sable.

Precigny, de Gueule semé de Croix coupée d'argent, à l'escu de mesme.

Precigny, coupé la partie en chef, encor coupé de 2. la premiere pallée & contre-pallée d'or & d'azur, au 2. gironné de 8. pieces d'or & d'azur, la 2. facé & contre-facé d'or & d'azur, la partie de la pointe partie de mesme, sur le tout vn escu d'argent.

Preuille, d'argent à la bande d'asur, chargée de trois annelets d'or.

Preuost, d'or au Dragon de sinople, couronné & lamp. de Gueule.

Preuost, d'asur à trois testes de Lyon Leopardés d'or.

Preuost du fort, de Gueule à la Croix d'or, acc. de 4. escussons d'argent.

Preuost, eschequé d'or & d'asur, au franc quartier d'or, chargé d'vn Griffon de sable à la bordure de gueule, chargée de 8. besans d'or.

Preuost du Teil, Voyez Teuil.

Preuost S. Cir, Voyez S. Cyr.

Preuille, d'argent au Lyon de sable, semé de billettes de mesme.

Priley, d'argent à 2. Lyons d'azur.

Prie, d'azur à 3. tierce-feüilles d'or.

Prohanes Begnes, de Gueule à la Colomne d'or, couronnée d'vne Couronne de mesme, entournée d'vn vipere de sinople.

Paroissy, de sable à 3. Lyons d'argent.

Prolene, de Gueule à 6. espics d'or.

Prolevre, de Gueule à 4. Roses, de 4. feüilles d'or, à la bordure de mesme.

Prouence, d'or à 4. pals de Gueule.

Prouence, d'azur à la fleur de lys d'or, au lambel de Gueule.

Puget, d'argent à la Vache passante de Gueule, sommée entre les cornes d'vne estoille d'or.

Puy Gaillard, d'azur à l'espreuier posé sur vne perche, auec ses longes & grilles, le tout d'argent.

Puy Gareau, d'or au chevron d'azur, acc. de 3. macles de Gueule.

Puy du Fou, de Gueule à 3 macles d'or.

Puy Lobier, d'azur à la Coulombe essorée d'argent, tenant en son bec vn rameau d'Oliuier retroussé en pennache, mamb. & beq. de Gueule.

Puiseux, party le premier de Gueule, à la Croix partie danchée d'or, le 2. d'or à l'estoille de 16 rais, coupée de Gueule.

Puy-michel, d'azur à 6. estoilles d'or. 3. 2. 1.

Puy-valant, eschequé d'or & de Gueule.

Q.

Qvatre-Barbes Bouillé, d'argent à la bande de sable, accompagnée de 2. filets de mesme.

Quatre-sols, d'azur au Lyon d'or, en chef vne estoille de mesme, & vne plume d'arg. couchée en pointe.

Quarques, d'or à 2. pals d'azur, escartelé & contre escartelé en sautoir d'or.

Bretagne. *Quebriac*, d'azur à la fleur de lys d'or.

Queilles, de sable à la Croix engreslée d'or.

Quelenec, d'hermine au chef de Gueule, chargé de 3. fleurs de lys d'or.

Quelen Vieux-Chasteau, d'argent à 3. feüilles de hou de sinople.

Bretagne. *Quelan du Bouray*, burelé d'argent & de Gueule de 10. pieces, escartelé d'azur à l'aigle d'or.

Quelin, d'arg. au Rameau de laurier de sinople, la queuë & la tige de Gueule.

Bretagne. *Que-nasec*, burelé d'argent & de Gueule à 2. Colomnes d'azur confrontée, ondoyant en pal.

Q.

Q*uesnaye*, d'argent à la Croix de Gueule frettée d'or.

Q*uequefat*, de Gueule à 2. faces d'hermines, chargé au franc canton d'vn escusson party d'or, & de Gueule à 3. tourteaux d'hermines.

Q*uequereux*, contre emmanché d'or & d'azur, de l'vn en l'autre.

Q*uebourg*, d'or à 3. faces de Gueule.

Q*uicret*, d'hermines à 3. fleurs de lys, au pied coupé de Gueule, 2. 1. au baston d'azur, pery en bande.

Q*uermut*, de fable fretté d'or.

Picardie. Q*uefnoy*, d'or à l'aigle efployé de fable.

Q*uefne*, d'argent à la Croix de Gueule, frettée d'or.

Bret. Q*uimper-corentin*, d'azur au mouton paffant d'argent, au chef d'hermines.

Picard. Q*uinquenpoix*, d'or à 6. Tours de Gueule, rangée en face.

Q*uinquenpoix Vignory*, de Gueule à 6. faces d'argent.

Q*uinault*, d'azur au chevron d'argent, accompagné de 3. foucils d'or, feüillés de finople.

Q*uingo*, d'or au Lyon de fable armé de Gueule.

Q*uirnie*, d'azur au chef d'or, au Lyon de Gueule, bronchant fur le tout.

Q*uttnie*, de Gueule à 3. molettes d'argent.

R.

Rabestan, Voyez *Conan*, d'or au Corbeau de fable, fur vne terraffe de mefme.

Dauphiné. *Rabot*, d'argent à 5. pals flamboyant, les 2. du chef renuerfez de Gueule, au chef d'azur, chargé d'vn Lyon Leopardé d'or.

Rabutine Buffy, d'or à 5. points Equipolez, à 4. d'azur, qui eft de Genéve.

Raconis, efcartelé au 1. & 4. contre efcartelé en fautoir d'argent & d'azur, & en pointe de Gueule, au 2. & 3. coupé d'argent & de finople, au Lyon de l'vn en l'autre, armé lamp. & cour. de Gueule.

Radeponts, Voyés Boft.

Ragny, Voyés la Magdelaine.

Ragnier, d'argent au fautoir de fable, accompagné de quatre Perdrix au naturel.

Racquette, de Gueule à vne racquette d'argent en pal.

Ragnis, de Gueule à la chevre tornée & coupée d'argent.

Vermandois. *Raillard*, d'argent à la Croix de fable, frettée d'or.

Raimault, d'azur au vaiffeau d'argent, au chef d'or.

Bretagne. *Rais*, d'or à la Croix de fable.

Rais Guillaume, de mefme.

Raquineau, d'azur à 3. melons d'or tigez de mefme, leur queuë mouuant du cofté fenextre.

Ramboüillet, de fable au fautoir d'argent.

Picard. *Ranbures*, d'or à trois faces de Gueule.

Ramers-val, de Gueule à 2. efpées d'argent, pofées en fautoir.

Rancher, de Gueule au fautoir d'or, acc. de 4. annelets de mefme.

Rancher la Cufe, d'azur au fautoir d'or, chargé d'vne Rofe de gueule, acc. de 4. annelets d'or.

Picard. *Raneuelle*, de Gueule au Papillon volant & montant d'argent, marqueté de fable.

Ramfaut, party danché d'or & de gueule.

Raquerez. Voyés la Beliere.

Raftant, d'argent à 3. iumelles d'azur à la bande de deuife, ou à la cotice viurée de Gueule, bronchant fur le tout.

Raffe, d'or à trois chevrons de fable.

Rata, d'azur au Lyon d'argent, ayant dans fa pate dextre vn Croiffant d'azur.

Raoul de Clermont, de Gueule à 2. bards, adoffez d'or, au lambeau d'azur.

R.

*Raoul,*de fable au poiffon d'argent, acc. de 4. annelets de mefme, 3. en chefs 1. en pointe.

Rauenel, d'argent à 3. quinte-feüilles de Gueule, à l'orle de merlettes de mefme.

Rauenelle Rantilly, de gueule à 7. Croiffant d'or, pofez en orles ouuerte & furmontez de 7. eftoilles de mefme.

Raulin-coüet, d'or à 3. macles de gueule.

Raulin Beauchamps, d'afur à 3. clefs d'or mife en pal.

Raimond, de gueule à la Croix d'argent, acc. de 4. Cocquille de mefme.

Raimondy d'Aubetere, lofangé en bande d'or & d'afur, au chef de gueule.

Berry. *Ray,* de gueule à l'efcarboucle fleurdelifée d'or.

Raxay, d'argent à la bande de gueule, chargées de 3. Cocquilles d'argent.

Razily de Launay, d'azur à trois fleurs de lys d'argent.

Rebeq, d'or à 3. merlettes de fable, efcartele d'or à la face ondée de gueule, fur le tout de Gueule, à 3. chevrons d'argent.

Rebours, de Gueule à 7. lofanges d'argent.

Reilly, d'or à 3 chevrons d'azur.

Refuge, d'argent à 2. faces de Gueule.

Rennes, de Gueule à la Grenoüille d'argent.

Renes, pallé d'or & de fable de 6. pieces, au chef d'hermine.

Ville. *Renel,* d'afur à trois chevrons d'or.

Reneual, efcartelé d'argent & de fable.

Bretagne. *Reneual,* d'or à la Croix de fable, chargée de 3. Cocquilles d'argent.

Vermandois. *Regnac,* d'or au Lyon d'azur, coupé fur gueule.

Reculo, de Gueule au chevron d'argent.

Renard, d'azur au chevron d'or, acc. de 3. Croiffants d'argent & d'vne eftoille d'or, au milieu du chef.

Lyonnais. *Renault,* de Gueule, à la face d'argent, acc. de 2. lofanges d'or.

Renaudin, d'or au Laurier de finople, acc. de 2. tourtes de fable, affrontez au pied de l'arbre.

Renaut, d'argent à 2. face de gueule, acc. de 6. merlettes de mefme.

Reneuille, d'hermine à 3. Tourteaux de gueule, au franc quartier, chargé d'vn Lyonceau d'argent.

Renier Guerchy, d'azur, à 6. befans d'argent.

Pr.uence. *Reilans,* d'azur au foc de chatuë d'argent, mis en pal.

Remmefort la Grilliere, d'azur à 3. couronnes antiques d'or.

Renty, d'argent à 3. doloueres de gueule, les 2. du chef adoffez.

Reuol, d'azur à 3. treffles de finople.

Reux, d'or à 3. Lyons fle Gueule.

Rethel, de Gueule à 3. Rateaux démanchez d'or.

Rians-Villemy, efcartelé au 1. & 4. de Gueules, à 3 bandes d'argent, chargée de merlettes de fable, au 2. & 3. d'argent, à 6. annelets de Gueule, fur le tout vn efcuffon de gueule, à 2. bards adoffes d'or, femé de trefles de mefme.

Ribaupré, d'argent à 3. efcuffons de gueule.

Riberac, de gueule à 4. Lappins d'argent.

Richarme, de gueule à la face d'or, furmontée en chef, de 3. Heaumes d'arg. chacun chargé d'vn Croiffant d'or.

Richebourg, chevronné d'or & de gueule.

Richebourg, d'argent à la bande de gueule, à la bordure de mefme.

Riche-Dame, d'argent femé de fleurs de lys de gueule.

Picard. *Richemont,* d'hermine à la bordure de gueule.

Bretagne. *Richelieu,* d'argent à 3. chevrons de gueule.

Ricoüar, d'afur au Soleil d'or, au chef d'arg. chargé d'vn Lyon Leopardé de fable.

Landounois. *Riencourt,* d'argent à la face de gueule, frettée d'or.

Languedoc. *Rieux la Iugie,* d'or au lys naturel de gueule.

Rieux, d'afur à 10. befans d'or. 3. 3. 3. 1.

Normand. *Rigas,* de fable à 3. eftoilles d'or.

Touraine. *Rigné,* d'afur à 3. Ancres de fable.

R.

Rimont la Roche, d'azur à la face d'argent, chargée de 3. alerions de gueule, acc. de 3. estoilles d'or.

Rinson. Voyez la Chappel.

Riou le Saint, d'azur à 7. macles d'argent.

Auvergne. *Rion*, d'azur à 2. fleurs de lys d'or en chef, & d'vn R. de mesme en pointe.

Ripault, de Gueule au sautoir eschequé d'or, & d'azur, acc. de 4. fleurs de lys d'or.

Riuarde la Taille, de Gueule à 5. fuzées d'argent, mise en pal.

Riuaux, voyez Montalin.

Riuery, de Gueule à 3. pals de vair, au franc canton d'or.

Riuiere, d'azur à la face d'or, acc. d'vne estoille de mesme en chef, & de deux Croissants d'argent, en pointe.

Dauphiné. *Riuoire*, facé d'argent, & de Gueule à la bande d'or, chargée de 3. fleurs de lys de sable.

Riuoire, de sinople au Rocher d'or.

Bretagne. *Robert*, de Gueule à 3. Cocquilles d'argent.

Artois. *Roberte*, d'argent à la bande fuzelée de sable.

Robichon, d'azur au Serpent mordant sa queuë d'argent, entourant vn chevron de mesme, acc. en chef de 2. estoilles d'or.

Roche-Derual, escartelé au 1. & 4. de gueule à la Croix patée d'argent, au 2. & 3. d'argent, à la face de Gueule.

Roche-Baron, de gueule au chef eschequé d'argent & d'azur.

Roche-Bonne, voyez Chasteau-neuf.

Angoumois. *Roche-Beaucourt*, d'argent à 9. losanges de Gueule. 3. 3. 3.

Roche-Chouart, de gueule à 3. faces nebulée d'argent, celle du chef brisée d'vne molette de Gueule.

Roche-Fort, d'azur semé de billette d'or au chef d'argent, chargé d'vn Lyon passant de Gueule.

Roche-Fort, d'or à 3. chevrons de sable, au chef d'azur, chargé d'vn Lyon naissant d'argent, couronné d'or.

Rochefort, vairé d'or & d'azur.

Normandie. *Rochefort*, d'argent à la Croix d'azur, chargé d'vne molette d'or en abysme.

Normand. *Roche-Gayon*, d'or à 3. bande en Cotice d'azur.

Roche-Giffar, de Gueule à la face d'hermine.

Roche-Maillet, d'or à 3. merlettes de sable.

Rochefort la Croisette, d'azur à 25. billettes d'or, cinq à 5. en pal au chef d'argent, chargé d'vn Lyon de Gueule, à la bordure dantelée de mesme.

Bourgogne. *Rochefort*, d'argent au Lyon de Gueule, armé lamp. d'or.

Rochefoucault, burellé d'argent & d'azur de 10. pieces, à 3. chevrons de gueule, bronchant sur le tout.

Roche-Turpin, de gueule à 7. fuzées en bandes d'argent.

Rocherolle, de gueule diapré en escaille, semé de pointes de picques d'argent.

Rochefort de Vaudragon, de vair party de gueule.

Rosque-feuille, des 2. Vierges, d'argent à 2. Filles d'incarnation, leurs cheueux esparpillez, supportans vne fleurs de lys d'or, de leur main gauche.

Roque-feuille, eschequé d'or & de gueule, de 4. traits.

Rocquieres, d'argent à la face fuzelée de Gueule.

Rocquelaure, d'azur à 3. Roches d'argent, 2. escartelé d'argent, à 2. Vaches de gueule, accolé & clarinée d'azur au chef de mesme, chargé de 3. estoilles d'or sur le tout, d'azur au Lyon d'or.

Rodez, d'azur au Lyon d'or.

Rodez, de Gueule au Leopard d'or.

Rodez, de Gueule plain.

Rodez, de Gueule à la Croix d'arg.

Rodepot, de Gueule à la face d'or.

Roger, d'or à 4. feüilles de hou, de sinople.

Roguier, d'azur à l'estoille de 6. rais d'argent en abysme.

Rohan,

R.

Rohan, de Gueule à 9. macles d'or.

Roland, d'azur au cors de chasse lié de Gueule, en sautoir.

Roland, de Gueule à 4. fuzées d'hermine, acc. de 6. besans de mesme.

Rolancourt, d'argent à 3. maillets de Gueule.

Rodoan, d'or à la pome de Gueule mouuant en pieds, & 2. estoilles de sable en chef, escartelé d'or à 3. chevrons de Gueule.

Rocherolles, d'argent à 2. faces de Gueule.

Ronsart, d'azur à 3. Roses d'argent 2. 1.

Paris. *Rocquemont le Vest*, d'argent au chevron de Gueule, acc. de trois testes de mores de sable, tortillées d'argent.

Rosbourg, de Gueule au Soleil d'or, à l'orle de larmes d'argent.

Roos, d'or au chevron eschequé d'argent & de sable, de 3. tires, acc. de 3. bandes de sable.

Bretagne. *Rosay*, losangé en pal d'or & de Gueule.

Rosernau, d'hermine à 3. faces de Gueule.

Roscors, d'or à vne quinte feüille percée, & enfilée d'vne flesche de gueule, où lance la pointe en bas.

Rosmadec, pallé d'argent & d'azur de 6. pieces.

Rosmadec, d'argent à 3. iumelles de Gueule en face.

Rostel, d'argent à l'escusson de Gueule, chargé d'vn Lyon d'or à l'orle d'hermine.

Rosternan, d'hermine à 3. faces de Gueule, chargée de 6. macles d'or.

Rostaing, d'azur à la face en deuise d'or, surmontant vne roüe de 8. traits d'or, & en chef, 3. portes d'or.

Rosset, de Gueule à 6. annelets d'or.

Dauphiné. *Rossillon*, eschequé d'or & d'azur à la bordure de Gueule.

Picardie. *Ronbaix*, d'hermine au chef de Gueule.

Champ. *Roucy*, d'or au Lyon d'azur.

Niuernois. *Rouffignac*, d'or au Lyon de Gueule, escartelé d'azur à la bande d'or, acc. de 6. merlettes de mesme.

Berry. *Rougerolle*, de Gueule diapré en escaille, semé de pointes de picques d'argent.

Rougé, de Gueule à la Croix patée d'argent.

Champ. *Rougemont*, d'or à l'aigle esployé de Gueule.

Rouillé, d'azur à 3. mains gauches d'argent, & vn Croissant de mesme au dessous, de celle de la pointe, au chef chargé de 3. molettes d'or.

Rouhaue, de sable, à 2. Leopards d'or.

Valois. *Rouiou S. Marc*, d'azur à la face gironnée d'or & de sable, de 8. pieces.

Roucherolle, escartelé au 1. & 4. d'argent à 2. faces de Gueule; au 2. & 3. d'argent, à la Croix de gueule.

Roumilly, Voyés Nicey.

Roumilly, Voyés la Chemelaye.

Roure Grimoir, d'azur à la Tour d'argent.

Lyonnois. *Rousselet*, d'argent à l'arbre de sinople, à la bande de gueule, bronchant sur le tout.

Maine. *Rousselet*, d'argent à 3. haches d'armes de sable.

Roussillon Tournon, d'azur semé de fleurs de lys d'or, party de gueule au Lyon d'or.

Dauphiné. *Roussillon Bourbon*, d'azur à 3. fleurs de lys d'or, au baston de gueule mis en barre.

Roussillon, eschequé d'or & d'azur à la bordure d'or.

Rouanais Gauffier, Voyez Gouffier.

Rouan, Ville, de gueule à l'anneau Paschal d'argent, tenant vne Croix d'or, à la banderolle d'argent, chargée d'vne Croix de gueule, au chef d'azur, chargé de 3. fleurs de lys d'or.

Languedoc. *Rouure*, d'azur au chesne englanté d'or.

Normandie. *Rouuray*, burellé d'or & d'azur de 10. pieces.

Rouuray, de sable à la Croix d'argent, chargé de 5. Cocquilles de sable.

Kk

R.

Bourgogne. Rouuray, de gueule à 6 anneaux d'or, au baston d'azur mis en bande.

Rouuray, de Gueule à vn orle de 7. billettes d'argent, & en cœur vn Croiſſant de meſme.

Rouuray, de Gueule au ſautoir de vair.

Roux, d'azur au chef d'or, chargé de 3. Croix encrées de Gueule.

Rouxelle-la Troille, d'or à 3. pals d'azur, à la bande d'argent bordée de Gueule.

Touraine Roüy, de ſable au chevron d'argent.

Roye, de Gueule à la bande d'argent.

Bourle. Roy-Nointeau. Voyez Nointeau,

Roy, d'azur au chevron d'argent, acc. de 2. teſtes d'aigle en chef de meſme.

Rouſſanulle, d'argent à la face de Gueule. acc de 2. hermines de ſable.

Roſé, de Gueule ſemé de loſange en bande d'argent, & d'azur ſans nombre.

Royan, d'azur à 3. chevrons d'or.

Ruzis, de Gueule à 3. faces d'hermines.

Rubenpré, d'argent à 3. iumelles de Gueule.

Ruffey, de Gueule à l'aigle d'or, à l eſcu en abyſme de Gueule, chargée d'vn cocq d'or.

Ruffac, burellé d'or & de Gueule.

Ruffier, d'azur au Lyon d'argent, l'eſcu ſemé de billettes de meſme.

Rup-Goux, de ſable au Lyon d'or.

Ruſſcrolles-Iully, de Gueule à la Croix d'or, chargée de 5. Cocquilles d'azur cantonnées de 4 quinte-feüilles d'argent.

Ruſſe des-Bares, d'azur à la face d'or, chargée d'vne eſtoille de Gueule, acc. de 3 Croiſſants d'argent.

Ruze-Deffiat, de Gueule à 3. Lyons d'or, au chevron d'argent, brizé de 3. ondes d'azur.

S.

Prouence. Sabran, de Gueule au Lyon d'or.

Brie. Sablonniers, d'argent à la Croix paſſée de Gueule.

Normandie. Sacqueuille, d'hermines à l'aigle paſmé de Gueule.

Sacq-eſpée, de ſinople à l'aigle d'or, ſemblant tirer auec le bec vne eſpée hors du foureau d'argent, le foureau de ſable, la poignée & gardes poſée en bas.

Saffres, de ſable à la bande eſchequée d'or & de Gueule de 2. traits.

Sagey, d'azur à la Croix encrée de ſable.

Sailly, de ſable fretté d'or.

Saint Amand, ondé d'argent & d'azur de 6. pieces en face, à la bordure componée d'or & d'azur.

Saint Amand, loſangé d'or & de ſable.

Dauphiné. Saint André, d'argent à l'aigle d'azur, mambré de Gueule.

Niuernois. Saint Aubin de Gruel, d'or à bande eſchequée de 2. traits de ſable & d'argent.

Saint Agnan, d'argent à 3. faces de ſinople, à 6. merlettes de Gueule ſur l'argent.

Saint Aubin, d'argent à la bande de Gueule, chargée de 3. beſans d'or.

Saint Aufflier, d'azur à la Croix d'or de 20. Croix recroiſſetées, acc. de meſme.

Saint Anel de Chaumont, d'hermine à la bande de Gueule.

Bretagne. Saint Aldegonde, d'hermine à la Croix de Gueule.

Saint Amadour, de Gueule à 3 teſtes de Loup arrachées d'argent, ou 2. Leuriers à l'eſcu en abyſme d'azur à 3. fleurs de lys d'argent.

Saint Aſtier, burellé d'or & de Gueule.

Saint Aſtier, d'or à la face de Gueule.

Sainctré, de Gueule à la bande d'argent, au lambel de 3. pendents d'or.

Sainte, de Gueule au Pont d'argent, chargée de 4. Tours de meſme, au chef de France.

Saintraille, d'argent à la Croix aliſée de Gueule.

S.

Saint Aoust Fradel, d'azur à 3. fers de picques d'or.

Sainte Basse, pallé d'or & de gueule de 6. pieces.

Sainte Beuve, d'azur à 3. anneaux d'argent.

Saint Baussant, de sable à 3. annelets d'or posez en pal, party d'argent à 3. chevrons de Gueule.

Champagne. *Saint Belin*, d'azur à 3 testes de Bœuf accornées d'or.

Brie. *Saint Benoist de Reuillon*, de gueule à 2. bandes de petits carreaux d'or, à 2. Lyons de mesme, vn en chef, l'autre en pointe.

Saint Bonet Toiras, de gueule à 3. fers de cheual d'argent. 2. 1.

Sainte Baisme, d'azur à 3. annelets d'argent, posez en orle.

Saint Blaise de Brugny, d'azur à la pointe d'argent.

Saint Brieu, de gueule au Griffon, couronné d'vne couronne Contalle de mesm.

Saint Brisson, d'azur semé de fleurs de lys d'argent.

Saint Cassien, burellé d'argent & de gueule de 6. pieces.

Saint Cheron, d'or au fer de moulin de sable.

Saint Clar, du Puy-Martin, d'or à la cloche d'azur, bataillée de sable.

Saint Cler, d'argent à 3. Lyonceaux de gueule.

Saint Cron, d'or à la Croix encrée de sable.

Sainte Croix, d'argent au Lyon de sable.

Saint Cyr Preuost, d'or au chevron renuersé.

Saint Denis de Hartray, de sable fretté d'argent.

Saint Denis, d'argent à 3 bandes d'or, semé de sautoirs de gueule.

Saint Denis, de gueule à 2. iumelles d'or, au Lyon passant de mesme en chef.

Saint Denis de Iully, d'argent à la Croix fleuronnée de gueule.

Saint Didier, ou Disier, d'azur au Lyon d'argent à la bordure de gueule, chargée de 8 fleurs de lys d'or.

Sainte Flame, de gueule au fer de moulin d'argent.

Saint Felix, d'azur au Levrier rampant d'argent, accolé de gueule cloüé & virolé d'or.

Saint Felix de Heurtont, de sable au faucon d'argent, tenant sous ses serres vne perdrix d'or.

Saint Flour, party d'azur & d'or, party de France de l'vn en l'autre, à la bordure endentée de gueule.

Saint Genest. Voyez Murillac.

Saint Gelais, 5. points d'azur équipolez à 4. d'argent.

Saint Germain-dongnon, semé de France au lambel d'argent en chef.

Saint Germain Grand, d'azur à 2. bastons noüeux d'or, posez en sautoir, au chef endenté d'or.

Saint Germain Beaupré, d'azur semé de fleurs de lys d'or.

Saint Germain, d'argent à vne nuë d'azur remply d'vn cœur d'or.

Saint George, de gueule à la Croix d'or.

Saint Gearge de Montere, d'argent à la Croix de gueule.

Saint George, d'azur à 3. chevrons d'or.

Bourgongne. *Saint Gilles*, d'azur semé de fleurs de lys d'argent.

Saint Giles, d'azur à l'aigle esployée à 2. testes d'or.

Brie. *Saint Giles*, de gueule à 6. Chasteaux d'or.

Saint Gobert, Voyez Montgobert, de gueule à la Croix trefflée d'argent.

Saint Gouesnon, de gueule à la face d'argent, acc. de 3. tourteaux de mesme.

Saint Heront, de gueule au Lyon d'argent, l'escu semé de molettes d'or.

Saint Hilaire, de gueule à 2. molettes d'or.

Saint Hirier, d'azur à 3. estoilles d'argent.

Saint Hilaire, de gueule à 2. canards passans d'or.

Saint Iulien Dassé, de gueule au bras d'argent, tenant vne espée de mesme en contre-bande lignée de sable.

Saint Iulien, de gueule à 3. iumelles d'argent.

Saint Iulien, de sable au Lyon d'or, l'escu semé de billettes de mesme.

S.

Saint Iuſt, d'argent à 5. Chaſteaux crenelez de Gueule.

Saint Ioire-Gros, d'or à l'aigle eſployé de ſable, couronné de Gueule, à la bor=
dure de ſable, chargée de 8. beſans d'argent.

Sain Iulien, voyez Portrincourt.

Saint Lambere, d'or à la Croix fleuronnée de Gueule.

Saint Laurent, de ſable à trois mains d'or.

Saint Leger, de pourpre ſemé de fleurs de lys d'or, à la bande de gueule.

Saint Leger, de Gueule à la Croix d'argent, eſcartelé de meſme.

Saint Luc. Voyez Eſpinay.

Saint Martin, d'or à 10. billettes de Gueule 3. 2. 3. 2.

Sainte Marthe, de Gueule à 13. beſans d'or. 3. 3. 3. 3. 1.

Sainte Marie aux Eſpaules, de gueule à la fleur de lys d'or.

Sainte Marthe, d'argent à 3. fuzées & demie de gueule miſe en pal.

Sainte Marguerite, de Thomas, party de gueule & d'azur à la Croix pometée d'or.

Saint Maures Chevrieres. Voyez Chevrieres.

Saint Meſmain, d'azur à la Croix camponée d'argent & de Gueule, acc. de 4.
fleurs de ly d'or.

Sainte Maures, d'or à la face de Gueule.

Saint Maure Montauſier, d'argent à la face de Gueule.

Saint Offrange, d'azur au chevron d'argent, accompagné de trois molettes de
meſme.

Saint Omer, d'azur à la face d'or.

Saint Palais, d'argent à 3. chevrons de gueule, au chef de meſme.

Saint paré, d'or à la bande de gueule, chargée de 2. cotices d'argent.

Saint Paul, d'azur à vne gerbe d'auoine d'or, liée de meſme.

Saint Paul de Ricaut, ou la *Hiere*, d'or au Crequier de gueule.

Saint Pere, d'or à la bande d'azur, acc. de 2. Cotices de meſme.

Saint Paul, d'azur au Paon roüant d'or.

Saint Pons de Tomieres, d'argent à vn ormeau de ſinople au tronc de ſable.

Auuergne. *Saint Prix*, d'or à 4. billettes poſées en Croix d'azur.

Saint Quentin, d'argent à 9. hermines de ſable.

Saint Quentin, de gueule à la face d'argent, ſommées de trois fleurs de lys de
meſme.

Saint Ricault, d'hermine eſcartelé de ſable, au Lyon d'argent couronné d'or.

Saint Romain de la *Mothe*, eſcartelé au 1. d'azur au cheual paſſant d'argent, à
2. eſtoilles en chef de meſme, au 2. d'azur, à 3. pals ondez d'or, au 3. eſchequé
d'argent & de ſable, au 4. d'azur, au Lyon d'or.

Saint Sernin, burellé d'or & de ſable.

Saint Seuringe, d'argent à la face de gueule.

Saint Simon, de ſable à la Croix d'argent, chargée de 5. Cocquilles de gueule.

Saint Simon, d'or à la face d'azur, au lambel de gueule.

Sain Solieu, d'azur à la Croix d'or.

Sainte Suſanne, d'azur au Levrier ramp. d'argent, acc. de meſme.

Saint Triuier, d'or à la bande de gueule.

Saint Vidal, d'or à la Tour crenelée de gueule.

Saint Valery, d'azur ſemé de fleurs de lys d'or, frettées de 8. pieces de meſme.

Dauphiné. *Saint Valier*, d'azur à 6. eſcuſſons d'or. 3. 2. 1.

Saint Vrain, d'argent au chef de gueule, chargé de 3. eſcus d'or.

Santeüil, de gueule à 3. Croiſſants d'argent.

Sautour Bopinets, d'argent à 3. Croiſſants de gueule.

Sac-Ville, d'azur ſemé de fleurs de lys d'or.

Normandie. *Saganville*, d'hermine à l'aigle eſployé d'or.

Saix, eſcartelé d'or & de gueule.

Sains, de gueule à la face d'or, au chef eſchequé d'argent & d'azur de 3. traits.

Salart de Beuvron, voyez Beuvron.

Sala, de ſable au buz de femme couronnée d'or.

Salazar,

S.

Salazar, coupé d'arg. & de fable, à la bande engreflée de l'vn en l'autre de mefme.

Saligny, de gueule à 3 creneaux ou Tours d'argent.

salignac, d'or à la bande de 8. pieces de finople.

Saligny S. Florent de mefme.

Saligdon, d'azur au chevron party d'or & de gueule.

Salins la Nocle, de gueule à la bande d'or, accoftée au canton fenextre du chef d'vne tefte de Cerf, & en pied d'vn huchet de mefme.

Salman, coupé d'argent & de fable, à la bande dantelée de l'vn en l'autre.

Salmes, de gueule à 2. Saumons adoffez d'argent, l'efcu femé de croiffette recroiffetée au pied fiché d'or, efcartelé d'argent au Griffon de gueule arm. lamp. d'or, tenant vn Lievre entre fes pates de deuant de mefme.

Champagne. *Salornay*, efchequé d'or & de Gueule.

Bourgogne. *Salornay*, quatre points d'or, équipolez à 5. de gueule.

Prouence. *Salen*, d'or au Chafteau de fable de 2. Tours l'vne plus haute que l'autre, iointe par vn entre-mur crenelé panchant en bande de fable, fur lequel eft vn aigle fondant deffus de mefme.

Saluage, d'or au Tourteau de fable, chargé d'vn Lyon d'argent.

Dauphiné. *Saluuing*, de l'Empire à la bordure de France.

Piedmont. *Saluce*, d'argent au chef d'azur.

Maine. *Samay la Goute*, d'argent à 3. Tourteaux de fable.

Sanxon, d'or au Lyon de fable, qui eft de Flandres.

Berry. *Sancerre*, d'azur à la bande d'argent, acc. de 2. cotice d'or, porencées & contrepotencées de 13. pieces de mefme, qui eft auffi de Champagne, à la bordure de gueule.

Sancerre Comté, efcartelé de Dauphiné & de Champagne.

Bretagne. *Sandinez*, de gueule à 3. befans d'hermine.

Sangler, d'or au Sanglier de fable, armé & alumé d'argent.

Sanglier, d'azur à la face d'arg chargée de 3. hures de Sanglier de fable, armez & allumez d'argent.

Sanguin, d'azur à la bande d'or, acc. de 3. glands en chef, & en pointe de 2. pieds de Griffon, auec 3. demies Rofe, qui touchent l'efcu de mefme.

Dauphiné. *Santeüil*, d'azur à vne tefte d'Argus femée d'yeux, au naturel.

Saprecigné, d'azur à la la Croix engreflée d'or.

Sarbruche, d'azur au Lyon d'argent, l'efcu femé de Croix recroiffetées au pied fiché d'or.

Sarcie, de gueule au fautoir d'argent, acc. de 4 merlettes de mefme.

Sarlat, de gueule à la Salemandre d'argent, la queuë & la tefte paffée fous les iambes.

Maine. *Sarcel*, de finople au Lyon d'argent.

Sarenay, d'hermine au fautoir de gueule.

Sarel de Vic, de gueule à vne foy d'arg. pofée en face, & en chef vn efcu d'azur, chargé d'vne fleur de lys d'or.

Picardie. *Sarmoifé*, d'argent à 3. pals de lofanges de gueule.

Sarny, d'or à l'efcu en abyfme de finople au bafton de gueule en bande, bronchant fur le tout.

Sarfan, d'argent à 2 baftons nebuleux, le premier de Gueule & le 2. d'azur.

Sarfaüs, efchequé d'or & de Gueule.

Dauphiné. *Saffé Mallemains*, d'or à 3. mains fenextres apaumées de Gueule.

Paris. *Saffé*, de Gueule à 7. chevrons d'argent.

Bourgogne. *Saffé*, d'azur à la viure d'or mife en face, à la bordure de mefme.

Sauary de Breue, d'or à la Croix engreflée de Gueule, efcartelé & bandé d'or & d'azur de 6. pieces.

Sauary Chefan-Gautier, efcartelé d'or & de fable, au fautoir de Gueule.

Aniou. *Sauary*, d'argent à 3. tourteaux de fable, à la bordure de Gueule.

Saueufe, de Gueule à la bande d'or, acc. de 6. billettes de mefme, 3. en chef, 3. en pointes.

Saueray, d'or à la Croix encrée de gueule.

S.

Saucher, de Gueule à deux bares adossez d'or, semé de trefles de mesme, à la bordure d'azur.

Sauigny, de Gueule à 3. Lyons d'argent, couronnés lamp. d'or.

Bourgogne. Saulieu Tiercé, facé d'or au chef de gueule, chargé de 3. estoilles d'or.

Saumaise, d'azur au chevron ondé d'or, acc. de 3. glands de mesme.

Sault Dagoult, escartelé 1. & 4. d'or, au Loup rampant, armé lampassé d'azur à 3. Tours d'or, au 3. de Gueule, à 3. pals d'argent, au chef d'azur, au 4. d'or, au Lyon d'azur.

Sauoye Ancien, d'or à l'aigle de sable, manb. & becq. de Gueule.

Sauoye Moderne, de Gueule à la Croix d'argent.

Segrise, d'argent à la Croix engreslée de sable.

Seguiran, de Gueule au Cerf d'or.

Seguier, d'argent au chevron d'or, acc. de 2. estoilles en chef, & d'vn mouton passant d'argent en pointe.

Picardie. Senerpant, party d'or & d'azur à la Croix encrée de Gueule, chargée de 5. Coquilles d'argent.

Normandie. Senechal-Deu, d'or à la bande de sable, & 2. cotisses de mesme.

Serfel, gironné d'or & d'azur.

Seneçey, vairé d'or & de Gueule.

Sentere, d'azur à 5. fuzées d'argent en face.

Niuernois. Sens, de Gueule au chevron d'argent, accompagné de quatre escussons de mesme.

Champ. Semur, coticé d'argent & de Gueule de 6. pieces.

Segné, d'argent à la Croix danchée de sable.

Semur tesmont, d'argent à 3. bandes de Gueule.

Senerpont, party d'or & d'azur à la Croix encrée de Gueule sur le tout, chargée de 5. Cocquilles d'argent.

Bourgogne. Senailly, de sable à 3. chevrons d'or.

Seneton la Verriere, d'azur au Cerf courans en chef d'or, au poisson noüant en pointe, & contornée d'argent.

Serant Trémseur, d'azur à 3. quinte-feüille d'hermine.

Sericourt, d'argent à la Croix de Gueule, chargée de 5. Cocquilles d'or.

Sermaise, d'argent à 3. pals de losanges de Gueule.

Scepeaux, vairé contre vairé d'argent & de Gueule.

Scaron, party d'or & d'azur à la bande crenelée d'or.

Schomberg, d'argent au Lyon coupé de Gueule & de sinople.

Scudery, de Gueule au Lyon d'or.

Serny, de sable à 3. annelets d'or.

Scue, facé d'or & de sable de 6. pieces, à la bordure camp. d'or & de sable.

Seuigny d'Oliuet, escartelé de sable & d'argent.

Seuin, d'azur à la gerbe d'or, liée de sable.

Sigongne, de sable à la Croix d'argent, chargée d'vne autre de sable, cantonnée de 4. Cocquilles d'or.

Silly, d'hermine à 9. torteaux de Gueule mise en chef, & vne face viurée de Gueule.

Silly, d'or à 6. Lyons posez en pal, l'vn sur l'autre de Gueule.

Simiane de Gordes, d'or semé de Tours, & fleurs de lys d'azur.

Soissons Royaume, eschequé d'or & d'azur.

Soissons Ancien, d'or au Lyon de Gueule, à la bordure de mesme, au baston aussi de gueule, pery en bande.

Soissons, d'argent à 3. pals au pied fiché de Gueule, chargé en chef de 3. besans d'argent.

Soissons Moderne, de France au baston de Gueule pery en bande, à la bordure de mesme.

Ville. Soissons, de Gueule à vne fleur de lys d'argent, auec cette deuise *Fidelis Adureo Antere.*

Soyecourt, d'argent fretté de Gueule.

S.

Soifay, d'argent à 2. Lyons Leopardez de fable, couronnez lamp. & armez de Gueule.

Somereux, d'argent à l'orle de merlettes de Gueule.

Aniou. *Somen*, d'hermine à la Croix pattée de Gueule.

Bourgogne. *Sonnerte*, de Gueule à l'aigle d'or, au chef de mefme.

Sonnette, d'azur à 3. efpics d'or, au chef emmanché de mefme.

Sorbiere, d'azur au Lyon d'or.

Sordet, de Gueule à 3. teftes de Levrier d'argent, coletée bouclée & couronnée d'or.

Sorbiere, de Gueule au chef d'argent, chargé d'vn Lyon Leopardé d'azur.

Sorel, de gueule à 2. Leopards d'argent.

Souatre, de finople fretté d'argent.

Soubife, burellé d'argent & d'azur.

Soucy. Voyez Fites.

Sourdis. Voyez Efcoubleau.

Souples Cremaille. Voyez Cremaille.

Puifaye. *Souron*, gironné d'or & de fable de 8. pieces.

Dauphiné. *Soufier*, de Gueule à 3. befans d'or.

Dauphiné. *Souuré*, coticé d'or & d'azur de 10. pieces.

Soutereau, d'azur à la Croix d'or, acc. de 4. efpreuuiers d'argent.

Sonuert, de Gueule à l'aigle d'or.

Soman, d'hermine à la Croix patée de Gueule.

Bretagne. *Soyeul*, d'argent à 3. tourteaux de fable.

Spinely, d'azur au Lyon d'or party de vair au pal d'azur.

Sublet des Noyers, d'or au pal de fable, accomodé en chaifne de muraille.

Suars, d'argent à la main fenextre de Gueule, à l'orle de 10. merlettes de mefme.

Berry. *Suilly*, d'azur au Lyon d'or, l'efcu femé de molettes de mefme.

Suilly. Voyez Betune.

Sury Varenne, efchequé d'or & d'azur.

Surgerres, de Gueule fretté de vair.

Suramont, d'azur à 3. flefches mifes en fautoir & en pal, les fers en bas.

Surgeres Fonfeques, d'or à 5. eftoilles de Gueule à la face de vair.

Sufane, de fable à 3. annelets d'argent.

Sufe, d'or à 3. chevrons de fable, au chef d'azur, chargé d'vn Lyon yffant d'or.

Vermandois. *Suffy*, de Gueule fretté o'or, au franc canton de mefme.

Symieres, d'azur à la bande d'or, chargée d'vn Croiffant torné d'azur, furmonté d'vne fleur de lys de mefme, acc. de 2. Lyonceaux auffi de mefme.

T.

TAilleuaft, d'argent à 6. lozanges de Gueule.

Talanfac la Loudrierre, de fable à 3. Lozanges d'argent pofées en face, furmontées de 3 eftoilles de mefme.

Talanfac, d'argent à 3. fuzées de fable mife en pal.

Normandie. *Talaru*, party d'or & d'azur à la bande de Gueule, bronchant fur le tout.

Talois, d'argent à 3. pommes de pin de gueule.

Bretagne. *Taloit Keramon*, lozangé d'argent & de fable.

Bretagne. *Taloit Kerferuant*, de Gueule à 10. billettes d'argent 4. 3. 2. 1.

Paris. *Tamboneau*, d'azur à la face d'or, acc. de 3. merlettes de mefme en chef, & d'vn aigle efployé de mefme en pointe.

Bourgogne. *Tamerlay*, d'or au chef de Gueule.

Picardie. *Tanquez*, d'or à 3. tanches de Gueule mife en pal.

Normandie. *Tancaruille*, de Gueule à l'efcuffon d'argent, à l'orle de 11. eftoilles d'or.

Tanger, de Gueule à la face d'argent, chargée d'vne autre face d'azur 3. Rofes d'argent, acc. de 2. cors de chaffeur garnis d'or, l'vn en chef l'autre en pointe.

T.

Tanchou, d'argent au chou de finople au chef d'azur, chargé de trois eftoilles d'or.

Guienne. *Tarbes*, d'or à 2. Lyons paffans de Gueule, arm. lamp. d'azur.

Tarides, efcartelé au 1. & 4. d'argent, au Lyon de Gueule, au 2. d'azur au treillis d'or de 4. pieces, au 3. de Gueule, à 9. befans d'or. 3. 3. 2. 1.

Tartigny, de Gueule à 2. bards adoffez d'or femé de trefles de mefme.

Tartonne, de Gueule fretté de 6. Lances d'or, femé d'efcuffons de mefme.

Paris. *Tafteron*, d'argent au fcorpion de fable au chef d'azur, chargé de trois eftoilles d'or.

Telly, d'or à la fleur de lys de Gueule.

Televoft, de Gueule à 3. lozanges d'argent.

Tellier, d'azur à 3. Lezards d'argent pofez en pal, 2. 1. au chef de Gueule, chargé de 3. eftoilles d'or.

Paris. *Telter*, d'azur à 3. haches d'argent.

Telligny, de fable à la bande d'argent, à la bordure de mefme.

Tempefte, de Gueule fretté d'or, femé d'efcuffons de mefme.

Bourgongne. *Tenare*, d'azur à 3 chevrons d'or.

Tende, de Gueule à l'aigle éfployé d'or.

Tenoft, d'azur au fautoir d'or, acc. de 4. Croiffants d'argent.

Tenon, de fable à 2. Lyons Leopardez d'or.

Dauphiné. *Terail*, d'azur au chef d'argent, chargé d'vn Lyon naiffant de Gueule, au filet d'or en bande fur le tout.

Terare, d'azur à 3 chevrons d'or.

Teron, d'azur en chef danché d'or, à la bande de mefme.

Ternant, efchequé d'or & de Gueule.

Termes, party emmanché de 4. flames d'or mifes en pal.

Terlat, d'azur à 2. cornes d'abondances d'arg. paffées en fautoir, plaines de fleurs & de fruits de mefme.

Bretagne. *Tefquedy*, d'or à 3. pommes de pin de Gueule.

Teftart, d'or à la face d'azur, acc. d'vne rouë de Gueule en chef.

Teftu, d'or à 3. lyons de Gueule l'vn fur l'autre celuy du milieu contre-paffant.

Teffe la Feriere, d'or à 6. fers de cheual d'azur.

Normand. *Teffez*, d'azur à 3. fers de moulin d'argent.

Bourgogne. *Teffu*, d'or à la bande de Gueule, chargée de 3. fautoirs d'or.

Normand.
Maine. *Teffon*, facé d'hermine & de finople diapré d'or.

Normand *Triüille*, d'or à 3. annelets de fable.

Texier, de Gueule à la Levrette courante d'argent, accollée & bouclée d'or au Croiffant de mefme en chef.

Tehermes, d'argent au Lyon de Gueule.

Thefart, d'or à la face d'azur, acc. d'vne Rofe de Gueule en chef.

Thefin, efcartelé d'or & de Gueule à la bande d'azur.

Theuin la Dubliere, d'or à 3. Cocquilles de fable, à 6. eftoilles de mefme en abyfme.

Theville, d'argent à 3. aigles de Gueule.

Thiars, d'or à 3. efcreuices de Gueule.

Thiange, d'or à 3. Rofes de Gueule.

Normandie. *Thibouville*, d'hermine à la face de Gueule.

Thibouville, facé d'argent & d'azur au chef de Gueule, chargée de 3. annelets d'or.

Tibaut Beaurin, d'azur à la face d'or, chargée de 3. molettes de fable.

Thibergeant, d'or à 4. face de Gueule, les 2. premieres ondées.

Thiembrune, d'azur à la bande d'or, accoftée de 2. fleurs de lys de mefme.

Thionville, de finople à 3. Limaçons d'argent, à l'efcu en cœur de mefme, vne en chef, l'autre en pointe

Thionville, efcartelé au 1. & 4. d'argent, au Croiffant de Gueule, au 2. & 3. Lozangé d'or & de Gueule en pal.

Thignonville, de gueule à 6. annelets d'or. 3. 2. 1.

Thoare,

T.

Thoaré, Voyez Elbieſt.

Thoieſt, de ſable à 5. eſtoilles d'or en Croix.

Thomaſſin, d'argent à la bande d'or, accompagné d'vne teſte de Lyon en chef de meſme.

Thomelin, eſcartelé d'azur & de gueule, l'azur chargé de 5. billetes d'argent.

Thouars, d'or ſemé de fleurs de lys d'azur, au franc canton de gueule.

Thoret, d'azur à l'eſcuſſon d'argent, chargé d'vne teſte de Vache de gueule.

Tiange, d'or à la Croix patée, partie de gueule & de ſable.

Tiange, d'or à la Croix encrée de gueule.

Tiange, d'or à 3. tierce-feüilles de gueule, percées d'or.

Tiercelin Apelvoiſin, d'argent à 2. tierces d'azur, paſſées en ſautoir, acc. de quatre merlettes de ſable.

Tignonville, de gueule à 13. annelets d'or.

Tigny, d'argent à la Croix patée & alaiſée, eſcartelée de gueule & de ſable.

Tilly le Roux, d'azur au chevron d'argent, acc. de 3. teſtes de Leoparts d'or.

Normand. *Tilliers* de gueule au Lyon d'argent ſemé de Cocquilles d'or.

Champ. *Til*, d'or à 3. Lyons de gueule.

Tilliers le Veneur, d'argent à la bande d'azur.

Tillet, d'or à la Croix patée de gueule.

Maine. *Tillon du Cheſne*, de ſable à 2. eſpées d'argent.

Tingecourt, eſchequé d'or & d'azur au franc canton d'argent, chargé d'vn Lyon naiſſant de ſable.

Tingry, d'argent à 3. teſtes de bœuf de ſable.

Bretagne. *Tiuerlan*, de gueule au Chaſteau ſemé de 3. Tours d'or.

Toleuaſt, d'argent à 6. Lozanges de gueule.

Toloſe, de gueule à 6. Chaſteaux ouuers d'or.

Tomberel. Voyez Moulins.

Tonnelier de Conty, d'azur aux aiſles eſtenduës d'or, grilleté de meſme.

Vermandois. *Tonnelle*, d'or à 5. Chaſteaux ou creneaux d'azur en orle.

Tonnay, d'azur à 2. faces d'or.

Tonerre, de gueule à la bande d'or.

Torcy, d'argent à 3. pals de vair.

Bourgogne. *Torcy*, de gueule à la bande d'argent.

Dauphiné. *Torchefelon*, de gueule au chef bandé d'argent & d'hermine.

Toreau. Voyez Molitar.

Torigny, d'argent au Croiſſant de gueule.

Ville. *Tornus*, de gueule au Chaſteau d'argent au chef d'azur, chargé de 3. fleurs de lys d'or.

Tornebus, de gueule & d'argent, à la bande d'azur.

Tornon, de gueule à 3. pals d'hermine.

Tournon, ſemé de France party de gueule au Lyon d'or.

Tournemine la Hunaudaye, eſcartelé d'or & d'azur.

Toulon Sainte Iaille, de ſinople à vne Oye ou Iars d'argent, manbrée d'or.

Toulongeon, de gueule à 3. iumelles d'argent.

Ville. *Touloufe*, de gueule au mouton d'argent, ſuportant vn baſton de meſme, au haut duquel eſt vn cercle d'or, dans lequel eſt vne Croix clechée adextrée d'vn Chaſteau ſommée de 3. Tours couuertes d'or, ſenextrée d'vn autre Chaſteau meſme, ſommé auſſi de trois Tours non couuertes au chef d'azur ſemé de France.

Vermandois. *Tourelle*, de gueule au Lyon d'or.

Artois. *Touritau de Breues*, d'azur à la bande d'argent.

Tourneville Bellangues, de Gueule à 3. tourtes d'argent ſemées de croiſettes recroiſetées au pied fiché de meſme.

Tourqueville, pallé d'or & d'azur de 6. pieces au chef de gueule, chargé de trois fermeaux d'or.

Tourbault, de gueule à la Croix de vair.

Tourette, d'azur à 3. Tours d'argent maçonnées de ſable.

T.

Ville. Tours, de Gueule à 3. Tours crenellées d'argent, au chef de France.

Touſi, porte de Chaſtillon ſur Marne, à 3. merlettes de gueule ſur le chef.

Trainel, bandé d'argent & de Gueule de 6. pieces, au chef d'argent, chargé d'vne Roſe de Gueule, le chef ſoutenu d'or.

Trainel, porte de vair.

Trambley, d'argent à 3. faces d'azur.

Tranche-Lyon, de Gueule à vn poing d'argent, mouuant du bas flanc dextre,
Bretagne. tenant vne eſpée, dont il perce vn Lyon de meſme.

Tranche mer, de Gueule coupé en orle ſur vne mer d'argent, agitée d'azur à vn
Bret. couteau d'or fiché dans la mer, le manche ſur gueule.

Trans, d'argent à 2. faces de ſable, chargées de 5. bezans d'or. 3. 2.

Trafiquter, bandé d'argent & d'azur de 6. pieces, au Lyon de ſable, ſur le tout à la bordure engreſlée de gueule.

Traſegnie, bandé d'or & d'azur de 6. pieces à l'ombre d'vn Lyon de ſable, bronchant ſur le tout.

Treal-Gouray, de Gueule au Croiſſant burellé d'argent & d'azur.

Trebrit des Portes Boüillies, Voyez des Portes.

Trediuez, bandé d'hermines & de Gueule de 6. pieces.

Treceſſon, de Gueule à 3. chevrons d'hermine.

Tremont Semur, Voyez Semur.

Bretag. Tremeliere, de Gueule à 3. Croiſſants d'argent.

Trenan, d'hermine à la face de Gueule.

Treſme Baillet, Voyez Baillet.

Treſme Potier, d'azur à 2. mains adextré d'or, au franc quartier eſchequé d'arg. & d'azur à la bordure engreſlée d'or.

Treſcol, d'azur à 3. Soleils d'or.

Bretagne. Treſlon Cauchon, de Gueule au Griffon d'or.

Bretagne. Treſſon, de Gueule à 3. chevrons d'hermine.

Normand. Treſequidy, d'or à 3. pommes de pin de Gueule, lignées de ſable.

Trie Dammartin, facé d'argent & d'azur de 6. pieces, à la bordure de Gueule.

Trie, d'or à la bande d'azur.

Trie Varennes, d'or à la bande camponée d'argent & d'azur.

Tricaſtel, d'or à la Clef de Gueule en pal.

Triptot, d'argent à la Croix engreſlée de Gueule.

Triſtan l'Ermite, d'argent à 3. chevrons de Gueule.

Tronſart, d'or à 10. tourteaux de ſable. 4 3. 2. 1.

Tronquide-Coulombier, de Gueule à 7. beſans d'or.

Trouſſeau, de Gueule à la bande de vair.

Normand. Troſtes ou Teroles, de Gueule au Lyon d'or.

Ville. Trouville, d'argent à 3. bandes de Gueule à l'orle de Cocquilles de meſme.

Troye, de Champagneau chef d'azur, chargé de 3. fleurs de lys d'or.

Trudaine, d'or à 3 daims paſſans de ſable.

Anion. Trully, d'argent à 3. Lyons de Gueule.

Tucé, de ſable fretté d'argent au chef de meſme, chargé d'vn Lyon naiſſant de
Auvergne. Gueule.

Turenne, d'argent à 4. bandes de gueule.

Turgot S. Clair, eſcartelé 1. & 4 d'hermine fretée de Gueule, au 2. & 3. d'argent fretté de ſable.

Turpin, Lozangé en pal d'or & de Gueule.

Turnebus Dulinel, d'argent à la bande d'azur.

Tubœuf, d'argent à 3 aiglons eſployées de ſable.

Turquant, d'argent au chevron de Gueule, acc. de 3. teſtes de Turcs au naturel en profil, leurs Turbans de ſable.

Tuſſé, de ſable à 4. iumelles d'argent.

V.

Ville. **V**Agnie, d'argent à la face de sable, à 7. merlettes de mesme.

Valence, de gueule à la Ville clause de murs, flanquée de Tours, auec la porte, le tout d'argent, massonnée de sable.

Valery, de gueule à la Croix d'or.

Valentinois, d'azur à 6. besans d'argent, au chef d'or.

Valette dit *Parisot*, de gueule au Peroquet, la pate leuée d'argent.

Valfenon ou *Vigemont*, d'or à la bande viurée d'azur.

Valée, d'argent à la quinte-feüille de sable.

Valengy, de Gueule au pal chevronné de sable & d'or.

Valentin, d'or à 3. Roses de Gueule.

Valancé. Voyez Estampes.

Vallée Chenaille, escartelé d'or à 4. barbeaux ou bluets d'azur, posez en pal 2. 1. au 2. de Gueule, au Heaume d'argent, au 3. d'or, à 3. besans de Gueule, au 4. d'or, à 4. treffles de sinople.

Vallée du nom *de Fossé*, escartelé au 1. & 4. de gueule, à 3. fermeaux d'argent, au 2. de Gueule, escartelé d'vn filet ou Croix de Gueule, au 1. & 4. d'azur, au Chasteau d'argent, au 2. & 3. de Bretagne.

Vallée de Boche, de Gueule au Lyon d'or, party de gueule aussi au Lyon d'or, enté en pointe d'or au Lyon de gueule.

Vallée du Mesnil. Voyez du Mesnil.

Vallée de Mouge. Voyez Mongé.

Aniou. *Vallenton*, party au 1. d'or, à la bande d'azur, à la bordure de mesme, au 2. coupé en chef d'argent, à la bande de gueule, accoltée de 6. Rosettes de mesme en pointe, d'argent à la bande d'azur, au lambel de 4. pendants de mesme posé en chef à senextre.

Valeron de Meurs, d'or à la face de sable, escartelé de sable à l'aigle esployé d'argent.

Valon, d'azur à la Lycorne d'argent.

Valkmondreville, d'azur à 3. Croix coupées d'or, mises en face, escartellées d'hermine sur le tout de gueule, à la teste de Lycorne d'argent.

Vaillac, d'azur à 3. estoilles mises en pal d'or.

Valincourt, d'or au Lyon de gueule, l'escu semé de billettes d'azur.

Vaise, d'argent à 3. tourteaux de Gueule.

Vadripont, d'or à 2. Lyons adossez de Gueule.

Vademar-Gouuernet, d'azur à la Tour d'argent massonnée de sable au chef de Gueule, chargé de 3. Heaumes d'argent.

Valois, de France à la bordure de Gueule.

Vantadour, voyez Leuy, eschequé d'or & de Gueule.

Vendosme, de France au baston de Gueule pery en bande.

Bretagne. *Vannes Ville*, de Gueule à vn hermine au naturel, reuestuë d'vn manteau d'hermine doublé d'vne toille d'or.

Vantenaise, de Gueule au Lyon d'argent, party d'argent à 2. faces de Gueule.

Vanel, d'azur au chevron d'or, acc. de 3. estoilles de mesme.

Verdalles Lombiers, de Gueule au Loup ramp. d'or.

Varnier Blainville, de gueule à 3. chevrons d'argent.

Varanes, de gueule au Levrier passant, accolé d'azur, l'escu semé de fleur de lys d'or.

Picard. *Varennes*, de gueule à la Croix d'or.

Vare, d'azur à 6. cotices d'or, au chef d'argent, chargé de 3. Corneilles de sable, becquées de gueule, party d'argent à la bande d'azur, chargée de trois testes de Lycornes d'or.

Varas, de vair escartelé de gueule.

Normand. *Varambon*, de gueule à la Croix crenelée d'argent, chargée de neuf hermines.

V.

Varoy, breteſſé & contre-breteſſé en face d'argent & d'azur de 6. pieces, au lambel de gueule.

Varie, de gueule à 3 caſques d'argent en profil.

Vardes, fuzelé d'argent & de Gueule.

Varocquier, d'azur à vne main droite apaumée en face d'azur.

Vaßé, d'or à 3. faces d'azur.

Vaßy, d'or à 3. tourteaux de ſable.

Vaſenare, de Gueule à 3 eſcuſſons d'argent.

Vaſconcelles, d'argent à 3. faces viurées de Gueule.

Vatan du Puy, eſchequé d'or & de gueule.

Vauberault Papillon, voyez Papillon.

Vauclere, d'argent à 3. choüettes de ſable becq. & manbré de Gueule.

Vaucelles, facé d'or & d'argent de 8. pieces, à 3. annelets de gueule, bronchant ſur la premiere & ſeconde face.

Vaucheles Louuencourt, d'or à 3. teſtes de Loup de ſable, eſcartelées de ſinople à l'aigle d'or manbré & becqué de gueule, trauerſé d'vne eſpée d'argent garnie de Gueule, le pommeau & le bout d'or, le foureau de ſable.

Vaubcourt, d'or fretté de Gueule au franc canton d'azur.

Vaucheles, d'argent au chef de Gueule billeté d'or.

Vaubecourt, voyez Notancourt.

Vauguenüil, d'azur au Cocq d'or.

Vauaſſeur, de Gueule au Lyon d'argent.

Vaugris, d'azur à la face d'or.

Vauquelin des Yueteaux, d'azur au ſautoir engreſlé d'argent, accompagné de 4. croiſettes d'or.

Bretagne. *Vaudragon*, de vair.

Vauder, d'argent à 3. choüettes de ſable.

Bourgogne. *Vaudray*, de Gueule à vne emmanchure d'argent de 2. pieces & demies.

Vauvreuille la Verny, de gueule au Croiſſant d'argent, accomp. de 2. eſtoilles de meſme.

Vaumoire, d'argent à la face de ſable, acc. de 7. merlettes de meſme.

Vaux, d'argent à la Montagne de ſable ſuportant vn aigle de gueule.

Vaux Leneré, coupé de ſable ſur argent, au Lyon coupé de meſme de l'vn en l'autre.

Vaußin, d'azur à 3. beſans d'hermine.

Vaugrigneuſe, d'or fretté de ſable.

Vecourt, d'argent à 3. Croix de ſable.

Vegneux, coupé danché de Gueule & d'hermine.

Venice, de gueule à 2. Clefs d'or paſſées en ſautoir liées d'azur.

Velant, d'argent à 3. Croix encrées de ſable.

Vely, d'azur à la face d'or, acc. de 3 eſtoilles de meſme.

Bourgogne. *Velourt*, d'argent à 3. Croix de ſable.

Vendoſme, d'argent au chef de gueule, au Lyon bronchant ſur le tout d'azur.

Vendoſmois, d'or à 3. faces de Gueule coupées d'hermine.

Vendegris, de ſable à la roüe de 6. rais d'or.

Ventes, eſchequé d'argent & de gueule.

Ventet, d'azur à 2. Lyons affrontez d'or, ſuportans vne couronne de meſme, briſé d'vne face en deuiſe d'argent.

Veoy, d'argent au Lyon de ſable, l'eſcu ſemé de billettes de meſme.

Verderonue Laubeſpine, eſcartelé au premier de gueule, à la quinte-feüille d'or, au 2. d'or à la face d'azur, au 3 de gueule, au caſque d'or mis de coſté, au 4. de gueule, à la Croix encrée de vair ſur le tout d'azur au ſautoir d'or, acc. de 4. billettes de meſme.

Vermandois, eſchequé d'or & d'azur, ſurmonté de France.

Paris. *Vertamont*, de gueule au Lyon d'or.

Verchin, d'azur au Lyon d'argent ar. lampaſſé de gueule, l'eſcu ſemé de billettes d'argent.

Vermeille,

Vermeille, d'argent au Lyon de Gueule.

Verneuil, d'azur à l'escu en abysme d'argent.

Verdun, d'or fretté de sable.

Versoris, d'argent vne face de Gueule, accompag. de 3. ancoligées d'azur de sinople.

Vetnin, passé de vair & de Gueule de 6. pieces, au baston d'or, sur le tout.

Languedoc. Verieul, d'or à l'arbre de sinople, au chef d'azur, chargé de 3. estoilles d'or.

Verigny de sable à la Croix fleurdelisée d'argent, cantonnée de quatre Coquille d'or.

Verdez, de sinople, au Lyon d'argent, tenant vn cœur de Gueule.

Vert, eschequé d'or & d'azur.

Vergy, de Gueule à 3. quinte-feüilles d'or.

Verny Fauerolle, d'azur au Lyon d'or couronné.

Vernuins, de Gueule au Dragon d'or posé, aux aisles estenduës.

Vere, de gueule à bande d'or, acc de 6. Cocquilles de mesme.

Vernon, de gueule au sautoir d'or, chargé de 5. torteaux de sable.

Verion, d'azur à la Face d'argent, chargé d'vne mouche au naturel de sable, lignée d'or.

Vialar, d'azur au sautoir d'or, acc. de 4. Croix, en croc, de mesme.

Victor, d'azur au chevron d'or, acc. de 5 fuzées de mesme.

Viau Chamliuant, de Gueule à la bande d'or, accompagnée de 6. merlettes de mesme.

Vic Garde és Sceaux, de Gueule, à 2 mains iointes posée en face d'argent, & en chef vn escu d'azur, à la fleur de lys d'or.

Vienden, de Gueule à la face d'argent.

Dauphiné. Viennois, d'or au Dauphin pasmé d'azur, barbé & oreillé de Gueule.

Vidame de Châlons, de Gueule à 3 pals de vair, au chef d'or, chargé de 2. Lyons de Gueule, Leopardez & affrontez.

Viegemant, voyez Valfenon.

Champ. Vienne, d'azur à l'aigle d'or, escartelé d'azur au Lyon couronné d'argent.

Vienne Saint George, de Gueule à l'aigle d'or, brisé sur la poitrine, d'vne Cocquille de Gueule.

Bourgogne. Vienne Vinçelle, de Gueule à l'aigle d'or, escartelé de Gueule à 6. anneaux d'or 3. 2. 1.

Vienne, de Gueule à l'aigle d'or.

Vielle-Maison, d'azur à la heree ou coulice d'arg. de 5. pieces au pied fiché.

Viette, d'argent à la bande d'azur, acc. de 3. torteaux de Gueule 2. 1.

Normandie. Vieu-pont, d'argent à 10. anneaux de Gueule.

Vieu-Chastel Lannion, d'argent à 3. merlette de sable, au chef de Gueule, chargé de 3. quinte-feüille d'argent.

Vignes, d'argent à la face de Gueule, chargée de 3. besans d'or, acc. de 7. macles de gueule, au lambel d'azur de 5. pieces.

Vignancourt, d'arg. au chevron de Gueule, acc. de 3 molettes de sable.

Vignacourt d'Auerton, d'argent à 3. fleurs de lys, au pied norry de Gueule.

Vignacourt de Maricourt, de mesme.

Vignacourt de Charly, de mesme brisé d'vn Croissant de gueule.

Vignacourt Destay, brisé d'vn lambel de gueule.

Vignemont, d'or à 3. torteaux de sable.

Normandie. Vigneral, d'azur au chevron d'or, acc. de 2. estoilles en chef, & d'vne teste de Lyon de mesme en pointe.

Saintonge. Vigney, d'argent à 2. faces de Gueule, & 3. merlettes de mesme, en chef.

Vignolle la Hyre, escartelé au 1. & 4. d'azur, au Paon roüant d'or au 2 & 3. de sable, au cep de vigne d'argent, monté sur vn eschalat d'or, qui est la Hyre.

Viger, d'azur à la Croix encrée d'argent.

Viger, escartelé au premier & quatre de gueule, au chef d'or, au 2. & 3. d'azur, au trefle d'or, à la cotice d'argent & de gueule, bronchant sur le tout, de l'escu.

V.

Vigat, d'rgent à l'aigle de fable, au chef chargé de 5. molettes d'or.

Vilars, d'azur à 3. molettes d'or, au chef d'arg. chargé de 3. molettes de gueule.

Villars la Faye, d'or à la face de Gueule.

Villars, de Gueule à la bande d'argent, accoftée de 6. croifettes de mefme.

Dauphiné. Villars de Tende, voyez Tende.

Vilarual, vairé d'argent & de Gueule.

Vilarceau, burellé d'argent, & de Gueule au Lyon de fable, tenant de fa pate vn Croiffant de mefme, arm. lamp. couronné d'or.

Vilamont, d'argent au Lyon de Gueule, tenant vne fleur de lys de mefme.

Villager, voyez Renoüard.

Villaine, d'azur au Lyon d'or, lamp. de Gueule, efcartelé efchequé d'or & d'azur.

Villame, fretté d'argent, & de fable, au chef d'argent, chargé d'vn Lyon naiffant de Gueule.

Village, d'argent à la bande d'azur, diaprée d'or.

Limofin. Ville-neuue, d'or à la Croix encrée de Gueule, à la bordure d'azur.

Ville-Brefme, d'argent au Dragon aiflé de Gueule.

Bref. Ville-Neuue, de Gueule à la Croix d'argent, accomp. de quatre Cocquilles de mefme.

Prouence. Ville-Neuue, de Gueule fretté de Lances rompuë d'or, femé d'efcuffons d'arg. fur le tout, vn efcu d'azur, chargé d'vne fleur de lys d'or.

Ville-blanche du Pin, d'azur à la face d'argent, acc. de 3. teftes de Poiffons de mefme.

Ville-Montée, coupé danché d'or fur azur, l'or chargé d'vn Lyon Leopardé de fable.

Ville Dauret, de Gueule à la face d'or, acc. de 9. merlettes de mefme.

Vilkroy Neuuille, d'azur au chevron d'or, accompagné de 3. Croix encrée de mefme.

Villeroy, efcartelé au 1. & 4. de Gueule, à 3. bandes d'argent, chargé de merlettes de fable, au 2. & 3. d'argent, à 6. annelets de gueule, fur le tout vn efcuffon de Néefle qui eft de Gueule, à 2. bards adoffez d'or, femé de trefles de mefme.

Ville Moreau, d'azur au Cygne d'argent, manbré de fable.

Ville Saueye Equilar, d'hermine au Lyon de Gueule.

Villiers Lifle Adam, d'or au chef d'azur, chargé d'vn bras droit ou dextrochere d'argent, portant vn fanon femé d'hermine, mouuant du cofté gauche fur le chef, pendant fur le tout.

Villiers du Hamet, facé d'argent & d'azur de 6. pieces, à 3. molettes de fable en chef.

Villiers, de Gueule femé de billettes d'argent, au Lyon de mefme fur le tout.

Villiers, d'or à la Croix d'azur.

Vilquier, de Gueule à la Croix fleurée d'or, cantonnée de vingt billettes de mefme.

Vinerot, ondé d'argent & de finople, à 3. orties de finople en chef.

Vindac, d'azur à 3. Lyons d'argent.

Paris. Violle, d'or à 4. chevrons de fable.

Lyonnais. Vinolet, d'argent à 3. Cocquilles d'azur, au chef coufu de Gueule, chargé de 3. Cocquilles d'or.

Vion, d'azur au chevron d'argent, chargé de 3. fleurs de lys de Gueule, acc. de 2. molettes d'or.

Virier Fauergne, efcartelé au 1. & 4. d'or & de fable, au deux & trois de Gueule, à 2. chevrons d'argent, fur le tout de Gueule, à 3. Viures d'argent l'vn dans l'autre.

Dauphiné. Virieu, de Gueule à 3. annelets d'argent paffés l'vn dans l'autre.

Bourgogne. Viry, de fable à la Croix encrée d'argent, chargée en cœur d'vn carreau de fable.

Vitré, de Gueule au Lyon d'argent.

V.

Viuian, d'azur flancqué d'argent, au fautoir engreflé de Gueule, chargé de 2. eftoilles d'or, vne en chef, l'autre en pointe.

Viuiers la Brenaufiere, d'argent à 3. viuiers ou referuoirs d'eau de finople, remplis d'eau d'azur, 2.1.

Viuonne, d'hermine au chef de Gueule.

Voifins Gilbert, d'azur à la Croix engreflée d'argent, cantonné de 4. Croix d'or.

Paris. *Voifin*, d'azur à 3. eftoilles d'or 2.1. au Croiffant d'argent en cœur.

Voire, de gueule au Chafteau d'argent, compofé de deux Tours, celle du flanc fenextre plus baffes, iointes par vn entre-mur efquipolé en bande, du haut de la premiere Tour, au milieu de la feconde d'argent, maffonnée de fable.

Voluire, burellé d'or & de Gueule de 10. pieces.

Vouel, d'azur au chevron d'argent, acc. de 3. fleurs de lys d'or.

Vouflans, pallé d'or & de Gueule de 6. pieces, à la face d'or, fur le tout.

Vrille, d'argent à la bande d'azur, à la bordure de Gueule.

Dauphiné. *Vriage Bofins*, d'or au bœuf de Gueule, au chef de mefme, chargé de 5. potences d'or.

Vrfay Beraudiere, voyez Beraud.

Vrfins, bande d'argent & de Gueule, au chef d'argent foutenu d'or, chargé d'vne Rofe de Gueule, grenée d'or.

Vzaix, de Gueule à la bande de 3. pieces d'or.

Vzarche, d'azur femé d'eftoilles à 6. rais d'argent, & 2. Bouuars paffant l'vn fur l'autre d'or, bronchant fur le tout la queuë entre leurs cuiffes.

X.

X *Aintrailles*, d'argent à la Croix racourcie de Gueule.

Y.

Y *Ve de la Courtille*, d'azur à 3. Lozanges d'or, & vne Rofe d'argent en cœur, au chef d'or, chargé de 3. merlette de fable.

Yuelin, de Gueule à 3. Rofes d'argent, au chef d'or, chargé d'vn Lyon Leopardé de fable.

Yvoy, d'or à 3. chevrons de Gueule.

Yvry, de Gueule à 3. cheurons d'or.

Yffembourg, d'or à la face pallée d'argent & de Gueule.

Prouence. *Yzes*, d'argent au Lyon de Gueule, chargé d'vne bande d'azur, ayant en chef vne fleur de lys d'or.

Z.

Z *Amet*, d'azur au Lyon d'or, à la face en deuife d'argent, furmontée d'vne fleur de lys d'or.

AVERTISSEMENT
à la Nobleſſe.

CE trauail & recueil eſtant d'vne longue halleine, & d'vne tres penible re-cherche, pour ne pas connoiſtre ny auoir connoiſſance certaïne des armes de chaque maiſon Noble, particulierement des Gentilshommes de ce Royaume, non ſeulement à cauſe de la multitude, mais à cauſe de la grande eſtenduë de cét Eſtat, & qu'ils habitent en des Prouinces de ce lieu, ce qui en rend l'accez dif-ficile, ny meſme de la certaineté de pluſieurs qui ſont icy décrits, pour n'en pou-uoir pas auoir vne connoiſſance parfaite, d'autant que les vns blaſonent vne arme d'vne façon & l'autre d'vn autre, l'vn met vn eſmail l'autre vn autre, ou chan-gent les pieces: ie ſçay bien qu'il y a de l'ignorance aux vns ou aux autres, ce qui fait qu'en cette diuerſité on eſt bien empeſché de connoiſtre le veritable blaſon: C'eſt pourquoy, tres-illuſtres Seigneurs, & genereuſe Nobleſſe, & tous ceux qui ſont rendus illuſtres & dignes de tenir ce rang, par les genereux exploits & emplois de leurs predeceſſeurs, ou par les leur meſme, & qui ont intereſt, que leurs Armes ſoient doreſnauant bien repreſentées pour l'honneur de leur famille & poſterité, & pour en connoiſtre les veritables diſtinctions, ſoit par briſures, émaux, differends noms, ſobriquets ou qualitez, ſont tres-humblement ſuppliez (pour leur honneur particulier) de vouloir tant obliger le public & l'Auteur, que de luy enuoyer leurs vrayes Armes, i'entends de celles qui pourroient eſtre mal blaſonnées dans ce recueil) principalement l'originaire, c'eſt à dire la paternelle, à laquelle ils pourront adioindre celle de leurs alliances maternelles, des collate-raux, & de leurs amis autant qu'ils en pourront auoir connoiſſance, leurs noms qualitez, leur differentes briſeures & eſmaux, leurs Seigneuries, & en quelle Pro-uince elles ſont ſcituées. L'Autheur prédra vn ſingulier plaiſir de les inſerer dans ſon ſecond Volume, ſurquoy il trauaille, qui ſera Dieu aydant auſſi gros que le preſent, & où les Armes qui ſe trouueront auoir eſté mal blaſonnées par les rai-ſons cy-deſſus dans le Liure, ſeront amandées par la communication des me-moires qu'il plaira à ceux qui y ont le plus d'intereſt, d'enuoyer à l'Auteur, qui leur ſouhaite à tous vne parfaite ſanté. Où chez Louys Boiſſeuin, Marchand de Taille-douce, ruë Saint Iacques, proche Saint Seuerin, à l'Image Sainte Geneviefue, qui les fera tenir à l'Autheur.

Apres cette ſeconde partie ſuiura la troiſiéme, dont la premiere partie contient les noms, Armes, & blaſons des hommes Illuſtres, ſous chaque regne, depuis Pharamond iuſques au Roy Hugues Capet, & la ſeconde depuis ledit Roy, iuſques au Roy Louys XIV.

SECONDE PARTIE
DV
PROMPTVAIRE
ARMORIAL
ET GENERAL:

DANS LAQVELLE SONT REPRESENTEZ les Heros & les Hommes Illuſtres qui ſe ſont ſigna-
lez par leurs genereux Exploits & Emplois ſous chaque Regne; leurs Noms, & quelque partie de leurs belles Actions; Auec leurs Armes & Blazons, depuis le Roy Pharamond, iuſques à noſtre inuincible Monarque LOVIS XIV. Dieu-Donné.

Suiuis des Noms, Qualitez, & Repreſentations des Armes & Blazons
des tres-Illuſtres Cheualiers des Ordres ſuiuantes:

Du S. ESPRIT, depuis Henry III. premier Chef.
De la Toiſon d'Or depuis Philippe le Bon, Duc de Bourgogne, Premier Chef.
De la Iartiere, depuis le Roy Edoüard III. Roy d'Angleterre, premier Chef.
De l'Annonciade, depuis Amedée V. dit le Comte Vert de Sauoye, premier Chef.

Le tout Dreßé & Recueilly par IEAN BOISSEAV, Enlumineur du Roy
pour les Cartes Geographiques.

A PARIS,

Chez l'AVTHEVR, Ruë de Seine, au Fauxbourg
S. Germain, à la Fleur-de-Lys d'Or.

M. DC. LIX.

AVEC PRIVILEGE DV ROY.

TABLE

OV INDICE, CONTENANT LES NOMS
ARMES ET BLASONS DES PLVS ILLVSTRES,
contenuës en cette premiere partie.

Par ordre Alphabetiques.

A.

A.

B.

C.

D.

E.

E.

40. *Eudes ou Odo*, Comte de Paris, port. de France, party de Bourgogne.
45. *Eude ou Odon*, Comte de Champagne, port. de Champagne.

F.

p. 36. **F**Ederic, Euefque d'Vtrech, tranché d'argent fur azur.
24. Floocates, coupé pallé & contrepallé d'argent & de gueule.
Fortunat, Euefque de Poitiers, de gueule au Chafteau d'argent fans porte, efcartelé de gueule à la Rouë d'or.

G.

p. 12. a **G**Autier, Prince Diuetot, d'argent à la bande futelée de gueule, acc. de 6. fleurs de lys d'azur.
Gaifer, d'or à trois iumelles de fable en faces.
4. Genferic, Roy des Vandalles, d'or à la tefte de Morte, couronnée & bandée d'argent.
38. Gerard, de Vienne, de gueule à l'aigle d'argent.
24. Gerard, de Dammartin, facé d'argent & d'azur, à la bordure de gueule.
8. Saint Germain, Euefque d'Auxerre, d'or femé de Croix, patée de gueule.
12. a Saint Germain, Euefque de Paris, femé de France, à l'efcu en abyfme d'or, chargé de 3. tourteaux de fable.
45. Gerlon,
45. Geofroy ou Grifegonelle, femé de France à la bordure de gueule.
42. Gillebert, Duc de Bourgogne.
8. Gille ou Gilon, Senateur Romain, d'or à deux maffes à l'antique de finople, paffée en fautoir.
26. Gilimer, Maire du Palais d'or, au Lyon Dragonné de gueule, au chef d'azur.
42. Gilebert, Duc de Lorraine.
46. Godefroy, Comte Dardenne, d'argent au Lyon d'azur, bandée d'argent & de finople, l'argent chargé d'Arbre de finople.
29. Godouin, pallé en onde de 16. pieces d'argent & de fable.
30. Godegranne, Euefque de Mets, taillé d'azur fur Or, au Lyon de gueule fur le tout.
12. Godemar & Sigifmond, d'or au chat effarouché de fable.
10. Gobault, Gouuerneur du Roy Childeberg, d'azur au Liure ouuert d'argent pofé fur vn bafton alifé en pal d'or.
12. a Gombaut, Baftard de France, d'argent à la barre d'azur, femée de France.
10. a Gontrand, Roy d Orleans, femé de France, party de gueule, à 9. cailloux d'or, pofez l'vn fur l'autre en triangle.
10. Gondebault, Roy de la haute Bourgogne, de gueule à l'aigle d'argent.
22. Gondeland, Maire du Palais, d'azur à l'aigle d'argent.
10. Gondregtfilde, Roy de Bourgogne, de gueule à l'aigle d'argent.
42. Goffelin, Abbé de Saint Germain, femé de France, à l'efcu en abyfme d'or, chargé de 3. Tourteaux de fable.
12 a Gregoire de Tours, facé de 8. pieces d'argent & de gueule, party de gueule au Cheual paffant d'or.
29. Griffon, tranché de gueule fur azur.
38. Grillon, Conneftable de France, d'azur à 5. fleurs de lys en fautoir, acc. de 4. aigles, à 2. teftes d'or.
12. Grimoald, Maire du Palais, efcartelé au 1. & 4. de gueule, à 3. aigles efployée d'or, le deux & trois d'argent, au Lyon de fable, à l'orle de Cocquilles de gueule.

36. Gourdon,

G.

H.

I.

L.

L.

35. *Lotaire*, de France, party de l'Empire.

5. *Saint Loup*, Euesque de Troyes, party emmanché d'argent & de gueule.

36. *Louys*, Roy d'Allemagne, de France party de l'Empire.

33. *Loup*, Seigneur Limosin, d'azur au Loup rampant d'or.

40. *Louys & Carloman*, enfans de Louys le Begue.

44. *Ludulphe*, Duc de Suabe, d'arg. à 3. Leopards de sable.

2. *Lucius*, Lieutenant de l'Empereur Honorius, de sable à 5. Croissants d'or, posez en sautoir.

M.

pag. 4. **M**Ajorian, d'argent à la branche d'Oliuier de sinople, trauersée de 3. Espées de gueule en faces, les Gardes du costé senextre.

12. a *Macaire*, Comte d'Angoulesme, lozangé d'or & de gueule.

12. *Maurentius*, premier Baron Chrestien, de gueule à la Croix d'argent.

18. *Merouée*, fils de Chilperic, semé de France.

30. *Meliard de Caource*, facé de 8. pieces, à l'orle de 10. merlettes de sable.

33. *Milon d'Anglaire*, d'argent au Lyon de gueule.

8. *Monmaldus de Haute-feuille*, d'argent au Palmier de sinople.

12. a *Monmol*, Patrice Romain, party en Giron de 4. pieces d'argent & de sable, le sable chargé d'annelets d'or, & l'or d'annelets de sable.

N.

pag. 12. **N**Arces, d'or à l'aigle de sable, brisé d'vn Giron posé en barre de gueule, sur le tout.

36. *Meomene*, Gouuerneur de Bretagne, de gueule au pilier facé d'or & de sable, à la bordure d'hermine.

O.

pag. 8. **O**Doacre, Capitaine des Saxons, d'arg. à la bande ondée d'azur, acc. de 2. Ancres de sable, posées en pal, l'vn en chef l'autre en pointe.

30. *Odillon*, Duc de Bauiere, port. de Bauiere.

33. *Oliuier*, Comte de Genéve 5. points d'or, esquipolez à 4. d'azur.

46. *Omfroy*, de Beaujeu, d'or au Lyon de sable, brisé d'vn lambel de gueule.

45. *Osmond*, d'argent à la Gerbe de sinople liée d'or, au chef de gueule, chargé d'vne couronne d'or.

4. *Otton*, Duc de Lorraine & de Brabant, port. de France, party de Lorraine.

42. *Otton*, Duc de Saxe, facé d'or & de 6. pieces.

Otton, Duc de Bourgogne.

45. *Otton*, Empereur, port. de Saxe.

33. *Oger*, le Dannois, taillé de Gueule sur sinople, à l'Espée d'argent sur le tout, à la bordure d'or, semé de cœurs de Gueule.

44. *Otton*, le Grand Empereur.

P.

pag. 8. **P**Aul, Comte d'Angers, d'argent semé de billette d'azur.

26. *Pepin Herestel*, de sinople semé d'Aigles d'or.

22. *Pepin de Landon*, Maire du Palais, de Gueule à la face d'argent.

30. *Pepin le Bref*, escartelé au 1. & 4. de sinople, semé d'Alerions d'or, au 2. & 3. d'or, au Lyon Dragonné de Gueule, tenant de sa queuë vn Aigle de sable.

36. *Pepin*, Roy d'Aquitaine de France, party de Guyenne.

38. *Popon*, Lieutenant de Louys Roy d'Allemagne, d'argent au Pont de trois Arches de sable, sur vne Riuiere d'argent, au canton droit d'or, chargé d'vn Aigle de sable, le canton senextre de sable.

20. *Protadius*, Maistre de la Cheualerie de France, escartelé au 1. & 4. le 2. & 3. d'or, à l'aigle de sinople.

8. *Procade*, Marquis de Saules, d'argent au chef d'azur.

R.

pag. 29. *Rabot*, Duc de Frise , d'azur à 2. Lyons Leopardez d'or, femé de cœurs de mefme.

34. *Radulfe Lant-graue*, de Strambourg, de gueule au chef d'or , chargé de 5. Comte de fable.

Raginaire, taillé de finople fur Or, à la Lance en pal de fable, à la bordure de Gueule.

Ranulfe, Duc d'Aquitaine.

30. *Rainfroy*, Maire du Palais, d'azur à l'aigle facé d'argent & de gueule.

4. *Ranchaire*, fils de Clodion, de gueule à 3. Couronnes d'or, party de mefme.

38. *Raoul de Creuemberg*, efcartelé au 1. & 4. de Gueule, à la Croix d'or, au deux & 3. de vair, de 3. tire fur le tout d'or, à l'aigle à 2. teftes de fable.

47. *Renaul de Roucy*, d'argent au Lyon d'azur.

40. *Raoul*, Neveu d'Eudes, femé de France.

44. *Richard fans peur*, de Gueule à 2. Leopard d'or.

12. *Saint Remy*, Euefque de Rheins d'azur, à la Croix d'argent, chargée d'vne fiolle d'azur.

46. *René*, Comte de Sens, d'or à l'aigle efployé de Gueule , couronné à la cotice burellé d'argent & de gueule.

38. *Renault*, de Saules.

46. *René*, Comte de Martel, d'or à 3. chevrons de fable , la pointe de l'efcu, chargé d'vne montagne de finople.

38. *Robert le vaillant*, dit le fort.

20. *Robert*, Chancelier de France, de gueule à 3. chevrons d'or, au chef de vair de 2. tire.

46. *Robert*, Comte de Troyes, de Champagne, au chef de France.

40. *Robert*, Comte d'Ajou, d'or à l'aigle de finople, à la bordure de France.

38. *Rodolphe*, Abbé de Saint Riquier, d'argent à la main apaumée de fable, au chef de gueule, chargé d'vne Croix d'or, accoftée de 2. lettres, d'vn S. & d'vn R. capitale.

38. *Rolo ou Rou*, de gueule au Leopart d'or.

45. *Roricon*, fils naturel de Louys.

12. *Ruffin*, d'argent au pal ondé d'azur, acc. de 2. eftoilles de 8. rais d'azur.

S.

p. 2. *Salogaft*, d'argent à la bande de Gueule, chargée de 3. couronnes d'or, acc. de 2. fléches de fable, la pointe en haut.

38. *Salomon*, Duc de Bretagne, port. de Bretagne.

22. *Sandregifilde*, efcart. au 1. & 4. de Gueule, au Leopart d'or, le 2. & 3. coupé d'or & de Gueule, au Lyon coupé de mefme.

42. *Sigifroy ou Godfroy*, Normand.

10. a *Sigisbert*, Roy d'Auftrafie, port. d'Auftrafie, party de France.

12. *Siagre*, d'or à la Givre en Serpent de gueule, tourné en ligne fpiralle.

24. *Sifenauls*, Seigneur Efpagnol.

2. *Stilicon*, d'argent à l'aigle de finople.

2. *Sunon*, d'or au Lyon de fable, tenant vne hache de mefme.

T.

P. 33. *Taffillon*, Lieutenant de Chilberg, facé d'argent & de finople de 10. pieces, au fautoir d'azur, chargé de 5. bezans d'or

34. *Taffillon*, Duc de Bauiere, lozangé en bande d'or. & d'azur.

18. *Theodebert*, Frere de Meroüée, femé de France.

6. *Theodofe* Empereur, d'argent à l'aigle couronné de gueule.

33. *Thiery*, Lieutenant de l'Empereur.

T.

V.

PHARAMOND (fils de Marchomir le Grand) s'estant fait signaler, combattant genereusement souz la conduite de son pere pour les Romains, où il fit paroistre la grandeur de son courage, & sa valeur, gagna tellement la bonne grace des François, que tous d'vn vnanime consentement, l'esleurent & le proclamerent Roy sur eux, en la plaine de VVirtzbourg, où estant esleué sur vn Bouclier à leur mode, selon leur coustume, fut porté & promené par trois fois alentour de l'Assemblée, où toutes les nations de la Hance Françoise luy firent serment d'obeïssance & fidelité sur leurs Armes, enuiron l'an 417. le premier iour du mois de May, deceda l'an 429.

C'EST ce Prince de qui nos Monarques tirent leur premiere origine, & d'eux s'esti-ment estre descendus les Maisons plus Illustres de la Chrestienté. Regna enuiron vnze ans, pendans lesquels, il poliça son peuple auec ses principaux Seigneurs. C'estoit vn Prince veritable, tenant sa parole, vertus qui l'auoient rendu preferable à toute autre.

Il eut pour femme Argotte, fille du Roy des Cymbres, de laquelle il eut son successeur, & sa fille Blisinde, qu'il maria à Flandeberg, auquel on tient qu'il donna le gouuernement de la Belgique.

A

LES PLVS ILLVSTRES QVI SE SONT SIGNALEZ, TANT SOVS
ce Roy que sous Clodion son fils & successeur, furent

I. VVISOGAST, II. BODOGAST, III. SOLOGAST, IV. &
VVIDOGAST, les quatre principaux Seigneurs de Franconie, ausquels le Roy Pharamond auoit commis la Sur-Intendance de la Iustice, & charge de ramasser en vn Code
les anciennes Loix des François, lesquels s'estans assemblez en trois diuers iours de Parlement aux Seigneuries dont ils portoient le nom, coucherent lesdites Loix par escrit en
langage Germanique; & cette Loy fut appellée Salique, à laquelle le Roy Pharamond
ne fit qu'adjoûter le sixiesme Paragraphe au Tiltre des ALEVDS, lequel est le soixan-
te-deuxiesme de ladite Loy, suiuant lequel les Successions des FIEFS & FRANCS-
ALEVDS estoient reglées.

VOICY LES PARAGRAPHES DE CE TILTRE.

LE PREMIER. Le François (*Homo Francus*) venant à deceder sans hoirs masles,
le pere & la mere suruiuant succederont à la Seigneurie qu'il tenoit.

LE DEVXIESME. Si le pere & la mere sont predecedez, & que le defunct, aye
laissé des freres & des sœurs, les freres succederont audites Seigneuries.

LE TROISIESME. Et où il n'y aura point de frere, les sœurs du costé paternel
heriteront d'icelles.

LE QVATRIESME. Et à leur defaut celles du costé maternel.

LE CINQVIESME. Et s'il n'y a point de sœurs, de pere ny de mere, de frere
de pere, ny de mere au iour du deceds de l'Homme-Franc, sa succession feodalle appartiendra au plus proche parent du costé paternel.

*LE SIXIESME. Mais de la Terre conquise par les François Soliens, à la pointe de
l'Espée, les Femmes ne pourront succeder au total, ny mesmes en la moindre partie & portion
d'icelle; Ains elle appartiendra entierement aux Masles, & de Lance en Lance, sans tomber
en Quenoüille.*

VOILA la Loy Fondamentale du Royaume de France, qui n'admet que les
Masles à la Couronne d'iceluy, en excluant les femmes & les Masles descendans
d'elles.

V. SVNON & GENEBAVLT auoient le Gouuernement des François, lors
que le Roy Pharamond leur nepveu fut esleu.

VI. EBOVIC, vaillant Capitaine, estoit pour lors General de l'Armée des
François.

VII. STILICON, VVandale de nation, Beau-pere de l'Empereur Honorius,
& son Lieutenant General, se voyant puissant en credit & Richsses, & fort bien entendu au fait de la Guerre, desirant d'acquerir le Royaume pour son fils, esmeut les
Sueuiens, Vandalles & Allemands à l'encontre dudit Honorius, souz pretexte d'vn si
beau butin, mais ils en furent chassez par Vldin & Sarus auec l'Armée des Huns & de
Gots, où ils furent tous deux tuez.

VIII. LVCIVS aussi vaillant Chef de guerre & Lieutenant de l'Empereur Honorius, se fit signaler souz le Regne suiuant

CLODION, fils de Pharamond, furnommé le Cheuelu, commença á regner enui-ron l'an 430. felon Sigifbert, & regna dix-huiĉt ans, le deuxiefme de fon regne, il conquift la Thuringe, puis trauerfa le Fleuue du Rhin, chaffant les Romains des Riues d'iceluy, affiegea & prit Cambray & Tournay, ayant mis l'armée des Romains en dé-route, s'empara de Valentienne & de Mohts, pourfuiuant fa pointe par l'Artois, paruint à la Riuiere de Somme, qui fut la borne de fes conqueftes, mourut au Chafteau de Dif-parg en Thuringe, & fut porté à Franckemberg, où il fut inhumé enuiron l'an 448. autres difent à Cambray.

IL eut pour femme Bafine, fille du Roy d'Auftrafie ou Auftrie, de laquelle il eut trois enfans mafles ; Sçauoir, ALBERIC, RAINCARE & ADOBERON.

IX. MAIORIAN, Capitaine Romain & depuis Empereur, ayant surpris les François qui faisoient des Nopces en vn Bourg nommé Helene (que l'on croit estre Hedin en Artois) auec tel aduantage qu'il en fit vn grand carnage, prist l'Espousée & partie de ceux qui l'accompagnoient.

X. AETIVS PATRICE, Capitaine de Valentin Empereur d'Occident, parut souz se regne, & le suiuant estoit gouerneur des Gaules pour les Romains ; c'estoit vn personnage tres-expert, tant en matiere Ciuile qu'en matiere de Guerres: & toutesfois apres auoir vaincu Attilla, Roy des Huns, en bataille & fait plusieurs autres choses dignes de loüanges augmentant de iour à autre sa felicité , fut mis à mort par la finesse de Maximus, ou par le commandement de l'Empereur Valentinian.

XI. ALBERIC, fils de Clodion, estant priué du gouuernement des François par MEROVEE , son Tuteur, se retira en la France Orientale, où il fut reconnu Roy, ayant son siege à Colongne, il s'allia auec Theodomir, Roy des Gots, duquel il espousa la fille.

XII. FRANCAIRE aussi chassé du Royaume se retira à Cambray, duquel lieu il prit le tiltre de Roy, recouurant auec l'aide de ses amis vne partie de son patrimoine, laissa deux enfans qui luy succederent ; à sçauoir RANCHAIRE & RICHIMER: Mais depuis le Roy CLOVIS les ayant vaincus & pris en bataille , furent tous deux tuez.

XIII. VCHERIVS, fils de Stilicon, fut aussi Lieutenant de l'Empereur Honorius , & combattant auec son pere fut tué.

XIV. GENSERIC, Roy des Vandalles, en ce temps-là enuahit l'Affrique, contraignit l'Empereur Valentinian de faire paix auec luy , & luy laisser vne partie de sa conqueste.

XV. Souz ces Regnes viuoient aussi les Lumieres de l'Eglise ; Sçauoir,

SAINT HIEROSME Docteur de l'Eglise, ayant appris toutes sortes de sciences, imité la vie des plus parfaits Religieux, atterré par sa doctrine plusieurs monstres d'heresies, mourut en grande vieillesse en Bethléem.

SAINT AMBROISE Euesque de Milan, lequel par son soing & doctrine, conuertit à la foy Orthodoxe quasi toute l'Italie , leur faisant quitter l'Arianisme dont ils estoient infectez.

SAINT AVGVSTIN Euesque de Bonne en Affrique, tres-excellent Docteur de l'Eglise, conuerty à la foy par S. Ambroise , l'ayant courageusement deffenduë contre les Manichéens & autres Heretiques de son temps, il deceda en ladite ville auparauant les rauages d'Affrique.

SAINT IEAN SVRNOMME' CHRYSOSTOME pour son admirable Eloquence, lequel par ses Predications & bons exemples aduança grandement la Religion Chrestienne, ayant beaucoup enduré, mourut en exil.

MEROVEE, parent de Clodion, apres son deceds prit le Regne de son Estat, enuiron l'an 448. La vaillance de ce Prince & les rauages des Huns, contraignirent les Empereurs d'Occident d'accorder auec luy touchant les Prouinces conquises par son predecesseur, à la charge du secours. Iceluy ayant pris les armes auec Aetius Lieutenant de l'Empereur dans les Gaules, defirent l'armée d'Atilla dans la plaine de Chaalons, qui se montoit de six à sept cens mil hommes, le contraignant de reprendre le chemin de Panonie, par ce moyen Merouée s'establit dans la Gaule, à laquelle fut donné le nom de France. Il deceda l'an 456.

LE nom, la vie & les mœurs de la femme de Merouée në se trouuent point dans aucuns Autheurs Historiens.

I. SAINT LOVP Euesque de Troyes par ses prieres deffendit sa ville contre Atilla

B

qui alloit rauageant la France, fut en Angleterre pour combattre l'heresie malheureu-
se, des Pelagiens.

II. SAINT AGNAN Euesque d'Orleans estoit dans la ville, lors qu'Attilla la tenoit si estroittement assiegée: Il auoit deuant chaque porte vn gros esquadron ou garde
pour empescher que personne ne sortist. Ce Barbare les menaçant, que s'ils n'obeïssoient
& s'ils faisoient resistance contre sa volonté il les feroit cruellement mourir. Eux crai-
gnans & estans en extreme perplexité; ce saint Prelat les consola & les encouragea de
tenir ferme, & que dans peu de iours ils auroient secours d'vn endroit, dont ils ne le
pouuoient esperer : Il disoit vray, car il sçauoit de la part de Dieu, que Thierry Roy des
VVisigots y deuoit arriuer fort à propos auec son armée, pour assieger les Huns, ce qu'il
fit, & donna en telle façon au dos des ennemis, qu'ils furent contraints de leuer le siege,
& ainsi la ville fut deliurée.

III. THIERRY Roy des VVisigots en Languedoc, auec son fils Torismond,
ioignirent aussi leurs armes auec Merouée & Aetius contre Attilla, & le poursuiuirent
iusqu'en la plaine de Chaalons, où la bataille fut donnée & Attilla mis en deroute, lequel
se sauua de bonne heure, & en demeura sur la place, tant d'vne part que d'autre enuiron
cent quatre-vingts mille hommes, entre lesquels fut Thierry Roy des VVisigots. Aucuns
estiment, & croit-on que cette bataille fut donnée dans les plaines de Solongne, entre
Orleans & Bourges.

IV. VVALAMER Roy des VVisigots, & Ardaric Roy des Guespides, accompagnoient Attilla & conduisoient l'armée, qui consistoit à six ou sept cens mil hommes :
Mais Merouée, s'estant comme, nous auons dit, joint auec Aetius & Theodoric, aba-
tirent l'orgueil de ces Barbares, lors qu'ils ne se promettoient rien moins que l'Empire
de tout le monde.

V. THEODOSE le plus ieune fils d'Arcadius fut fait participant de l'Empire,
estant encore ieune enfant, souz la Tutelle du Roy de Perse: il eut le gouuernement
de l'Empire qu'il n'auoit pas encore atteint l'aage de huict ans, ayant pour son Capitaine le Preuost Antemius. C'estoit vn Prince de bonne vie, & sur tout addonné à la
Foy Chrestienne, & à la lecture des Saintes Lettres, & il faisoit chercher par tout les
Liures de la Sainte Escripture, & les faisoit garder dans sa Bibliothecque.

VI. VALENTINIEN fils de Constantin & de Placidia, apres la mort de l'Empereur Honorius, fut appellé Cesar, traitta paix auec Genseric Roy des Vandalles, mena
vne grosse armée contre Attilla, lequel raschoit d'vsurper l'Empire, & fut le dernier Empereur d'Occident, iusques à Charlemagne.

VII. AVITVS, Auuergnac de nation, fut Prefect du Pretoire des Gaules apres
Aetius, lequel aussi fut disgracié par l'Empereur.

VIII. ATTILA Roy des Huns (surnommé *flagellum Dei*) entra dans les Gaules
enuiron l'an 450. saccageant & mettant à feu & à sang tout ce qu'il rencontroit, estant
assisté de VValamer, d'Arderic & des Guespes, & autres nations du Nort, rauagea Treues
& Strasbourg, & la veille de Pasques estant entré dans la ville de Mets, apres l'auoir pillée
la fit reduire en cendre & passer par le fil de l'espée les Habitans d'icelle, massacrant inhumainement les Pasteurs à l'Eglise. Comme vn torreau impetueux, vint saccager la ville
de Reims; passa au trauers de Troyes, sans y faire aucun dommge, admirant la sainteté
de vie de sainct Loup son Euesque. En suitte fouragea toute la Gaule Belgique, & vint
deuant Paris, qui fut deliurée miraculeusement par les prieres de la Vierge saincte Geneuiefue leur Patronne. De là vint à Orleans, qu'il assiege & la presse si fort, que sans
les feruentes prieres de sainct Agnan, son Euesque, elle estoit à la veille de courir la ris-
que & fortune des villes qu'il auoit desolées: Mais à l'instant parut le secours amené par
Patrice & Aetius accompagné de Theodoric Roy des Gots & de Thorismond son fils, &
des François qu'ils firent descamper Attilla, & le poursuiuirent iusques à la campagne de
Mauriac (autres disent la campagne de Chaalons) là où de part & d'autre chacun se
prepara au combat, où Attilla voyant son armée en deroute, se sauua, estans morts sur la
place tant de part que d'autre cent quatre-vingt mil hommes, comme nous auons dit.

CHILPERIC auoit acquis la reputation de vaillant & courageux, commē son pere, mais sa vie lubrique & desordonnée, attira sur luy la hayne & mal-veillance de ses sujets, lesquels se leuerent contre luy, & fut contraint pour se sauuer sortir hors du Royaume par le conseil d'vn sien fidelle amy, par le moyen duquel aussi, il fut restably, desit Gillon gouuerneur de Soissons, qui auoit esté estably Roy en sa place. Il vainquit Odoacre chef des Saxons, prit Angers, où le Comte Paulus commandoit pour les Romains, deceda l'an 482.

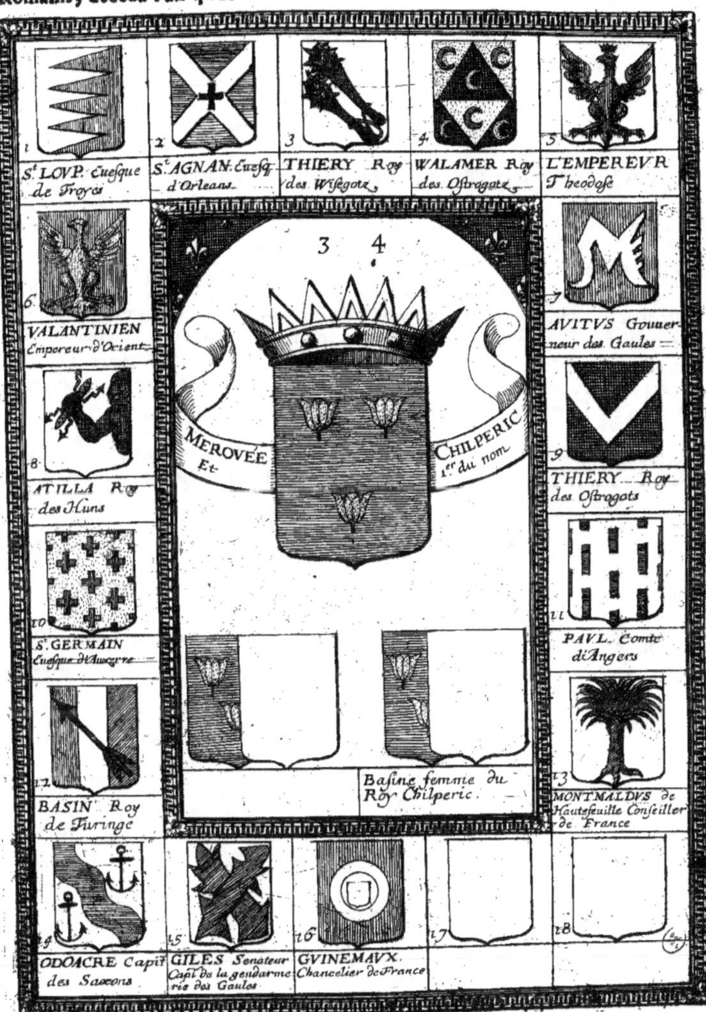

IL espousa Basinē (cy-deuant femmé du Roy de Turingē, où il s'estoit refugié) cēttē femme ayant conceu vn ardant amour pour le Roy Chilperic au temps de sa disgrace & retraitte en Thuringe, estant asseurée qu'il seroit restably en son estat ; poussée autant d'ambition que de luxure, quitta son mary pour le venir trouuer, & ne fit aucune difficulté de l'espouser, luy disant qu'elle auoit tant reconnu de vertus en luy, que cette consideration l'auoit obligée de le venit trouuer, & que si elle eust creu qu'il y eut eu vn Prince au monde, plus vertueux que luy elle eut esté le chercher. Il eut de cette Reine Clouis, Lantcielde, femme de Thielbide Prince d'Austrasie.

IX. THIERRY ou THEODORIC Roy des Oftrogots en Italië, fut ënuoyé par l'Empereur qui eftoit à Conftantinople, contre Odoacre, où il deffit grand nombre de fes gens, & le pourfuiuit iufques à Rauenne, où il fe retira. Theodoric y entra par capitulation, y eftant & fe voyant le plus fort, il mit à mort Odoacre & fon fils l'an 495. felon Sabellicus.

X. SAINT GERMAIN Euefque d'Auxerre viuoit en ce temps-là.

XI. PAVL Comte d'Angers, n'eftoit aagé que de huict ou neuf ans quand fon pere mourut, fa mere gouuerna le pays d'Anjou, iufques à ce qu'il fut paruenu en aage, & pource que ledit Comte auec fa mere auoient retiré Odoacre dans leur ville qui eftoit ennemy de Chilperic, indigné qu'il en fuft, vint à Angers accompagné de grand nombre d'hommes, entre dans la ville, fit tuer ledit Comte & s'empara du Comté.

XII. BAZIN Roy de Thuringe, chez lequel le Roy Chilperic s'eftoit refugié.

XIII. MONMALDVS de Haute fueille.

ODOACRE coufin du Comte Paul d'Angers, eftoit au pays de Saxe, lors qu'il entendit la mort d'iceluy & le bruflement des Temples des Chreftiens, fafché qu'il en fut, vint à Angers auec vne armée de dix mil hommes, les Angeuins le receurent pour Comte, & comme heritier du Comte Paul. En ce temps-là le Roy Childeric auoit guerre contre les Allemands, & pour mieux leur refifter, & pour auoir du fecours, fit paix auec Odoacre, luy laiffant la libre iouiffance du Comté d'Anjou. Ce Comte fut tué auec fon fils à Rauenne en Italie, comme nous auons dit.

XV. GILLES ou GILLON, Senateur Romain, Gouuerneur de Soiffons pendant la difgrace de Chilperic fut eftably Roy, (lequel par le Confeil de Guinemaux, amy de Childeric) chargea les François d'impofts & fubfiftes de telle façon qu'il acquit leur mauuaife grace: fi bien que les François rappellerent leur Roy, qui eut à fon retour bataille contre ledit Gillon, le contraignit de fe retirer à Soiffons, où il mourut, laiffant fon fils Syagrius.

XVI. GVINEMAVX Confeiller de Childeric, homme fort prudent & de grand éfprit, fon intime amy, luy ayant promis qu'il difpoferoit tellemen fes affaires en fon abfence, qu'il pratiqueroit dans peu de temps fon retour, luy donnant à fon depart la moitié d'vne piece d'or rompuë, afin qu'il n'adioûtaft foy pour fon retour qu'à celuy qui luy rapporteroit de fa part l'autre moitié.

CLOVIS par la mort de Childeric, son pere, succeda au Royaume de Francé, aagé de quinze ans, Prince digne successeur de son pere, & comme donné du Ciel pour esleuer la Monarchie Françoise au dessus des Royaumes naissans de l'Empire d'Occident, & subjuguer sous ses commandemens les vns & les autres. L'an 480. il declara la guerre à Syagrius de Soissons, pres duquel lieu il le vint attaquer, Syagrius estoit assisté de Rancaire, fils de Rancaire Roy de Cambray, fils aisné de Clodion Roy de France, contre lequel il vint aux mains auec tel aduantage, qu'il remporta vne victoire signaléé par la prise de Soissons : Rendit la Thuringe tributaire, prist Melun, estimée en ce temps-là imprenable, qu'il donna à Aurelien son Conseiller, vainquit les Allemands à Tolbiac, embrasse la Religion Chrestienne, se fait baptizer auec plus de treize mil hommes de son armée. L'an 503. gaigne la bataille contre les Bourguignons, mettant en déroute Gombaut & Godregesile, tuë Alaric de sa propre main en la bataille de VVogledin, l'an 507. prit Cologne, decedá l'an 514. il auoit espousé

CLOTILDE fille de Chilpéric, Roy de Bourgongné, sage & vertuéuse Princesse, laquelle par ses saintes & doctes admonitions induit le Roy, son mary, à croire & adorer le seul vray Dieu, & quitter les faux dieux du Paganisme, luy representant que les dieux qu'il adoroit n'estoient que Dieux de paille, qui ne pouuoient seruir ny à eux mesmès ny à d'autres, qu'ils estoient charpentez de bois, ou bien taillez en pierre, ou bien de fonte, luy remonstrant que celuy qu'il falloit adorer & croire, estoit celuy qui a creé le Ciel & la Terre & tout ce qui est en iceux. Bref elle fit tant par ses prieres & remonstrances qu'à la fin le Roy son mary embrassa la Religion Chrestienne. Cette Reine par qui la Foy Chrestienne prist accroissement en France, vesquit en telle reputation de pieté & de saincteté, qu'elle a obtenu d'estre placée au nombre des saints bien-heureux.

LES ILLVSTRES SOVS CE REIGNE ET LE
suiuant : Sont

I. CLODOMIR Roy d'Orleans, fils de Clouis, pretendant le Royaume de Bourgongne de par sa mere, fit attaquer si viuement Sigifmond & son frere Godemar, qu'il gaigna sur eux vne bataille, en laquelle fut pris Sigifmond & sa famille, qu'il fit mourir à Orleans, nonobstant les remonstrances d'Auitus. Puis ayant derechef assemblé vne armee auec l'ayde de son frere Thierry, Roy de Mets, donnerent la bataille à Godemare, qu'ils vainquirent pres de Vienne en Dauphiné l'an 521. Mais comme il poursuiuoit sa victoire les ennemis tournant teste le tuerent, & luy couperent la teste qu'ils mirent au bout d'vne lance pour la monstrer aux François, qui toutesfois reduisirent la Bourgongne sous leur puissance, il laissa trois fils ; sçauoir, Theodoric, Gontier & S. Cloud, les deux premiers furent tuez par leur oncle Clotaire & le troisieme, fut vn miroüer de saincteté.

II. GONDEBAVT Roy de la haute Bourgongne, petit fils d'Atanaric, tua son frere Chilperic & jetta sa femme dans la riviere du Rosne, luy ayant fait mettre vne pierre au col, où elle se noya. Chilperic auoit laissé deux filles, & l'aisnée desquelles nommée Macura na fut par ledit Gondebault, renduë Religieuse, & la plus ieune appellée Clotilde il la retint pres de soy. Aurelien qui pour son maistre Clouis alloit souuent en Bourgongne, ayant veu cette ieune Princesse doüée d'vne exquise beauté de corps & par consequent de l'esprit, en fit vn tel recit à son maistre, qu'il se resolut d'en faire la demande au Roy de Bourgongne Gondebaut ; ce que fit Aurelian, auquel Gondebaut ne l'osa refuser, & l'ayant fiancée au nom de Clouis, selon l'ancienne coustume des François, il l'emmena en la ville de Soissons, où les nopces furent celebrées en toute magnificence ; c'est celuy qui est l'Autheur de la Loy des Bourguignons, appellée Gombette.

III. GONDREGISILDE frere de Gondebault, tenoit toute l'estenduë du pays qui est à l'entour du Rosne, de la Saone & la Prouince de Marseille, (c'est la Prouence) Ces Rois aussi biens que leurs peuples estoient infectez de l'heresie de l'impie Arius, estans en querelle ensemble, & Gondregisilde se voyant le plus foible, entendant les victoires de Clouis, luy enuoya secrettement des Ambassadeurs pour implorer son secours, & l'appelle au partage des tiers du Roy Gondebaut son frere, ou bien tirer par chacun an tel tribut qui luy vouloit imposer. Clouis le prend au mot, & met sur pied vne puissante armée qu'il fait marcher en Bourgongne. Gondebaut voyant vne armée sur ces terres, à recours à son frere Gondregisilde, le priant de luy donner main forte de ses troupes ; ne sçachant rien du traitté par luy fait auec Clouis. Clouis presente la bataille à Gondebault qui l'accepta, croyant estre assisté de son frere : On combat sur la riuiere Douche, où Gondregisilde se rangea du costé de Clouis, ce qui fut cause qu'il fust fait vn grand carnage de l'armée de Gondebaut, taillez pour la pluspart en pieces, & lui contraint de se sauuer à Avignon, où en fin il fut contraint d'accorder à Clouis vn tribut annuel.

IV. HERMANFROY Prince de Turinge, (frere de Baudry Roy dudit pays) estant assisté des Rois de Mets & d'Austrasie, en la guerre qu'il eut contre son frere, le defit & le tua en bataille : mais ne tenant conte d'accomplir sa promesse faite enuers eux, il fut par eux-mesmes deffait, se precipita des murs de la ville de Zulg, puis s'emparent de son Estat.

V. THIERRY, Roy de Mets, fils bastard de Clouis, reduisit à l'obeïssance de son pere les pays d'Albigeois, Rhodez & Auuergne, depuis il assista Hermanfroy, comme nous auons dit cy-dessus. Aida pareillement ses freres à la conqueste de Bourgongne, où Gondebault fut vaincu. Il entreprit encore la guerre contre Maurentius, parent dudit Roi qui vouloient partager l'Estat auec les enfans de Clouis, & l'ayant assiegé dans Vitry, il le força à se rendre, puis luy fit trancher la teste en suite, deceda l'an 536. laissant pour successeur

CHILDEBERT troifiefme fils de Clouis, le partage eftant fait entré fes freres & luy, fut non feulement Roy de Paris, mais eftoit auffi Souuerain des pays Chartrain, du Perche, du Maine & d'Anjou. Il fut fort cruel à l'endroit de fes nepueux, & fut bon frere: car fa fœur efpoufa Amaury Roy des VVifigots en Efpagne, & oyant qu'elle y eftoit fort mal traittée par luy, paffa en Efpagne, le vainquit & le tua luy-mefme d'vn coup de lance pres la ville de Tolede, prit fes Trefors & ramena la Princeffe fa fœur, puis fut auec fes freres contre les Bourguignons, & fit guerre à fon frere Clotaire Roy de Soiffons. Deceda à Paris, l'an 562. le 40. de fon regne.

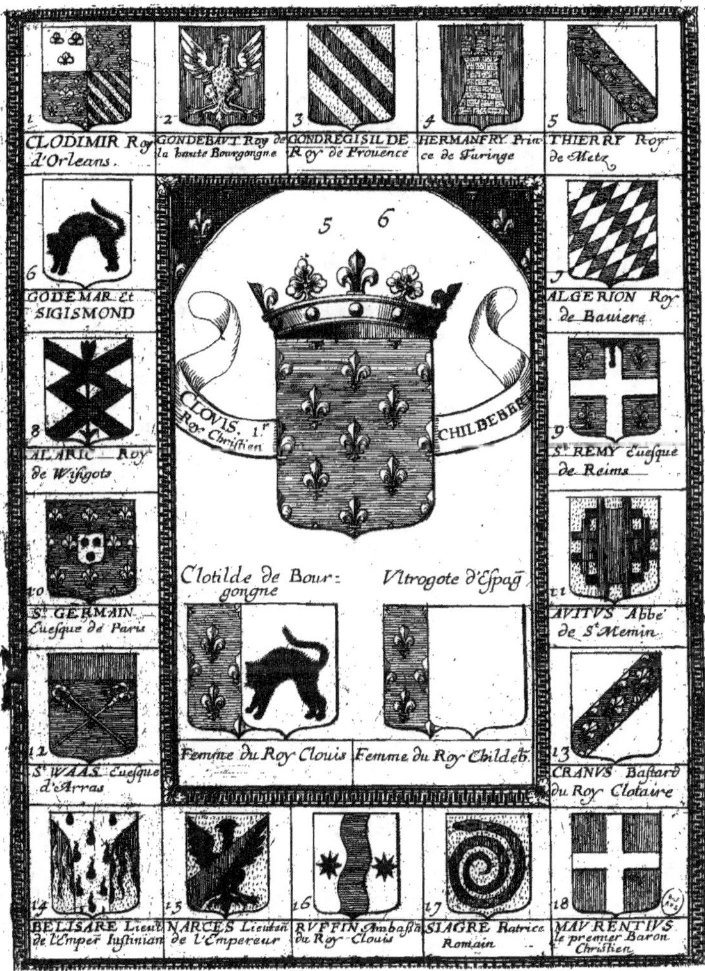

LA Reiné Vltrogoté, fon efpoufe, eftoit originaire d'Efpagne, elle fe rendit fort recommendable pour fon extrefme deuotion & charité enuers les pauures; Elle n'euft que deux filles du Roy fon mary, Crothberge & Crothefinde, qui apres le deceds de leur pere, furent emprifonnez auec la Reine leur mere, de peur qu'vn iour elle ne fuffent le fujet de quelque guerre. Cette Reine eftant decedée, fut inhumée pres le Roy fon mary, en l'Eglife S. Vincent, dite depuis S. Germain des prez.

VI. GODEMARE & SIGISMOND, enfans de Gondebaut, deffaits par les trois Rois de France, estans suscitez par leur mere Clotilde de passer en Bourgongne pour vanger la mort de Childeric leur pere, sur les descendans dudit Gondebaut. Godemare assez vaillant & courageux, reconquit quelque temps apres la Bourgongne, qu'il perdit derechef au voyage que firent Childebert & Clotaire, l'an 532.

VII. ALGERION, Roy ou Duc de Bauiere, assista le Roy Theodebert contre Odillon, Roy de Dannemarc, habitant le pays des Cymbres, qu'il tua lors qu'il se chargeoit du butin d'vne ville d'Austrasie, auquel pour recompense de sa valeur, luy donna le gouuernement d'Anuers.

VIII. ALARIC, Roy des VVisigots, tenoit son siege en la Gaule Narbonnoise, & qui comprenoit toutes les prouinces d'entre la riuiere de Loire & les Monts Pirenées, eut bataille en la plaine de Ciuaux pres Lussac, Bourg esloigne de cinq lieues de Poictiers (où on void encore vn grand nombre de supultures:) là les Vvisigots furent taillez en pieces, & Alaric tué de la propre main de Clouis, qui apres la victoire s'empara du Poictou, du Bourdelois, Perigord, Quercy, & Auuergne, & de la ville de Thoulouze, où il trouua les Tresors d'Alaric, & en suitte Angoulesme se rendit à luy.

IX. SAINT REMY, Euesque de Reims, eut l'honneur d'endoctriner le Roy Clouis en la Loy Chrestienne, & luy administrer le Baptesme.

X. SAINT GERMAIN Euesque de Paris, viuoit en ce temps-là, estoit vn tres-excellent personnage, & homme de sainte vie.

XI. AVITVS, Abbé de S. Mesmin lez Orleans, tascha par ses remonstrances de diuertir Clodomir, Roy d'Orleans de la volonté de faire mourir les prisonniers qu'il auoit entre les mains; à sçauoir, Sigismond, Roy de Bourgongne, sa femme & ses enfans; ce que n'ayant pû empescher, le bon Abbé luy predit qu'il en seroit puny par la main de Dieu.

XII. VVAAS Euesque d'Arras, accompagna S.Remy au Sacre du Roy Clouis, lequel estoit en grande reputation de pieté en ce temps-là.

XIII. BELISARE, Lieutenant de l'Empereur Iustinien, homme tres-excellent en guerre, par le moyen duquel il deliura la ville de Rome de la seruitude des Gots, & chassa les VVandales d'Afrique, laquelle il mit souz l'Empire; il prit aussi leur Roy Gelimer. D'auantage, estant accompagné de

XIV. NARCES autre Lieutenant de l'Empereur & vaillant Capitaine, il mit à mort Totilla, Roy des Gots, lequel auoit desja regné plus de dix ans en Italie; tant y a qu'il abolit le nom des Gots en Italie.

XV. RVFFIN, que le Roy Clouis enuoya en Ambassade en Italie vers le Pape Pelagius, pour estre informé de quelque point concernant la Foy,

XVI. SYAGRIVS PATRICE, fils de Gillon, qui auoit entrepris d'vsurper l'Estat sur le Roy Childeric, pere de Clouis, en vengeance de ce Clouis despoüilla le fils de cét vsurpateur du sien mesme, & de la ville de Soissons, l'vne des dernieres forteresses que les Romains occupoient en la Gaule Belgique.

XVII. SYAGRE fut contraint de s'enfuir vers le Roy des VVisigots, Alaric qui sommé de le rendre, redoutant vn si puissant ennemy luy mit incontinent le Patrice entre les mains, auquel le Roy victorieux fit trencher la teste.

XVIII. MAVRENCIVS Cheualier de la suitte du Roy, fut le premier Baron Chrestien en France.

CLOTAIRE

CLOTAIRE, premier du nom, succeda à son frere par le partage qu'ils auoient fait de la Monarchie de Clouis le Grand, leur pere, il eut le Royaume de Soissons qui faisoit partie de la Normandie, Picardie & Flandres, iusques à l'emboucheure de la riuiere de Meuse. Depuis ayant suruescu à ses Freres & Nepueux, il reünit toute cette Monarchie Françoise sous son pouuoir, poursuiuit les Bourguignons, Saxons, Thuringiens & Bretons. Il eut beaucoup à demesler auec ses freres, fit mourir ses nepueux & son propre Fils. Mourut à Compiegne, ayant regné cinq ans seul. Il auoit espousé

RADEGONDE fille de Bertier, Roy de Thuringe, Princesse doüée de grandes perfections de corps & d'esprit, qui porterent le Roy Clotaire à la preferer au plus rare butin qu'il pouuoit remporter de la guerre de Thuringe auec son frere Thierry, elle fut six ans auec son mary sans auoir enfans, puis touchée du saint desir de quiter le monde, elle se separa de luy & de son consentement, & prit le voile de Religieuse à Noyon, Deceda le 13. Aoust 592.

GONTEVQVE ou INGONDE, veufue de Clodomir, Roy d'Orleans, fut la seconde femme du Roy Clotaire, dont il eut cinq fils & vne fille nommée Clasinde, qui fut mariée à Alboyn Roy des Lombards.

D

ARIGONDE fut la troisiesme femme de Clotaire, bien qu'elle fut sœur d'Ingonde, & en eut vn fils nommé Chilperic, Roi de Soissons, puis Roi de Paris, lequel continua la lignée Royalle.

CHVNSONNE ou RODINE fut la quatriesme femme de Clotaire, & en eut vn fils nommé Chrame, lequel s'estant reuolté contre le Roy son pere, fut pris auec sa femme & enfans, puis liez ensemble & iettez dans vn feu par le commandement du Roi.

VANDRADE, fut la derniere femme que Clotaire prit sur ses vieux iours, elle estoit fille de Vachon, Roy des Lombards, & veufue du Roy d'Austrasie. Thibault petit petit nepueu du Roi, qui s'empara dudit Royaume d'Austrasie espousant cette cinquiesme femme, de laquelle il eut deux filles, Indegonde femme de Sigisbert, Roi d'Austrasie, & Ingeltrude qui fonda vn tres-beau Monastere dans la ville de Tours, laquelle fut mere de Bertrand, Archeuesque de Bourdeaux.

LES PLVS RENOMMEZ SOVS LES REGNES DE CLOTAIRE, CHARIBERT, & CHILPERIC premier, sont

I. GONTRAND, Roi d'Orleans fils dudit Clotaire, eut en son partage les Royaumes d'Orleans & de Bourgongne, Charibert Roy de Paris, estant mort sans hoirs, ses freres Sigisbert & Chilperic firent vn nouueau partage, & pour Paris ils s'accorderent par serment, que nul d'eux n'y entreroit, sans le consentement des deux autres Rois. Gontrand seul entretint son serment, la Prouence luy fut renduë par l'Empereur, en laquelle Sigisbert Roy d'Austrasie, son frere, ayant quelque pretentions, fut cause qu'il se forma de longues diuisions entr'eux.

II. SIGISBERT fils de Clotaire I. fut Roy d'Austrasie qu'il eut pour son partage. Il establit le siege de sa Cour à Reims, fut Prince martial, il deffit les Huns dans vn premier combat : mais estãs venus derechef rauager les frontieres de son Estat, il en vint aux mains; toutesfois sans donner aucun combat les Austrasiens prirent la fuitte : ce peuple Idolatre leur ayant fait voir par art diabolique quelques Spectres ou Fantosmes, dont les hommes & les cheuaux furent tellement effrayez, que toute l'armée fut mise à vauderoutte & le Roi fait prisonnier, dont il se deliura par rançon. Apres la mort de Charibert, son frere, accreut son Estat des deux Prouinces de Touraine & de Poictou. Il eut aussi guerre contre son autre frere, Chilperic, Roy de Paris, lequel il poursuiuit iusques à Tournay, où il le fit assieger, mais il fut admonesté par S. Germain Euesque de Paris, de faire paix auec son frere, autrement qu'il tomberoit en la fosse qu'il luy preparoit : mais ce Prince aueuglé de sa passion, ne laissa de faire marcher son armée deuant la ville de Tournay, & passant à Vitry, les Barons de France luy vindrent au deuant, & le reconnurent pour leur Roi, l'ayant leué sur le Pauois ou Bouclier, selon la coustume : mais comme il estoit sans deffenses, deux assassins pratiquez par Fredegonde, femme de Chilperic, le massacrerent dans son camp, son corps fut porté à Soissons en l'Eglise S. Medard qu'il auoit fait bastir, le 14. de son regne l'an 575. il auoit espousé Brunchault, fille d'Atanagil de Roi des VVisigots, dont il sera parlé cy-apres.

III. ALBOIN Roi des Lombards, qui ayant quitté les panonies, vint auec son peuple conquester l'Italie, dont il se fit declarer Roi, s'estant rendu maistre de la ville de Milan l'an 570. Il auoit espousé en premiere nopces Closinde, fille du Roi Clotaire, & sa seconde fut Rosemonde, fille de Guinemont Roi des Guespides. Comme il poursuiuoit ses conquestes, elle le fit empoisonner à Veronne l'an 576. il ne laissa aucuns enfans, les Lombards esleurent en sa place Clebe.

IV. VVARIC, Prince des Bretons qui donna bataille au Roy Gontrand, & défit vne partie de ses troupes.

V. ETHELBERT, Roi de Kend en la grande Bretagne, qui ayant espousé Adilberge, fille de Charibert, laquelle lui auoit esté accordée à condition que ce Prince Payen la laisseroit viure en son libre exercice : elle mena en cét Estat vn Euesque nommé Luitart pour lui administrer les Sacremens, & par son bon exemple fit embrasser la Foi Chrestienne à son mari, auquel temps S. Gregoire Pape enuoya dans la grande Bretagne vn Saint Prelat pour y prescher la Foi : lequel s'acquitta si heureusement, qu'il conuertit tout ce païs, il s'appelloit Augustin Etelberg, deceda l'an 607.

CHARIBERT troifiefme fils du Roi Clotaire, ayant eu la ville de Paris pour partage, il porta le Sceptre François, parut feuere à maintenir les droicts de la Couronne contre l'entreprife d'aucuns Ecclefiaftiques, comme il tefmoigna lors qu'Emeri
Euefque de Saintes, ayant efté pourueu de cét Euefché par le commandement du Roi Clotaire, quelques Euefques affemblez en vn Sinode oferent le depofer : mais Charibert caffa
leur decret, & outre les condamna à vne groffe amende. Il aima la paix & la Iuftice, en fin
apres auoir regné neuf ans, mourut en la ville de Blaye, laiffant la Couronne à fes freres.
Il auoit efpoufé

INGOBERGE, laquelle fut par luy repudiée, eftant deuenu amoureux de deux
feruantes de cette Princeffe *Maroflede* ou *Mirefleur* & de *Marcouete* fa fœur, ce qui donna fujet à S. Germain, Euefque de Paris, de proceder par cenfure contre le Roi, qui ne
vouloit quitter fes concubines, que Paradin dit auoir efté fille d'vn Cardeur : il eut encore
vne concubine appellée Teogilde (fille d'vn berger) qui s'enrichit grandement à la Cour,
& apres la mort de Charibert, tefmoigna vouloir efpoufer Gontrand, Roi d'Orleans, à
quoy il feignit vouloir entendre, mais s'eftant faifi de fes meubles & joyaux plus precieux,
au lieu de l'efpoufer la fit mettre en Religion en la ville d'Orleans.

Quand à la Reine Ingoberge ce fut vne fage Princeffe, qui vefcut fort pieufement, &

fit de grands biens aux Eglifes de Touraine & du Maine, fuiuant en la conduite de fa vie les bons aduis & preceptes de S. Gregoire de Tours. Elle mourut aagée de 70. ans, l'an 539. ayant eu vne feule fille Adilberge, femme de Ethelberg Roi de Kent.

VI. LANDAGESILDE, Comte de l'eftable Lantgraue de Heffe, qui conduifit l'armée Roialle contre Gondebaut, qu'il affiegea dans Comminge & Monmol qui eftoit auec lui, il fut perfuadé de fe rendre, & à peine fut-il forti de la place qu'il fut tué d'vn coup de pierre.

VII. GAVTIER, Prince d'Yuetot, que le Roy Clotaire tua le iour du Vendredy Sainct: La plus part des Autheurs tiennent que cette action arriua de ce que le Roy auoit violé fa femme, logeant en fa maifon. Le Roy pour reparer fa faute, ordonna que les Seigneurs d'Yuetot feroient de là en auant quittes de tous hommages, feruices & obeïffance dûe aux Rois pour leurs terres qui font en Normandie, lefquelles terres ont long-temps ioüy du nom de Royaume, mais depuis quelques années en ça nos Rois ont permis aux Seigneurs du Bellay, qu'ils l'ont eue par fucceffion hereditaire, de s'en qualifier Princes.

VIII. BAVDOVIN premier Chancelier de France.

IX. GOMBAVT, baftard de France, qui s'eftoit fauué de Cologne où Sigifbert l'auoit fait arrefter, il fut trouuer en Italie Narces qui lui fit efpoufer vne femme riche, puis l'incita d'aller à Conftantinople, où l'Empereur le receut comme Prince François : en fuitte il reuint en France. Apres le deceds du Roi Clotaire I. fon pere, accompagné du Patrice Monmol entra en la Septimanie, ou Languedoc, païs d'Aquitaine, puis fe fit declarer Roi de France à Briue la Gaillarde en Limofin, fur qui Gontrand, Roi d'Orleans, fit marcher vne armée, commandée par Landagefilde, comme nous auons dit.

X. MAGAIRE, Comte d'Angoulefme, beau pere du Roy Gontrand, ayant efpoufé fa fille **MARCATEVDE**, & depuis fut Euefque d'Angoulefme.

XI. MONMOL PATRICE, Romain, affifta Gombaut Baftard de France, lequel ayant eu aduis que le Roi Gontrand auoit mandé qu'on le fit mourir auec les autres confpirateurs, il fe prefenta à Leudegefilde armé de toutes pieces, & fe deffendant vaillamment, fut tué à coups de picque, fa femme prife defcouurit les trefors de fon mary, montant à plus de deux cens mille efcus de noftre monnoye, qui furent partagez entre les Rois Childebert & Gontrand, ceftui-ci, ayant par vne Charité loüable donné toute fa part aux pauures.

XII. INIVRIOSVS & BAVDIN, que nous auons ci deuant nommé, furent tous deux Chanceliers de France & Archeuefques de Tours, l'vn apres l'autre fous ces regnes.

XIII. EMERIC, Euefque de Saintes, ayant efté pourueu de cét Euefché par le commandement de Clotaire, quelques Euefques affemblez en vn Sinode, oferent le difpofer, mais Charibert caffa leur decret, & outre les condamna à de groffes amendes, comme nous auons desja dit cy-deuant.

XIV. SAINT GREGOIRE, Euefque de Tours eftoit natif d'Auuergne de la maifon de Polignac, & auoit au pour mere Armentarta. Il eft tenu pour le plus ancien Pafteur qui ait efcrit des Rois François, de forte qu'à bon droict, on peut l'appeller, pere de l'Hiftoire Françoife, qu'il continua prefque iufques aux dernieres années du Roi Childeberg fon Prince, eftant mort l'an 596. à caufe de fa pieté & bonne vie & grande doctrine, & pour l'intelligence qu'il auoit des affaires d'Eftat, auffi fut-il empolyé pour le Roy en plufieurs Ambaffades & Negociations. On a efcrit que la Gaule n'a pas moins efté honorée de lui, que l'Italie a efté par Gregoire le grand, Pape, qui viuoit de fon temps. FORTVNE Euefque de Poictiers, contemporain de ces deux lumieres de l'Eglife, les compare à Gregoire de Nazianzene, difant que l'vn a efté donné au Midy, & ceftui-ci à l'Occident : il viuoit fous Sigifbert Roi d'Auftrafie.

XV.

CHILPERIC premier du nom, Roy de Soiſſons, puis de Paris, aprés le decés de ſon frere Charibert, ayant encouru la haine de ſes freres, meſmes pour le meurtre qu'il permit, qui fut commis en la perſonne de ſa ſeconde femme. Sigiſbert ſon frere s'eſtant ſaiſi ſur luy des villes de Soiſſons & de Paris, le pourſuiuit de ſorte, qu'il fut contraint ſe renfermer dans Tournay: ce Prince luxurieux, cruel & auare ne regna que parmy les diuiſions, il fut toutesfois aucunement loüé d'auoir fauoriſé les lettres: Fut aſſaſſiné en l'an 588. ayant eſpouſé

AVDOVERE ſa premiere femme, laquelle fut peu d'années aprés ſon mariage, repudiée à l'inſtigation de FREDEGONDE, concubine du Roy, qui pareillement donna ordre que cette Reine fut renfermée dans vn Monaſtere en la ville du Mans auec ſa fille Baſinde qu'elle auoit tenuë elle-meſme ſur les fonds de Bapteſme, ayant eſté perſuadée à cela par ladite Fredegonde, durant l'abſence du Roy qui faiſoit la guerre en Auſtraſie: à ſon retour Fredegonde luy dit, qu'il ne pouuoit plus coucher auec la Reine ſans offenſer Dieu, parce qu'Audouere eſtoit ſa Comere, ce qui fut la cauſe du diuorce d'entre luy & la Reine, que la meſme Fredegonde fit depuis inhumainement mourir, ayant eu dudit Roy trois fils, Theodebert, Meroüée & Clouis.

Sa ſeconde femme, fut Galſinde ou Galſonde, fille puiſnée d'Atanagilde Roy des

VVifigots en Efpagne & fœur de Brunehaut Reine d'Auftrafie, laquelle par les ordres de Fredegonde, fe trouua vn iour eftranglée dans fon lict, ce qui produit vne grande haine entre Fredegonde & Brunehaut iuftement indignée de la mort de fa fœur, qui auoit efté richement dottée & honorablement receüe par le Roy qui l'efpoufa en la ville de Roüen. Fortunat dit qu'il la vit paffer à Poictiers dans vn chariot d'Argent fait en façon de Tour.

FREDEGONDE ayant en fin par fes menées, acquis l'honneur de la Couronne par fon mariage auec le Roy, laquelle le fit fauuer à Tournay, comme eft desja dit, & le perdit en fuitte, machinant auffi bien fa mort que celle du Roy d'Auftrafie qu'elle auoit fait affaffiner : Elle complotta ce cruel parricide auec Landry de la Tour, Maire du Palais fur l'opinion qu'ils eurent que le Roy voudroit fe reffentir de l'adultere qu'ils commettoient enfemble, & que Fredegonde mefme defcouurit par mefgarde, lors que fe faifant coëffer le Roy luy donna par derriere de fa baguette fur le dos, elle croyant que ce fut Landry, dit : L'on ne prend pas ainfi les Dames par derriere Landry. Elle fit executer cette enorme action à Chelles, faifant affaffiner le Roy reuenant de la chaffe, l'an 528.

Apres la mort du Roy, Fredegonde fe retira en franchife dans l'Eglife Cathedrale de Paris, où elle fut deffendue par l'Euefque Raimond, & auffi toft pria Gontrand Roy d'Orleans de prendre le Royaume du defunct Roy fon fiere, & la tutelle & protection du ieune Roy qu'il auoit eu d'elle; ce que ce bon Roy fit, & cette protection fut tres-aduantageufe à Fredegonde, toutesfois ingrate à tant de biens faits, elle entreprit mefme d'attenter fur fa vie. Elle mourut l'an 602. eftant diffamée & detestée de tout le monde pour fes paillardifes, parricides & affaffinats; loüée neantmoins d'auoir efté mere d'vn Monarque vertueux : toutesfois elle eft encore admirable, tant pour fon grand iugement en la conduite des affaires publiques, que pour fon courage viril, s'eftant fouuent trouuée dans les Armées auec fon fils, où elle remporta deux fignalées victoires contre Childebert Roy d'Auftrafie, marchant en fes occafions de rang en rang parmy les foldats en les encourageant, & faifant tout le deuoir d'vn prudent & genereux Capitaine.

SVITTE DES ILLVSTRES.

XIV. SAINT GERMAIN, Euefque de Paris, (viuoit en ce témps-là) ce fut luy qui admonefta Chilperic Roy de Paris, de faire paix auec fon frere, luy predifant qu'autrement il tomberoit luy-mefme en la foffe, ce fut luy auffi qui cenfura le Roy Aribert pour fa vie mauuaife & deprauée.

THEODEBERG ET MEROVEE FILS DE CHILPERIC
de fa premiere femme.

XV. THEODEBERG, frere de Meroüée, ennemi de fon oncle, le Roi d'Auftrafie prit fur lui les villes de Tours, de Poictiers & autres au delà de la Loire, & deffit en bataille le Duc Gombaut : mais depuis les Capitaines de fon oncle lui donnerent bataille pres Angoulefme, où il fut tué.

MERVOEE ayant efpoufé la Reine Brunehault, veufue de Sigifbert Roy d'Auftrafie contre la volonté de fon pere, il fut arrefté prifonnier, puis fe fauua, & fut retrouuer Brunehault en Auftrafie, Boffon fauory de Fredegonde s'eftant inutillement efforcé de le furprendre fur le chemin.

XVI. PRETEXTAT Euefque de Roüen, Parain de ce Prince, qui l'auoit marié à Brunehault, fut arrefté prifonnier à la pourfuitte de Fredegonde, & puis enuoyé en exil. Quand à Meroüée, s'eftant depuis retiré à Teroüane, il y fut trahy, & fe voyant preft de tomber és mains de fon pere irrité, il pria l'vn de fes amis & feruiteurs de le tuer; de forte que Chilperic le trouua mort à fon arriuée.

XVII. CVPPA DE BRANDEBOVRG fut auffi (en ce temps) Duc & Maiftre de la Chauallerie de Chilperic, lequel en vne bataille donnée contre les Allemands, fut deffait & rendu fugitif, au raport de du Feron.

XVIII. LANDRY DE LA TOVR, Seigneur de Glatigny auffi Maire du Palais, & General des Armées fous le ieune Clotaire fauory de Fredegonde.

HERMANAGILDE fils de Leuuigilde, Roy des VVifigots en Efpagne, regnoit auffi en ce temps, qui ayant efpoufé Ingonde fille de Sigifbert, Roy d'Auftrafie, fus nommé, fit tant par fes exemples faintes, qu'elle conuertit le Prince fon mary, qui eftoit Arien, en haine dequoy fon propre frere la fit decapiter la nuict auant la Fefte de Pafques l'an 587.

CLOTAIRE II. surnommé le Grand, paruint à la Couronne, n'estant aagé que de 14. mois. Gontrand Roy d'Orleans fut son Parain & son Tuteur, & apres son deceds la Reine Fredegonde prit le gouuernement de l'Estat, recueillit les successions des Rois d'Austrasie, Bourgongne & d'Orleans, qu'il reünit à son Estat, deffit Corbe & Sigisbert, bastards de Thierry Roy d'Austrasie, qui par le Conseil de Brunchault leur bisayeulle, se sousleuerent contre luy, dompta les Saxons, où il tua Bertier leur Duc, puis luy fit couper la teste. Deceda l'an 632. le 45. de son aage, il auoit espousé en premiere Nopce

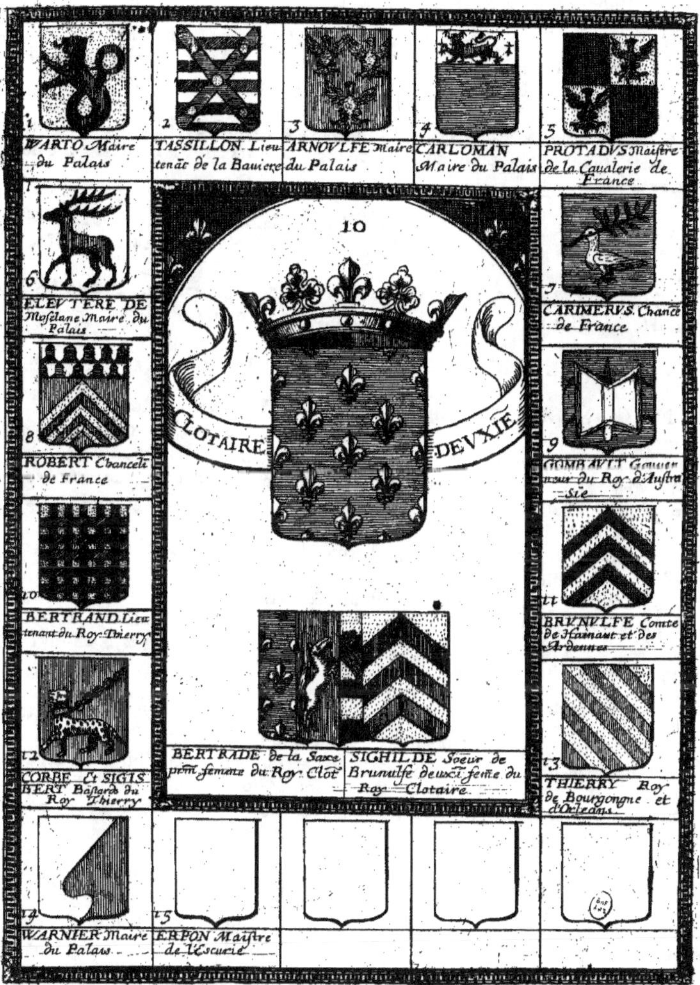

BERTRADE, selon aucuns de la maison de Saxe. Elle tésmoigña par vñ acté signalé combien elle estoit chaste & vertueuse, car Leudmont Euesque de Sens ayant pris la charge de la suborner, elle en aduertit prudemment le Roy son mary, qui pour le respect de la qualité de celuy qui s'estoit tant oublié, luy sauua la vie & luy pardonna, ne le punissant autrement, qu'en luy faisant deffenses de sortir hors de son Diocese, qui fut vne grande humanité de ce pieux Roy. Elle deceda l'an 623.

SICHILDE fut la seconde femme de Clotaire, elle estoit sœur de Brunulphe, qu'on dit auoir esté Seigneur de Hainault & d'Ardennes, & eut vn fils nommé Aribert, qui fut Roy d'Aquitaine.

CEVX QVI ONT ESTE' SIGNALEZ EN CE TEMPS.

I. VVARTO Maire du Palais de Clotaire que le Feron appelle grand Seneschal de France, & Maire hereditaire du Royaume de Soissons, lequel tua Saint Vigille Euesque d'Auxerre en la forest de Cuisse, pres Compiegne.

II. TASSILLON, Lieutenant en Bauiere, apres que Garibaut en eut esté chassé par Childebert II. Roi d'Austrasie.

III. ARNOVLFE Maire du Palais, fils d'Aselbert ou Ausbery Senateur, & de Blithilde, fille de Clotaire I. pere de S. Arnould Euesque de Mets, fut premierement Maire du Palais de France, puis d'Austrasie, puis en fin Chancelier de France l'an 632.

IV. CARLOMAN, Maire du Palais.

V. PROTADVS Duc & Maistre de la Cauallerie de France, lequel fut tué par la malice de Brunehault, d'autant qu'il vouloit mettre la paix entre les deux freres Thierry & Theodebert.

VI. ELEVTERE DE MOSELANE Maire du Palais, que le Feron dit estre descendu de Lucien Duc de Lorraine, & qu'il fonda le Monastere des Dames de Mets.

VII. CARIMERVS Chancelier de France & d'Austrasie en l'an 642. homme de grand sçauoir, fut sur la fin de ses iours Euesque de Verdun.

VIII. ROBERT Chancelier de France, qui fut pere de S. Angadrisine, homme de noble race.

IX. GOMBAVLT ce fut luy qui fit sauuer Childebert II. Roi d'Austrasie, dit le Ieune, (cousin du Roi Clotaire) des mains de Chilperic son oncle, le faisant descendre de nuict dans vne Corbeille, le retira ainsi de Paris le menant à Metz, où il le fit couronner Roi le iour de Noel l'an 578. puis estant grand & se voulant vanger de la mort de son pere, enuoya des Ambassadeurs vers Gontrand pour auoir la Reine Fredegonde, ce que le Roi Gontrand refusa.

X. BERTRAND Lieutenant de l'armée du Roi Thierri, prit Meroüée, fils de Clotaire en vne bataille pres Estampes.

XI. BRVNVLFE Comte de Hainaut & d'Ardennes.

XII. CORBE & SIGISBERT bastards de Thierri d'Austrasie persuadez par Brunehault leur bisayeulle de s'armer contre Clotaire, furent deffaits, & en suitte ladite Reine se retira en Bourgongne, où elle fut prise par VVarnier.

XIII. THIERRY Roi de Bourgongne & d'Orleans puis d'Austrasie, estant conformement auec son frere Theodebert sous la tutelle de Brunehaut, leur ayeule paternelle, perdirent vne sanglante bataille contre Landri qui se saisit sur Thierri, & depuis apres la mort de Fredegonde ils eurent la victoire contre Clotaire pres la ville de Sens, où moururent trente mil hommes, rendirent les Gascons tributaires, il mourut de poison que luy fit donner Brunehaut.

XIV. VVARNIER Maire du Palais de Bourgongne, lequel apres le deceds des deux Rois, cousins de Clotaire, trauailla puissamment à le faire recognoistre Roi de cét Estat, son parti ayant preualu celui de Brunehault, aussi il trouua moyen de liurer cette miserable entre les mains de Clotaire; c'est pourquoy le Roy le fit marier, & luy donna pour armes à luy & à ses descendans la Banniere de France qui est bande d'Or & d'Azur.

XV. ERPON Maistre de l'Escurie l'amena de la Bourgongne Transjuranie, où elle croyoit estre à couuert sous les Armes de ce Roi victorieux, en presence duquel estant arriuée on l'accusa d'auoir machiné la mort de dix Rois & Princes; Sçauoir de Sigisbert, Meroüée, Chilperic, Theodebert, Clotaire, Meroüée fils du mesme Clotaire, Thierri, & ses trois fils, ce qui esmeut tellement Clotaire qu'il commanda qu'elle fut liée à la queuë d'vn cheual farouche qui la demembra en plusieurs parties. Adon escrit qu'elle fut tirée à quatre cheuaux.

DAGO-

DAGOBERT Roy d'Auftrafie & de Bourgongne, fut auffi furnommé le Grand, le Iuste, & le Sainct, digne fils d'vn digne pere, fut inftruit & gouuerné par S. Arnould Euefque de Mets, & par S. Cumbery Euefque de Cologne, tous deux Chanceliers de France enfemble : il eut pour chef de fon confeil Pepin l'ancien, auquel fon pere l'auoit recommandé, il fucceda à la Couronne à l'aage de 26. ans, malgré les efforts de fon frere Aribert, fon aifné, auec lequel il partagea le Royaume l'an 628. fuiuant la volonté de leur pere, chaftia les Gafcons rebelles & ceux de Poictiers, dont il raza leur ville. Deceda l'an 644. Il fuft le dernier Roy de cette Race qui donna des preuues de valeur, & qui eftendit la reputation du nom François parmy les Eftrangers.

CLOMATRVDE fœur de la Reine Sigilde, derniere femme de Clouis, qui luy commanda de l'efpoufer, comme il fit l'an 629. mais cette Princeffe eftant fterile, ou bien pource que le Roy fe deffioit d'elle, à caufe de Brunulphe fon frere qu'il auoit fait mourir, il la delaiffa à Ruilly lez Paris, & efpoufa depuis

NANTILDE, qui felon aucuns eftoit fille de Sandregifile, Maire du Palais, ayant efté tirée d'vn Monaftere. Deceda l'an 648. laiffant Clouis II. qui continua la lignée; Imine & Adelle, Religieufes à Tours & Rotilde, femme de Ledarie, grand Foreftier des Ardennes, duquel font iffus les Comtes de Flandres.

F

I. **ARIBERT** de France Roy d'Aquitaine, Prince genereux & prudent dompta toute la Gafcongne & eftendit les limites de fon Eftat, iufques fur la frontiere d'Efpagne. Le Roy Dagobert fon frere luy enuoya fouz la conduite de Pepin Maire du Palais fon fils (nouueau né) qu'il nomma fur les fonds de Baptefme, regna 8. ans. Deceda l'an *639*. Laiffant pour fucceffeur Chilperic fon fils, qui le furuefquit peu de iours.

II. **IVDICAEL** Roy de Bretagne, eftant en la mauuaife grace du Roy Dagobert, à l'inftance de S. Eloy, Euefque de Noyon, le vint trouuer en fon Palais de Chichi la Garenne (aujourd'huy S. Oüen) où il rendit l'hommage qu'il deuoit à la Couronne de France, & ainfi luy & les Bretons rentrerent en grace. Mais il fut contraint de quitter le tiltre de Roy & prendre celuy de Comte.

III. **PEPIN DE LANDAN**, dit l'Ancien, Maire du Palais de Dagobert, auquel fon pere l'auoit recommandé. Il eftoit pere de fainte Gertrude & pere de Begua, femme d'Anchife, pere de Pepin Heriftel, auffi Maire du Palais, dont nous parlerons cy-apres.

IV. **AVDOMIVS** Chancelier de France, où S. Oüen, homme tres-vertueux, plain de valeur & entendu aux affaires, il fut general de l'Armée enuoyée contre les Gafcons ou Bafques, & depuis il s'addonna à la faincteté de vie, il fut Archeuefque de Roüen & Abbé de Rebez en Brie.

V. **SANDREGESIL** Maire du Palais, & beaupere du Roy, qui s'eftant voulu efleuer au deffus du Roy fon maiftre, il defcheut (ce dit le Feron) de toute authorité, le Roy luy arracha la barbe, puis luy ofta le Duché de Guyenne & le gouuernement de fa perfonne.

VI. **AVBERT DE LEMBOVRG**, ou **LVXEMBOVRG**, Chancelier de France, Abbé de Fontenelles & depuis Archeuefque de Roüen apres la mort de S. Ouyn qui l'auoit facré, & auoit efté premierement Secretaire, faifant les priuileges Royaux, puis il eut la garde de l'Anueau Royal.

VII. **EQVA**, Maire du Palais, Duc & Maiftre de la Cauallerie de France, homme vertueux, qui conduifit prudemment les affaires de l'Eftat auec la Reine Nantilde l'efpace de trois ans.

ARCHENAL fils d'Equa fut auffi Maire du Palais apres fon pere fouz le regne de Dagobert & Clouis.

VIII. **ARCHENAL BRIENLAND** homme de tres-Illuftre race, Maire du Palais, du nom duquel il s'eft trouué deux autres qui fe font fait auffi fignaler, l'vn fils de Hembert & de Hiftilde, fille de Clotaire, & l'autre d'Ega.

IX. **GONDELAND**, auffi Maire du Palais fous Dagobert.

X. **COGON NORANT**, pareillement Maire du Palais de Dagobert & Gouuerneur de Sigisbert fon fils, il auoit efté receu en cét Office par les Barons de France au lieu de Chrodin qui ne l'auoit voulu accepter.

XI. **SIGISBERT** Roy d'Auftrafie, frere naturel du Roy Clouis II. duquel Royaume il fut inuefti l'an *639*. n'ayant lors que quatre ans, il auoit efté tenu au Baptefme par Aribert Roy d'Aquitaine & Baptizé par Saint Amand Euefque de Strasbourg, ce Prince eftant vn iour à la chaffe fut grieuement bleffé par vn Sanglier, fut long-temps tenu pour mort : mais par les prieres de ce S. Euefque, il fut comme reffufcité, il auoit adopté Childebert fils de Grimoald pour fon fucceffeur.

XII. **GRIMOALD** Maire du Palais d'Auftrafie apres le deceds dudit Sigifbert, s'empara du Royaume d'Auftrafie, violant la Loy de l'Eftat, entreprit d'eftablir au Trône Royal Childebert fon propre fils : mais Clouis ayant pris les armes contre luy, liura bataille, où il fut pris (& fon fils tué) conduit à Paris, où il fut executé à mort.

XIII. **ARCHENOAL** ou **ARCHAMBAVLT**, coufin du Roy Dagobert de par fa mere & Parain de Clouis, que le Feron dit auoit efté l'Ambaffadeur qui amena la Reine fainte Baudour en France, l'ayant, (dit-il) pour fa beauté & noble fang rachetée & amenée des parties tranfmarines; ce fut luy qui confeilla le Roy de faire part de fes trefors à fon frere Sigifbert Roi d'Auftrafie.

CLOVIS II. prit naissance l'an 639. succeda à la Couronne, aagé de huict ans souz la Regence de Nantilde, sa mere & du Maire du Palais. Ega fit la guerre aux Turingiens qu'il vainquit de son temps : il y eut vne grande famine en France, & pour y obuier & suruenir à la necessité des pauures, il fit vendre la couuerture de l'Eglise S. Denis qui estoit d'argent.

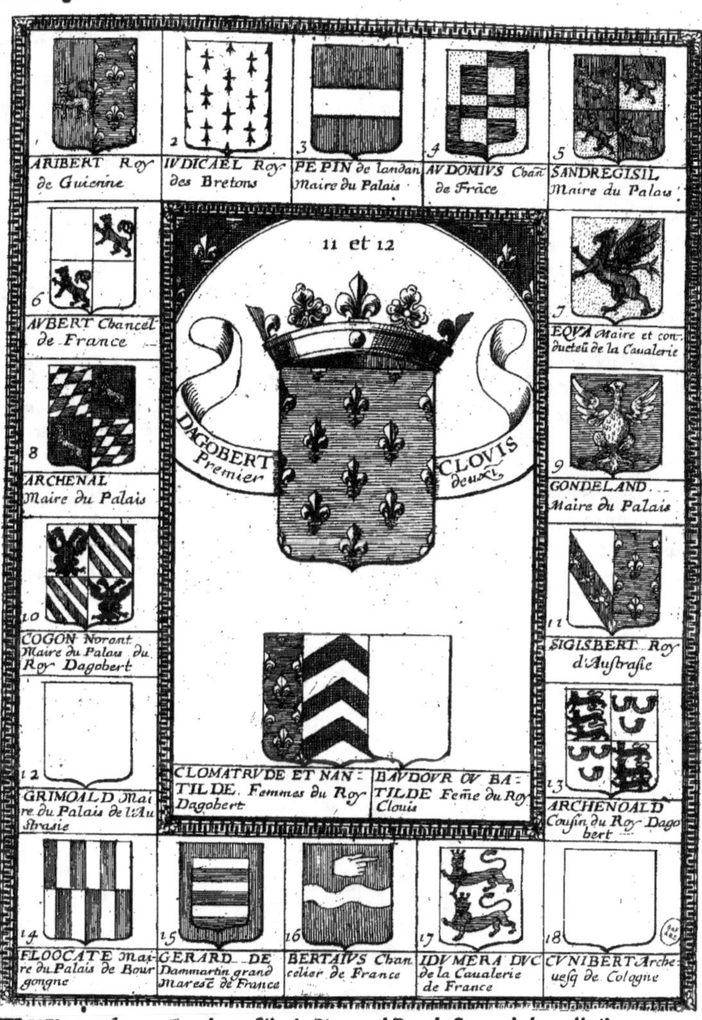

EVT pour femme Baudour, fille de Sigueard Roy de Saxe, de laquelle il eut pour enfans Clotaire III. Childeric II. & Thierry III. leur mariage fut celebré l'an 565. Cette Princesse fonda l'Abbaye Royalle de Chelle, où à la fin de ses iours se rendit Religieuse, & y deceda le 26. Ianuier 676. où son corps repose : elle fonda aussi l'Eglise de S. Pierre de Corbie pres Amiens.

XIV. FLOOCATE Maire du Palais de Bourgongne, auec Gaillebault Patrice d'outre le Mont Iura, par leurs querelles & animositez penserent troubler l'Estat, pendant lesquels mouuemens Guillebault fut tué, auquel Floocate ne suruesquit gueres, & apres sa mort n'y eut plus de Maire du Palais en Bourgongne.

XV. GERARD DE DAMMARTIN, grand Mareschal de France, qui au raport de du Feron, fit le voyage de la Terre Sainte auec Clouis, où il fit plusieurs actions dignes de memoire : mais il n'y a pas d'apparence que cela soit veritable.

XVI. BERTAIRIVS Chancelier de France, disciple de S. Ouën, fut garde de l'Anneau Royal, il escriuit l'histoire de son temps, qui fut poursuiuie par Bertairius son disciple : mourut à Chichi la Garenne, qui porte aujourd'huy son nom.

XVII. IDVMERA Duc de la Cauallerie Françoise.

XVIII. CVNIBERT Archeuesque de Cologne & PEPIN Maire du Palais, eurent la charge de conduire le Roy Clouis à Orleans, lors de son Baptesme, où Aymont dit, qu'il respondit *Amen* à l'Euesque, quand on le baptisa, bien qu'il n'eust que quarante iours.

AVDEBERT Anglois de nation, fut jetté hors de son Euesché par le commandement du Roy d'Angleterre, vint en France, où le Roy Clouis le receut humainement, le faisant pouruoir de l'Euesché de Paris, eut pour successeur à l'Euesché Landry, du consentement duquel l'Abbaye de Saint Denis fut exempte de sa Iurisdiction, à la priere dudit Roy Clouis.

SISENAVLT Seigneur Espagnol, ayant imploré le secours du Roy Dagobert contre SVINTILLA Roy d'Espagne, par le moyen duquel ce Roy fust mis hors de son Trosne, & SISENAVLT establly en sa place, s'emparant de son Estat & de sa Coronne, pour lequel signalé bien fait, il fit de grands presens au Roy Dagobert, qui les employa au bastiment Royal de S. Denis en France.

CLOTAIRE III. Roy de France, commença son regne l'an 660. & fut mis sur le Trône François auec la Reine sa mere, estant fort ieune, aussi bien que son pere, lors qu'ils paruindrent à la Couronne, qui fut la cause de la grande authorité des Maires du Palais, lesquels abusoient de leur pouuoir. Il regna enuiron 4. ans & deceda sans hoirs.

CHILPERIC II. Roy de France & de Bourgongne fut enuoyé en Austrasie pour y estre Couronné, & son frere estably Roy de France par les artifices d'Ebroin, contre lesquels Chilperic s'arma, prit Ebroin & l'enferma dans vn Monastere. Thierry pris & degradé des marques Royales, & enfermé dans l'Abbaye de S. Denis. Ce Roy fut assassiné par Bodille enuiron l'an 667.

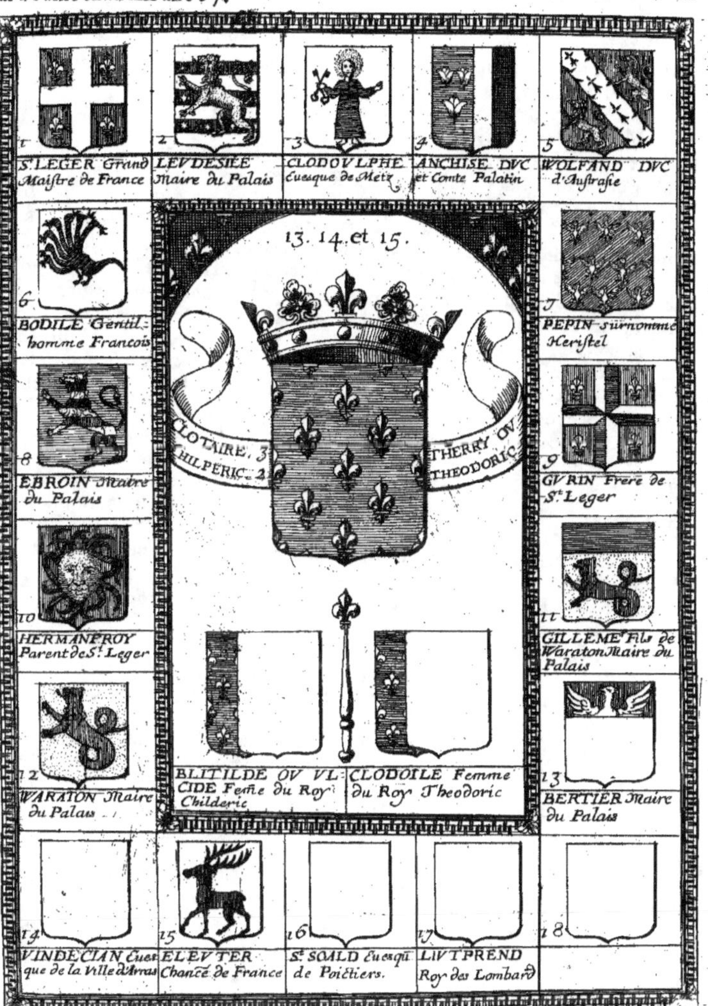

THIERRY après la mort du Roy Childeric fut retiré de son Abbayé & restably au Trône Royal, & luy fut baillé pour Maire de son Palais Landregesilde, fils d'Archenoald, lequel fut tué par Ebroin & le Roy Thierry, ayant regné enuiron 23. ans deceda l'an 690 laissant de Clode sa femme deux fils, Clouis & Childebert.

I. SAINT LEGER natif de Poictou fut Grand Maistre de France, & depuis Euesque d'Autun, lequel ayant par le rapport des mauuais garnemens, encouru la haine du Roy, eut commandement de se retirer à Luxeul en Bourgongne, & depuis estant reuenu en son Euesché, fut mis à mort par Ebroin Maire du Palais, qui estoit en grand faueur & credit pour lors.

G

II. LEVDESILE ayant esté estably Maire du Palais, (en consideration de son pere Archambault qui auoit bien administré l'Estat en son temps) tenant le Roy & les Richesses du Royaume, contre lequel Ebroin (estant sorty de son Monastere) s'arma, & se rendit si puissant, qu'il gaigna vn bataille sur luy, & s'estant asseuré de la dignité de Maire le fit mourir.

III. CLODOVLPHE fut Euesque de Mets apres S. Arnould, son pere, & depuis Archeuesque de Treves. Deceda l'an 700. estoit aagé d'enuiron cent ans.

IV. ANCHISE autre fils de S. Arnoul, Duc & Comte Palatin, fut malheureusement assassiné par Gandouin, son fillol, lequel il auoit fait esleuer à de grands Estats & dignitez. Il fut pere de Pepin Heristel, dont nous parlerons cy-apres.

V. VVOLFAND ou VVilfoald, que le Feron appelle Duc d'Austrasie, qui apres la mort du Roy son maistre, se retira vers Pepin, puis ayant fondé l'Abbaye S. Michel pres Veronne, s'y retira, & y finit ses iours.

VI. BODILE estoit vn Gentilhomme François ou de Franconie, & de bonne renommée, qui ayant esté fustigé par le commandement du Roy Chilperic, estant au desespoir de cette ignominie, se resolut de le tuer, ce qu'il executa, l'ayant vn iour rencontré à la chasse en la forest de Liury, puis fut au Chasteau de Chelles, où il tua aussi la Reine qui estoit enceinte de son premier enfant.

VII. PEPIN surnommé Heristel, lequel eut pour ayeul S. Arnoul & Sainte Begue pour mere, femme du Duc d'Anchise, son pere, il eut auec le Duc Martin, son cousin, le commandement de l'Estat souz les Rois Childebert II. & Thierry II. Roy d'Austrasie, lors Ebroin estoit Maire du Palais de France, lequel par son ambition dereglée, voulant attirer à soy tout le gouuernement & conduite des affaires des deux Royaumes, les poursuiuit par armes, comme aussi fit Berthier, gendre de VVaraton, qui auoit esté esleué à cette dignité, laquelle Pepin paruint aussi, où son rang ayant vaincu & dissipé les forces de Berthier par vne bataille donnée au pays de Vermandois : ce qu'y fit qu'en fin il eut seul l'entier maniement des deux Royaumes de France & d'Austrasie, lesquels il conduit auec toute la prudence & adresse qu'on pourroit desirer en vn fidelle Ministre, sous les Rois Clouis III. Childebert III. & Dagobert II.

VIII. EBROIN Maire du Palais, issu du pays de Germanie, homme cruel, perfide & sanguinaire, lequel abusant de son authorité par sa maudite ambition, embraza toute la France de troubles & guerres ciuiles entre les Rois Childeric II. & Thierry freres.

IX. GVERIN frere de S. Leger fut aussi mis à mort par les menées d'Ebroin, le faisant lapider.

X. HERNANFROY parent de S. Leger entra secrettement de nuict en la Chambre d'Ebroin, le tue en son lict, & s'enfuit vers Pepin.

XI. GILLEMER fils de VVaraton, fut Maire du Palais, ayant supplanté son pere qui auoit esté estably au lieu d'Ebroin, mais ce mauuais garnement apres tel malheureux acte, ne iouit gueres de cette dignité par la permission de Dieu, qui voulut vanger cette meschante action.

XII. VVARATON fut restitué en son Estat. Vincent de Beauuais dit, que VVaraton auoit succedé à la cruauté d'Ebroin, ayant fait tuer S. Vigile Euesque d'Auxerre dans la forest de Compiegne.

XIII. BERTHIER gendre de VVaraton, homme de peu de courage & peu apte à manier telles affaires, eut guerre contre Pepin, auec lequel il eut bataille, où il fut tué par les siens mesme.

XIV. VINDECIAN Euesque d'Arras ayant par ses doctes exhortations induit le Roi Thierri à penitence & amendement de ses fautes, tant pour le meurtre qu'il auoit tolere de Saint Leger qu'autres, afin que cette reparation faite à Dieu, seruit au salut de son ame & d'exemple au public ; Fonda l'Abbaye de Saint VVast pres Arras, où il fut enseuely.

XV. ELEVTER Cheualier François, fut en ce temps Chancelier de France. Le Feron le fait descendre d'vn nommé Lucian, Duc de Lorraine.

XVI. DIDON Euesque de Poictiers, qui ayant assisté l'vsurpateur du Royaume d'Austrasie, se saisit du ieune Prince Dagobert, qui deuoit succeder à son pere, le conduisit en Escosse & le confina dans vn Monastere.

NOMS & Armes des Illustres souz les regnes des Roys de France, CLOVIS III. CHILDEBERT II. DAGOBERT II. CHILPERIC II. & CLO-TAIRE IV. THIERRY IV. CHILDERIC III. & PEPIN LE BREF, sous le Gouuernement des Maires du Palais, Pepin Heristel & ses enfans, Dreux ou Drogon, Grimoald, Charles Martel & Pepin le Bref son fils, qui fut Roy de France.

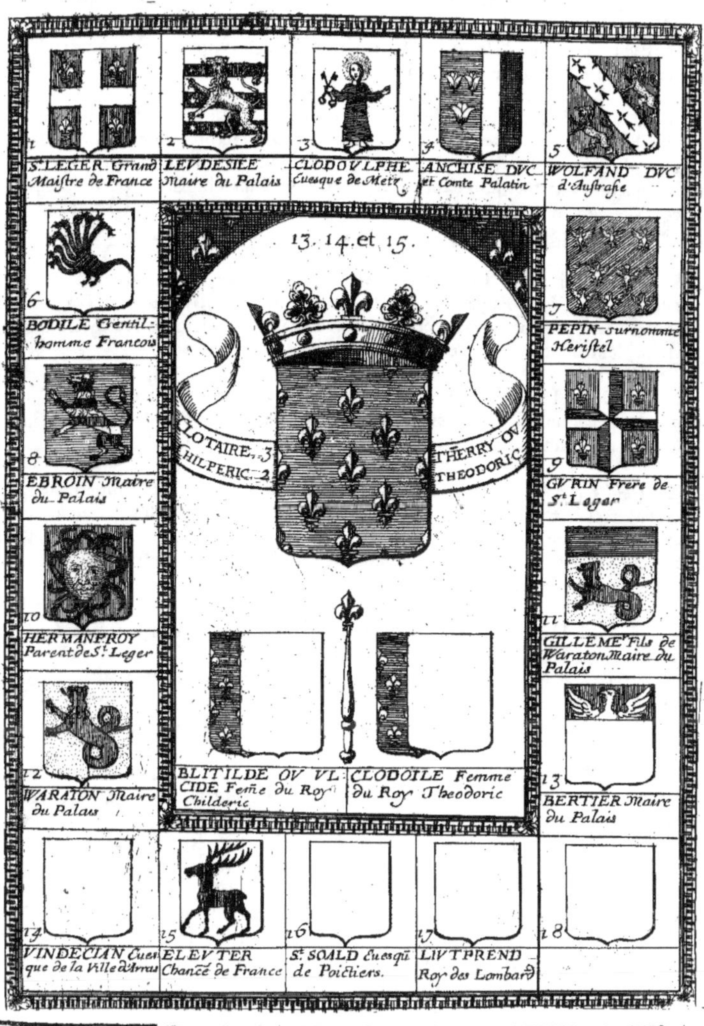

D'Autant que les Regnes suiuans iusques à Pepin le Bref (inclusiuement) ont esté de peu de durée, & que les personnes Illustres contemporains, ont presque esté tous sous les Regnes de ces Rois ; I'ay creu n'estre à propos de les repeter pour éuiter prolixité , ains me suis contenté de dire qu'il eut esté besoin de mettre les Maires en chef plustost que les Rois mesmes, d'autant qu'ils estoient regis & gouuernez par les Maires de leurs Palais, à sçauoir Pepin Heristel & ses enfans qui ensuitte ont obtenu la Couronne de France.

I. **CLOVIS III.** du nom, fils aifné du Roy Thierry, commença fon regné l'an 689. fous la conduite de Pepin Maire de fon Palais, qui paffa le Rhin, dompta les Saxons, Frifons & Sueuiens, qui s'eftoient diftraits de l'obeiffance des François. Ce Roy mourut fort ieune, n'ayant regné enuiron que trois ou quatre ans, laiffant fon Royaume & fa Couronne à fon frere.

II. **CHILDEBERT II.** furnommé le Iufte, il eft auffi appellé Dagobert II. fouz luy Villiers Prince des Sueues qui s'eftoit reuolté, fut viuement pourfuiuy, contre lequel Anepos Euefque fut conducteur de l'Armée au nom du Roy, qui deceda l'an 711. le nom de fon Aliance eft inconnu en l'hiftoire.

III. **DAGOBERT II.** dit le Ieune fucceda à la Couronne de France par le decez du Roy Childebert fon pere. Apres le deceds de Pepin Heriftel & de Grimoald fon fils Maires du Palais, Plectrude fa veufue s'empara du gouuernement de l'Eftat qu'elle adminiftra quelques années fous l'authorité de fon petit fils Thibault, contre lefquels les François s'efleuerent, où le Ieune Thibault fut vaincu, lequel s'eftant enfuy, ils efleurent en fa place Ragenfroy iadis Comte du Palais. Le Roy Dagobert deceda l'an 715.

IV. **CHILPERIC III.** dit Daniel, Roy de France, fut tiré d'vn Monaftere & puis efleué fur le Trône Royal par Rainfroy Maire du Palais, lequel faifant la guerre au Prince des François Charles Martel. Ce Prince eftant victorieux fur le Roy Chilperic & fon Maire, leur oppofa vn autre Prince nommé

V. **CLOTAIRE** qu'il fit reconnoiftre, & luy fit prendre la qualité de Roy qui fut le IV. de ce nom. Chilperic eftant auec fon Maire vaincus par Martel en la plaine de Vinciac dans le Cambrefis. Ce Roy deceda à Noyon l'an 720. fans lignée.

VI. **THIERRY IV.** Surnommé de Chelle, (apres la mort de Chilperic) le Prince Charles Martel le fit declarer Roy la mefme année : mais il ne laiffa pas de gouuerner l'Eftat fous luy & de s'acquerir toute l'authorité. Pendant ce regne il deffit la puiffante armée des Sarrazins, pres la ville de Tours. Ce Roy deceda fans hoirs qui luy ayent fuccedé l'an 733. Apres fa mort

VII. **CHILDERIC III.** fut efleué à la dignité Royale l'an 742. Sous luy les enfans de Charles Martel furent la matiere de l'hiftoire de France, prenant la qualité de Maire du Palais. Carloman pour l'Auftrafie, & Pepin pour la Neutrie & Bourgongne, qui comprenoient toute la France. Carloman s'achemina à Rome, où y eftant fe rendit Religieux, & Griffon tué en Aquitaine par le commandement de Gaultier.

VIII. **PEPIN** fit tenir vne Affemblée ou Parlement à Soiffons, où les Prelats & la Nobleffe du Royaume refolurent l'an 752. que le Roy Childeric fut degradé, & enfermé dans vn Monaftere, ce qui fut approuué par le Pape Zacharie; ce fut le dernier Roy de la race des Meroüingiens, & Pepin fut en mefme temps efleu Roy de France, oingt & facré par Boniface Euefque de Mayence, Legat du Pape & fut le premier Roy de cette lignée le premier May l'an 752. Il contraignit les Saxons de luy rendre l'homage comme ils deuoient à ces predeceffeurs Rois de France, fecourut le Pape Eftienne contre Adolfe Roy des Lombards, fit leuer le fiege de deuant Rome, prit Toulouze. Il deceda l'an 768. apres auoir affermy à fa pofterité l'Eftat & Couronne de France. Il auoit efpoufé Berte ou Bertrade, le nom de fa famille n'eft affeuré.

LES ILLVSTRES SOVS LES REGNES DE CES ROYS
cy-deffus nommez, furent

I. **DREVX ou DROGON**, fils de Pepin, fut Comte de Change & Duc de Bourgongne, lequel fouz l'authorité de fon pere, fut Duc ou conducteur de la Cauallerie de France, & à continué fouz les regnes de Childebert & Dagobert.

GRIMOALD, autre fils de Pepin, fut Maire du Palais de VVefterce fouz ce regne, lequel comme il alloit vifiter fon pere à Ioynuille, fur Meufe, fut affaffiné dans l'Eglife S. Lambert par vn Capitaine de la gardé de Rabert, Duc de Frize, & à continué fous les Roys Childebert & Dagobert.

THI-

THIBAVLT fut eſtably en la place de Grimoald, ſon frere, par Pepin Heriſtel, leur pere, lequel Pepin mourut toſt apres, laiſſant ſa femme Plectrude, Princeſſe d'vn courage viril, qui s'empara du gouuernement ſouz l'authorité de ſon ieune fils Thibault, & craignant d'eſtre ſupplantée par Charles Martel, elle le fit arreſter à Cologne, lequel apres s'eſtre mis en en liberté deffit Reinfroy qu'elle auoit eſleu & conſtitué en ſa place, combien qu'il fut alié de Rabord Duc de Frize qu'il combattit vaillamment ſouz le regne du Roy Dagobert.

CHARLES MARTEL, Duc & Prince des François, fils de Pepin & d'Alpaïde ſa ſeconde femme, les calamitez qu'il ſouffrit au Prin-temps de ſon aage les iniures do-meſtiques, dont il fut affligé par les puiſſans aduerſaires qu'il eut en teſte, tant dedans que dehors le Royaume, ne l'empeſcherent pas qu'en fin il ne paruint au deſſus de ſes hauts deſſeins, & s'acquiſt l'authorité ſouueraine, en l'adminiſtration du Royaume, faiſant par ſa puiſſance regner en France quatre Princes; ſçauoir, Dagobert II. du nom, Chilperic II. qui fut tiré du Cloiſtre, Clotaire IV. & Thierry. Plectrude autre femme de ſon pere luy portoit vne ſecrette enuie, craignant qu'il l'a ſupplantaſt, elle le traitta fort mal, meſmes le fit empriſonner dans la ville de Cologne, d'où eſtant eſchapé & ayant recou-uert ſa liberté eut guerre contre le Roy Chilperic, conduit par ſon Maire Rainfroy, où il eut du pire, depuis s'eſtant remis, à ſon tour obtint vne victoire contre Chilperic & ſes aduerſaires, leſquels il pourſuiuit ſi viuement qu'il les mena battant iuſques aux portes de la ville de Blois, miſt l'Auſtraſie en ſon obeïſſance, fit declarer Clotaire Roy, l'oppo-ſant à Chilperic, lequel il deffit, prit Rainfroy dans Angers, rangea les Sueues & Saxons, puis s'eſtant fait declarer Prince & Duc des François en vn Parlement ou Aſſemblée des Eſtats Generaux, fit guerre au Duc d'Aquitaine. En l'an 726. le 22. Iuillet gaigna la Me-morable Iournée de S. Martin le Bel pres Amboiſe & Bleré, où le combat dura ſept ou huit iours, où il fut tué plus de trente ſix mil hommes, n'ayant fait perte que d'enuiron quinze cens Chreſtiens: c'eſt en cette bataille où il acquit le ſurnom de Martel, ſe rendit maiſtre de la Bourgongne, deffit Amorée Roy infidelle venu d'Eſpagne, lequel il tua, dompta les Friſons, Saxons, Allemands & Bauarois, en fin apres auoir diuiſé ſes Eſtats entre ſes enfans, fit la paix en l'Italie & Allemagne. Deceda le 21. Octobre l'an 741. il fut mis au rang des Rois à Saint Denis, auec cette inſcription ſur ſon tombeau CAROLVS MARTELLVS REX.

II. NODEBERT, que le Feron appelle Grand Maiſtre de l'Hoſtel du Roy Clouis, & qu'il dit auoir commandé en la preſence de Pepin.

III. CARLOMAN Duc & Prince des François, fils aiſné de Martel, & qualifié Roy par quelques Autheurs, eut le pays d'Auſtraſie & Thuringe, par le partage qu'il fit auec ſon frere le Roy Pepin, & vainquirent conjointement Odillon Duc de Bauiere, le contraignant de quitter le tiltre de Roy & reprendre celuy de Duc, & faire homage à la France, quittant le monde, laiſſa ſes Eſtats à Pepin ſon frere, & vne partie à Dreux ſon fils vnique, qu'il miſt és mains dudit Pepin.

IV. GODOIN Capitaine des Bandes Royalles, qui malheureuſement tua le Duc Anchiſe ſon parain, qui auoit eſté eſleué par luy aux grandes charges, Eſtats & dignitez.

V. GRIFFON Duc d'Auſtraſie & d'Andely, eſtoit fils puiſné de Martel, cettui-cy pour n'auoir eſté partagé au Gouuernement de l'Eſtat comme il pretendoit, s'arma con-tre Carloman & Pepin ſes freres, ſe ſaiſit de Laon, où il fut aſſiegé par iceux & contraint de ſe rendre à leur mercy, & s'eſtant derechef rebellé paſſa en Saxe, puis en Bauiere, qu'il mit ſouz ſon pouuoir, fut tué en la Morienne allant en Italie, par Gaultier pour auoir violé les droicts d'hoſpitalité.

VI. RABOD, Duc de Frize, Payen, ayant donné ſa fille Tudoſuinde à Grimoald fils de Pepin Maire du Palais, fut conuerty à la Foy Chreſtienne, mais eſtant ſur le poinct d'eſtre baptizé par S. Vvlfran, retira ſes pieds des Fons du Bapteſme, lors qu'on luy dit que ſes predeceſſeurs eſtoient en Enfer, il reſpondiſt qu'il aimoit mieux aller auec eux qu'auec vne poignée de Chreſtiens: mais ſes quatre fils embraſſerent la Religion Chre-ſtienne auſſi bien que leur ſœur.

H

VII. ODILLON Duc de Bauiere garda le Roy Chilperic depuis sa depofition, & qu'il eut efté tiré du Monaftere de Luxeul. Il eftoit beaufrere de Pepin, ayant efpoufé Hiltrude fa fœur. Ce Duc auoit efté nourry & efleué en la Cour de Martel, & poffedoit de grandes Seigneuries en Allemagne. Apres qu'il eut vaincu Landfrid & Thibault Duc de Sueue, voyant le mauuais gouuernement de Chilperic, Roy de France, ofa prendre le tiltre de Roy de Bauiere fans crainte, dont Carloman & Pepin, fes beaux freres eftans aduertis luy firent quitter le nom de Roy, luy laiffant leur fœur qu'il auoit rauie.

VIII. VVILIER Prince de Sueue, s'eftant reuolte contré le Roy Childebert, Anepos Euefque fut conducteur de l'armée Royale, qui fut enuoyée pour le ranger au deuoir, duquel toutesfois il n'eut pas bonne iffué.

IX. RAINFROY, Maire du Palais, affifta le Roi Chilperic contre Martel, lors Maire du Palais d'Auftrafie, lequel eftant vaincu par Martel, fut contraint de reconnoiftre Clotaire pour Roi que ledit Martel auoit fait oppofer à Chilperic, & Rainfroi chaffe de fa Cour.

X. PEPIN furnommé le Bref, & fils de Martel, fut auffi Maire du Palais, & depuis Roi. Bernard qui eut la conduite de l'armée d'Italie fous Charlemagne. Remi Archeuefque de Roüen (qui a fon inftance le Roi Pepin, fon frere, apporta d'Italie en France le chant dont on vfe à prefent en l'Eglife Romaine.) Hierofme Comte de Vermandois Abbé de S. Quentin, tous enfans de Charles Martel, fouz ces regnes.

XI. CHILDEBRAND, Duc & Comte, felon aucuns, Duc de Mofelane, fils du Duc Martin, & felon autres freres de Martel, auec lequel il eftoit lors de la bataille de S. Martin, & conduifoit vne partie de l'armee.

XII. EVDES, Duc d'Aquitaine, vers lequel le Roi Chilperic eut recours apres qu'il eut efté deffait par Martel auec Rainfroi, fon Maire, lefquels ioints enfemble donnerent bataille audit Martel, lequel demeura victorieux, faifant paix auec Eudes. Ce Roi fut mis entre fes mains, où il deceda toft apres.

XIII. MELIARD de la maifon de de Caourfe en Bretagné, Chancelier de Francé & de Paris l'an 726.

XIV. SAINT BONIFACE, Archeuefque de Mayence, appellé Apoftre des Allemands, Ambaffadeur ou Legat en Allemagne pour le Pape Gregoire II. il fut particulierement recommandé par lui à Pepin, lors que ce Prelat paffa par la France & y facra ledit Roi Pepin.

XV. ESTIENNE III. du nom Pape, eftant perfecuté par Atolfe Roi des Lombards, vint en France vers Pepin, lequel le receut magnifiquement, & fut par lui facré, & oingt derechef auec fes deux fils Charles & Carloman, & fut audit Pape reftitué par le Lombard tout ce qu'il auoit vfurpé.

XVI. DIVRAIS ou DREVRVS (c'eft à dire face vermeille) Roy de Bretagne, eftoit vn grand Prince, apres la mort duquel la Bretagne fut diuifée en fept parties, où les Princes du païs, fe nommerent chacun Roy en fa portion, & eurent guerre perpetuelle enfemble iufques au temps de Charlemagne qu'ils furent vaincus par le Duc Gourdon ou VVidon fon Conneftable, & lors fut aboli le nom de Roy en Bretagne.

XVII. GODEGRANE, Chancelier de France, fut enuoyé au deuant du Pape Eftienne auec autres Seigneurs, lefquels emmenerent fa fainteté en France.

XVIII. ATAVLFE, Roy des Lombards, tres-grand ennemi du fiege Romain apres la mort du Pape Zacharie, voyant Eftienne fon fucceffeur monté au fiege Pontifical, commença de troubler & inquieter, non feulement ledit fiege, mais prefque toute l'Italie. Le Pape fe voyant foible obtint d'Ataulfe par prefens la paix pour 40. ans, mais 4. mois apres le Roy Lombard prit Bologne, apres laquelle il manda au Pape, que s'il vouloit que la paix fur entr'eux affeurée, il falloit que chaque Romain payaft vn efcu par an de tribut : le Pape effrayé de telle menaffe, eut recours à noftre Roi Pepin, qui le remit & reftablit en fes Eftats, comme nous auons dit.

NOMS ET ARMES DES ILLVSTRES SOVS
LE REGNE DV

ROY ET EMPEREVR CHARLES LE GRAND, fils du Roy PEPIN, lequel fut alié en premiere nopce auec THEODORE ou Hermograde fœur de DIDIER, Roy des Lombards, qui l'efpoufa contre fon gré pour complaire à la Reine Berthe fa mere, ce fut en l'an 769. auffi le mariage fut diffous vn an apres, on croid que ce fut pluftoft parce qu'elle eftoit fterile, & depuis efpoufa

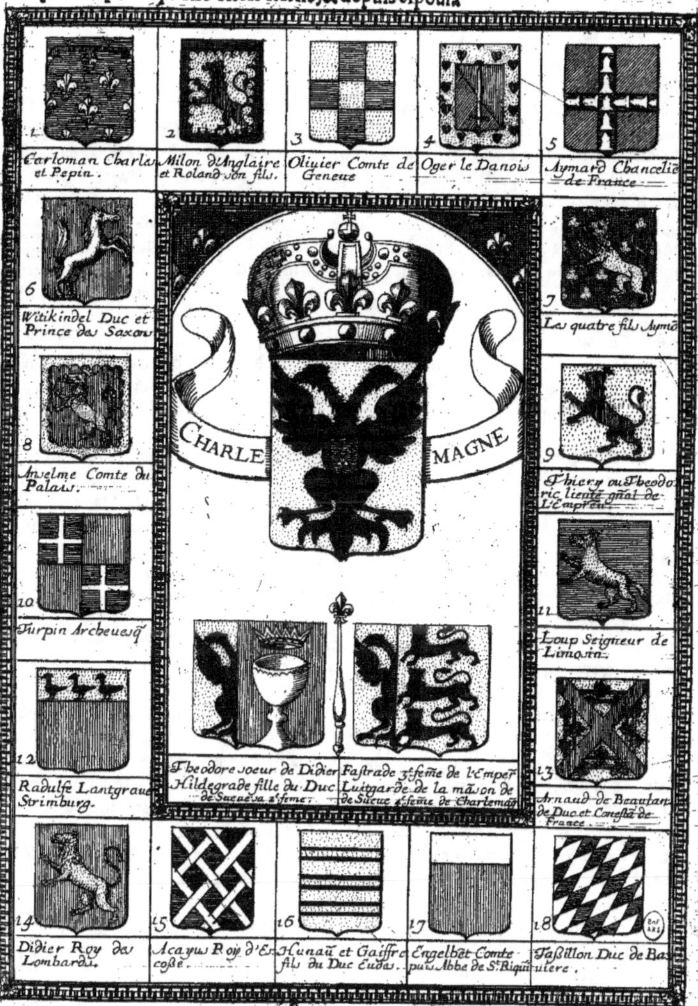

HILDEGRADE, elle eftoit fille de Childebrand Duc de Sueue, de laquelle il eut CHARLES Roy d'Allemagne, PEPIN Roy d'Italie, LOVIS Roy de France & Empereur. Berthe femme d'Engilbert deceda le dernier Avril 785.

FASTRADE fille du Comte Raoul fut fa troifiefme, de laquelle il eut deux filles. Elle deceda l'an 794.

LVITGARDE fut fa derniere femme, iffué de la maifon de Sueue, de laquelle il n'eut point d'enfans, deceda l'an 800.

LE ROY CHARLEMAGNE prit naiſſance l'an 742. à Ingelheim en Alle-magne. Les premieres années de ſa ieuneſſe furent employez en la guerre d'Aqui-taine, viuant encore le Roy Pepin ſon pere, apres le deceds duquel Carloman ſon frere puiſnay partagerent les Eſtats, Charles eut en partage la France Occidentale, & fut cou-ronné à Noyon, aucuns diſent à VVormes, puis il tourna ſes armes contre le Duc d'A-quitaine qui s'enfuit en Gaſcongue chez vn Seigneur nommé Loup qui fut ſommé de le rendre, par ce moyen la paix ſe fit, (de ce Loup ſont iſſus les Seigneurs de Belle-Naue en Limoſin) duquel il reduiſit tout le païs en ſon obeïſſance auec celuy de Gaſcon-gne. Son frere CARLOMAN, ayant peu regné. Il demeura ſeul Monarque des François.

Il entreprit en l'eſpace de trente trois ans neuf ou dix guerres contre les Saxons, encore Payens, en fin les vainquit, fut ſecourir le Pape Adrien contre Didier Roy des Lombards, & ſe rendit maiſtre de ſon Eſtat, fit en ſuitte le voyage de Rome, où il fut couronné Roy d'Italie par le Pape. Les Chreſtiens d'Eſpagne gemiſſans ſous la tirannie des Sarazins im-plorerent l'aſſiſtance de ce grand Monarque, qui prompt a les ſecourir paſſa heureuſement les Monts Pyrenées, prit la ville de Pampelonne, puis ayant paſſé Lebre prit Sarragoſſe & Barcelone. Alfonce Roy de Leon fut auſſi ſecouru de ſes armes, força & ſaccagea pluſieurs villes Sarazines : mais il perdit beaucoup de ſes gens à Ronceuaux par la trahiſon de Ga-nes notable Seigneur de ſa Cour. Charles apres ſon retonr d'Eſpagne retourna pour la troiſieſme fois en Italie, où le Pape en ſa faueur couronna ſes deux fils ; l'vn Roy d'Italie & l'autre Roy d'Aquitaine, là auſſi il contraignit ARGAISE Duc de Beneuent, qui vſurpoit la qualité de Roy, de s'humilier, priua de ſon Eſtat Taſſilon Duc de Bauiere qui s'eſtoit reuolté, il vainquit auſſi les Huns & Auarois qui auoient tenu le party dudit Taſſillon.

Le Pape Leon qui deuoit ſucceder au Pape Adrien, le declara Empereur Auguſte, le couronna & ſacra ſolemnellement à Rome le iour de Noel l'an 801. lors de cette ſolem-nité le peuple qui depuis plus de trois cens ans n'auoit veu d'Empereur, s'eſcria à haute voix. Viue & Triomphe CHARLES AVGVSTE, Couronné de Dieu, Grand & Pacifique Empereur des Romains.

NICEFORE Empereur d'Orient qui auoit recherché ſon amitié, ayant arreſté en-ſemble qu'ils s'appelleroient freres & Auguſtes, l'vn Empereur Latin ou d'Occident, du-quel appartiendroit les Gaules, l'Eſpagne, l'Allemagne, la Hongrie, la Dace, l'Eſclauo-nie, auec partie de l'Italie, & tout le reſte ſeroit d'Orient, de Grece ou de Conſtanti-nople.

Apres ſa promotion à l'Empire Romain, il dreſſa trois armées, l'vne ſouz la conduite de Charles ſon fils aiſné, dont il deſſit les Eſclauons, l'autre repouſſa les Sarrazins de l'Iſle de Corſe, & la troiſieſme fut en Eſpagne.

Il fit tenir cinq Conciles, il entreprit de ioindre les fleuues du Rhin & du Danube, & par meſme moyen la mer Septentrionale à la mer noire, ce qui ne peût eſtre effectué à cauſe des pluyes.

Il ioignit à ſes Eſtats la Gaſcongne, l'Italie, partie de l'Eſpagne, l'Allemagne la Saxe, la Bauiere, la Hongrie, l'Eſclauonie, les Iſles Baleares & autres grands pays. Il comman-doit dans tous les pays qui ſont d'vn coſté, depuis la ville de Bourges & l'extremité de Biſ-caye Eſpagnolle iuſques à Danzic, & aux extremitez de Pologne. Et de l'autre coſté de-puis Tortoze & l'emboucheure du Fleuue Ebre en Caſtille, iuſques à celle du Fleuue Si-laro, & les derniers recoins de l'Italie. Apres qu'il eut pacifié le reſte des troupes d'Italie, finy la guerre de Saxe, dompté les Auarois & Danois, & que derechef il euſt receu le Pape Leon en France. Il fit ſon premier Teſtament l'an 806. il diſpoſa de ſes Royaumes en faueur de ſes fils, deux deſquels moururent auant luy. Il deceda à Aix la Chappelle, lieu de ſa plus ordinaire demeuré, l'an 814. le 28. Ianuier aagé de 72. ans, ayant regné 47. ans en France & tenu l'Empire quatorze. Il fut canonizé par le Pape Paſcal l'an 1166. à la pour-ſuitte de l'Empereur FEDERIC.

I. CAR-

I. CARLOMAN, Roy d'Allemagne, frere du Roy Charlemagne, fut auſſi Roy dé Prouence & de Bourgongne, par le partage fait par le Roy Pepin, leur pere. Aſſiſta ſon frere Charle en la guerre qu'il eut contre Hunault Duc d'Aquitaine. Ce Roy deceda l'an 711.

II. CHARLES, Roy d'Alemagne ou France Orientale & de Bourgongne, fils dé Charlemagne, en l'an 784. deffit les Saxons qui s'eſtoient rebellez, fut enuoyé par ſon pere au deuant du Pape Leon III. iuſques en Sauoye pour le receuoir auec honneur, en l'an 804. s'oppoſa à Godefroy Roy des Danois, & l'empeſcha d'entrer en Saxe, puis de ceda en Bauiere ſans auoir eſté marié, l'an 811.

PEPIN auſſi fils de Charlemagne, ayant eſté couronné Roy d'Italie par le Pape Adrien I. du nom, fut couronné de la couronne de fer, par Thomas Archeueſque de Milan, où il tint ſa Cour, puis à Rauennes, fut enuoyé par ſon pere contre Grimoald Duc de Beneuent, lequel s'eſtoit reuolté, & l'obligea de ſe mettre à ſa diſcretion, & le confina dans Pauie, contraignit les Turcs de faire trefue auec luy. Deceda à Milan l'an 810. aagé de 33. ans, laiſſant pluſieurs enfans.

MILON D'ANGLAIRE ou d'Angers, beaufrere de l'Empereur, que le Feron dit auoir eſté tué par le Roy Aigoland en la Vallée de Roncevaux, il le qualifie Grand Maiſtre de France, & remarque, que Roland ſon fils eſtoit Admiral ou Gouuerneur de Bretagne, & qu'il fut tué en ladite bataille.

III. OLIIVIER, Comte de Geneve &

IV. OGER LE DANOIS, aſſez celebrez par les Romans, auſſi bien qué Roland, viuoit en ce temps-là.

V. AYMARD, Chancelier de France, viuoit ſouz cé regne; c'eſt luy qui compoſa l'hiſtoire de ſon temps.

VI. VVITIKINDEL, Duc & Prince des Saxons, grand perſonnagé de prudence & valeur, auquel Charlemagne donna en mariage Berthe ſa niepce (apres l'auoir aſſujetty) & duquel ſont iſſus les Auguſtes races de par les Rois aujourd'huy regnants les Ducs de Saxe & de Sauoye.

VII. LES QVATRE FILS AYMOND, ont eſté des plus grands Heros dé ce regne, ſi renommez en toutes leurs expeditions Militaires, & qui ont donné origine à la tres-noble race de la Roche-Aymond en Limoſin, de Renault, fils du ſieur de la Roche-Aymond & d'Anthoinette de Brichanteau, ſœur du Marquis de Nangis, Cheualier des ordres du Roy : les Cadets de cette Maiſon, ſont le Marquis de Saint Maixent & les Seigneurs de Fernillac en Perigord.

VIII. ANSELINE fut auſſi Comte du Palais.

IX. THIERRY ou THEODORIC, Lieutenant General de l'Empereur, nourry & en ſes ieunes ans en ſa Cour, par lequel il fut fait Comte & Gouuerneur de la France. Apres la deffaite de VVitixing eſpouſa Iuſte la fille pour les mieux entretenir en l'obeïſſance des Saxons, dont il auoit le gouuernement.

X. TVRPIN Archeueſque, eſtoit contemporain & compagnon d'Armes de Roland, d'Oliuier, les fils d'Aimond & de Renault de Montauban.

XI. LOVP, Seigneur de Limoſin, chez qui Hunault Duc de Guyenne, ſe retira eſtant pourſuiuy par Charlemagne, & de cette Illuſtre Maiſon ſont iſſus les Seigneurs dé Belle-Naue, qui font aujourd'huy aliez des maifons de la Roche Aimond & de du Plef-fis Guenegault.

XII. RADVLFE, que le Feron appelle Lantgraue de Strimbourg, Maiftre de la Caualleric de France l'an 773. il deffit les Bretons & Anglois, & rapporta a Charlemagne leur Armes, & amena les Princes dudit pays qui s'eftoient foufmis.

XIII. ARNOVL DE BEAVLANDE, Duc & Conneftable de France, qui tua de fa main le Roy Aigoland, pres Pampelonne & mourut combattant vaillamment à Roncevaux; c'eft de luy qu'on tient eftre iffue la maifon de Boffut, qui en retient encores les Armes, de laquelle fouz Henry II. eftoit le Seigneur de Longueval.

XIV. DIDIER Roy des Lombards ayant indigné l'Empereur Charlemagne, fon beaufrere, parce qu'il auoit retiré Berthe, femme du Roy Carloman auec fes enfans, de l'eftat defquels Charles s'eftoit emparé & pour les oppreffions qu'il faifoit iournellement au fiege Romain, & auffi qu'il auoit receu Hunault Duc d'Aquitaine, lefquels auoient ma-chiné enfemble de troubler Charles en tout ce qu'ils pourroient, refolut d'enuoyer vne armee, conduite par fon oncle Bernard, auquel commanda de fe faifir du Mont S. Bernard, & luy tira vers le Mont Cerus, où il eut vne cruelle bataille contre les Lombards, d'où Didier fe fauua, puis encore vn autre où Didier eftant efpouuanté fe ietta dans Pauie, où en fin il fut pris & amené en France, confina fes iours à Montdidier en Picardie, mettant fin au Royaume des Lombards.

XV. ACAIVS Roy d'Efcoffe, Prince deuot & prudent, chaffa les Irlandois de fes riuages, & les contraignît de fe tenir en paix, fit alliance auec noftredit Charles luy enuoya Rabaut & Alcuin les deux plus grands perfonnages de ce temps-là.

XVI. HVNAVLT fe portant heritier de Gaultier au Royaume d'Acquitaine, vou-lut empefcher le Roy Charles d'en ioüir, mais Charles eftant entré en Aquitaine, s'enfuit à Loup Duc de Gafcongne, fut tué en l'Abbaye de S. Richard Lombardie.

XVII. ANGILBERT, ce fut cettui-cy à qui Charlemagne donna la charge dé porter à S. Pierre partie du Trefor qui auoit efté pris fur les Huns fuiuant le tefmoignage d'Adelfme.

XVIII. Taffillon Duc de Bauiere, gendre de Didier Roy des Lombards, ayant excité les Huns & les Auarois à faire la guerre au Roy fon Souuerain, par la perfuafion de fa fem-me, fut accufé de felonnie, & fut condamné à perdre la vie : mais par la clemence de Charles il obtint fa grace, & fut enfermé dans vn Monaftere comme fon fils Theodon. Ainfi fut la Bauiere reduite à la Couronne de France.

LOVIS LE DEBONNAIRE ſucceda à l'Empereur Charlemagne, ſon pere, lequel auoit eſté desja aſſocié par luy, & auoit eſté couronné Roy de Guienne par le Pape Adrien dés l'an 781. porta ſes Armes par deux fois en Eſpagne contre les Infideles, renouuela alliance auec les Empereurs d'Orient, receut homage de Harold Roy de Dannemarc, qui ſe fit baptiſer, dompta les Sueues, Saxons & Friſons qui s'eſtoient reuoltez, ſe fait Couronner par le Pape Eſtienne IV. ayant deſigné ſon fils CHARLES Roy d'Allemagne ſes autres enfans LOTHAIRE, LOVIS & PEPIN en furent tellement indignez, qu'ils s'armerent & conſpirerent contre luy ſous pretexte de vouloir reformer les abus de l'Eſtat, le conſtituerent priſonnier en l'Abbaye de Soiſſons & l'Imperatrice ſa femme à ſainte Radegonde à Poictiers : mais depuis eſtant mis en liberté par le Comte Leonard de VVarin, contraignit ſes enfans de luy demander pardon, leſquels ſe reuolterent derechef, & comme il les pourſuiuoit pour les ranger à leur deuoir. Il deceda à Ingelheim l'an 840. ſa premiere femme fut

HERMANGARDE, fille du Comte Ingheleand, Duc Illuſtre de la maiſon de Saxe, la ſeconde fut Iudith fille de VVelſon, premier Comte d'Altorf, ou Rauageat, vne des plus vertueuſe & patiente Dame de ſon temps.

I. LOTHAIRE fils aisné de Louis, fut par luy associé à l'Empire & declaré son successeur l'an 838. puis quelque temps apres couronné Roy d'Italie par l'Archeuesque de Milan, receut le nom d'Auguste le iour de Pasques par le Pape Pascal I. entreprit d'oster tout l'Estat à son pere, sous pretexte de mauuais gouuernement, l'emprisonna, & le fit degrader, s'estant saisi de sa personne. Apres la mort de son pere, se proposa d'empieter les Royaumes de Germanie & de France sur ses freres, auec lesquels il eut bataille pres Fontenay en Auxerrois le iour de Pasques l'an 841. où il mourut plus de cent mille hommes, & fut vaincu, il le fut derechef en vne autre bataille l'année suiuante. Apres tant de trauerse meu de deuotion se rendit en l'Abbaye de Prum pour viure religieusement (apres auoir fait declarer son fils Empereur) & finir ses iours, l'an 855.

II. PEPIN frere de Lothaire, Roy d'Aquitaine, s'arma aussi & marcha contre l'Empereur son pere, se ioignant aux mauuais desseins de ses freres, estant opiniastre en son mal. L'Empereur estant sorty de leurs mains l'enuoya prisonnier puis derechef estant sorty & continuant en sa desobeissance fut priué du Royaume d'Aquitaine, & le Prince Charles son fils en fut inuesty l'an 837. il deceda la mesme année.

III. LOVIS autre fils fut Roy d'Allemagne, ayant pour sa part l'Allemagne, la Bauiere & la Hongrie, sous le nom de France Orientale, ayant aussi quelque temps trempé dans la reuolte de ses freres, fut finalement persuadé d'assembler des forces conjointement auec ses amis pour la deliurance de son pere, & le mettre en liberté, ce qu'il executa. Il deceda à Francfort, l'an 876.

IV. MVRMAN se portant pour Roy en Bretagne, eut guerre auec nostre Loüis, duquel il soustint heureusement les forces: mais en fin s'estant soûmis à luy à condition qu'il quitteroit le nom de Roy, reprenant celuy de Duc fit sa paix.

V. HAROLD, est Roy de Dannemarck, estant en guerre contre Regnier fils de Svvard qui auoit esté esleu Roy en sa place, se voyant le plus foible eut recours à l'Empereur Loüis pour estre secouru, & pour cét effet se fit baptizer à Mayence auec plusieurs Danois de ses gens, afin d'obtenir plus aisément de nostre Loüis ce qu'il pretendoit, l'an 826. mais ainsi qu'il vid qu'il ne pouuoit obtenir le Royaume, & que son competiteur l'emportoit sur luy, il reprit son Idolatrie en laquelle il mourut au Duché de Frize.

VI. HVGVES LE GRAND, dit l'Abbé, fils naturel de l'Empereur Charlemagne, Duc de Bourgongne, fut Prince magnanime & General d'armée sous l'Empereur Charles le Chauue son nepueu, fut tué en vne bataille pres la ville de Tholoze, l'an 844.

VII. DREVX ou DROGON, aussi fils naturel de Charlemagne, paruint à l'Euesché de Mets, fut Archichapelain ou Grand Aumosnier de l'Empereur Loüis son frere & de Lothaire, se porta auec generosité pour son restablissement, qui fut au Concile de Thionville, où ce Prelat presida l'an 835. Il presida aussi en vn autre Concile l'an 845. qui fust tenu pour le restablissement de la paix entre ses freres, conduisit à Rome Loüis II. afin de receuoir sa Couronne Imperialle, où il fut fait Legat & Vicaire du Sainct Siege par toutes les Prouinces qui sont par deçà les Alpes, estant qualifié Archeuesque. Il deceda l'an 857.

VIII. VVARIN de Bourgongne, lequel ayant en horreur la mauuaise action des enfans de Loüis qui l'auoient mis en prison, prist les armes pour sa liberté auec les autres amis de l'Empereur auec tant de succez que Lothaire fut contraint de le deliurer & luy demander pardon.

IX. BERTRIX, Comté de Paris, ou Cubiculaire, fut Garde du corps de l'Empereur.

X. ADELHARD, Comte de Paris & de Spolette.

XI. CHARLES D'ARGIES Connestable de France, deffit en bataille Murman Duc de Bretagne le contraignant de receuoir la loy de Loüis le Debonnaire.

XII. GOVRDON de Beaulande, fils d'Arnoul, aussi Duc & Conestable de France.

XIII. BERNARD Duc de Septimanie en Languedoc, fauory de l'Empereur Loüis qui le fit son grand Chambellan, & Lieutenant General de tous ses Estats, Tegen dit qu'il estoit fillol de l'Empereur & de race Royale, ce fut vn de ceux qui trauaillerent fortement pour la liberté de l'Empereur.

XIV. FEDERIC Euesque d'Vtrech.

XV. BERNARD DE VIVERO Aragonois, Comté du Palais & Gardé du Corps de l'Empereur, qui lors de la detention de son Maistre fut enuoyé en exil à Poictiers.

XVI. NEOMENE fut establý Gouuerneur de Bretagne pour l'Empereur.

XVII. VVLRICVS, Chancelier de France porta l'interest de l'Empereur, on tient qu'il estoit de la maison de Mursan.

XVIII. GVILLAVME de Rosternan aussi Chancelier de France fut tué par les Normands.   CHARLES

CHARLES furnommé le Chauue, premicrement Roy de France, couronné à Orleans l'an 843. cuſt pluſieurs guerres, tant contre le Roy d'Allemagne ſon oncle, que contre les Normands & les Bretons, contre leſquels il fut quatre fois. Apres le deceds de Lotaire Roy de Lorraine, decedé ſans enfans, s'en fit couronner Roy par l'Archeueſque de Reims. L'Empereur Louys ſecond eſtant auſſi decedé ſans hoirs maſles, le Pape Iean VIII. le declara Empereur, puis le couronna à Rome l'an 875. Receut la couronne de Lombardie à Pauie par l'Archeueſque de Milan, où il receut auſſi les hommages dudit Royaume. Secourut le Pape trauaillé par les Sarrazins. Retournant en France eſtant en Piedmont, mourut empoiſonné par ſon Medecin qui eſtoit Iuif, l'an 877.

1. Robert dit le vaillant et le fort surnômmé le Saxon.
2. Renault de Saulce Duc et Côneſtâ de Frâ
3. Baudouin Comte de Flandres.
4. Salomon Roy de Bretagne.
5. Grillon Conneſtable de France.
6. Boſon Vice-roy et Gouuern. de Lombardi
7. Raoul de Creuenberg Chancel. de Franc
8. Rodolphe Abbé de St. Requier.
9. Protade Marquis de Saulce Conneſt. de Frâ
10. Gerard Comte de Vienne.
11. Hernieus de Verges Chancelier de France
12. Bernard Conneſtâ de France.
13. Ranulphe premier Duc d'Aquitaine.
14. Popon Lieutenant de Louis le Ieune.
15. Rolo ou Rou Roy ou Conduct de Danoi
16. Humerus ou Vieuil iſſu de Dannemar
17. Vlric Abbé de Flauigny.
18. Archambaut de Bourbon Côneſt de France

Harmantrude fille du Comte Vodon premi fême du Roy Charles.

Richilde ſoeur de Boſon Roy de Prouence 2. fême du Roy Charles.

HERMANTRVDE fille du Comte Vodon & d'Ingeltrude, petite fille du Comté du Palais, Adelhard qui auoit acquis grand credit à la Cour de l'Empereur Louys le Debonnaire, elle deceda l'an 869. fut la premiere femme dudit Debonnaire.

RICHILDE fut ſa ſeconde femme, elle eſtoit ſœur de Boſon Roy de Prouence, & fille du Comte de Buuin, elle auoit eſté eſpriſe d'amours dudit Charles, qui depuis l'eſpouſa l'an 870. fut couronnée à Tortonne par le Pape Iean VIII. Mais pendant ſa viduité, mena vne vie ſi deshonneſte, que Foulques Archeueſque de Reims l'en repriſt aigrement; elle n'euſt que deux enfans, Louys qui mourut apres ſon bapteſme, & Charles dont elle accoucha de frayeur, le lendemain de la bataille d'Andernac que ſon mary auoit perdue contre Louys II. Roy d'Allemagne, qui auſſi mourut au bout de l'an.

K

I. ROBERT dit le Vaillant & le Fort, furnommè le Saxon, & coufin de l'Empereur Charles le Chauue, vint en France à fa requefte, accompagné de fes trois fils, Thierry, Eudes & Robert, auec bon nombre de fes Gentilshommes Saxons, luy donna l'Anjou en tiltre de Comté hereditaire à luy & à fes defcendans, & le nom de Marquis des Coftes de Bretagne.

II. RENAVLT DE SAVLCE Duc & Conneftable de France, l'an 879. donna deux fois bataille aux Normands, qui eurent aduantage fur luy, eftans commandez par Rolo & Haftingues leurs Capitaines ou Rois. Ce Conneftable fut tué par vn Pefcheur ou Marinier d'vn coup de dard, ayant auparauant fait quelque trefue auec ledit Haftingue, duquel il achetta la ville & Comté de Chartres, comme le Feron dit l'auoir leu dans vne vieille chronique de France, fe difant iffu des Princes de Saulce.

III. BAVDOVIN Comte, ou Foreftier de Flandres, Gendre de l'Empereur (lequel fut furnommé Bras de Fer) ayant efpoufé fa fille Iudith, veufue du Roy d'Angleterre, qu'il auoit rauie à ce confentant Louys le Begue fon frere, dont Charles offenfé le fit excommunier : mais ce Prince eftant allé à Rome, obtint fon abfolution du Pape Nicolas I. qui enuoya fes Legats pour faire fa paix auec l'Empereur qui luy accorda auec le tiltre de Marquis de France, Baudoüin prefta ferment de fidelité au Roy pour la terre qui eft entre les Riuieres de Lefcault, la Somme & la Mer, ce qui depuis a efté appellé Flandres, auec tiltre de Pairie de France, & de ce Baudoüin font iffus les Comtes de Flandres.

IV. SALOMON Roy de Bretagne, l'an 866. fit homage à Charles le Chauue, en faifant alliance auec luy, apres la mort de Herifpont, il affifta ledit Charles au fiege d'Angers contre les Normands, & fut tué en vne Eglife par fes gens mefmes l'an 776.

V. GRILLON Conneftable de France fut tué par les Efclauons, lefquels il pourfuiuoit pres le Fleuue de VVeffer.

VI. BOSSON frere de la Reine Richilde fut fait Vice-roy, & Gouuerneur de Lombardie par l'Empereur Charles fon beaufrere, & depuis pour môftrer fa puiffance le fit Roi de Prouence.

VII. RAOVL DE CREVENBERG fut Chancelier de France.

VIII. RODOLPHE Abbé de S. Riquier fut principal Miniftre du Palais, & Condal fon frere Côte de Paris, & tous deux oncles de l'Empereur à caufe de l'Imperatrice Iudith leur fœur.

IX. PROTADE Marquis de Saulce, Conneftable de France l'an 846. fut tué en Bourgongue en vne fedition : Quelqu'vn croid qu'il eftoit de la maifon de Gamache.

X. GERARD Comte de Vienne quitta le party de l'Empereur pour fuiure Lothaire, s'empara de la ville de Vienne au nom de Lothaire lors Roy de Prouence, & contraignit Charles d'y venir mettre le fiege, auquel en fin il fe rendit par compofition.

XI. HERNICVS DE VERGES Chancelier de France.

XII. BERNARD iffu des anciens Comtes d'Auuergne, Conneftable de France, qui au raport de le Feron, conduit vne armée naualle enuoyée en Corfe, Sardaigne, Majorque & Minorque pour la deffenfe du pays contre les Mores.

XIII. RANVLPHE premier Duc d'Aquitaine, apres la reduction faite par le Roy Charles du Royaume en Duché : il eftoit proche parent du Roy, fut tué en vne bataille contre les Normands auec Robert Comte ou Duc d'Anjou.

XIV. POPON vaillant Capitaine eftoit Lieutenant de Louys le Ieune, deffit en vn combat les Saxons rebelles.

XV. ROLO, ou ROV, Roy ou Conducteur des Danois, peuples Septentrionnaux apres plufieurs combats, ayant en fin contraints les Rois & Princes François de leur laiffer libre iouiffance du païs de Neuftrie, pour auoir paix auec eux, & pour mettre fin aux guerres & troubles du Royaume, efpoufa Gillette, fille du Roy Charles le Simple, lequel fe faifant baptizer, fut appellé Robert, & fut le premier Duc du pays de Neuftrie, qui fut depuis à caufe de luy appellée Normandie.

XVI. HVMERVS ou VIEVIL iffu de Dannemarc, s'eftant embarqué auec Rolo, Haftingue & autres Septentrionnaux, vint aborder en la cofte de Conftantin, baffe partie de la Neuftrie, lequel s'eftoit voüé, que s'il venoit à bon port il fe feroit Chreftien, ce qu'il fit eftant arriué, il fe fit baptizer en vne Chappelle qu'il fit edifier, au lieu dit les Dunes de VVarauille, & en ce lieu fut nommé Vieuil aux Humeres, & au têps que l'on fit Rou Duc de Normandie : le Roi Charles le Simple, luy changea fes armes qui eftoient de gueules à la cote mal taillée, & luy donna de gueules à la Fleur de Lys d'or, que fes defcendans ont portée, comme fait encore auiourd'huy Monfieur le Marquis de Nefle René de la Val, dit aux Efpaules.

XVII. VLRIC Abbé de Flauigny, homme de grand reputation.

XVIII. ARCHAMBAVLT DE BOVRBON Conneftable de Fance, dit le Begu, homme de grand Valeur.

LOVIS II. du nom, surnommé le Begue, fut couronné à Reims le 8. Decembre par Hincmare Archeuesque du lieu, se porta Empereur apres son pere, estant fauorisé du Pape Iean VIII. Rome estant pillée par les ennemis du Pape, luy s'estant refugié vers Louys en France le couronna derechef Empereur en la ville de Troye l'an 878. deceda à Compiegne le 6. Avril l'an 879. non sans soupcon de poison.

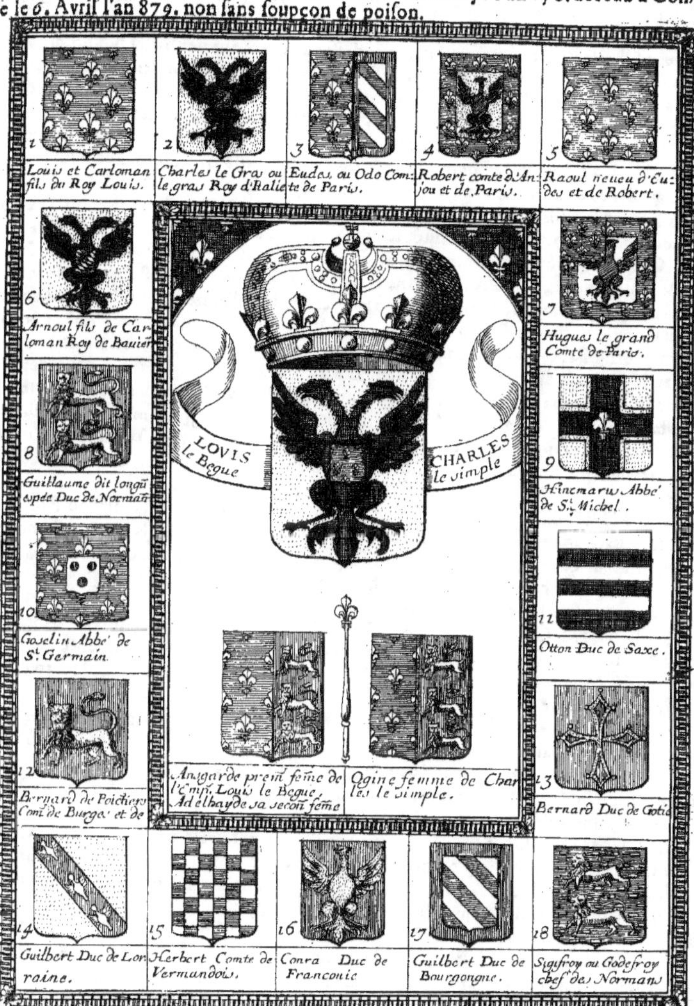

ANSGARDE fut premiere femme de l'Empereur Louys le Begue, on tient qu'elle estoit de bas lieu, & que Louys l'auoit espousée clandestinement contre la volonté de son pere, surquoy il fut contraint de la quitter & repudier; ce qui a fait qu'aucuns l'ont estimée concubine, & les deux fils qu'il eut d'elle bastards contre la verite de l'histoire.

ADELHAYDE fut la seconde femme de cét Empereur, elle estoit sœur de VVilfrid, Abbé de Flauigny en Bourgongne, duquel elle eut vn fils posthume qui regna apres ses freres. Du Bouchet la tient estre sœur du Roy d'Angleterre.

I. LOVIS ſon fils aiſné ayant eſté recommandé par luy (peu auparauant ſon exil) à Bernard de Poiĉtiers. Theodoric Comte de Maſcon, Eudes Eueſque de Beauuais & le Comte Autin, auquel il enuoya ſa Couronne, ſon Eſpée & autres ornemens Royaux, fut conjointement reconnu Roy de France auec ſon frere Carloman pour euiter vne guerre ciuille: Ainſi de l'aduis des Barons du Royaume, Hugues l'Abbé, Duc de France, les fit promptement coroner & Sacrer en l'Abbaye de Ferrieres en Gaſtinois, leſquels en ſuitte ſe trouuerent en Saoye auec Charles le Gras leur couſin, pour aduiſer aux moyens de chaſſer Boſſon, qui s'eſtoit depuis le deceds de leur pere emparé de la Bourgongne, & meſpriſoit les freres Rois, les appellans Baſtards; Les Normands furent par eux battus ſur les coſtes d'Anjou, le iour ſainĉt André, où dix mil des ennemis demeurerent ſur la place, pluſieurs des fuyars noyez dans la Vienne, pres la ville de Montſaureau, partagerent leurs Eſtats en la ville d'Amiens; la France eſcheut à Louys, & la Bourgongne & Lorraine à Carloman, bref ayant ioint leurs forces Louys deceda l'an 882. ſon frere Carloman l'ayant ſuruecu enuiron d'vn an & demy, deceda laiſſant vn fils nommé Louys le Faineant, qui n'eſt pas mis au nombre des Rois, ayant eſté depoſé par ſa puſillanimité, tondu & mis Moine à S. Denys.

II. CHARLES ſurnommé le Gros ou le Gras, Roy d'Italie, d'Allemagne, & Lorraine & Bourgongne, fut auſſi Couronné & Titré Roy de France, il eſtoit troiſieſme fils de Louys I. Roy d'Alemagne, & fut couronné Empereur dans Rome le iour de Noel l'an 880. Il auoit eſpouſé Richarde d'Eſcoſſe, de laquelle il n'euſt lignée, l'ayant repudiée affermoit par ſerment ne l'auoir iamais connue, la Reine en eſtant aduertie, dit cela va bien, puis que par le ſerment de mon mary, ie demeure vierge & pucelle. Eſtant appellé des François, deffit les Normands en bataille pendant la minorité du Roy Charles le Simple, l'an 885. eſtant retourné de France en Allemagne, fut trauaillé d'vn grand mal de teſte, tellement que depuis il eut l'eſprit plus raſſis qu'auparauant, ce qui obligea les Allemands de donner le Gouuernement de l'Empire à Arnould Duc de Bauiere ſon nepveu, & les François appellerent

III. EVDES ou **ODO** Comte de Paris, fils de Robert le Fort, Comte d'Angers, & fut par les Eſtats aſſemblez à Compiegne créé Regent du Royaume, & quoy qu'il ne deuſt eſtre que Tuteur du Ieune Roy Charles le Simple, neantmoins pour l'authoriſer d'auantage, il fut couronné auec ceremonie par l'Archeueſque de Sens. Deffit les Normands, & en tua iuſques à dix-neuf mil, deceda ſans hoirs l'an 898.

IV. ROBERT Comte d'Anjou & de Paris, frere d'Eudes, taſcha à force d'armes d'obtenir la Couronne de France apres le deceds de ſon frere, qui cauſa vne ſanglante guerre entre Charles le Simple & luy, qui dura fort long-temps: il fut tué pres Soiſſons l'an 922. & fut pere de Hugues le Grand.

V. RAOVL neveu d'Eudes & de Robert, eſtant porté tant par la faueur de Hugues le Grand, Comte de Paris, que du Comte de Vermandois, qui tenoit lors Charles le Simple, vſurpa le Royaume l'eſpace de deux ans, & deceda l'an 929. mangé de cirons. Il fut allié à la maiſon de Sueve, ayant eſpouſé Berte ſœur du Duc, de laquelle il eut Adelhaide, qui fut la premiere femme de l'Empereur Othon le Grand.

VI. ARNOVL fils de Carloman, Roy de Bauiere fut declaré Empereur apres Charles le Gras ſon oncle, il donna vne memorable bataille aux Normands pres Louuain, auec tant de bon-heur qu'il en demeura cent mil ſur la place, chaſſa Tuendebold d'Eſclauonie, rengea ſous ſon pouuoir le Royaume d'Italie. Deceda l'an 899.

VII. HVGVES LE GRAND, Comte de Paris, ſurnommé l'Abbé, Duc de France, il fut ſurnommé le Grand, à cauſe de la grandeur de ſes faits, en donnant ordre que les vrais heritiers du Royaume fuſſent reconnus & couronnez, auec telle condition toutesfois qu'ils dependroient tousjours de luy. Apres le deceds de Raoul fit venir d'Angleterre le ieune Louys, dit d'outre-mer, & fut au deuant de luy iuſques à Boulongne, le Roy auſſi pour gratifier le Comte de Paris, ne faiſant rien que par luy: fut ſurnommé l'Abbé, d'autant qu'il iouïſſoit des Abbayes de S. Denis, de S. Germain des Prez & de S. Martin de Tours, il fut appellé le Blanc, tant à cauſe de ſa Blancheur, que pource qu'il ſe plaiſoit à eſtre habilé de blanc. Deceda l'an 958.

VIII. GVILLAVME, ſurnommé Longue Eſpée, Duc de Normandie, fils de Rou, ou Robert, ayant adheré à la ligue de Hugues le Grand, contre le Roy Louys d'Outre-Mer, & de Raoul, Comte de Cambreſis, fils de Baudouin Comte de Flandres, fut mis à mort par les gens d'Arnulphe, Comte de Flandres ſon neveu en vne Iſle que fait la riuiere de Somme, pres Pequigny, enuiron l'an 942.

IX.

CHARLES III. du nom, surnommé le Simple, fils posthume du Roy Louis le Begue, nasquist selon aucuns en Angleterre, l'an 879. Ce Prince fut merueil-sement trauersé en sa minorité : tellement que pendant icelle on vid regner cinq autres Rois en France, ou qui en vsurperent le tiltre, (ce qui a fait remarquer à quelqu'vn, que comme la maison de Charlemagne commença d'estre exaltée, & croistre souz deux excellents Princes ; Sçauoir, Charles Martel & Charlemagne, que aussi son declin arriua souz deux autres Charles, qui furent, le Chauve & le Simple, son petit fils) fut couronné à treize ans l'an 893. à l'instance de Foulques Archeues-que de Rheims : Et apres fut tellement persecuté, qu'il mourut de fascherie & de tristesse dans la ville de Peronne, estant prisonnier de Hebert Comte de Vermandois, il auoit espousé en premiere Nopces

FRIDERINE sœur de Bouon Euesque de Chaalons, de laquelle il eut vne fille nommée Gile, qui fut mariée à Robert Duc de Normandie. Sa seconde femme fut Edgine ou Ogine d'Angleterre sœur du Roy Adelstan, de laquelle Louys son fils pendant sa captiuité, la Reine Ogine son espouse se retira auec luy chez le Roy Adelstan en Angleterre, qui luy acquit le nom d'Outre-mer.

L

SVITTE DES ILLVSTRES SOVS LES REGNES
de LOVYS LE BEGVE & CHARLES LE SIMPLE *son fils.*

IX. HINCMAR, Abbé de Saint Michel, Chancelier de France, l'an 884. fut homme de singuliere vertu & erudition, deceda l'an 896.

X. GOSSELIN Abbé de S. Germain des Prez, ou selon aucuns, Euesque de Paris, fut celuy qui d'vne valeur incroyable soûtint le siege de cette ville contre les Normands, assisté d'Eudes Roy titulaire des François.

XI. OTTON, Duc de Saxe, fut vn tres-vertueux personnage, qui fut esleu Empereur : Ce fut luy qui moyenna la reconciliation des Comtes de Vermandois, pere & fils enuers leur Souuerain, & fit en sorte qu'ils se submirent à luy : & fut si bon qu'il procura aussi (à cause de sa vieillesse) l'election de Conrad Duc de Franconie à l'Empire.

XII. BERNARD de Poictiers, Comte de Burges & d'Auuergne, Marquis de Neuers, fut l'vn de ceux qui trauaillerent fortement a establir au Royaume de France les Rois Louis & Carloman.

XIII. BERNARD, Marquis de Gothie s'estant rebellé contre le feu Empereur, continuant en sa reuolte, tâcha d'occuper le Comté d'Autun, ce qui obligea cét Empereur de le poursuiure, & mener contre luy vne puissante armée pour le ranger à son deuoir : si bien qu'en fin il fut despoüillé de ses biens & dignitez.

XIV. GILBERT Duc de Lorraine assista le Comte de Vermandois contre le Roy Louys d'Outre-Mer, s'estant mis en campagne s'empara de Pierre-Pont, assiegea la ville de Laon, dont le Roy le contraignit de leuer le siege : mais depuis reuenant derechef pour l'assieger auec ledit Comte, le Roy leur vint au deuant, les voulant combattre fut deffait & mis en fuitte.

XV. HERBERT Comte de Vermandois, fust l'vn des plus perfide Seigneur de son temps, s'estant resolu de surprendre le Roy Charles le Simple, pour couurir sa perfidie, luy manda par son Cousin Bernard, Comte de Senlis, qu'il desiroit de communiquer auec sa Majesté pour affaire importante, le priant de venir en vn sien Chasteau, & donna tellement de faux entendre au Roy, qu'il le fit condescendre d'aller à Perronne, & continuant sa perfidie le fit conduire à Chasteau Thierry prisonnier.

XVI. CONRARD Duc de Franconnie, fut esleu Empereur, à cause de sa magnanimité, du consentement d'Otton Duc de Saxe & par son conseil, lequel auoit esté esleu. Depuis se sentant malade à l'extremité fit tant enuers les plus grands d'Allemagne, que Henry fils dudit Otton fut esleu Empereur en sa place, & luy fit deliurer les ornemens Imperiaux.

XVII. GILBERT Duc de Bourgongne, par la cession que luy en fit son frere Raoul, estant paruenu à la couronne de France il eut plusieurs differents auec les Normands, aussi bien que ses pere & frere, & où il fit preuue de son courage.

XVIII. SIGIFROY ou GODEFROY, fut l'vn des chefs des Normands auec Raoul, lequel ayant esté mis en déroute par les François, fut trouuer l'Empereur Arnoult, auquel il promit & iura de sortir hors du Royaume, & emmena quarante mil hommes : mais depuis s'estant fait baptizer, l'Empereur le retint aupres de luy & luy donna en mariage vne Princesse.

LOVYS IV. dit D'OVTRE-MER, fils du Roy Charles le Simple & de la Reine Ogine, fut esleué en la Cour du Roy Adelstan, son oncle maternel, Roy d'Angleterre, fut appellé en France par Hugues le Grand, Comte de Paris & autres Seigneurs, qui luy enuoyerent en Angleterre vne notable Ambassade pour l'esleuer sur le Trône Royal, lequel prenant le chemin de France receut à Boulongne les Homages des grands Seigneurs du Royaume ses sujets : En suitte fut couronné à Laon par Artaux Archeuesque de Rheims. Deffit Tourmonde & Getrie Roy ou Princes Danois, qui vouloient contraindre le Duc de Normandie à retourner au Paganisme. Enfin apres plusieurs Guerres & trauerses deceda à Rheims de la cheute d'vn cheual l'an 954. il auoit espousé

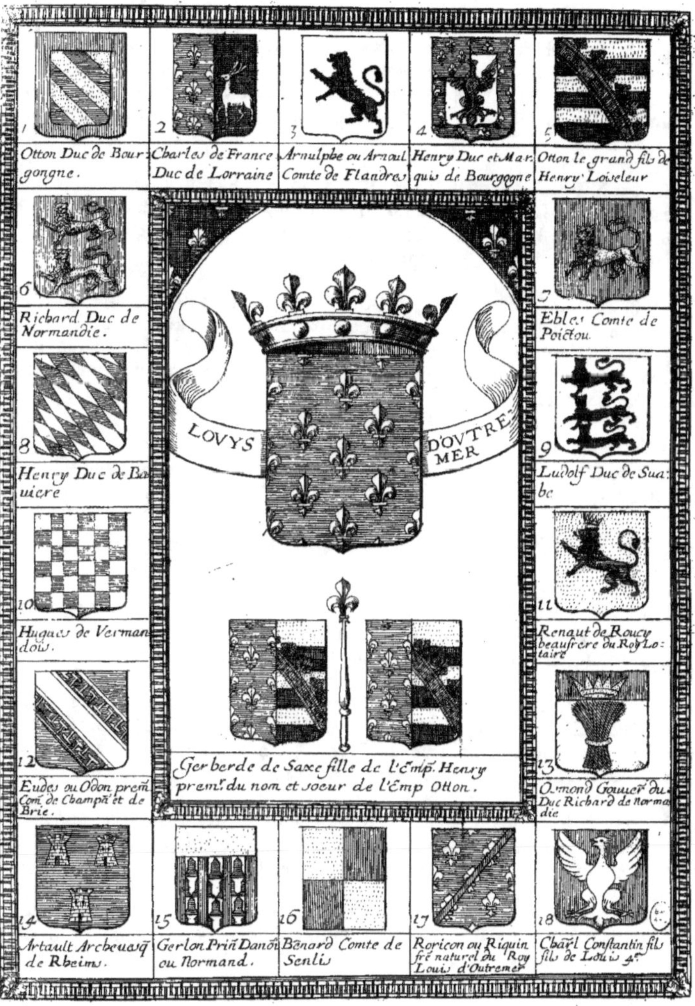

GERBERGE de Saxe, fille de l'Empereur Henry premier du nom & sœur de l'Empereur Otton, estant veufue de Gilbert en partie Duc de Lorraine, de laquelle il eut Lothaire son successeur.

I. OTTON Duc de Bourgongne, frere de Hugues Capet, auec lequel il accompagna Lothaire Roy de France au siege du Chasteau de Dijon, où il fit voir l'experience de sa valeur, duquel Robert Comte de Troyes s'estoit emparé: il espousa selon aucuns Lodegarde Duchesse de Bourgongne, qui en consideration de ce mariage le Duc Gilbert son pere laissa son Duché au Prince Otton son gendre, lesquels estans decedez sans lignée, laisserent les Duchez à ses freres puisnez Eudes & Henry.

II. CHARLES DE FRANCE Duc de Lorraine, fils du Roy Louys, Prince courageux & vaillant, ce qui estant connu par l'Empereur Otton second, fit tant qu'il l'attira à son party, sçachant aussi qu'il estoit en mauuais menage auec le Roy Lothaire son frere, auec lequel s'estant ioint, alliena de telle sorte le cœur des François, que son nepueu Louys V. estant decedé sans enfans fut exclus de la Couronne de France qui luy appartenoit de droict de naissance, pour s'estre ligué auec l'Empereur contre la France sa patrie; Voulant depuis maintenir son droict par les armes, se saisit de la ville de Laon, dans laquelle il fut inuesty & pris, fut mené prisonnier à Orleans où il mourut enuiron l'an 993.

III. ARNVLPHE ou ARNOVL, Comte de Flandres, surnommé le Grand, fut attaqué par les Danois Normands, lesquels il combattit valeureusement, & les vainquit, estant assisté de Rodolphe de Bourgongne, depuis il fut tué par le Duc de Normandie Guillaume Longue-espée.

IV. HENRY Duc & Marquis de Bourgongne, surnommé le Grand, assista le Roy Lothaire, auec Hugues Capet son frere, contre l'Empereur Otton 2. lors qu'il s'acheminoit dans le Royaume en faueur de Charles Duc de Lorraine, lesquels ils repousserent vigoureusement, d'où Henry remporta le surnom de Grand; il estoit Prince fort doux & modeste, deceda l'an 1001.

V. OTTON LE GRAND, fils de Henry Loiseleur, fut esleu & couronné Empereur en la ville d'Aix; Au commencement de son Empire il eust de grands differents à demesler auec Eberhard Palatin & Giselbert Prince de Lorraine, touchant la succession à l'Empire, disants qu'ils estoient descendus de l'Empereur Charlemagne, dont il y eut vne forte guerre, en laquelle Eberhard mourut à Andernau, & le Duc Giselbert s'enfuyant se noya dans le Rhin.

VI. RICHARD, surnommé Sans-Peur, Duc de Normandie eut de grands demeslez auec Thibault Comte de Blais: Ce fut luy qui fut tiré d'entre les mains du Roy Louys d'Outre-mer, caché dans vn faisseau d'herbes.

VII. EBLES Comte de Poictou, fut aussi Duc d'Aquitaine, ce fut luy qui auec Richard Duc de Bourgongne, donnerent conseil au Roy Charles le Simple de ne passer le traitté de paix qu'il auoit accordé aux Danois, dont il en aduint mauuais succez par la bataille que les François perdirent pres Chartres, deceda l'an

VIII. HENRY Duc de Bauiere, issu de la famille d'Otton Duc de Saxe, fut le premier Empereur, esleu par les Electeurs: il fut grandement heureux aux guerres d'Italie, d'Allemagne & Boheme. On dit de luy qu'il vescut Vierge auec Cunegonde son espouse.

IX. LVDOLF Duc de Souabe, fils d'Otto premier, ayant espousé Ido fille de Herman Duc de Souabe, qui luy donna son Duché, faisant sa residence au Chasteau de Tuuiel fut fait aussi Marquis d'Austriche, laissa Otto Duc de Suabe, qui mourut sans lignée.

X. HVGVES DE VERMANDOIS, fils de Herbert 2. n'estoit qu'à l'aage de cinq ans lors qu'il fut esleu Archeuesque de Rheims, ce qui fut trouué nouueau &
extraor-

extraordinaire, le Comte son pere commit au regime de cette grande Prelature Oudry Archeuefque d'Aix qui auoit esté chassé de son siege, il eut pour Competiteur Artol Religieux de S. Remy de Rheims (combien que cette eslection fut approuuée du Pape Iean dixiesme.)

XI. RENAVLT DE ROVCY, beaufrere du Roy Lothaire, ayant espousé Albrade de France, fille de Louis quatriesme, dit d'Outre-mer, fonda Roucy & en porta le tiltre.

XII. EVDES ou ODON premier Comte de Champagne & Brie, eut guerre auec Raoul, dernier Roy de Bourgongne, entreprit sur la Lorraine, ce qui fut cause de sa ruine, où il fut deffait & fut tué par le Duc Gontelon.

XIII. OSMOND Gouuerneur du Duc Richard de Normandie. Ce fut lui qui sauua ldit Duc d'entre les mains du Roi Louis d'Outre-mer dans vn fagot d'herbes.

XIV. ARTAVLT Archeuefque de Rheims, Competiteur de Hugues, ordonné en l'an 932. à l'instance du Roy Raoul, aucuns grands Seigneurs de France voulurent prendre sa cause pour le maintenir, lequel fut en fin persuadé de renoncer, retenant l'Abbaye de S. Basol & le Monastere Durnac.

XV. GERLON Prince Dannois ou Normand, tenu l'vn de ceux qui trauaillerant la France auec Raoul, dont il estoit proche parent, auquel le Roy Charles le Simple donna le Mont des Montils, & le fort de Blais enuiron l'an 920. duquel lieu il fut premier Comte.

XVI. BERNARD Comte de Senlis, fils de Pepin, Comte dudit lieu, soûtint le Duc Richard son nepueu contre le Roy Louys d'Outre-mer, qui se vouloit emparer de son Duché, puis s'estant ioint auec Herbert fils du Comte de Vermandois son cousin, firent la guerre au Roy & prirent sur luy quelques places.

XVIII. RORICON ou RICVIN, frere naturel du Roy Louys d'Outre-mer, fut ordonné Euefque de Laon par ceux mefmes de la ville, & fut sacré par Artault Archeuefque de Rheims : mais estant empefché d'estre receu en ladite ville par Thibault Comte de Chartre, se tint à Pierre-Pont lors forterefse, & teint le siege Episcopal enuiron huict ans : il estoit tres-docte Prelat, deceda l'an 966.

XVII. CHARLES CONSTANTIN, fils de Louys quatriesme, qui fut saliié Empereur & Roy d'Arles, estant passé en Italie pour entrer en possession de l'Empire, pendant lequel temps Hugues fils de Lothaire festant saifit du Royaume d'Arles, & Constantin s'empara du Comté de Vienne, dont il demeura Seigneur, & s'y maintint valeureusement.

M

LOTAIRE fils aifné de Louys d'Outremer luy fucceda, lequel auoit pris naiffance l'an 942. Le Duc Guillaume, furnommé Longue-efpée, fut fon parrain:
il eftoit aagé de 13. ans lors que la Coronne luy efcheut l'an 954. fut Coronné &
Sacré à Reims en la mefme année par le moyen de Hugues Caper, fucceda à la haine que
le Roy fon pere portoit aux Normands, aufquels il fit la guerre, prenant Evreux fur le
Duc Richard, qui fut fecouru par fes fujets. Les Barons & Prelats firent tant en fin
que le Roy & le Duc pacifierent leurs differents, moyennant quelque reftitution que
le Roy fit audit Duc, qui renouuela l'homage au Roy Lothaire pour toutes fes terres,
il deceda à Rheims, apres auoir regné enuiron 32. ans, qui fut en l'an 966. (il auoit
adjoint au Royaume Louys fon fils vnique, lequel ne regna qu'vn an apres luy & deceda fans enfans.) il auoit efpoufé

EDMÊ d'Italie, fille du Roy Lothaire fecond du nom, Roy de France, de laquelle
il euft Louys cinquiefme fon fucceffeur.

I. OTHON Duc de Lorraine & de Brabant, fils de Charles de France & nepeu de Lothaire. Les mauuaifes fortunes de fon pere empefcherent, vray-femblablement, ce Prince d'auoir des emplois dignes de fa haute naiffance : il deceda enuiron l'an 1004. par fon deceds aduenu fans lignée, le Duché de Lorraine tomba entre les mains de Geoffroy, l'ancien Comte d'Ardennes, qui s'en empara du confentement de l'Empereur Henry fecond.

II. GEOFFROY GRISEGONELLE, fils de Foulques le Bon, Comte d'Anjou, il eut ce nom de ce qu'il portoit ordinairement vne robe grife : il fut Guidon ou Cornette du Roy Lothaire, auquel il amena trois mil hommes pour aller contre l'Empereur Othon, & pour recompenfe le Roy le fit Grand-Maiftre pour luy & fes fucceffeurs. Les Danois eftans ennuyez aupres Paris, demanderent que la guerre fuft terminée par deux Capitaines, l'vn François & l'autre de leurs gens, Geoffroy fut efleu qui tua Bertoldus leur homme.

III. HENRY Duc & Marquis de Bourgongne, apres fes freres Othon & Eudes fut furnommé le Grand, il affifta auec fon frere aifné le Roy Lothaire contre l'Empereur Othon fecond, lequel s'eftoit acheminé pour maintenir Charles Duc de la baffe Lorraine, par lequel il fut vigoureufement repouffé. Le Duc Henry n'ayant point d'enfans auoit adopté pour fils & heritier Othe Guillaume, fils d'Adelbert & de Gerberge fa femme : il deceda l'an 1001.

IV. ARNVLPHE Comte de Flandres fecond du nom, appellé auffi le Ieune, fils de Baudoüin le ieune, qui pendant les guerres qu'il eut auec le Roy Lothaire, prit Calais & toute la Comté de Guines.

V. ROBERT fils du Duc Richard Sans-Peur, fut auffi pere de Richard Comte d'Evreux & de Guillaume fon frere, & depuis apres le deceds de fa femme fut Archeuefque de Rouen.

VI. HVGVES CAPET fils de Hugues le Grand, eut la garde de la perfonne du Roy Louys V. ainfi qu'il luy fut recommandé par le Roy Lothaire fon pere, coniointement auec la Reine Edme mere du Roy, laquelle en eftoit defia pourueuë; apres le deceds duquel il monta luy-mefme au Trône Royal des François.

VII. BRVNON Archeuefque de Cologne, frere de l'Empereur Othon & de la Reine Herberge, homme de grand credit, tant en France qu'en Allemagne.

VIII. TIBAVLT, premier du nom, Comte de Blois & de Chartre, furnommé le Tricheur, fils du Comte Gerlon, qui fut contraire à Hebert Comte de Vermandois, & accufa le Duc Richard Sans-Peur vers le Roy Lothaire. Le chargeant d'entreprife contre fa Maiefté qui caufa de grands troubles dans le Royaume.

IX. OTTON fecond Empereur, fils d'Otton le Grand, fut declaré Roi des Romains du viuant de fon pere, chaffa les Grecs & les Sarrazins de la Calabre, dompta par armes Henri Duc de Bauiere, & depuis ayant attiré à fon parti Charles frere de Lothaire, l'inueftit du Duché de Lorraine, & le fit vaffal de l'Empire, dont Lothaire fut tellement indigné, qu'il affembla vne groffe & puiffante armée, & alla contre l'Empereur iufques à Aix, & le defconfit en telle forte qu'à grand peine fe peuft-il fauuer.

X. GVILLAVME troifiefme de ce nom, Duc d'Aquitaine, Comte de Poiétou & d'Auuergne, & fixiefme Duc d'Aquitaine, furnommé Tefte-d'eftoupes, eftoit vn Prince pacifique & fort deuotieux, abandonna le monde & fe renferma auec les Religieux de Saint Ciprien de Poiétiers, où il deceda enuiron l'an 1011. fous le regne de Hugues Capet.

XI. RENE' ou RENIER, Comte de Monts & de Haynault, dit le Ieune, à la differance de son pere fut priué pour vn temps de la Comté de Hainault par Brunon Archeuesque de Cologne : mais ayant imploré le secours de Lothaire , qui enuoya Charles de France son frere pour le restablir , ayant ioint ses forces auec celles de Hugues Capet beau-pere de Renier, fut remis en son estat & demeura paisible possesseur dudit Comté : il deceda l'an 1029.

XII. BERALDE Prince de Saxe. fils d'Otthon, & frere d'Otthon trosiesme, fut fait Gouuerneur & Vice-Roy d'Arles, de Sauoye & de la Vallée d'Aost, Gouuernement qui luy fut continué par les Rois de Bourgongne ses parents, sous les reignes suiuants, & a donné origine à l'Illustre maison de Sauoye.

XIII. RENE' Comte de Sens s'estant esleué contre le Roy, & se voulant maintenir par armes, sa ville & Comté de Sens fut confisqué ;, & ioincte au Domaine du Roy.

XIV. OMFROY Seigneur de Beaujeu, fils puisné d'vn Comte de Lionnois, Forest, & Seigneur de Beaujeu viuoit en ce temps, & de luy on croit que de sa Maison celle de Flandre à pris son origine.

XV. LANDRY Comte de Neuers, qui aprés le decez d'Henry Duc de Bourgogne, fils de Hugues le Grand Comte de Paris, s'empara de la ville d'Auxerre, commença de commander en Bourgongne, s'attribuant le nom de Duc iusqu'au temps du Roy Robert fils de Hugues Capet, par lequel il fut rangé à la raison par force, & luy demeura la ville d'Auxerre.

XVI. ARNVLFE fils naturel du Roy Louys d'Outre-mer, ou selon d'autre de Lothaire, il fut creé Archeuesque de Reims, l'an 989. à l'instance & du consentement de Hugues Capet, nouuellement paruenu à la Couronne, qui par ce moyen esperoit retenir ce Prince à son party; mais ce fut tout au contraire, cet Archeuesque ayant esté gaigné par Charles de Lorraine, luy mit entre ses mains la ville de Reims; depuis estant pris il fut demis de sa dignité, & mené prisonnier à Orleans.

XVII. ROBERT de Vermandois, Comte de Troyes , fils du Comte Herbert second, s'empara de la ville de Troyes, & en chassa l'Euesque Anseaume, se rendit aussi maistre de Dijon. Le Roy Lothaire s'irrita tellement de la prise d'icelle, qu'il la fit remettre entre ses mains par la force des armes, sous la conduite de Brunon Archeuesque de Cologne.

XVIII. GODEFROY Comte Dardennes , dit l'Ancien, fut pere de Bonne, premiere femme du Duc Charles de Lorraine & de Brabant, se signala dans les guerres que ledit Charles eut contre le Roy Hugues Capet.

Le Roy Louys V. fils de Lothaire fut le dernier Roy de la seconde lignée, il ne regna qu'vn an ou enuiron l'an 988. & eut pour successeur Hugues Capet, Comte de Paris, lequel par sa puissance auec l'aide de ses gens-d'armes fut premierement establo Roy à Noyon, & incontinent apres fut Couronné & Sacré à Rheims, & apres auoir deffait Charles Duc de Lorraine, demeura ioüissant de cett: Monarchie, de laquelle l'heureuse posterité ioüit iusques à present.

SVITTE OV SECONDE PARTIE
DES ILLVSTRES.

COMMENCENT AV ROY HVGVES CAPET,
Iusques à nostre inuincible Monarque, *Louys Dieu donné*

Catalogue des Roys de France, & le temps qu'ils ont commencé leur regne.

Premiere lignée.		Seconde lignée.	
I. Pharamond,	420.	V. Clouis le Grand,	485.
II. Clodion le Cheuelu,	431.	VI. Childebert,	515.
III. Merouée,	456.	VII. Clotaire,	560.
IV. Childeric I.	456.	VIII. Cherebert,	567.

A

IX. *Chilperic I.*	574.	XXV. *Louys le Debonnaire,*	815.
X. *Clotaire II.*	588.	XXVI. *Charle le Chauue II.*	841.
XI. *Dagobert I.*	632.	XXVII. *Louys le Begue II.*	879.
XII. *Clouis II.*	646.	XXVIII. *Louys & Carloman,*	881.
XIII. *Clotaire III.*	663.	XXIX. *Charle le Gros II.*	886.
XIV. *Childeric II.*	668.	XXXI. *Charle le Simple III.*	900.
XV. *Theodoric I.*	680.	XXXIII. *Louys Doutre-mer IV.*	929.
XVI. *Clouis III.*	694.	XXXIV. *Lotaire,*	956.
XVII. *Childebert II.*	698.	XXXV. *Louys V.*	987.
XVIII. *Dagobert II.*	716.	*Et dernier de la race des Carlouingiens.*	
XIX. *Chilperic II.*	722.	XXX. *Eudes,* Comte de Paris,	891.
Theodoric II.	727.	XXXII. *Raoul,*	927.
Chilperic fut le dernier de cette lignée.		Ces deux Roys ont regné pendant les	
XXIII. *Pepin le Bref,*	751.	regnes de Charle simple, & Louys	
XXIV. *Charlemagne,*	769.	Doutre-mer.	

Des Capeuingiens, ou troisiesme lignée.

XXXVI. Hvgue Capet,	988.	XLII. *Charle le Sage V.*	1368.
XXXVII. Robert,	997.	XLIII. *Charle VI.*	1381.
XXXVIII. *Henry I.*	1031.	XLIV. *Charle VII.*	1423.
XXXIX. *Philippe I.*	1015.	XLV. *Louys XI.*	1481.
XL. *Louys le Gros VI.*	1110.	LVI. *Charle VIII.*	1484.
XLI. *Louys VII.* dit *le ieune,*	1138.	LVII. *Louys XII.*	1468.
XLII. *Philippe Auguste II.*	1181.	LVIII. *François I.*	1505.
XLIII. *Louys VIII.*	1224.	LVIV. *Henry II.*	5417.
XLIV. *Saint Louys IX.*	1227.	LX. *François II.*	1559.
XLV. *Philippe III.*	1271.	LXI. *Charles IX.*	1560.
XLVI. *Philippe le Bel IV.*	1286.	LXII. *Henry III.*	1574.
XLVII. *Louys X.* dit *Hutin,*	1314.	LXIII. *Henry IV.*	1589.
XLVIII. *Philippe le Long V.*	1316.	LXIV. *Louys XIII.*	1610.
XLIX. *Charles le Bel V.*	1321.	LXV. *Louys XIV.*	1643.
XL. *Philippe de Valois VI.*	1328.	A present heureusement regnant.	
XLI. *Iean,*	1350.		

TABLE
ALPHABETIQVES,
CONTENANT LES NOMS DES HOMMES
Illvstres, contenvs en cette Seconde partie,
auec les Blazons de leurs Armes.

LES CHIFRES MONTRENT LE NOMBRE
des Roys, sous lesquels ils ont paru.

A.

30. *Chiles d'Estampes*, porte gironné de 5. pieces d'or & d'azur, ou d'azur à 2. Girons d'or, au chef de mesme, chargé de trois Couronnes de Marquis, de Gueule.

2. *Adalberon* Euesque de Laon, d'azur semé de France, à la Crosse d'argent mise en pal.

20. *Adam Fumée*, facé de 6. pieces d'argent & de sinople.

13. *Adam Heron*, d'azur à 3. Croissants d'argent posez en bandes.

7. *Adam*, Vicomte de Melun, d'azur à 6. Tourteaux d'or, au chef de mesme.

4. *Ademar de Monteil*, escartelé au 1. & 4. d'azur, à la Crosse d'argent senextrée d'vne espée en pal de mesme, le 2. & 3. de Gueule, au Lyon d'argent.

23. *Ademar de Monteil*, escartelé au 1. d'or, à trois bandes d'azur, au deux de Gueule, au Chasteau sommé de 3. Tours d'argent, au 3. de Gueule, au Lyon d'argent, au canton de Bretagne, le 4. de Gueule, à la Croix coupée d'or, cantonnée de 4. quinte-feüilles de mesme.

21. *Adrien de l'Hospital*, de gueule au cocq d'argent.

3. *Alain* de Bretagne, semé d'hermine.

1. *Albert de Pagan*, bandé d'argent & d'azur de 6. pieces, au chef de Bretagne.

3. *Alberic*, Conestable de France.

2. *Albon*, Euesque de Paris, de France à la Croix d'argent.

14. *Alexandre de Caumont*, d'azur à 3. Leopard d'or.

Alexandre d'Aumont, d'arg. au chevron de Gueule, acc. de 7. merlettes de mesme, 4. en chef, 3. en pointe.

14. *Alfonce d'Espagne*, escartelé le 1. de Castille & de Leon, le 2. & 3. semé de France.

9. *Alfonce de Luzignan*, burellé d'argent & d'azur.

25. *Amaury*, Comte de Montfort, de Gueule au Lyon d'argent, la queuë passée en sautoir.

11. *Amedée*, Comte de Sauoye, de Gueule à la Croix d'argent.

28. *André de Brancas*, de Gueule au pal d'argent, chargé de 3. Tours de gueule, acc. de 4. pates de Lyon d'or, posez en faces mouuant des 2. costez de l'escu.

8. *André de Chauigny*, d'argent à la face fuzelée de 5. pieces de gueule, au lambel de mesme.

19. *André de Laual*, d'or à la Croix de Gueule, chargée de 5. Cocquilles d'arg. acc. de 16. Alerions d'azur.

24. *André de Mont-Lambert*, d'argent à la Croix encrée de sable.

68. *Anguerrand de Cousi*, facé de Gueule & de vair de 6 pieces.

A

C.

Claude d'Annebault, de gueule à la Croix de vair.

10. *Claude de la Chaftre*, de gueule à la Croix encrée de vair.

25. *Claude d'Efcars*, de gueule au pal de vair.

29. *Claude de Saint Simon*, efcartelé le premier efchequé d'or & d'azur, au chef d'azur, chargé de trois fleurs de lys d'or, party de fable à la Croix d'argent, chargée de 5. Cocquilles de gueule, le 2. & trois d'or, à la face de gueule fur le tout, lozangé d'argent & de gueule au chef d'or.

Claude de la Tremoüille, d'or au chevron de Gueule, accomp. de trois Aigles d'azur.

25. *Claude d'Vrfé*, de vair au chef de Gueule, & *tranfpofé à la Planche.*

25. *Claude l'Hermite*, d'argent à trois chevrons de gueule, au chef de Malthe, *tranfpofé.*

29. *Claude de Lorraine*, Duc de Chevreufe, efcartelé au premier & quatre de Lorraine, au deux & trois de Neuers, qui eft efcartelé au 1. & 4. de gueule, à l'efcarboucle fleuronné & pometée d'or, qui eft de Cleves party de la Marck, au 2. & trois de Bourgogne & Moderne.

5. *Conon*, Comte de Bretagne, femé d'hermine.

D.

3. *DAmas de Vaes*, pallé de 6. pieces d'or & d'azur, au chef d'arg.

1. *Dalmatius*, Comte de Cemur, bandé de 6. pieces d'or & d'azur.

18. *Dauid de Rambures*, d'or à trois faces de gueule.

23. *Didier de Tolon*, de finople à l'Oye d'argent, au chef de Malthe.

28. *Dominique de Vic*, de gueule à 2. bras mouuant des 2 coftez de l'efcu, foûtenant vn efcuffon d'azur, chargé d'vne fleurs de lys d'or.

5. *Dreux de Melo*, d'or à 2. faces de Gueule, accompagné de 8. merlettes de mefme, 3 2. 3.

4. *Dreux de Nefle*, de gueule à 2. bards adoffez d'arg. femé de Crox recroifettée de mefme.

8. *Saint Dominique*, d'or à 2. Chaudieres efchequée d'argent & de fable, à la bordure camponée de Caftille & de Leon.

E.

ELie de Saint Yrier, d'argent à 2. Leopards de gueule.

12. *Elfaar de Sabran*, de gueule au Lyon d'or.

15. *Enard de Clermont*, de Gueule à 2. Clefs d'argent paffée en fautoir.

21. *Engilbert de Cleues*, efcartelé au 1. & 4. de Gueule, à l'efcarboucle fleuronnée & pometée d'or, au 2. & 3. de France, à la bande camponée d'arg. & de Gueule.

15. *Enguerand de Coucy*, facé de 6. pieces de gueule & de vait.

10. *Enguerand de Bailleul*, de gueule party de Bretagne.

11. *Enguerand de Marigny*, d'argent à 2. faces d'azur.

4. *Eftienne*, Comte de Chartres, port. de Champagne.

3. *Eftienne*, Comte de Chaalons, de Gueule à la bande d'argent.

5. *Eftienne de Garlande*, de Gueule à 2. faces d'argent.

12. *Eftienne de Mornay*, facé d'argent & de Gueule de 6. pieces, au Lyon de fable, brochant fur le tout.

22. *Eftienne Poncher*, d'argent au chevrons de gueule, accomp. de trois Cocquilles de fable.

2. *Eftienne*, Comte de Troye, porte de Champagne.

19. *Eftienne de Vignoles*, efcartelé au 1. & 4. de fable, au cep de vigne d'argent, monté fur vn efchalat d'or, le 2. & trois d'azur, Paon roüant d'or.

E.

F.

26. *François de Scepeaux*, vairé d'argent & de gueule de trois tires.
25. *François*, Cardinal de Tornon, femé de France, party de gueule, au Lyon d'or.
24. *François de Viuonne*, d'hermine au chef de Vair.
30. *François de Baffompierre*, d'argent à trois chevrons de gueule.
25. *François le Roy*, efcartelé au premier & 4. d'argent, à la bande de gueule, le 2. & trois efchequé de 4. tires d'arg. & d'azur à la bordure de gueule.

G.

26. *GAfpard de Coligny*, de gueule à l'Aigle d'argent, mambré & becqué d'azur.
4. *Gafpard Artaux*, d'argent à trois Tours de fable, 2. 1.
26. *Gafpard de Saulx*, d'azur au Lyon d'argent.
7. *Galon de Montigny*, d'or au Lyon de gueule.
22. *Galeas de Salafar*, efcartelé au 1 & 4. d'azur, à 5. eftoiles d'or, paffée en fautoir, le 2. & 3. d'argent à fept feüilles de figuier de finople.
15. *Galois de la Baume*, d'argent à bande ondée d'azur.
29. *Gafton Iean Baptifte d'Orleans*, de France au lambel de trois pieces d'argent.
9. *Gafton de Moncade*, efcartelé d'or à trois torteaux, le 2. & 3. de Bearn.
4. *Gafton de Bearn*, d'or à 2. Vaches de Gueule, accornée & clarinée d'azur.
22. *Gafton de Foix*, efc. de Foix & de Bearn, party de trois, coupé d'vn le 1. de Nauarre, le 2. efcartelé de Caftille & de Leon, le trois d'Arragon, le premier de la pointe de Catalogne, le deux de Gueule, à deux Leopards, d'or le trois d'Evreux.
9. 11. *Gaucher de Chaftillon*, de gueule à trois pals de vair, au chef d'or.
7. 8. *Gautier de Chaftillon*, de gueule à trois pals de vair, au chef d'or, chargé d'vne fleur de lys d'azur.
7. 16. *Gautier de Brienne*, efcartelé au premier & 4. de Ierufalem, le 2. & trois de gueule, au Lyon d'or.
3. *Gautier*, Euefque de Meaux, d'argent à la face de gueule.
1. *Gauffelin*, Archeuefque de Bourges, femé de France, à la cottice de gueule, brochant fur le tout.
8. *Geofroy*, Chancelier de France, de fable au triangle d'or, chargé d'vn Soleil rayonnant d'azur.
15. *Geofroy de Charny*, de gueule à trois efcuffons d'argent.
3. *Geofroy Martel*, femé de France, à la bordure de gueule.
16. *George de Charny*, de gueule à trois efcuffons d'argent.
6. *Geofroy de Ranconne*, d'or au Gonfanon de gueule, frangé de finople
22. *George*, Cardinal d'Amboife, pallé d'or & de gueule de 6. pieces.
19 *George de la Tremouille*, d'or au chevron de Gueule, accomp. de trois Aigles d'azur.
21. *George de Suilly*, d'azur au Lyon d'or, femé de molette d'efperon de mefme.
8. *Gerard de Pequigny*, facé de 4. pieces d'argent & de fable, à la bordure de gueule.
1. *Girard Ademar de Monteüil*, d'argent à trois bandes d'azur.
1. *Gibert*, Archeuefque de Reims, d'azur à 2. clefs d'or poffée en fautoir, les anneaux en haut.
3. *Geruais*, Comte de Belefme, femé de France, à la bordure de gueule, chargée d'onze bezans d'argent.
19. *Gilbert de la Fayette*, de gueule à la bande d'or, à la bordure de vair d'or & d'azur.
5. *Gilbert*, Archeuefque de Sens, d'azur à la Croix d'argent, acc. de 4. Croffes de mefme.
21. *Gilbert de Bourbon*, de France à la bande de gueule, chargée d'vn Dauphin d'or.
21. *Gilbert de Soyecourt*, d'argent fretté de gueule.

H.

1. **H**ebert, Comte de Vermandois, eschequé d'or & d'azur.
25. **H**ector Pardaillant, escartelé au 1. & 4. d'or, à la Tour de gueule, sommée de trois teftes de Maures, au 2 & 3. d'argent, à 3. faces ondée d'azur, fur le tout d'argent à vn Lyon de gueule, à l'orle de 7. efcuffons de finople.
18. *Henry de Marle*, d'arg. à la bande de fable, chargée de trois eftoilles d'arg.
28. *Henry de la Tour*, Duc de Boüillon, escartelé de France à la Tour d'argent, le 2. & 3. bandé de 10. pieces d'or & de gueule, fur le tout d'or au Gonfanon de gueule, frangé de finople.
30. *Henry de Lorraine*, Duc de Guife, port. de Lorraine au lambel.
17. *Henry de Mal-eftroit*, de geule à 6. bezans de fable.
30. *Henry de Maillé*, d'or à 2. faces ondée de gueule.
29. *Henry de Montmorency*, d'or à la Croix de gueule, acc. de 16. alerions d'azur.
29. *Henry*, Duc de Rohan, de gueule à 9. macles d'or.
29. *Henry*, Comte de Chomberg, d'or au Lyon coupé de gueule & de finople.
13. *Henry de Suilly*, femé de mollette d'efperon d'or, au Lyon de mefme fur le tout.
30. *Henry de la Tour*, Marefchal de Turenne, efcart. femé de France, à la Tour d'argent, le 2. & trois bandé de 10. pieces d'or & de gueule fur le tout, d'or au gonfanon de gueule, frangé de finople, party de Boulogne.
4. *Herpin*, Comte de Bourges, efcartelé de Bretagne à 6. tourteaux de fable, au 2. & d'azur, à trois moutons d'argent.
12. *Herpin de Herquery*, . . .
8. *Herné de Douzy*, de gueule à trois pommes depin d'or.
26. *Honorat de Sauoye*, efcartelé au 1. & 4. de Sauoye, le 2. & trois efcartelé de l'Empire au 1. & 4. le 2. & trois de Saluce.
24. *Horace Fernefe*, d'argent à 6. fleurs de lys d'azur.
Hugon Dupuy, de gueule au Lyon d'argent.
5. *Hugues d'Argies*, d'or à l'orle de 8. merlette de fable.
9. *Hugues de Beaucay*, d'argent à la Croix encrée de gueule.
2. *Hugues de Beauuaü*, d'azur à la Croix d'or, acc. de quatre Clefs, pofées en pal de mefme.
7. *Hugues de Broyes*, d'or à la bande de gueule, de merlettes de mefme.
14. *Hugues de Monpefat*, d'azur à 2. balances mife en équilette d'or.
2. *Hugues de Pagan*, bandé d'argent & d'azur de 6. pieces.
8. *Hugues de Reuel*, d'argent au demy vol d'azur.
3. & 7. *Hugues de Vergy*, de gueule à trois quinte-feüilles d'argent.
15. *Humbert Dauphin*, d'or au Dauphin d'azur, oreillé & barbelé de gueule.
6. *Humbert de Mauriene*, d'or à l'aigle de fable.

I.

16. **I**acques, Duc de Bourbon, femé de France à la bande de gueule, chargée de trois Lyonceaux d'or.
23. *Iacques Daillon*, d'azur à la Croix engreflé d'argent.
13. *Iacques Daunoy*, d'or au chef de gueule, brifé au canton droit d'vne molette d'or.
23. *Iacques Ademar de Monteuil*, efcartelé le 1. d'argent à trois bandes d'azur, le 2. de gueule, à la Tour d'argent, le trois de gueule au Lyon d'or au canton de Bretagne, le 4. de gueule, à la Croix alifée d'arg. acc. de 4. quinte-feüilles de mefme.
19. *Iacques d'Albon*, de fable à la Croix d'argent, au lambel de gueule.
19. *Iacques Chabanes*, de gueule au Lyon de vair.
26. *Iacques Goujon*, d'argent au Lyon gueule.
14. *Iacques du Four*, d'argent à la bordure de gueule.

B

I.

16. & 18. *Iean le Maingre*, d'argent à l'aigle de fable, chargé d'vn efcu d'azur, chargé d'vne fleur de lys d'or.

27. *Iean Louys de Nogaret*, d'or à l'Arbre de finople, party de gueule, à la Croix de Touloufe partie, au chef de Malthe fur le tout d'azur à la Cloche d'arg.

28. *Iean de Montagu*, d'or à la Croix d'azur, acc. de 4. Aigles de fable manb. de gueule.

26. *Iean de Moruilliers*, d'argent au Porc de Sanglier, paffant de fable.

25. *Iean d'Allençon*, d'azur à 6. befans d'or, au chef de mefme, chargé d'vn Lyon naiffant de

17. *Iean* Comte de Monfort, port. de Bretagne.

17. *Iean* Comte de Salbruche, d'azur au Lyon d'argent femé de Croix recroifettée au pied fiché de mefme.

21. *Iean* Marquis de Coaquen, d'argent à trois bandes de gueule.

30. *Iean de Choifeul*, d'azur à la Croix d'argent, acc. de 20. billettes de mefme, pofées en fautoir.

24. *Iean de Saint Prez*, de fable à 9. annelets d'argent.

29. *Iean de Saint Bonet*, efcartelé au 1 & 4. de gueule, à trois fers de Cheual d'arg. le 2. & 3. d'azur, au Lyon de gueule.

9. *Iean de Iomuille*, d'azur à 3. Broyes d'or, mife en face, au chef d'argent, chargé d'vn Lyon de gueule.

15. & 17. *Iean de Vienne*, de Gueule à l'aigle efployé d'argent.

24. *Iean le Veneur*, de Gueule à la bande d'azur, chargée de trois fautoirs d'or.

21. *Iean de Rieux*, d'azur à 10 bezans d'argent, 4. 3. 2. 1.

10. *Iean* Comte de Harcourt, de Gueule à 2. faces d'or.

8. & 10. *Imbert de Beau-jeu*, d'or au Lyon de fable, au lambel de 5. pendants de gueule.

20. *Imbert de Baftarnay*, efc. d'or & d'azur, au lambel de 5. pendants de Gueule. *Imbert de Vergy*, d'azur à trois quinte-feüilles d'or.

10. *Imguerand de Bailleul*, de Gueule party d'hermines.

26. *Imbert de la Platiere*, efcartelé au 1 & 4. d'argent, au chevron de gueule, acc. de trois Rochs de fable, le 2. & trois de gueule, à trois molettes d'efperon d'or.

19. *Ioachin de Roüaut*, de fable à 2. Leopards d'or.

30. *Iofias de Ranfau*, efcartelé au premier d'azur, au chef emmanché en creneaux d'argent, au 2. de fable, à l'aigle party de fable, au trois d'or, à trois vols fe joignant en perle, le 4 d'argent à la Hure de Sanglier de fable, fur le tout party de fable & de Gueule.

30. *Iulles Mazarin*, d'azur à la Hache confulaire d'or, liez de Gueule, à le face de mefme, chargée de trois eftoilles d'or, brochant fur la tout.

L.

1. **L**Andus, Comte de Neuers, d'azur au Lyon d'or, femé de billettes de mefme.

26. *Laurent de Maugiron*, efcartelé au 1. & 4. Gironné, manb. lamp. d'argent & d'azur, au 2. & trois de gueule, à trois chevrons d'or.

2. *Lauteric*, Archeuefque de Sens, d'azur à la Tour d'argent, à l'orle de fleurs de lys d'or.

17. *Le Begue de Vilaine*, de gueule à trois Lyons d'argent, au canton efcartelé de Caftille & de Leon.

19. *Leon Bourillier*, d'azur à trois fufées d'or, mife en face.

29. *Louys de Bourbon*, Comte de Soiffons, de France au bafton en bande de gueule, & à la bordure de mefme.

30. *Louys de Bourbon*, Prince de Condé, de France au bafton de gueule, pery en bande.

27. *Louys de Berton*, d'argent à 6. Cotices d'azur.

L.

M.

N.

O.

9. *Ode*, Cardinal du Chasteau-Roux, semé de France.
24. *Odet de Coligny*, Comte de Chastillon, de gueule à l'aigle esployé d'argent, Couronné & manb. d'azur.
23. *Odet de Foix*, escartelé de Bearn & de Foix.
2. *Odille de Mercœur*, facé de 7. pieces de vair & de gueule.
4. *Ode de Chastillon*, de gueule à trois pals de vair, au chef d'or.
   Odon, Comte de Champagne, port. de Champagne.
18. *Oliuier de Clisson*, de gueule au Lyon d'argent.
19. *Oliuier de Mosny*, d'argent au Croissant de gueule.
13. *Oton*, Comte de Bourgogne, d'azur au Lyon d'or, semé de billettes de mesme.
15. *Oton de Horne*, d'or à trois Cornets d'azur liez de gueule.

P.

20. **P**Alamede de Forbin, d'argent au chevron d'azur, acc. de trois musles de Lyon d'or à la bordure de gueule.
24 *Paul de Thermes*, d'azur à trois pals flambant d'or.
16. *N. de Partenay*, facé de 8. pieces d'argent & de gueule, à la bande de mesme.
   N. Cardinal de Perigord, de gueule à trois Lyonceaux d'or.
6 *Pierre Alegrain*, garty de gueule & d'argent, à la Croix encrée party de mesme, de l'vn en l'autre.
10. *Pierre Barbette*, d'argent au bœuf passant de Gueule, au chef de mesme, chargé d'vne Clef mise en face d'argent.
13. *Pierre Bertrand*, d'argent au chevron d'azur, chargé de 5. fleurs de lys d'or, acc. de trois Roses de gueule.
20. *Pierre de Bourbon*, semé de France, à la Cotice de gueule.
20. *Pierre de Brezé*, d'argent à l'escusson d'azur, à la bordure de mesme, chargée de 7. Croix d'or.
12.14.18. *Pierre d'Aumont*, d'argent au chevron de gueule, acc. de 7. merlettes de mesme.
10. *Pierre de France*, semé de France, à la bordure de gueule, chargée de 6. bezans d'or.
22. *Pierre d'Aubusson*, d'argent à la Croix encrée de gueule.
13. *Pierre de la Chappelle*, escartelé au 1. & 4. semé de France, à la bordure camponée d'argent & de gueule, le deux & trois d'argent, au Lyon de gueule, à l'orle de Cocquille d'azur, le trois d'argent, à trois chevrons de gueule, le 4. d'azur, à trois Gerbes de blé d'or, sur le tout de gueule, à 2. faces d'argent.
21. *Pierre d'Vrfé*, de vair au chef de Gueule.
18. *Pierre de Craon*, lozangé en pal d'or & de gueule.
11. *Pierre Gention*, facé de 6. pieces d'argent & de gueule, à la bande d'azur, semée de France.
4. *Pierre l'Hermite*, de sinople au chevron d'arg. chargé d'vn Chapelet de sable, acc. de trois quinte-feüilles d'argent, au chef de Ierusalem.
20. *Pierre do Moruiliers*, d'or à trois merlettes de sable, à la bordure de gueule.
9. *Pierre de Nemours*, de gueule à 5. burelles alisée d'or.
12. *Pierre de la Chappelle*, de gueule à 2. faces d'or.
8. *Pierre de Courtenay*, d'or à trois Tourteaux de gueule.
11. *Pierre Flotte*. de gueule fretté d'or, au chef de mesme.
18. *Pierre de Rieux*, d'azur à 13. bezans d'argent.
14. *Pierre Roger*, d'argent à la bande d'azur, acc. de 5. Roses de gueule, posé en orle.
20. *Pierre de Rohan*, de gueule à 9. macles d'or.
25. *Pierre Ronsard*, d'azur à trois Roses d'argent.
15. *Pierre de Saluing*, d'or à l'aigle de sable à deux testes, à la bordure de France.

1. *Renaut*, Comte de Vandofme, d'argent au chef de gueule, chargé d'vn Lyon d'azur, brochant fur le tout.

11. *Renaut*, Comte de Dammartin, facé de 6. pieces d'argent & de fable, à la bordure de gueule.

23. *René de Monte-jan*, d'argent fretté de gueule.

29. *René de Vilquier*, de gueule à la Croix alifée d'argent, & fleurdelifée par les bouts, acc. de douze billettes de mefme.

29. *René Longuet*, d'azur à trois Rofes d'argent, au chef d'or, chargé de trois Rozes de gueule.

11. *Renier de Grimaldy*, lozangé en pal d'argent & de gueule.

1. *Richard*, Duc de Normandie, de gueule à 2. Leoparts d'or.

12. *Robert de Courtenay*, d'or à trois Tourteaux de gueule.

10. *Robert d'Artois*, femé de France, au lambel de 3. pendants de gueule, chargé de 9. Tours d'or.

13. *Robert*, Comte de Clermont, femé de France, à la bordure de gueule.

6. 8. 12. *Robert*, Comte de Dreux, efchequé d'or & d'azur, à bordure de gueule.

14. *Robert Bertrand*, d'or au Lyon de Gueule.

2 *Robert Guychard*, de gueule à la bande efchequée de deux traits d'argent & d'azur.

16. *Robert de Clermont*, d'azur à deux bards adoffez d'or femé de treffles de mefme.

21. *Robert de Baudricourt*, d'or au Lyon de fable.

11. *Robert de Melun*, d'azur à 6. bezans d'or, au chef de mefme.

18. *Robert l'Hermitte*, d'argent à trois chevrons de gueule.

2. 3. *Robert*, Duc de Normandie, de gueule à deux Leopards d'or.

7. *Robert Malet*, de Gueule à 3. fermaillets d'or.

13. *Robert de Meudon*, gironné de 6. pieces d'argent & de gueule.

23. *Robert de la Marck*, d'or à la face efchequée de 3. traits d'argent & de gueule, au Lyon naiffant en chef de mefme.

27. *Robert Miron*, efcartelé au 1. & 4. de Gueule, au Miroüer d'argent, enchaffé & pometé d'or, le 2. & 3. d'or, à la Croix d'azur, acc. de 4. ombre de Soleil de Gueule.

9. *Robert Sorbon*, de Gueule à la Roüe de 12. rais d'or.

16. *N. Vicomte de Rohan*, de Gueule à 9. macles d'or.

24. *Roch Chaftaignier*, d'or au Lyon pofé de finople.

29. *Roger de Belle-Garde*, efcartelé au 1. d'azur, au Lyon d'or, au 2. d'or. à 4. pals de gueule, au trois de gueule, au Vafe d'or, au 4. d'azur, à quatre pals flamb d'or.

12. *Roger d'Anglurre*, comme Robert cy-deuant.

S.

Sauary de Mauleon, de Gueule au Leopard d'argent.

6. *Sebran Chabot*, d'or à 3. Chabots de Gueule, pofez en pal.

11. *Siara Colona*, de Gueule à la Colomne d'argent, fa bafe & le Chapiteau d'or, Couronné de mefme

9. *Simon*, Cardinal de Brie, face de 8. pieces d'argent & de Gueule, au Lyon de fable, brochant fur le tout.

16. *Simon*, Comte de Dammartin, d'argent à 2. faces de Gueule.

7. *Simon*, Comte de Montfort, de gueule au Lyon d'or.

9. *Simon*, Comte de Nefle, de gueule à 2. bards adoffez d'or, femé de trefles de mefme.

6. *Surger*, Abbé de Saint Denys, femé de France, au Cloud de la Paffion pofé en pal, broch. fur le tout d'argent.

T.

V.

Y.

HVGVES CAPET Roy de France, surnommé le Grand, fils de Hugues le Grand, Comte de Paris, & de Heluuide, fille de Henry premier Empereur, ayant défait & mis prisonnier son ennemy, Charles de Lorraine reforma son Estat, reunit la Mairie & Comté du Palais à la Couronne, & accreut l'authorité de Comte d'Estable, depuis nommé Connestable, comme celle des Mareschaux de France, qui n'auoient auparauant pouuoir que sur l'Escurie, il mourut le vingt-huict Aoust, l'an 998. l'onziéme de son Regne, il auoit épousé

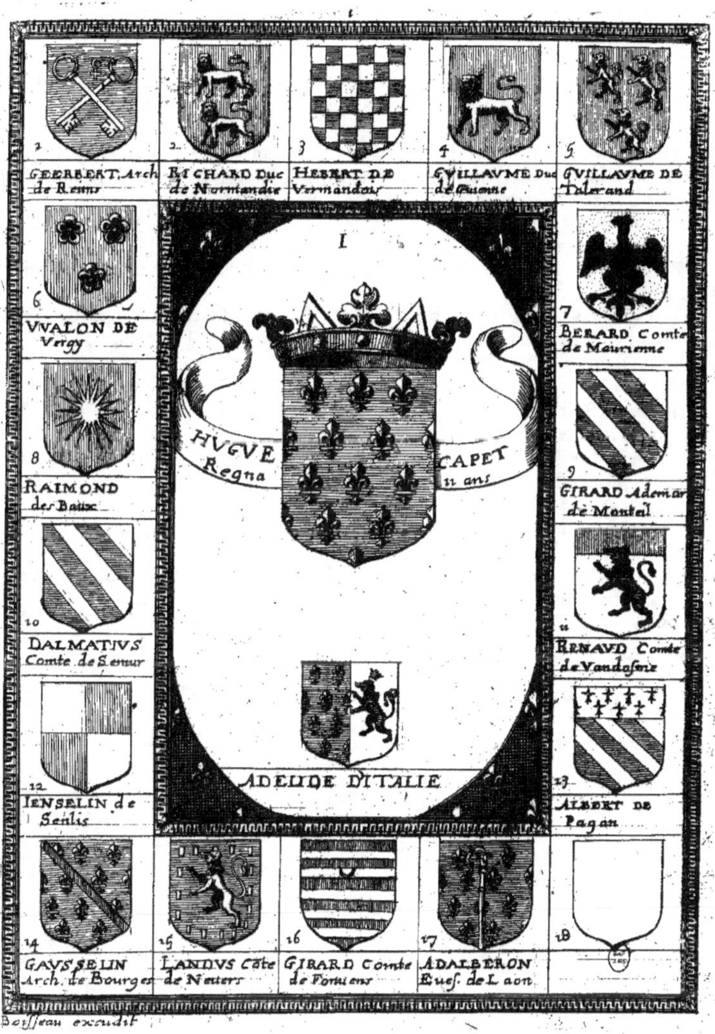

Boisseau excudit

ADELIDE fille de Lotaire quatriéme Roy d'Italie, yssu du sang de Charlemagne, par le deceds de son mary, elle se reconcilia par ses vertus à l'Empereur Otton troisiesme, & sa pieté parut dans la fondation du Monastere de sainct Frambaut à Senlis, & a la restauration de celuy des filles d'Argenteuil.

1 Les plus Illuſtres ſouz ce regne furent GERBERI, Archevesque de Reims, preçepteur de Robert fils du Roy, depuis Archevesque de Rauennes, à la requiſition de l'Empereur Othon troiſiéme, dont il auoit auſſi eſté gouuerneur, & qui auoit eſté en particuliere eſtime ce Prelat : enfin par ſes vertus il fut eſleu Pape apres le deceds de Gregoire V. il eſtoit yſſu de la ville d'Aurillac, mourut l'an 1003. le vnziéme May.

2 RICHARD deuxiéme Duc de Normandie, à la priere duquel le Roy reſtitua le pays d'Artois au jeune Arnoul, Comte de Flandres, qui auoit perdu la bataille contre Hugues, auec tous ſes Eſtats.

3 HEBERT DE VERMANDOIS Comte de Troyes, nommé entre les plus puiſſans de ce ſiecle, Lequel ayant pris les armes pour la conſeruation de ſa Seigneurie, fit paix auec Hugues Capet à des conditions honneſtes, & fut conſervé dans tous ſes biens, comme il eſtoit auparauant.

4 GVILLAVME troiſiéme Duc de Guyenne & Comte de Poiſtou, qui fut auſſi continué dans la poſſeſſion de toutes ſes terres, apres s'eſtre armé pour maintenir ſon authorité.

5 GVILLAVME DE TALERAND Comte d'Angouleſme, de Perigord & d'Agenois, qui aſſiegea la ville de Tours contre le Roy & Robert ſon fils, c'eſt de luy que ſont yſſus les Seigneurs de Talerand & Princes de Chalais.

6 VVALON DE VERGY Comte de Bourgongne, qui auec Iudich de Fonvens donna commencement à l'illuſtre maiſon de Vergy.

7 BERARD le Saxon, premier Comte de Maurienne, qui a donné origine aux Ducs de Savoye,

8 RAIMOND DES BAVX Prince d'Orange, yſſu de Balthazar Roy de Tarce, qui a donné origine aux Comte Dayelin, aux Ducs Dandrie, Princes de Tarante & Empereurs Titulaires de Conſtantinople.

9 GIRARD ADEMAR DE MONTEIL, duquel ſont yſſus les Comtes de Grignan, il eſtoit fils de Giraut Hugues Ademar, & de Brigide d'Elbret, & a donné le nom à la Ville de Monte-limard.

10 DALMATIVS Comte de Semeur, qualifié en ce temps Prince Illuſtre, & ſeigneur Conſulaire.

11 RENARD Comte de Vandoſme, Chevalier de France.

12 IENSELIN de Senlis grand Boutciller de France, duquel ſont yſſus les Comtes de Moucy & de Vineul.

13 ALBERT chef de la maiſon de PAGAN, Seigneur en Bretagne, qui ayant épouſé la Niepce du Duc de cette Province, chargea le chef de ſes armes Dermines.

14 GAVSSELIN fils naturel du Roy, Archevesque de Bourges.

15 LANDVS Comte de Neuers.

16 GIRARD Comte de Fonvens, yſſu des plus anciens Comtes de Bourgongne.

17 ADALBERON Evesque de Laon, qui liura cette ville és mains du Roy.

ROBERT Roy de France, ſurnommé au Concile de Limoges le plus docte de tous les Roys, merita pareillement celuy de Tres-Chreſtien, il inſtruit par l'ordre de Gerbet, depuis Pape Silueſtre deuxiéme, ce Prince poſſeda ſon Eſtat ſans aucun trouble eſtranger, n'ayant eu guerre contre aucun Souuerain, bon-heur qui n'eſt arriué à aucun Roy de France : Il deceda le vingtiéme iour de Iüillet 1032. Et fut inhumé à Sainct Denys, il auoit épouſé

CONSTANCE DE PROVENCE, ſurnommée Blanche, fille de Guillaume, premier du nom, Comte d'Arles, de Prouence, & d'Adelais d'Anjou, il la voulut repudier à cauſe du degré de parenté, toutesfois eſtant de retour de Rome, il la reconnut ſa legitime épouſe, cette Reyne ambitieuſe excita de grands troubles dans l'Eſtat, par la diuiſion du Roy & de ſes enfans, & ſur la fin du Regne de Robert, elle émeut vne guerre ciuile, voulant auoir ſeulle l'adminiſtration du Royaume, elle deceda l'an 1033 au Chaſteau de Melun, & giſt à Sainct Denys.

1 Entre les plus renommez souz ce regne furent GOZELON Duc de Lorraine, pere de Frederic, qui fut Pape souz le nom d'Estienne dix.

2 GVILLAVME Duc de Guyenne, de mesme que Henry de Bourgongne, prit les armes contre les infidelles Mores & Sarrasins d'Espagne, où ils se signalerent.

3 ESTIENNE Comte de Troyes, qui soustint vne longue guerre contre le Roy.

4 ROBERT GVISCHARD, fils de Guillaume, surnommé Bras de fer, & fils de Tancrede Comte de Hauteville en Normandie, qui conquist les villes de Capouë & de Benevent, & qui premier porta le tiltre de Duc de Calabre & de la Poüille, laissant en mourant les deux Royaumes de Sicile à ses successeurs, qui les ont possedez plus de deux cens ans.

5 EVDES Comte de Blois & de Sancerre, qui se signala pareillement contre les Infidelles.

6 FOVLQVES Comte d'Anjou, Oncle de la Reyne, qui fit deux fois le voyage du sainct Sepulchre, auec beaucoup de progrez & de merite.

7 RAIMOND DAGOVLT, Prince yssu de Vvolphe, de Trich, de Pomeranie, qui prit le nom de Vuolt, qui en Alemand signifie Loup, pour auoir esté conservé au berceau par vne Louve qui l'aillaitta quelques iours, il passa en France auec Berard de Saxe, chef de la Maison de Savoye, & donna origine aux Comtes de Sault en Provence, laissa pour fils & successeur Isnard, qui espousa Don-Seline de Ponteves, & quitta comme son pere les armes de Pomeranie, pour prendre d'or à la Louve d'azur : cette maison est passée par alliance en celle de Crequy le Diguiere, qui porte encore auiourd'huy la mesme Louve dans vn quartier de ses armes, & la sepulture de Raymond Dagoust paroist encore pres la Tour Daigue, au convent de l'Observance en Provence.

8 AMAVRY Comte de Montfort, fils naturel de Robert, ou comme il est plus croyable, de Guillaume de Haynault, qui a seruy de tige à l'illustre Maison des Comtes de Monfort-Lamaury.

9 BOVCHARD Seigneur de Montmorency, auquel le Roy par Chartre expresse, octroya la permission de rebastir le chasteau de Montmorency, ruyné par les Saxons.

10 ALBON Evesque de Paris, & Chancelier de France, envoyé en Ambassade à Rome, pour reconcilier sa Majesté auec le sainct Siege.

11 HVGVES DE BEAVVAIS Comte du Palais, & favory du Roy, que la Reyne fit assassiner.

12 BRVNO Euesque de Tules.

13 LOTHERIC Archevesque de Sens, qui appuya quelque temps l'opinion de Berengarius sur la Realité du sainct Sacrement, & fut retiré de cette erreur par les soins du Roy grandement devotieux & sçauant.

14 HVGVES DE PAGAN, premier grand Maistre des Chevaliers Templiers, yssu de l'illustre Maison en Bretagne, & de laquelle sont encore auiourd'huy les Comtes de Pagnan en France, & les Ducs de Terranoüe, au Royaume de Naples.

15 ROBERT de Normandie, surnommé le Liberal à cause de sa grande largesse, il estoit second fils de Richard second, fit le voyage de la terre Saincte, au retour duquel il deceda en Bytinie, l'an 1035.

16 RENAVT Come de Nevers.

17 ODILLE de Mercœur.

18 THIBAVT II. du nom de Clermont, qui l'an 120. mit sur pied vne puissante armée, & fut replacer le Pape Calixte deuxième dans le sainct Siege, que Maurice Bourdin auoit vsurpé : c'est de ce Thibaut second, frere de ce seigneur, que sont yssus les Comtes de Tonnerre, du nom de Clermont.

HENRY premier du nom se rendit redoutable à ses ennemis, principalement aux Comtes de Champagne, dont il dissipa les forces, aucuns ont voulu dire qu'il fut contre l'ordre naturel reconnu Roy, bien que Cadet de Robert son frere, ce qui est faux, il deceda à Paris l'an mil soixante, le cinquante-cinq de son âge, & le vingt-huit de son regne, il eut pour femme

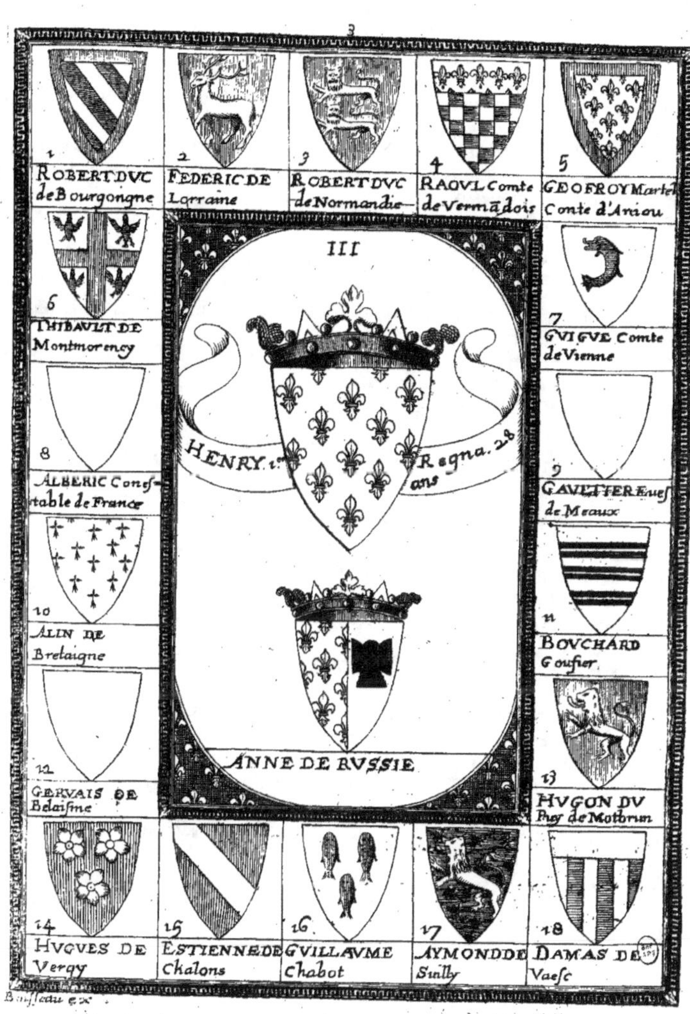

ANNE DE RVSSIE, fille de George Roy des Russiens & Moscovites, apres le deceds de Henry son mary, elle retourna en son pays, ayant auparauant fondé à son exemple l'Eglise de Sainct Vincent à Senlis.

　　Les plus renommez souz ce regne, furent

　1 ROBERT frere Cadet du Roy, Duc de Bourgongne, duquel sont descendus les Roys de Portugal.

D

2 FEDERIC Duc de Lorraine, qui atterra l'ambition d'Odon Comte de Champagne, par la perte de sa vie, & la defaitte de son armée, dont ce braue Prince demeura victorieux.

3 ROBERT Duc de Normandie, qui prit le party du Roy contre Robert de France, & depuis fit le voyage de la terre Saincte auec beaucoup d'auantages pour la Chrestienté : ce Prince deceda en Bithinie, & institua pour heritier Guillaume son fils naturel, qui depuis conquit l'Angleterre.

4 RAOVL Comte de Vermandois, fils aisné de Hugues de France, surnommé le Grand, il fut Seneschal, ou grand Maistre de France, & souscriuit à la Charte de l'Abbaye Sainct Martin, fondée par le Roy, duquel il espousa la vefue.

5 GEOFROY MARTEL Comte d'Anjou, auquel le Roy donna la Ville de Tours, pour auoir vtilement seruy l'Estat contre Thibaut & Estienne de Champagne, qu'il défit deuant la mesme ville de Tours.

6 THIBAVT de MONTMORENCY Connestable de France, qui contribua beaucoup aux victoires que le Roy remporta sur ses subjets rebelles, il florissoit encor souz le Regne de Philippes premier.

7 GVIGVES, surnommé le Gras, Comte de Vienne & d'Albon, qui fit premier porter à son fils le titre de Dauphin de Viennois.

8 ALBERIC Connestable de France, renommé és guerres d'Aquitaine & de Normandie, & qui souscriuit à ladite fondation de S. Martin des Champs.

9 GAVTIER Euesque de Meaux, qui fut enuoyé Ambassadeur en Russie, pour traitter le mariage de la Reyne.

10 ALAIN de Bretagne, surnommé le Rebru, qui espousa Berthe de Champagne, & fut en éstime d'homme de grande valeur.

11 BOVCHARD GVEFFIER, Comte de Melun, grand Maistre des Arbalestriers Royaux.

12 ODON Comte de Champagne, qui prit le party de Robert de France, contre le Roy, & assembla vne puissante armée pour ce Prince.

13 HVGON DVPVIS gentil-homme Dauphinois, qui se signala à la premiere Croisade contre les Infideles, c'est de luy que sont yssus les Marquis de Monbrun & de Sainct André, auiourd'huy Mareschaux de Camp dans les armées du Roy, les noms & armes desquels paroissent en la page precedente.

14 HVGVES ou IMBERT de VERGY Euesque de Paris, qui fut en grand credit souz ce regne, & qui accompagna le Roy au siege du chasteau de Timeraye, autrement appellé Chasteau-neuf.

15 ESTIENNE Comte de Chaalons, renommé entre les plus vaillans Capitaines de son temps.

16 GVILLAVME CHABOT personnage de grande qualité, qui assista Geoffroy Martel dans toutes les occasions, où ce Prince fit paroistre son courage : ce mesme Seigneur est nommé à la fondation de l'Abbaye de Bourgueul par le susdit Prince, & c'est de luy qu'est yssu par succession Charles Chabot, Duc de Rohan, gouverneur d'Anjou, auiourd'huy viuant.

17 AIMON DE SVLLY, Archeuesque de Bourges, Prelat d'insigne vertu & doctrine.

18 DAMAS de VASCE premier du nom, Chevalier natif du Languedoc, qui a donné origine aux Seigneurs de cette maison, dont estoit Estienne fauory de Charles huictiesme.

PHILIPPES Premier commença de regner souz la tutelle de Baudoüin Comte de Flandres, il dompta les Gascons rebelles , eut guerres contre Robért le Frison, frere de son Tuteur, & Guillaume Roy d'Angleterre & Duc de Normandie : Les Chrestiens s'armérent souz son regne pour conquerir la Terre Saincte, il mourut à Melun l'an 1109. le cinquante-septiéme de son âge, & le quarante-neuf de son regne, il eut pour femme

BERTHE DE HOLANDE fille de Florent Comte de Holande & de Frise, & de Gertrude de Saxe, elle fut mariée l'an 1071. & peu apres repudiée & releguée à Montreüil, d'où elle fut rappellée apres que Bertrade de Montfort, concubine du Roy eut esté chassée du Palais : cette Princesse Berthe fut mere du Roy Louis sixiéme.

1 GVILLAVME LE BASTARD Duc de Normandie, qui fouz ce regne, conquit le Royaume d'Angleterre, eſtant aſſiſté de pluſieurs Seigneurs François, entre leſquels on remarque Regnaud Lhermite, pere de Pierre, Autheur de la Sainɛte guerre ſuſditte.

2 GODEFROY DVC DE BOVILLON, premier Roy de Ieruſalem, fils d'Euſtache ſecond, Comte de Boulongne, & Duc de Lorraine. Ce Prince fut eſleu general de l'armée des Chreſtiens à la premiere Croiſade, & en cette qualité ſignala ſon extreſme valeur par la priſe des villes de Nicée, Antioche & Ieruſalem, & la defaite de plus de deux cent mille Sarrazins qu'il combattit en diuerſes rencontres.

3 RAIMOND Comte de Thoulouſe, qui en ſon particulier leüa vne ſuperbe armée pour la conqueſte de la terre Sainɛte. Il fut auſſi au ſecours d'Alphonſe ſixiéme Roy de Caſtille, qu'il reſtablit en ſon Royaume.

4 HERPIN Comte de Bourges qui vendit pareillement ſes Eſtats pour l'entrepriſe de ce voyage.

5 GVILLAVME Comte de Foreſts.

6 BAVDOVIN DV BOVRG, Comte de Retel.

7 ADEMAR DE MONTEL, Eueſque du Puy, dont la pieté & valeur ſe ſignalérent en la ſuſdite Croiſade. Les Comtes de Grignan ſont de cette meſme maiſon, ſi renommée dans la Provence & le Dauphiné.

8 ESTIENNE Comte de Chartres, ſignalé dans la meſme entrepriſe, de meſme que

9 THIBAVT DE MONTMORENCY, qui par ſon extreſme valeur, merita l'épée de Conneſtable de France.

10 PIERRE LHERMITE yſſu des Comtes de Clermont & d'Auuergne, fils de Regnaud premier du nom, & d'Adelide de Montagu, appellé Lhermite, non pour en auoir fait la profeſſion, mais pour ce que ſon pere qui en porta le premier le nom, naſquit en la celulle d'vn Hermite, ainſi que rapporte Geofroy le Bouteillier dans ſon Epithalame, qu'il compoſa l'an 1419. ce Gentil-homme apres auoir ſeruy le Roy Philippes és guerres de Flandres contre Robert le Friſon, fit le voyage de la Paleſtine, & à ſon retour exhorta tous les Princes Chreſtiens à la loüable & glorieuſe entrepriſe de la Terre Sainɛte, il fut vn des Lieutenans Generaux de cette nombreuſe armée: & en cette qualité ſeruit ſi vtilement la Chreſtienté, qu'il merita d'eſtre fait premier Vice-Roy de Ieruſalem. De luy & de Beatrix de Rouſſy ſont yſſus les Seigneurs de Lhermite Souliers en France, & les Comtes de Siarco en Eſpagne, qui ont changé leurs armes depuis l'alliance qu'ils ont contractée dans la maiſon de Souliers : Les Hermites du pays-bas ſont pareillement ſortis de cette Illuſtre ſouche, qui a donné des Conneſtables, Mareſchaux & grands Prevoſts aux Couronnes de France & de Caſtille.

11. BAVDOVIN Comte de Flandres Regent en France, & tuteur du Roy, qui reprima l'inſolence des Gaſcons, ainſi que tous les ſeditieux du Royaume qu'il gouuerna auec beaucoup de prudence, & de fidelité.

12 GASTON de BEARN &

13 GVI de GARLANDE grand Chambellan.

14 GASPARD ARTAVT de Montauban, Comte de Die.

15 RAMBAVLT Comte d'Orange, qui ſe ſignala auſſi à la conqueſte de la Terre Sainɛte de meſme que,

16 GOBERT DASPREMONT, qui ont eterniſé leur memoire dans cette memorable guerre.

17 DREVX de NESLE grand Maiſtre de France.

18 RAOVL de BEAVGENAI, DODON de Comps, & CONON de Montaigu furent auſſi au ſuſdit voyage.

LOVIS ſixiéme, dit le Gros, fut renommé le deffenſeur de l'Egliſe, pour en auoir porté les intereſts auec beaucoup de zele, lors des differents qui s'émeurent en ſon Eſtat, entre les Eccleſiaſtiques & les Seculiers, il mourut l'an mil cent trente-ſept le premier d'Aouſt, le trentieſme de ſon regne, & le ſoixantieſme de ſon âge. Son corps eſt inhumé à Sainct Denys.

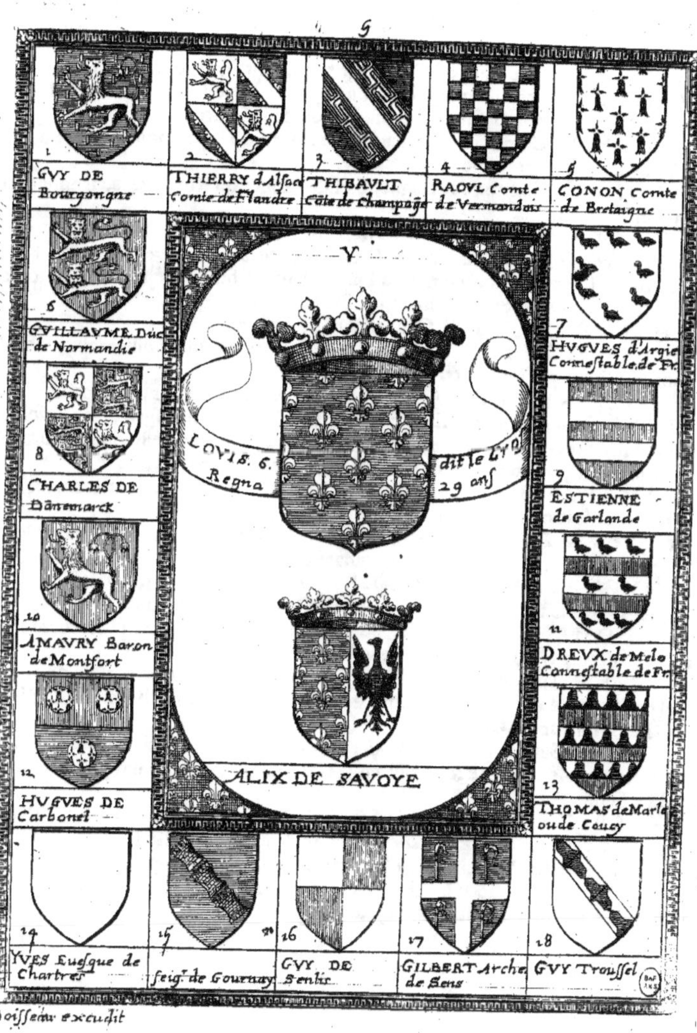

Boiſſeau excudit

LA Reyne Alix de Savoye, femme de Louis ſixiéme, dit le Gros, eſtoit fille de Humbert deuxiéme, Prince de Piedmont, Comte de Maurienne, ou Savoye, eut pour mere Guille de Bourgongne, ſœur du Pape Calixte deuxiéme, Son mariage arriua l'an mil cent treize, mais ayant ſurveſcu le Roy, elle convola en ſecondes Nopces auec Matthieu de Montmorency, Conneſtable de France, elle fonda le Monaſtere de Mont-Martre, où elle deceda l'an 1154. & y fut pareillement inhumée.

E

1. Entre les plus renommez souz ce regne, furent GVY DE BOVRGONGNE, Archevesque de Vienne, depuis Pape Calixte II. fils de Guillaume surnommé Teste Hardie, Comte Palatin de Bourgongne, duquel nous auons parlé cy-deuant, & qui fut replacé dans la Chairre Sainct Pierra à la faueur des armes d'Enard de Clermont : il portoit encore l'Aigle d'Argent dans ses armes, mais quelque temps apres les Comtes de Bourgongne le changerent, & prirent le Lyon accompagné de billettes d'or, comme il paroist en cette figure.

2. THIERRY DALSACE Comte de Flandres, qui apres l'assassin commis en la personne de Charles Comte de Flandres, fils de Canut Roy de Dannemark, fut appellé par les Flamans, & reconnu leur Souuerain.

3. THIBAVT Comte de Champagne, qui s'estant reconcilié aux bonnes graces du Roy, apres plusieurs differens eut la conduitte de la personne de Louis, depuis Roy septiéme du nom, lors qu'il fut en Guyenne épouser la Princesse Alienor.

4. RAOVL Comte de Vermandois, Prince du Sang, duquel sont yssus les Seigneurs du nom de Sainct Simon.

5. CONON Comte de Bretagne, chef de l'armée du Roy, lors qu'il donna la chasse à l'armée Imperialle.

6. GVILLAVME, dit Courthéusse, fils de Robert Duc de Normandie, qui s'opposa aux forces de Thierry sus-nommé, & fut secouru en cette occasion des forces de France, toutesfois ayant liuré combat à son ennemy, il fut blessé à mort, de sorte que Thierry demeura paisible possesseur de cet Estat.

7. HVGVES DARGIE Connestable de France.

8. CHARLES DE DANNEMARK Comte de Flandres inhumainement assassiné dans vne Eglise par ses sujets.

9. ESTIENNE DE GARLANDE Evesque de Paris, Chancellier & grand Seneschal de France, premier Ministre & fauory du Roy, qui le disgracia toutesfois du depuis, & le persecuta, de sorte que Sainct Bernard predit à sa Majesté qu'il perdroit bientost son fils aisné pour auoir commis cette violence envers ce Prelat.

10. AMAVRY Baron de Monfort, qui repoussa vigoureusement l'armée Angloise lors qu'elle faisoit effort pour entrer dans le Royaume.

11. DREVX DE MELO Connestable de France, renommé en toutes les occasions de valeur qui se sont rencontrées pendant ce regne.

12. HVGVES DE CARBONNEL, renommé és guerres de la Terre Saincte, & duquel sont yssus les Seigneurs Marquis de Canisi en Normandie.

13. THOMAS DE MARLE ou de COVCY, l'vn des plus renommez Seigneurs de ce temps, pour son extreme valeur.

14. YVES Evesque de Chartres, nommé l'vn des plus grands Prelats de ce temps, lequel pacifia le trouble interuenu touchant les priuileges de l'Archeuesque de Rheims.

15. Le Seigneur de Gournay.

16. GVY de Senlis, grand Bouteiller de France, yssu des puisnez des sieurs Comtes de Vermandois, comme il paroist en la Genealogie de cette maison faite par Monsieur du Chesne.

17. GILBERT Archevesque de Sens, qui sacra le Roy en la Ville d'Orleans, & eut vn grand demeslé contre l'Archeuesque de Rheims (appellé Rodolphe, qui estoit appuyé du Pape Pascal) touchant les priuileges du Sacre des Roys.

18. GVY TROVSSEL, frere du Seigneur de Rochefort, duquel le Roy auoit épousé la fille, comme il a esté parlé cy-dessus.

LE Roy LOVIS VII. furnommé le jeune & le pieux, porta fes armes contre les Infidelles, contre lefquels il eut de grands avantages, il mourut à Paris l'an 1180, le 20 Septembre, ayant vefcu pres de 69 ans, & regmé 43. Son corps fut inhumé en l'Eglife de Barbeau, fouz vn magnifique tombeau, orné d'or, d'argent & de pierres precieufes.

ALIENOR DE GVIENNE premiere femme de ce Roy, eftoit fille aifnée de de Guillaume de Guyenne & d'Alienor de Chaftelleraut, elle accompagna ce Prince au voyage d'outre-mer, & s'arrefta long temps à Antioche avec vn nommé Saladin, duquel lle fut amoureufe ; de forte qu'à fon retour le Roy fit diffoudre ce mariage par l'authoté du Pape Eugene III, fouz pretexte de la proximité du fang.

CONSTANCE de CASTILLE, fut feconde femme du mefme Roy, & mourut en travail de l'acouchement de fa derniere fille, fept ans apres fon mariage, Alix de Champagne 3 femme du Roy, fille de Thibaut, furnommé le Grand, Comte de Champagne, fut mere de Philippes Augufte, & Dieu-donné, & mourut à Paris au mois d'Avril 1205, & fut inhumé en l'Abbaye de Pontigny en Bourgongne.

1 SAINCT GVILLAVME Duc d'Aquitaine & Comte de Poiétou, qui aprés auoir quelque temps porté les interefts de Pierre Leon-Antipape conrte Innocent II. & vexé les Prelats de fes terres, en conceut vn fi grand regret, qu'il fe refolut d'en faire penitence tout le refte de fa vie, comme il fit, acheuant fes iours en folitude, où il mourut accablé d'années, & de Sainéteté.

2 Entre les plus renommez fouz ce regne, furent le deuot S. BERNARD, de la Noble maifon des Fontaines en Bourgongne, Abbé de Clervaux, Fondateur & Patriarche de l Ordre des Bernardins.

3. SVGER Abbé de fainét Denys, qui fut Regent en France, pendant l'abfence du Roy, renommé grand homme d'Eftat, & de profonde doétrine, qui a écrit l'Hiftoire de fon temps.

4 ROBERT Comte de Dreux, frere du Roy, qui fe croifa au voyage d'outre-mer auec Sa Majefté, où il acquit beaucoup de reputation, principallement au fiege de Damas, à fon retour en France, il fonda l'Eglife Sainét Thomas du Louvre en l'honneur de Sainét Thomas Archevefque de Cantorbery, & mourut l'an 1181.

5 HVMBERT Comte de Maurienne, nommé entre les principaux qui fe croiferent auec le Roy, au voyage d'outre-mer.

6 MATTHIEV de MONTMORENCY, furnommé le Grand, qui merita par fa valeur l'épée de Conneftable de France, ainfi que ie remarqueray plus particulierement au regne fuiuant.

7 RAOVL Comte de Vermandois Senefchal, ou grand Maiftre de France que le Roy laiffa Regent auec l'Abbé Suger, lors qu'il fut au voyage d'outre-mer.

8 ARCHAMBAVT de BOVRBON, furnommé le Grand, à caufe de fon extrefme valeur,

9 RAIMOND BERANGER, Maiftre des Chevaliers Hofpitaliers de Sainét Iean de Hierufalem, qui fut prefent au fiege de Damas, dont le fuccez fut finiftre par la trahifon des Syriens, ce Beranger eftoit de Dauphine de la mefme maifon, d'où font fortis les Seigneurs de Morge.

10 RAIMOND DE PONS Cardinal, yffu de Helie de Pons, que l'on tenoit Neveu de Pompée, c'eft de cette maifon que font yffus les Marquis de la Cafe.

11 PIERRE ALEGRAIN Chancelier de France, renommé pour fa valeur, autant que pour fa fidelité & doétrine.

12 YVES de NESLE renommé au fiege de Damas, & qualifié perfonnage, doüé d'vne finguliere beauté, & d'vne vertu heroïque.

13 GEOFROY DE RANCONE Seigneur Poitevin, qui conduifoit l'auantgarde de l'armée Royale au fufdit combat contre les Turcs, où fe fignalerent pareillement le Comte de Garence, Gaucher de Monge & Evrard de Bretolie.

14 PIERRE DE LA CHASTRE Archevefque de Bourges, que le Pape Innocent fecond efleua à cette dignité contre le confentement du Roy, ce qui émeut beaucoup de troubles dans le Royaume.

15 ENGVERRAND de COVCY, remarquable au femblable combat donné prés du fleuve de Meandre.

16 GVILLAVME BOVTEILLER de la maifon de Senlis, qui s'aquit beaucoup de reputation au combat que le Roy donna contre les Turcs prés le fleuve de Meandre, où l'armée ennemie fut prefque toute deffaitte : de luy fonr yffus les Comtes de Mouffy, heritiers de fa vertu, comme de fon nom & de fes armes.

17 THIBAVT CHASTEIGNIER Seigneur de la Chaftegneraye, duquel font yffus les Marquis de la Roche-pofay en Poiétou.

18 SEBRAND CHABOT Seigneur de Vouvent & Doulmes, dont la memoire s'eft defenduë de l'oubly depuis tant de fiecles, & duquel font yffus les Ducs de Rohan & Comte de Charny, & de Bufançois.

PHILIPPES AVGVSTE, & Dieu Donné, nasquit suiuant les vœux des François le 22. Aoust 1165. Son heroïque valeur se fit particulierement admirer à la
memorable bataille de Bouvines, où il dissipa presque toutes les forces de l'Europe
assemblées contre son Estat, ayant mis en fuitte l'Empereur, le Duc de Limbourg & le
Comte de Louvain, & fait prisonniers les Comtes de Flandres & de Bourgongne, il regna quarante-quatre ans, & vescut cinquante-huit, & mourut le 14. Iuillet 1233. eut
pour femme

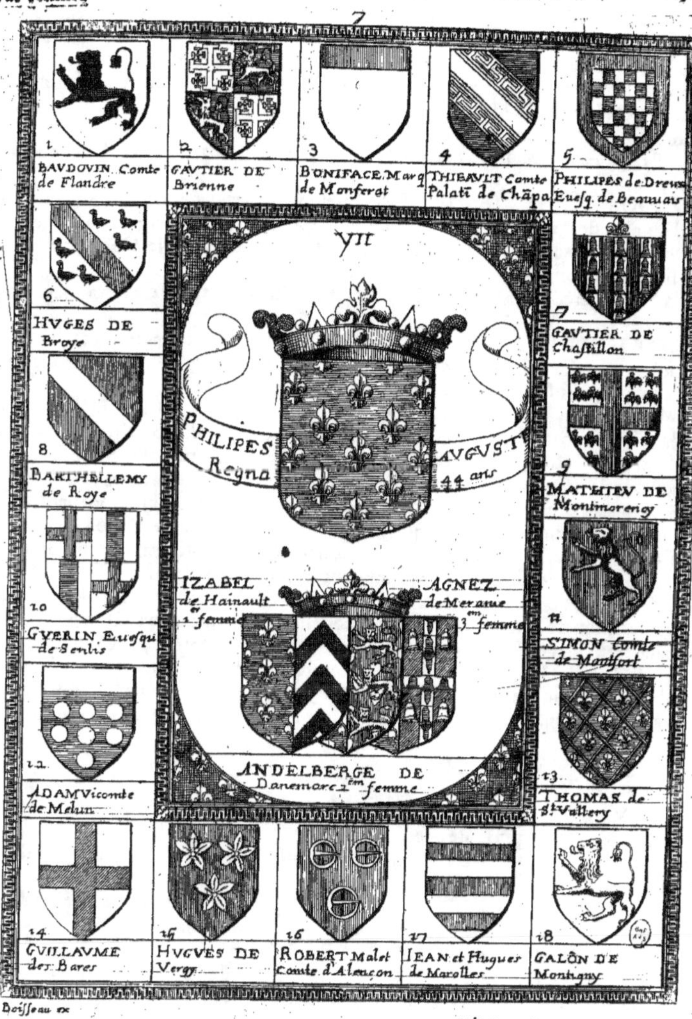

IZABEL DE HAYNAVT fille de Baudoüin IV. Comte de Haynaut & de
Margueritte Comtesse de Flandres, son mariage fut consommé en la Ville de Bapau-
me 1180. n'ayant pour lors encore treize ans, elle deceda à Paris le 8. de son regne le 22.
Février, & fut inhumée au milieu du cœur de Nostre-Dame, elle fut mere de Louis 8.

ANDELBERGE fille de Valdemar le grand Roy de Dannemarx, fut deuxième
femme de Philippes Auguste, mais le mesme iour de son mariage qui fut celebré à Arras
1193. le Roy prit en telle haine cette Princesse, qu'il l'a repudia le lendemain, bien qu'elle
fust tres-belle & tres-vertueuse.

F

AGNES DE MERANIE fille de Berthold quatriefme Duc de Meranie époufa ce mefme Roy 1196. mais depuis fa Majefté ayant repris Imgerburge ou Andelberge, Agnes en conceut tant de defplaifir qu'elle en mourut toft apres, l'an 1201. à Poiffy, où elle eft inhumée, fes enfans furent toutesfois reconnus legitimes, s'eftant mariée, apres vne Sentence de diffolution du mariage dudit Roy, & la Bulle du Pape Innocent.

1. Les plus renommez fouz ce regne furent BAVDOVIN Comte de Flandres, qui ayant pris la Croix dans la Sainéte guerre, que les Chreftiens entreprirent conrre les Infideles, merita dans cette mefme expedition d'eftre efleu Empereur de Conftantinople.

2. GAVTIER DE BRIENNE, qui par vn prodige de valeur & de fortune, conquit le Royaume des deux Siciles, auec foixante Cavaliers, & quarante gens d'armes.

3. BONIFACE Marquis de Mont-ferrat, qui apres la mort du fufdit Thibaut, fut eftimé digne de commander cette faincte milice.

4. THIBAVT Comte Palatin de Champagne efleu general de l'armée des Croifez.

5. PHILIPPES DE DREVX Euefque de Beauvais, coufin germain du Roy, grand homme de guerre, vne fois prifonnier de l'Anglois, & tres-fignalé à la journée de Bouvines, où portant vne maffe d'armes, il terraffa entr'autres le Comte de Salifbery qu'il fit fon prifonnier.

6. HVGVES DE BROYE, general de l'armée du Roy en Bourgongne au fecours de

7. GAVTIER DE CHASTILLON, qui dans ce mefme combat penetra deux fois le premier bataillon des ennemis, renuerfant tout ce qu'il rencontroit de refiftance, encore qu'il fuft bleffé de douze coups de lances.

8. BARTHELEMY DE ROYE Chambrier & grand Chambellan de France, dont la valeur fut pareillement remarquée au iour de cette fufdite bataille.

9. MATTHIEV deuxiéme du nom de Montmorency, furnommé le Grand, Conneftable de France, qui fe fignala en la mefme journée de Bouvines, où il remporta douze drappeaux fur les Imperiaux, à l'exemple de fon predeceffeur Bouchard, premier du nom, qui auoit pris quatre enfeignes Imperiales fur l'Empereur Othon II. l'an 978. dont il chargea le camp de fes armes, ainfi que fit ce Conneftable, qui adioufta douze Alerions aux quatre precedens, qui cantonnoient la Croix de Sienne.

10. GVERIN Chevalier Hofpitalier, Euefque de Senlis, & Chancellier de France, qui fit la fonétion de Marefchal de Camp le iour de la bataille de Bouvines, tres-genereux & fçauant perfonnage, il fut pareillement executeur du Teftament du Roy.

11. SIMON Comte de Montfort, le dompteur des Heretiques Albigeois, qui remporta principalement cette infigne viétoire fur eux, lors qu'il en défit vingt mil auec vn nombre de Catholiques beaucoup inégal, & que le Roy d'Arragon couronna par fa mort cette celebre aétion.

12. ADAM Vicomte de Melun.

13. THOMAS de Saint Valery.

14. GVILLAVME DES BARRES, & Guillaume de Garlande, qui tous fe fignalerent en cette glorieufe occafion.

15. HVGVES DE VERGY, qui fut affifté des armes du Roy contre le Duc de Bourgongne.

16. ROBERT MALET Comte d'Alençon, duquel font yffus les Sires de Graville, & qui acquit beaucoup de renommée en cette iournée, de mefme que firent

17. IEAN & HVGVES DE MAROLLES.

18. GALON DE MONTIGNY, qui le iour de la bataille de Bouuines portoit la Banniere Royalle, & fans lequel le Roy eftant abatu de fon cheual, auroit efté tué, ce genereux Gentil-homme ayant paré en fon corps plufieurs bleffures, dont il garentit Sa Majefté.

LOVIS VIII. couronné Roy d'Angleterre, furnommé Lyon, prit poffeffion de cet Eftat infulaire, auec beaucoup de gloire & d'auantage, il fit auffi la guerre aux Albigeois, qu'il acheua d'exterminer, & mourut le trofiefme de fon Regne, & le trente-neufiefme de fon âge, l'an 1226. commettant par fa derniere volonté la Regence du Royaume, & la tutelle de fon fils & fucceffeur à la Reyne.

BLANCHE DE CASTILLE fa femme, fille du Roy Alphonfe IX. & d'Alienor d'Angleterre, cette Princeffe fut douée d'vne extreme beauté, & d'vne grande vertu, elle compofa les factions de l'Eftat, & combattit l'orgueil de fes ennemis, elle fut deux fois Regente, & deceda à Melun le 26. Nouembre, l'an 1251. fon corps fut inhumé en l'Abbaye de Maubuiffon, lez Ponthoife.

1 Entre les plus renommés sous ce regne furent S A I N T D O M I N I Q V E du nom de Queman , qui accompagna si pieusement & genereusement nos armes conrre les Albigeois , marchant toujours à la teste de nos troupes avec son Crucifix, exhortant les soldats au combat.

2 H E N R Y Comte d'Enguien , puisné du Comte de Flandres , qui fut esleu Empereur de Constantinople.

3 G A V T I E R D E C H A S T I L L O N, cy-devant renommé à la bataille de Bouvines , & tué sous ce regne devant la Ville d'Avignon , tandis qu'elle estoit assiegée par le Roy, qui regretta extremément cét illustre sujet.

4 I S A M B E R T D E B E A V I E V, que le Roy laissa en son absence Gouverneur de Languedoc.

5 P I E R R E D E C O V R T E N A Y Prince du Sang, grand Bouteiller de France, qui donna bataille à Hervé de Donzi.

6 E N G V E R R A N D Sire de Coucy, grand Chambellan de France, qui suiuit le Roy à la conqueste de l'Angleterre, de mesme que

7 R O B E R T Comte de Dreux, qui conseilla le Roy d'entreprendre de rechef la guerre contre les Albigeois, & y retourner en personne, où il suivit sa Maiesté, & assista au siege & prise d'Avignon, il mourut l'an mil deux cens trente-trois.

8 A R C H A M B A V T D E B O V R B O N, surnommé le Grand, à cause de sa valeur, qui eut part à toutes les victoires que nous remportasmes de son temps.

9 G V Y, frere puisné d'Aimery, Vicomte de Thoüars, qui aquist beaucoup de renom au voyage d'outre-mer, & épousa Constance Duchesse de Bretagne.

10 H E R V E' D E D O N Z I, qui apres s'estre signalé dans la guerre des Albigeois, entreprit le voyage de la Terre Saincte, & se trouva au siege de Damiette, où il acquit beaucoup de reputation, avec cet eloge que luy donne vn Autheur de son temps, d'avoir esté l'arc de iustice, & la tempeste continuelle de ses ennemis.

11 A N D R E' D E C H A V V I G N Y, personnage de valeur singuliere.

12 G E O F R O Y, Chancellier de France.

13 S A V A R Y D E M A V L E O N General de l'Anglois, qui ayant conduit vne armée en Guyenne, puis à la Rochelle, y fut assiegé, & contraint de capituler, & rendre la place au Roy, d'où retournant en Angleterre, il n'y fut pas fauorablement receu, ce qui l'obligea de repasser en France, & se donner au seruice du Roy, qui luy fit de grands biens en Poitou : c'est de luy que sont yssus les Seigneurs de Mauleon, de Guyenne & de Poitou, qui sont entrez par alliance dans la maison de la Roche-posay.

14 G V Y G R O S S V S Archidiacre, & depuis Evesque Dupuy, & enfin Cardinal Legat vers sainct Louis, soubs le regne duquel il mourut, occupant la Chairre de Sainct Pierre.

15 H V G V E S D E R E V E L Dauphinois, grand Maistre de l'Ordre de Sainct Iean de Hierusalem , souz le regne duquel la Ville d'Antioche fut prise par le Souldan d'Egypte, où furent tuez quarante-sept mille Chrestiens.

16 B E R T R A N D E C O M P S Dauphinois, grand Maistre de Malthe, qui mourut des blessures qu'il receut, combattont contre les Infidelles.

17 G E R A R D D E P E Q V I G N Y, Vidame d'Amiens, &

18 G V Y D E P O N C H E R Chevaliers remarquables pour leur noble extraction, & grandes richesses, lesquels souz le regne suiuant, se rendirent intercesseurs vers le Roy pour le Comte de Pontieu, dont ils furent aussi les cautions.

LE Roy Saint LOVIS, neufiefme du nom, fut vn modele de pieté & de valeur tout enfemble, il employa fes armes contre les Infidelles, & fit deux fois le voyage d'Outre Mer, pour les chaffer de la Terre Sainte, fon zele & fon courage s'accreurent dans les difficultez de fes entreprifes, les horreurs de la prifon ne feruirent qu'à faire éclatter le feu de fa charité, & la mort bornant fes conqueftes fur la terre, luy ouurit le chemin à des Couronnes immortelles : il deceda à Thunis le 25 Aouft 1270.

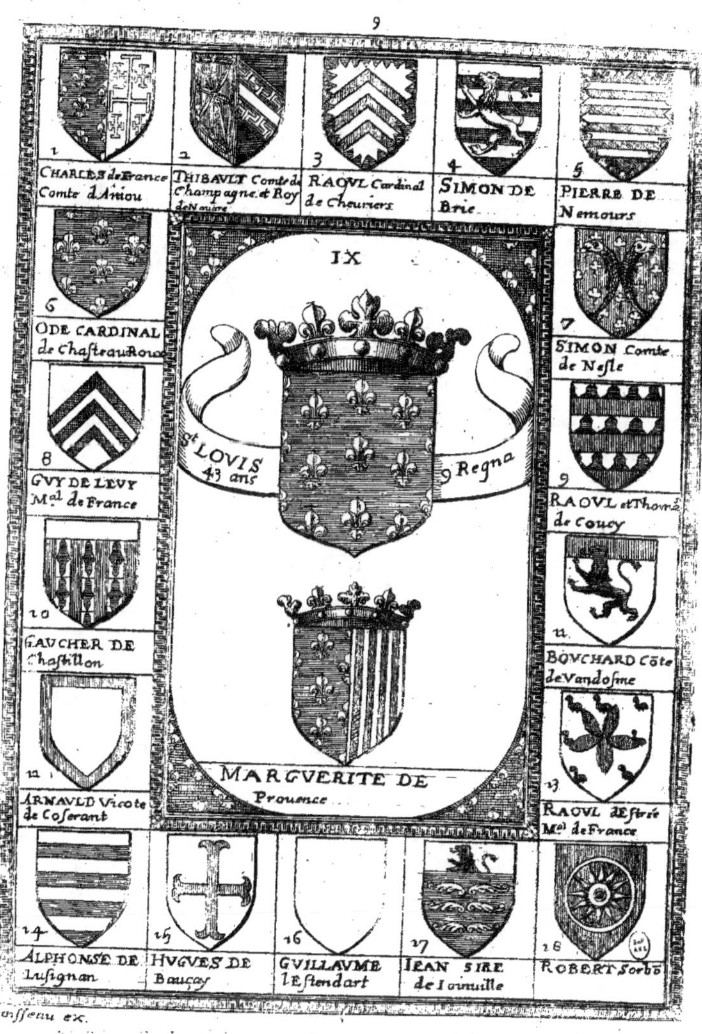

MARGVERITE DE PROVENCE fille de Raymond Beranger, Comte de Provence, & de Beatrix de Savoye, fut mariée en la Ville de Sens l'an 1234, elle fuivit le Roy au premier voyage de la Terre Sainte, tafchant d'imiter en toutes fes actions la Sainteté de fon efpoux, qu'elle furvefquit quelque temps, fonda le Monaftere de Sainte Claire, Cordelieres de faint Marcel, lez Paris, où elle fe retira ; & mourut le 20 de Decembre 1285.

1. Les plus renommez sous ce regne furent Charles de France Comte d'Anjou, puis Roy de Sicile, Frere du Roy, dont la reputation fut si grande par toute l'Europe, que le Pape Vrbain 4 luy ennoya l'inuestiture du Royaume des deux Siciles, dont il se rendit Maistre par les memorables batailles qu'il gagna contre Manfroy, le jeune Conradin, & Frederic, deceda l'an 1285.

2 THIBAVT I, Comte Palatin, de Champagne & de Brie, Roy de Nauarre, Chef & conducteur de plusieurs troupes au voyage d'Outre-Mer, & qui accompagna saint Louïs en Afrique, ce Prince fut doüé d'excellentes qualitez, tres-eloquent & excellent Poëte, ayant luy-mesme composé plusieurs œuures.

3 RAOVL Cardinal de Cheuriers, Euesque d'Albes & d'Eureux, Chancelier de France, fils de Guy de Cheuriers, Bailly & Lieutenant du Comte de Macon, qui couronna le Roy de Sicile à Rome dans l'Eglise de saint Iean de Latran, de cette maison sont les Seigneurs de saint Mauris.

4 SIMON Cardinal de Brie, de la maison de Villiers l'Isle Adam, qui par sa vie exemplaire merita le souuerain Pontificat sous le nom de Martin 4, sous le Regne de Philippe III.

5 PIERRE DE NEMOVRS, Seigneur de Villebeon & de la Chappelle Gautier, surnommé Pierron, & le Chambellan, premier Ministre d'Estat, & fauory de saint Louïs, qualifié le plus juste, & pieux de ceux de son temps.

6 ODE Cardinal de Chasteauroux, que le Roy appelloit, selon son cœur, il fut legat en France, & suiuit sa Majesté au voyage du Leuant.

7 SIMON Comte de Nesle, auquel le Roy commit la Regence de son Estat, au second voyage qu'il fit outre-mer: & luy donna pour Adjoint Mathieu Abbé de S. Denys.

8 GVY DE LEVY, Seigneur de Mirepoix, Mareschal de France, qui conduisit le premier bataillon de l'armée de Charles Roy de Sicile, le jour de la defaite de Manfroy, & eut la principale part de cette memorable victoire: c'est de luy que sont issus les Seigneurs Ducs de Ventadour & d'Anuille, & Marquis de Mirepoix.

9 RAOVL & THOMAS DE COVCY, l'vn tué par les Sarrazins à la ville de Mazere, auec Robert Comte d'Artois: & l'autre, General de l'armée de Charles de France, Roy de Sicile & de Ierusalem, qui contribua beaucoup à la conqueste de ces deux Royaumes.

10 GAVCHER DE CHASTILLON, conducteur de l'arriere-garde de l'armée du Roy en Afrique, qui le iour de la prise de sa Majesté, soustint long temps tout seul vn passage contre le gros des ennemis, & apres en auoir défait grand nombre, estant tout percé de fleches, aima mieux mourir l'épée à la main, que de se rendre aux Infideles.

11 BOVCHARD, Comte de Vandosme, nommé le premier des Illustres Seigneurs, qui accompagnerent le sus-nommé Charles à la conqueste de ses couronnes.

12 ARNAVD Vicomte de Coserans, qui conduisant le sixiéme bataillon de l'armée de Sainct Louis au combat, où les Turcs furent défaits deuant Damiette, dégagea le Sire de Ioinville des mains des ennemis, il portoit lors pour armes d'or à la bordure de gueules, & c'est de luy que sont yssus les Seigneurs de Gondrin, & Marquis de Montespan, ou selon aucuns de la maison d'Arragon ou de la Cerde en Castille.

13 RAOVL DESTREES, Mareschal de France, signalé dans tous les combats qui se donnerent souz ce regne, ainsi que

14 ALPHONSE DE LVSIGNAN, Comte d'Eu, &

15 HVGVES Seigneur de Beauçay, dit le Grand, du pays de Loudunois, qui fut tué au second voyage que le Roy fit en Afrique.

16 IEAN Sire de Ioinville, Mareschal de Champagne, qui a écrit l'Histoire de son temps.

17 GVILLAVME L'estendart, Guy de Montfort, & Iean de Beaumont, autres braues & genereux Capitaines.

18 ROBERT SORBON, Confesseur & Aumosnier du Roy, fondateur de la Sorbonne, & le Sire de Boileve, premier Preuost de Paris, les armes de plusieurs desquels paroissent en la figure precedente.

PHILIPPES III. du nom, surnommé le Hardy, commença son regne par deux
insignes Victoires qu'il remporta sur le Roy de Tunes, qu'il rendit son tributaire, il
porta aussi ses armes Victorieuses dans l'Arragon , & faisant encore la guerre dans le
Roussillon , il mourut d'vne fiévre chaude à Perpiguan l'an 1285. le quarantiéme de son
âge, le quinziéme de son Regne , ses entrailles furent enseuelies en l'Eglise de Sainct Iust
à Narbonne, son corps fut apporté à Sainct Denys.

LA Reyne IZABEL D'ARRAGON, premiere femme de ce Monarque, estoit
fille de Iacques premier du nom, Roy d'Arragon & d'Yolande de Hongrie, son mariage fut celebré à Clermont en Auuergne, du viuant de Sainct Louis son beau-pere, & n'e-
stant encore âgée que de vingt-quatre ans, elle deceda à Cosence dans la Calabre, retournant d'Afrique, où elle auoit suiuy le Roy son mary, le 22. Ianuier 1272.
   MARIE BRABANT deuxiéme femme du mesme Roy, eut pour pere & mere
Henry VI. Duc de Brabant, & Alix de Bourgongne, ses nopces furent celebrées au Chasteau de Vincennes, l'an 1274. & fut couronnée l'an suiuant dans la Saincte Chappelle
du Palais Royal à Paris, cette Princesse suruesquit le Roy son mary prés de trente-six
ans, n'estant decedée que le dixiéme de Ianuier 1321. Son corps fut inhumé dans l'Eglise
des Peres Cordeliers de Paris.

1. Entre les plus celebres de ce temps, furent PIERRE DE FRANCE, frere du Roy, Comte d'Alençon, qui accompagna le Roy dans toutes les guerres de son regne, de mesme que le Prince Robert son frere Comte de Clermont, & Sire de Bourbon, qui a donné origine à la Royalle branche des Princes de ce nom.

2. ROBERT Comte d'Artois, Prince du Sang, general de l'armée du Roy, & souz Philippes le Bel, qui se signala par plusieurs memorables victoires, nommément contre Roger de Doria Admiral d'Arragon, ainsi que sur les Anglois commandez par le Comte de Lanclastre, & les Flamans, qu'il défit en bataille rangée, où plus de seize mille demeurerent sur la place, il fut toutesfois du depuis deffait par les mesmes Flamans, & blessé mortellement de trente coups de picques, dont il expira au combat qu'il rendit pres de Courtray, l'an 1382.

3. IEAN D'ACRE, ou de Brienne, fils du Roy de Ierusalem grand Bouteillier de France, commandé par le Roy d'entrer hostilement dans l'Arragonnois, ce qu'il executa, desolant tellement cet Estat, que le Roy reuoqua sa commission, pour l'auoir executée auec trop de violence.

4. ROBERT DE BOVRGONGNE grand Chambrier de France Enguerrand de Coucy, & plusieurs autres qui ont beaucoup merité de l'histoire de ce temps, les armes desquels paroissent en la page precedente.

5. MATTHIEV DE MONTMORENCY, se fit remarquer és guerres de Flandres & d'Arragon.

6. RAOVL DE NESLE &

7. IMBERT DE BEAVIEV, tous deux Connestables de France, le premier desquels apres auoir plusieurs fois dissuadé le Prince Robert d'Artois, d'attaquer les Flamans dans leurs retranchemens, prés de Courtray, fut tué dans la bataille susditte.

8. GVY Euesque de Langres, executeur du Testament de la Reyne, employé en diuerses negotiations pour le seruice du Roy.

9. BERNARD Comte de Foix, qui suiuit le Roy au voyage d'Arragon, apres s'estre repenty de sa felonnie.

10. IEAN DE HARCOVRT Mareschal de France, qui accompagna le Comte de la Marche contre l'Arragonnois, partagea auec ce Prince la gloire d'vn combat, où il en demeura trois milles sur la place, le Roy de Castille y ayant mesme esté blessé à mort.

11. GVY DE MONTFORT &

12. MILES DE NOYERS, Mareschal de France, qui auec

13. AVBERT DE LONGVEVAL, qui dans ce combat Naual, contre la flotte Arragonnoise, se pouuant sauuer, aima mieux mourir les armes à la main; c'est de cette maison que sont yssus les Marquis de Trenel, les Comtes de Buquoy, & les Seigneurs de Manican, aliez dans la maison des Mirons.

14. ENGERAND DE BAILLEVL, Admiral de France, qui apres vne longue resistance, auec peu de vaisseaux contre ladite flotte Arragonnoise, commandée par Roger de Doria, fut enfin défait, & pris prisonnier.

15. EVSTACHE DE BEAVMARCHAIS, ou Beaumarest Chevalier, fut enuoyé par le Roy de Nauarre pour gouuerner le païs, les Nauarrois s'estant reuoltez contre luy, l'auoient assiegé dans le chasteau de Pampelune, dont il fut deliuré par Robert Comte d'Artois son cousin, que le Roy luy enuoya auec vne grande armée, si qu'il fit punir ceux qui estoient cause de ladite reuolte, & receut les hommages des Barons de Nauarre.

16. ERARD DE VALERY renommez dans les mesmes guerres, que le Roy Philippes eut contre les ennemis de sa Couronne.

17. PIERRE BARBETE Chevalier de France.

18. GVY DE CHASTILLON, Comte de Saint-Pol, & Iacques Seigneur de Leuie son frere, qui remportérent sur Othelin Comte de Bourgongne, les villes de Cassel, Bergues, Bourbourg & Nieuport.

PHILIPPES quatrielme dit le Bel, n'euſt pas moins de charmes de valeur que d'attraicts de beauté, & ſes vertus connuës par toute l'Europe donnerent autant de jalouſie à Boniface huictieſme que d'amour à Clement
cinquieſme, il domta les Flamans, fit abolir l'Ordre des Templiers, & ce
fut en ſa conſideration que le Pape rranſmit le ſainct ſiege en Auignon, ce monarque
deceda l'an 1314. le 28. de ſon regne le 58. de ſon âge.

Boiſſeau ex

IEANNE Reine de Nauarre, auant que l'eſtre de France eut pour pere & mere
Henry premier du nom Roy de cét eſtat, & Blanche d'Artois, elle fut mariée au
Roy Philippe dans la ville de Paris le 16. d'Aouſt 1284. deux ans apres, elle fut Couronnée à Rheims par Pierre Barbette Archeueſque du lieu au commencement de ſon
regne, elle fit baſtir le College de Champagne depuis dit de Nauarre, elle fonda auſſi l'Abbaye de Bar, & fut auſſi belle d'eſprit que de corps, de meſme que ſon mary ſon
decés arriua au Chaſteau de Vincennes le 2. Auril 1304.

H

1. Les plus illuſtres de ce regne furent. CHARLES Roy de Maiorque Prince qui merita beaucoup de la Couronne de France, & qui fut tué au combat de Courtray, en combattant pour le ſeruice & les intereſts de l'Eſtat

2. CHARLES de France Côte de Valois Empereur titulaire de Conſtátinople cóme Roy d'Arragon, ſurnómé le deffenſeur de l'Egliſe chef & digne tige de cette bráche de Valois, de laquelle ſont yſſus 13 Roys de Fráce Charles Duc d'Angouleſine, fils naturel du Roy Charles 9. & le Côte d'Alets ſon fils perpetuent encore cette Royale branche.

3. AMEDEE' Comte de Sauoye ſurnommé le grand qui ſe ſignala a la deffenſe de l'iſle de Rodes, contre Othoman Empereur des Infideles auquel il fit honteuſement leuer le ſiege de deuant cette place l'an 1310.

4. FOVLQVES de Villaret grand Maiſtre des Cheualiers de Rhodes, qui ſurprit & emporta l'Iſle dont ſon Ordre prit le nom le iour de l'Amy Aouſt l'an 1309.

5. GAVCHER de Chaſtillon Comte de Porcean Conneſtable de France ſurnommé le tuteur de nos Roys qui ſouſtint genereuſement l'authorité de la Couronne contre tous les Princes qui la voulurent vſurper.

6. REGNIER CRIMALDI Genois Amiral de France, qui defit l'armée de Goy Comte Namur aſſiegeant Xiriexé, de cette meſme maiſon eſt aujourd'huy le Prince de Monaco Duc de Valentinois.

7. SCIARA Colomne d'Illuſtre maiſon d'Italie qui durant ſon éxil fut pris puis racheté des Pyrates par le Roy Philippe qu'il ſeruit depuis en pluſieurs occaſions ce fut luy qui accompagna Felix de Nogaret en Italie, & qui s'eſtant rendu maiſtre de la ville Danagria y ſurprit le Pape Boniface 8. & le menaça de venger en ſa perſonne les iniures faites à ceux de ſa maiſon.

8. FELIX de NOGARET Chancelier de France, qui entre pluſieurs notables ſeruices qu'il rendit ſous ce regne fut enuoyé en Italie vers le Pape pour luy declarer que le Roy ſon maiſtre appelloit de ſes Sentences au 1. Concile, le Duc d'Eſperno Comte illuſtre perſonnage entre ſes predeceſſeurs.

9. RAIMOND de GOVT ou Got Archeueſque de Bourdeaux, qui eſtant eſleu Pape ſous le nom de Clement 5. tranſfera le S. ſiège en Auignon, le Marquis de Roüillac, tire ſon origine de cette Maiſon, & porte meſme nó & armes que ce ſouuerain Pontife.

10. REGNAVT Comte de Dammartin Conducteur de l'auangarde de l'armée Royale qui defit les Flamans au paſſage du Lis.

11. CHARLES de MONTESPAN qui ſe ſignala à la iournée de Furnes ou les Flamans furent deffaits.

12. ENGERRAND de MARIGNI Comte de Longueuille grand Chambellan de France Sur-Intendant des Finances & ſeul fauory du Roy par l'ordre duquel il fit baſtir le Palais de Paris.

13. PIERRE FLOTTE Chancelier de France.

14. ROBERT & GVILLAVME de Melun pere & fils Comtes de Tancaruille grands Chábellans de France qui tous deux parurent entre les plus vaillans de ce regne.

15. IEAN SIRE de Grauille qui fut tué au combat que l'on rendit contre les Flamans au paſſage du Lis.

16. PIERRE GENTIAN Archer de la garde du Roy qui ſeruit ſi dignement ſa Maieſté à la iournée de Montſempule, qu'il merita non ſeulement d'eſtre à nobly, mais eut encore confeſion de charger ſes armes d'vne bande de Fráce, les Seigneurs d'Herigny en Anjou ſont chefs de cette maiſon de laquelle ſont iſſus de par les femmes, les Barons de Langeron & Myron, de l'Hermitage.

17. GVY de NESLE Mareſchal de France & Iean Seigneur de Harcourt, tous deux memorables par les combats qu'ils rendirét tant par mer que par terre, le dernier deſquels fiſt deſcente en Angleterre, prit & ſaccagea la ville de Douure.

18. ANSELME de CHEVREVSE qui porta l'Oriflame à la bataille de Montſempule où il fut tué apres auoir en diuerſes rencontres acquis beaucoup de reputation en portant cette banniere.

LE Roy Louys X. dit Hutin à cause de son humeur violente, & colere finit pres-que son regne par son commencement estant decedé 1316. dix-huict mois apres son couronnement, il rendit le Parlement sedentaire & eut pour femmes.

MARGVERITE de Bourgogne 2. fille de Robert Duc de Bourgogne, & d'A-gnes de France, fille de S. Louys son mariage fut celebré en la ville de Vernon en Normandie le 21. Septembre 1305. l'inpureté de cette Princesse souilla le lict Royal, ce qui la fit confiner en prison perpetuelle au Chasteau Gaillard, où depuis elle fut estranglée par l'ordre de Louys Hutin 1313.

CLEMENCE de Hongrie fille du Roy Charles Martel, & de Clemence de Habspurg fut 2. femme de ce Monarque qui mourant la laissa grosse, mais l'extreme regret qu'elle conçut de cette perte la fit tomber dans vne maladie qui causa la mort du posthume dont elle accoucha peu apres, lequel ne regna que vingt iours au plus soubs le nom de Iean 2. cette Reyne deceda à Paris, le 13. Octobre 1328. son corps est inhumé aux Iacobins.

Les plus renommez foubs ce regne fui ent.

1. CHARLES Comte de Valois, oncle du Roy, cy deuant appellé deffenfeur de l'Eglife qui foubs ce regne fit violance à la Iuftice pour fatisfaire à fa colere, caufant l'innocente mort de Marigny qui auoit fi fidelement ferui le Roy fon frere.

2. IACQVES Cardinal d'Offa, depuis Pape Iean 22. ce Prelat eftoit Limofin.

3. LOVYS de SICILE dit de Marfeille Euefque de Toulouze, fils de Charles Roy de Sicile & de Ierufalem, & de Marie de Hongrie non moins efclatant en miracles qu'en grandeur de naiffance.

4. ELZEAR de SABRAN Comte d'Ariane en Prouence dont les exemplaires vertus luy ont faict meriter vn rang glorieux entre les S⁵. de mefme que fa condition luy en auoit donné entre les premiers de ce Royaume.

5. EVDES Comte de Bourgogne oncle maternel de la Princeffe Icanne de France fille de Louys Hutin, en faueur de laquelle il s'efforça de deftruire les Lois fonda-mentale de l'Eftat pour la faire couronner Reine de France.

6. PIERRE Cardinal de la Chapelle Taille-Fer Chancelier de France, ce Prelat eftoit iffu du pays de la Marche prés le Chafteau de Souliers l'Hermite, de laquelle maifon il eftoit alié, fes merites luy firent porter les Mitres des Euefchez de Paris, Carcafonne, & Tholoufe, & en fin le Chapeau de Cardinal comme nous dirons au regne fuiuant.

7. ROBERT de COVRTENAY Archeuefque de Rheims, lequel facra le Roy Louys Hutin.

8. GAVCHER de CHASTILLON Conneftable de France qui porta courageu-fement les interefts de la Couronne contre tous ceux qui s'eftoient armez à fa ruine.

9. ROBERT de DREVX Seigneur de Beu, grand Maiftre de France.

10. IEAN de BEAVMONT Marefchal de France.

11. ARNAVL de POIANE Euefque de Panpelone que les Nauarois deleguerent Ambaffadeur vers le Roy leur Souuerain, enfemble.

12. FORTVNIO ALMORANID qui vint auffi reconnoiftre Louys Huftin Roy de Nauarre, apres le decéds de la Reyne fans fa mere.

13. MATHIEV de TRIE Seigneur de Fontenay, grand Chambellan de France.

14 ESTIENNE de MORNAY Chancelier de France, au commencement de ce regne.

15. ROGER DANGLVRE premier du nom dont le courage efclata dans la deffence des droits de cette Monarchie lors du deceds du Roy.

16 LOVYS de MARIGNY filleul du Roy, auquel fa Maiefté fit don par tefta-ment de 5. mil liures.

17. PIERRE DAVMONT fils de Iean, & de Agnes d'Ailly, Cheualier & Chambellan du Roy, il feruit plus particulierement Philippe de Valois, & fa valeur efclata encore en fa pofterité, aujourd'huy tres recommandable en la perfonne des Seigneurs d'Aumont, & de Vilequier, l'Euefque d'Avranche leur frere, n'accompagne pas fa pieté d'vne moindre generofité & grandeur de courage.

18. HERPIN de HERQVERY qui porta l'Oriflame au voyage de Flandres.

PHILIPPES cinquiéme dit le Long, frere puifné du Roy mort, luy fucceda à la Couronne qu'il ne porta que fix ans durant, lefquels il appaifa la fedition appellée des Paftoureaux, chaffa les Iuifs de fon Royaume, & y eftablit la police des poix, & mefures, il deceda l'an 1353. ne laiffant aucun fucceffeur de fon mariage de fon efpoufe.

IEANNE de BOVRGOGNE, fille d'Othon Comte de Bourgogne, & de Mahaut d'Artois, ces Nopces furent fomptueufement celebrées à Corbeil, l'an 1306. cette Princeffe fut ainfi que ces belle Sœurs accufée d'adultere, mais fon innocence fut bien toft reconnuë, elle fonda le College appellé de Bourgogne, & mourut en la Ville de Roye en Picardie, le 2. May 1329. fon corps fut inhumé és Cordeliers de Paris.

Les plus Illuftres fous ce regne furent.

1. CHARLES de France Comte de Valois, qui apres le decés du Roy Louys fon frere, difputa long-temps la Regence au prejudice de Philippe fon aifné, & ne mit bas les armes qu'apres l'accouchement de la Reyne, & le traité de Vincenne.

I

2. EVDES Duc de Bourgogne, qui ayant porté quelque temps les interefts de Ieanne de Erance contre le Roy, entra dans l'alliance de fa Majefté efpoufant fa fille aifnée, qui luy porta en dot le Comté du mefme Païs de Bourgogne.

3. LOVIS Comte d'Evreux, depuis Roy de Nauarre, en faueur de fon mariage auec Icanne fufdite fille de Louys Hutin.

4. OTHON Comte de Bourgogne, pere de la Reine, lequel fit don de tous fes Eftat à la Couronne.

5. ROBERT Comte de Clermont, Sire de Bourbon Prince du Sang, grand Chambrier de France.

6. PIERRE Cardinal de la Chappelle, Taille-Fer Chancelier de France, le modelle des Prelats de fon fiecle, fon éloquence parut en fes Harangues, par lefquelles il foûtint les droits du Royaume, fa pieté ne fut pas moins remarquable par le celebre College de Chanoines qu'il fit baftir, & fonda à la Chappelle lieu de fa naiffance, ou il fut inhumé l'an 1312. fous vn fuperbe Tombeau de cuiure émaillé, fur lequel paroiffent encore auiourd'huy fes armes meflées de celles de fes alliances, auec les maifons de Bourgogne d'Offa, & de l'Hermite Souliers.

7. PIERRE BERTRAND Euefque d'Autun depuis Cardinal, executeur du Teftament de la Reyne, à l'exemple de laquelle il fonda le College d'Autun, prés Saint André des Ars à Paris, & pour fes grands feruices rendus à l'Eftat, eut conceffion d'adioufter trois Fleurs de lys dans fes Armes.

8. PHILIPPES HERCVLES de REDON, Comte de Belefme, de la Roche Brehant de Blaye, & de Maçon en partie, Seigneur de la Ferté-Milon, grand Efchançon de France, fous les Roys Philippe V. Charle dit Bel, & Philippe VI. Gouuerneur & Lieutenant General en Champagne Brie & Baffigny, iffu des anciens Comtes, tant de Salmes que de Forefts du nom Redon, fit le voyage de Grenade contre les Maures, 1342. ou il s'acquita dignement de fa charge, & fit preuue fingnalée de fa valeur, & en 1360. Ænor de Redon fa fille vnique heritiere vniuerfelle, ayant efté conjointe auec Guillaume de Dreux, fils de Simon de Dreux, non Vicomte de Dreux, comme quelques-vns fe font imaginez, mais Vicomte de Caftillon, porta les fufdites Comtez, & autres Terres & Seigneuries anciennes, auec le furnom & Armes de ladite Maifon de Redon, en celle de Dreux de laquelle Monfieur le Marquis de Dreux, autrement de Pranzac, qui en eft le chef auiourd'huy.

9 HENRY de SVILLY fut enuoyé en Ambaffade vers le Pape Iean 22. ce Seigneur de Suilly, fut executeur du Teftament du Roy.

10. GAVCHER CHASTILLON Conneftable de France, qui affifta Philippe legitime fuceeffeurs de la Couronne, contre tous les Princes oppofez.

11 IEAN de BEAVMONT &

12. IEAN des BARRES tous deux Marefchaux de France.

13. PIERRE de CAPPES, Chancelier apres le Cardinal de la Chappelle.

14. NICOLAS de LIRA, fameux Theologien de Lordre des Freres Prefcheurs, nommé par la Reyne Directeur de la fondation du College de Bourgogne.

15. IACQVES DAVNOY qui abufan enfin de la faueur & credit qu'il eut dans la Cour des deux derniers Rois, fut conuaincu d'adultere auec la Princeffe Marguerite, & Blanche de Bourgogne, & fut efcorché tout vif.

16. ROBERT de MEVDON grand Pannetier de France, &

17. ADAN HERON grand Chambellan, & autres dont les armes font grauées en la precedente page.

18. SIMON Cardinal d'Achial, Archeuefque de Vienne, il fut auffi Ambaffadeur auec ledit Henry de Suilly.

PHILIPPES cinquiefme dit le Long frere puifné du Roy mort, luy fucceda à la Couronne qu'il ne porta que fix ans durant lefquels il appaifa la fedition appellée des Paftoureaus, chaffa les Iuifs de fon Royaume, & y reftablit la police des poix, & mefures, il deceda l'an 1553. ne laiffant aucun fucceffeur de fon mariage auec.

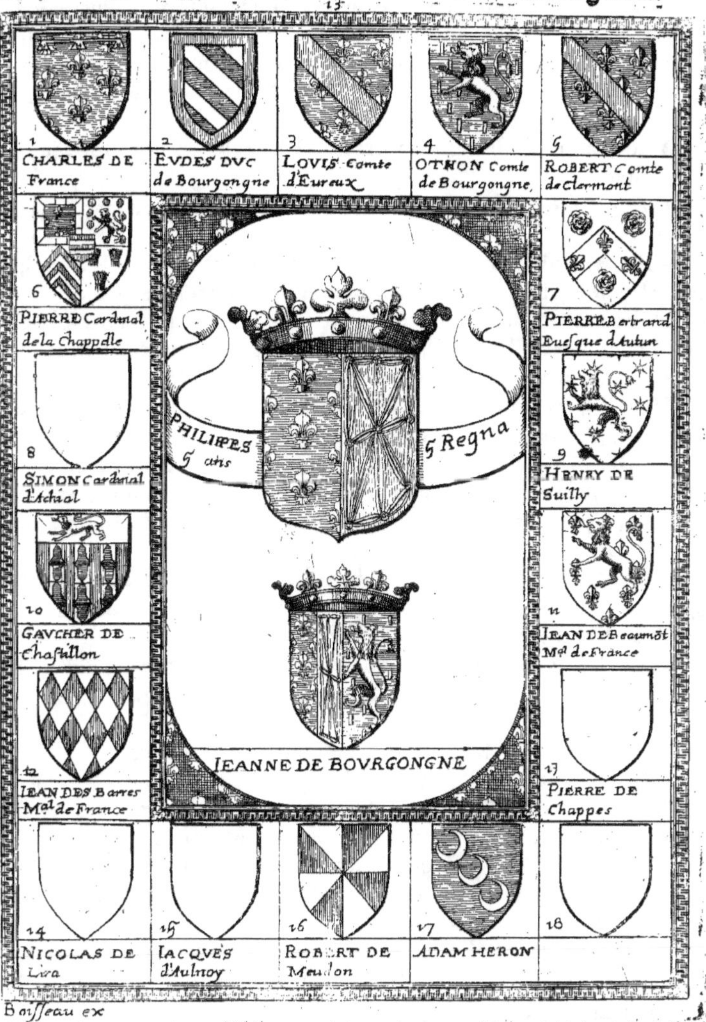

IEANNE de BOVRGOGNE fille d'Othon Comte de Bourgongne & de Mahaut d'Artois ces nopces furent fomptueufement celebrées à Corbeil l'an 1306. cefte Princeffe fut ainfi que ces belle Sœurs accufée d'adultere, mais fon innocence fut bien toft reconnuë, elle fonda le College appellé de Bourgogne, & mourut à la ville de Roye en Picardie, le 2. May 1329. fon corps fut inhumé és Cordeliers de Paris.

Les plus illuftres foubs ce regne furent.

1. CHARLES de France Comte de Valois qui apres le deceds du Roy Louys fon frere difputa long temps la regence au preiudice de Philippes fon aifné, & ne mit bas les armes qu'apres l'accouchement de la Reyne, & le traicté de Vincenne.

2. EVDES Duc de Bourgogne qui ayant porté quelque temps les interefts de Ieanne de France contre le Roy, entra dans l'aliance de fa Maiefté efpoufant fa fille aifnée qui luy porta en dot le Comté du mefm païs de Bourgogne.

3. LOVIS Comte d'Eureux depuis Roy de Nauarre en faueur de fon mariage auec Ieanne fufdite fille de Louys Hutin.

4. Othon Comte de Bourgogne pere de la Reine, lequel fit don de tous fes eftats à la Couronne.

5. ROBERT Comte de Clermont fire de Bourbon Prince du fang grand Chambrier de France.

6. PIERRE Cardinal de la Chappelle Taille-Fer Chancelier de France, le modelle des Prelats de fon fiecle, fon eloquence parut en fes Harangues par lefquelles il fouftint les droicts du Royaume, fa pieté ne fut pas moins remarquab'e par le celebre College de Chanoines qu'il fit baftir, & fonda à la Chappelle lieu de fa naiffance où il fut inhumé l'an 1312. fous vn fuperbe Tombeau de cuiure émaillé, fur lequel paroiffent encore auiourd huy fes armes meflées de celles de fes alianc.s auec les maifons de Bourgogne d'Offa, & de l'Hermite Souliers.

7. PIERRE BERTRAND Euefque d'Autun depuis Cardinal, executeur du teftament de la Reine à l'exemple de laquelle il fonda le College d'Autun pres S. André des Arts à Paris, & pour fes grands feruices rendus à l'eftat eut conteffion d'adioufter 3. Fleur de lis dans fes armes.

8. SIMON Cardinal d'Achial Archeuefque de Vienne qui auec.

9. HENRY de SVILLY fut enuoyé en Ambaffade vers le Pape Iean 22. ce Seigneur de Suilly fut executeur du teftament du Roy.

10. GAVCHER CHASTILLON Conneftable de France qui affifta Philipe legitime fucceffeur de la Couronne contre tous les Princes opofez.

11. IEAN DE BEAVMONT &

12. IEAN DES BARRES tous deux Marefchaux de France.

13. PIERRE de CHAPES Chancelier apres le Cardinal de la Chappelle.

14. NICOLAS de LIRA fameux Theologien de l'ordre des Freres Prefcheurs nómé par la Reyne Directeur de la fondation du College de Bourgogne.

15. IACQVES DAVNOY qui abufant en fin de la faueur & credit qu'il eut dans la Cour des deux dernier Roys, fut conuaincu d'adultere auec la Princeffe Marguerite & Blanche de Bourgogne, & efcorché tout vif.

16. ROBERT de MEVDON grand Panetier de France, &.

17. ADAM HERON grand Chambellan, & autres dont les armes font grauées en la precedente page.

CHARLES 4. dit le Bel Frere & succeſſeur du Roy Philippes paruint à la Couronne l'an 1322. & ne regna que ſix ans, qu il employa à reprimer la felonnie de quelques-vns de ſes ſuiets, il contraignit Edouard 2. de luy rendre l'hommage qu'il luy deuoit, rengea au deuoir le Comté de Flandres & deceda l'an 1328. ſans laiſſer aucun fils de ſes trois femmes.

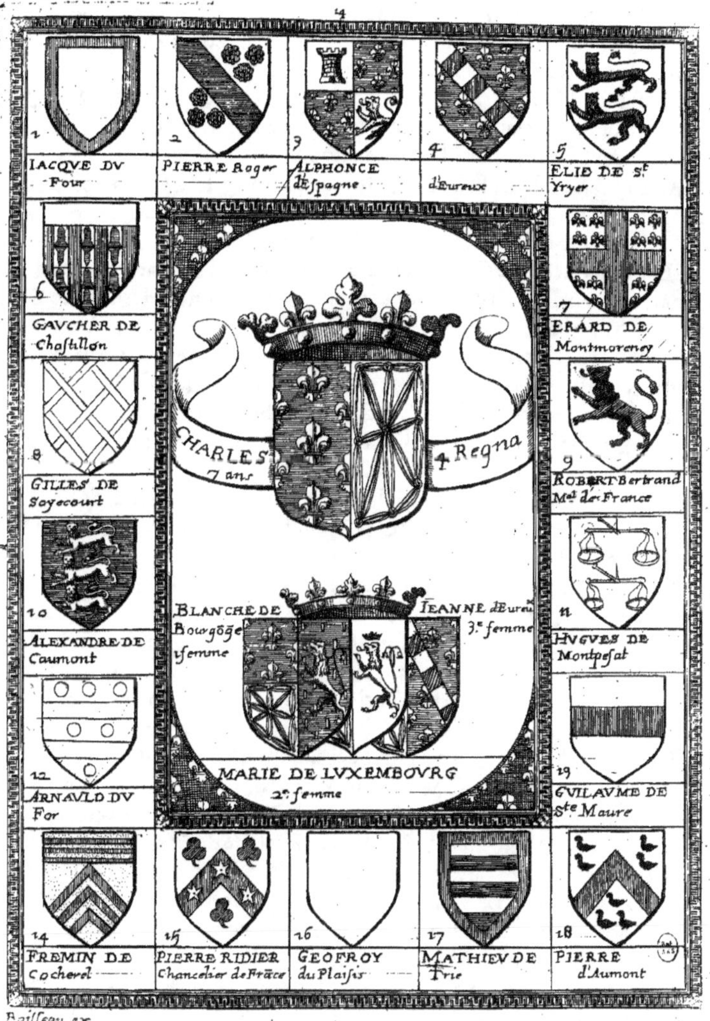

BLANCHE 1. fille d'Othon Comte de Bourgongne & de Mahault d'Artois, eſtant conuaincuë d'adultere auec le Seigneur d'Aunoy, fut confinée en priſon perpetuelle au Chaſteau Gaillard, depuis ſon mariage fut diſſous à cauſe du degré de parenté & fut voilée en l'Abbaye de Maubuiſſon où elle mourut.

MARIE de LVXEMBOVRG 2. femme du Roy eſtoit fille de l'Empereur Henry 7. & de Marguerite de Brabant, ſon mariage fut celebré à Troye, & ſon deceds arriua à Iſſoudun l'an 1324. elle fut inhumé à Montargis, &

IEANNE D'EVREVX aussi Reyne de France fille de Louys de France Comte d'Eureux, & de Marguerite d'Artois demeura grosse lors du deceds du Roy, Mais elle n'accoucha que d'vne fille cette Princesse deceda fort âgée à Brie Comte Robert l'an 1370. son corps fut inhumé à Sainct Denis.

Les plus renommez soubs ce regne furent.

1. IACQVES DV FOVR qui par son seul merite & vertu fut esleué au souuerain Pontificat soubs le nom de Benoist 12. il estoit fils d'vn Fournier de Sauerdun en l'Euesché de Pamiers en Gascongne.

2. PIERRE ROGER Euesque d'Aras puis Archeuesque de Sens & de Rouën, & enfin creé Pape soubs le nom de Clement 6. Il fut aussi garde des Seaux de France, les Marquis de Canillac sont yssus de cette maison.

3. ALPHONSE D'ESPAGNE general de l'armée du Roy, contre la reuolte de Gascongne, & mourut des blessures qu'il receut en cette expedition.

4. ..... Comte d'Eureux executeur du testament du Roy.

5. ELIE de Sainct Yrié Cardinal Limosin, du titre de S. Estienne grand Theologien oncle de Iean de S. Yrié qui auoit espousé Magdelaine l'Hermite de Souliers il est inhumé en l'Eglise Cathedrale d'Auignon.

6. GAVCHER de CHASTILLON qui continua soubs le regne de maintenir l'authorité Royale, faisant tousiours sa charge de Connestable de France.

7. ERARD de MONTMORENCY grand Bouteiller de France de mesme que.

8. GILLES de SOYECOVRT Gentil-homme Picart qui seruit dignement soubs ce regne.

9. ROBERT BERTRAND Seigneur de Briebée Mareschal de France.

10. ALEXANDRE de CAVMONT chef des auanturiers qui defirent l'armée d'Alphonse de Castille.

11. HVGVES Seigneur de Monpesat en Agenois qui bien que refractaire aux Ordonnances du Roy parut toutefois tresvaillant & hardy dans ses entreprises; de cette maison est yssu de Comte de Lognac Capitaine au Regiment des Gardes.

12 ARNAVLD du FOR sire du Fessin renommé entre les auanturiers susdits pour lesquels la Reyne d'Angleterre obtint du Roy vne abolition generale.

13. GVILLAVME de Ste. MAVRE Chancelier de France de mesme que.

14. FREMIN de COCHEREL duquel est yssu le Seigneur de Bourdonné Mareschal de Camp & gouuerneur de Moyenvic, &c. qui de Geneuiefue le Morier sa femme de l'antienne Maison de Villiers & de St. Pres en Beausse à plusieurs enfans.

15. PIERRE RIDIER aussi Chancelier & Euesche de Carcassonne, de la maison duquel est encore aujourd'huy le Premier President de Gueret.

16. GEOFROY du PLESIX Prothenotaire Apostolique d'insigne vertu, & Doctrine qui fonda à Paris le College appellé de son nom.

17. MATHIEV DE TRIE Mareschal de France.

18. PIERRE D'AVMONT Cheualier Chambellan du Roy, qui se signala contre les susdits Auanturiers & autres, les armes desquels paroissent en la precedente page.

PHILIPPES DE VALOIS cy-deuant premier Prince du sang, succeda au trois Roys precedents qui decederent sans enfans masles & commença de regner l'an 1328. il assista le Comte de Flandre contre ses sujets, se fit rendre hommage par Edoüard Roy d'Angleterre reçeut en don le pays de Dauphiné par Humbert dernier Prince de cét Estat, & mourut à Nogent laissant la Couronne à Iean son aisné le 65. de son âge l'an 1350. le 23. de son regne, il eut pour femmes.

IEANNE de BOVRGOGNE fille de Robert Duc de Bourgogne, & d'Agnes de France fille de Sainct Louys, fut Couronnée auec le Roy son mary en l'Eglise Nostre Dame de Rheims le 27. May 1328. & mourut 1348. elle gist aux Cordeliers de Paris.

BLANCHE de NAVARRE fille de Philippes Roy de Nauarre, & de Ieanne de France fut 2. femme de ce Monarque, mariée l'an 1349. elle passa les iours de sa viduité auec vn remarquable exemple de continence, elle suruesquit le Roy 50. ans & deceda l'an 1398. son corps est inhumé à S. Denis.

K

Les plus renommez furent

1. IEAN de LVXEMBOVRG Roy de Boëme lequel bien que vieil & aueugle voulut se trouuer à la bataille de Crecy, contre l'Anglois où il fut tué en combatant.

2. CHARLES de VALOIS Comte d'Alençon, frere du Roy surnommé le magnanime auquel fut donné l'honneur de la victoire de la bataille de Mont-Cassel, il se trouua aussi à la funeste iournée de Crecy, où il fut tué l'an 1346.

3. CHARLES de CHASTILLON dit de Blois Duc de Bretagne, de part sa femme Ieanne fille de Guy de Bretagne, que le Duc Artus auoit instituée son heritiere au preiudice de Iean de Bretagne son frere, se Prince aussi Religieux que vaillant se trouua en dix-huict batailles qu'il donná pour se rendre paisible possesseur de la Bretagne, & fut tué au dernier combat qu'il rendit prés Olroy l'an 1364.

4. EVDES 4 Duc & Comte de Bourgogne, qui fut en si grande consideration prés du Roy que sa Maiesté luy donna pouuoir de remplir les plus fortes places du Royaume de tels gouuerneurs qu'il luyplairoit.

5. HVMBERT DAVPHIN de Viennois qui fit transport du Dauphine au Roy embrassant la vie monastique en laquelle il mourut auec beaucoup de pieté.

6. AYMAR de POITIERS & le Comte de Valentinois son frere lesquels auec les Comtes de Comminges, de Perigot, de Carmain, & autres s'assemblerent à Bergerac pour s'opposer à l'armée Angloise qu'il combattirent auec beaucoup dauantage.

7. RAOVL de NESLE Connestable de France, qui se signala en diuerses occasions contre les mesmes Anglois principalement au siege de Tournay auec.

8 GALOIS de la BAVME grand Maistre des Arbalestiers & gouuerneur de cette place, qui ne rendit pas de moindres preuues de son extreme valeur à la iournée de Crecy, de ce grand Capitaine est yssu le Comte de Monreuel Lieutenant de Roy en Bourgongne & Bresse.

9. IEAN de MELVN Vicomte de Tancaruille grand Chambellan de France qui present à l'hommage qu'Edoüard Roy d'Angleterre rendit à sa Maiesté, luy commanda d'oster sa couronne, son épée & ses Esperons, & de se mettre à genoux puis luy leut la forme accordée pour son hommage.

10. EYNARD premier Comte de Clermont Connnestable hereditaire grand Maistre & premier Baron de Dauphine qui premier rendit hommage de ses terres A humbert dernier Prince de la race des Dauphins.

11. GODEMARD de FAY Chambellan du Roy qui auec douze mil hommes fit long-temps ferme contre toute l'armée Angloise sur le bord de la riuiere de Somme, de cette maison sont les Seigneurs de Chasteau Rouge, & Ducarnoy en Picardie.

12. OTHON de HORNES Admiral de France qui donna batailles à la Comtesse de Montfort pres les Isles de Grenescay & ne fut separé du combat que par la nuict qui luy déroba l'antiere victoire.

13. IEAN de VIENNE Admiral de France Gouuerneur de Calais reputé l'vn des plus vaillants & sages Capitaines de son remps il sera plus particulierement parle de luy au regne suiuant.

14. GEOFROY de CHARNY gouuerneur de Picardie, autres Heros de son siecle qui fit vne genereuse entreprise sur Calais que l'Anglois auoit prise l'Admiral de Viéne.

15. MILLES de NOYERS qui porta l'Oriflame à la bataille de Cassel ou il s'acquit vne glorieuse renommée.

16. ARNOVL d'ANDREHAN aussi porte Oriflame soubs ce regne & qui sous les suiuáts se signala auec Bertrand du Guesclin au recouuremét du Royaume de Castille.

17. MATHIEV de TRIE renommé dans tous les combats qui se font rendus de son temps contre les Anglois & les Flamans.

18. PIERRE de SALVAIN Seigneur de Boissieul l'vn des principaux auteurs du transport du Dauphine, auquel le Roy Philippes permit d'adiouster à ses armes la bordure de France.

IEAN premier du nom fils aifné du Roy fon predeceffeur commença de regner l'an 1350 fon eftat fut troublé par les guerres que luy firent les Roys d'Angleterre & de Nauarre, il perdit la bataille prés Poictiers & fut prifonnier de l'Anglois l'efpace de quatre ans, & peu aprés fa liberté recouurée il retourna mourir à Londre lieu de fa precedente prifon le 28. Auril 1364. il eut pour femmes.

BONNE de LVXEMBOVRG fille de Iean ROY de Boëme, & d'Elizabeth heritiere du mefme Royaume, fon mariage fut traicté à Fontainebleau l'an 1351. & elle deceda l'an 1349. fon corps fut inhumé en l'Abbaye de Maubuiffon lez Pontoife.

IEANNE Comteffe de Boulongne fille de Guillaume Comte de Boulongne & d'Auuergne, & de Marguerite d'Eureux fut 2. femme de ce Monarque qui l'efpoufa le 19. de Feurier de la mefme année 1349. elle deceda en Bourgogne durant la prifon du Roy dont elle neut aucun enfant.

Les plus renommés foubs ce regne furent.

1. CHARLES D'ESPAGNE Prince du fang de Caftille fils d'Alphonfe dit de la Cerde & petit fils de Blanche de France, fille de S. Louys, ce Prince fut particulierement aymé du Roy, qui l'honora de l'épée de Conneftable, dont il ne fit pas longtemps la charge ayant efté inhumainement affaffiné par les gens de Charles Roy de Nauarre.

2. IACQVES Duc de Bourbon Comte de la Marche qui fut prifonnier à la bataille de Poictiers.

3. LE CARDINAL de PERIGORT de la maifon de Tallerand qui porté d'vn extremezele pour le bien de l'eftat s'employa pour empefcher que les deux armées n'en vinfent aux mains prés de Poictiers, & propofa diuers accommodemens au Roy qui ne voulut entendre à aucun; de cette maifon font les Vicomtes de Lomagne.

4. IEAN Comte d'Eftampes qui fut fait Cheualier de la main du Roy à fon euenement à la Couronne, & eut auffi part à la difgrace commune & combattant à la fufdite iournée fut fait prifonnier comme auffi les Comtes de Vandofme, de Sarebruche & les.

5. SIRES DE PARTENAY & de Montandre, de Pompadour, de Pierre Bufierre & autres perfonnes de marque.

6. GAVTIER de BRIENNE Duc d'Athennes Conneftable de France fignalé es guerres d'Italie où il feruit dignement Charles de Sicile Duc de Calabre qui luy donna le gouuernement de Florence, & depuis fut tué à la funefte iournée de Poictiers.

7. IEAN LE MINGRE dit Boucicault Marefchal de France non moins fage au confeil que vaillant au combat, & qui entre plufieurs grands feruices rendus à cet eftat auança la paix de Bretigny qu'il negotia auec Iean des Dormans.

8. IEAN de CRAON Archeuefque de Rheims lequel fe voyant affiegé dans la mefme ville la defendit courageufement contre l'armée d'Angleterre que ce Roy commendoit en perfonne, dont il fut contrainct decamper auec grande perte des fiens.

9. IEAN DE CONFLANT Marefchal de Champagne &.

10. ROBERT de CLERMONT tous deux fauoris de Charles Dauphin & tous deux inhumainement maffacrez à fes pieds par le commandement du Preuoft de Paris.

11. ANGVERRAND Sire de Coucy qui fut enuoyé en hoftage en Angleterre pour le Roy, & auoit fi deuant defait les trouppes des feditieux appelez Iacquerie qui auoiét exercé de grandes cruautez enuers la Nobleffe.

12. LE VICOMTE DE ROHAN gouuerneur de Rennes en Bretagne qui defendit cette place auec tant de valeur que le Duc de Lanclaftre qui l'auoit affigée pour l'Anglois fut obligé de decamper.

13. SIMON COMTE de Dammartin prifonnier à la mefme iournée nommé entre les perfonnes de marques aufquelles le Prince de Galles donna à fouper en ceremonie.

14. GEOFROY de CHARNY de la maifon de Mont S. Iean qui porta l'Oriflame le iour de la bataille, & fut tué au commancement du combat.

15. GVY de ROCHEFORT gouuerneur de Nantes qui furpris par l'efcalade des Anglois leur accourut à la rencontre, & les repoufa fi vigoureufement qu'il en demeura plufieurs fur la place, & força les autres à defcendre fans efchelle.

16. IACQVES L'HERMITE Baron de Caumont, qui accompagné de Boucicault & de Craon furent commandez de garder les frontieres contre les Anglois qu'ils batirent prés de Remorantin, où ils fouftindrent long-temps le fiege & ne fe rendirent qu'a la violence du feu qui embrafa toute la ville.

17. IEAN de MELVN Comte de Tancaruille auffi prifonnier à la mefme iournée de Poictiers, il fut depuis deputé de la part de Regent pour le traicté de Bretigny.

18. LE SIRE de GRAVILLE auffi renommé entre les plus vaillans Capitaines & grands Seigneurs qui perdirent la liberté en cette funefte iournée.

CHARLES V. digne du surnom de sage combattit par sa prudence & iudicieu-se conduite, les forces d'Angleterre & de Nauarre, Il fut le premier de la mai-son de France qui porta qualité de Dauphin de Viennois, il paruint à la Couronne le 9. Mars l'an 1364. & deceda au Chasteau de Beauté sur Marne le 3. Septembre l'an 1380. âgé de 42. ans le 16. de son regne laissant vn successeur de sa femme.

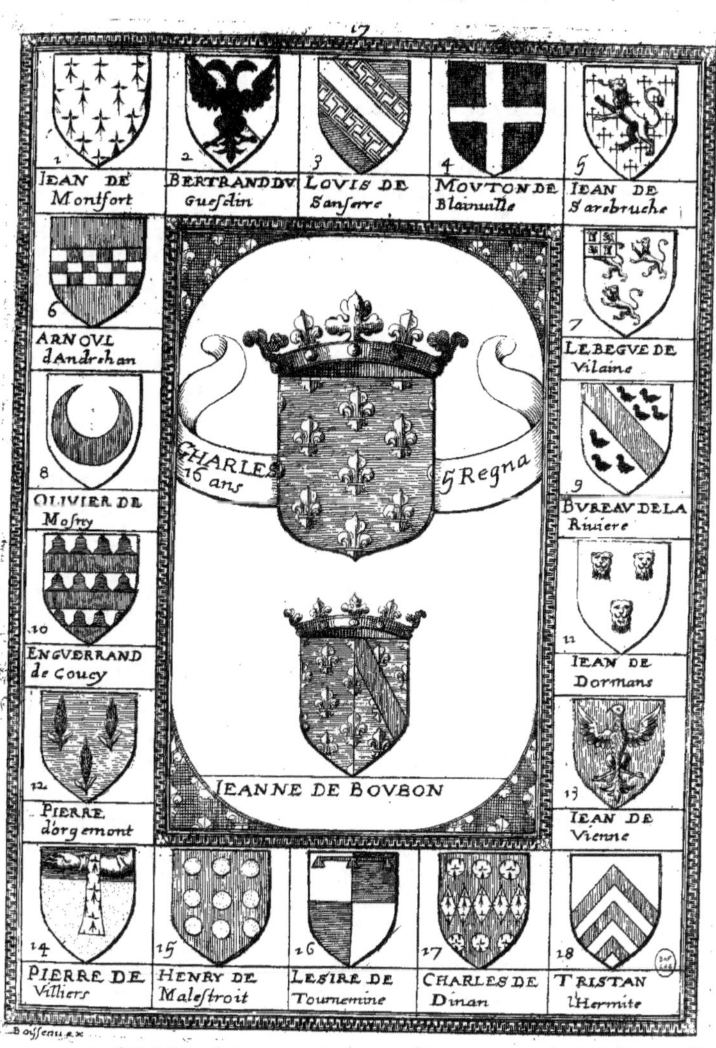

IEANNE DE BOVRBON fille de Pierre premier du nom Duc de Bourbon & d'I-zabel de Valois, elle fut couronnée à Rheims auec le Roy son mary le 19. May 1364. eut pareillement seance à costé de sa Majesté dans l'assemblée des Estats l'an 1369. son deceds arriua à Paris le dernier Février 1377. le 40. de son âge, Princesse tres accomplie & d vne extreme beauté, son corps repose à Sainct Denis & ses entrail-les aux Celestins de Paris, que le Roy son espoux auoit fondez.

L.

Les plus renommez soubs ce regne furent.

1. IEAN Comte de Monfort qui apres vne longue guerre contre Charles de Blois resta enfin victorieux & paisible dans la possession du Duché de Bretagne par le gain de la bataille Dolroy où son illustre ennemi fut tué.

2. BERTRAND DV GVESCLIN Connestable de France & de Castille, le plus parfaict & redouté Capitaine de tous les siecles passez, il defit l'armée de Charles Roy de Nauarre à la iournée de Cocherel, chassa par deux fois Pierre le Cruel du Royaume de Castille pour y Couronner Henry son frere, reconquit des Prouinces entieres sur les Anglois qu'il defit en plusieurs rencontres, ainsi que les Nauarrois leurs confederez, & mourut Couronné par les mains de ses propres ennemis, qui porterent sur son Cercueil les clef de la place de Rondon qu'il assiegoit au temps de son deceds. Son corps par le commandement du Roy, fut inhumé dans la mesme Chappelle ou sa Maiesté auoit esleu sa sepulture, à Sainct Denis.

3. LOVYS DE SANSERRE yssu des Comptes de Champagne dont le Roy affectionna tellement les rares qualitez de valeur & de prudence, qu'il l'honora non seulement du Baston de Mareschal de France, mais encore le declara Ministre d'Estat & ordonna par testament que le Roy son fils & successeur l'appelleroit en son Conseil; de mesme que.

4. MOVTON DE BLAINVILLE aussi Mareschal de France &

5. IEAN Comte de Sarebruche Grand Bouteiller de France, non moins redoutez à la guerre qu'vtiles au maniment d'Estat le dernier desquels fut enuoyé Ambassadeur vers Edouard Roy d'Angleterre.

6. ARNOVL D'ANDREHAN Mareschal de France non moins renommé que les precedens & qui entre plusieurs occasions où il se signala, partagea l'honneur de la conqueste de Castille auec le Connestable comme firent.

7. LE BEGVE de VILAINE.

8. OLIVIER DE MOSNY & Renaud ou Arnauld de Souliers surnommé le Limosin, pour estre yssu de ce pays. Le Mareschal d'Andrehan ayant commandé auec auantage l'armée du Roy en Escosse contre les Anglois, accompagna encore le Connestable aux memorables rencontres du Pont Valain, ou cinq cens Anglois demeurerent sur la place, & les poursuiuant iusques à Bresuire, ils en defirent encore autant, peu apres ledit Mareschal mourut à Saumur 1369. le Begue de Vilaine rendit de si importans seruices au Roy Henry de Castille, qu'il receut de sa Maiesté auec beaucoup de terres & Seigneuries, confession de charger ses armes d'vn quartier de Castille, & Leon. Oliuier de Mosny accompagna le Connestable en ses glorieuses entreprises contre Pierre de Nauarre, de mesme que le susdit Renaud de Souliers proche parent du Connestable qu'il suiuit à la conqueste de Castille, & se signala principalement és iournées de Monclaire contre Pierre le Cruel, & le Roy de belle Marine, & de Montel, d'où le Tyran gagna le Chasteau ou il fut assiegé & pris par le Begue de Vilaine. Depuis le mesme de Soulier, commenda en qualité de Mareschal de Castille l'armée du Roy Iean, deuant la ville de Lisbonne, & peu apres fut tué au combat que ce mesme Roy perdit contre les Anglois & Portugais sur les Frontieres de Galice au lieu appellé la Cabasse de Iubrot l'an 1385. Il laissa des enfans de son mariage en ce Royaume dont sont yssus plusieurs grands d'Espagne le dernier desquels fut Don Iean de Siarco Vice-Roy d'Aragon, & Connestable de Castille qui peu auant sa mort arriuée l'an 1608. auoit appellé à sa succession Tristan l'Hermite Seigneur de Souliers aysné des l'Hermites de France, en qualité de son heritier vniuersel de par Mahault, sœur dudit Arnaud, & son heritiere qui apporta la terre de Souliers en la maison des aysnés

de l'Hermite qui en ont pris les armes, & quitté les trois Gerbes d'Or qu'ils portoient auparauant en champs d'Azur.

9. BVREAV Seigneur de la Riuiere, premier Chambellan & fauory du Roy, executeur du testament de sa Majesté, au pieds de laquelle il eut l'honneur d'estre inhumé.

10. ENGVERRAND Seigneur de Coucy qui refusa l'épée de Connestable apres le deceds de Bertrand du Guesclin s'en excusant auec tant d. Ciuilité, qu'il receut plus de loüanges de ce refus qu'il n'eust eu d'honneur en acceptant cette charge.

11. IEAN DE DORMANS Euesque de Beauuais Cardinal & Chancelier de France, grand homme d'Estat & dont les Conseils ioints à l'épée du Connestable restaurérent cette Monarchie.

12. PIERRE D'ORGEMONT aussi Chancelier de France renommé plus particulierement sous le regne suiuant.

13. IEAN DE VIENNE Amiral de France signalé particulierement es fameuses iournées de Rosbec, & Nicopoli, comme à la descente qu'il fit en Angleterre auec vne armée Nauale dont il força & saccagea plusieurs villes dans ce Royaume insulaire.

14. PIERRE DE VILLIERS Seigneur de l'Isle Adam, grand Maistre de France.

15. HENRY DE MALESTROIT dont la valeur appuya les interest de Charles de Blois iusques à la funeste iournee d'Olroy, où ce Prince perdit la vie & ce Seigneur la Liberté ainsi que.

16. LE SIRE de TOVRNEMINE pareillement signalé es guerres de Bretagne & de Guyenne, ainsi que le Mareschal de Beau-Manoir.

17. CHARLES de DINAN tué à la susdite bataille d'Olroy auec plusieurs autres grands Capitaines.

18. TRISTAN L'HERMITE Cheualier de l'Estoile & Grand Preuost de France, celuy-cy eut commandement de courir sus aux troupes qui rauagoient le pays apres la paix publiée entre les Roys de France & de Nauarre. Il en defit vne partie & força l'autre de suiure le Connestable en Espagne, comme il paroist par ces vers du Seigneur de Froymond qui viuoit en ce temps.

> *Tristan ia grand Preuost de che noble Royame*
> *Sous Charles le cinquiesme, mit tost à sa mercy,*
> *Tous les Escherpeleurs, Larrons, Meurtriers aussi,*
> *Et ceux la qui mettoient la France en feu & flame.*

CHARLES 6. dit le bien aimé monta sur le thrône l'an mil trois cens quatre vingt
neuf. n'ayant encore atteint l'âge de douze ans, son regne est plus remarquable
par ses malheurs, que par aucune conqueste qui ait Couronné sa vie, bien qu'il ait cha-
stié les Flamans rebelles à la iournée de Rosebec, où plus de quarante mille furent tuez
auec leur general Philippe d'Arteuelle; Ce monarque deceda l'an 1422. apres vne
maladie de vingt neuf ans qui à depuis laissé l'Estat dans vne bien plus longue Lethar-
gie causée en partie par la Reyne sa femme.

Boisseau ex

ISABEL de Bauieres fille d'Estienne Duc de Bauieres Comte Palatin du Rhin, &
de Tadée de Milan, cette mere denaturée persuada le Roy de desheriter le Dauphin Charles leur fils & d'Appeller l'Anglois à la succession du Royaume, mais enfin
estant mesprisée & de l'Anglois, & du Bourguignon, & abandonnée de ses plus proches elles mourut en l'Hostel Sainct Paul à Paris le dernier Septembre l'an mil quatre
cens trente-cinq, son corps fut inhumé sans aucune Pompe à Sainct Denis.

Les

Les plus renommez sous ce regne furent.

1. LOVYS de France Duc d'Orleans frere vnique du Roy qui s'acquit par sa valeur le Duché de Venceslas Empereur, prit les villes de Montmedy, Yuoye, Damvilliers & Ochimont, se traçant auec son épée vne illustre chemin à l'Empire, s'il n'eust esté trauersé par les menées du Bourguignon qui en fin le fit assassiner à Paris l'an mil quatre cens sept.

2. IEAN Duc de Bourgogne surnommé sans peur, fils de Philippe le Hardy à l'exemple duquel il se fit craindre dés l'âge de douze ans és guerre des Flamans, sa valeur ne fut pas moins recommandable à la iournée de Nicopolis, enfin il entreprit à force d'armes la regence & administration du Royaume, aux despens de la vie du Duc d'Orleans & de plusieurs autres grands du Royaume, qui fut expiée par son sang propre, à Montreau Fault-Yonne.

3. IEAN premier Duc d'Alençon Pair de France particulierement affectionné à la maison d'Orleans, & mortel ennemi des Anglois, contre lesquels il se signala à diuerses rencontres, & principalement à la iournée d'Azincourt où il perça tous les bataillons ennemis, tua de sa main le Duc d'Yorc, & frappant mesme le Roy Anglois d'vn coup de Hache sur le Heaume, luy abbatit partie de sa Couronne, mais n'estant point secondé fut tué sur le champ auec dix mille François.

4. CHARLES D'ALBRET Connestable de France, Partisan du Duc d'Orleans dont il soustint touliours les interest iusques à sa mort arriuée à la susdite bataille D'azincourt.

5. BERNARD COMTE d'Armaignac Connestable de France chef des Orleanois contre les Bourguignons il donna son nom à ceux de sa faction, il soustint le siege Royal auec les Orleanois dans la ville de Bourges, & le Roy honora tellement sa valeur que sa Maiesté entreprenant de faire guerre au Bourguignon voulut prendre sa liurée qui estoit l'Escharpe blanche, à la fin le mesme Bourguignon, fit assassiner ce Prince dans Paris auec.

6. HENRY DE MARLE Chancelier de France dont la vie est amplement descrite en l'Histoire des premiers presidens du Parlement de Paris, par le Cheualier de l'Hermite Souliers & le S. Blanchar.

7. OLIVIER DE CLISSON Connestable de France aimé du Roy si ardamment, que le Royaume fut long-temps embrasé des guerres ciuiles que causerent ses vehementes affections, c'estoit vn parfait Capitaine, & digne de porter cette épée, qui le rendit si celebre tant es guerres de Flandres, que celles de Bretagne, où il contraignit son souuerain de luy demander la paix.

8. ENGVERRAND DE COVCY autres Heros de ce temps qui à la iournée de Rosebeque fut choisi du Conseil, pour faire fonction de Connestable dont il s'excusa genereusement se contentent de commander le corps de bataille, depuis il se signala à la Conqueste des deux Siciles, à la batailles de Nicopolis au voyage d'Afrique contre les Mores, & partout ou ce grand homme tira son épée.

9. PIERRE DE RIEVX Mareschal de France illustre seruiteur de la maison d'Orleans & du Dauphin qui entre plusieurs memorables actions estant accompagné de seize cens hommes seulement s'estoit emparé de la moitié de la vile de Paris, qui auoit fermé ses portes au Roy & au Dauphin, de luy sont yssus les Marquis d'Asserac, & Euesque de Leon.

10. DAVID DE RAMBVRES grand Maistre des Albalestiers qui en cette qualité se signala par tout ou le Roy employa ses armes.

14. IEAN LE MEINGRE dit Boucillant Mareschal de France Connestable de

M

Conſtantinople, & Gouuerneur de Gennes, qui à l'exemple de ſon pere auſſi Mareſchal de France, à executé tant d'actions memorables qu'elles ne peuuent qu'a peine eſtre toutes d'eſcrites dans le volume qu'en a compoſé le ſieur Godefroy.

12. IEAN DE MONTEGV grand Maiſtre de France l'vn des fauoris du Roy, & tres affectionné au party d'Orleans qu'il appuya en diuerſes expeditions, où il acquit beaucoup d'eſtime de valeur, mais enfin tomba ſous la main du Bourguignon qui le fit ignominieuſement decapiter.

13. GVICHARD DAVPHIN d'Auuergne auſſi grand Maiſtre de France renommé dans toutes les guerres de ſon temps comme.

14. MATHIEV & Iean de Humieres illuſtres Seigneurs de Picardie qui furent enſemb'e tuez à la funeſte iournée d'Alincourt, c'eſt de cette maiſon qu'eſt yſſu le Marquis de Humieres aujourd'huy viuant digne du ſang & de la valeur de ces Heros.

15. PIERRE DE CRAON fauory du Bourguignon & l'ennemi du Conneſtable qui pour ſe venger de quelque deplaiſir reçeu à la Cour, mit tout le Royaume en combuſtion, portant le Roy à faire iniuſtement la guerre au Duc de Bretagne.

16. PIERRE D'AVMONT dit Hutin premier Chambellan & garde de l'Oriflame, qui le dernier poſſeda cet honneur qu'il augmenta par pluſieurs actions de valeur ſous les regnes de Charles 5. & 6. & dont la pieté ne fut pas moins recommandable, ayant à ſon treſpas donné à diuerſes Egliſes, toute ſa vaiſelle d'Argent pour eſtre employée à faire ſoixante & dixhuict Calices, c'eſt de luy que ſont yſſus les Seigneurs de Villequier general des armées du Roy en Picardie, & Roger Daumont Eueſque d'Auranche freres, auſſi pieux que genereux, & tres dignes d'vne ſi illuſtre extraction.

17. ROBERT L'HERMITE de Souliers ſurnommé Menuot enuoyé Ambaſſadeur Extraordinaire en Angleterre pour la paix des deux Couronnes qu'il negotia heureuſement comme il paroiſt par ces vers de Iean le Bouteiller Seigneur de Froymont.

Robert dit Menuot à cauſe de ſa mere
Fuit chil par qui moyen entre Richard Anglois
Et Charles le ſixieſme regnant ſur les François
La paix fut retrouuée apres ſi longue guerre.

18. LOVYS DE MONTIOYE Conſeiller & Chambellan du Roy, depuis Mareſchal du Sainct ſiege ſoubs le Pape Clement ſeptieſme, puis Mareſchal des Royaumes de Sicile, & de Naples, ſous les Roys Louys premier, & ſecond, il eſtoit du Diocèſe de Beſançon, & nom de Sauoye comme il paroiſt dans ſon Epitaphe aux Iacobins d'Auignon, où il eſt repreſenté auec l'Ordre de l'Anonciade de Sauoye bien que l'Epitaphe n'enface mention.

CHARLES VII. du nom furnommé le victorieux employa prefque tout fon regne à meriter ce digne titre. Il chaffa les Anglois du Royaume, affifté du fecours diuin qui luy fit Iuftice fur l'vfurpation de fes ennemis, il fit paix auec le Bourguignon, & deceda l'an 1461 le 39. de fon regne, & le 59. de fon âge, laiffant plufieurs enfans de la Reyne fa femme.

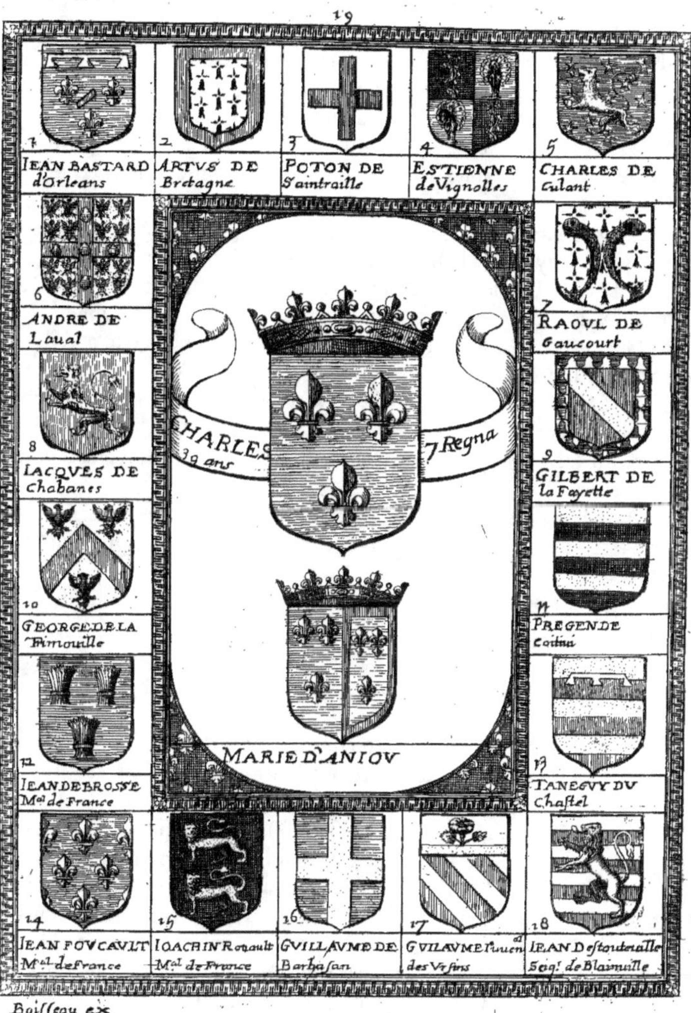

MARIE d'Anjou fille de Louys 2.e Roy de Ierufalem & de Sicile Duc d'Anjou, & d'Iorand d'Arragon, fon mariage fut celebré en la vi le de Tours l'an 1413. leurs Majeftés eftant encore fort jeunes, cette Princeffe deceda le 29. Nouembre l'an 1463.

Les plus renommez foubs ce regne furent.

1. IEAN BASTARD d'Orleans Comte de Dunois Lieutenant general de l'armée du Roy en tout l'Eftat de France, qui laua dans le fang de plus de douze mille Bourguignons, & Anglois, l'affront fut à la Couronne, c'eft de ce Heros qu'eft iffu le Duc de Longue-ville aujourd'huy viuant.

2. ARTVS de Bretagne Comte de Richemont Conneſtable de France dont l'é-
pée victorieuſe chaſſa les Anglois de Paris, dix-huict ans apres leur vſurpation comme
elle fit d'vn grand nombre d'autre places.

3. POTON de SAINTRAILLE Mareſchal & grand Eſcuyer de France. &

4. ESTIENNE de VIGNOLES dit la Hire, tous deux freres d'Armes les Eſtoilles de bonne eſperance parmy les tempeſtes & confuſions de l'Eſtat, ſignalés par autant
de conqueſtes que leur valeur à rencontré de combats, le Seigneur de Saintraille auiourd'huy page de la Chambre du Roy, eſt de la race de Poton, & de Philipes de Vignoles, ſœur de la Hire & de Geofroy l'Hermite Seigneur de Souliers ſont yſſus Triſtan, & Iean Baptiſte l'Hermite de Souliers, freres germains.

5. CHARLES & Louys de Culant Seigneurs de Galoigne l'vn Mareſchal l'autre
Amiral de France, le dernier deſquels ſe ſignala particulierement à la priſe du Seigneur
de Toulongeon Mareſchal de Bourgogne.

6. ANDRE de LAVAL Seigneur de Yoeac Mareſchal & Amiral de France en faueur duquel le Roy erigéa la Baronie de Laual en Comté.

7. RANOVL Seigneur de Gaucourt grand Maiſtre de France & Gouuerneur de
Dauphiné victorieux ſur le Prince d'Orange ou trois mille des ennemis demeurerent
ſur la place, de cette Maiſon eſt yſſu le Seigneur Marquis de Gaucourt digne de cette illuſtre extraction.

8. IACQVES de CHABANES grand Maiſtre de France qui entre pluſieurs
actions ſignalées ayant aſſuré la ville de Dieppe au Roy, reduiſit les villes de Fecam,
Montieruilliers, Honfleur, Tancaruille, Grauille, Preaux, Aumale & autres places
& fortereſſes.

9. GILBERT de la Fayette Mareſchal de France remarquable és combats auantageux qu'il rendit aux Anglois, & plus encer par la paix qu'il negotia entre le Roy, & le
Duc de Bourgogne.

10. GEORGES Seigneur de la Trimoüille grand Chambellan de France & fauory du Roy dont il poſſeda parfaictement les affections.

14. PREGEN DE COITIVI Seigneur de Taillebourg Amiral de France qui
contribua entre les plus vaillans à la conqueſte de Normandie, & fut enfin tué deuant
Cherbourg.

12. IEAN de BROSSE, Seigneur Saincte Seuere, & de Bouſſac, Mareſchal de France qui entre pluſieurs memorables actions batit à diuerſes fois les Anglois dans la Picardie.

13. TANEGVY du CHASTEL autre Heros de ce ſiecle que le Roy appeloit ſon
pere pour les ſeruices tres importans qu'il rendit à ſa perſonne & à ſon eſtat.

14. IEAN FOVCAVLT Mareſchal de France dont la valeur fut remarquée à la priſe de S. Denis où il commandoit trois cens hommes d'armes ſous le Conneſtable a la conſeruation de Corbeil, & la belle retraicte qu'il ſit deuant Lagny, les Marquis de S. Germain Beaupré, gouuerneur de la Marche, le Côte du Dognion gouuerneur de Broüage,
la Rochelle & pays d'Aunix, & l'Abbé de Beneuant ſont yſſus de ce grand Capitaine.

15. IOACHIN ROVAVT Mareſchal de France remarquable en toutes les occaſiós
ou ſe ſignalerent les plus renommés de ſon temps, le Marquis de Gamache allié dans la
maiſon de Brienne, eſt digne ſucceſſeur des biens & des vertus de ce grand homme.

16. GVILLAVME Seigneur de Barbaſan ſurnommé le Cheualier ſans reproche
qui merita pour ſes grands ſeruices l'honneur de la ſepulture en la Chapelle du Roy à
Sainct Denis.

17. GVILLAVME IVVENAL des Viſins Chancelier de France qui par ſon con-
ſeil & bonne conduite rendit les armes du Comte de Dunois ſi floriſſantes.

18. IEAN DESTOVTEVILLE Seigneur de Blainuille & de Torcy grand Maiſtre des Arbaleſtiers qui commanda en cette qualité dans tous les combats & rencontres qui ſe rendirent ſous ce regne.

LOVYS XI. succeda à son pere l'an mil quatre cens soixante & vn, ce Prince comme l'on dit mit les Roys ses successeurs hors de page, toutesfois la prudence n'accompagna pas toutes les principales actions de sa vie, la pieté fut superstitieuse, sa iustice plustost cruelle que seuere, il fut de peu de naturel enuers ses plus proches, n'aima gueres que des gens de basse condition, & se defia de tous, il suruesquit le Duc de Bourgogne comme plusieurs autres de ses ennemis, & ne deceda que le 61. de son âge au Plessis lez Tours, l'an 1483. son corps est inhumé à Nostre Dame de Clery, il eut pour

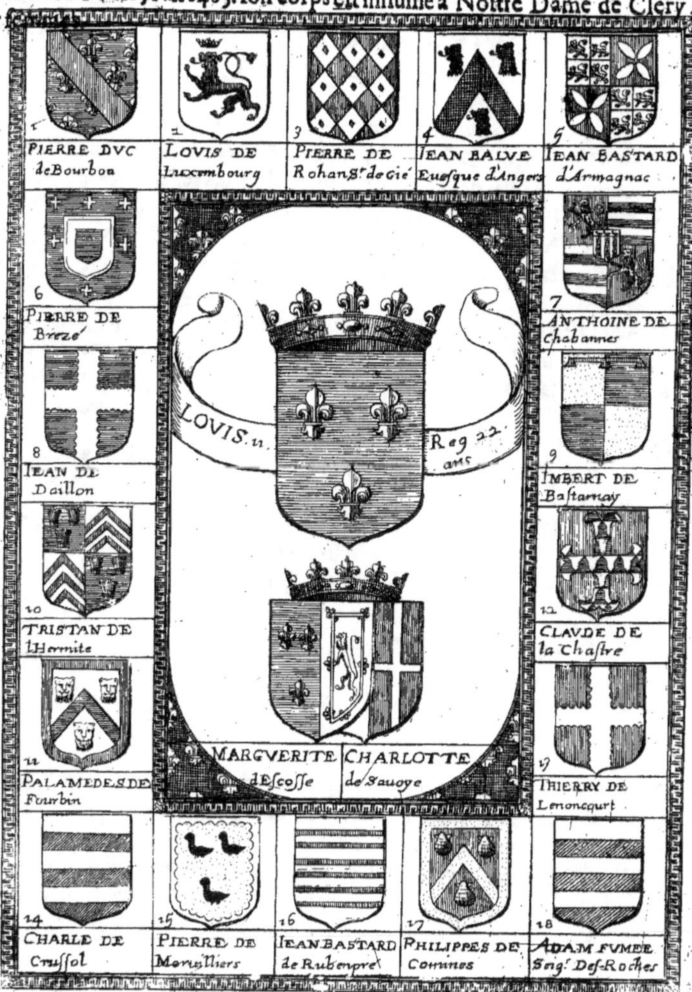

MARGVERITE d'Escosse, fille de Iacques 1. du nom Roy d'Escosse, son mariage fut celebré en la ville de Tours le 25. Iuin, l'an 1436. elle mourut sans enfans le 26. Aoust l'an 1445.

CHARLOTTE fille de Louys Duc de Sauoye & d'Anne de Chipre son mariage fut celebré à Namur, elle suruesquit le Roy & deceda l'an 1483.

Les plus renommez soubs ce regne furent.

1. PIERRE Duc de Bourbon Seigneur de Beauieu Pair & grand Chambellan de France gendre du Roy, chef du Conseil de sa Maiesté & administrateur de tout l'Estat pendant la minorité de Charles 8.

2. LOVYS DE LVXEMBOVRG Connestable de France qui apres beaucoup de seruices rendus à l'Estat, perdit les bonnes graces du Roy, & peu apres la vie sur vn eschauffaut.

3. PIERRE de ROHAN, Seigneur de Gié Mareschal de France particulierement signalé au regne suiuant

4. IEAN BALVE Euesque d'Angers puis en fin Cardinal du tiltre de Saincte Susanne principal ministre d'Estat qui enfin cessant de seruir auec fidelité fut confiné en prison, d'où il ne sortit que peu auant son deces.

5. IEAN BASTARD d'ARMAGNAC Comte de Comminge Seigneur de Lescun Mareschal & Amiral de France & gouuerneur de Dauphine, particulirement aimé du Roy qui l'enuoya son Ambassadeur à Geneue épouser en qualité de son procureur la Princesse Charlotte de Sauoye.

6. PIERRE DE BREZE' grand Seneschal de Normandie general de l'armée du Roy en Angleterre où il defit les Yorchois en plusieurs rencontres, puis fut tué à la bataille de Mont le Hery defendant la personne & les interest du Roy.

7. ANTHOINE de CHABANNES Comte de Dammartin grand Maistre de France signalé particulierement au recouurement de toute la Guyenne qu'il remit en l'obeyssance du Roy.

8. IEAN DE DAILLON Baron du Lude fauory & principal Ministre du Roy qui eut vne particuliere confiance en ce grand Ministre Gouuerneur du Dauphiné Lieutenant pour sa Maiesté en Languedoc Roussilon & Artois, c'est de luy que sont yssus les Seigneurs Comtes du Lude, & Euesque d'Albi auiourd'huy viuans.

9. IMBERT DE BASTARNAY Seigneur du Bouchage, pareillement tres affectionné de sa Maiesté qu'il suiuit en tous voyages, & ne l'abandonna iusques à la mort cette maison est finie en celle de Ioyeuse, & de la Chastre.

10. TRISTAN L'HERMITE grand Preuost de France, & Seneschal de Poictou petit fils de Tristan 2. du nom aussi grand Preuost de France, & frere aisné de Geoffroy l'Hermite Seigneur de Souliers, ce Gentilhomme fut seuere & fidele executeur des commandemens du Roy son Maistre, qu'il seruit en plusieurs importantes occasions comme il fit sous le regne precedent.

11. PALAMEDES DE FOVRBIN surnommé le grand, Vicomte de Martigues & Gouuerneur de Prouence qui eut aussi grand credit prés du Roy auquel il fit donner par Charles 4. Roy de Ierusalem les Comtés de Prouence & de Forcalquier de cette maison sous les Seigneurs de Soliers en Prouence.

12. CLAVDE DE LA CHASTRE Capitaines des cent Gentil hommes de la garde du Roy, dont il perdit quelque temps les bonnes graces pour auoir esté fidelle seruiteur du Duc de Guyenne.

13. THIERRY DE LENONCOVRT Gouuerneur de la Rochelle Chambellan du Duc de Guyenne, & l'vn des executeurs du testament de ce Prince.

14. CHARLES SEIGNEVR de Crussol grand Maistre de la garderobe du Roy, duquel il fut tres affectionné.

15. PIERRE DE MORVILLIERS Chancelier de France qui fut enuoyé en Ambassade vers le Duc de Bourgogne pour auoir la liberté de

16. IEAN BASTARD de Rubempré que ce Prince auoit arresté sur ses terres.

17. PHILIPPES DE COMMINES Seigneur d'Argenton employé en plusieurs Ambassades par le Roy qui l'attira à son seruice, ce Seigneur à escrit la vie de ce Monarque auec beaucoup d'esprit & de iugement.

18. ADAM FVME'E Seigneur Desroches Gardes des Seaux de France qui fut enuoyé à Rome pour la promotion du Cardinal Balue.

CHARLES 8. vaincœur de ses sujets rebelles à la iournée de S. Aubin, humilia la Bretagne par la force de ses armes, & en releua la gloire par son alliance auec la Princesse heritiere de cét Estat, il porta auec le Septre François les Couronnes de Ierusalem & de Naples, mais aussi tost perdues que conquises, surquoy meditant vn 2. voyage en Italie, il deceda à Amboise le 4. Auril 1498. le 28. de son âge & le 14. de son regne, ne laissant enfans de sa femme.

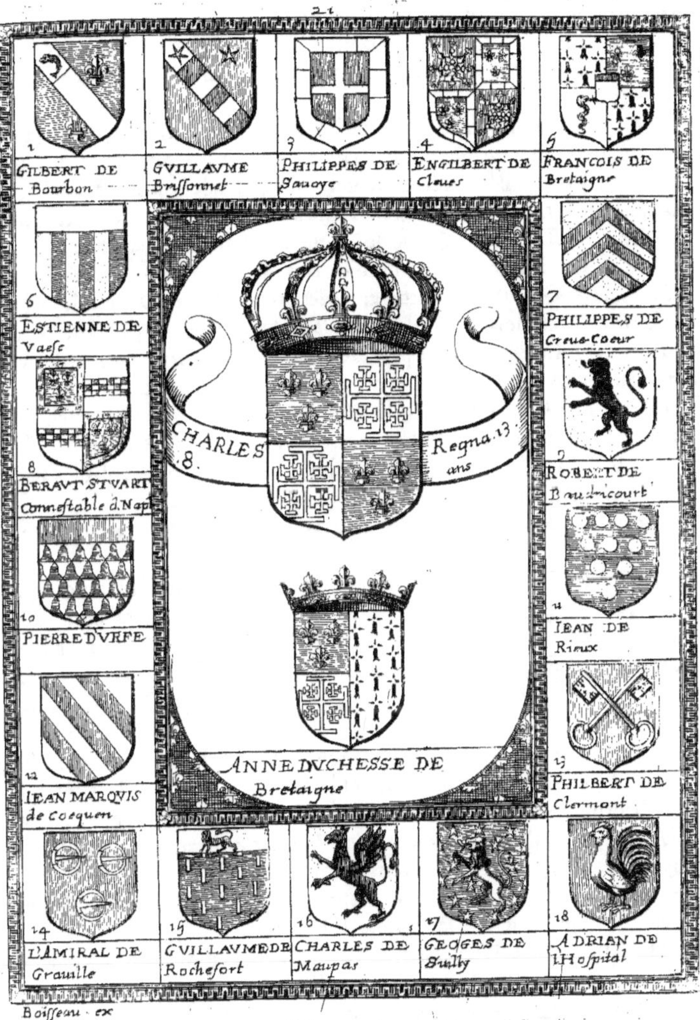

ANNE Duchesse de Bretagne fille & heritiere de François, 2. Duc de Bretagne & de Marguerite de Foix, son mariage fut celebré à Langes, en Touraine le 26. Decembre 1491. le Roy Charles estant decedé elle espousa en 2. nopces le Roy Louys 12. & fut tres vertueuse quoy que colere & vindicatiue, son deceds arriua à Blois le 9. Ianuier 1513. le 37. de son âge son corps gist à S. Denis prés celuy de Louys son 2. mary.

Les plus renommez.

1. GILBERT DE BOVRBON Comte de Montpensier Vice-Roy de Naples si-

gnalé és combats de Buſſi, & de Cluny, de meſme qu'és guerres de Bourgogne quoy que malheureux en la conſeruation des deux Siciles.

2. GVILLAVME BRISSONNET Cardinal Eueſque de S. Malo, principal Miniſtre d'Eſtat & fauory dn Roy à la perſuaſion duquel ſa Maieſté entreprit la conqueſte de Naples.

3. PHILIPPES DE SAVOYE Comte de Baugé, oncle maternel du Roy ſi renommé par Philbert Pingon dans ſon Hiſtoire des Ducs de Sauoye, dont ce Prince porta la Couronne apres le deceds de Charles 2.

4. ENGILBERT DE CLEVES Comte de Neuers ſurnommé le pieux, & le vaillant Capitaine general des Suiſſes & dont la valeur fut particulierement remarquée à la iournée de Fournouë.

5. FRANCOIS pr. Baron de Bretagne frere naturel de la Reyne, qui voyant que le Duc ſon Pere auoit pris les armes contre la France quitta ſon party pour ſe ietter dans les intereſts du Roy, qu'il ſeruit ſi dignement que ſa Maieſté paſſant en Italie le laiſſa ſon Lieutenant general en Bretagne; le Comte de Vertus eſt yſſu de ce Seigneur.

6. ESTIENNE DE VAFSC Duc de Noſle, Seneſchal de Beaucaire, principal fauory du Roy, ce Gentilhóme Dauphinois de tres ancienne maiſon eſtoit fils de Pierre & de Fremine de Gaudiac & contoit entre ſes predeceſſeurs Damas de Vaeſc Seigneur de la Baſtie & conſeigneur de Dieu le fils en Dauphiné, & de Caderouſe qui viuoit l'an 1190. cét Eſtienne de Vaeſc perſuada plus que nul autre l'entrepriſe de Naples & defen ſit auec plus dardeur les reſtes de nos conqueſtes en Italie.

7. PHILIPPES DE GREVE COEVR Seigneur des Cordes Mareſchal de France, cy deuant tant renommé ſoubs Louys 11. qu'il appella à ſon ſeruice.

8. BERAVT STVART Seigneur d'Aubigny Conneſtable de Naples, hautement loüé d'auoir dignement ſeruy en cette charge de meſme que.

9. ROBERT DE BAVDRICOVT Seigneur de Vignory Mareſchal de France, & gouuern ur de Bourgogne.

10. PIERRE D'VRFE' grand Eſcuyer de France qui diſgraſié ſoubs le regne precedent paſſa au ſeruice du grand Seigneur qui le fit Lieutenant general en ſes armées Nauales où il acquit vne glorieuſe renommee, le Roy Charles le rappella à ſon euenement à la Couronne, c'eſt de ce Heros qu'eſt yſſu le Marquis d'Vrfé auiourd'huy Bailly de Foreſt digne auſſi de l'Illuſtre ſang des Empereurs d'Orient, & Ducs de Sauoye dont il tire ſon origine.

11. IEAN DE RIEVX Mareſchal de Bretagne tuteur de la Princeſſe Anne ſi rénómé és guerres de Bretagne & qui ſeul defendit l'honneur de cét eſtat à la bataille de S. Aubin depuis il ſeruit les Roys Charles & Louys douze & merita beaucoup de la France.

12. IEAN MARQVIS de Coecquen grand Maiſtre de Bretagne non moins prudent que genereux & qui par ſes negotiations auança l'heurenx mariage de leurs Maieſtez.

13. PHILBERT DE CLERMONT Seigneur de Montoiſon, particulierement remarqué entre les plus vaillant à la iournée de Fournouë.

14. L'ADMIRAL de GRAVILLE l'vn des fauoris du Roy à qui ſa Maieſté paſſant les monts donna les gouuernements de Picardie, & Normandie.

15. GVILLAVME de Rochefort Chancelier de France, qui contribua beaucoup à l'vnion des deux Eſtats de France, & de Bretagne.

16. CHARLES DE MAVPAS ſignalé particulicrement à la iournée de Fournouë où il combattit pres la perſonne du Roy, c'eſt de luy que ſont yſſus les Barons du Tour & l'Illuſtre Eueſque Dupuy premier Aumoſnier de la Reyne.

17. GEORGES DE SVILLY Gouuerneur de Tarente auſſi tres remommé à la conqueſte de Naples.

18. ADRIAN DE L'HOSPITAL ſi recommandable pour ſon extreme valeur qu'il employa és guerres de Bretagne, & particulierement à la bataille de S. Aubin c'eſt de ce grand Capitaine que ſont yſſus les Duc de Vitry, & Mareſchal de L'hoſpital Gouuerneur de Paris.

LOVYS 12. surnommé le Pere du peuple cy-deuant Duc d'Orleans & premier
Prince du sang soûmit à son obeïssance le Milancz & la Lombardie, l'Estat de
Genes les Isles de Corseque & de Chio, reconquit & partaga le Royaume de Naples auec le Castillan battit les Venitiens és iournées de la Giradade & de Bresse fit
paix auec l'Espagnol, & cette susdite Republique, & sur le point de repasser les Alpes
auec vne puissante armée mourut à Paris aux Tournelles le 2. Ianuier 1515. le 17. de son
regne & le 53. de son âge, ne laissant aucun enfant masle de ses femmes.

ANNE DE BRETAGNE surnommée, & Marie d'Angleterre fille & sœur des
Roys Henry 7. & 8. Princesse d'excellente beauté dont le mariage fut celebre à
Abbeuille le 9. Octobre de l'an 1514. apres le deceds du Roy, elle passa en Angle-
terre & se maria au Duc de Suffort, & mourut en Iuin 1533.

O

Les plus renommez sous ce regne.

1. FRANCOIS DORLEANS 1. Duc de Longueuille qui accompagna le Roy au voyage d'Italie où il se signala à la bataille d'Agnadel, il eut aussi le commandement de l'armée Royale enuoyée au secours de Iean Roy de Nauarre.

2. GASTON DE FOIX Duc de Nemours neueu du Roy & general de son armée en Italie dont il se rendit la terreur.

3. LOVIS DE LVXEMBOVR Comte de Ligni autre general de l'armée du Roy en Italie, ayant pour Lieutenant en cette expedition le Seigneur Daubigny & Iean Iacques Triuulse.

4. PHILIPPES DE CLEVES Seigneur de Rauastein cousin du Roy & general de l'armée Naualle enuoyée contre le Turc, il fut aussi gouuerneur de Genes ayant pour principal Conseiller Baptiste Fregouse.

5. GEORGES Cardinal d'Amboise principal Ministre d'Estat & duquel le Roy se seruit tres vtilement.

6. LOYS de la Trimoüille Lieutenant general de l'armée du Roy en Italie si renommé sous le regne precedent par les memorables iournées de Sainct Aubin & de Fournoüe, & non moins recommandable sous ce regne par la victoire de Nouarre celle d'Agnadel, la conseruation de Dijon & plusieurs autres immortelles actions.

7. PIERRE DAVBVSSON Cardinal & grand Maistre de Rhodes qui defendit genereusement cette place contre Mahomet.

8. IEAN IACQVES TRIVVLSE Lieutenant general de l'armée du Roy en Italie gouuerneur de Milan où il rendit de tres fidelles seruices au Roy qui l'honora du Baston de Mareschal de France.

9. IACQVES DE CHABANNES Seigneur de la Palisse aussi Mareschal de France dont la valeur parut particulierement auec couurement de la ville de Genes qui s'estoit reuoltée, à la bataille d'Agnadel, au secours de Teroüane, & de Fontarabie.

10. YVES DALLEGRE qui apres cent actions de valeur fut tué auec son fils à la bataille de Rauennes.

11. CESAR BORGIA Duc de Valentinois fils du Pape Alexandre 6. hardy Capitaine quoy que trop entreprenant.

12. ANTOINE L'ARSE surnommé le Cheualier blanc gouuerneur de Treuize en l'Estat Venitien, puis Lieutenant general du Royaume d'Escosse, où il acquit reputation d'vn des vaillans Capitaines de son temps.

13. GALEAS de SALEZAR gouuerneur du Chasteau de Genes appellé vaillant & hardy de mesme que Tristan son frere bien qu'Archeuesque de Sens qui parut armé de toutes pieces au iour de la bataille contre les Genois.

14. IEAN IOVBERT de Baraut gouuerneur de Bergame, & pays bergamesque qualifié Capitaine de mil hommes qu'il conduisit en Italie & qui accompagnerent sa valeur à la iournée de la Giradade.

15. IACQVES GALIOT grand Maistre de l'Artillerie signalé à la Conqueste de Naples comme les Seigneurs.

16. DE BORDEILLE de Riberac de Grammont, de Podenas de Chandieu & autres.

17. ESTIENNE DE PONCTIER euesque de Paris & Garde des Seaux de France qui apres le deceds du Cardinal d'Amboise, eut la principale administration de l'Estat, de cette maison sont auiourd'huy les sieurs de Foncher & de Bretouuille, freres l'vn Capitaine de Caualerie & l'autre Lieutenant au Regiment des Gardes.

18. IEAN de SAINCT GELAIS Seigneur de Monlieu, particulierement affectionné du Roy personnage de grande doctrine qui a escrit l'Histoire de ce Monarque.

FRANCOIS I. cy deuant Comte d'Angoulesme & 1. Prince du sang auroit iustement merité le surnom de grand, si son malheur s'estoit rendu moindre ou que ses ennemis eussent esté plus petits, les Conquestes de Nauarre, & du Milanois, la deffaite des Suisses aux deux memorables iournées de Marignan, auroient rendu sa valeur tousiours incomparable, si les forces & conduite de l'Empereur n'eussent interrompu le cours de ses triomphes par la funeste bataille de Pauie, qui arresta les prosperitez du Royaume auec la personne du Roy, dont le deceds arriua le dernier Mars 1547. il eut pour femmes.

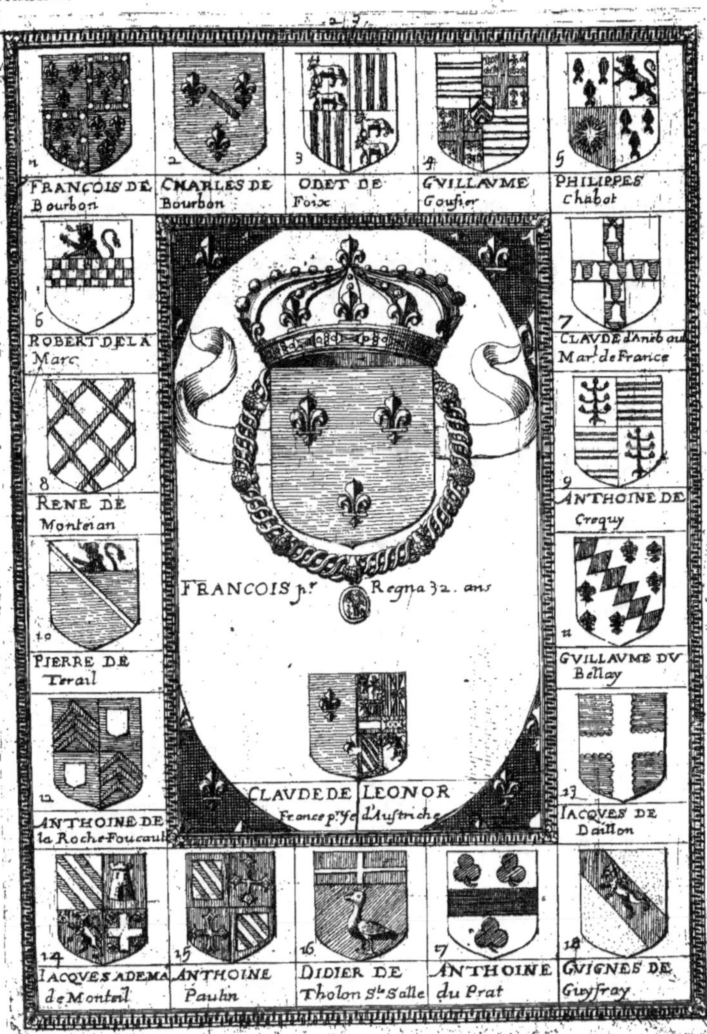

CLAVDE fille du Roy Louys 12 & d'Anne de Bretagne qui deceda à Blois le 20. Iuillet de l'an 1524 son corps fut inhumé à S. Denis soubs vn superbe tombeau de marbre.

LEONOR D'AVTRICHE 2 femmes François 1. fille de Philippes 1. Roy d'Espagne, & vefue d'Emanuel Roy de Portugal, fut couronnée à S. Denis l'an suiuant son mariage arriué en l'Abbaye de Capsioux prés de Bordeaux 1530. apres le deceds du Roy, elle se retira prés l'Empereur son frere, & mourut à Badois 1558.

Les plus renommés furent.

1. FRANCOIS DE BOVRBON Comte d'Anguien general de l'armée du Roy en Italie où il se signala particulierement à la iournée de Serisoles.

2. CHARLES DE BOVRBON Connestable de France dont la valeur parut si esclatante és iournées de Marignan & deffence du Milanois heureux s'il n'eust refusé l'aliance de Louyse mere du Roy qui causa son desespoir, & sa mort.

3. ODET DE FOIX seigneur de Lautrec general de l'armée d'Italie où il auroit sans doute emporté le Royaume de Naples si l'amort n'eust arresté ses conquestes.

4. GVILLAVME GOVFIER Marquis de Bonniuet Admiral de France aussi general de nos armées en Nauarre, & Italie principal fauory du Roy qui en auroit receu des seruices tres signalez s'il auoit eu autant de prudence que de valeur.

5. PHILIPES CHABOT Admiral de France aussi fauory du Roy qui porta la terreur dans le Piedmont & Sauoye & reduisit en l'obeissance du Roy tout cet Estat il ne triompha pas moins des ennemis de sa vertu.

6. ROBERT DE LA MARCK seigneur de Florengé Mareschal de France si renommé par le memorab e siege de Peronne qu'il souftint contre toutes les forces de l'Empereur.

7. CLAVDE D'ANNEBAVT Admiral & Mareschal de France & Colonnel general de la Caualerie Françoise qui entre plusieurs actions remarquables conserua Landrecy contre l'armée del Empereur.

8. RENE DEMONTEIAN aussi Mareschal de France Colonnel de l'Infanterie Françoise, de là monts ou sa valeur remporta pareillement de tres glorieux auantages.

9. ANTOINE DE CREQVY seigneur de Pondormy gouuerneur de Hedin signalé en Picardie contre les Anglois & Imperiaux qu'il defit à diuerses rencontres.

10. PIERRE DETERAIL Seigneur de Baiard Lieutenant de Roy en Dauphiné surnommé le Cheualier Sans reproche Heros de valeur si generalement admirée que le Roy voulut estre fait Cheualier de sa main.

11. GVILLAVME DV BESLAY Seigneur de Langey gouuerneur de Turyn personnage non moins renommé pour sa valeur que pour la grande suffisance au Ministre de l'Estat.

12. ANTOINE DE LA ROCHE FOVCAVLT Seigneur de Berbesieux Admiral des Mers du Leuant & gouuerneur de Marseille qu'il souftint genereusement contre l'Empereur Charles Quint.

13. IACQVES de DAILLON Baron du Lude Lieutenant de l'armée du Roy en Nauarre & gouuerneur de Fontarabie que ce parfait Capitaine conserua plus d'vn an contre toutes les forces d'Espagne qui le tenoient assiegé.

14. IACQVES ADHEMAR Demonteil Comte de Grignan gouuerneur de Prouence fauory du Roy signalé à la prise de Nisse & qui accompagna Barberouse en diuerses expeditions.

15. ANTOINE PAVLIN Baron de la garde Admiral de France & Ambassadeur pour sa Maiesté à la porte du grand Seigneur lequel en l'vn & l'autre employ s'aquit vne immortelle reputation.

16. DIDIER de THOLON saincte Salle qui au temps du siege de Rhode seruit si dignement en qualité de Maistre de l'Artillerie qu'au rapport Paradin il fut cause que la ville persista longtemps en son entier & depuis merita l'auguste qualité de grand Maistre de sa Religion.

17. ANTOINE du PRAT Chancelier, puis Cardinal & Legat en France dont les eloges se peuuent voir en la vie des premiers Presidents par le Cheualier de l'Hermite & le sieur Blanchart.

18. GVIGNES de GVYFRAY Seigneur de Boutieres Lieutenant des armées du Roy en Piedmont où il acquit beaucoup d'estime de valeur & notamment à la bataille Deseribole, où il commandoit l'auangarde de nostre armée, la Dame du Reuel dont la vertu est si conneuë est petite niepce de ce digne Capitaine originaire de Dauphiné.

LE Roy Henry II. appellé le restaurateur & defenseur de la liberté Germanique, le fut pareillement de l'Escosse dont il chassa l'Anglois, il protegea le Duc
de Parmes, comme l'Isle de Corse, rendit la liberté à la Republique de Sienne conserua Mets contre l'Empereur qu'il batit à la iournée de Renty, laissa la paix à ses sujets,
& mourut d'vn esclat de Lance à Paris le 10. Iuillet 1559. le 40. de son âge, & le 12. de
son regne laissant plusieurs enfant de la Reine.

CATHERINE DE MEDICIS fille vnique de Laurent Duc d'Vrbin & de
Magdaleine de la Tour Comtesse d'Auuergne son mariage fut celebré à Marseille l'an 1533. fut couronnée à S. Denis 1549. & apres le deceds du Roy fut regente du
Royaume plusieurs fois, & mourut au Chasteau de Blois le 5. Ianuier 1589. son corps repose à S. Denis, prés celuy du Roy son mary, en la manifique Chapelle qu'elle auoit fait
bastir.

Les plus renommez furent.

1. IEAN DE BOVRBON Comte d'Anguien digne successeur de la vertu de
son frere susdit, lequel soustint le siege de Mets auec autant de courage qu'il resista au

combat de Sainct Quantin, où il mourut de ses blessures.

2. FRANCOIS DE LORAINE Duc de Guize signalé soubs ce regne és deux memorables actions de la deffence de Mets, & du combat de Ranty.

3. FRANCOIS DE CLEVES Duc de Neuers qui à la iournée de Sainct Laurent ayant le faix de l'armée ennemie sur les bras combattit d'vne valeur toute heroïque & se deffendant en retraicte rallia les fuyards qu'il conduisit à la Faire.

4. HORACE FARNESE Duc de Castres frere d'Octauian Duc de Parme qui commandant dans la ville de Hesdin fut enseuely dans vne mine que les ennemis firent ioüer il auoit epousé Diane fille naturelle du Roy.

5. IEAN LE VENEVR Cardinal de Tilliers grand Aumosnier de France qui receut le Chapeau à la requisition de sa Majesté lors encore Dauphin de mesme que.

6. ODET DE COLIGNY Cardinal de Chastillon frere de l'Amiral celebré par tous les autheurs de son temps pour sa grande generosité & doctrine.

7. ANNE DE MONMORENCY Connestable de France tant signalé és prises de Toul, Mets & Verdun, Mariambourg & Dinan, il commanda aussi à la bataille de Renty ou sa valeur parut sans exemple.

8. PAVL DE TERMES Mareschal de France Vice-Roy d'Ecosse renommé dans l'vn & l'autre Royaume de mesme qu'en Italie, Flandres & Isle de Corse, ou par tout il laissa desclatantes marques de sa valeur.

9. CHARLES DE COSSE' Seigneur de Brissac Mareschal de France grand Maistre de l'Artillerie & Lieutenant general de l'armée du Roy en Piedmont ou il secourut les Princes de Parmes, & de la Mirande, prit les villes Verseil, Yurée, Cazal, & la Citadelle.

10. ODART Seigneur de Bies Mareschal de France si parfaictement estimé du Roy encore Dauphin que sa Maiesté voulut estre fait Cheualier de sa main, le malheur toutefois opprima ce vertueux Capitaine ver la fin de sa vie causé par le crime de son gendre.

11. GVY CHABOT premier du nom Baron de Iarnac &.

12. FRANCOIS DE VIVONNE Seigneur de la Chastaigneraye tous deux bien voulus du Roy pour leur merite & extreme valeur & particulierement le dernier que sa Maiesté croyoit deuoir sortir vaincœur du combat ou düel qui leur auoit permis, toutefois Iarnac par ce coup tant renommé, luy en osta la gloire, auec la vie.

13. PIERRE STROSSY Mareschal de France & Colonel des Bandes Italiennes signalé au secours des Escossois auec.

14. ANDRE' DE MONTLAMBERT Seigneur d'Essé tant renommé au siege de Landrecy.

14. NICOLAS DE BOSSV Seigneur de Longueual gouuerneur de Champagne si renommé soubs ce regne precedent, & dont les excellentes qualitez causerent la disgrace pour le trop d'estime que la Duchesse de Valentinois faisoit de ce Seigneur ayeul de Henry Baron Descry mort au siege de Roye.

16. ROCH CHASTEIGNER de la Roche Posé qui seruit dignement en Italie principalement à la guerre de Parme & de la Mirandole, & depuis fut tué au siege de Bourges.

17. CHARLES TIERCELIN Seigneur de la Roche du Maine remarqué entre ceux qui defandirent plus vigoureusement l'honneur de la France à la funeste iournée de S. Laurent où son fils fut tué à son costé & luy prisonnier,

18. IEAN DE S. PRES Cheualier de l'Ordre du Roy Lieutenant de la Compagnie de gens d'arme du Baron d'Alegre, estimé si grand homme de Lance que le Roy voulut iouster contre luy, de ce Gentil-homme & de Anne de Chasteau Chalons, est yssue Denise ayeulle de la Dame de Bourdonné & de Tristan & Iean Baptiste l'Hermite de Souliers.

FRANCOIS II. surnommé sans vice ne vit pas long-temps regner son innoscence parmi les tumultes & desordres de ses sujets rebelles & seditieux , il auoit à peine porté le Sceptre dix-sept mois quand la mort luy fit passage aux Couronnes immortelles, laissant icy bas celles de France & d'Escosse, & point d'enfans de sa femme.

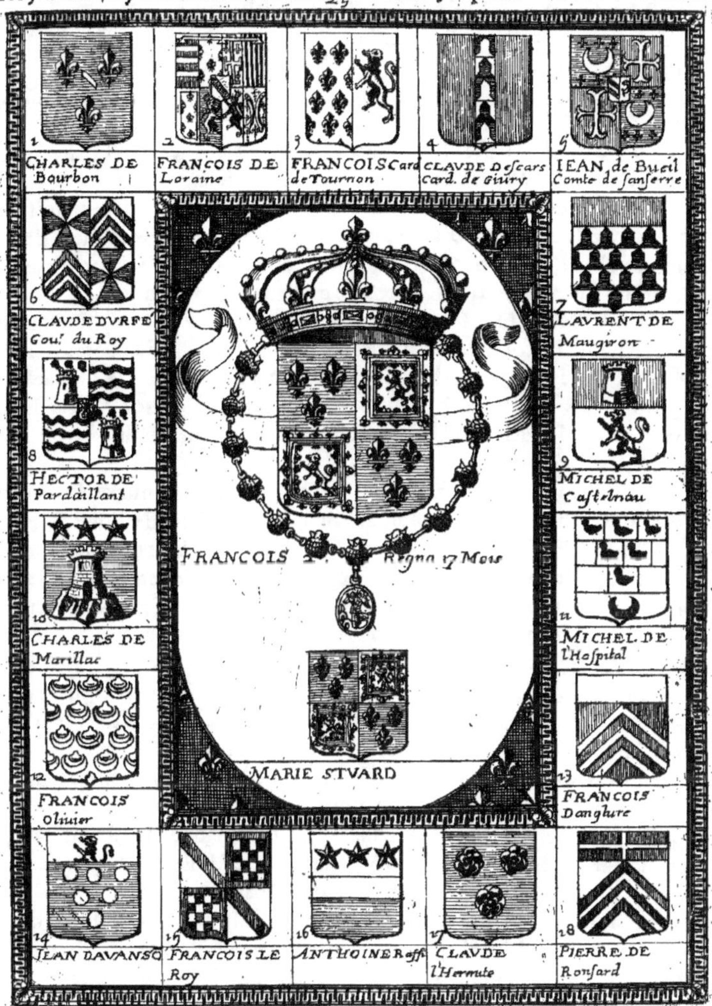

MARIE STVART fille vnique & heritiere de Iacques 5. Roy d'Escosse & de Marie de Lorraine, son mariage fut Celebré à Paris le 24. Auril 1559. apres le deceds du Roy, ceste Princesse repassa en Escosse où elle espousa Henry Stuart Comte De lenox ayeul de Charles dernier Roy d'Angleterre, heritier de la funeste & tragique mort de cette Reine, qui finit aussi ses iours sur vn eschaffaut à Londres le 18. Feurier 1587.

Les plus renommez furent.

1. CHARLES DE BOVRBON Prince de la Roche sur d'Yon qui signala sa valeur au siege de Mets où il defendit le costé du Pont de Moselle & qui assista sous ce regne à l'assemblée tenuë à S. Germain apres le tumulte d'Amboise.

2. FRANCOIS DE LORAINE Duc de Guise generalissime des armées du Roy qui decouurit la coniuration ou tumulte d'Amboise, en fit punir les autheurs, & merita par cette action que le parlement l'appelast le conseruateur de la patrie.

3. FRANCOIS CARDINAL de Tournon Prelat de rare erudition integrité & prudence qui rappellé de Rome soubs ce regne fut restably au Conseil auec plus d'autorité qu'auparauant.

4. CLAVDE DESCARS Cardinal de Giury particulierement bien voulu du Roy pere de sa Majesté à la requisition duquel il reçeut le Chappeau.

5. LOVYS DE BVEIL Comte de Sancerre Cheualier de l'Ordre du Roy qui seul refusa de signer l'Arrest de mort du Prince de Condé.

6. CLAVDE DVRFE' Gouuerneur du Roy & Ambassadeur pour sa Maiesté en Italie digne de ces glorieux amplois ou l'appella son merite & le chois de la Reyne Catherine de Medicis, auiourd'huy Iacques Comte Durfé, & de Sommeriue, porte le nom & armes de Lascaris à cause de Renée de Sauoye son ayeulle.

7. LAVRENT COMTE de Maugiron gouuerneur de Dauphiné ou sa valeur reprima en plusieurs combats redoubles l'insolence des Religionnaires il estoit fils de Guy & d'Olane l'Hermite, petite fille de Tristan grand Preuost de France.

8. HECTOR DE PARDAILLON Seigneur de la motte Gondrin Lieutenant de Roy en Dauphiné dont la valeur fut aussi genereusement employée contre les fauteurs de l'Heresie en ceste Prouince.

9. MICHEL DE CASTELNAV Seigneur de la Mauuisiere Ambassadeur en Angleterre homme de grand Sçauoir & valeur & qui a escrit l'Histoire de son temps.

10. CHARLES DE MARILLAC Archeuesque de Vienne qui a l'assemblée tenuë à Fontaine-Bleau representa auec beaucoup d'Eloquence & de resonnement le besoin que l'Estat auoit de conuocquer vn Concille dans l'Eglise Gallicane, auec les Estats generaux, de cette mesme maison tres antienne en Auuergne, estoit le Marechal & garde des Seaux de France.

11. MICHEL DE L'HOSPITAL Chancellier de France successeur de.

12. FRANCOIS OLIVIER qui fut restably soubs ce regne tous deux de rare & singuliere doctrine & qui ont beaucoup merite de la France.

13. FRANCOIS DANGLVRE Vicomte destauge signalé entre ceux qui passerent en Escosse d'où ils chasserent les Anglois.

14. IEAN DAVANSON Conseiller d'Estat Ambassadeur à Rome, puis Sur-Intendant des Finances tres chery du Roy Henry 2. & le Mescene des gens de lettres.

15. FRANCOIS LE ROY Seigneur de Chauigny Capitaine des Gardes du Corps du Roy qui par l'ordre de sa Maiesté arresta le Prince de Condé à Orleans.

16. ANTOINE RAFFIN dit Poton Seigneur de Pecaluary Senefchal d'Agenois gouuerneur de la personne du Roy en l'absence du Seigneur Durfé.

17. CLAVDE L'HERMITE Commandeur de Mesonnisse nommé grand Prieur d'Auuergne Lieutenant de Roy en la Marche gouuerneur de la ville & Citadelle de Gueret, fidelle & genereux deffenseur des interests du Roy dans cette prouince qu'il conserua tousiours contre les forces de la Ligue, il estoit frere de Iean Seigneur de Souliers Lieutenant des trouppes du Vicomte de Turenne, qui de Ieanne de la Roche Aymon n'eut qu'vn fils pere de Tristan & de Iean Baptiste l'Hermite de Souliers.

18. PIERRE DE RONSARD de tres noble famille en Vendoumois aliée és Maisons d'Ilires, Creuant, & S. Prés, appellé le Princes des Poëtes pour s'estre rendu le restaurateur de la Poësie Françoise, il estoit oncle de Denise Dame de Sainct Prés ayeule de Geneuiefue le Morier Dame de Bourdonné comme des cy-dessus nommez freres, Tristan, & Iean Baptiste de l'Hermite Souliers.

CHARLES IX. commença de regner par la mort de François son frere, la violance de sa complexion ne donna pas vn grand agrément à sa parole, toutefois il ayma les personnages eloquens, son regne fut obscurcy par la cruelle resolution qu'il prit de la journée de Sainct Berthelemy qui cousta tant de sang à la France, & ne seruit point à la conuersion des Heretiques, il deceda le 13. May 1574. ne laissant point d'enfans de la Reyne.

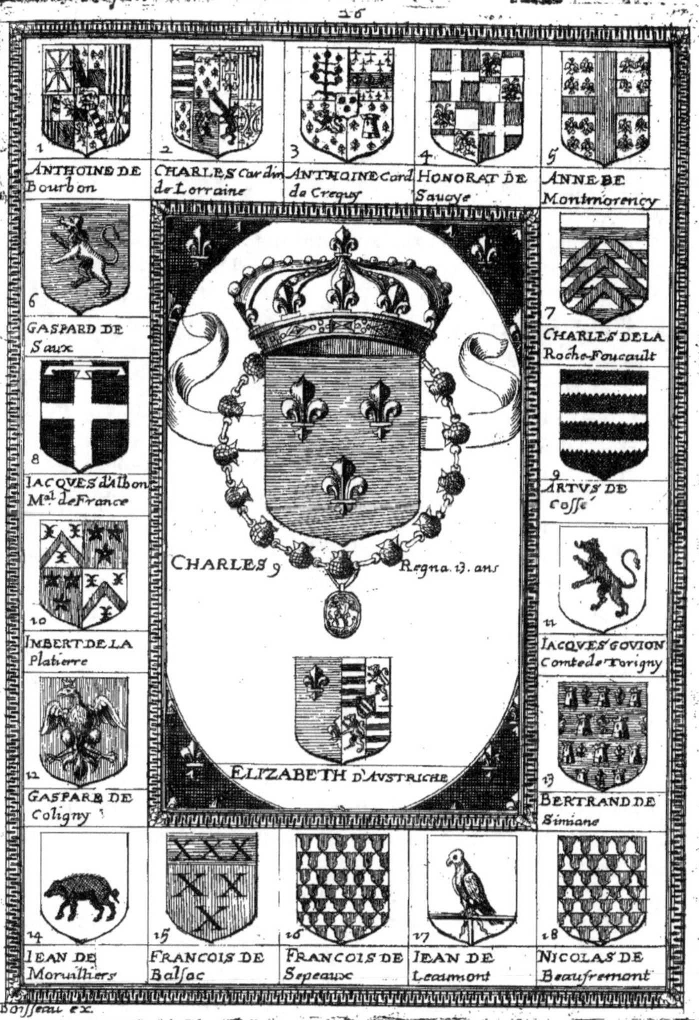

ELIZABETH D'AVSTRICHE fille de l'Empereur Maximilian 2. & de Marie d'Austriche son mariage fut consommé à Mesieres le 26. Nouembre de l'an 1570. apres le decez du Roy, elle demeura en perpetuelle viduité & mourut à Pragues le 22. Ianuier 1592.

Les plus renommez foubs ce regne furent.

1. ANTOINE DE BOVRBON Roy de Nauarre & Lieutenant general du Roy par tout le Royaume appellé l'Achille de France qui apres s'eftre fignalé en diuerfes memorables occafions fut tué au fiege de Roüen.

2. CHARLES CARDINAL de Lorraine fi renommé au Colloque de Poiffi, & Concile de Trente.

3. ANTOINE CARDINAL DE CREQVY autre Prelat de grande vertu & Doctrine, fauory du Roy en faueur duquel Pie 4. l'honora de Chapeau de Cardinal.

4. HONORAT DE SAVOYE Marquis de Vilars Marefchal & Admiral de France, particulierement fignalé à la bataille de Moncontour.

5. ANNE DE MONTMORENCY Conneftable de France, tué à la bataillé de Sainct Denis âgé de 78. ans charge de Loriers & de gloire.

6. GASPART DE SAVX Seigneur de Tauanes premier Seigneur Marefchal de France Admiral des Mers du Leuant Gouuerneur de Prouence, & Lieutenant general pour le Roy en Bourgogne, renommé és batailles de Dreux Iarnac & Moncontour.

7. CHARLES DE LA ROCHEFOVCAVLT Seigneur de Rendan Colonel general de l'Infanterie Françoife, qui mourut au fiege de Roüen des bleffures qu'il auoit receuës à celuy de Bourges.

8. IACQVES D'ALBON Seigneur de Sainct André Marefchal de France qui prit d'affault la ville de Poictiers fur les Religionnaires, affifta à celle de Bourges & fut tué à la iournée de Dreux.

9. ARTVS DE COSSE' Seigneur de Gonor Marefchal de France fignalé particulierement à la bataille de Moncontour où il commandoit le corps de l'armée fous Monfieur frere du Roy.

10. IMBERT DE LA PLATIERE Seigneur de Bourdillon Marefchal de France & Lieutenant general de l'Armée du Roy en Piedmont, où il rendit de tres fignalés & importants feruices.

11. IACQVES GOVION de Matignon Comte de Torrigny, gouuerneur de Normandie qui depuis merita le Bafton de Marefchal pour s'eftre fignalé contre les Rebelles.

12. GASPART DE COLIGNY Admiral de France, le plus excellent & vigillant Capitaine de fon temps capable de tout, s'il euft efté auffi heureux à executer que refolu dans fes entreprifes.

13. BERTRAN DE SIMIANE Seigneur de Gordes Lieutenant de Roy en Dauphiné, où il eut pour glorieux aduerfaire le Marquis de Montbrun qu'il combattit à diuerfes rencontres.

14. IEAN DE MORVILIERS Euefque d'Orleans Garde des Seaux de France Prelat de la plus grande vertu & integrité qui ait iamais efté dás le miniftere de l'eftat.

15. FRANCOIS DE BALSAC Seigneur d'Antragues gouuerneur d'Orleans, renommé à la prife de Mirabeau au fiege de Sanferre & autres notables occafions.

16. FRANCOIS DE SEPEAVX Seigneur de Ville ville Marefchal de France qualité qui merita par fes importans feruices rendus contre les Religionnaires.

17. IEAN DE LEAVMONT Seigneur de Puy Gaillard gouuerneur d'Angers dont la valeur & bonne conduite fut remarquée à l'entreprife d'Angers qu'il prit fur les Huguenots. il fut honoré depuis du Collier de l'Ordre du S. Efprit.

18. NICOLAS DE BEAVFREMONT Baron de Seneçay qui peu apres la iournée de Moncontour reçeut pour recompenfe de fes feruices le Bafton de Preuoft de l'Hoftel & grand Preuoft de France.

HENRY III. du nom & le dernier de la branche des Valois merita par le bruit de ses victoires la Couronne de Poulogne, mais il ne peut conseruer sans troubles celle que sa naissance luy donna, son regne fut remply de confusion, il eut trop d'indulgence pour des Sujets desobeyssants, & trop de generosité pour des ingrats qui susciterent vn autre monstre qui se couurit du Manteau de Religion pour oster la vie a ce Monarque tres Chrestien le 2e. Aoust 1589. ne laissant point d'enfant de la R…

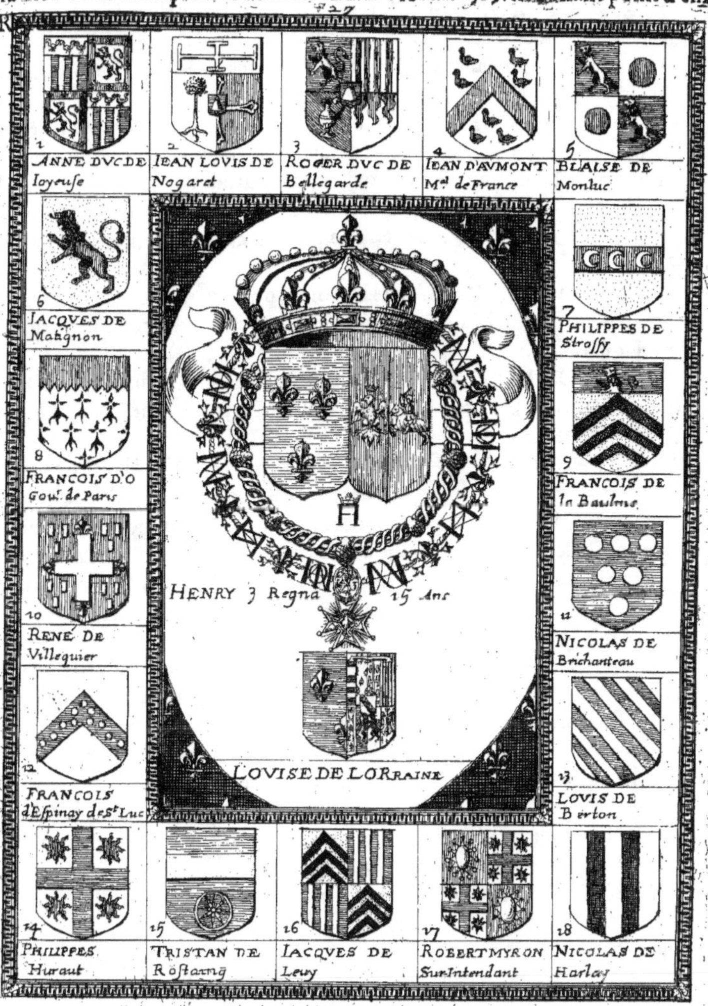

LOVYSE DE LORAINE fille de Nicolas de Lorraine Comte de Vaudemont & de Marguerite d'Egmont, le mariage fut celebré à Reims le 15. de Féurier 1575. & son deceds arriua au Chasteau de Moulins l'an 1601.

Les plus renommés soubs ce regne furent.

1. ANNE DE IOYEVSE Duc Pair & Amiral de France principal fauory du Roy en faueur duquel sa Maiesté erigea la terre de Ioyeuse en Pairie.

2. IEAN LOVYS DE NOGARET Duc d'Epernon autre fauory du Roy & qui par sa valeur & grande conduite en a conserué ce bonheur sous les regnes suiuans.

3. ROGER Duc de Bellegarde aussi fauory du Roy & tres recommandable pour les seruices qu'il rendit en Pologne & au recouurement des places vsurpées sur l'authorité Royale.

4. IEAN D'AVMONT Mareschal de France si renommé pour sa fidelité & l'importance de ses seruices qu'il rendit l'espace de plus de quarante ans aux Roys Henry troisiesme & quatriesme.

5. BLAISE DE MONLVC Mareschal de France dont la valeur generalement reconnuë ne la pû dispenser d'en faire luy-mesme l'Histoire.

6. IACQVES Seigneur de Matignon Mareschal de de France qui reduisit plusieurs villes & places à l'obeyssance du Roy.

7. PHILIPPE STROSSY Amiral & general de l'armée Nauale commandée pour le recouurement du Royaume de Portugal en faueur d'Antoine Monarque de cet est t dans laquelle entreprise il fut tué en combattant.

8. FRANCOIS Seigneur d'O Cheualier des Ordres du Roy Sur-Intendant de ses Finances & Gouuerneur de Paris & Isle de France qui seruit vtilement les deux Rois Henry.

9. FRANCOIS DE LA BAVME Comte de Suze aussi Cheualier des Ordres & Lieutenant general de sa Maiesté en Prouence qui par ses seruices n'accrut pas moins sa maison que sa renommée.

10. RENE' DE VILLEQVIER Baron de Cleruaut Cheualier des Ordres du Roy, Grand Maistre de Pologne & Gouuerneur de Paris & Isle de France signalé dans l'vn & l'autre Royaume.

11. NICOLAS DE BRICHANTEAV Seigneur de Nangis remarqué en toutes occasions ou les interests de la Couronne appellerent les personnes de sa conditió.

12. FRANCOIS DEPINAY Seigneur de Sainct Luc grand Maistre de l'Artillerie Gouuerneur de Broüage, nommé par excellence le Braue Sainct Luc signalé à la defence de son gouuernement, ainsi qu'a la iournée de Coutras & autres glorieuses actions de sa vie, le Comte de Sainct Luc n'est pas moins digne de sa gloire qu'il est heritier de son sang & de ses biens.

13. LOVYS DE BERTON Seigneur de Crillon Cheualier des Ordres du Roy Mestre de Camp du Regiment des Gardes l'Horace François de son temps qui entre cent actions de grand courage soustint sur le Pont de Tours contre l'armée du Duc du Maine, où il receut vne mousquetade dans le corps, le Baron de Crillon l'honneur du Comptat d'Auignon est aujourd'huy l'aisné de cette Maison.

14. PHILIPPES HVRAVT Comte de Chiuerny Chancelier de France Seigneur de grande vertu & Doctrine & d'ancienne & noble maison de Bretagne auiourd'huy alliée es plus illustres familles de ce Royaume.

15. TRISTAN DE ROSTAING Cheualier des Ordres du Roy Gouuerneur de Melun où il soustint deux fois le siege contre le Duc de Guise qui ne peut iamais corrompre sa fidelité ni forcé cette place, le Marquis de Rostaing Comte de Buri à succedé à la vertu de ce grand homme dont il a receu la nayssance.

16. IACQVES DE LEVY Comte de Quelus principal des ieunes fauorys du Roy lequel blessé de 19. coups d'épée dans vn combat singulier mourut au grand regret de sa Majesté qui le visita tous les iours de sa maladie.

17. ROBERT MYRON Seigneur de Chenailles Sur-Intendant des Finances & l'vn des principaux Ministres du Conseil, Secret qui seruit tres vtilement le Roy de mesme que firent les autres freres entre lesquels Pierre Baron de Cramail Gouuerneur & Bailly de Chartres Colonel d'vn Regiment de Suisses qu'il fut leuer à ses despens pour resister aux forces de la Ligue, ce dernier ne laissa que des filles de Denise de S. Prés de l'vne desquelles sont yssus Tristan, & Iean Baptiste l'Hermite de Souliers.

18. NICOLAS DE HARLAY Seigneur de Sancy & Achilles premier President au Parlement de Paris, qui tous deux employerent leurs biens, leurs vies, & leur liberté pour maintenir l'honneur de la Couronne.

HENRY 4. surnommé le Grand, Chef de la Royalle branche de Bourbon, paruint à la Couronne par la force & la iustice de ses armes, aussi bien que par le droit de succession, ce restaurateur de la Monarchie apres auoir rendu le calme à son estat le repos & la paix à ses sujets, fut prodiroirement assassiné dans son Carosse par vn monstre incarné appellé Rauaillac le 14. May l'an 1610. aagé de 57. ans & cinq mois le 20. de son regne en France & le trente-huict de celuy de Nauarre, laissant vn successeur de la Reyne.

MARIE DE MEDICIS fille de François, Grand Duc de Toscane & de Ieanne Archiduchesse d'Austriche, les ceremonies de son mariage furent faites à Lyon le dixseptiesme de Decembre 1601. & l'année d'apres elle accoucha du Prince Dauphin, pendant la minorite duquel elle fut declarée Regente, depuis pour quelque mescontentement s'estant retirée de la Cour & du Royaume, elle deceda à Cologne le 3. Iuillet 1642. & son corps est inhumé à sainct Denys pres le corps de Henry le Grand son mary.

Les plus renommez sous ce regne furent

R

1. **CHARLES DE VALOIS** Duc d'Angoulefme fils naturel du Roy Charles 9. qui fignala particulierement fa valeur es batailles d'Arques & d'Iury, en l'vne defquelles il tua de fa main le Comte de Sagonne General de la Caualerie legere des ennemis.

2. **MAXIMILIAN** de Bethune Duc de Sully, Miniftre d'Eftat, en faueur duquel le Roy erigea la terre de Sully en Duché & Pairie, auffi fidele dans le maniment des Finances, dont il fut Sur-Intendant, que grand Politique pour le Confeil.

3. **HENRY** de la Tour Duc de Bouillon, l'vn des grands Capitaines de fon fiecle, & qui a contribué entre les premiers à la reftauration de cette Monarchie, fa vie eft amplement décrite dans la Genealogie de fa maifon compofée par le fieur Iuftel.

4. **ANNE** de Leuy Duc de Ventadour, qui premier fut efleu en cette qualité pour auoir accompagné fa Majefté és combats les plus remarquables, & les plus auantageux pour la gloire & la reputation de nos armes.

5. **IACQVES DAVY** Cardinal du Perron, grand Aumofnier de France, qui fçeut oppofer à la foibleffe de la fortune & de fa naiffance, les auantages qu'il auoit reçeuës de la nature.

6. **IACQVES NOMPAR DE CAVMONT** depuis Marefchal & aujourd'huy Duc de la Force, qui a merité l'vn & l'autre qualité par cent actions de valeur, tant fous ce regne que fous celuy de Louys le Iufte, fon fils le Marquis de la Force, fuit aujourd'huy noblement les vertueufes traces.

7. **CLAVDE** Duc de la Trimoüille tres particulierement fignalé és iournées d'Arques, & d'Iury ou il fouftint auec tant de valeur l'effort des ennemis de cét eftat, qu'il fut reconnu entre les principaux qui contribuerent au gain de ces deux grandes victoires.

8. **VRBAIN** de Laual Marefchal de Boisdauphin, qui entre fes fignalez feruices remit le Mans en l'obeïffance du Roy, comme les villes de Sablé, Laual, Chafteaugontier & autres places.

9. **CHARLES** de Gontaut, Marefchal de Biron dont la valeur fi reconnuë fous le regne precedent, parut encore auec tant d'éclat à la iournée d'Arques, d'Iury, & de Fontaine Françoife; fon fils Duc de Biron ne fut pas moins confiderable pour fa valeur.

10. **CHARLES** de Choifeul, depuis Marefchal de Praflin fignalé entre les autres Heros de fon temps.

11. **PONS** de Lofieres, depuis Marefchal de Themines, qui apres auoir rendu des preues certaines de fa valeur fous ce regne, & raffermy l'authorité du Roy dans la Gafcongne, ne feruit pas moins dignement en Languedoc, fous le Roy Louys le Iufte, contre les rebelles de cette Prouince.

12. **FRANÇOIS** de la Grange, depuis Marefchal de Montigny, fi recommandable pour fa valeur reconnuë, particulierement és batailles de Fontaine Françoife & fiege d'Amiens, le Comte de fainct Aignan, fon petit fils fait encore auiourd'huy efclatter en fa perfonne cette mefme grandeur de courage.

13. **ARNAVT** Cardinal d'Offat, autant connu par les rares qualitez de fon efprit, qu'inconnu par l'obfcurité de fa naiffance.

14. **LOVYS** de la Chaftre, Marefchal de France, qui non moins fidele au feruice du Roy que zelé pour fa religion, reduifit au pouuoir de fa Majefté, les Duchez d'Orleans & de Berry, & fut des premiers qui abandonnerent le party de la ligue.

15. **ANDRE'** de Brancas, Marquis de Villars, Admiral de France, qui porté de la mefme inclination remit au pouuoir du Roy la Prouince de Normandie.

16. **NICOLAS BRVLART**, Seigneur de Sillery, Chancelier de France, l'vn des grands Miniftres d'Eftat, qui ait iamais exercé cette charge de la Couronne, qui auoit fuccedé à

17. **POMPONE** de Belièvre, autre grand perfonnage dont les feruices furent recommandables fous vne race entiere de nos Roys.

18. **DOMINIQVE DE VIC**, Gouuerneur de Calais, renommé particulierement à la bataille d'Iury, à faint Denys, ou il défit le Cheualier d'Aumale, au fiege d'Amiens & autres occafions remarquables

LOVYS 13. du nom surnommé le Iuste, dompta la rebellion de ses sujets, étouffa l'heresie qui s'estoit esleuée contre son authorité, secourut ses alliez, fit la guerre à l'Empereur & à l'Espagnol, auec tant de glorieux succez que la France nombre encore parmy ses conquestes, le pays d'Artois, auec vne partie de la Flandre, le Comté de Roussillon & beaucoup de villes en Allemagne, il mourut le 14. May 1643 l'an 42. de son aage, & le 33. de son regne, laissant vn successeur de la Reyne sa femme.

ANNE D'AVSTRICHE fille aisnée de Philippe 3. Roy d'Espagne, & de Margueritte d'Austriche, encore que le mariage de cette Princesse eut esté celebré à Burgos en Espagne l'an 1615. sa Majesté estant arriuée à Bordeaux, les ceremonies de la Benediction nuptiale y furent faites le 25. de Nouembre de l'année suiuante, aujourd'huy cette grande Reyne dans l'administration de la Regence, exprime par des soins continuels l'amour qu'elle a pour cét estat.

Les plus illuſtres ſous ce regne furent

1. ARMAND Iean du Pleſſis, Cardinal Duc de Richelieu, le plus grand homme de ſon ſiecle auſſi bien que le premier Miniſtre de cét eſtat, qui trauaillant ſans ceſſe pour la gloire de noſtre Empire en a ſi loin reculé les frontieres.

2. FRANC,OIS Cardinal de la Roche-Foucaut, grand Aumoſnier de France & Doyen du ſacré College, non moins recommandable pour ſon inſigne pieté que pour ſa grande ſuffiſance dans la conduite des affaires.

3.   Cardinal de la Valette, General de l'armée du Roy en Allemagne où il ſe ſignala en pluſieurs occaſions, & principalement à la priſe des villes de Binguen & de Landrecy.

4. BERNARD DE SAXE Duc de Veimar & General des armées Françoiſes en Allemagne ou il gaigna la bataille de Rhinan & de Reinfeld, ou les Generaux Savelli & Iean de Vvert furent priſonniers, il prit auſſi les villes de Fribourg, de Briſgau & de Briſac.

5. HENRY Duc de Montmorency Mareſchal & Amiral de France, la gloire des Heros de ſon temps, dont la mort fut auſſi déplorable que la vie auoit eſté glorieuſe.

6. CHARLES D'ALBERT Duc de Luynes Conneſtable de France, fauory du Roy, qui porta le plus puiſſamment ſa Majeſté à la deſtruction de l'hereſie.

7. FRANC,OIS DE BONNES Duc de Lesdiguieres Conneſtable de France l'vn des plus vaillans Capitaines qui ait iamais porté cette eſpee & dont le nombre des Heroïques actions eſt connu par toute l'Europe.

8. HENRY Duc de Rohan, General de l'armée du Roy en la Valteline, ou par quatre combats glorieux il affoiblit le party de l'Empire, & de l'Eſpagne.

9. CHARLES Duc de Crequy Mareſchal de France digne gendre du Conneſtable ſous lequel il partagea tant de victoires.

10. GASPARD DE COLIGNY nommé Duc de Chaſtillon Mareſchal de France l'vn des parfaits Capitaines de ſon temps ſignalé particulierement à la bataille d'Auen.

11. IEAN BAPTISTE BVDES Comte de Guebriant, Mareſchal de France, General de l'armée du Roy en Allemagne, particulierement victorieux à Ordinguen où les Imperiaux furent deffaits & le General Lamboy priſonnier.

12. PHILIPPE de la Mothe-Houdancourt Mareſchal de France, ſignalé particulierement à la iournée de Ville-Franche, où il défit l'armée Eſpagnole.

13. IEAN de ſaint Bonnet Mareſchal de Toiras, dont la valeur fut ſi éclattante en la deffenſe de l'Iſle de Ré & Citadelle de Caſal.

14. FRANC,OIS ANNIBAL D'ESTREE, Marquis de Cœuures, Mareſchal de France, renommé particulierement és guerres de la Valteline ou il commandoit les armes de France.

15. HENRY Comte de Schomberg, & Charles Duc d'Halluyn ſon fils tous deux Mareſchaux de France renommez pour leur valeur & pour leur conduite, l'vn ſignalé au ſiege d'Amiens, de ſaint Iean d'Angely, au ſecours de Ré & de Caſal, au combat de Caſt Inaudary; l'autre au combat de Rouuroy, à la leuée du ſiege de Locate à la priſe de Tortoſe & pluſieurs autres occaſions memorables.

16. CLAVDE premier Duc de ſaint Simon fauory du Roy, & de qui la vertu a paru digne de ſa fortune.

17. ANTOINE DE GRAMMONT Comte de Guiche, Mareſchal de France, renommé ſous ces deux regnes.

18. LOVYS LE FEBVRE Baron de Caumartin, garde des Sceaux de France, que le merite, & les importans ſeruices rendus par ſes Ambaſſades & autres glorieux employs, eleuerent à cette charge, le Seigneur de Caumartin, ſon petit fils digne chef de cette illuſtre maiſon de Picardie, ne fait pas moins aujourd huy eſclater ſa ſufiſance dans le Parlement.

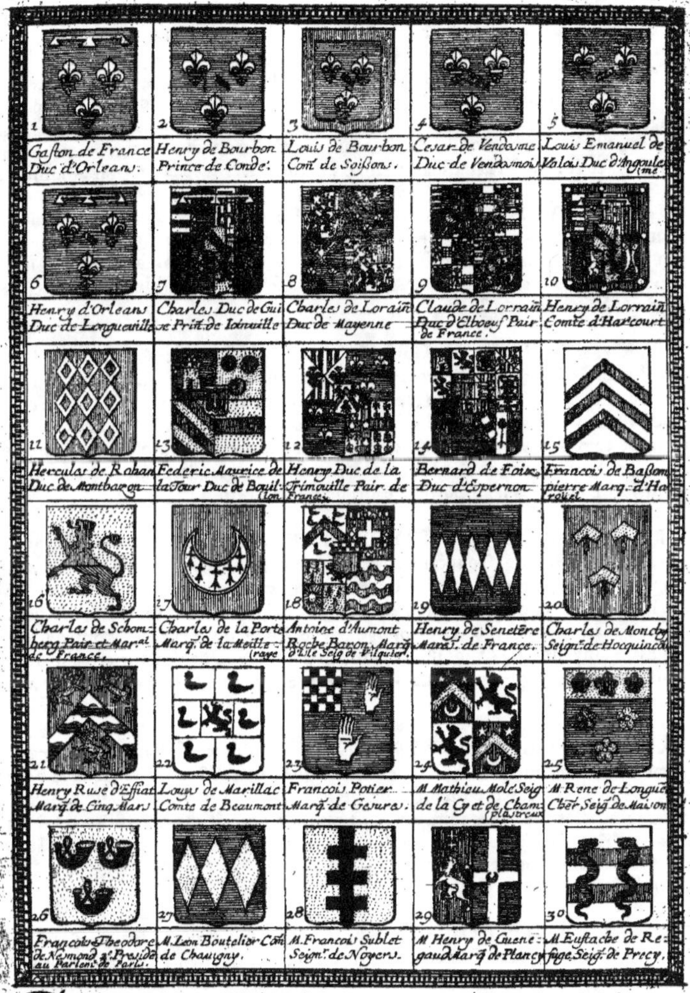

I. **GASTON DE FRANCE**, Frere Vnique du Roy, Duc d'Orleans, &c. Lieutenant General pour le Roy son Nepueu, dans toute l'estenduë du Royaume de France. Ce Prince a fait paroistre sa conduite & sa valeur aux conquestes de Graueline, Mardick, Bourbour & autres places.

II. **HENRY DE BOVRBON** Prince de Condé, premier Prince du Sang, Pair & Grand-Maistre de France, &c. Lieutenant General pour le Roy en Bourgongne, & General des Armées de sa Majesté, Prince de courage, fort sçauant & grand Politique, sa qualité & ses emplois font assez paroistre quel estoit son merite.

S

III. LOVYS DE BOVRBON, Comte de Soiffons, de Clermont & de Dreux, Lieutenant General pour fa Majefté en Dauphiné, Champagne & Brie, Pair & Grand-Maiftre de France, Lieutenant du Roy au fiege de la Rochelle, fut tué en la bataille de Sedan, l'an 1641.

IV. CESAR DE VENDOSME, Duc de Vandofmois, de Mercœur, de Pontieu, de Beaufort & d'Eftampes, Prince d'Anet & de Martegue, Pair & Grand-Maiftre des Mers, chef & Sur-intendant du commerce & nauigation de France. Ce Prince s'eft tousjours monftré zelé au feruice du Roy & de l'Eftat.

V. LOVYS EMANVEL DE VALOIS, Duc d'Angoulefme, &c. Gouuerneur de Prouence, Colonel General de la Caualerie Legere de France, monftra des fignes de fa valeur. Premierement, au fiege de Montauban en 1625. à Saravalle en Italie, fut au fiege de la Rochelle, où le Duc d'Angoulefme fon pere commandoit 1627. & 28. fut à l'attaque de Priuas en 1629. &c. deceda le 13. Nouembre 1653.

VI. HENRY D'ORLEANS, Duc de Longueville & d'Eftouteville, Prince & Comte Souuerain de Neuf-Chaftel, &c. Lieutenant General pour fa Majefté en Normandie. Ce Prince a non feulement feruy dignement dans les armées de fa perfonne : mais encore de fon Confeil qu'il fit paroiftre en l'affemblée de Munfter pour la paix d'Allemagne 1648.

VII. CHARLES Duc de Guife, Prince de Ioinville, &c. Gouuerneur de Prouence & Admiral des Mers du Leuant, fes premiers exploits commencerent fouz le regne de HENRY LE GRAND, lors qu'il effaya de faire leuer le fiege de deuant la ville de Roüen : mais apres qu'il fe fuft reduit & foufmis à fon obeïffance, il reduifit en peu de temps la ville de Marfeille en 1596. fe ioignit au Marefchal d'Auene, fut fait Lieutenant General du Roy contre les Rochelois, & les deffit fur mer : mais depuis s'eftant retiré de la Cour, mourut à Florence, l'an 1640.

VIII. CHARLES DE LORRAINE, Duc de Mayenne & d'Aiguillon, Chambellan de France, Gouuerneur de Guyenne. Dans fa ieuneffe fut meflé dans le party de la Ligue, dont fon pere eftoit l'vn des principaux chefs : il fut l'vn des premiers qui s'efleua contre la faction du Marquis d'Ancre l'an 1617. foûtint le fiege de Soiffons : mais depuis ayant efté enuoyé par le Roy LOVYS XIII. contre les villes rebelles en Guyenne, en ayant mifes plufieurs à la raifon, & s'eftant attaché auec vn grand courage au fiege de Montauban, fut tué d'vn coup de moufquetade à l'œil, l'an 1621.

IX. CLAVDE DE LORRAINE, Duc d'Elbœuf, Pair de France, Gouuerneur & Lieutenant pour le Roy en Auuergne, prift auffi auec vigueur le parti de la Ligue : mais s'eftant reconcilié auec le Roy Henry IV. fon Souuerain Seigneur, monftra des effets de fon courage aux fieges de la Fere & d'Amiens l'an 1596. fut au voyage de Hongrie l'an 1598. fut prefque en tous les exploits contre ceux de la Religion qui eftoient reuoltez apres la mort du Duc de Mayene, fut fait grand Chambellan de France.

X. HENRY DE LORRAINE, Comte d'Harcourt, fut fait General des Armées Naualles du Roy l'an 1636. reprit les Ifles de Sainte Marguerite & de Sainct Honorat, depuis eftant General 1640. fecourut Cazal & reprit Turim, il fut honoré de la charge de grand Efcuyer de France 1643. & en fuitte Viceroy en Catalogne, & depuis encore general en Guyenne.

XI. HERCVLES DE ROHAN, Duc de Montbazon, Pair & grand Veneur de France. Ce Duc s'eft tousjours trouué dans les armées Royales depuis l'an 1585, & a efté tousjours pourueu de bons Gouuernemens, & particulierement de celuy de Paris & Ifles de France, defquels il s'eft dignement acquitté.

XII. HENRY Duc de la Tremoüille, Duc de Toüars, Pair de France, Prince de Tarante & Talmant, Comte de Laual, &c. s'eſt trouué en pluſieurs occaſions, & particulierement en Italie, où il fut bleſſé, depuis n'a pris aucun party.

XIII. FEDERIC MAVRICE DE LA TOVR, Duc de Boüillon, ſeruit au commencement de ſes armes les Princes d'Orange, puis apres fut General des Armées du Roy en Italie.

XIV. BERNARD DE FOIX, Duc d'Eſpernon, de la Valette & de Candalle, &c. Gouuerneur & Lieutenant General en Bourgongne, s'eſt trouué au ſiege de S. Iean d'Angely, où il fut bleſſé l'an 1621. ſe trouua auſſi à l'attaque, & fut en 1628. au ſiege de Nancy, de plus diſſipa les croquants en Guyenne, & fit pluſieurs autres actions genereuſes.

XV. FRANCOIS DE BASSOMPIERRE, Marquis d'Haroüel, Colonel des Suiſſes, fut bleſſé au ſiege de Rhetel en 1617. ſe trouua à la deffaite du Pont de Cé, en 1620. commanda au ſiege de S. Iean d'Angely en 1621. à Montheurt, à la deffaite du ſieur de Soubize en l'iſle de Rié, & à l'attaque de Royan, fut Lieutenant General au ſiege de la Rochelle au quartier de Laleu & à ſa priſe en 1628. ſe trouua au pas de Suze & à la conqueſte de Sauoye 1630.

XVI. CHARLES DESCHOMBERG, Duc d'Alhuin, Pair & Mareſchal de France, Gouuerneur des Ville & Ciradelle de Metz, pays Meſſin, Colonel General des Suiſſes, Griſons, troupes Allemandes & eſtrangeres en l'an 1637. ſecourut Locate que le Comte de Serbelon tenoit aſſiegée, où il força les ennemis au clair de la Lune dans leurs retranchemens, commanda l'armée à la priſe de Salce 1639. & à Perpignan, en 1642. eſtant enuoyé Viceroy en Catalogne, prit Tortoze & ſecourut Flix.

XVII. CHARLES DE LA PORTE, Marquis de la Meilleraye, Grand-Maiſtre de l'Artillerie, fut à diuerſes fois Lieutenant General en Flandre, Rouſſillon & Italie, aſſiegea & reduit en la puiſſance du Roy pluſieurs places fortes, receut le Baſton de Mareſchal de la main du Roy ſur la Breſche de la ville de Heſdin l'an 1639. il a eſté Gouuerneur de Bretagne pour la Reine, & Sur-intendant des Finances.

XVIII. ANTOINE D'AVMONT, ROCHE-BARON, Marquis d'Iſle, Seigneur de Vilquier, &c. s'eſt trouué à tous les ſieges, combats & priſes, de S. Antotonin, Royan & Iſle de Rié, & à toutes les conqueſtes du Roy dans la Flandre, où il eſtoit Lieutenant General, ſe ſignala particulierement au paſſage de la Riuiere de Colme, commanda l'aiſle droitte de la bataille de Lens, conſerua la frontiere de Champagne, fut General des armées du Roy en Flandre, où par ſes ſignalez conſeils & preuoyance empeſcha les ennemis de profiter desdiuiſions qui s'eſtoient gliſées en cét Eſtat.

XIX. HENRY DE SENETERRE, Mareſchal de France, Gouuerneur de Nancy, Lieutenant General pour ſa Majeſté en Lorraine, les ſeruices qu'il rend iournellement à cét Eſtat teſmoigne aſſez ſa valeur.

XX. CHARLES DE MOVCHY, Seigneur de Hocquincourt, Gouuerneur de Peronne, Mondidier, Roye & Han, Viceroy de Catalongne, Rouſſillon & Sardaigne, s'eſt trouué pour le ſeruice du Roy dés l'année 1620. depuis laquelle il ne s'eſt paſſé année qu'il n'ait rendu quelque ſignalée action de ſa valeur heroïque, ſoit en Allemagne, Flandre, Lorraine, Bourgongne, Eſpagne, Angers, Pont de Cé, Arras, &c.

XX. HENRY RVSE' D'EFFIAT, Marquis de Cinq-Mars, Grand Eſcuyer de France, fut vn des Gentils-hommes de ſon ſiecle des plus accomply, & par le moyen de ſes rares qualitez, merita la bien-veillance & faueur du Roy; fut Grand-Maiſtre de ſa Garderobe, teſmoigna ſa prudence en la conduite de la maiſon du Roy au ſiege d'Arras: mais depuis s'engagea inſenſiblement dans des intrigues qui luy firent perdre la faueur & la vie en la ville de Lyon le 7. Septembre 1642.

xxii. LOVYS DE MARILLAC, Comte de Beaumont, Lieutenant du Roy aux Gouuernemens de Metz, Toul & Verdun, & General des Armées de sa Majesté en Italie, eut la charge de Mareschal de Camp en tous les sieges de Guyenne, au secours de l'Isle de Ré, contre les Anglois & à la prise de la Rochelle 1628. fut au secours de Cazal auec M. de Montmorency, où il fut arresté prisonnier estant accusé du crime de peculat au bastiment de la Citadelle de Verdun, il finit ses iours à la Greve le dix May 1632.

xxiii. FRANCOIS POTIER, Marquis de Gesvres, Mareschal de Camp des Armées du Roy, Capitaine des Gardes du corps de sa Majesté, signala sa valeur seruant en qualité de Lieutenant General de l'Armée souz le Duc d'Anguien au siege de Tionville, où il fut tué le 6. Aoust 1643. apres auoir donné des preuues de sa valeur en plusieurs rencontres.

xxiv. M. MATHIEV MOLE', Cheualier, Seigneur de la Cy & de Champlastreux, Premier President au Parlement de Paris & Garde des Seaux de France, il auoit esté Conseiller audit Parlement six ans, & 4 ans President aux Requestes du Palais, & 27. ans Procureur General du Roy, puis fut honoré par le Roy Louys xiij. de la charge de premier President l'an 1641. & finalement pour ses rares qualitez & vertus eust celle de Garde des Seaux de Louys xiiij. l'an 1651. le lendemain de sa majorité.

xxv. M. RENE' DE LONGVEIL, Cheualier, Seigneur de Maisons & de Grisoles, Gouuerneur & Capitaine des Chasteaux d'Evreux, de S. Germain en Laye & de Versaille, Conseiller du Roy en ses Conseils, President en la Cour du Parlement de Paris, & fait Sur-intendant des Finances l'an 1649.

xxvi. M. FRANCOIS THEODORE DE NESMOND, Cheualier, Conseiller du Roy, second President de sa Cour de Parlement de Paris, desquelles charges, emplois & commissions importantes qui luy ont esté commises, s'est tousjours dignement acquité pour le seruice de sa Maiesté.

xxvii. M. LEON BOVTELIER, Comte de Chavigny & de Pont, Baron de la Greve & d'Antibes, Seigneur des Caves, Gouuerneur du Bois de Vincenne Ministre & Secretaire d'Estat : mais depuis s'estant meslé l'an 1652. dans les affaires des Princes, s'estant retiré mourut le dix Octobre la mesme année, soit de regret ou autrement.

xxviii. M. FRANCOIS SVBLET, Cheualier, Baron de Dangu, Seigneur de Noyers, la Boissiere, &c. Conseiller du Roy en ses Conseils d'Estat & Priué, Secretaire de ses commandemens, Sur intendant des bastimens & manufactures de France, Capitaine & Concierge du Chasteau de Fontainebleau, Sur-Intendant des Finances, & eut plusieurs charges & emplois des plus importantes de l'Estat, desquels il s'est tousiours acquitté auec soin & probité, pendant son administration tascha de faire regner la paix & les arts en France par les beaux ouurages de Peintures, Graueures, Architectures & d'Imprimeries qu'il entretenoit, s'estant retiré de la Cour mourut l'an 1645.

xxix. M. HENRY DE GVENEGAVD, Marquis de Plancy, Vicomte de Semoine, Baron de S. Iust, du Plessis Belle-Ville & de Fresne, Conseiller du Roy en ses Conseils, Tresorier de son Espargne, Secretaire d'Estat & des Commandemens de sa Maiesté, charges qu'il a tousiours dignement exercées.

xxx. M. EVSTACHE DE REFVGE, Conseiller du Roy en ses Conseils, Seigneur de Precy sur Marne, fut employé à l'execution de l'Edict de Nantes en Guyenne, & sous le regne de Henry le Grand, au traitté de paix d'entre la France & Sauoye, eut l'Intendance de Iustice à Lyon, & plusieurs autres emplois tant dedans que dehors le Royaume, soit en Flandre, Hollande, Allemagne, où il auoit esté euuoyé, tant par le Roy Henry le Grand, que le Roy Louys xiii. desquels s'est tousiours deuëment acquitté, & fait paroistre par sa prudence & son courage son zele au seruice du Roy & de l'Estat.

LOVIS XIV. *Dieu-donné*, Roy de France & de Nauarre, par le decés du Roy Louis XIII. ſon Pere 1643. il auoit pris naiſſance a S. Germain en Laye le 5. Septembre 1638. Declara la Reine ſa Mere Regente à ſon auenement à la Couronne, le 18. May 1643. Ce ieune Monarque trouuant la France armée contre ſes Ennemis, les défit deuant Rocroy, prit Thionville, leur fit la Guerre en Eſpagne, Flandre, Italie & Allemagne, ou il fit de Grands progrés, prit par ſes Lieutenants, Grauelines, Bourbourg, Courtray & Dunquerque, il fut declaré Majeur le 7. Septembre 1651. juſques à preſent il n'a prit aucune alliance.

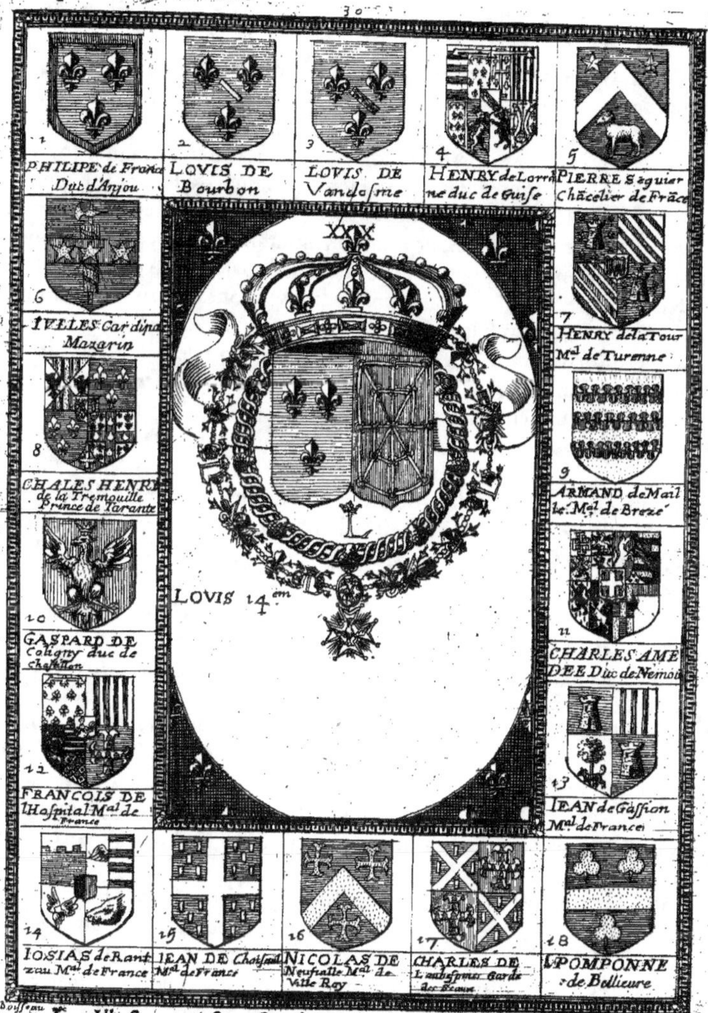

Les Illuſtres qui ſont ſous le Regne de cét Inuincible Monarque.

I. **P**HILIPES de France Duc d'Anjou Frere de ſa Majeſté, naſquit à S. Germain le 21. Sepembre 1640. Ce Prince eſtant pourueu d'vn bon eſprit, joint au belles qualitez qu'il poſſede de Nature, nous font eſperer qu'il ſera vn iour le ſupport du Roy ſon Frere, & trauaillera à combler de bon-heur la France, & pourra paruenir aux Eſtats qu'ont poſſedez hors de ce Royaume les Ducs d'Anjou ces predeceſſeurs.

T

II. Lovis de Bovrbon Prince de Condé, Premier Prince du Sang, Grand Maiſtre de France Duc d'Anguien, d'Albret de Chaſteau-Roux, de Montmorency, & de Belle garde, Gouuerneur & Lieutenant General pour le Roy en Guyenne & Berry, General des Armées de ſa Majeſté, ſa generoſité à commencé à paraiſtre en la Bataille de Rocroy gagnée par ſa valeur, celle de Fribourg 1644 de Norlingue 1645. de Lens 1648. & par la priſe de pluſieurs Villes & Fortereſſe, & autres qui ont porté ſa renommée par tout l'Vniuers. Mais depuis s'eſtant alienè des bonnes grace du Roy, c'eſt retiré du coſté des Ennemis qui en font grand eſtat.

Armand de Bovrbon Prince de Conty ſon frere, Gouuerneur & Lieutenant General pour le Roy, le Prince de Condé ſon frere (s'eſtant retiré) luy laiſſa ſon Gouuernement de Guienne, ou il a donné & donne encore tous les iours beaucoup de marques de ſon courage & de ſa conduite, tant en Eſpagne qu'Italie où il expoſe ſouuent ſa perſonne.

III. Lovis de Vandosme, Duc de Mer-cœur, Pair de France ſon courage s'eſt porté à imiter les explois Heroïques du Roy Henry le Grand ſon ayeul, ſe ſignalant par ſon premier exploit au Siege & priſe de Montmelien l'an 1630. ou il monta à l'aſſaut comme volontaire, fut au voyage d'Italie en 1631. & 1632. donna des preuues de ſa valeur en la bataille d'Auain, en 35. ſuiuit le Roy és années 37. 38. & 39. commanda les volontaires au grand Conuoy d'Arras l'an 1640. combatit aux lignes vaillamment, qui eſtoient attaquée par le Cardinal Infant, en 1650. fut fait Vice Roy de Catalogne, le Roy d'apreſent eſtant majeur luy donna la Lieutenance de ſes armées en Prouence, où il eſt à preſent en qualité de Gouuerneur.

François de Vandosme ſon frere, Duc de Beaufort, Pair de France, pourveu en Surviuance à la Charge de Grand Maiſtre des Mers, Chef & Sur-Intendant de la Nauigation & du commerce, montra des marques de ſon courage à la priſe de Montmelien, c'eſt trouué en tous les ſuſdits explois ainſi que ſon frere, & comme luy par tout a fait preuue de ſon courage.

IV. Henry de Lorraine Duc de Guiſe, Chef de la Maiſon de Lorraine, habituée en cét eſtat, Grand Chambelan de France, ſon grand courage & valeur luy fit entreprendre le voyage de Naple, ou il fut trahy & mené priſonnier en Eſpagne, ou il à eſté fort long temps.

V. Meſſire Pierre Segvier, Cheualier Chancelier de France, Comte de Gien & d'Autry, a eſté premier Preſident au Parlement de Paris, Maiſtre des Requeſtes, Preſident au Mortier l'an 1624. le Roy Louys XIII. le fit Garde-des-Seaux, puis apres la mort du Sieur d'Aligre Chancelier 1633. Louis XIV. luy oſta les Sceaux pour les donner au Sieur Molé; la liberté d'entrer dans les Conſeils du Roy luy eſt demeurée.

VI. Ivles Cardinal Mazarin Miniſtre d'Eſtat, ſous la Regence de la Reine Anne d'Auſtriche Mere du Roy, & à rendu toutes les preuues de ſeruice & de fidelité, que ſa Maieſté pouuoit exiger de ſa haute capacité, tellement qu'il à touſiours maintenu l'authorité Royale au deſſus de ceux qui l'ont precedé au Miniſtere, & par ſa Sage conduite ſurmonté les Ennemis de l'Eſtat, qui penſoient par leurs puiſſante diuiſions partager la France, & contribuë iournellement tout ſes ſoins & labeurs pour le ſalut du Roy & de l'Eſtat.

VII. Henry de la Tovr, d'Auuergne, Vicomte de Turenne, Mareſchal de France, n'auoit pas 16. ans qu'il commença à ſe ſignaler en Holande, ſous le Prince d'Orange ſon Oncle, & qui pour ſe rendre tant plus illuſtre

Guerrier, à voulu fuiure tous les degrez pour y paruenir, depuis le fimple Soldat iufque à eftre Marefchal de France, ayant inceffamment & glorieufement feruy en Holande, Flandre, Italie, Allemagne, & Lorraine, fe trouuant en toutes les belles occafions, aux fieges de Bois-le-Duc, Maftreich, la Mothe, au Palatinat, retraite de Mayence, prife de Sauerne, fut bleffé au fiege de Landrefy, fut au fiege de Brifac, fous le Duc de Vvymar, eut le commandement de l'armée du Roy en Allemagne, qui eftoit prefque diffipée apres la mort du Marefchal de Guebrian, bref il continuë encor iournellement à témoigner fa valeur & fon zele au feruice du Roy & de l'Eftat, côme chacun fçait, il faudroit vn gros volume pour décrire le détail de toutes ces belles actions.

VIII. HENRY CHARLES DE LA TREMOVILLE, Prince de Tarente & de Talmont fon Neveu, à commencé fa premiere Campagne l'an 1638. fous le feu Prince d'Orange Frederic de Naffau, ou il a continué plufieurs années, où il s'eft toufiours fignalé, tant par la grandeur de fon courage que par fa iudicieufe conduite, ne dégenerant en rien de fon illuftre naiffance.

IX. VRBAIN DE MAILLE', Marefchal de Brezé, Gouuerneur d'Anjou, le fils duquel qui portoit la qualité de Duc de Fronfac & d'Admiral, fut tué l'an 1646. au fiege d'Orbitelo, commandant l'armée Nauale, & luy mourut le 13. Février 1650. apres auoir rendu plufieurs tefmoignage de fa fidelité au feruice du Roy.

X. GASPARD DE COLIGNY, Duc de Chaftillon, Lieutenant General des Armée du Roy, rendit des preuues de fon courage & bonne conduite en plufieurs campagne pendant la Minorité du Roy Louys XIV. en Flandre & Allemagne, fe fignala à la bataille de Lens, l'an 1648. où il eftoit Lieutenant General fous la conduite du Prince de Condé, mais feruant fa Majefté en l'armée Royale qui attaquoit Charenton, reçeut plufieurs bleffures, dont il mourut au Bois de Vincenne, l'an 1649. au mois de Fevrier.

XI. CHARLES AMEDE'E DE SAVOYE, Duc de Nemours, de Geneuois & d'Aumale Pair de Fráce, Marquis de S. Sorlin, Côte de Gifors, c'eft trouué en plufieurs actions militaires, fous le Roy Louis XIV. nommément aux prife de Mardick & Dunquerque, où il donna des preuues de fa valeur, depuis pour quelque mefcontentement particulier fe ietta dans le party des Princes, & enfin ayant querelle auec le Duc de Beaufort fon Beau-frere, fe battant au Piftolet, fut tué par luy.

XII. FRANÇOIS DE L'HOSPITAL Comte de Rofnay, Seigneur du Hallier, Lieutenant General au Gouuernement de Champagne & Brie, Gouuerneur de la Ville Preuofté & Vicomté de Paris, Marefchal de France, eftoit Capitaine des Gardes de fa Majefté, l'an 1621. & commandé les Armées du Roy, auec bon fuccés en Guienne, Languedoch, Italie, Sauoye & Franche-Comté, fut bleffé à la bataille de Rocroy, où il fit preuue de fa generofité.

XIII. IEAN DE GASSION, Marefchal de France, prit les armes pour le Roy dés l'âge de 16. ans fous le Duc de Sauoye, d'où il repaffa les Alpes, & de fimple Caualier deuint Cornette de Caualerie au pas de Sufe, ou il commença à montrer fon courage, de la tira en Allemagne, où il s'offrit au Roy de Suede, auec vne vintaine de Gentil-hommes que fa Majefté Suedoife reçeut de bonne grace, le fit Capitaine, puis apres Colonel d'vn Regiment qui feruit toufiours à la tefte de fon armée iufqu'à fa mort en la bataille de Lutzen, puis il reuint en France pour feruir fon Roy & fa Patrie, ou il ne s'eft prefenté aucun exploit militaire, où il ne fe foit fignalé auec fon victorieux Regiment particulierement à la bataille de Rocroy, Tionville & Graueline, & fut tué deuant Lans, le 18. Septembre 1647.

XIV. Iosias de Rantzav, yſſu de Dannemarck, Gouuerneur de Dunquerque, Mareſchal de France, fut Soldat en Holande & Capitaine en l'armée Suedoiſe, le feu Roy de Suede, lequel l'ayant rappelé à ſon ſeruice dont il s'eſtoit retiré pourquelque mécontentement, de là paſſa en France & offrit ſon ſeruice au Roy Louys XIII. lequel le fit Mareſchal de Camp, l'enuoya au ſiege de Dole, ou il perdit l'œuil, au ſiege d'Arras il perdit vne iambe & vne main, à Aire il reçeut trois bleſſures, & quatre à la bataille d'Honecourt, depuis il fut au ſiege de Thionville, bref il s'eſt trouué à tous les ſiege & combats, iuſques à la priſe de Dunquerque & Mardick, où il fut fait Gouuerneur & reçeut le Baſton de Mareſchal, puis finalement mourut d'ydropiſie au mois de Septembre 1650.

XV. Cesar de Choisevl, Comte du Pleſſis-Pralin, Gouuerneur de Mr Frere vnique du Roy, Mareſchal de France, a eſté cy-deuant General des Armée du Roy en Italie, Catalogne, Flandre, Luxembourg, Champagne, Picardie & autres lieux, ou il a montré par tout de grande marque de ſon courage.

XVI. Nicolas de Nevvile, Baron d'Alincourt, Gouuerneur du Lionnois, Foreſt & Beau-jolois, & Gouuerneur de la perſonne du Roy à preſent regnant. Apres auoir eſté pluſieurs fois Lieutenant General des Armée du Roy en Italie, Franche-Comté & Lorraine, où il fut honoré du Baſton de Mareſchal de France, l'an 1646.

XVII. Meſſire Charles de Lavbespine, Marquis de Chaſteau-neuf Cheualier & Lieutenant pour ſa Majeſté en Touraine, Garde des Sceaux de France, en 1602. fut Conſeiller du Parlement en 1606. Ambaſſadeur extraordinaire en Holande, auec Monſieur le Preſident Iannin, ou la Trefve fut concluë en 1620 fut fait Chancelier des ordres du Roy, fut enuoyé en Ambaſſade vers l'Empereur & les Potentats d'Allemagne, en 1626. & 1629. Ambaſſadeur extraordinaire en Angleterre, où il conclud la Paix entre les deux Couronnes, fut fait Garde des Sceaux en 1633. ayant eſté deſmis de ſes charges en 1633. fut reſtably en 1650. & fut choiſy par le Roy pour ſon premier Miniſtre, puis relegué à Leuuille, ou finalement il mourut l'an 1655.

XVIII. Meſſire Pompone de Believre, Cheualier Marquis de Grignon, fut reçeu Conſeiller en Parlement, l'an 1628. Maiſtre des Requeſtes en 1631. & enuoyé Intendant de Iuſtice en Languedoc, en 1635. fut en Ambaſſade vers les Princes d'Italie, & en Angleterre, en 1642. fut Preſident au Mortier, duquel il auoit reçeu la Surviuance de ſon Pere huit ans auparauant, fut pour la ſeconde fois Ambaſſadeur en Angleterre & en Holande en 1651. pour le renouuellement de l'alliance entre cette Couronne & les Eſtats, dans leſquels emplois il s'eſt acquis vne merueilleuſe reputation par ſa haute qualité, par ſon zele au ſeruice du Roy, fut fait Premier Preſident en 1653. il tomba malade le 3. Mars 1657. dont il deceda le 13. regretté de toute la France.

AVIS AV LECTEVR.

IE ſçay bien, (Amy Lecteur,) qu'il euſt eſté tres à propos de de s'eſtendre d'auantage ſur les Eloges de tous ces Illuſtres Perſonnages, & meſme de faire mention d'vn nombre infiny d'autres, dont les illuſtres actions reluiſent de toute pars. Mais m'eſtant propoſé vn certain nombre ſeulement ſous chaque Regne, & ce auec le moins de diſcours qu'il m'a eſté poſſible, n'eſtant mon intention de faire l'Hiſtoire d'vn chacun d'iceux; mais ſeulement vn petit abregé pour ſoulager la memoire, & repreſenter le mieux qu'il m'a eſté poſſible le Blazon des Armes ou deuiſes qu'ils ont porté, le ſont pour le contentement du public.

Apres quoy, en ſuitte ie vous repreſente les Noms Armes & Blazons des Cheualiers des Ordres du S. Eſprit, des Cheualiers de la Iartiere, des Cheualiers de la Toiſon d'or, ou de Saint George, des Cheualiers de l'Annonciade, qui ſont autant d'Illuſtres perſonnes qui ont paru depuis pluſieurs Siecles, qui ſeruiront de ſupplement à nos Illuſtres.

TROISIESME PARTIE
DV PROMPTVAIRE ARMORIAL.

Contenant les noms des HOMMES ILLVSTRES, qvi ont parv
sous chaque regne, depuis le Roy PHARAMOND, iusques à present, diuisé
en deux partie, la premiere contient ceux de la premiere lignée Royale.
Sçauoir les Morouingiens, & les Carlouingiens, & la seconde celle qui
regne à present.

*Auec vne Table Alphabetique, contenant leurs noms, & les Blasons des Armes figurée
sous chaque Roy de çette premiere partie.*

A PARIS,

Chez

Gervais Clavsier, sur les degrez de la Sainte Chapelle,
ET
Olivier de Varennes, en la Gallerie des Prisonniers,
au Palais.

Les Figures se vendent chez Lovis Boissevin, ruë Saint Iacques,
prés la Fontaine S. Seuerin, à l'image Sainte Geneuiéve.

M. DC. LVII.

AVEC PRIVILEGE DE SA MAIESTE'.

AVIS
AV LECTEVR.

NE vous estonnez pas (Amy Lecteur,) si dans ce receüil ie n'ay pas obserué l'ordre des Illustres personnes, selon leur rang qualitez, dignitez & merites, ny les Années qu'ils se sont faits connoistre par leurs emplois & genereuses actions, les vns commencent en vn temps, les autres en vn autre sous vn mesme regne, aucuns ayant continué sous plusieurs regnes suiuant. C'est pourquoy ie me suis contenté de les rapporter indifferemment sous les regnes qu'ils ont paru autant qu'il m'a esté possible, sans auoir esgard à l'ordre d'iceux.

Table contenant les Chapitres, qualitez, Noms & Surnoms & Armes de tous les Cheualiers de l'Ordre du S. Esprit, depuis le iour de sa premiere institution iusqu'à present.

E PREMIER CHAPITRE DE L'ORDRE DV SAINCT ESPRIT, Fut tenuë aux Augustins de Paris, le dernier iour de l'an 1578. (lequel dura trois iours) par le Roy HENRY III. du nom, Roy de France & de Pologne, ledit Roy portoit deux Ecus accolez de France & de Pologne.

1. CHARLES DE BOVRBON, Prince du Sang, Cardinal, Legat d'Auignon, Archeuesque de Roüen, Primat de Normandie, le premier des Prelats associez, portoit de France, au baton de gueules, per-

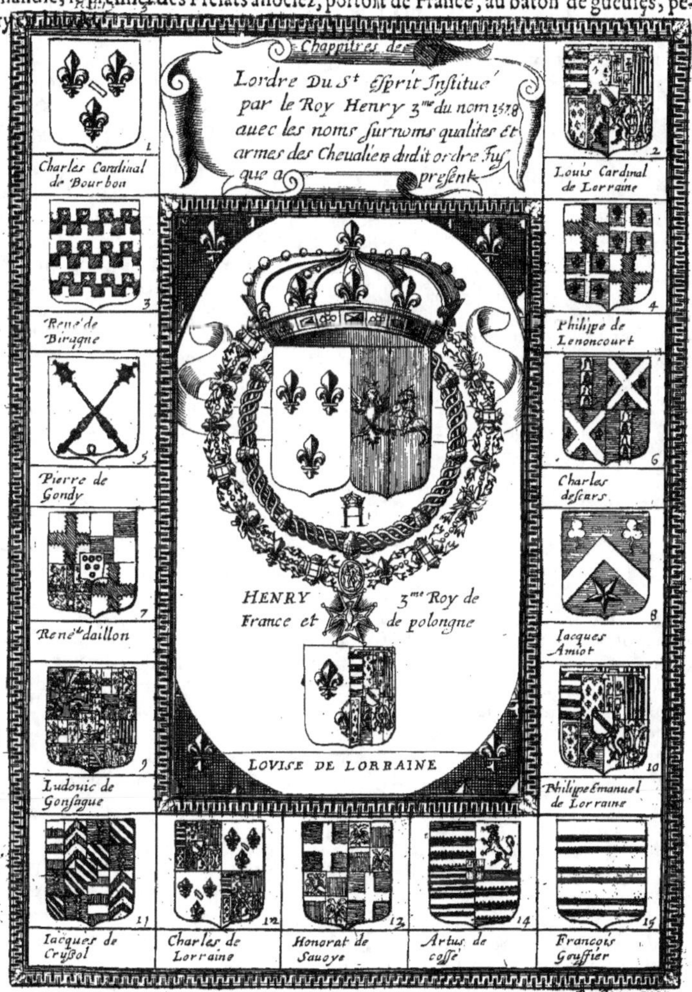

Reueu, corrigé & augmenté de nouueau sur les dernieres Editions.

M. DC. LVII.

2. LOVIS DE LORRAINE, Cardinal de Guyse, Archeuesque & Duc de Rheims, premier Pair de France & Legat, nay du sainct Siege Apostolique, portoit de Hongrie, qui est facé d'argent & de gueules de pieces, partie de Sicille, qui est semé de France au Lambel de trois pieces tiercé de Ierusalem, qui est d'argent à la Croix potencée d'or, cantonnée de mesme, le quart d'Arragon qui est d'or à cinq pals de gueules, soutenus d'Anjou, qui est de France au Lambel de trois pieces de gueules de Gueldres, qui est d'azur au Lyon tourné d'or de Flandre, qui est d'or au Lyon de sable & de Bar, qui est d'azur à deux bards adossez, semé de croisettes au pied fiché d'or, sur le tout de Lorraine, qui est d'or à la bande de gueules, chargée de trois alerions d'argent.

3 RENE' DE BIRAGVE Cardinal, Chancelier de France, portoit d'argent à trois faces bretessees, & contre-bretessee de quatre pieces de gueules, chargees de quatre trefles d'or.

4. PHILIPPES DE LENONCOVRT, Euesque & Comte de Chaalons, Pair de France, depuis Cardinal, portoit d'argent à la croix engreslee de gueules, écartelé de l'Eglise de Chaalons, qui porte d'azur à la croix de gueules, cantonnée de quatre fleurs de Lys d'or.

5. PIERRE DE GONDY Euesque de Paris, depuis Cardinal, Conseiller d'Estat, & Chancelier de la Reyne Elizabeth d'Austriche, doüairiere de France, portoit d'or à deux masses d'armes de sable passees en sautoir, liees de gueules par en bas.

6. CHARLES DESCARS, Euesque & Duc de Langres, Pair de France & Conseiller d'Estat, portoit de gueules au pal de vair, écartelé de l'Eglise de Langres, qui est d'azur au sautoir de gueule, cantonné de quatre fleurs de lys d'or.

7. RENE' DAILLON Abbé desChasteliers (depuis Euesque de Bayeux) Conseiller d'Estat, portoit écartelé au premier & quatrième d'azur à vne croix engreslée d'argent, qui est d'Aillon, au deuxiéme écartelé d'or & d'azur, qui est de batard nay, au troisiéme de Laual qui est d'or, à la croix de gueules, chargée de cinq coquilles d'argent cantonnée de seize alerions d'azur au canton droict d'azur semé de fleurs de lys d'or, au Lyon de mesme, sur le tout d'or à six anelets de gueules, 3. 2. 1. qui est de la maison d'Illiers.

8. IACQVES AMIOT Euesque d'Auxerre, grand Aumosnier de France, Conseiller d Estat, portoit d'azur au chéuron d'or deux testes en chef, & vne estoille en pointe de mesme.

COMMANDEVRS.

Monsieur le Prince de Conty FRANCOIS DE BOVRBON Prince du Sang, estoit retenu pour le premier Commandeur, mais sa maladie l'empescha, il ne fut receu qu'au second Chapitre.

9. LVDOVIC DE GONZAGVES Duc de Neuers, Pair de France, Prince de Mantoüe, Conseiller d'Estat, Capitaine de cent hommes d'armes des Ordonnances, & Gouuerneur de Champagne, portoit au premier quartier de Mantoüe, qui est d'argent à vne croix patte de gueules, cantonnée de quatre Aigles de sable membrez & berquetez de gueules, sur le tout de gueules au Lyon d'or écartelé d'or à vne face de trois pieces de sable, le second & troisiéme grands quartiers, sont de Cleues, partie de la Marck, tiercé d'Artois, & le quatriéme de Flandres, Cleues porte de gueules au Rais Pommetté, & fleuronné d'or de huict pieces percé d'argent, la Marck porte d'or à la face échiquetée d'argent & de gueules de trois traits : Artois est semé de France, au lambeau de gueules, chargee de douze chasteaux d'or: Flandre porte d'or au Lyon de sable, ses quatre chefs sont soutenus de trois en pointes, à sçauoir de Neuers qui est de Bourgongne, Moderne qui est de France à la bordure, componée d'argent & de gueules, Partie de Retel qui est de gueules à trois ratteaux, sans manche d'argent, 2. 1. tiercé d'Orual qui est de France, écartelé d'Albret à la bordure engreslée d'argent, le quatriéme quartier est composé de trois en chef, soutenus de pareil nombre en pointes.

Le premier est de l'Empire d'Allemagne, qui est d'or à l'Aigle esployée de sable, partie de Ierusalem & tiercé d'Aragon, soutenus de Saxe, Moderne qui est face d'or

& de sable à la couronne de Ruë de sinople bronchant en bande, sur le tout party de Bar, tierce de la Ville de Constantinople, qui est de gueules à la croix plaine d'or cantonnez de quatre fusils ou beta adossez de mesme sur le tout : le quatriéme quartier de Saluce qui est d'argent au chef de gueules, sur le tout du tout d'Alençon qui est de France à la bordure de gueules, chargé de huit besans d'argent.

Pour cimier sur la couronne & chasteau Ducal, le Mont Olympe, au sommet duquel est esleué vn Autel auec ce mot *Fidez*, & au pied de la Montagne ce mot grec, Ολυμπος suppos, & tenans vn Aigle de sable, & vn cygne d'argent.

10. PHILIPPES EMANVEL de Lorraine, Duc de Mercœur & de Ponthieure, Pair de France, Marquis de Nomeny, Prince du saint Empire, Capitaine de cent hommes d'armes des Ordonnances, depuis Gouuerneur de Bretagne, portoit comme le Cardinal de Guise cy-dessus au lambel de face d'azur, cimier vn Aigle de sable tenans deux Anges.

11. IACQVES DE CRVSOL Duc Duzez, Pair de France, Prince de Soyon, Comte de Crusol, Baron de Leuy, Seigneur Dassier, portoit écartelé au premier & quatriéme facé de six pieces d'or & de simple, partie d'or à trois cheurons de sable, au deuxiéme & troisiéme écartelé d'azur à trois estoilles d'or, periés en pal & d'or à vne bande de trois pieces, de gueules sur le tout des grands quartiers de gueules à vne bande de trois pieces d'or.
Cimier vne Licorne d'argent tenans deux Lyons d'or.

12. CHARLES LE LORRAINE Duc d'Aumalle, Pair & grand Veneur de France, portoit de Lorraine écartelé de Bourbon, qui est de France au baton pery en bandes de gueules; cimier & tenans de Lorraine.

13. HONORAT DE SAVOYE Marquis de Villars & de Sommariue, Admiral de France, portoit de Sauoye, qui est de gueules à la croix plaine d'argent, écartelé de tende, qui est de l'Empire de Constantinople de gueules à l'Aigle éployée dor, contr'é-écartelé de gueules au chef d'or.
cimier vn Aigle esployé d'or, tenans deux Lyons d'argent.

14. ARTVS DE COSSE Seigneur de Gonor, Comte de Secondigny, Mareschal & grand Panetier de France, portoit écartelé au premier & quatriéme de sable à trois feuilles de Sie en bande d'or, le second de sable au Lyon d'argent couronné, lamparmé, autres disent d'or, qui est charno, le troisiéme d'or à trois jumelles de sable, qui est Gouffier, sur le tout Montmorency, qui est d'or à la croix plaine de gueules, cantonné de seize alerions d'azur.
cimier vn Lyon naissant d'argent, tenant deux Lyons d'argent.

15. FRANCOIS GOVFIER Seigneur de Creue-cœur, Gouuerneur de Picardie, portoit d'or à trois jumelles de sable.
cimier vn Lyon naissant, tenant deux Sauuages d'incarnation.

16 **F**RANCOIS DESCARS Seigneur dudit lieu, Conseiller d'Estat, portoit de gueules au pal de vair, cimier tenans deux Cerfs d'or.

 17. CHARLES DE HALLVVIN Seigneur de Pienne, Marquis de Menelay Conseiller & Gouuerneur de Mets, portoit d'argent à trois Lions de sable, lampassez de gueules, armez & couronnez d'or, 2. & 1. fut depuis Duc & Pair de France, Marquis de Piennes & Comte de Dinan, cimier tenans *souz Henry 3*   *1 et second chapitre*

 18. CHARLES DE LA ROCHEFOVCAVD Seigneur de Barbezieux, Gouuerneur de Champagne & Brie, portoit écartelé au premier & quatriéme burelé d'argent & d'azur de dix pieces à trois cheurons bróchant sur le tout de gueules, le second & troisiéme d'or à vn escusson d'azur, sur le tout d'or à deux Vaches de gueules acornées & clarinées d'azur : cimier vne pucelle nuë tenant de ses deux mains esleuées, dessus sa teste vne couronne Comtalle, tenans deux Sauuages d'incarnation.

 19. IEAN DESCARS Seigneur de la Vauguion, Prince de Carency, portoit

portoit d'escars à la bordure engreslée d'argent, écartelé de Bourbon (ou selon aucuns de Vendosme) sur le tout de gueules, chargé de trois Lionceaux d'argent : Cimier, tenans deux Cerfs d'or.

20. CHRISTOPHLE DES VRSINS Seigneur de la Chappelle, Baron & Marquis de Trainel, porte bandé d'argent & de gueules de six pieces, au chef d'argent, chargé d'vne rose de gueules, soustenuës d'or.

21. FRANC,OIS LE ROY, Comte de Clinchamp, Seigneur de Chauigny, Capitaine de cent Gentils-hommes de la maison du Roy, porte au premier & quatriéme d'argent à la bande de gueules, au deuxiéme & troiziéme échiqueté d'or & d'azur à la bordure de gueules, qui est de Dreux.

22. SCIPION DE FIESQVE, Comte de Lauagne & de Bressuire, Cheualier d'honneur de la Reyne Catherine de Medicis, portoit bandé d'argent & d'azur de six pieces.

23. ANTOINE SIRE DE PONS, Comte de Marepnes, & Capitaine de cent Gentils-hommes de la maison du Roy, portoit d'argent à la face bandée d'or & de gueules de six pieces.

24. IACQVES SIRE DE HVMIERES Marquis Dancre, Gouuerneur de Mondidier, Peronne & Roye, portoit d'argent fretté de sable de six pieces, Cimier, Lion naissant de gueules, costoyé d'vn vol d'argent fretté de sable, tenans Lions de gueules.

25. IEAN SIRE DAVMONT, Comte de Chasteau-Raoul, Mareschal de France, portoit d'argent au cheuron de gueules à sept merlettes de mesme, deux de chaque costé du cheuron en chef, trois en triangle dessous, Cim. tenans

Tous ceux de cy-dessus ont esté Conseillers d'Estat, & Capitaines de cent hommes d'armes.

26. IEAN DE CHOVRSES Seigneur de Malicorne, depuis Gouuerneur de Poiĉtou, portoit d'argent à vne face de cinq pieces de gueules.

27. ALBERT DE GONDY Comte de Retz, Marquis de Belle-Isle, premier Gentil-homme de la Chambre du Roy, & depuis Duc de Retz, Pair, Mareschal & general des galeres de France, portoit comme Pierre de Gondy Euesque de Paris, son frere.

28. RENE' DE VILQVIER le jeune, dit le gros, Baron d'Aubigny & d'Vury premier Gentil-homme de la Chambre du Roy, gouuerneur de Paris & Isle de France, portoit de gueules à la Croix fleurencée ou fleurdelisée d'or, cantonnée de douze Billettes de mesme, écartelé de la Roche-choüard, qui est de gueules à trois faces viurées, ou entées d'argent, la premiere brisee d'vne belette de sable, sur le tout palle d'or & de gueules de six pieces, depuis fut Comte de Cleruaut & d'Yury le Chasteau, Vicomte de la Guierche en Tourraine, Baron de Villequier.

29. IEAN DE BLOSSET Seigneur & Baron de Torcy, gouuerneur de Paris & Isle de France, portoit écartelé le premier & quatriéme palle d'or & d'azur de six pieces au chef de gueules, chargé d'vne Viure d'argent, le deuxiéme & troiziéme d'argent à vne face de quatre pieces de gueules à vn Lion de sable bronchant sur le tout.

30. CLAVDE DE VILLEQVIER l'aisné, Seigneur & Baron dudit lieu, Vicomte de la Gierche, portoit de gueules à la Croix fleurdelisee d'or, cantonnées de douze billettes de mesme.

31. ANTOINE DESTREES, premier Baron & Senéchal de Boulonnois, Seigneur, & depuis Marquis de Cœuure, Vicomte de Soissons & de Berzy, Chastelain de Cuttery Domieure & la Versine, grand Maistre de l'Artillerie de France, gouuerneur de Paris & Isle de France, portoit écartelé au premier & quatriéme d'argent, fretté de sable au chef d'or, chargé de trois merlettes de sable, au deuxiéme de France à deux bastons, l'vn de gueules & l'autre d'argent passez au sautoir, au troiziéme d'or au Lion d'azur couronné, armé & lampassé de gueules.

32. CHARLES DE LA MARCK, Comte de Mauleurier, & depuis Duc de Buillon la Marc, Seigneur de Rignac, Coulonges, Villomer, Vicomte de Huissay, Baron de Pont-arcy Capitaine des cent Suisses de la garde du Roy, portoit

B

de la marc qui est d'or à la face escheqûée d'argent & de gueules de trois traits au
Lion naissant de gueules, écartelé de Brezé, qui est d'azur à l'ecusson d'argent à vne
Orle d'or, accompagné de huit Croisettes d'or, trois en chef, deux en flanc, & trois
en pointe, Cimier vn Aigle de sable, tenans deux griffons d'or.

33. FRANÇOIS DE BALZAC Seigneur d'Antragues, Marcoussis, &
du Bois-malherbes, gouuerneur d'Orleans, portoit d'azur à trois sautoirs d'argent 2.
1. au chef d'or, chargé de trois sautoirs à costez d'azur.

34. PHILBERT DE LA GVICHE Seigneur dudit lieu, gouuerneur
du Bourbonnois, & depuis grand Maistre de l'artillerie de France, gouuerneur de
Lyon, portoit de sinople au sautoir d'or.

35. PHILIPPES DE STROZZY, Colonel general de l'infanterie
Françoise, portoit d'or à la face de gueules, chargée de trois croissans tournez d'argent.

OFFICIERS.

36. PHILIPPES HVRAVT Comte de Chiuerny & de Limours, gou-
uerneur d'Orleans, païs Chartrain, Blaisois et Loudonnois, Chancelier du Duc d'Anjou, qui fut depuis Roy de France et de Pologne, fut garde des Sceaux des deux Ordres du Roy, portoit d'or à la Croix plaine d'azur cantonnée de quatre ombre de
Soleil de gueules.

37. GVILLAVME POT Seigneur de Rhodes & de Chemaux, Cheua-
lier Preuost de l'Ordre, & grand Maistre des Ceremonies, premier Ecuyer trenchant,
& porte Cornette du Roy, portoit d'or à la face d'azur au lambeau de gueules.

38. NICOLAS DE NEVFVILLE Seigneur de Villeroy, Secretaire
d'Estat, & grand Tresorier de l'Ordre, portoit d'azur au cheuron d'or à trois croix ancrées de mesme.

39. CLAVDE DE LAVBESPINE Seigneur de Verderonne, greffier
de l'Ordre, portoit de gueules à trois quintesfeuilles d'argent 2. 1. escartelé d'azur
au heaume abaisé sans lambrequins d'argent, sur le tout d'azur au sautoir d'or, accompagné de quatre billettes de mesme, à la bordure d'or.

40. MATHVRIN MORIN Seigneur de la Planchette en Brie, Heraut
& Roy d'armes de l'Ordre, portoit d'azur à vn Aigle d'or à trois croix ancrées de mesme en chef.

41. PHILIPPES DE NAMBV Huissier de la chambre du Roy & dudit Ordre, portoit échiqueté d'or & d'azur au canton droict d'hermines.

Le second Chapitre tenu aux Augustins le dernier iour de l'an M. D. LXXIX.
où furent créez Cheualiers.

42. FRANÇOIS DE BOVRBON Marquis de Conty Prince du Sang,
portoit de Bourbon ecartele d'Alençon, Cimier double fleur de lys d'or, tenans deux
Anges.

43. FRANÇOIS DE BOVRBON, Prince Dauphin d'Auuergne, Duc
de sainct Fargeau Prince du Sang, Pair de France, & Seigneur du pays de Puisaye,
depuis Duc de Monpensier, de Chastelerault, Souuerain de Dombes & Marquis de
Mezieres, portoit de Bourbon ecartele du Dauphiné d'Auuergne, qui est d'or au
Dauphin d'azur, Cimier de France, tenans deux leuriers d'argent acolez de gueules
à la bordure & clouds d'or.

44. HENRY DE LORRAINE Duc de Guyse, Pair & grand Maistre
d'hostel de France, Prince de Ioinuille, Duc de Chevreuse, Comte de Lambez &
d'Ourgon, gouuerneur de Champagne & Brie, portoit de Lorraine au lambel de
gueules en chef, Cimier & tenans Lorraine.

45. LOVIS DE LVZIGNAN, dit de Sainct Gelais, Baron de la Mothe
Saincte-heraye Seig. de Lansac & de Pressy, Cheualier d'honneur de la Reyne Catherine de Medicis, portoit cinq points d'azur equipolez à quatre d'argent écartelé
de Lusignan, qui est burelle d'argent & d'azur au Lyon de gueules couronné d'or
bronchant, sur le tout, Cimier vne cuue d'or, en laquelle se mire, coiffe & baigne
Melcusine, demy femme & demy serpent: c'est le Cymier ordinaire de la maison de
Lusignan, tenans deux griffons d'or.

IEAN DEBRARD Seigneur & Baron de sainct Sulpice, Conseiller
d'Estat, portoit d'argent au lyon de sable, semé d'ombres de croix de mefme escartelé d'or à la bande de gueules, sur le tout d'argent, party de gueules.

46.

47. **IACQVES DE MATIGNON** Prince de Mortagne, Com-
te de Torigny, Lieutenant general à Bordeaux, gouuerneur de Guyenne & Maréchal
de France, portoit d'argent au lyon de gueules couronné & armé d'or.

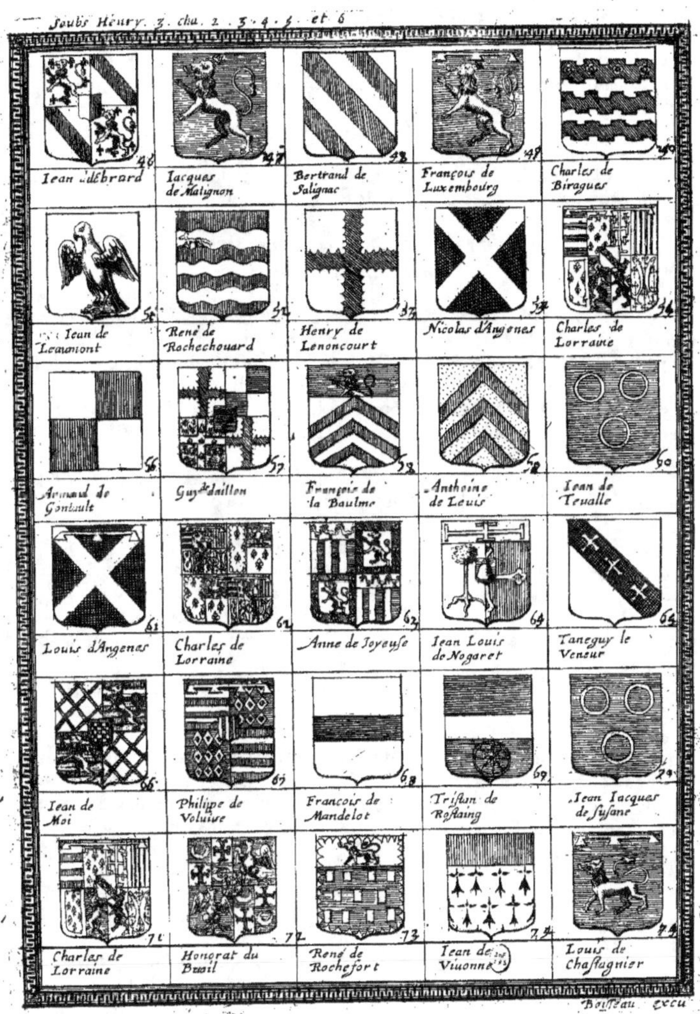

48. **BERTRAND DE SALIGNAC** Seigneur de la Mothe-felon, Vicomte de Sainct Iulien, portoit d'or à la bande de trois pieces de sinople.

Au troisiésme Chapitre tenu à Paris le dernier iour de l'an 1580
furent faits Cheualiers.

49. **FRANCOIS DE LVXEMBOVRG**, Duc de Pincy, Pair de

France, Prince de Tingry, Comte de Roussy & de Ligny, &c. portoit d'argent au Lyon de gueules, la queuë noüée & passe en sautoir, onglé d'or, au lambeau de gueules en chef, Cimier Melusine, tenans deux griffons d'or.

50. CHARLES DE BIRAGVE Conseiller d'Estat, portoit comme le Chancelier, Cardinal, cy-deuant au premier Chapitre.

51. IEAN DE LEAVMONT Seigneur de Puy Gaillant, Baron de Blou & de Moré grand Mareschal de Camp des armées de sa Majesté portoit d'azur, à vn faulcon, à vol estendu, perché & grilleté de mesme.

52. RENE' DE LA ROCHE-CHOVARD, Prince de Tonnay-Charnte, Baron de Mortemar, sieur de Lussac, Vivonne, Chasteau-l'Archer, Monpipeau, Sainct Victurnien, &c. portoit de gueules à trois faces viurées ou entée d'argent, la premiere brisée d'vne belette de sable.

53. HENRY DE LENONCOVRT Seigneur dudit lieu & de Coupevray, Mareschal de Camp, portoit d'argent à la croix engreslée de gueules.

54. NICOLAS DANGENNES Seigneur de Rambouillet, Vidame du Mans, gouuerneur de Mets, portoit de sable au sautoir d'argent.

Le quatriesme Chapitre tenu le dernier iour de l'an 1581.
furent faits Cheualiers.

55. CHARLES DE LORRAINE, Duc Delbœuf, Pair de France, portoit de Lorraine au lambel & bordure de gueules, Cimier & tenans Lorraine.

56. ARMAND DE GONTAVD, Baron de Biron, Mareschal de France, portoit écartelé d'or & de gueules en baniere.

57. GVY DAILLON Comte du Lude & de Pont-gibaut, Baron d'Illiers, du Chesne-doré & de Magné, gouuerneur de Poictou, portoit comme Labé des Chasteliers au premier Chapitre.

58. FRANCOIS DE LA BAVME, Comte de Suze, portoit d'azur à trois cheurons de sable, le chef d'azur au Lyon naissant d'or.

59. ANTOINE DE LEVIS Comte de Quelus, gouuerneur & Seneschal de Roüargue, portoit de Leuy, qui est d'or à trois cheurons de sable.

60. IEAN DE TEVALLE Seigneur dudit lieu, Dauré, de Boüille & de Creans, gouuerneur de Mets, portoit d'or à trois annelets de sable.

61. LOVIS DANGENNES Baron de Meslé, Seigneur de Maintenon, portoit Dangenne (comme cy-dessus, à la fin du premier Chapitre) au lambel de gueules.

Au cinquiesme Chapitre tenu l'an 1582. furent faits Cheualiers.

62. CHARLES DE LORRAINE, Duc de Mayenne, Pair & grand Chambelan de France, gouuerneur de Bourgongne, portoit de Lorraine au lambeau de gueules, écartelé de Ferrare, qui est de France, à la bordure danchée d'or, & de gueules party de Ferrare qui est d'azur, à vn Aigle d'argent couronné & onglé d'or, cet écart soustenu de France, sans brisure, Cimier & tenans de Lorraine.

63. ANNE DVC DE IOYEVSE, Pair & Admiral de France, premier Gentil-homme de la chambre du Roy, portoit de Ioyeuse, qui est palle d'or & d'azur, de six pieces au chef de gueules, chargé de trois hydres, à costez d'or, écartelé d'azur au Lyon d'argent, à la bordure de gueules, chargée de huict fleurs de Lys d'or, qui est de Sainct Disier.

64. IEAN LOVIS DE NOGARET Duc Despernon, Pair & Admiral de France, premier Gentil-homme de la maison du Roy, Colonel general de l'Infanterie Françoise, gouuerneur de Metz & païs mesain, Boulonnois, Angoumois & Xainctonge, portoit d'argent au noyer de sinople, party de gueules à vne demiecroix pometée d'or, au chef de gueules, chargée d'vne croix potencée d'argent, sur le tout d'azur, à la cloche d'argent, bataillée de sable, Cimier vn muffle de Leopart tanné, tenans deux Lyons tannez, lampassez de gueules, & ongles d'argent.

65. TANNEGVY LE VENEVR, Comte de Tilliers, Seigneur de Carouge, Lieutenant pour le Roy en Normandie, portoit d'argent à la bande d'azur, chargée de trois sautoirs d'or.

66. IEAN

66. IEAN DE MOI Seigneur de la Meilleraye, Vice-Admiral de France, & l'vn des gouuerneurs pour le Roy en Normandie, portoit de gueules, fretté d'or de six pieces, écartelé Destouuille, qui est burelé d'argent & de gueules au lyon de sable couronné d'or, sur le tout de Dreux qui est échiqueté d'or & d'azur, à la bordure de gueules.

67. PHILIPPES DE VOLVIRE Marquis de Ruffec, Seigneur de sain-&e Brice, & gouuerneur d'Angoumois, portoit facé d'or & de gueules de huict pieces, écartelé de gueules à neuf macles d'or, au lambeau de quatre pieces d'argent, sur le tout, palé d'or & de gueules de six pieces.

68. FRANCOIS DE MANDELOT Seigneur de Passy-Lerné, Vicomte de Chaalons, gouuerneur de Lyonnois, Beaujolois & Forest, portoit d'argent à vne face d'azur.

69. TRISTAN DE ROSTAIN, Baron de Brou, Seigneur de Noisy le Sec, portoit d'azur à vne roüe de huit traits en pointe d'or, à la face en deuise de mesme, Cimier lion naissant tanné, tenans deux Sauuages tannez, leurs masses leuées.

70. IEAN-IACQVES DE SVZANES, Comte de Cerny, portoit de sable à trois annelets d'argent 2. 1.

Au sixiesme Chapitre tenu le dernier iour de l'an 1583.
furent faits Cheualiers.

71. CHARLES DE LORRAINE, Cardinal de Vaudemont, Euesque & Comte de Toul, fut associé à l'Ordre par le trépas du Cardinal de Birague, portoit de lorraine au lambeau mis en face d'azur.

COMMANDEVRS.

72. HONORAT DV BVEIL, Baron de Fontaines, Vice-Admiral, & gouuerneur de Bretagne, portoit au premier & quatriéme, de Beuil qui est d'azur au croissant, montant d'argent accompagné de six croisettes, recroisetées au pied, fiché d'or, écartelé, de Dauphiné & Champagne, au deuxiéme & troisiéme grands quartiers, de gueules à vn Aigle d'or, sur le tout desdits grands quartiers, écartelé d'azur à vn lion d'or, & d'or à vn lion d'azur.

73. RENE' DE ROCHEFORT Seigneur dudit lieu, Baron des Iroles, la Croisette Vassy, &c. gouuerneur de Dunois, Blaisois, Bailliage & Chasteau d'Amboise, portoit d'azur, semé de billettes d'or au chef d'argent, chargé d'vn lion passant de gueules, à la bordure engreslée d'argent & de gueules.

74. IEAN DE VIVONNE, Marquis de Pisany, Seigneur de S. Goüard, portoit d'hermines au chef de gueules.

75. LOVIS CHASTAIGNER, Seigneur d'Abin & de la Rochepofay, Baron de Malleual, portoit por au Lion passant de sinople au lambeau de gueules.

76. **B**ERNARD DE NOGARET, Seigneur de la Valette, admiral de France, & gouuerneur de Prouence, portoit de gueules à la croix d'argent, soutenu de Nogaret, party de gueules à vne demie-croix pomettée d'or.

77. HENRY DE IOYEVSE, Comte de Bouchage, maistre de la garde-robbe du Roy (depuis Duc de Ioyeuse) & gouuerneur en Languedoc, portoit comme l'admiral son frere de Ioyeuse, écartelé de Sainct Dizier, sur le tout, escartelé d'or & d'azur, qui est de batar nay.

78. NICOLAS DE GREMOVLLE, Seigneur de Larchant, Dauteuil & de la Boulais, &c. portoit d'azur, à trois estoilles d'argent, 2. 1. écartelé d'azur au lyon d'or, tenant dans ses pattes vne masse ou báton noüeux pery en pal de mesme

79. LOVIS D'AMBOISE, Comte D'aubigeouls, Baron de Chasteau-neuf, &c. portoit d'Amboise qui est pallé d'or, & de gueules, de six pieces.

80. FRANCOIS DE LA VALETTE, Seigneur de Cornuſſon, & de Paſchot, gouuerneur & Seneſchal de Toulouſe, portoit de gueules au Perroquet d'argent, à la patte droitte leuée, party de gueules au lyon d'or.

81. FRANCOIS DE CAZILLAC, Seigneur & Baron dudit lieu de Ceſlac & de Noüailles, portoit d'or à deux lyons paſſans de gueules, à la bordure ſinople, chargée de huit bezans d'argent.

82. IOACHIM DE TINTEVILLE, Seigneur dudit lieu, gouuerneur en Champagne & Brie, portoit de ſable à deux leopards d'or.

83. IOACHIM DE CHATEAV-VIEVX, Seigneur de Verion, Capitaine de cent archers de la garde Ecoſſoiſe, Cheualier d'honneur de la Reyne, & gouuerneur de la Baſtille, portoit d'azur à trois faces ondées d'or.

84. CHARLES DE BALZAC, Seigneur de Clermont, Dentragues portoit de Balzac, écartelé de Humieres, remarquez au quatriéme Chapitre, ſur le tout de Milan qui eſt d'argent, à la giure d'azur, liſans de gueules.

85. CHARLES DV PLESSIS, Seigneur de Liancourt Gentil-homme de la Chambre du Roy, & premier Eouyer de la petite ecurie, depuis Marquis de Guerche-Ville & de Montfort le Rotrou, Comte de Breſteau & de Beaumont ſur Oyſe Baron de Galardont & de Mont-Loüet, gouuerneur de Paris, portoit d'argent à la croix engreſlée de gueules, chargée de cinq coquilles d'argent au lambeau d'azur, écartelé d'argent au lyon de gueules couronné & onglé d'or.

86. FRANCOIS DE CHABANNE, Marquis de Curton, Comte de Rochefort, & Vicomte de la Roche-meſſin, portoit de gueules, au lyon d'hermines couronné, lampaſſé & armé d'or, écartelé de la tour qui eſt d'azur, ſemé de France, à vne tour d'argent, maſſonnée de ſable & d'Auuergne, qui eſt d'or au gonfanon de gueules, frangé de ſinople, ſur le tout de l'eſcart d'or à trois tourteaux de gueules.

87. ROBERT DE COMBAVLT, Seigneur d'Arcy ſur Aube premier maiſtre d'hoſtel du Roy, portoit d'argent à la Levrette paſſant de ſable.

88. FRANCOIS DE SENETERRE, Seigneur dudit lieu & de la Ferté-Nabert, portoit d'azur à cinq fuſees en face.

Le ſeptiéme Chapitre fut tenu le dernier iour de l'an 1584.
& furent faits Cheualiers.

89. IEAN DE SAINCT LARY & de Belle-garde, Baron de Termes, Mareſchal de Camp, & gouuerneur de Mets, portoit au premier quartier d'azur au lyon d'or, au deuxiéme, pallé d'or & de gueules, de ſix pieces, au troiſiéme, de gueules vn vaſe d'or, qui eſt d'orneſſan, le quatriéme d'azur à trois pals flamboyant d'argent, qui eſt de Termes, ſur le tout d'azur à la cloche d'argent, bataillée de ſable, qui eſt de Belle-garde.

90. IEAN DE VIENNE, Baron de Raffay, gouuerneur de Bourbonnois, portoit de gueules à vn Aigle d'or, brizé en l'eſtomach d'vn écuſſon de gueules, chargé d'vne coquille d'or.

91. LOVIS ADHEMAR DE MONTEIL, Comte de Grignan, & Baron Dentre-chaſteaux, portoit au premier quartier d'or à trois bandes d'azur, au deuxiéme de gueules au chaſteau gommé de trois tours d'argent, au troiſiéme de gueule au lyon d'argent au canton de Bretagne, & le quatriéme de gueules à la croix couppée d'or, cantonnée de quatre quinte-feuilles de nieſme.

Le huicliéſme Chapitre tenu le dernier iour de l'an 1585.
auquel furent faits Cheualiers.

92. CHARLES DE BOVRBON, Comte de Soiſſons, Prince du Sang, grand Maiſtre de France, portoit de Bourbon au baſton & bordure de gueules. Cimier tenans & de France.

93. IEAN GRONGNET DE VASSE', Seigneur & Baron dudit lieu, & de la Roche-mabile, portoit d'or à trois faces d'azur.

94. ADRIAN DE TIERCELIN, Seigneur de Broſſe, gouuerneur de Mouzon, portoit d'argent à deux tierces d'azur, miſe en ſautoir, cantonnée &

tonnée & accompagnée de quatre merlettes de sable.

95. FRANÇOIS CHABOT, Seigneur de Brion, Marquis de Mirebeau, Seigneur de Fontaine-françoise, **portoit** à trois chabots de gueules mis en pals 2. 1. au premier quartier, au deuxiéme de Luxembourg, qui est d'argent au lyon de gueules, couronné & armé d'or, la queuë nouée & passée en sautoir, le troisiéme de gueules à yne estoille de seize Rais d'argent qui est des Baux, & le quatriéme d'azur, à vne bande d'or, qui est Longuy.

96. GILLES DE SOVVRAY, Seigneur dudit lieu & gouuerneur de Tourraine (depuis gouuerneur du Roy Lovis xiii.) Marquis de Courteuaux & Mareschal de France, portoit d'azur à vne cottice d'or de cinq pieces.

97. FRANÇOIS DO Seigneur de Fresnes & de Maille-bois, depuis gouuerneur de Paris, Isle de France, & Intendant general des finances de France, portoit d'hermines au chef en danché, vers la pointe de gueules.

98. CLADE DE LA CHASTRE, Baron de la maison Fort & gouuerneur de Berry & depuis Mareschal de France, portoit de gueules à vne croix anchrée de Vair écartelé de gueules à trois testes de loup, arrachées d'argent.

99. GIRAD DE MAVLEON Seigneur de Dourdan, gouuerneur de Calais, portoit de gueules au lyon d'or.

100. IACQVES DE LOVBENS, Seigneur dudit lieu & de Verdales, portoit de gueules, au loup, rampart d'or.

101. LOVIS DE BRETON, Seigneur de Grillon, de Sainct Iean de Variez, Maistre de Camp du Regiment des Gardes du Roy, portoit d'or à vne cottice d'azur de cinq pieces.

102. IEAN DANGENNES, Seigneur de Poigny, portoit Dangennes, remarquée cy-deuant.

103. FRANÇOIS DE LA IVGIE DVPVY, Seigneur & Baron de Rieux, gouuerneur de Narbonne, portoit écartelé au premier & dernier d'azur à deux lyons affrontez d'or, au deuxiéme & troiziéme party d'argent, à vne bande d'azur accompagnée de six roses de gueules, qui est de Roger-beaufort, & d'azur à vne face d'or, sur le tout d'or à vn lyon de gueules.

104. FRANÇOIS LOVIS DAGOVLT, Comte de Sault, Seigneur de Laual & de Montauban, portoit d'or à vn loup, armé lampassé d'azur, au deuxiéme d'azur, à trois tours d'or 2. 1. au troisiéme de gueules à vn pal de trois pieces d'argent au chef d'azur, & le quatriéme d'or à deux lyons d'azur.

105. GVILLAVME DE SAVLX, Seigneur de Tavennes, gouuerneur de Bourgongne, portoit d'azur au lyon d'or, couronné de mesme.

106. **M**ERY DE BARBEZIEVX Seigneur de la Roche-merault, & du Bois le Vicomte, grand Mareschal des logis, portoit d'argent à vne face fuzelée, de gueules, de cinq pieces au premier quartier, au deuxiéme d'azur à vne croix couppée & danchée d'argent, au troisiéme d'hermine au chef de gueules, le quatriéme d'or, à vn aigle esployé de gueules, couronné & armé de sinople.

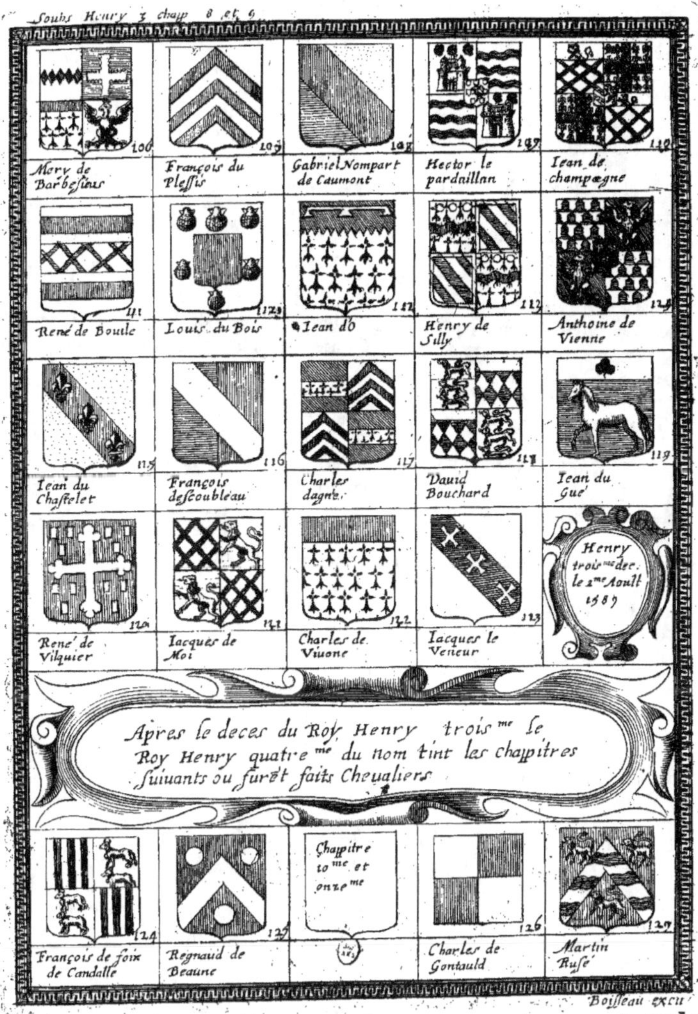

107. FRANÇOIS DV PLESSIS, Seigneur de Richelieu, grand Preuost de France, portoit d'argent au cheuron de trois pieces de gueules.

108. GABRIEL NON-PAR DE CAVMONT, Comte de Lauzon, Sire de Toutabœuf, Vicomte de Monbas, Baron du Puy-guillem, de Verteuil & de la Broüillie, portoit tiercé en bande d'or, de gueules & d'azur.

109. HECTOR DE PARDAILLAN, Seigneur & Baron de Gondria & de Montespan, portoit d'or au Chasteau de gueules à trois testes, de mores de sable, en chef, écartelé d'argent à trois faces ondées d'azur, sur le tout d'argent à vn

D

Lyon de gueules, à l'orle de sept escuſſons de sinople.

110. LOVIS DE CHAMPAGNE, Comte de la Suſe, Seigneur de la Chappelle-Rinſſouin, portoit de sable, fretté d'argent au chef d'argent, chargé d'vn Lyon naiſſant de gueules, armé & lampaſſé d'azur, écartelé de Laual, ſur le tout de Champagne, party d'azur au Lyon d'or.

111. RENE' DE BOVILLE', Seigneur dudit lieu, Comte de Creance & des Chaſtellçnies de Chanteloup, gouuerneur de Perigueux, portoit d'argent à la face de gueules, frettée de sable, accompagnée de deux faces, en deuiſe, l'vne deſſus l'autre deſſous de gueules..

112. LOVIS DV BOIS, Seigneur des Arpentis, gouuerneur de Touraine, portoit d'or, à l'escuſſon de gueules, en abiſmé, à l'orle de ſix coquilles, de sable.

112. IEAN DO, Seigneur de Manou, Capitaine des gardes du corps du Roy, portoit d'hermines, au chef endanché vers la pointe de gueules au lambeau d'argent.

113. HENRY DE SILLY, Comte de la Roche-guyon, portoit d'ermines, à la face ondée, ou viurée, de gueules, à trois tourteaux de gueules en chef, entre les hermines, écartelé de la Roche-guyon, qui eſt d'or à trois bandes d'azur à la bordure de gueules.

114. ANTOINE DE VIENNE, dit DEBAVFREMONT, Seigneur de Lyſtenais, Marquis Darc en Barrois, portoit de Bauffremont, qui eſt Vaire d'or & de geules, écartelé de Vienne, qui eſt de gueules à vn Aigle d'or, ſur le tout de sable à trois teſtes de Leopards d'argent, 2. 1. Cimier chien naiſſant, tenans deux Leuriers d'argent.

115. IEAN DV CHATELET, Baron dudit lieu, Souuerain de Chaſtillon, Seigneur de Thox, portoit d'or, à la bande de gueules, chargée de trois fleurs de Lys d'or.

116. FRANC̦OIS DESCOVBLEAV, Seigneur de Sourdis & de Jouy en joſas, & depuis Marquis d'Alluye, gouuerneur de Chartre, premier Eſcuyer du Roy, portoit party d'azur & de gueules, à vne bande d'or, bronchante ſur le tout.

117. CHARLES DOGNIES, Comte de Chaune, Seigneur de la Hargerie, portoit de sinople, à vne face d'ermines, écartelé d'or, à trois cheurons de sable qui eſt de Raſſé.

118. DAVID BOVCHARD, Vicomte Daubeterre, Seigneur & Baron de Paleon, gouuerneur de Perigord, portoit de gueules à trois Leopards d'or, mis l'vn l'autre, écartelé de Lozanges d'or & d'azur au chef de gueules.

OFFICIERS.

119 IEAN DV GVE', Seigneur dudit lieu, Heraut & Roy d'armes des peux Ordres du Roy, portoit d'azur au cheual deſlié d'or, au chef de meſme d'vne trefle de gueules.

Suit le neufieſme & dernier Chapitre tenu aux Auguſtins à Paris en l'année 1586. par le Roy HENRY III. *où furent faits Cheualiers.*

120. RENE' DE VILLEQVIER, Vicomte de la Guierche, portoit de Villequier tout plain ſans eſcart, qui eſt de gueules, à la croix fleurdeliſee d'or, cantonnée de douze billettes.

121. IACQVES DE MOI, Seigneur de Pierre-Court, portoit au premier & quatrieſme quartier, de gueules fretté d'or de ſix pieces, écartelé & burelé d'argent, & de gueules de dix pieces au lyon de sable couronné d'or, le troiſiéme echiqueté d'or & d'azur à la bordure de gueules.

122. CHARLES DE VIVONNE, Seigneur de la Chaſtaigneraye, portoit d'ermines au chef de gueules, comme cy-deuant.

123. IACQVES LE VENEVR, Comte de Thiers, portoit d'argent, à la bande d'azur, chargée de trois ſautoirs d'or.

Le Roy HENRY III. *ayant esté tué mal heureusement à Saint Cloud*
le Mardy premier iour d'Aoust 1589. *deceda sans hoirs masles.*

La Couronne escheut par la Loy Salique fondamentale du Royaume à HENRY
DE BOVRBON, (Roy de Navarre, Duc de Vandosme, de Beaumont, d'Armagnac & d'Albret, Comte de Foix & de Begorre, Souuerain de Bearn, &c. de son
chef) comme plus proche en ligne collaterale, premier Prince du Sang, fut Roy de
France, quatriesme du Nom, souz lequel fut

Tenu le dixiesme Chapitre à Darnetal, le dernier iour de l'année
mil cinq cens quatre-vingts dix, où

124. FRANCOIS DE FOIX DE CANDALE, Euesque d'Aire en
Guyenne, fut associé à l'Ordre, lequel portoit de Foix qui est d'or à trois pals, de
gueules, écartelé de Bearn, qui est d'or, à deux vaches de gueules, acornées, acollées & claironnées d'azur.

L'vnziesme Chapitre fut tenu en la Ville de Mante le dernier iour de l'an 1592.
auquel furent associez & faits Cheualiers.

125. RENAVLT DE BEAVLNE, Archeuesque & Patriarche de Bourges, Primat d'Aquitaine, Grand Aumosnier de France (depuis Archeuesque de
Sens) portoit de gueules, au cheuron d'argent, accompagné de trois besans d'or, 2.1.

COMMANDEVRS.

126. CHARLES DE GONTAVLT, Baron de Biron (depuis Duc de
Biron, Pair, Admiral, & Mareschal de Camp és armées du Roy, portoit écartelé de
baniere, comme son pere, cy-dessus.

127. MARTIN RVZE', Seigneur de Beaulieu & de Longjumeau, Secretaire des Commandemens de sa Majesté, Sur-Intendant General des Mines & Minie-
res de France, & Grand Tresorier de l'Ordre, portoit de gueules au cheuron ondé
d'argent & d'azur accompagné de trois lyons d'or.

Le douzième Chapitre fut tenu à Chartres le Lundy 28. *iour de Féurier mil cinq*
cens quatre-vingts quatorze, où le Roy HENRY IIII. (*le lendemain de*
son Sacre & Couronnement) receut l'Ordre du Sainct Esprit par les mains de
l'Euesque dudit lieu en grande solemnité, où il fit & signa le serment.

28. **P**HILIPPES DV BEC, Archeuefque & Duc de Reims, Pair de France, & Euefque de Nantes, affocié à l'Ordre, portoit au premier & quatriéme quartiers fuzelé d'argent, & de gueules qui eft du Ber-Crefpin, au deuxiéme & troifiéme d'argent à deux faces de finople, à l'orle le Merlettes de gueules, qui eft de Beauuilliers Sainét-Aignan, fur le tout écartelé de gueules à la bande d'or, qui eft de Châlon, le deuxiéme de gueules à la Croix d'argent qui eft de Sauoye, le troifiéme bandé d'or & d'azur à la bordure de gueules, qui eft de Bourgongne ancien, au quatriéme d'argent à deux faces de gueules, qui eft de Boucherolles, fur le tout d'azur à fix anelets d'argent, 3. 2. 1. qui eft de Huffon.

129. **HENRY DESCOVBLEAV,** Euefque de Malezais (*obmis en la planche par le Graueur*) portoit party d'azur & de gueules à vne bande d'or, bronchante fur le tout.

130. COM-

130. HENRY DE BOVRBON, Prince du Sang, Duc de Monpencier Pair de France, Gouuerneur de Normandie, portoit de France au bâton de gueules, brifé au haut d'vn Dauphin, aucuns difent d'vn croiffant montant d'argent : Cimier fleur de lys double, tenans deux Lauriers blancs.

131. HENRY DORLEANS, Duc de Longueuille, Pair de France, Souuerain de Neuf-chaftel, Comte de Dunois & de Tancaruille, gouuerneur de Picardie, portoit de France au bâton & lambel d'argent, qu'on dit de Longueuille : Cimier double fleur-de-lys, tenans vn Ange ou deux.

132. FRANCOIS DORLEANS, Comte de Sainct Pol (depuis Duc de Chafteau-Thierry, de Fronfac, &c.) portoit de Longueuille, écartelé de Bourbon : Cimier & tenant comme cy-deuant.

133. ANTOINE DE BRICHANTEAV, Seigneur de Beauuais-Nangis, portoit d'azur à fix bezans d'argent 3. 2. 1.

134. IEAN DE BEAVMANOIR, Seigneur & Baron de Lauardin & de Tuffé, Affé, &c. Comte de Negreplice, depuis Marefchal de France, & gouuerneur du Maine, Laual & Perche, portoit d'azur à vnze billettes d'argent 4. 3. 4.

135. FRANCOIS DESPINAY, Seigneur de Saint Luc, Baron de Creue-cœur & Daruert, Pair & Chaftelain de Cambrefis, gouuerneur de Broüage & de Xainctonge, Lieutenant general pour le Roy en Bretagne, & depuis grand Maiftre de l'Artillerie de France, portoit écartelé au premier d'argent au cheuron d'azur, chargé d'vnze befans d'or, au deuxiéme écartelé au premier de gueules à la face d'or au chef échiqueté de trois traits d'argent & d'azur, au deuxiéme d'ermines à la Croix de gueules chargées de cinq quintes-fueilles d'or, au troifiéme de gueules à deux bars adoffez d'or, femé de trefles de mefme, au quatriéme d'or à vne Croix de gueules, au troifiéme grand quartier de gueules à trois faces d'or, au quatriéme & dernier d'azur fretté d'or :
Cimier vne tefte de More de fable liée d'argent, tenans deux Licornes.

136. ROGER DE BELLEGARDE, Marquis de Verfoy, Seigneur & Baron de Termes, grand Efcuyer de France, premier Gentil-homme de la Chambre du Roy, depuis Duc de Séure en Bourgongne, dit Belle-garde, Pair de France, gouuerneur de Bourgongne, portoit comme cy-deuant au Chap. VII.

137. HENRY DALBRET, Comte de Marempne, Baron de Mioffens, de Coaraze en Bearn, & Lifle Doleron, portoit écartelé au premier de France, écartelé d'Albret, qui eft de gueules fans brifures, au deuxiéme d'azur à deux Leopars d'or, au troifiéme de Bourbon, & le dernier écartelé de Foix & de Bearn.

138. ANTOINE DE ROQVELAVRE, Seigneur dudit lieu & de Biran, &c. Maiftre de la Garderobbe du Roy, & depuis Marefchal de France, & Lieutenant au gouuernement de Guyenne, portoit d'azur à trois roches d'argent, 2. 1. écartelé d'argent à deux vaches de gueules, acornées, acollées & clarinées, d'azur au chef d'azur, chargé de trois eftoilles d'or, fur le tout d'azur, à vn Lyon d'or.

139. CHARLES DE HVMIERES, Marquis d'Ancre, Lieutenant general en Picardie, portoit d'argent fretté de fable.

140. GVILLAVME DE HAVTEMER, Seigneur de Faruacques, Comte & Duc de Grancey Baron de Maulny, Lieutenant general en Normandie, Marefchal de Camp, depuis Marefchal de France, portoit écartelé au premier d'or à trois faces ondées d'azur, au fecond d'or à la bande viurée d'azur, au troifiéme de gueules à trois bandes d'argent, au dernier d'azur au Lyon d'or femé de billettes de mefme.

141. FRANCOIS DE CVGNAC, Seigneur, & depuis Marquis de Dampierre, Baron de Boucar, portoit Gironné d'argent & de gueules de huit pieces : Cimier vn col d'Auftruche, tenans deux Sauuages.

142. ANTOINE DE SILLY, Comte de la Roche-pot, Baron de Montmiral, Souuerain de Danville, Damoifeau de Commerchis, portoit écartelé au premier & quatriéme de Silly, & de la Roche-Guyon, au deuxiéme & troifiéme de Laual & d'Eureux, fur le tout de Sarbruche.

143. ODET DE MATIGNON, Comte de Torigny, Marefchal de Camp

& Lieutenant pour le Roy en Normandie, portoit comme cy-deuant.

144. FRANÇOIS DE LA GRANGE, Seigneur de Montigny & de Serry, Seigneur de Damville, Baron des Aix-Danguillon, Gouuerneur de Paris, & depuis Mareschal de France, & Lieutenant general aux pays Blaisois, Dunois, Vandomois & Comté de Gien, portoit d'azur à trois Ranchers d'or, écartelé de la Roche-chouard.

145. CHARLES DE BALZAC, Seigneur & Baron de Dunes, portoit comme cy-deuant, sur le tout de Graville, qui est de gueules à trois fermans d'or, party de Milan.

146. CHARLES DE COSSE', Comte, & depuis Duc de Brissac, Pair de France, Marquis d'Acigné, Baron de Coëman, Syllé, Mal-Estroit, Chasteau-Gyron, Derual, Montejan, Vicomte de Loyal, Mareschal & Grand Pannetier de France, & Lieutenant general en Bretagne, portoit de sable, à 3 faces danchées par en bas d'or.

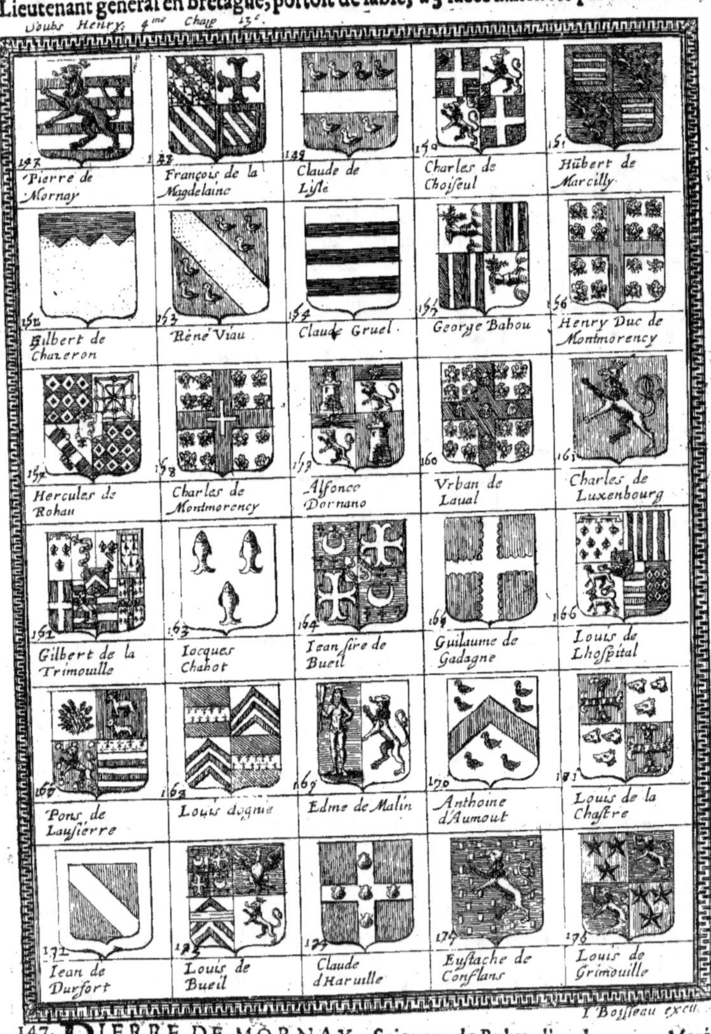

147. PIERRE DE MORNAY, Seigneur de Buhy, l'vn des quatre Maréchaux de Camp, & gouuerneur de Paris, portoit facé d'argent & de gueules

de huit pieces, au lyon de sable, bronchant sur le tout, couronné d'or.

148. FRANÇOIS DE LA MAGDELAINE, Marquis de Ragny, Comte de Songy, gouuerneur pour le Roy au païs de Niuernois, portoit écartelé au premier d'ermines, à trois bandes, de gueules chargées d'vne coquille d'or, au second d'or à vne Croix ancrée de gueules, au troisiéme de gueules à trois bandes d'argent, le quatriéme de Bourgongne ancien.

149. CHARLES DE LISLE, Seigneur de Mariuault Comte de Bacassé, gouuerneur de Laon, & Lieutenant general pour le Roy en Lisle de France, portoit de gueules, à la face d'argent, & sept merlettes de mesme, quatre en chef, trois en pointe.

150. CLAVDE DE CHOISEVL, Marquis de Praslin, Capitaine des cent Archers de la Garde du Corps du Roy, gouuerneur & Bailly de Troyes en Champagne, portoit d'azur à la Croix d'or accompagnées de dix-huict billettes de mesme, dix au deux quartiers d'en haut, & huict en bas, écartelé de gueules au lyon d'or, couronné de mesme, sur le tout de sable à deux faces d'argent, écartelé d'argent au lyon de sable.

151. HVMBERT DE MARCILLY, Comte de Cypierry, Maréchal de Camp, portoit de sable, à trois faces d'or, à la bordure de gueules, écartelé d'argent à trois lyons de sable armez & couronnez d'or 2. & 1. qui est Dalluyn.

152. GILBERT DE CHAZERON, Seigneur dudit lieu, gouuerneur & Lieutenant general en Bourbonnois, portoit d'or au chef emmianché de trois pieces d'azur.

153. RENE' VIAV, Seigneur de Chanlivaut, gouuerneur de Lauxerrois, portoit de gueules à la bande d'or, accompagné de six merlettes de mesme, trois en chef, & trois en pointes.

154. CLAVDE GRVEL, Seigneur de la Frette, de la Ventrouse & du Fouillet, portoit d'argent à trois faces de sable.

155. GEORGE BABOV, Seigneur de la Bourdaisiere, Capitaine de cent Gentils-hommes de la maison du Roy, portoit d'argent au bras de gueules, tenant vne poignée de vesse en rameau de trois pieces de synople, au pal d'argent, party de gueules au pal d'argent.

156. HENRY DVC DE MONTMORENCY, Pair & Connestable de France, gouuerneur du Languedoc, portoit de montmorency, qui est d'or à la Croix de gueules, cantonnée de seize Alerions d'azur, cimier vn Chien, tenant deux Anges.

157. HERCVLES DE ROHAN, Duc de Montbazon, Pair de France, Comte de Rochefort, grand Veneur de france, gouuerneur des Euesché & Comté de Nantes, & depuis gouuerneur de Paris & Isle de france, porte au premier & quatriéme de Rohan, qui est de gueules à neuf macles d'or 3. 3. 3. au deuxiéme de Nauarre, au troisiéme d'Evreux, qui est de france au bâton componée de gueules & d'argent, sur le tout de Milan.

158. CHARLES DE MONTMORENCY, Duc de Damville, Pair de france, Comte de Secondigny, Admiral de france, portoit de Montmorency à vne Croix en abysme d'argent sur celle de gueules.

159. ALPHONCE DORNANO, Gouuerneur du Dauphiné, depuis de Guyenne, & Mareschal de france, portoit de gueules à la Tour Donjonnée & Grenelée d'or, massonnées de sable, écartelé d'argent au lyon de gueules au chef d'azur chargé d'vne fleur de lys d'or.

160. VRBAN DE LAVAL, Seigneur de Bois-Dauphin Mareschal de france, portoit de Montmorency, à la Croix chargée de cinq coquilles d'azur.

161. CHARLES DE LVXEMBOVRG, Comte de Brienne & de Ligny, portoit d'argent, au lyon de gueules couronné d'or.

162. GILBERT DE LA TREMOVILLE, Marquis de Royan, Comte de Brenon, Baron Delbonne & d'Apremont, Capitaine de cent Gentil-hommes de la maison du Roy, & Seneschal de Poictou, portoit couppé de huict pieces, quatre en chef, soutenus de pareil nombre en pointe : le premier d'Orleans, secondé de Milan, tierce de Bourbon, & le quatriéme de Bretagne, à la bordure de gueules, le cinquiéme d'Apremont, le sixiéme de Lusignan, le septiéme de Coitiny, le huitiéme

de Montmorency & Laual, sur le tout de la Trimoüille, qui est d'or au cheuron de gueules, accompagné de trois Aigles d'azur.

Coitiny porte face d'or & de sable, de six pieces, Lusignan, burelé d'argent & d'azur au Lyon de gueules, armé, lampassé & couronné d'or.

Aspremont, de gueules à la Croix plaine d'argent.

Pour Timbre vn manteau Imperial de pourpre, les couches couuertes de crespines d'or, en tournant l'escu : Cimier vne teste d'Aigle de sable.

163. IACQVES CHABOT, Marquis de Mirebeau, Mestre de Camp du Regiment de Champagne, & Lieutenant en Bourgongne, portoit d'or à trois chabots de gueules mis en pals.

164. IEAN SIRE DE BVEIL, Comte de Sancerre, grand Eschanson de France, portoit d'azur au croissant, montant d'argent, à six Croix croissettées au pied fiché de mesme, écartelé de gueules à sa Croix anchrée d'or, sur le tout du Dauphine, écartelé de Champagne, comme cy-deuant.

165. GVILLAVME DE GADAGNE, Seigneur de Boteon, Baron de Verdun, gouuerneur du Lyonnois, portoit de gueules à la Croix engraislée d'or.

166. LOVIS DE LHOSPITAL, Baron de Vitry, Capitaine des Gardes du Corps du Roy, Lieutenant general en Brie, & gouuerneur de Meaux, portoit écartelé au premier de Naple & de Sicile, le second d'Aragon, le troisiéme de sable à deux Leopards d'or, au quatriéme couppé, au premier facé d'or & de gueules de huit pieces, au deuxiéme de Rohan, sur le tout de gueules au coq d'argent, cresté, barbé, becqué & membré d'or, tenant de son pied vn escusson d'azur, chargé d'vne fleur de lys d'or.

167. PONS DE LAVZIERES, Marquis de Themines, Comte de Lauzieres, Vicomte de Chomay, Baron de Gourdon & de Cardaillac, Senefchal & gouuerneur de Quercy, Mareschal de France, portoit écartelé au premier d'argent à vn ozier de de sinople, au deuxiéme de gueules à deux chevres passantes d'argent, au troisiéme de gueules au Lyon d'argent à l'orle des bezans de mesme, le quatriéme face d'or & de sable de six pieces au chef d'ermines.

168. LOVIS DOGNIES, Comte de Chaunes, Baron de Brians, gouuerneur de Mondidier & Roye, portoit comme cy-deuanr.

169. EDME DE MALIN, Baron de Luz, gouuerneur en Bourgongne, portoit d'azur à vn Sauuage, tenant sa masse leuée d'or party d'argent au Lyon de gueules : Cimier Lyon naissant de gueules, tenans deux Sauuages d'or.

170. ANTOINE DAVMONT, Comte de Chasteau-Raoul, & Marquis de Naulet, portoit comme cy-deuant.

171. LOVIS DE LA CHASTRE, Baron de la Maison-fort & Daigreville, portoit comme son pere cy-deuant.

172. IEAN DE DVRFORT, Seigneur de Born, Lieutenant general de l'artillerie de France, portoit de gueules à la bande & bordure d'or.

173. LOVIS DE BVEIL, Seigneur de Racan, portoit écartelé au premier de Bueil, qui est d'azur au croissant montant d'argent accompagné de six Croix recroisettée au pied fiché de mesme écartelé de gueules, à la Croix anchrée d'or, au deuxiéme d'azur à vn Aigle d'or, au troisiéme d'argent à trois chevrons de gueules à la face d'azur, & le quatriéme d'azur semé de France au Lyou d'argent, couronné d'or.

174. CLAVDE DE HARVILLE, Marquis de Palaiseau, Baron de Namville, gouuerneur de Compiegne, portoit de gueules de cinq cocquiles de sable : Cimier vne Lycorne naissante d'argent, tenant deux Lycornes d'argent.

175. EVSTACHE DE CONFLANS, Vicomte Dauchy, Seigneur de Brecy le Buisson, grand Mareschal des logis, gouuerneur de Sainct Quentin, porte d'azur semé de billettes d'or, au Lyon de mesme.

176. LOVIS GRIMOVILLE, Seigneur de l'Archant, gouuerneur d'Evreux, portoit comme cy-deuant.

177. CHAR-

177 CHARLES DE NEVFVILLE, Baron Dalincourt, grand maréchal des logis, & depuis Marquis de Villeroy, gouuerneur du Lyonnois, Baujolois & Forest, portoit comme son pere Nicolas de Neufville, grand Tresorier de l'Ordre au premier Chapitre.

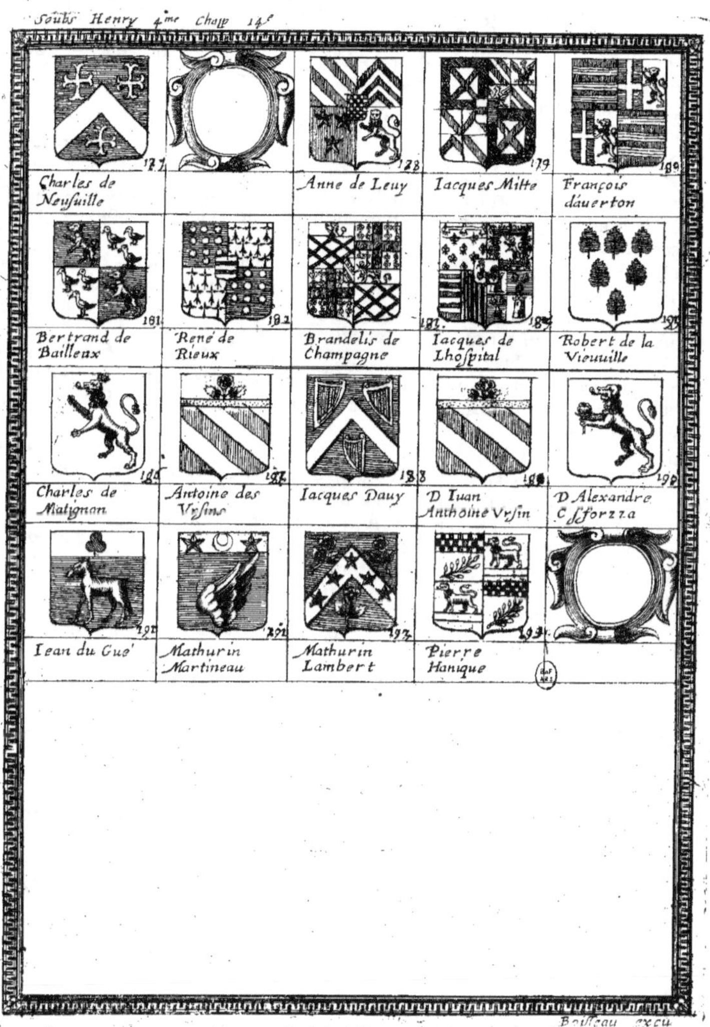

Suit le quatorziesme & dernier Chapitre tenu sous le Roy HENRY LE GRAND
en l'Eglise des Peres Augustins de Rouën, le dernier iour de l'an mil cinq cens
quatre-vingts & seize, auquel furent ostez des grands Coliers de l'Ordre, les
chiffres du feu Roy HENRY III. au lieu & en la place desquels le Roy
HENRY LE GRAND y fit mettre des Trophées d'Armes, meslées
de H couronnées.

F

Audit Chapitre furent faits Cheualiers.

178. ANNE DE LEVI Duc de Vantadour, Pair de France, Marquis d'A-
nonay, Vicomte de la Voute, Vauuert & Brion, Vicomte de Laudrier, Baron de
Dozena, Cournillon, Marguerittée, Lers, Boffar, Roche-en-Regnier, Lieutenant general au gouuernement de Languedoc, portoit écartelé au premier de gueules à trois
bandes d'or, au deuxiéme de Leuy, qui est d'or à trois cheurons de sable, au troisiéme de gueules à trois estoilles d'or, 2. 1. & le quatriéme d'argent au lyon de gueules, sur le tout échiqueté d'or & de gueules.

179. IACQVES MITTE, Comte de Miolans, Seigneur de Cheurieres &
de Sainct-Chamont en Lyonnois, portoit au premier & quatriéme d'argent au sautoir
de gueules, à l'orle de sable, chargé de huict fleurs-de-lys d'or, au deuxiéme bande
d'or, & de gueules de six pieces, écartelé de gueules à vn Aigle d'argent, au troisiéme
d'or à la bande de gueules, écartelé d'or au cheuron de sable, sur le tout d'argent à
la face de gueules.

180. FRANÇOIS DAVERTON, Seigneur de Belin & de Sernillac,
Baron de Milly, gouuerneur de la Ville de Han, portoit écartelé au premier & qua-
triéme de gueules à trois jumelles d'argent, au deuxiéme & troisiéme d'azur à la
Croix d'or, party d'argent au Lyon de gueules.

181. BERTRAND DE BAILLEVX Seigneur & Baron de Poyane, gou-
uerneur de la ville & chasteau d'Acqs, & Seneschal des Landes, ou Lanes de Bordeaux,
portoit d'or au leurier rampant de gueules, accolé d'argent, écartelé d'azur, à trois
Canettes d'argent.

182. RENE' DE RIEVX, Seigneur de Sourdeac, gouuerneur de Brest,
portoit de Rieux, qui est d'azur à dix bezans d'or, 3. 3. 3. 1. écartelé de Bretagne, sur
le tout de Harcourt, qui est de gueules à deux face d'or.

183. BRANDELIS DE CHAMPAGNE, Marquis de Villenes, portoit
fretté d'argent & de sable, au chef d'argent, chargé d'vn Lyon naissant de gueules,
écartelé de Laual, sur le tout de Champagne, party d'azur, semé de France, d'or au
Lyon de mesme : Voyez cy-deuant Louis de Champagne.

184. IACQVES DE LOSPITAL, Comte de Choisy, Baron de Monti-
gny, porte écartelé au premier de Naples, au deuxiéme d'Escosse, au troisiéme de
Hongrie, party d'Arragon, au quatriéme écartelé, de la Tour, & de Boulongne, sur
le tout de l'Hospital qui est de gueules, au coq d'argent, cresté, barbé, becqué,
mambré d'or.

185. ROBERT DE LA VIEVVILLE, Seigneur & Baron de Rugles
& d'Arseillers, grand fauconnier de France, & gouuerneur de Mezieres, de Rheims,
païs & Duché de Rhetelois, portoit d'argent à six feuilles de chesne ou de hous d'a-
zur, 3. 2. 1.

186. CHARLES DE MATIGNON, Comte de Torigny, Lieutenant
en la basse Normandie, portoit comme ci-deuant.

187. ANTOINE DES VRSINS, Seigneur de la Chappelle & de Dou,
Marquis de Treinel & Baron de Nully, Mareschal de Camp és armées de sa Maiesté
portoit des Vrsins blasonné au premier chapitre en Christophle des Vrsins.

Depuis ledit Chapitre le Roy associa audit Ordre.

188. IACQVES DAVY, Cardinal du Perron, Archeuesque de Sens, &
grand Aumosnier de France (par le trespas de Renaud de Beaune) portoit d'azur au
cheuron d'argent a trois harpes d'or, deux en chef, & vne en pointe.

*Sa Majesté enuoya le Colier de son Ordre en Italie à deux Seigneurs
faits Cheualiers.*

189. DOM IEAN ANTOINE VRSIN, Duc de Santo - Germini,
Prince de Scandriglia, Comte d'Ercole, portoit des Vrsins, comme cy-deuant.

190. DOM ALEXANDRE COMITI SFORZZA, Duc de Segna, Prince de Valmontana, Comte de Santa Fiora, Marquis de Proceno, portoit d'argét, au lyon de gueules, tenant en ses pates vne feuille de soucy d'or, feuillée de synople.

OFFICIERS.

191. IEAN DVGVE', Roy d'armes de l'Ordre, portoit d'azur au cheual effrayé d'or au chef de mesme, chargé d'vne trefle de gueules, & luy succeda audit Office.

192. MATHVRIN MARTINEAV, Seigneur de Pont, portoit d'azur au demy vol d'argent au chef d'or chargé d'vn croissant montant de sable, costoyé de deux estoilles de mesme.

193. MATHVRIN LAMBERT, Huissier de l'Ordre, portoit d'argent au cheuron d'azur, chargé de cinq estoilles d'or, accompagné de trois roses de gueules.

194. PIERRE DE HANIQVE, dit de Benjamin, Baron de Cheny & du Pré, portoit écartelé au premier & quatriéme echiqueté d'argent & d'azur couppé de gueules, au rameau couché d'or, au deuxiéme & troisiéme d'argent face en deuise de sable, soutenant vn lyon passant de mesme.

Fin des Chapitres tenus par les Roys HENRY III. &
HENRY LE GRAND IV. du nom.

L'Ordre & le temps que les Chapitres de l'Ordre du S. Esprit ont esté celebrez, & le nombre des Cheualiers créez en chacun d'iceux.

Le premier fut celebré le dernier iour de l'an 1578. par le Tres-Chrestien, HENRY III. du nom, Roy de France & de Pologne, où furent créez tant Cheualiers qu'Officiers le nombre de   41

Au second tenu l'an 1579.	7
Au troisiéme tenu l'an 1580.	6
Au quatriéme tenu l'an 1581.	7
Au cinquiéme tenu l'an 1582.	9
Au sixiéme tenu l'an 1583.	18
Au septiéme tenu l'an 1584.	3
Au huictiéme tenu l'an 1585.	29
Au neufiéme & dernier tenu l'an 1586. par ledit Roy.	4

Le Roy HENRY LE GRAND tint, ou celebra les suiuans, où furent faits Cheualiers.

Au dixiéme tenu l'an 1590.	1
L'vnziéme tenu l'an 1592.	3
Au douziéme tenu l'an 1594.	10
Au treziéme tenu l'an 1596.	50
Au quatorziéme & dernier tenu l'an 1596. par ledit Roy, furent faits Cheualiers le nombre de	17

LE ROY LOVIS XIII. estant paruenu à la Couronne (apres le decés du Roy Henry le Grand) ayant esté Sacré & Couronné à Rheims le Lundy 18. iour d'Octobre 1610. le lendemain il receut l'Ordre du benoist S. Esprit, de la main de l'Illustrissime François, Duc & Cardinal de Ioyeuse, portoit de France & de Nauarre.

COMMANDEVRS.

195. HENRY DE BOVRBON premier Prince du Sang, premier Pair de France, Prince de Condé, Duc d'Anguien & de Chateau-Roux, Comte de Clermont en Beauuoisis & de Soissons, Gouuerneur de Berry (& depuis Duc de Bourgongne & Duc d'Albret) auoit esté receu pour seul Commandeur de l'Ordre le 11. iour d'Octobre audit an 1610. Portoit de France au báton de gueules pery en bande. Cimier vne double fleurs de lys d'or, tenans deux Anges.

PRELATS.

196. FRANÇOIS CARDINAL DE LA ROCHE-FOVCAVLT, Euefque de Senlis, grand Aumofnier de France, affocié à l'Ordre par le deceds du Cardinal du Perron, aduenuë en Septembre l'an 1618. portoit burelé d'argent & d'azur au chevron de trois pieces bronchant fur le tout.

197. HENRY DE GONDY, Cardinal de Retz, Euefque de Paris, maiftre de l'Oratoire du Roy, portoit d'or à deux maffes d'armes de fable, paffee en fautoirs, liées de fable.

198. BERTRAND DE CHAVX, Archeuefque de Tours, & premier Aumofnier du Roy, portoit d'azur à la face d'or de trois pieces.

199. CHRISTOPHLE DE LESTANG, Euefque de Carcaffonne, maiftre de la Chappelle du Roy, portoit écartelé au 1. & 4. d'azur à deux poiffons d'argent, qui eft de Leftang, au deuxiéme & troifiéme de fable, au Rocher d'or, qui ce Iuye, fur le tout d'or à la face de gueules accompagnées de trois trefles de fynople.

200. GABRIEL DE LAVBESPINE, Euefque d'Orleans, Prelat affocié à l'Ordre, portoit au premier & quatriéme d'azur au fautoir, cantonné de quatre billettes de mefme, qui eft de Laubefpine, écartelé de la Chaftre, qui eft de gueules à la Croix anchrée de Vair.

201. ARTVS DESPINAY de Sainct Luc, Euefque de Marfeille, Abbé de Redon, Prelat affocié à l'Ordre, portoit écartelé au 1. & 4. d'argent au chevron d'azur, chargé d'onze bezans d'or, qui eft Defpinay, au deuxiéme quartier écartelé au premier de gueules à la face d'or, au chef échiqué d'argent & d'azur de trois traits, qui eft de Sains, au deuxiéme de Flauy, qui eft d'ermines à la Croix de gueules, chargée de cinq quinte-fueilles d'or, au troifiéme de gueules femé de trefles d'or à deux bards, adoffez de mefme, qui eft de Nefle, au quatriéme d'argent à la Croix de gueules, chargée de cinq coquilles d'or, qui eft de Hangeft, au troifiéme grand quartier de gueules à trois faces d'or, qui eft de Gronches-Ribou, party de Cofsé, qui eft de fable à trois faces danches, par le bas d'or.

202. GASTON DE FRANCE, à prefent Duc d'Orleans, gouuerneur de Languedoc, porte de France au Lambel d'argent de trois pieces : Cimier, & tenans de France.

203. LOVIS DE BOVRBON, Comte de Soiffons, Pair & grand Maiftre de France, gouuerneur & Lieutenant general pour le Roy en Dauphiné, portoit de France à la bordure de gueules au bâton de mefme, pery en bande: Cimier & fupports de France.

204. CHARLES DE LORRAINE Duc de Guyfe, gouuerneur & Lieutenant general pour le Roy en Prouence, Admiral des Mers du Leuant. Portoit couppé de huict pieces, quatre en chef & quatre en pointe : Le premier du chef de Hongrie, qui eft face d'argent & de gueules de huict pieces : Le deuxiéme de Naples ou Sicile, qui eft femé de France au lambel de gueules : Le troifiéme de Hierufalem, qui eft d'argent à la Croix potencée d'or, cantonuées de Croix couppées de mefme : Le quatriéme d'Arragon, qui eft d'or à quatre pals de gueules. le premier de la pointe, d'Anjou qui eft femé de France à la bordure de gueules, le deuxiéme de Gueldres, qui eft d'azur, au Lyon couronné d'or, armé & lampafsé de gueules, au troifiéme de Flandres, qui eft d'or au Lyon de fable, le quatriéme de Bar, qui eft d'azur à deux bars d'or, adoffez femé de Croix recroifettee au pied fiché de mefme, fur le tout d'or, à la bande de gueules, chargé de trois Alerions d'argent qui font les armes de Lorraine, fur le tout brisé en chef d'vn lambel de gueules: Cimier & tenans de Loraine.

205. HENRY DE LORRAINE, Duc de Mayenne & d'Aiguillon, Pair & grand Chambellan de France, gouuerneur de Guyenne, portoit au premier & dernier de Lorraine, comme cy-deffus, au deuxiéme & troifiéme de Ferrare qui eft d'azur à l'Aigle éployé d'argent, armé, couronné d'or, couppé de France fans bricure.

206. CLAVDE DE LORRAINE, Duc de Chevreufe, Pair de Fran-

G

ce, gouuerneur, & Lieutenant general pour le Roy és pays de la haute & basse Auvergne & Combraille, à present grand Chambellan de France, porte écartelé au premier & dernier de Lorraine, cy-dessus blasonné, écartelé au deuxiéme & troisiéme de Nevers, qui est écartelé au premier & quatriéme de gueules, à l'escarboucle fleuronné & pointé d'or, qui est de Cleues, party de la Marc, qui est d'or à la face échiquetée d'argeut & de gueules de trois traits, au deuxiéme & troisiéme de Bourgongne, Moderne qui est de France à la bordure camponée d'argent & de gueules.

Cimier & tenans Lorraine.

207. CESAR DE VANDOSME, Duc de Vandosme, de Beaufort & d'Estampes, gouuerneur de Bretagne, porte de France au báton de gueules pery en bande, chargé de trois lionceaux d'argent.

208. CHARLES DE VALOIS, Duc d'Angoulesme, Pair de France, Comte d'Auuergne, & Colonel general de la Caualerie legere, porte de France au báton d'or posé en barre.

209. CHARLES DE LORRAINE, Duc Delbeuf, Pair de France, porte de Lorraine comme Charles, à la bordure de gueules.

Cimier & tenans Lorraine.

210. HENRY DVC DE MONTMORENCY & de d'Anuille, Pair & Admiral de France, gouuerneur du Languedoc, portoit d'or à la Croix de gueules, cantonnée de seize alerions d'azur.

Cimier vn chien courant d'argent, suppots deux Anges.

211. EMANVEL DE CRVSSOL, Duc Duzez, Pair de France, Prince de Soyon, & Cheualier d'honneur de la Reyne, porte écartelé au premier & dernier de Crussol, qui est facé d'or & de Synople, party de Leuis, qui est d'or au chevron de trois pieces de sable, au second & trosiesme, de Babiot Genoüillac, qui est d'azur à trois estoilles mises en pal d'or, écartelé d'or à la bande de trois pieces de gueules à la bande de trois picces d'or, qui est d'Vzez:

Cimier vne teste de Leurier d'argent, tenans deux Lyons d'or.

212. HENRY DE GONDY, Duc de Retz & de Beaupreau, Pair de France, porte écartelé au premier & dernier d'or à deux masses d'armes, de sable passees en sautoir, liees de gueules, qui est de Gondy: au second & troisiesme d Orleans, Longueuille, écartelé de Bourbon:

Cimier vne teste de Sauuage de carnation, tenans deux Sauuages.

213. CHARLES DALBRET, Duc de Luynes, Pair & grand fauconnier de France (& depuis Connestable) gouuerneur de Picardie, Boulounois & pays reconquis, des Villes & Chasteaux d'Amiens, Han, la Fere & d'Amboise, portoit écartelé au premier & dernier d'or au Lyon de gueules, couronné d'or, qui est d'Albert, au deuxiesme & troisiesme d'azur à deux Louves affrontées d'argent, qui est de Luynes, sur le tout de gueules à la masse d'armes d'or, cloüee d'argent au chef d'argent, chargé d'vn gonfanon de gueules.

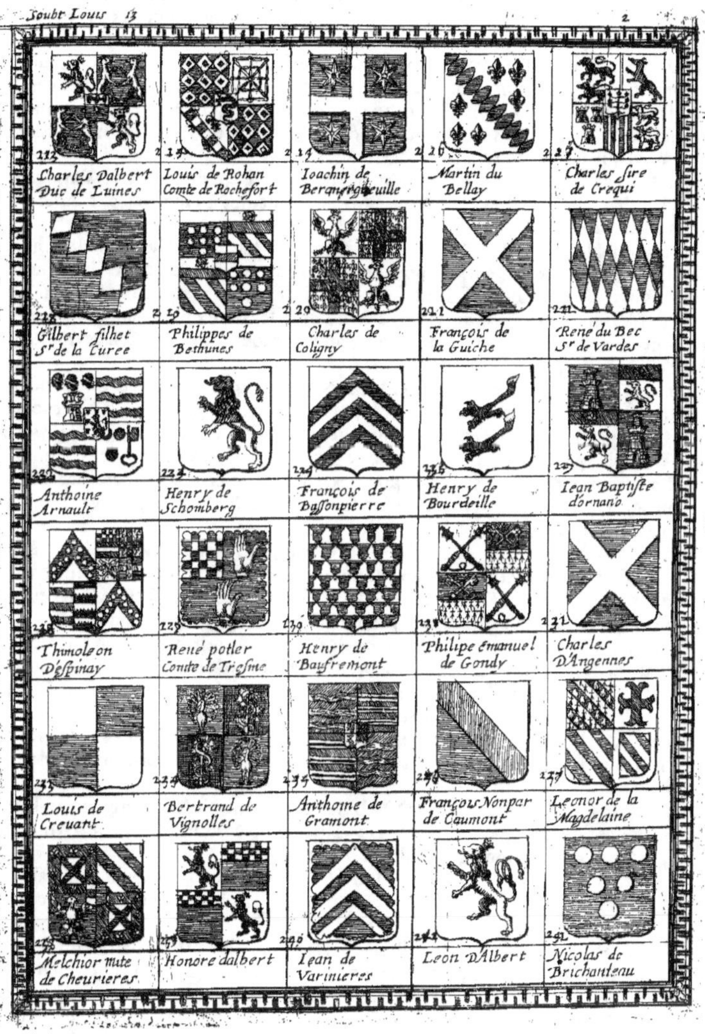

214. LOVIS DE ROHAN, Comte de Rochefort, gouuerneur general des Comtez, Villes & Chasteaux de Nantes, portoit écartelé au premier & dernier de Rohan, qui est de gueules à neuf macles d'or, posees en pal 3. 3. 3. percee de mesme au deuxiesme de Nauarre, au troisiesme d'azur à trois fleurs de lys d'or à la bande d'argent & de gueules, qui est d'Evreux, sur le tout de Milan.

215. IOACHIM DE BERANGVEVILLE, Seigneur de Neuuille,

gouuerneur de la ville & fort de Meulan, grand Preuost de Lostel, portoit d'azur à
la Croix d'or, cantonnée de quatre Merlettes de mesme.

216. MARTIN DV BELLAY, Seigneur dudit lieu, Prince d'Yuetot,
Marquis de Louaroy &'de Commequiers, Mareschal des Camps és Armes de sa
Majesté, porte d'argent à la bande fuzelee de gueules, accompagnees de six fleurs de
lys d'azur, mise en orle, trois en chef, & trois en pointe.

217. CHARLES SIRE DE CREQVY, Prince de Poix, Comte de
Sault, Mestre de Camp du Regiment des Gardes du Roy, & Lieutenant general au
gouuernement de Dauphiné, & depuis Mareschal de France, portoit couppé au premier en chef d'or à deux lyons leopardez de gueules, qui est de Blanchefort, party d'or au loup rauissant & rampant d'azur, armé de gueules, qui est d'Agoult, la
pointe tiercee, le premier d'azur à trois tours d'or 2. 1. qui est de Montauban, le
2. d'azur à vn pal de trois pieces d'or au chef de mesme, qui est de Vaise, le troisieme
& dernier d'or à deux lyons leopardez d'azur, qui est de Montlot, sur le tout de
Crequy, qui est d'or au Crequier de gueules.

218. GILBERT FILHET, Sieur de la Curee, & de la Roche-Turpin, Mareschal de Camp és armees du Roy, portoit de gueules à cinq fuzees d'argent peries en bande.

219. PHILIPPES DE BETHVNES, Baron de Celles & de Charots
Bailly de Mantes & de Meulan, portoit écartelé au premier & dernier d'azur à sept
besans d'or 3. 3. 1. au chef de mesme, qui est de Melun : au deuxiéme & troisiéme des Vrsins, qui est bandé d'argent & de gueules de six pieces au chef d'argent
chargé d'vne Rose de gueules, soutenu d'or, sur le tout d'argent à la face de gueules
qui est de Bethunes.

220. CHARLES DE COLIGNY, Marquis dudit lieu & d'Andelot,
Mareschal de Camp és armces de sa Majesté, Lieutenant general au gouuerdement
de Champagne, portoit écartelé au premier & dernier de Coligny, qui est de gueules à l'Aigle éployé d'argent, couronné & membré d'or, au deuxiéme & troisiéme
de Laual, qui est d'or à la Croix de gueules, chargee de cinq coquilles d'argent, accompagnees de seize Alerions d'azur, au franc canton de Beaumont le Vicomte, qui
est d'azur au lyon d'or, semé de fleurs de lys de mesme.

221. FRANCOIS DE LA GVICHE, Seigneur de Sainct Geran, Mare-
chal de France, gouuerneur de Bourbonnois, portoit de synople au sautoir d'or.

222. ANTOINE ARNAVT DE PARDILLAN, Seigneur de
Gouarin & de Montespan, premier Mareschal de Camp és armées du Roy, & Lieutenant pour sa Majesté au gouuernement de Guyenne, porte écartelé au premier d'or
au château de gueules, somme de trois testes de Mores de sables, tortillée d'argent,
qui est d'Espagne Montespan, au deuxiéme & troisiéme de Monbos, qui est d'argent
à trois faces, ondées d'azur, au dernier d'or à trois Tourteaux de gueules, 2. 1. senestre d'vne clef de mesme perie en pal, qui est du Vicomté Danthain, sur le tout
d'argent au Lyon de gueules à sept escussons de Synople mis en orle, qui est de Pardaillant.

223. HENRY DE SCHOMBERG, Comte de Nanteuil, Super-Inten-
tendant des finances, gouuerneur de la haute & basse Marche & pays de Lymousin,
porte d'or au lyon couppé de gueules & de Synople.

224. FRANCOIS DE BASSOMPIERRE, Colonel general des
Suisses, & depuis Mareschal de France, porte d'argent au chevron de trois pieces de
gueules.

225. HENRY DE BOVRDEILLES, Vicomte & Baron dudit lieu,
Marquis Darchiac, Seneschal & gouuerneur de Perigort, porte d'or à deux pattes de
Griffons de gueules, onglées d'azur posees en contre-bande.

226. IEAN-BAPTISTE DORNANO, Marquis de Monfor, Colonel general des Corses, Lieutenant general au gouuernement de Normandie, & gouuerneur de la personne de Monsieur Frere du Roy, porte écartelé au premier & dernier
de gueules, à la Tour Donjonnée d'or, au second & troisiéme d'or au lyon de gueules au chef d'azur, chargé d'vne fleur de lys d'or.

227. TIMOLEON DESPINAY, Seigneur de Saint Luc, Comte Deste-
telan, gouuerneur de Broüage & Isles de Xainctonges, Mareschal de Camp és armées de

mées de sa Maje, porte comme cy-dessus, Artus Despinay Euesque de Marseille son frere.

228. RENE' POTIER, Comte de Tresme, Lieutenant pour sa Majesté en Champagne, gouuerneur de Chaalons, Capitaine de la premiere Compagnie des Gardes du Corps du Roy, portoit d'azur à deux mains dextrées d'or, vn franc quartier eschiqué d'argent & d'azur à la bordure engreslée de gueules.

229. HENRY DE BAVFREMONT, Marquis de Seneçay, Lieutenant general pour le Roy au Comté de Maconnois, gouuerneur de la Ville & Château d'Auffonne, Bailly & Capitaine de Chaalons sur Saone, port. vairé d'or & de gueules.

230. PHILIPPES EMANVEL DE GONDY, Comte de Ioigny, Lieutenant pour le Roy és Mers du Leuant, & General des galeres de France, port. ecartelé au premier & dernier de Gondy, comme cy-dessus, au second & troisiéme d'Ermines au chef de gueules, chargé de deux clefs passees en sautoir.

231. CHARLES DANGENNES, Marquis de Ramboüillet & de Pisany, Maistre de la garderobe du Roy, portoit de sable au sautoir d'argent.

232. LOVIS DE CREVANT, Vicomte de Brigueil, Marquis de Humieres, Capitaine de cent Gentils-hommes de la maison du Roy, gouuerneur de la Ville & Château de Compiegne, portoit ecartelé d'argent & d'azur.

233. BERTRAND DE VIGNOLLES, dit la Hire, Baron dudit Vignolles, Mareschal de Camp és armées du Roy, portoit ecartelé au premier & dernier d'azur au Paon roüant d'or, qui est de Saint Pol de Ricault : au second & troisiéme de sable au cept de Vigne d'argent, soutenu d'vn eschalat de mesme, qui est de Vignolles.

234. ANTOINE DE GRAMONT TOVLONIEN, Souuerain de Bidaches, Comte de Guiches & de Louuignier, gouuerneur de Bayonne, porte ecartelé au premier & quatriéme de gueules à trois faces ondées d'argent, qui est de Toulonion, au second & troisiéme de gueules à trois jumelles d'argent, qui est de Saint Cheron, sur le tout ecartelé d'or au Lyon de gueules, qui est de Gramont, au deuxiéme de gueules à trois dars d'or peris en pal, qui est Daft, au troisiéme d'argent au chef emanché de trois pieces d'azur, qui est de Mucidan, au dernier d'argent au Levrier rampant de sable.

235. FRANÇOIS NOMPAR DE CAVMONT, Comte de Lauzun, portoit tierce en bande d'or, de gueules & d'azur.

236. LEONOR DE LA MAGDELENE, Marquis de Ragny, Lieutenant pour le Roy au Comté de Charolois, pays de Bresse, Beugy & Gez, portoit comme François de la Magdelaine, Chap. 13.

237. MELCHIOT MITTE DE CHEVRIERES, Marquis de S. Chamont, premier Baron du Lyonnois, porte au premier & quatriéme d'argent au sautoir de gueules à la bordure de sable, chargée de huict fleurs de lys d'or, qui est de Mitte, au second de Miolans, qui est bande d'argent & de gueules de six pieces, au troisiéme de gueules à l'Aigle esployé d'argent, qui est de Roussillon, sur le tout d'argent à la face de gueules, party d'azur, qui est de Saint Chamont.

238. HONORE' DALBRET, Mareschal de France, Lieutenant pour le Roy au gouuernement de Picardie, Duc de Chaulnes, Pair de France, depuis ayant epousé l'heritiere Dailly, il prit pour armes d'or au Lyon de gueules couronné de mesme, qui est Dalbert, ecartelé Dailly, qui est de gueules au chef echiqué de trois traits d'argent & d'azur.

239. IEAN DE LA VARINIERE, Seigneur de Blainville, enseigne de la Compagnie du Roy, Lieutenant pour sa Majesté au Bailliage de Caën, & Maistre de sa Garderobe, portoit de gueules au chevron d'ardent de trois pieces à la bordure engreslee d'azur.

240. LEON DALBERT, Seigneur de Brantes, Lieutenant de la Compagnie des deux cens cheuaux legers de la garde du Roy, Duc de Luxembourg & de Pinay, Pair de France, portoit de Luxembourg, qui est d'argent au Lyon de gueules, la queuë passée au sautoir, couronné d'or.

241. NICOLAS DE BRICHANTEAV, Marquis de Nangis, portoit d'azur à six besans d'azur, 3. 2. 1.

H

242. CHARLES DE VIVONNE, Baron de la Chastaigneraye & Damville, gouuerneur des Villes & Château de Partenay, portoit d'ermines au chef de gueules.

243. ANDRE' DE COCHE-FILLET, Comte de Vauvieux, Baron de Vaucelas, porte écartelé au premier & dernier de gueules, party d'ermines, qui est de Bailleul, au second & troisiéme d'argent à la Croix de gueules, qui est de Hangest, sur le tout de Coche-fillet, qui est d'argent à deux Leopards de gueules.

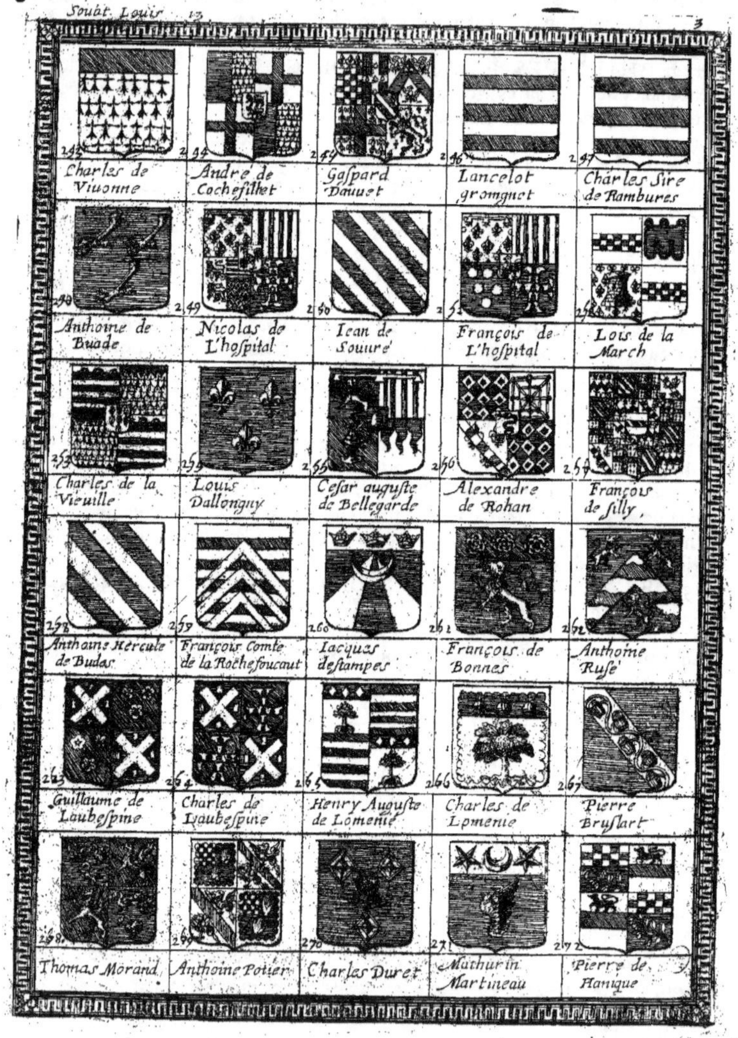

Souât Louis 13

243 Charles de Viuonne	244 André de Cochefillet	245 Gaspard Dauuet	246 Lancelot grommot	247 Charles Sire de Rambures
248 Anthoine de Buade	249 Nicolas de L'hospital	250 Iean de Souure	251 François de L'hospital	252 Lois de la March
253 Charles de la Vieuille	254 Louis Dallonguy	255 Cesar auguste de Bellegarde	256 Alexandre de Rohan	257 François de silly
258 Anthoine Hercule de Budas	259 François Comte de la Rochefoucaut	260 Iacques destampes	261 François de Bonnes	262 Anthoine Rusé
263 Guillaume de Laubespine	264 Charles de Lyaubespine	265 Henry Auguste de Lomenie	266 Charles de Lomenie	267 Pierre Bruslart
268 Thomas Morand	269 Anthoine Potier	270 Charles Duret	271 Mathurin Martineau	272 Pierre de Hanique

244. GASPARD DAVVET, Seigneur Defmarets, gouuerneur de Beauvais & pays de Beauvoisis, porte ecartelé au premier de Vermandois, qui est echequé d'or & d'azur au chef d'azur chargé de trois fleurs de lys d'or party de Saint Simon, qui est de sable à la Croix d'argent, chargée de cinq coquilles de gueules, au deuxiéme de la Tremoüille Dours, qui est d'or au chevron de gueules, chargé sur la pointe d'vne fleur de lys d'argent, accompagnée de trois alerions d'azur, deux en chef, vne en pointe, au troisiéme de Montmorency, au quatriéme de Sabruche, qui est d'azur, semé de Croix recroisetee au pied fiché d'or, au Lyon d'argent, sur le tout de Dauvet, qui est bandé de gueules & d'argent de six pieces, chargee d'vn Lyon de sable.

245. LANCELOT GROGNET DE VASSE, Seigneur dudit lieu, Baron de la Roche-Mabile, port. d'or à la face de trois pieces d'azur.

246. CHARLES SIRE DE RAMBVRES, gouuerneur des Ville & Château de Doulans, Mareschal des Camps pour sa Majesté en Picardie, portoit d'or à la face de trois pieces de gueules.

247. ANTOINE DE BVADE, Seigneur de Frontenac, Baron de Paluau, gouuerneur des Châteaux de Saint Germain en Laye, & premier Maistre d'hostel du Roy, port. d'azur à trois pattes de Griffons d'or, 2. 1.

248. NICOLAS DE LOSPITAL, Marquis de Vitry, & depuis Maréchal de France, & Lieutenant general au gouuernemeht de Brie, porte ecartelé au premier de Naples, au deuxiéme d'Arragon, au troisiéme de la Châtre, qui est de gueules, à la Croix ancrée de Vair, au quatriéme de sable à deux Leopards d'or, qui est de Roüaut, party de face d'or & de gueules de dix pieces, qui est de Voluire-Rufée, soutenu de Montbason, sur le tout de Lospital, qui est de gueules au cocq d'argent, membré, becqué d'or, soutenant vn Ecusson d'azur chargé d'vne fleur de lys d'or.

249. IEAN DE SOVVRAY, Marquis de Courtanvaux, premier Gentil-til-homme de la Chambre du Roy, & gouuerneur de Touraine, port d'azur à vne bande d'or de cinq pieces.

250. FRANCOIS DE LHOSPITAL, Seigneur du Halier, Sous-Lieutenant de la Compagnie du Roy, & Capitaine des Gardes du Corps de sa Majesté, & de Fontaine-bleau, & depuis Mareschal de France, port. comme son frere, cy-dessus.

251. LOVIS DE LA MARK, Marquis de Mony, premier Escuyer de la Reyne, port. ecartelé au premier & dernier de la Marc, qui est d'or à la face echiquetee de trois traits d'argent & de gueules, au second d'Auvergne, qui est d'or au gonfanon à trois pantes de gueules, frangé de Synople, au troisiéme semé de France à la Tour d'argent.

252. CHARLES DE LA VIEVVILLE, Lieutenant general en Champague & Rethelois, premier Capitaine des Gardes du Roy, port. ecartelé au 1. & 4. facé d'or & d'azur de huit pieces à trois ancles de gueules, bronchant sur les premieres & seconde face, qui est de la Vieuville, des Pays-bas, au 2. & 3. d'O, qui est d'ermines au chef endanté de gueules, sur le tout d'argent à sept feuilles de houx d'azur, 3. 3. 1.

253. LOVIS DALLONGNY, Baron de Rochefort, Bailly de Berry, Chambellan de Monsieur le Prince, & Lieutenant de sa Compagnie de Chevaux legers, port. de gueules à trois fleurs de lys d'argent, 2. 1.

254. CESAR AVGVSTE DE BELLEGARDE, Baron de Termes, grand Escuyer de France, port. comme Roger de Belle-garde au premier chapitre tenu par Henry le Grand.

255. ALEXANDRE DE ROHAN, Marquis de Marigny, port. comme cy-dessus à Louis de Rohan, Comte de Rochefort.

256. FRANCOIS DE SILLY, Comte de la Roche-Guyon, Damoiseau de Commercy, Marquis de Guiercheville, grand louuetier de France, depuis nommé Duc & Pair, portoit comme Antoine de Silly, au premier Chapitre tenu par Henry le Grand.

257. ANTOINE HERCVLES DE BVDOS, Marquis de Portes, Lieutenant pour le Roy ez pays de Gevodan & Sevenes, Vice-admiral general de France, portoit d'azur à la bande de trois pieces d'or.

258. FRANCOIS COMTE DE LA ROCHEFOVCAVT, Prince de Marillac gouuern. de Poictou, nómé Duc & Pair de France, porte burelé d'argent & de gueules de 10 pieces au chevron de 3 pieces de gueules, bronchant sur le tout.

259. IACQVES DESTAMPES, Seigneur de Valançay, Lieutenant Colonel de la Caualerie Legere de France, port. d'azur à deux girons d'or, mis en

chevron chargé fur la pointe d'vn croiffant, montant de gueules au chef d'argent, chargé de trois couronnes de gueules.

260. FRANCOIS DE BONNE', Duc de Lefdiguieres, Pair & Conneftable de France, Gouuerneur & Lieutenant general pour le Roy en Dauphiné, receut l'Ordre du Saint Efprit en l'Eglife Cathedrale de Grenoble le 15. Iuillet 1622. portoit de gueules au Lyon d'or, au chef coufu d'azur, chargé de 3 Rofes d'argent.

261. ANTOINE RVZE', Seigneur & Marquis d'Effiat & de Lonjumeau, Baron de Maffy & de Beaulieu, Lieutenant pour fa Majefté ez pays d'Auvergne & Bourbonnois, Marefchal de France, portoit de gueules au chevron ondé d'argent & d'azur de fix pieces, accompagné de trois Lyonceaux d'or, deux en chef affrontez, & vn en pointe.

Cheualiers & Commandeurs de l'Ordre du S. Efprit, creez au Chapitre tenu par le Roy LOVIS XIII. *en l'Eglife des Auguftins, le dernier iour de l'an mil fix cens dix - neuf.*

OFFICIERS.

262. GVILLAVME DE LAVBESPINE, Baron de Chafteau-neuf fur Cher, Seigneur de Beauuaix & Rouffoy, Commandeur & Cheualier des Ordres de fa Majefté port. ecartelé au fautoir Alife d'or, cantonné de quatre billettes de mefme, au fecond & troifiéme de gueules à trois fleurs de lys d'Aubefpine d'or, 2. 1.

263. CHARLES DE LAVBESPINE, Sieur de Preaux, Ambaffadeur extraordinaire vers l'Empereur, Commandeur & Chancelier des Ordres de fa Majefté, par la demiffion du fieur de Chafteau-neuf fon pere, portoit le premier ecart, comme cy-deffus, ecartelé de la Chaftre, qui eft de gueules à la Croix ancrée de Vair.

264. HENRY AVGVSTE DE LOMENIE, Sieur de la Ville-aux-Clercs, Secretaire des Commandémens, Preuoft & Maiftre des Ceremonies des Ordres de fa Majefté port. ecartelé au premier & dernier d'or, à l'arbre de Synople aux racines de mefme, chargé d'vn Trouteau de fable, au chef d'azur, chargé de trois lozanges d'argent, au fecond & troifiéme Daubourg Porcheux, qui eft d'azur à vne face d'or de trois pieces.

265. CHARLES DE LOMENIE, Secretaire du Cabinet, Preuoft & Maiftre des Ceremonies des Ordres du Roy, par la demiffion du fieur de la Ville-aux-Clercs fon coufin, port. d'or à l'arbre de fynople, aux racines de mefme au chef d'azur, chargé de trois mondes d'argent à la bordure engeefle de gueules.

266. PIERRE BRVSLARD, Seigneur & Vicomte de Puyfeux, Secretaire des Commandemens, & grand Treforier des Ordres de fa Majefté, par la demiffion du fieur de Beaulieu, port. de gueules à la bande d'or, chargee d'vne trainee de fable, accompagnee de cinq barillets de mefme.

267. THOMAS MORAND, Baron du Mefnil Garnier, Threforier de Lefpargne, & Threforier des Ordres de fa Majefté, par la demiffion du fieur de Puyfieux, port. d'azur à trois cormorans d'argent, 2. 1. ecartelé de gueules au Griffon d'or, armé & membré de mefme, qui eft de Trelon Canchon.

268. ANTOINE POTIER, Sieur des Seaux, Secretaire des Commandemens, & Greffier des Ordres de fa Majefté, port. ecartelé au premier & dernier d'azur à deux mains dextres d'or au franc quartier echiqué d'argent & d'azur à la bordure engreflée de gueules, au 2. & 3. d'azur à la Corice de pourpre, accompagnées de deux amphifteres ou ferpens, aifles d'or qui eft de Baillet.

269. CHARLES DVRET, Sieur de Chevry, Prefident à la Chambre des Comptes, Intendant des Finances, & Greffier des Ordres de fa Majefté, par la demiffion de Monfieur de Seaux, port. d'azur à trois diamans taillez en Lozanges enchaffez d'or, 2. 1. au foucy d'or mis en cœur feillé de mefme.

270. MATHVRIN MARTINEAV, Sieur du Pont, Herault & Roy d'Armes des Ordres de fa Majefté, port. d'azur au demy vol d'argent, au chef d'or chargé d'vn croiffant montant de fable à côté de deux eftoilles de mefme.

271. PIERRE DE HANIQVE, Blafonné cy-deuant à la fin des Chapitres tenus par le Roy Henry le Grand.

272. AL-

272.

ALPHONSE LOVIS DVPLESSIS de Richelieu Cardinal, Archeuesque de Lyon, Primat des Gaules, & grand Aumosnier de France, par la demission de François Cardinal de la Rochefoucauld, de laquelle charge il presta le serment entre les mains du Roy, le Mercredy XXIIII Mars 1632. portoit d'argent au chevron de trois pieces de gueules.

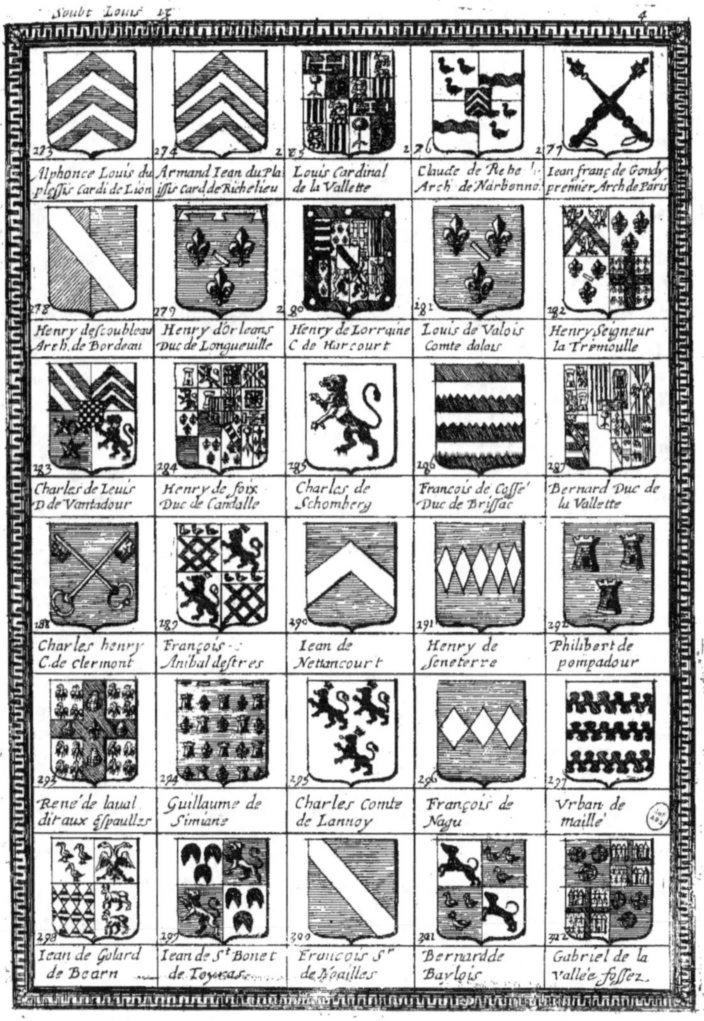

273. Ev. ARMAND-IEAN DVPLESSIS Cardinal, Duc de Richelieu, Pair de France, Grand Maistre, Chef & Super-Intendant general de la nauigation & commerce de France, Gouuerneur de Bretagne, portoit comme son frere cy-deuant.

274. Ev. LOVIS, Cardinal de la Valette, portoit ecartelé au 1. & 4. party & couppé en chef, le premier party d'argent à l'arbre de Synople, qui est Nogaret, le

I

party de gueules à la Croix Vuidée & pomettée d'or, qui est Touloufe, le chef de gueules à la Croix potencée d'argent au 2. & 3. ecartelé le 1. & 4. d'or à trois pals de gueules, qui est Foix, le 2. & 3. d'or à deux vaches paffans de gueules, posees l'vne sur l'autre, acornees, accolees & clarinees d'azur, qui est Bearn.

275. CLAVDE DEREBE', Archeuefque & Primat de Narbonne, Prefident nay des Eftats Generaux de la Prouince de Languedoc, portoit ecartelé au premier & dernier d'or à trois merlettes de fable, deux en chef & vne en pointe, qui est de Rebé, au 2. & 3. d'or à la face ondée de gueules, qui est de la Liegue, fur le tout de gueules à trois chevrons d'argent, qui est de Fauerges.

276. FRANCOIS DE GONDY, premier Archevefque de Paris, Maiftre de la Chapelle du Roy, portoit d'or à deux maffes d'armes de fable paffees en fautoir, liées de gueules par en bas.

277. HENRY DESCOVBLEAV, Archevefque de Bordeaux, Primat d'Aquitaine, port. party d'azur & de gueules, à la bande d'or bronchant fur le tout.

278. HENRY DORLEANS, Duc de Longueville & Deftouteville, Pair de France, Souuerain de Neufchaftel en Suiffe, Comte de Dunois, gouuerneur & Lieutenant general pour le Roy en Normandie, porte d'azur à trois fleurs de lys d'or au Lambel d'argent de trois pieces au bâton mis en bande de mefme.

279. HENRY DE LORRAINE, Comte de Harcour, fils de Charles de Lorraine, Duc Delbeuf, blafonné. cy-deuant au Ch. 1,

280. LOVIS DE VALOIS, Comte Dalaix, Colonel general de la caualerie legere de France, gouuerneur de Provence, portoit de France au bâton racourcy d'or posee en bande.

281. HENRA DVC DE LA TREMOVILLE, Duc de Toüars, Pair de France, Prince de Talmont, Comte de Laval, port. ecartelé au premier d'or au chevron de gueules, accompagné de trois aigles d'azur, deux en chef, & vn en pointe, qui est de la Trimoüille, au fecond de France, qui est Bourbon, au 3. auffi de France au bâton de gueules pery en bande, au 4. de Laval qui est d'or à la Croix de gueules, chargee de 5. coquilles d'argent, accompagnées de feize alerons d'azur.

282. CHARLES DE LEVIS, Duc de Vantadour, Pair de France, Lieutenant general pour le Roy au gouuernement de Languedoc, porte comme Anne de Leuis, cy-deuant.

283. HENRY DE FOIX DE LA VALETTE, Duc de Candale, Pair de France, Prince de Buch, portoit ecartelé & contre ecartelé au 1. grand quartier ecartelé de gueules, au chafteau d'or, qui est de Caftille & d'argent au Lyon de gueules, qui est Leon, le fecond grand quartier ecartelé de gueules aux armes de de Nayarre, & d'or à 4. pals de gueules flanché d'argent à deux aigles de fable, qui est d'Aaragon-Sicile & de gueules tout plein, qui est d'Albret, au 4. grand quartier party de la premiere femé de France au bâton mis en bande componé d'argent & de gueules de huit pieces, qui est d'Evreux, contre-party de Nogaret & de Touloufe, blafonnez cy-deuant au chef de gueules à la Croix potencee d'argent, fur le tout defdits grands quartiers, ecartelé de Foix & de Bearn, auffi cy-deuant blafonnez.

284. CHARLES DE SCHOMBERG, Duc Daluin, Pair de France, Colonel des Reïftres, Marefchal des troupes Alemandes, & gouuerneur de Languedoc, port. d'or au Lyon coupé le haut de gueules, & le bas de Synople.

285. FRANCOIS DE COSSE', Duc de Briffac, Pair & grand Pannetier de France, Lieutenant general pour le Roy en Bretagne, porte de fable à trois faces de fie d'or dentelées par en bas.

286. BERNARD DVC DE LA VALETTE, Pair & Colonel general de France, Comte de Senlis, à prefent gouuerneur de Guyenne, porte ecartelé le 1. quartier ecartelé de Caftille & de Leon, party d'Aragon, le 2. grand quartier party de Navarre & d'Aragon, Sicile, blafonnez cy-deuant, le 3. grand quartier face d'or & de fable de huit pieces à la demie, couronné de rüe de Synople posee en bande, qui est de Saxe, party d'or plain, qui est de Bordeaux-Puy Paulin, le 4. grand quartier ecartelé d'azur à la face d'or accompagnée de trois teftes de Lyon de mefme, deux en chef & vne en pointe, qui est de Poly en Angleterre, & d'azur à la bande d'argent, chargee de trois vols de fable, qui est de Suffole, Candalle au mefme païs contre ecartelé de Foix & de Bearn, fur le tout des grands quartiers, les armes de Nogaret,

partie & couppée, blasonnee cy-dessus.

287. CHARLES HENRY, Comte de Clermont & de Tonnerre, Marquis de Crussy, premier Baron, Connestable & grand Maistre hereditaire du Daufiné, Baron Dancy le Franc, porte de gueules à deux clefs pasées en sautoir.

288. FRANÇOIS ANNIBAL DESTREES, Seigneur dudit lieu, Marquis de Cœures, premier Baron & Seneschal du Boulonnois, Mareschal de France, porte ecartelé au premier & dernier d'argent fretté de sable de six pieces, au chef d'or chargé de trois merlettes de mesme, au 2. & 3. d'or au lyon d'azur couróné & lampassé de gueules, qui est de la Cauchie ou Chaussee en Boulonnois.

289. IEAN DE NETTANCOVRT, Seigneur de Vaubecourt, Dorne & de Choiseul, Mareschal de Camp ez armees du Roy, gouuerneur de Chaalons, porte de gueules au cheuron d'or.

290. HENRY DE SENETERRE, Lieutenant pour le Roy en Champagne, porte d'azur à cinq fusees d'argent posees en face.

291. HILBERT VICOMTE DE POMPADOVR, Lieutenant general pour le Roy au gouuernement de Limousin, porte d'azur à trois Tours d'argent massonnees, 2. 1.

292. RENE' DE LAVAL, dit Aux-espaules, Maquis de Nesle, Mareschal de Camp és armees de France, gouuerneur des Ville & Château de la Fere, porte d'or à la Croix de gueules, chargee de 4. coquilles d'argent, & d'vne fleur de lys d'or, cantonnee de seize alerions d'azur, qui sont les armes de la maison de Laual, & la fleur de lys celle de la maison des Espaules.

293. GVILLAVME DE SIMIANE, Marquis de Gordes, gouuerneur de la Ville & Citadelle du Pont Sainct Esprit, & premier Capitaine des Gardes du Corps du Roy, porte d'or, semé de Tours & fleurs de lys d'azur.

294. CHARLES COMTE DE LAVNOY, Seigneur de la Boissiere, premier Maistre d'Hostel du Roy, gouuerneur de Montreuil, porte d'argent à trois lyons de Synople, couronnez d'or, armez & lampassez de gueules, 2. 1.

295. FRANÇOIS DE NAGV, Marquis de Varennes, Baron de Marzé, Cheualier de la Cour de Parlement de Bourgongne & gouuerneur Daigues-Mortes, porte d'azur a trois fuzees d'argent passees en face.

296. VRBAIN DE MAILLE', Marquis de Brezé Mareschal de France, gouuerneur de Calais & de Saumur, porte d'or à trois faces ondees ou entees de gueules.

297. IEAN DE GALLARD DE BEARN, Comte de Brassac, gouuerneur de Xainctonges & Angoulmois, porte ecartelé au premier d'or à trois Corneilles de sable mambree & becquee de gueulles, 2. 1. qui est de Galard, au second d'azur à l'Aigle eployé, à deux testes d'or, qui est de la Roche Beaucourt, au troisiéme l'ozange d'argent & de gueules, chaque l'ozange d'argent chargee de deux faces d'azur, qui est de la Roche-Audry, au 4. d'or à 2 vaches passantes, qui est de Bearn.

298. IEAN DE S. BONNET DE TOIRAS, gouuerneur Dauuergne & Mareschal de France, porte ecartelé au 1. & 4. d'or à trois fers de cheval de gueules, 2. 1. qui est de Montferrier, au second & troisiéme de gueules lyon d'or, qui est de Sainct Bonnet.

299. FRANÇOIS SEIGNEVR DE NOAILLES, Comte Dayen, Mareschal de Camp ez armees de sa Majesté, son Lieutenant general en Auuergne, gouuerneur de Rouargue, porte de gueules à la bande d'or.

300. BERNARD DE BYILLENS, Seigneur de Poyanne, Lieutenant general pour sa Majesté au Royaume de Nauarre & pays de Bearn, Gouuerneur de Navarrens & Dacs, porte ecartelé au pré, & 4. d'or au Levrier rampant de gueules collé d'argent 2. 1. qui est de Poyanne.

301. GABRIEL DE LA VALLEE-FOSSES, Marquis Deverly, Mareschal de Camp ez armees du Roy, Gouuerneur de la Ville & Citadelle de Verdun porte ecartelé au premier & dernier de gueules à trois boucles ou fermeaux d'argent 2. 1. qui est de la Valee, au 2. & 3. ecartelé d'vn filet en croix de gueules, au 1. & 4. d'azur au chasteau d'argent, au 2. & 3. d'ermines, qui est de Fossez.

302. CHARLES DE LIVRON, Marquis de Bourbonne ; Lieute-nant du Roy au gouuernement de Champagne, Gouuerneur de Coiffy & de Montigny le Roy, porte d'argent à trois faces d gueules au franc canton d'argent, chargé d'vn roch d'eschiquier de gueules.

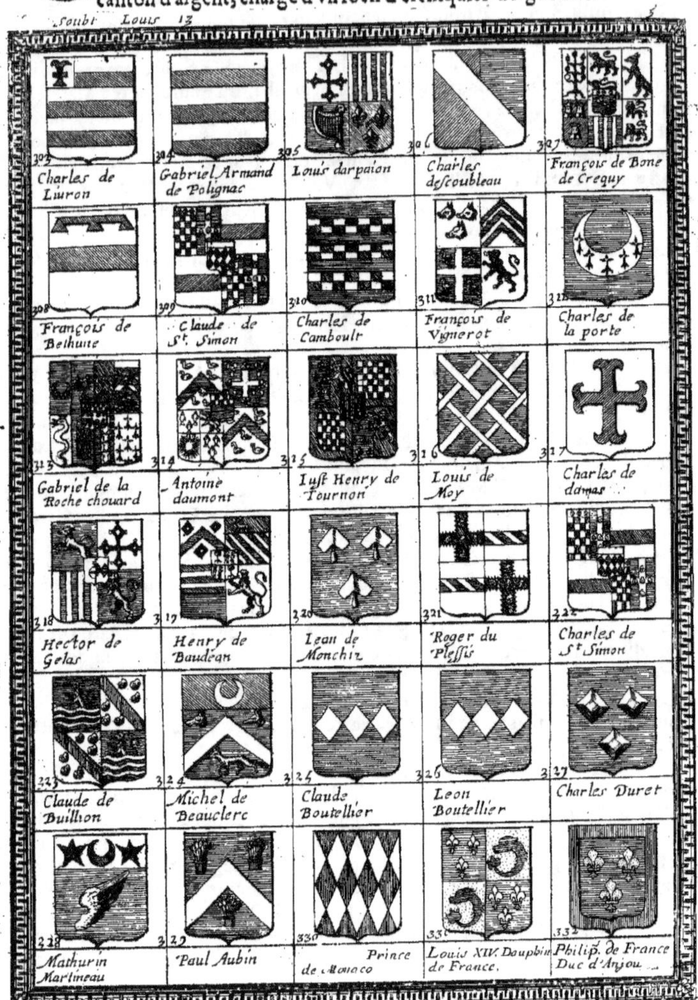

303. GASPARD-ARMAND, Vicomte de Polignac, Marquis de Cha-lançon, Seigneur & Baron des Baronnies de Randon & de Remdonnet, gouuerneur de la Ville du Puy, port. facé d'argeut & de gueules de six pieces.

304. LOVIS DARPAION, Vicomte dudit lieu, Marquis de Seuerac, Maréchal de Camp ez armees de sa Maiesté, port. ecartelé au premier d'or, à la croix de Tholose de gueules, au 2. d'argent à quatre pals de gueules, qui est de Seuerac, au troisiéme de gueules à la harpe d'or, cordée de mesme, au dernier de France, au baston de gueules pery en bande.

305. CHARLES DESCOVBLEAV, Marquis de Sourdis & Dalluye, Mestre de Camp de la Cavalerie Legere de France, Maréchal de Camp és armées de sa Maiesté, porte comme Monsieur l'Archeuesque de Bordeaux son frere, cy-dessus.

306. FRAN-

306. FRANÇOIS DE BONNE, DE CREQVY, Comte de Sault, Lieutenant general pour le Roy en Dauphiné, & premier Gentil-homme de sa Châbre port. party de deux, & couppé d'vn, qu'on dit ecartelé de six quartiers, au premier d'or au Crequier de gueules, qui est de Crequy, au second d'or à deux Lyons Leopardez passant de gueules posez l'vn sur l'autre, qui est de Blanchefort, au 3. d'or au Loup rampant d'azur, langué & armé de gueules, qui est d'Agoust, au 4. & 1. de la pointe d'azur à trois Tours d'or, 2. 1. qui est de Montauban, au 5. d'azur à trois pals d'or au chef de mesme, qui est de Vassé, au 6. d'or à deux Leopards passant d'azur, qui est de Maubec, sur le tout de gueules au Lyon d'or, au chef d'azur chargé de trois Roses d'argent, qui est de Bonne.

307. FRANÇOIS DE BETHVNES, Comte Dorual, Mareschal de Camp és armées du Roy, & premier Ecuyer de la Reyne, porte d'argent à la face de gueules, au lambel de trois pendans de gueules posé en chef.

308. CLAVDE DE SAINT SIMON, Seigneur de Vaux, premier Ecuyer de sa Majesté, grand Louuetier de France, & gouuerneur du Château, ville & Comté de Blaye, porte ecartelé au 1. & au 4. party de eschiqueté d'or & d'azur au chef d'azur, chargé de trois fleurs de lys d'or, qui est de Vermandois Saint Simon, & de sable à la Croix d'argent, chargée de cinq coquilles de gueules, qui est de Rouuroy, au 2. & 3. d'or à la face de gueules, qui est de Hauesquerque-Rasse, sur le tout l'ozangé d'argent & de gueules au chef d'or, qui est de Precy.

309. CHARLES DE CAMBOVT, Baron de Pont-Chasteau, Gouuerneur des Villes & forteresse de Brest, Lieutenant pour le Roy en la basse Bretagne, port. de gueules à 3. faces échiquetées d'argent & d'azur de deux traits.

310. FRANÇOIS DE VIGNEROT, Marquis du Pont de Courlay, gouuerneur de la ville & citadelle du Havre de Grace & pays de Caux, port. écartelé au premier d'or à trois hures de Sanglier de sable, 2. 1. qui est de Vignerot, au 2. d'argent à trois chevrons de gueules, qui est du Plessis, au 3. d'azur à la Croix d'or cantonnée de 4. oyseaux d'argent, au 4. d'or au Lyon de gueules.

311. CHARLES DE LA PORTE, gouuerneur pour le Roy des Villes Chasteau & Comté de Nantes, faisant la charge de grand Maistre de l'artillerie de France, port. de gueules au croissant montant d'argent, chargé de cinq hermines de sable.

312. GABRIEL DE ROCHE-CHOVARD, Marquis de Mortemar, premier Gentil-homme de la Chambre du Roy, port. party de trois traits couppé, d'vn qu'on dit écartelé de huit quartiers, au premier de gueules au croissant, montant de Vair, qui est de Maure, au 2. d'azur à trois fleurs de lys d'or, 2. t. au bâton de geules posé en bande, qui est de Bourbon, au 3 de gueules à neuf macles d'or, qui est de Rohan, au 4 burelé d'argent & d'azur de dix pieces à trois chevrons de gueules bronchant sur le tout, qui est de la Roche-foucaud, au 5 & premier de la pointe de Milan, au 6. de Nauarre, au 7 Descars, qui est de gueules au pal de Vair, au 8 de Bretagne; sur le tout enté en face de six pieces ondées de gueules & d'argent, qui est de Roche-Chouard.

313. ANTOINE DAVMONT ET DE ROCHE BARON, Comte de Berzé, Baron de Chappes, Seigneur de Villequier & Capitaine des Gardes du Roy, port. écartelé au premier & 4 d'argent au chevron de gueules accompagné de 7 merlettes de mesme, quatre en chef & trois en pointe, qui est Daumont, au 2 de gueules à la Croix fleurdelisée d'or, cantonnée de douze billettes de mesme, qui est de Villequier, au 3. écartelé, le premier & 4. d'or à trois chabots de gueules posez en pal, qui est de Chabot, le 2. de Luxembourg, & le 3. de gueules à l'estoille de 16 rais d'argent, qui est de Baux, sur le tout des grands quartiers de gueules au chef echiqueté d'argent & d'azur, de deux traits, qui est de Roche-Baron de Bourgongne.

314. IVST-HENRY DE TOVRNON, Comte de Roussillon, grand Seneschal d'Auuergne, Bailly du haut & bas Viuarez, port. écartelé au premier & 4 semé de France, port. de Tournon, qui est de gueules au Lyon d'or, au 2 & 3 echiqueté d'argent & d'azur à la bordure de gueules, qui est de Roussillon, sur le tout de gueules à trois pals d'ermines, qui est de Vissac.

315. LOVIS DE MOY, Seigneur de la Meilleraye, Lieutenant general au gouuernement de Normandie, & Gouuerneur du Vieil Palais de Roüen, porte

de gueules fretté d'or de six pieces.

316. CHARLES DE DAMAS, Comte de Thianges, Lieutenant general pour le Roy au gouuernement de Bourgongne, de Charolois, & pays de haute & Basse Bresse, Beugy, Valromey & Gex, Mareschal de Camp és armées de sa Majesté, port. d'or à la Croix ancrée de gueules.

317. HECTOR DE GELAS ET DE VOISINS, Marquis de Liueron & Dambres, Vicomte de Lautrec, Seneschal & gouuerneur de Lauraguez, port. ecartelé au premier d'azur, au lévrier rampant, qui est de Gelas, au second d'or à la Croix de Toulouse de gueules, au 3 d'or à 3 pals de gueules, au 4 de gueules au lyon d'or, sur le tout d'azur à vn demy monde d'or, party d'or à vne lozange & demie de gueules, qui est de Voisins.

318. HENRY DE BAVDEAN, Comte de Parabere, Marquis de la Mothe Saincte Heraye, gouuerneur & Lieutenant general pour le Roy du haut & bas Poictou, port. ecartelé au premier d'or au chevron d'azur, accompagné de trois macles de gueules, 2. 1. qui est de Gilliers, Ville-Dieu & Paygareau, au second d'argent à cinq bandes, cottissees d'azur au chef de gueules, chargé d'vn cerf passant d'or, au 3 d'argent à deux faces d'azur couppé de gueules plain, au 4 d'or au lyon de sable, sur le tout ecartelé d'or à l'arbre de synople, qui est de Baudean & d'argent à deux Ours de sable en pied.

319. IEAN DE MONCHY, Marquis de Moncavrel, de Sempy & de Rubempré, gouuerneur de la Ville d'Ardres, porte de gueules à trois maillets d'or.

320. ROGER DV PLESSEIS, Seigneur de Liancourt, Marquis de Guiercheville, Comte de la Roche-Guyon & de Beaumont, premier Gentil-homme de la Chambre du Roy, port. ecartelé au premier & 4 d'argent à la Croix engreslée de gueules, chargé de cinq coquilles d'or, qui est du Plesseys, au 2 & 3 d'argent à la face bandée d'or & de gueules de six pieces, qui est de Mons.

321. CHARLES DE S. SIMON, Mestre de Camp du Regiment de Navarre, frere aisné de Monsieur le Premier, porte comme luy cy-dessus sans difference.

OFFICIERS.

322. CLAVDE DE BVLLION, Commandeur & garde des Seaux des Ordres, & sur-Intendant des finances de France, porte ecartelé au premier & 4 coupé de facé ondé d'argent & d'azur de six pieces au lyon naissant d'or sur le premier coupé au 2. & 3. d'argent à la bande de gueules, accompagnée de six coquilles de mesme mise en orle.

323. MICHEL DE BEAVCLERC, Baron d'Acheres & de Rougemont, Commandeur, Preuost & Maistre des Ceremonies des Ordres de sa Majesté, port. de gueules au chevron d'or, accompagné de deux testes de loup en chef, & d'vn loup entier passant en pointe aussi d'or au chef d'azur, chargé d'vn croissant montant d'or.

324. CLAVDE BOVTHILLIER, Sur-Intendant des finances de France, & grand Tresorier des Ordres de sa Majesté, portoit d'azur à trois fuzées d'or posées en face.

325. LEON BOVTHILLIER, Capitaine & gouuerneur du Bois de Vincennes, Commandeur & grand Tresorier des Ordres de sa Majesté en la suruiuance du sieur Bouthillier son pere, port. de mesme sans difference.

326. CHARLES DVRET, Seigneur de Chevry, President en la Chambre des Comptes, Controlleur general des finances, Commandeur & Secretaire des Ordres de sa Majesté, port. d'azur à trois tables de diamans taillez en lozanges enchassez d'or, 2. 1.

327. MATHVRIN MARTINEAV, Sieur du Pont-Heraut, Roy d'armes des Ordres du Roy, port. d'azur au demy vol d'argent au chef chargé d'vn croissant montant de sable côtoyé de deux estoilles de mesme.

328. PAVL AVBIN, Sieur du Bour-Neuf, Huissier des ordres du Roy, portoit d'azur au chevron d'or accompagné de trois gerbes de mesme, 2. 1.

COMMANDEVRS.

139. HONORE' GRIMALDI, Prince de Monaco, Duc de Valentinois, portoit de Grimaldi, qui est lozangé en pal d'argent & de gueules.

Monseigneur le Dauphin, fils du Tres-haut & Tres-Puissant & Inuincible Monarque, **LOVIS XIII.** Roy de France & de Nauarre, & de Tres-Haute & Illustre Princesse Anne d'Austriche, à present Roy de France & de Nauarre **XIV.** du Nom, portoit écartelé de France & de Dauphiné, qui est d'or au Dauphin pasmé d'azur oreillé & barbelé de gueules.

Le Tres-Illustre Prince Monsieur **PHILIPPES** de France, Frere vnique de sa Majesté, Duc d'Anjou, porte de France à la bordure de gueules.

Il y a eu, & a encores plusieurs Officiers de l'Ordre, desquels les Armes n'ont esté representées en la suitte des Cheualiers, & pourront estre adioutées à la premiere creation.

LOVIS XIIII. du Nom , par la grace de Dieu Roy de France & de Nauarre , quatriéme Chef, & Souuerain de l'Ordre du S. Esprit.

TABLE
ALPHABETHIQVE
CONTENANT LES NOMS
des Cheualiers de l'Ordre du S. Esprit.

F I N.